Hartmut Scheible

Wahrheit und Subjekt

Ästhetik im
bürgerlichen Zeitalter

ro
ro
ro

rowohlts enzyklopädie

rowohlts enzyklopädie

Herausgegeben von Burghard König

Veröffentlicht im Rowohlt Taschenbuch Verlag GmbH,
Reinbek bei Hamburg, Februar 1988
Mit freundlicher Genehmigung
des Francke Verlags, Bern und München
Copyright © 1984 by A. Francke AG Verlag, Bern
Umschlaggestaltung Werner Rebhuhn
Gesamtherstellung Clausen & Bosse, Leck
Printed in Germany
2480 – ISBN 3 499 55468 2

Inhalt

Krise des Scheins. Theodor W. Adorno

«Die Wirklichkeit in ein Bild zu verwandeln»
Einleitende Bemerkungen zu
Begriff und Problematik des Ästhetischen

I

Die nach der Aufbruchsstimmung der frühen siebziger Jahre sich verbreitende resignative Haltung, die sich bisweilen zu einer Flucht in blinden Traditionalismus auszuwachsen scheint, ist wohl nicht allein das Werk einer – wo auch immer dingfest zu machenden – finsteren Reaktion; vielmehr muß eine ihrer Ursachen auch in dem «Paradigmenwechsel» gesucht werden, den die Geisteswissenschaften nach 1968 vollzogen haben: von einem aus der Vorkriegszeit übernommenen geistesgeschichtlichen Verstehensmodell, das den katastrophalen, durch kein «Verstehen» mehr einholbaren Ereignissen der jüngsten Vergangenheit allenfalls durch existentialistisch eingefärbte Redeweisen über das «Absurde» Rechnung zu tragen versuchte, zu einer überwiegenden Ausrichtung an den Sozialwissenschaften.

In seinem Aufsatz «Über einige Beziehungen zwischen Ästhetik, Historik und Didaktik» beschreibt Jörn Rüsen zutreffend diese Übernahme sozialwissenschaftlicher Theorien und Methoden: «Dabei wird die Sinnbestimmtheit menschlichen Handelns und Leidens auf nicht-intentionale, materielle Bedingungen hin relativiert. Diese Bedingungen verbieten es, Geschichte primär und ausschließlich als Kulturzusammenhang menschlichen Handelns aufzufassen und aus der überlieferten Vergangenheit unter dem methodologischen Primat der Hermeneutik zu rekonstruieren. Sozio-ökonomische Bedingungszusammenhänge werden in höherem Maße zur Erklärung kultureller Phänomene herangezogen, als diese durch sich selbst, d.h. vermittels generalisierter Handlungsintentionen (‹Ideen›) verständlich gemacht werden. (...) Der innere Sinnzusammenhang menschlichen Handelns, den die geisteswissenschaftliche Historik und Ästhetik der Geschichte im ganzen unterstellte, wird auf äußere Bedingungen relativiert, die nicht mehr unter den traditionellen Kulturbegriff subsumiert werden können.»[1] Der Fortschritt, den die Orientierung an den Sozialwissenschaften bedeutet, besteht vor allem darin, daß nun auch solche Gegebenheiten zum Gegenstand der Geisteswissenschaften werden können, die bisher, da sie nicht

Eingang gefunden hatten in die Objektivationen bürgerlicher Kultur, im geisteswissenschaftlichen Horizont nicht erschienen; eine geisteswissenschaftliche Hermeneutik, die sich überwiegend an den gleichsam offiziellen kulturellen Gebilden orientierte, konnte zwar ein Kontinuum von «Sinn» konstruieren, jedoch nur um den Preis, daß alles, was diesem Kontinuum nicht integrierbar war, der Nichtachtung verfiel. Je weniger nun die kulturellen Objektivationen des Bürgertums den Anspruch erheben konnten, die Totalität des Geschichtsprozesses zu repräsentieren, desto scheinhafter, im strengen Sinne ideologischer mußte die ausschließlich geistesgeschichtliche Hermeneutik und das von ihr reproduzierte Sinnkontinuum werden. Die Hinwendung von Literaturwissenschaft und Literaturdidaktik zur Trivialliteratur, zu den Comics, zur Werbung, die sich seit den späten sechziger Jahren vollzog, trug der Tatsache Rechnung, daß die Diskrepanz zwischen dem durch die Geisteswissenschaften nach wie vor tradierten Sinnkontinuum und dem tatsächlichen Sinndefizit des Alltagslebens unübersehbar geworden war.

Insofern stellt die Öffnung der Geisteswissenschaften zur sozialen Realität eine Entwicklung dar, hinter die auch künftig nur um den Preis ihrer Reideologisierung zurückgegangen werden kann. Es liegt auf der Hand, daß der Begriff der Bildung von dieser Entwicklung nicht unberührt bleiben konnte. Denn «Bildung» ist von der Möglichkeit des Verstehens nicht ablösbar, ja geradezu zu definieren als praktisch gewordenes Verstehen, insofern das Subjekt durch die Möglichkeit von Bildung sich eines Kontinuums von Sinn vergewissert, das es von dem Zwang, sein Handeln in jedem Augenblick aufs neue in Frage stellen zu müssen, weitgehend entlastet. Auch wenn der aus dem Geist des Liberalismus und des Historismus gespeiste Optimismus Droysens, das in der Historie Gewordene sei bereits das an sich Sinnvolle, das nur darauf warte, es auch «für uns» zu werden[2], nicht mehr aufrechterhalten werden kann: geblieben ist doch das Bedürfnis, aus dem heraus der Begriff der Bildung konzipiert wurde; der Wunsch, das eigene Leben in sinnvollen Strukturen zumindest der Möglichkeit nach denken zu können. Den Begriff der Bildung wegen der ihm zweifellos innewohnenden harmonistischen Implikationen ersatzlos abzuschaffen, bedeutete daher, auch die ohnehin aufs äußerste gefährdete Kategorie des Sinnes – « ‹Sinn› ist eine knappe und immer knapper werdende Ressource»[3] – preiszugeben.

Hieraus ergibt sich die eigentümliche Spannung, der sich die Geisteswissenschaften ausgesetzt sehen. Unwiderrufbar ist ihre Öffnung zu den Sozialwissenschaften, wenn sie nicht in blinden, zukunftslosen Traditionalismus zurückfallen wollen. Trotzdem kann die Forderung nicht einfach fallengelassen werden, daß die Geisteswissenschaften eine spezifische, das heißt vor allem: synthetisierende Leistung zu vollbringen haben, zu der die Sozialwissenschaften von sich aus nicht in der Lage sind. Daß die bildungspolitischen Reformmaßnahmen der letzten Jahre nur allzu oft in schiere Technokratie ausarteten, ist letzten Endes wohl darauf zurückzuführen, daß die Fähigkeit zur Synthese den Sozialwissenschaften unbefragt unterstellt wurde. Es gibt jedoch, wie Habermas zu Recht feststellt, «*keine administrative Erzeugung von Sinn* (…). Kulturelle Überlieferungen haben ihre eigenen und verletzbaren Reproduktionsbedingungen. Sie bleiben ‹lebendig›, solange sie naturwüchsig oder mit hermeneutischem Bewußtsein fortgebildet werden».[4] Dagegen verliert eine kulturelle Überlieferung ihre Kraft, «sobald sie objektivistisch aufbereitet oder strategisch eingesetzt wird. (…) Legitimatorische Kraft behalten Traditionen offensichtlich nur, solange sie nicht aus kontinuitätssichernden und identitätsverbürgenden Deutungssystemen herausgebrochen werden.»[5]

Das bedeutet nicht unbedingt, daß die Fähigkeit zur Synthese, in der die Eigenart der Geisteswissenschaften besteht, gleichbedeutend sein müsse mit unkritischer Aneignung der Tradition; auch Kritik ist «nicht weniger als Hermeneutik eine Form der Aneignung von Tradition».[6] Wohl aber bedeutet die Forderung, daß die Geisteswissenschaften ihre Eigenart auch gegenüber den Sozialwissenschaften bewahren müssen, daß sie jene Disziplin zu reflektieren haben, in der die Sinnpotentiale, für die in der Rationalität der bürgerlichen Gesellschaft kein Platz ist, aufbewahrt sind: die philosophische Ästhetik. Trifft die These zu, daß in der bürgerlichen Ästhetik, seit etwa der Mitte des 18. Jahrhunderts, jenes Bedürfnis nach Synthese überlebt, das mit fortschreitender Arbeitsteilung und fortschreitender Säkularisierung keine institutionelle Absicherung mehr findet, dann ist es Aufgabe der Geisteswissenschaften, die Kategorie des Sinnes kritisch gegen die Tradition, kritisch jedoch auch gegen eine unkritisch Traditionen liquidierende Gesellschaft festzuhalten. Durchaus unsicher ist, ob die Geisteswissenschaften angesichts der realen gesellschaftlichen Entwicklung diese Leistung noch zu vollbringen vermögen. Die kritische Aufarbeitung der ästhetischen Theorien des bürgerlichen Zeitalters soll dazu beitragen, daß diese Frage nicht abstrakt entschieden wird.

II

Im Jahre 1938, ein Jahr vor seinem Tode im Pariser Exil, veröffentlichte Joseph Roth in der Emigrantenzeitschrift «Das Neue Tagebuch» einen kurzen Aufsatz mit der Überschrift «Dem Anschein nach». Dort heißt es:

«Dem Anschein nach ist die Heiterkeit dieser Welt nicht geringer geworden, seitdem ihre Qualen zugenommen haben, und es sieht gerade so aus, als wüßte sie nicht abzuschätzen, was ihr alles jede Stunde zustößt. Wollte man lediglich dem Anschein nach urteilen, so könnte man sagen, das subjektive Befinden der Welt sei heiter, indes ihr objektives miserabel ist, wie wir wissen. Man betrachte die stehenden photographischen Aufnahmen in den illustrierten Zeitungen und Zeitschriften und die beweglichen in der Wochenschau. Weit und breit ist, zum Beispiel, kein europäischer Staatsmann zu erblicken, der nicht beglückt lächelte nach einer beispiellosen diplomatischen Niederlage; kein geschlagener Tennismeister, der nicht erfreut in die Gesichter seiner offenbar keineswegs enttäuschten Anhänger schaute; kein Boxer, der, ein muskulöser Brei in einem Bademantel, nicht durch Blut und Tränen schmunzelte, brüderlich dankbar die Hand des Gegners schüttelnd, der neben dem beseligten Besiegten beinahe traurig aussieht, als wäre er dessen Opfer; kein schwerverletzter Rennfahrer, der auf dem Grat zwischen Chirurgie und dem Tod nicht noch gleichsam befriedigt röchelte. Es sind keine Phänomene, sondern Symptome.»[7]

Zweifellos richtete sich die in diesen Zeilen enthaltene Kritik vor allem gegen die Institution der Massenmedien; spezifisch ästhetische Überlegungen waren von Roth offenbar nicht beabsichtigt. Trotzdem führen diese Bemerkungen, zu Ende gedacht, zu grundsätzlichen ästhetischen Fragestellungen. Vor diesem Hintergrund wird der Verlust aller kultureller Selbstverständlichkeiten, der sich in den Jahren nach 1968 bemerkbar machte, als Problemzusammenhang sichtbar, dessen Ursachen bis in die Zeit weit vor dem zweiten Weltkrieg zurückreichen.

Was den Schein der universalen Heiterkeit in einer Welt, die ein Jahr später den Ausbruch des zweiten Weltkrieges erleben sollte, hervorbringt, scheint auf den ersten Blick erkennbar zu sein: es ist das Medium, die Zeitung, die die Vielzahl der Erscheinungen auswählt, sortiert und damit zu jenem Filter wird, der sich zwischen die Rezipienten und die Ereignisse schiebt, an denen er nicht selbst teilnehmen kann. Hierdurch wird die Art, wie Wirklichkeit wahrgenommen und eingeschätzt wird, nachhaltig beeinflußt, und zwar um so mehr, je stärker der umfassende Zugriff der Massenmedien und die fortschreitende gesellschaftliche Arbeitsteilung ineinander greifen.

Denn Arbeitsteilung hat für den Einzelnen zur Folge, daß der Bereich der Wirklichkeit, in dem er abschätzen kann, welchen Wirkungen und Einflüssen er ausgesetzt ist und welche feststellbaren Auswirkungen sein eigenes Handeln haben kann, zusammenschrumpft; entsprechend gilt, daß seine Umgebung keine neuen Erfahrungen mehr zu vermitteln vermag. Für diesen Verlust wird durch die Medien ein scheinhafter Ersatz bereitgestellt. Sie vermitteln das Gefühl, die Isolation des Individuums sei grundsätzlich aufhebbar, indem sie aus allen nur denkbaren Bereichen Informationen in beliebiger Menge zum Konsum anbieten. So entsteht jene für die Gegenwart charakteristische Diskrepanz zwischen fortschreitendem Wirklichkeitsverlust in der eigenen Lebenswelt und einem Überangebot von Informationen.

Informationen, nicht Erfahrung. Denn der Begriff der Erfahrung schließt ein, daß die Wirklichkeit auf die eigene Person einwirkt, daß die empfangenen Eindrücke verarbeitet werden: Erfahrung wäre zu definieren als die gelungene Vermittlung von Wahrnehmungen und Eindrücken mit der eigenen Identität. Eben diese Vermittlung jedoch kommt bei der Nachrichtenübermittlung durch Medien nicht zustande. Einmal, weil die Wirklichkeitsfragmente zu geringfügig sind, um angemessene Reaktionen überhaupt zuzulassen; zum andern werden, vor aller Beeinflussung durch bestimmte Inhalte, bereits durch die jeweilige Technik der Übermittlung die Gegenstände vorab in einem solchen Ausmaß präformiert, daß. der Rezipient ihnen gegenüber heteronom bleiben muß.

Wenn aber Erfahrungen nicht möglich sind, dann treten an ihre Stelle diffuse Urteile, bloße Meinungen, die insgesamt ein trügerisches Gefühl des Bescheidwissens vermitteln. Notwendig ist diese Reaktion, weil sie das psychische Gleichgewicht stabilisiert: soll das Chaos der Informationen nicht identitätsgefährdend wirken, soll nicht Angst als Folge von Orientierungslosigkeit erzeugt werden, dann muß, gleichsam als Ersatz-Erfahrung, die von vornherein feststehende Meinung die gefährdete psychische Stabilität wieder herstellen.

Aber die Diskrepanz zwischen dem eigenen Lebensbereich und der Außenwelt, wie sie durch die Medien vermittelt wird, wird immer mehr zum bloßen Schein. Denn der Einzelne muß selbst das Unerhörte an seiner eigenen Erfahrung messen, und sei diese noch so fragmentarisch; daher bleibt es verborgen wie unter einer Tarnkappe, die die Welt als zugleich unzugänglich und geheimnislos erscheinen läßt. Es liegt in der Logik dieser Entwicklung, daß sie so weit fortschreitet, bis das Wahrnehmungsvermögen gänzlich abgestumpft, die Möglichkeit, Neues *überhaupt* noch aufzunehmen, so weit geschwunden ist, daß allein noch das Bekannte übrigbleibt. Die Tendenz zur Vereinzelung der Menschen, die das Bewegungsgesetz dieser Gesellschaft ist, terminiert in der Zerstörung des Wahrnehmungsvermögens. Ist aber erst einmal die Fähigkeit abgebaut, sinnvolle Zusammenhänge, ja Zusammenhänge überhaupt wahrzunehmen, dann ist das Urteil auch über die Möglichkeit gesellschaftlicher Veränderung ge-

sprochen. Denn jede Veränderung bedarf der Differenz von Subjekt und
Objekt, während tatsächlich Innen und Außen tendenziell zusammenfallen.
Damit wäre ein Zustand erreicht, der das Zerrbild einer den Menschen
gemäßen Welt wäre. Zwar wäre die Außenwelt nach den psychischen
Strukturen des Subjekts modelliert, dieses Subjekt aber hätte seine Prägung
bis ins Innerste vorab von außen bezogen. Hatten die Ideologien traditioneller Prägung die Funktion, die Differenz zwischen Individuum und Ge-
sellschaftsstruktur zu verschleiern, so wird absehbar, daß diese Differenz
selbst zur Ideologie wird, vielleicht zur einzigen, die diese Gesellschaft noch
eine Zeitlang benötigen wird.

III

Es finden sich unter Roths Bemerkungen aber auch solche, die geeignet
sind, die Funktion der Kunst angesichts der sozialen Realität grundsätzlich
in Frage zu stellen. Es sind die Stellen, an denen er ausdrücklich den *Bildcharakter* der von ihm zitierten «Symptome» hervorhebt. Er ist es offenbar,
der den falschen Eindruck der «Heiterkeit», unabhängig von allen besonderen Inhalten, hervorruft. Man könnte ja noch verstehen, fährt Roth fort,
wenn ein junges Mädchen, das mit einem Dollar in der Tasche losgezogen
sei, um die ganze Welt kennenzulernen, heiter dreinschaue, wenn sie für
Zeitungen photographiert wird; obwohl – setzt er sarkastisch hinzu – sie
Anlaß gehabt hätte, «eher ein wehmütiges Gesicht zu zeigen, hätte sie diese
Welt wirklich kennengelernt». Auch ein «Fest, ein Ball, ein Schönheitswett-
bewerb, eine Hunde-Ausstellung, ein Wettlauf, ein Kabarettier, eine neue
Revue, ein eben geschiedener und bereits neuverlobter Filmstar: deren Heiterkeit dürfte eigentlich niemand wundernehmen».[8] Dann aber kommt er
auf andere Bilder zu sprechen: «Aber auch die streikenden Arbeiter in den
stillgelegten Werken lassen sich gehorsam dem Willen der ‹Bild-Reporter›,
hockend auf den Mauern der Fabrikhöfe photographieren, allem Anschein
nach durch eine Welt entfernt von ihrem eigenen Ernst und von jenem, den
ihr Streik zur Ursache hat und auch von jenem, den er zu bereiten wahrscheinlich imstande wäre. *Dem Anschein nach, das heißt: nach den Bildern
zu urteilen,* zieht das Proletariat so munter in den Streik, wie jenes Mädchen mit einem Dollar in die Welt.»[9] Dieser Sachverhalt läßt Roth die
entscheidende Frage stellen, welch eine «geheime, unheimliche, (...) gespen-
stische Macht»[10] diese Wirkungen hervorbringe.

Letzten Endes ist das hier beschriebene «Symptom» wohl nicht ausschließlich auf die ideologische Funktion der Massenmedien zurückzufüh-

ren; es verweist vielmehr auf ein dahinterliegendes, umfassend wirksames Phänomen: die offenbar von allen konkreten Inhalten unabhängige, daher auch nicht tilgbare «Heiterkeit» der Kunst. Weinrich ist zwar zuzustimmen, wenn er die Heiterkeit der Kunst angesichts der «Affinität der Literatur zur Negativität»[11] nicht inhaltlich zu begründen versucht, aber er greift zu kurz, wenn er sie auf die spezifische «Rollenqualität» des Publikums zurückführt, auf die «unaufhebbare Freiheit»[12], die der Leser dem literarischen Werk gegenüber bewahre: Die Heiterkeit der Kunst gründe in einer Freiheit, «die das Publikum immer» schon gehabt habe, nämlich der «Freiheit der Abwendung von der Kunst. (...) So ist also auch die Zuwendung zur Kunst ein freier Akt, nämlich die jederzeit kündbare Übernahme einer Rolle, der Publikumsrolle.»[13] Weinrich übersieht, daß diese «Freiheit» der Kunst gegenüber erst sehr spät in der bürgerlichen Epoche möglich geworden ist – sie ist nicht denkbar einer Kunst gegenüber, die mit magischen Praktiken zusammenfällt, oder der eine kultische Funktion zukommt. «Es gibt tatsächlich (...) eine Heiterkeit der Kunst. Aber nicht als Gestaltqualität, die an dem einzelnen Kunstwerk oder seinem Schöpfer ablesbar wäre, sondern vielmehr als Rollenqualität dessen, der aus freien Stücken für eine begrenzte Zeit seines Lebens den Status eines Lesers, Zuschauers, Betrachters oder Zuhörers annimmt.»[14] Das Bedürfnis nach Kunst, das das bürgerliche Publikum auszeichnet, bleibt auf diese Weise unerklärt, es ist keinesfalls zu reduzieren auf die bloß negative Freiheit, sich von der Kunst auch abwenden zu können. Eher ist die Kunst heiter, weil sie vermittels des Organisationsprinzips der Werke jene Kontingenzen zu bannen verspricht, für die in der Realität sonst keine Abhilfe zu schaffen ist. Daher konnte Stendhal das Kunstwerk geradezu als «promesse de bonheur» definieren. Konstitutiv für die Heiterkeit der Kunst ist ihre Fähigkeit, «das *Wirkliche* (...) in ein *Bild* zu verwandeln»[15].

Tatsächlich trifft die scheinbar banale Feststellung, mit der Wilhelm von Humboldt eine seiner wichtigsten Arbeiten zur Literaturtheorie einleitet, ins Zentrum des Ästhetischen überhaupt. Allein durch die Tatsache, daß im Kunstwerk das, was in der empirischen Wirklichkeit bloß vereinzelt und damit «sinnlos» ist, zu einem Bild versammelt wird, ist mit der bloßen Existenz von Kunst zugleich ihre «Heiterkeit» gesetzt. Adornos These, daß die Heiterkeit in der Kunst vor allem durch Subjektivität, die sich dem mythischen Bann entringe, zustande komme, trifft daher nur bedingt zu, am ehesten noch für die Kunst der frühbürgerlichen Zeit. «Was irgend heiter an ihr genannt werden darf, ist ein Entsprungenes, undenkbar in archaischen Werken oder solchen strikt theologischen Ortes. (...) Im Heiteren der Kunst wird Subjektivität ihrer selbst inne und bewußt. (...) Das

Heitere hat etwas von bürgerlicher Freizügigkeit, gerät allerdings damit auch in die geschichtliche Fatalität des Bürgertums.»[16] Diese ausschließlich inhaltlich orientierte, den Begriff der Heiterkeit zu eng fassende Äußerung ist unhaltbar. Sie grenzt die «Heiterkeit» der Kunst auf den kurzen historischen Augenblick ein, da, in der zweiten Hälfte des 18. Jahrhunderts, die Kräfte der feudalen Ordnung dem bereits erstarkten Bürgertum noch so viel Widerstand entgegensetzten, daß dieses sich ohne Vorbehalte als Träger des Fortschritts fühlen konnte. Aufschlußreich in diesem Zusammenhang ist, daß Stendhals These vom Kunstwerk als einer «promesse de bonheur», die in der Tat auf die Erfahrung einer aus überalterten Zwängen sich entwindenden Subjektivität zurückgeht und insofern mit Adornos Auffassung übereinstimmt, schon von Baudelaire gleichsam halbiert wird. Während Stendhal die Entfaltung von Subjektivität noch ohne Einschränkung als glückvoll erfährt und ihre Erscheinung in der Kunst daher mit dem Schönen gleichsetzt, läßt Baudelaire die Schönheit sich aus einem subjektiven, vergänglichen, und einem objektiven, ewigen Anteil zusammensetzen: «le beau est toujours, inévitablement, d'une composition double, bien que l'impression qu'il produit soit une (...). Le beau est fait d'un élément éternel, invariable, dont la quantité est excessivement difficile à déterminer, et d'un élément relatif, circonstanciel, qui sera, si l'on veut, tour à tour ou tout ensemble, l'époque, la mode, la morale, la passion. (...) La dualité de l'art est une conséquence fatale de la dualité de l'homme.»[17] Schon für Baudelaire wird Subjektivität nicht mehr überwiegend als glückvoll erfahren. Hatte in der Epoche des aufsteigenden Bürgertums – bei Baumgarten, Kant, und auch noch bei Stendhal – das Schöne des Subjekts bedurft, um sich zu konstituieren, so wird diesem solche Souveränität schon von Baudelaire wieder abgesprochen. Damit von Schönheit die Rede sein kann, bedarf es nun wieder eines vorsubjektiven Moments, offenbar, weil in bürgerlicher Kunst Subjektivität zwar zum Ausdruck und zum Bewußtsein ihrer selbst findet, mit der Auflösung aller älteren, geschlossenen Weltbilder zugleich jedoch die Möglichkeit zu schwinden scheint, daß sie sich zu sinnvollen Formen strukturiert; als gänzlich befreite, so fürchtet bereits Baudelaire, wäre sie zugleich ganz formlos.

Kunst partizipiert also an Aufklärung, indem sie dem Subjekt gegen vorsubjektive Bindungen zum Ausdruck verhilft; zugleich aber ist sie auch Korrektiv von Aufklärung, indem sie die stets drohende Koppelung von Aufklärung und Sinnverlust im Bewußtsein hält. Wenn es zutrifft, daß «Sinn» eine «knapp und immer knapper werdende Ressource» ist, dann schließt diese Bemerkung die Feststellung ein, daß Aufklärung «Sinn» nicht beliebig zu reproduzieren vermag, weil diese ebenso schwer definierbare wie offenkundig notwendige Kategorie offenbar auf voraufklärerische, vor-rationale Schichten und Deutungsmuster zurückverweist. Denn in einem umfassenderen Sinne entspringt das Sinnversprechen von Kunst – und in nichts anderem besteht ihre Heiterkeit – eher dem Gegenteil von Subjektivi-tät: der Geschlossenheit der mythischen Bilder, die von jedem Kunstwerk, allein durch seinen Bildcharakter, zitiert werden.

Dieses regressive Moment mag dazu beigetragen haben, daß die radika-len Werke der Moderne sich gegen Anschaulichkeit und damit gegen den Bildcharakter von Kunst überhaupt spröde machen. Der Inhalt des Werks mag jedoch so «negativ» sein wie auch immer, ja er mag sogar auf die Zerstörung allen Sinnes hin angelegt sein: indem im Kunstwerk Elemente gegenüber der empirischen Realität isoliert und in einen neuen Zusammen-hang gebracht werden – auch die Darstellung des reinen Zufalls, den das happening gleichsam experimentell isoliert, stiftet Zusammenhang –, wird Sinn, zumindest negativ, als – wenn auch verneinte – Möglichkeit sugge-riert. Insofern weisen noch die Produktionen des sogenannten Fotorealis-mus, die nur Wiedergabe der Empirie zu sein beanspruchen, allein durch ihren Bildcharakter ein die Wirklichkeit transzendierendes Moment auf.

Daher ist bereits in dem einfachsten Vorgang, der Übertragung der Wirk-lichkeit in ein Bild, die zentrale Problematik der Kunst beschlossen. Denn indem sie auch das Elend ins Bild zu versetzen vermag, erhebt sie den Anspruch, es zu überwinden – wenn auch nicht in der Realität, sondern nur «dem Anschein nach». Dieses von der Kunst nicht abzulösende Verspre-chen der Überwindung der Sinnlosigkeit und des Elends ist die «gespensti-sche Macht», die noch die Unglücklichsten veranlaßt, sich zu ihrer Situa-tion Hohn sprechenden Bildern zu gruppieren, auf denen sie «geradezu als unverbesserliche Optimisten» erscheinen. «Die Katastrophen bekommen so die Physiognomie besonderer Glücksfälle.»[18] Deshalb wendet Roth sich von den Bildern ab: «Immerhin können uns die lebendigen Objekte des Photographen nicht in dem Grade täuschen, wie die Bilder und die beglei-tenden Texte. Sobald wir in die trüben Augen der von Zeit zu Zeit obligat werdenden Heiterkeit blicken – Weihnachtsmärkte, Silvesterfeiern, Fa-schingsmaskeraden erwarten uns –, ist es, als hätten wir graue, versteinerte Lava gesehen, eine Zukunftsschau, die Lava, die der Vulkan bald ausspeien wird, unser Vulkan eben, auf dem wir wirklich, nicht metaphorisch tanzen. Nicht einmal der Schrecken vor seinem Ausbruch beherrscht und färbt diese Heiterkeit, sondern bereits das fürchterlich graue Nichts des erlosche-nen, versteinerten Schlammes. Der Tod ist noch fruchtbar und ein Engel. Dies aber ist Schatten und Vernichtung.»[19]

IV

Wollte man den Impuls, der die Ausbildung der bürgerlichen Ästhetik seit der Mitte des 18. Jahrhunderts vorantrieb, benennen, so wäre ein Abschnitt aus der Einleitung zur «Kritik der Urteilskraft» anzuführen; dort schreibt Kant: «Denn es läßt sich wohl denken: daß, ungeachtet aller der Gleichförmigkeit der Naturdinge nach den allgemeinen Gesetzen, ohne welche die Form eines Erfahrungserkenntnisses überhaupt gar nicht Statt finden würde, die spezifische Verschiedenheit der empirischen Gesetze der Natur, samt ihren Wirkungen, dennoch so groß sein könnte, daß es für unseren Verstand unmöglich wäre, in ihr eine faßliche Ordnung zu entdecken, ihre Produkte in Gattungen und Arten einzuteilen, um die Prinzipien der Erklärung und des Verständnisses des einen auch zur Erklärung und Begreifung des andern zu gebrauchen, und aus einem für uns so verworrenen (eigentlich nur unendlich mannigfaltigen, unserer Fassungskraft nicht angemessenen) Stoffe eine zusammenhängende Erfahrung zu machen.»[20] Die Unruhe, die den ästhetischen Reflexionsprozeß seit Kant in Bewegung hält, ist der Argwohn, es könne, seitdem im Gefolge der Neubegründung der Naturwissenschaften durch Descartes die Natur aus einer Ganzheit von Qualitäten, deren Einheit durch eine metaphysische Instanz, Gott, garantiert war, in das abstrakte Substrat einer Ansammlung bloß quantitativ wirksamer Naturgesetze verwandelt worden war, das Subjekt, gerade indem es in der Erkenntnis der einzelnen Gesetze immer weiter fortschreitet, die Erkenntnis von deren Einheit und damit letzten Endes sich selbst versäumen. «Die Systeme scheinen», heißt es in einer ungewöhnlich expressiven Stelle der «Kritik der reinen Vernunft», «wie Gewürme (...) aus dem bloßen Zusammenfluß von aufgesammelten Begriffen, anfangs verstümmelt, mit der Zeit vollständig, gebildet worden zu sein, ob sie gleich alle insgesamt ihr Schema, als den ursprünglichen Keim, in der sich bloß auswickelnden Vernunft hatten».[21] In der ersten Kritik wird die in diesen Formulierungen zum Ausdruck kommende Unruhe noch durch die Überzeugung besänftigt, daß die Einheit der Natur zwar verborgen, letzten Endes aber doch auffindbar sei: «Es ist schlimm, daß nur allererst, nachdem wir lange Zeit, nach Anweisung einer in uns versteckt liegenden Idee, rhapsodistisch viele dahin sich beziehende Erkenntnisse, als Bauzeug, gesammelt, ja gar lange Zeiten hindurch sie technisch zusammengesetzt haben, es uns dann allererst möglich ist, die Idee in hellerem Lichte zu erblicken, und ein Ganzes nach den Zwecken der Vernunft architektonisch zu entwerfen.»[22] Der «Kritik der Urteilskraft» liegt dagegen der ernsthafte Zweifel zugrunde, ob die «Kluft zwischen dem Gebiete des Naturbegriffs, als dem Sinnlichen, und dem Gebiete des Freiheitsbegriffs, als dem Übersinnlichen»[23] zu überbrücken sei; ob das Bedürfnis der Menschen, die Außenwelt als sinnvoll strukturierte zu erfahren, jemals zu befriedigen sein wird.

Die Einsicht, daß die theoretische Vernunft (der nach mechanischen Prinzipien erklärenden Naturwissenschaften) diesem Bedürfnis niemals wird entsprechen können, macht eine Kritik der Urteilskraft notwendig. Ihr fällt die Aufgabe zu, zwischen dem Sinnbedürfnis der Subjekte und einer Welt, die diesem Bedürfnis nicht entspricht, zu vermitteln. Kant fürchtet, es könne «sich finden, daß der Urheber und noch seine spätesten Nachfolger um eine Idee herumirren, die sie sich selbst nicht haben deutlich machen und daher den eigentümlichen Inhalt, die Artikulation (systematische Einheit) und Grenzen der Wissenschaft nicht bestimmen können».[24] Gesellschaftlich bedingt ist diese Furcht, insofern der Zerfall der Natur in ein Konglomerat abstrakter Gesetze sich gleichzeitig vollzieht mit der Ausbildung einer Gesellschaftsordnung, deren erklärtes Ziel zwar die ungestörte Verwirklichung der Interessen des Einzelnen ist, die jedoch, um diese widerstreitenden Interessen dennoch zu einer Einheit zu bringen, sich im wesentlichen nur auf den abstrakten Marktmechanismus stützt. Da im Zeitalter des Hochliberalismus das Unbehagen vor der Abstraktheit des gesellschaftlichen Ordnungsprinzips, das nicht ohne weiteres mit dem Gedanken einer solidarisch handelnden Menschengattung in Zusammenhang zu bringen ist, noch nicht theoretisch formuliert werden kann, wird es auf das Bild einer zerfallenden, von Menschen zwar in ihrer Gesetzlichkeit analysierbaren, nicht jedoch als sinnvolles Ganzes begreifbaren Natur projiziert.

Die ästhetische Theorie wendet sich deshalb – sieht man von Kants, allerdings gewichtigen, Spekulationen über einen «Gemeinsinn» ab, der den einzelnen Geschmacksurteilen zugrunde liegen müsse, damit diese allgemeine Verbindlichkeit beanspruchen können – vor allem der Frage zu, wie das Subjekt sich als *einzelnes* gegenüber einer als amorph beargwöhnten Natur bewahren könne; wie es als Subjekt bestehen kann, wenn die Natur in abstrakte, miteinander nicht verbundene Gesetze zu zerfallen droht. Daher bezieht Kant das ästhetische Urteil auf das Gefühl der Lust und Unlust, «wodurch gar nichts im Objekt bezeichnet wird», sondern wodurch nur erreicht wird, daß, wie es in § 1 der «Kritik der Urteilskraft» ebenso pointiert wie programmatisch heißt, «das Subjekt (...) sich selbst *fühlt*».[25]

Daß das Subjekt sich selbst nicht verliert, daß es «sich fühlt», ist das Ziel der Kunst in einer Gesellschaft geblieben, die ihrer Struktur nach auf das «sich Fühlen» des Einzelnen keine Rücksicht nehmen kann, sondern die allein den abstrakten, affektfreien Gesetzen des Marktes zu folgen vermag. Insofern also ist die Kunst in der bürgerlichen Gesellschaft der einzige Zufluchtsort, in dem das Subjekt sich bewahren kann. Das ist ein weiterer Grund für die Indifferenz der Kunst gegen die Inhalte, für ihre unverwüstliche «Heiterkeit». Denn in aller Regel urteilt das Subjekt danach, ob es durch die ästhetische Objektivation sich zu «fühlen» vermag: Es erlebt die Welt und damit sich selbst als sinnvoll, wenn es das künstlerische Gebilde in eine befriedigende Beziehung zu seinem Empfinden von Lust und Unlust zu setzen vermag.

Mit der «Lust» ist es nach Kant so bewandt, daß sie «im ästhetischen Urteile (...) bloß kontemplativ, und ohne ein Interesse am Objekt zu bewirken, im moralischen Urteil hingegen praktisch ist».[26] Aus der prinzipiellen Indifferenz gegen die Inhalte wird in der «Kritik der Urteilskraft» kein Hehl gemacht: «Wenn mich jemand fragt, ob ich den Palast, den ich vor mir sehe, schön finde: so mag ich zwar sagen: ich liebe dergleichen Dinge nicht, die bloß für das Angaffen gemacht sind, oder, wie jener irokesische Sachem, ihm gefalle in Paris nichts besser als die Garküchen; ich kann noch überdem auf die Eitelkeit der Großen auf gut Rousseauisch schmälen, welche den Schweiß des Volks auf so entbehrliche Dinge verwenden; ich kann mich endlich gar leicht überzeugen, daß, wenn ich mich auf einem unbewohnten Eilande, ohne Hoffnung, jemals wieder zu Menschen zu kommen, befände, und ich durch meinen bloßen Wunsch ein solches Prachtgebäude hinzaubern könnte, ich mir auch nicht einmal die Mühe darum geben würde, wenn ich schon eine Hütte hätte, die mir bequem genug wäre. Man kann mir alles dieses einräumen und gutheißen; nur davon ist jetzt nicht die Rede. Man will nur wissen, ob die bloße Vorstellung des Gegenstandes in mir mit Wohlgefallen begleitet sei, so gleichgültig ich auch immer in Ansehung der Existenz des Gegenstandes dieser Vorstellung sein mag.»[27] Damit ist ein entscheidender Schritt in der Entwicklung einer bürgerlichen Ästhetik getan. Indem Kant das ästhetische Urteil vom «Begehrungsvermögen» abkoppelt, es unabhängig sein läßt von der objektiven Beschaffenheit wie von der gesellschaftlichen Funktion seines Gegenstandes, schafft er nicht nur die theoretische Voraussetzung für eine autonome, von moralischen, politischen oder religiösen Normen unabhängige Kunst, sondern er stellt auch – und vor allem – die Kunst in den Dienst des Subjekts. Nicht mehr die Erfüllung vorgegebener Normen, nicht einmal mehr sachliche Richtigkeit bei der Darstellung eines Gegenstandes – noch Gottsched hatte die Auffassung vertreten, daß schon der geringste Irrtum den Dichter zu Recht um seine Reputation bringe – ist entscheidend für das Geschmacksurteil, sondern die subjektivste aller Regungen, das Gefühl der Lust und Unlust.

Und wenn Kant auch an anderer Stelle – in deutlicher Besorgnis, daß über der Befriedigung des subjektiven Bedürfnisses die Herstellung eines subjektübergreifenden gesellschaftlichen Ganzen versäumt werden könnte – die allgemeine Mitteilbarkeit des Geschmacksurteils zum Kennzeichen einer «auf den höchsten Punkt» gelangten «Zivilisierung» macht[28], so ist doch schon hier nicht ganz auszuschließen, daß letzten Endes das ästhetische Geschmacksurteil auf den geschmäcklerischen «Kunstgenuß» reduzierbar sein wird.

V

Bemißt sich aber der Grad künstlerischen Gelingens danach, inwieweit das rezipierende Subjekt sich angesichts des Kunstwerks zu bewahren, zu «fühlen» vermag, dann bedeutet dies, daß das Kunstwerk, indem es prinzipiell sich indifferent gegen gesellschaftliche Inhalte verhält, um so unauflöslicher im Dienste eines außerkünstlerischen Prinzips steht: des Prinzips der Selbsterhaltung. Verfehlt wäre es, diese Tatsache ausschließlich auf die bürgerlich-kapitalistische Epoche zu beziehen. Steht in der archaischen Höhlenmalerei die künstlerische Produktion noch unmittelbar im Dienst der Selbsterhaltung, so scheint, in entwickelteren Gesellschaften, das Bedürfnis nach Kunst aus dem Wunsch des Subjekts, sich die erfolgreiche Behauptung gegenüber einer noch als übermächtig erfahrenen Natur bestätigen zu lassen, sublimiert zu sein. So beschreibt Homer die Situation, in der der heimgekehrte Odysseus von den bestandenen Gefahren erzählt:

Dann erzählte der Held, wie vielen Jammer er andern
Menschen gebracht und wie viel er selber vom Schicksal erduldet.
Und die Königin horchte mit inniger Wonne; kein Schlummer
Sank auf die Augenlider, bevor er alles erzählet.[29]

Nicht der Schatten eines Bedauerns gilt den Opfern; als notwendiger Beitrag zur Selbsterhaltung des siegreichen Odysseus erscheint ihr Tod als vollauf gerechtfertigt, vielmehr: als keiner Rechtfertigung bedürftig. Nicht abwegig wäre es daher, angesichts des ungerührten Berichts der Odyssee von einem der Kunst offenbar notwendig immanenten Moment des Ästhetizismus zu sprechen, begreift man Ästhetizismus als das Insistieren auf Schönheit selbst um den Preis, daß reales Leiden den Stoff ästhetischen Wohlgefallens abgeben muß. Insofern bestünde nur ein gradueller, kein qualitativer Unterschied zwischen der Erzählung aus dem Homerischen Epos und einer Schilderung Ernst Jüngers: «Vom Dache des ‹Raphael› sah

ich zweimal in Richtung Saint Germain gewaltige Sprengwolken aufsteigen, während Geschwader in großer Höhe davonflogen. Ihr Angriffsziel
waren die Flußbrücken. Art und Aufeinanderfolge der gegen den Nach-
schub gerichteten Maßnahmen deuten auf einen feinen Kopf. Beim zweiten
Mal, bei Sonnenuntergang, hielt ich ein Glas Burgunder, in dem Erdbeeren
schwammen, in der Hand. Die Stadt mit ihren roten Türmen und Kuppeln
lag in gewaltiger Schönheit, gleich einem Kelche, der zu tödlicher Befruch-
tung überflogen wird. Alles war Schauspiel, war reine, vom Schmerz bejah-
te und erhöhte Macht.»[30] Hatten schon die sinnreichen Veranstaltungen
des Odysseus – auch er ein «feiner Kopf» – im Dienste der Selbsterhaltung
des Subjekts gestanden, so fällt in Jüngers Prosa das Prinzip der Selbsterhaltung – durchaus folgerichtig in einer Gesellschaft, die kein Organisationsprinzip jenseits des Kampfes aller gegen alle kennt – mit der Vernichtung
der Gattung zusammen.

Selbstverständlich könnte gegen diese Überlegungen eingewandt werden,
hier seien, gestützt allein auf die These von dem aller Kunst immanenten
ästhetizistischen Moment, das Homerische Epos und die Aufzeichnung
Jüngers auf historisch unzulässige Weise kurzgeschlossen. Tatsächlich ist
die moderne Kunst insgesamt als Kritik an dem Ärgernis dieses kaum zu
vermeidenden Ästhetizismus zu interpretieren. Es macht die Eigenart aller
spezifisch modernen Kunst aus, von Baudelaire über die Avantgardebewegungen bis zur Absage an alle Kunst nach 1968, daß sie sich zunehmend
gegen dieses ihr immanente ästhetizistische Moment wendet, und zwar in
dem Maße, in dem sie es als Ausdruck bloß subjektiver Selbstbehauptung
durchschaut. Wenn Baudelaire sich im Einleitungsgedicht «Au Lecteur»
der «Fleurs du Mal» als «Bruder» seines «heuchlerischen Lesers» zu erkennen gibt, dann rührt diese ironische Identifikation aus der Einsicht, daß der
Leser das Kunstwerk gebraucht, um aus einer Realität, die nur noch als
«spleen», aber nicht mehr als sinnvoll zu erfahren ist, dennoch so etwas wie
Sinn «wie aus einer alten Orange» herauszupressen:

> Ainsi qu'un débauché pauvre qui baise et mange
> Le sein martyrisé d'une antique catin,
> Nous voulons au passage un plaisir clandestin
> Que nous pressons bien fort comme une vieille orange.[31]

Das Gedicht kann gelesen werden als Antwort auf die Kantische Ästhetik,
deren Subjekt, der Bürger, jedes Objekt auf sein Gefühl der Lust und Unlust
bezieht: Bei Baudelaire erscheint der bürgerliche Leser als Wüstling, der um
jeden Preis seinen schmalen Lustgewinn eintreibt; der Dichter als Dirne,
weil er ihm stets wieder zu einer unfrohen Befriedigung verhilft. «Brüder»

und «Heuchler» sind sie, weil beide, um auch weiterhin von der Realität absehen zu können, vom ästhetischen Erlebnis nicht ablassen. In Wahrheit aber wissen beide, Dichter wie Leser, daß der Sinn, den sie durch die Erfahrung des Kunstwerks einzuheimsen suchen, scheinhaft ist, daß die Realität durch kein subjektives Sinnbedürfnis mehr einzuholen ist: Was unmittelbar hinter dem ästhestischen Schein sichtbar geworden ist,

> C'est l'Ennui! – l'œil chargé d'un pleur involontaire,
> Il rêve d'échafauds en fumant son houka.
> Tu le connais, lecteur, ce monstre délicat,
> – Hypocrite lecteur, – mon semblable, – mon frère![32]

Was zum Paradigmenwechsel der Geisteswissenschaften führen wird, zu ihrer Öffnung auf eine soziale Realität, die sie mit ihrem methodischen Prinzip des Verstehens nicht mehr einzuholen vermögen, wird seit der Mitte des 19. Jahhunderts von einer Kunst vorbereitet, die allen ästhetischen Schein zunehmend als subjektive Veranstaltung gegen die Erkenntnis der Realität durchschaut. So kehrt der amoralische Gleichmut, mit der die Berichte des Odysseus wiedergegeben werden, wieder als «impassibilité», mit der Flaubert noch die kläglichsten, immer wieder scheiternden Versuche seiner Kleinbürger Bouvard und Pécuchet, in ihre Welt so etwas wie Ordnung zu bringen, referiert. Die Avantgardebewegungen schließlich vollziehen die Kritik an der in der bürgerlichen Ästhetik zentralen Kategorie des organischen, in sich geschlossenen Werkes. War Kant, auf der Suche nach objektiven, nicht nur durch menschliche Subjektivität in die Empirie projizierten sinnvollen Strukturen, in der «Kritik der teleologischen Urteilskraft» auf den natürlichen Organismus gestoßen, in dem das Ganze auf das Einzelne und jedes Einzelne auf das Ganze verweise – seine Beschreibungen des Organismus lesen sich daher nicht zufällig bereits wie Beschreibungen des organischen Kunstwerks –, so gelangt der junge Lukács zu der Einsicht, daß gerade die vollendeten Werke zwar für den Einzelnen subjektiven Sinn herzustellen geeignet sind, daß von diesem subjektiven Sinnerlebnis jedoch kein Schluß auf das gesellschaftliche intersubjektive Ganze zu ziehen erlaubt ist; über die Lyrik Georges ist zu lesen: «Die Allgemeinheit jener Lieder ist derart, daß sie die vielen hundert Leute eines Konzertsaales gleichzeitig bewegen kann; wir aber fühlen mit Niemandem mehr gleichzeitig, und wenn eine Sache auch viele von uns auf einmal berührt, so kann sie doch nur viele Einsame berühren, ein Massengefühl kann sich aus diesen Stimmungen kaum mehr entwickeln. Diese Lieder wurden – im idealen Sinne – für einen Menschen geschrieben, und nur ein Mensch kann sie lesen, zurückgezogen und allein. (...) Der Mensch der George-Lieder (...)

der Mensch, dem seine Inhalte in diesen Versen ausgesprochen scheinen) ist ein einsamer, aus allen sozialen Banden gelöster Mensch.»[33] Stand hinter der Sinnlosigkeit, die Kant in der Natur zu finden fürchtete, in Wahrheit das aus der Struktur der bürgerlichen Gesellschaft notwendig hervorgetriebene Sinndefizit, da die bürgerlichen Subjekte, als vereinzelte, schließlich sich nicht mehr in sinnvollen Zusammenhängen zu denken vermögen, so enthüllt umgekehrt der objektive Sinn, den Kant dann doch in der Natur erfahren zu können glaubte, und der das Vorbild für die ästhetische Kategorie des Werks wurde, sich als nur subjektiv, geeignet, das Individuum für eine Zeitlang über das Sinndefizit seiner Umgebung hinwegzutäuschen, jedoch versagend, sobald die zunehmenden gesellschaftlichen Konflikte in seine Kommunikation mit dem Werk einzubrechen beginnen.

VI

«Va-t'en, vieille barbe!» bekam, als er während des Pariser Mai auf dem Boulevard Saint Michel erschien, Louis Aragon zu hören, der schon früh, im Zeichen von Dada und Surrealismus, für die Überführung der Kunst in Lebenspraxis eingetreten war.[34] Nicht besser erging es Sartre, der sich mit den revoltierenden Studenten solidarisierte, «doch diese nicht mit ihm. Als er in der Sorbonne zu ihnen sprach, ließen sie ihn wissen, er schreibe zwar gut, aber er habe ihnen nichts zu sagen».[35] Die Einsicht, daß Kunst mit unmittelbarer gesellschaftlicher Praxis nicht das geringste zu tun habe, steht am Anfang jener Bewegung, die, nachdem sie die Literatur im ersten Schreck über diese Erkenntnis für tot erklärt hatte, alsbald dazu überging, ihre konsequente, praxisorientierte Politisierung zu fordern. «Die Literatur», resümierte Enzensberger im Jahre 1968, «sollte eintreten für das, was in der Bundesrepublik nicht vorhanden war, ein genuin politisches Leben. So wurde die Restauration bekämpft, als wäre sie ein literarisches Phänomen, nämlich mit literarischen Mitteln; Opposition ließ sich abdrängen auf die Feuilletonseiten; Umwälzungen in der Poetik sollten einstehen für die ausgebliebene Revolutionierung der sozialen Strukturen; künstlerische Avantgarde die politische Regression kaschieren. (...) Ihr Aufstieg war erkauft mit theorieblindem Optimismus, naiver Überheblichkeit und zunehmender Unvereinbarkeit von politischem Anspruch und politischer Praxis. Der Katzenjammer konnte nicht ausbleiben. Als die Totalität des Imperialismus sichtbar wurde, als die gesellschaftlichen Widersprüche nicht mehr stillzulegen waren, als die Politik auf die Straße ging, brachen die Risse im kulturellen Putz auf. Was sich da zwanzig Jahre lang ‹engagiert› hatte, sah sich nun vor Alternativen gestellt, die auf die Anfangsbuchstaben der Bonner Parteien nicht mehr hören wollten.»[36]

Diese Sätze lassen erkennen, daß die 1966 geschlossene «Große Koalition» von CDU/CSU und SPD entscheidend zur Entstehung des von Enzensberger beschriebenen «Katzenjammers» beigetragen hatte. Wie das kontinuierliche Wirtschaftswachstum der Nachkriegsjahrzehnte vergessen lassen konnte, daß die Inhalte der Politik vor allem restaurativ waren, so war die Sympathie für die als Opposition gleichsam institutionalisierte Sozialdemokratie geeignet, die reale politische Bedeutungslosigkeit der Literatur zu verschleiern. Regelmäßig – nicht nur im Literaturbetrieb – kommen Selbstzweifel solange nicht auf, als man eine Sache hat, für die man sich engagieren kann. Die schrillen Todeserklärungen der Literatur waren daher die direkte Folge der schockartig erlebten Erkenntnis, daß die politische Kraft, an der orientieren zu können man sich gewöhnt hatte, nun um der Teilhabe an der Macht willen sich als wandlungsfähig erwiesen hatte; die Zustimmung zu den Notstandsgesetzen zwei Jahre später mußte als der vorläufige Höhepunkt dieses Prozesses verstanden werden.

Sollte daher die Erkenntnis der praktischen Wirkungslosigkeit der Literatur überhaupt verarbeitet werden können, so durfte ihre Ursache nicht in der Eigenart des Ästhetischen, sondern mußte in der «Bürgerlichkeit» der bisherigen Literatur und Kritik aufgesucht werden. Walter Boehlich psalmodierte:

«Die Kritik ist tot.
Welche?
Die bürgerliche, die herrschende.

Sie ist gestorben an sich selbst, gestorben mit der bürgerlichen Welt, zu der sie gehört hat, gestorben mit der bürgerlichen Literatur, die sie schulterklopfend begleitet hat, gestorben mit der bürgerlichen Ästhetik, auf die sie ihre Regeln gegründet hat, gestorben mit dem bürgerlichen Gott, der ihr seinen Segen gegeben hat.

Die bürgerliche Kritik wirkt nicht mehr über den ersten Tag hinaus. Sie bewirkt ihr eigenes Vergessen. Sie produziert Eintagsfliegen. (...) Sie glaubt immer noch, daß sie trotzdem etwas bewirken könne. Sie nimmt sich hin als liberalen Flitter einer längst nicht mehr liberalen Gewalt. Sie läßt sich demütigen, weil sie ja jeden Tag ihre Meinung sagen darf. Ihre bürgerliche Meinung.»[37]

Dieser «Autodafé» überschriebene «Kursbogen», mit dem Boehlich wohl beabsichtigte, einen Scheiterhaufen für die bisher gehegten Illusionen zu entzünden, wurde seinem verräterisch theologischen Titel (als «Autodafé» wurden von der Inquisition die Ketzerverbrennungen bezeichnet;

«Glaubensakt» ist die wörtliche Übersetzung) insofern gerecht, als hier bereits jene neuen Dogmen formuliert sind, die in den folgenden Jahren für die bildungspolitische Einschätzung der Kunst, insbesondere auch in den Schulen, bestimmend werden sollten:

«Können wir keine Kritik haben, die den fadenscheinig gewordenen Kunstwerk-Begriff über Bord wirft und endlich die gesellschaftliche Funktion jeglicher Literatur als das Entscheidende versteht und damit die künstlerische Funktion als eine beiläufige erkennt?

Können wir keine Kritik haben, deren Scheinautorität sich nicht länger darauf begründet, daß der Kritiker mehr gelesen hat als seine Leser, Fachmann im Lesen ist, ein besseres Gespür hat, seine Ästhetik studiert hat?

Können wir keine Kritik haben, deren Autorität sich darauf gründet, daß der Kritiker sich über die Funktion klar ist, die die Literatur hat, und daß von dieser Funktion abhängen muß, was über Literatur gesagt wird?

Können wir keine Kritik haben, die nicht vom überzeitlichen Charakter des Kunstwerks ausgeht, sondern vom jeweils zeitlichen Charakter, die Literatur nicht länger als das begreift, was sie angeblich ist, sondern als das, wozu sie dient und was mit ihr geschieht.»[38]

Gemeinsam ist Boehlichs Forderungen – die Frageform, in der sie vorgetragen werden, ist lediglich von rhetorischer Bedeutung –, daß sie die (Wieder-?)Gewinnung unmittelbar praktischer Bedeutung der Literatur unter der Bedingung verheißen, daß die spezifisch ästhetische Vermittlung durch die Form preisgegeben wird. An die Stelle des geschlossenen Werks, das sich erst durch die Distanz von der Empirie konstituiert, soll die unmittelbar politische Aussage treten; der Kritiker soll sich nicht in der Entzifferung komplizierter ästhetischer Formen verzetteln, sondern sich darauf beschränken, der Literatur ihre Funktion in der Gesellschaft anzuweisen; Literatur muß im wesentlichen als Instrument der aktuellen politischen Auseinandersetzung begriffen und gebraucht werden.

Unbestreitbar, daß Boehlich die in der Tat problematischen, ideologieträchtigen Elemente der Kunst trifft. Die Gratifikation, die die Erfüllung seiner Forderungen in Aussicht stellt, ist dementsprechend eine doppelte: Sie verheißt zum einen Entlastung von der Notwendigkeit, die Werke stets wieder auf ihre möglichen ideologischen Implikationen zu untersuchen; und sie entspricht dem Postulat, auch Kunst und Geisteswissenschaften hätten unmittelbar «handlungsorientierend» zu wirken. Es ist daher nicht verwunderlich, daß der drei Jahre später ebenfalls im «Kursbuch» erschienene Aufsatz von Helmut Lethen und Peter Schneider «Ratschläge zweier Deutsch-Lehrer an ihre zurückbleibenden Schüler»[39] sich wie eine politisch-didaktische Nutzanwendung der von Boehlich erhobenen Forderungen liest; «Realismus», Verständlichkeit, Primat des Stoffes stehen hier wie dort im Vordergrund. Die Anweisungen, die Lethen und Schneider erteilen, lauten im einzelnen:

«Richte an jedes Kunstwerk die Frage: ist es realistisch? Wenn z. B. in Kafkas Geschichte der Mann vom Lande vor die Tür des Gesetzes kommt und sich dort vom Türhüter mit einigen merkwürdigen Sätzen abspeisen läßt, begnüge Dich nicht mit der Frage nach der Absicht des Dichters. Wie weit wäre G. Wallraff gekommen, wenn er sich bei seiner Reportage über den Werkselbstschutz mit den ersten telefonischen Auskünften begnügt hätte? Prüfe, ob Wallraffs Methode zur Durchbrechung von Nachrichtensperren auf diesen Fall anwendbar wäre, und wenn nicht diese, welche dann? Laß Dich nicht so ohne weiteres faszinieren. Es ist nicht faszinierend, wenn einer das ganze Leben vor einer Tür wartet. (...)

Verlange von jedem Kunstwerk, daß es verständlich sei und zwar für Dich und für Leute, die womöglich noch weniger davon verstehen als Du. (...)

Frag immer erst nach dem Stoff, dann nach der Form. Frag jeweils, ob die Form den Stoff verdeutlicht, ob sie der Verständigung und Vermittlung dient oder der Verrätselung.»[40]

Aus Boehlichs «Fragen» sind Imperative geworden, und zwar im Namen eines durch keinen ästhetischen Schein mehr getrübten Blicks auf die gesellschaftliche Wirklichkeit, die damit für die praktisch eingreifende Veränderung erreichbar geworden sei.

Nun zeigt jedoch die Analyse der von Lethen und Schneider angeführten Beispiele, daß offenbar gerade die zweifelhaft gewordene ästhetische Form eine angemessene Erkenntnis der Wirklichkeit erst ermöglicht; zumindest lehrt das Beispiel, daß erst recht das Absehen von jeder ästhetischen Vermittlung, der unmittelbare Primat des Stoffs, die angestrebte Erkenntnis verhindert. Weil Lethen und Schneider nur den Stoff sehen, sehen sie nicht einmal den Stoff. Die Vernachlässigung der Form bzw. der Gattung läßt den Gehalt beider Texte unerkennbar werden: Kafkas Parabel vergegenwärtigt die Gewalt fortdauernder Entfremdung in einer Gesellschaft, die der Repression – darauf scheint die Bemerkung des Türhüters zu verweisen, die Tür wäre jederzeit passierbar gewesen –, dem Stand ihrer Produktivkräfte nach, eigentlich nicht mehr bedürfte; der Gehalt der Parabel besteht in der Darstellung dieses Widerspruchs. Die «Verrätselung», auf die Lethen und Schneider die Form reduzieren, ist weder Willkür noch obskurantistische Veranstaltung, vielmehr bringt sie das in der Alltagswelt verborgene gesellschaftliche Wesen erst zur Erscheinung. Günter Wallraffs Reportagen, worin auch immer man ihre vorrangige Bedeutung sehen mag: in der

Innenansicht jener perfekt funktionierenden Systeme, zu denen der Autor sich Zutritt verschafft hat; oder in der Vermittlung der tröstlichen Hoffnung, daß individueller Einfallsreichtum noch immer den «technologischen Schleier», mit dem die Systeme sich umgeben, zu durchstoßen vermag (daher die kaum dingfest zu machenden märchenhaften Elemente, die diesen Reportagen eigentümlich sind, moderne Variationen des Märchens vom tapferen Schneiderlein) – eines bewirken sie mit Sicherheit nicht: die «Herrschenden» als «Papiertiger» zu entlarven. Gerade die List, derer es bedarf, um das Funktionieren des Systems überhaupt in den Blick zu bekommen, läßt die reale Macht des Bestehenden erkennen; nicht zuletzt hierin besteht die Bedeutung von Wallraffs Reportagen, ganz im Gegensatz zu der Aufforderung zu unverantwortlichem Aktionismus, den Lethen und Schneider aus ihnen herauslesen.

Lethens und Schneiders sich als fortschrittlich ausgebende politische Ästhetik ist totalitär: «Erwarte von der Literatur, daß sie Spaß macht. Trainiere die Kunst, an den richtigen Stellen zu lachen. Die richtigen Stellen sind die, wo der Held oder noch besser: mehrere Helden die Herrschenden als Papiertiger entlarven.»[41] Die Sätze verdeutlichen das Ziel, um dessentwillen die ästhetische Vermittlung abgeschafft werden soll: die Positivität, die hier dekretiert wird, bereitet die direkte Festlegung auf autoritär bestimmbare Inhalte vor. Jene positive Unmittelbarkeit, die die Autoren fordern und die notwendig auf unmittelbare Gewalt hinausläuft, wird gebrochen durch die ästhetische Form, die allein der Vermitteltheit aller gesellschaftlichen Prozesse zu entsprechen vermag; insofern wäre von einem a priori autoritätsfeindlichen Moment, das dem Ästhetischen innewohnt, zu sprechen.

VII

Es ist nicht zu leugnen, daß in diesen Überlegungen ein Widerspruch zutage getreten ist: die Darstellung der ideologieträchtigen Implikationen der Kunst ist auf den ersten Blick schwerlich vereinbar mit der Betonung ihres Erkenntnischarakters. Es scheint indessen, daß dieser Widerspruch die Sache, das Ästhetische, nicht sprengt, sondern erst konstituiert. Insofern jedes Kunstwerk ein Versprechen von Sinn enthält, zehrt es von der Geschlossenheit der mythischen Weltbilder, die, säkularisiert, als ästhetischer Schein fortleben; das macht sein rationalitätsfeindliches Moment aus. Verzichtete man jedoch gänzlich auf den ästhetischen Schein, so liefe die Kunst auf die bloße Wiederholung jener barbarischen Vereinzelung hinaus, die bei Lethen und Schneider entgegen – oder gerade als Folge – ihrer Fetischisierung des Kollektivs das letzte Wort behält: «Bei den einsamen Helden prüfe die Frage, in welcher Einkommensklasse sie sich bewegen, ob also ihre Einsamkeit nötig war; welche möglichen Bündnisse sie zu schließen versäumt haben. Wenn die Lage wirklich hoffnungslos ist, wende Dich ab.»[42]

Weil die Kunst, durch ihr bloßes Dasein, gegen dieses Urteil Einspruch erhebt, enthält ihr affirmatives Moment zugleich ihre Wahrheit; dieser Widerspruch ist ihr Element, ihn beseitigen zu wollen liefe darauf hinaus, blinder Technokratie endgültig zur Herrschaft zu verhelfen. So unterschiedliche Autoren wie Kant, der einsah, daß Aufklärung, als Kritik der aus vorrationalen Weltbildern stammenden Abhängigkeiten, etwas «bloß Negatives»[43] sei, und Brecht erschraken vor einer Rationalität, vor der nur ihre eigene abstrakte Gesetzlichkeit Bestand hat: «Wenn die Irrtümer verbraucht sind / Sitzt als letzter Gesellschafter / Uns das Nichts gegenüber.»[44]

Daß Aufklärung heute nur noch eine Chance hat, wenn sie ihr Menetekel: den Verlust aller Inhalte nicht aus den Augen verliert, macht die ästhetische Reflexion notwendiger denn je.

Tradition und Reform
Martin Opitz

Verseschmiede und Regelwesen

Es sind durchaus subjektive Gründe, die den jungen Handwerkersohn Martin Opitz, 1597 in Bunzlau in Schlesien geboren, im Jahre 1624 veranlassen, sein «Buch von der Deutschen Poeterey» zu veröffentlichen. Soeben waren, mit einigen Jahren Verspätung, seine Jugendgedichte («Teutsche Poemata») erschienen, herausgegeben von seinem Freund Julius Zincgref, der auf eigene Faust gehandelt hatte; der ehrgeizige Autor, peinlich berührt, glaubte nun, um seinen «gueten namen»[1] fürchten zu müssen. Mittelmäßige Poesie in der als nicht literaturfähig geltenden deutschen Sprache zu einem Zeitpunkt, da das Ansehen der Literatur ohnehin an einem Tiefpunkt angelangt war – dieses Zusammentreffen mochte in der Tat die Sorge um die weitere Karriere als nicht ganz gegenstandslos erscheinen lassen. Opitz hat daher allen Grund, in der neuen Veröffentlichung die Poesie gegen die allgemein vorherrschende Geringschätzung wie gegen den Vorwurf der Nutzlosigkeit und Unverbindlichkeit zu verteidigen: «So ist auch ferner nichts närrischer / als wann sie meinen / die Poeterey bestehe bloß in ihr selber; die doch alle andere künste vnd wissenschafften in sich helt.»[2] Vor allem liegt ihm die Versicherung am Herzen, daß die Poeten nicht weniger als andere zur Verwendung in öffentlichen Ämtern taugten.[3] Die persönlichen Gründe, die bei der Abfassung der «Poeterey» eine Rolle gespielt haben, sind also nicht zu übersehen. Trotzdem ist das Buch keineswegs nur Ausdruck des Ehrgeizes eines hoffnungsvollen jungen Mannes, denn die sofort einsetzende große Wirkung zeigt, daß Opitz – seine Motive mochten so persönlich wie auch immer sein – mit der Schrift einer noch diffusen Empfindung der Zeitgenossen, daß in der Literatur etwas Neues an der Zeit sei, zum Wort verholfen hatte.

So deutlich persönliche Beweggründe bei der eiligen Abfassung der «Poeterey» (in der kurzen Zeit von nur fünf Tagen) eine Rolle spielen, so wenig ist indessen, was Opitz zu sagen hat, bereits als Ausdruck moderner Subjektivität aufzufassen. Zwar betont er im dritten Kapitel, daß viele Autoren die Bezeichnung «Dichter» sehr zu Unrecht beanspruchen – sie verstecken, meint er, ihre Unwissenheit unter einem Lorbeerkranz «wie Julius Cesar

seine kahle glitze»[4]; und schon gar nicht mache das Verse- und Reime-
schmieden den Dichter aus: «Die worte vnd Syllaben in gewisse gesetze zue
dringen / vnd verse zue schreiben / ist das allerwenigste was in einem Poeten zue suchen ist.»[5] Aber das hindert ihn nicht, die genaue Festlegung von
Regeln zum eigentlichen Gegenstand seiner Abhandlung zu machen. Diese
«Inkonsequenz», die zwischen «Opitzens Eingangsbemerkung, das Wesentliche der Dichtkunst lasse sich nicht in Lehrsätze fassen, und seiner
schließlichen Erschöpfung in mechanischen Regeln»[6] in der Tat besteht,
bedarf nicht des entschuldigenden Hinweises auf die kurze Entstehungszeit;
sie zeigt lediglich, wie fest Opitz noch in der Tradition steht. Denn der
Vorbehalt, daß das Verseschmieden noch nicht den Dichter ausmache, ist
durchaus konventionell, ein bereits in der Antike[7] geläufiger Topos. Daß er
in der «Poeterey» weiter keine Auswirkungen hat, berechtigt nicht dazu,
Opitz vorzuhalten, sein Talent sei «auf Mechanismen und nicht auf das
Wesen der Dichtung ausgerichtet»[8]. Tatsächlich bedarf es zu seiner Zeit
erst der Festlegung von «Mechanismen», damit ernstzunehmende «Dichtung» in deutscher Sprache überhaupt wieder möglich wird; solange diese
Voraussetzung nicht erfüllt ist, ist es sinnlos zu beklagen, daß das «Wesen»
von Dichtung in der «Poeterey» vernachlässigt werde. Da es Opitz fern-
liegt, mit seinem Ausfall gegen die Verseschmiede eine individuelle Überzeugung formulieren zu wollen (allenfalls spielt er auf die stümperhafte
Praxis der Meistersinger an), kann ihm auch nicht ein Bruch in der Argumentation vorgeworfen werden. Er folgt lediglich der Tradition, indem er
eine pauschale Verwahrung aufnimmt, die in einer Poetik nun einmal nicht
fehlen darf, die allerdings auch keine weiteren Ausführungen erforderlich
macht. – Wer weitergehende Motive hinter dieser Äußerung vermutet; wer
sie als Ausdruck eines persönlichen Bekenntnisses interpretiert, überträgt
die moderne Vorstellung, daß ein Theoretiker für jedes seiner Argumente
gleichermaßen einzustehen habe, daß er nichts anführen dürfe, was er nicht
für seinen individuellen Gedankengang als notwendig erachte, auf einen
Autor, der noch viel zu sehr der Tradition verbunden ist, als daß diese
Forderung an ihn gestellt werden könnte.

Am Ende des dritten Kapitels spricht Opitz aus, worum es ihm vor allem
geht: «ich bin der tröstlichen hoffnung / es werde nicht alleine die Lateinische Poesie (...) / vngeacht dieser trübseligen zeiten (...) / bey jhrem werth
erhalten werden; sondern auch die Deutsche / zue welcher ich nach meinem
armen vermögen allbereit die fahne auffgesteckt / von stattlichen gemütern
allso außgevbet werden / das vnser Vaterland Franckreich vnd Italien wenig wird bevor dörffen geben.»[9] Was Opitz am Herzen liegt, ist noch nicht
eine philosophische Wesensbestimmung der Poesie – erst Gottsched wird

diesen Ehrgeiz haben –, es geht ihm, wie schon in seiner bereits 1617 veröffentlichten kleinen Schrift «Aristarchus sive de contemptu linguae Teutonicae», noch ausschließlich darum, die deutsche Sprache als literaturfähig darzustellen. Daß diese zu ihrer Verteidigung geschriebene Schrift selbst noch in Latein verfaßt war, sagt alles über das Ansehen des Deutschen als Literatursprache – die deutsche Sprache konnte sich noch nicht selbst vertreten. Nicht in einer wie auch immer gearteten philosophischen Originalität – die ist praktisch nicht vorhanden – ist der Grund der Berühmtheit von Opitzens «Poeterey» zu suchen, sondern darin, daß Opitz zu einer Zeit, da der beklagenswerte Zustand der deutschen Literatur im Vergleich mit Frankreich und Italien nicht mehr zu übersehen ist, die Initiative ergreift und diesem Unbehagen nicht nur zum Ausdruck verhilft, sondern auch – und vor allem – *Regeln* formuliert, durch die erst das für eine Literatursprache erforderliche Mindestmaß an Einheitlichkeit geschaffen wird. Die Regeln, die er seinen Zeitgenossen (und auch sich selbst: die Reime in seinen Jugendgedichten lassen häufig noch den schlesischen Dialekt erkennen) verordnet, sind daher keineswegs «mechanisch», sondern verraten im Gegenteil einen sicheren Instinkt und entschlossenen Zugriff zur rechten Zeit. Dem Leser, dem die von Opitz erhobenen Forderungen selbstverständlich geworden sind, mag es pedantisch erscheinen, wenn in der «Poeterey» die Reime im einzelnen durchgemustert und auf ihre Lautrichtigkeit geprüft werden: «Welchem die reime nicht besser als so von statten gehen / mag es künlich bleiben lassen: Denn er nur die vnschuldigen wörter / den Leser vnd sich selbst darzue martert vnnd quelet.»[10] Zur Zeit von Opitz ist dieses Vorgehen eine bittere Notwendigkeit. Denn seit Luther ist zwar die kurfürstlich-sächsische Kanzleisprache als Hochsprache anerkannt, aber erst Opitz überträgt diese Norm auch auf die Literatur.

Die Leistung Opitzens wird ermöglicht – nicht etwa geschmälert – durch die Fraglosigkeit, mit der er der humanistischen Tradition ohne jede Einschränkung verbunden bleibt. Er hält es für verlorene Mühe, falls «sich jemand an vnsere deutsche Poeterey machen wolte / der / (...) in den griechischen vnd Lateinischen büchern nicht wol durchtrieben ist / vnd von jhnen den rechten grieff erlernet hat; das auch alle die lehren / welche sonsten zue der Poesie erfordert werden / vnd ich jetzund kürtzlich berühren wil / bey jhm nichts verfangen können.»[11] Nach wie vor ist für ihn das durch die Rhetorik entwickelte Dichtungsverständnis gültig: «Dienet also dieses alles zue vberredung vnd vnterricht auch ergetzung der Leute; welches der Poeterey vornemster zweck ist.»[12] In «Überredung» («persuasio»), dazu in den Maximen «prodesse» («Unterricht») und «delectare» («Ergetzung») erschöpft sich für Opitz der inhaltliche Anspruch der Poesie. Noch ganz fern liegt ihm der durch das «Werk» vermittelte Wahrheitsanspruch der Kunst.

Das «Buch von der Deutschen Poeterey» zielt also nicht auf ein möglichst umfassendes Dichtungsverständnis, sondern auf die Verbesserung der poetischen Ausdrucksmittel. Die antike Poetik, erneuert durch den Humanisten Julius Caesar Scaliger, wird von Opitz nicht in Frage gestellt. Das bedeutet jedoch nicht, daß er auch in Fragen des Rhythmus und des Reims das antike Vorbild übernähme. Obwohl die Praxis der Meistersinger, die Silben ohne Rücksicht auf die natürliche Betonung zu zählen, der antiken Prosodie nahekommt, fordert Opitz, daß im deutschen Vers der Wortakzent, anders als im Lateinischen und Griechischen, sich nicht nach der Quantität der Silben, sondern nach dem in der alltäglichen Sprache gebräuchlichen «thone»[13] zu richten habe: «Wiewol nun meines wissens noch niemand / ich auch vor der zeit selber nicht / dieses genawe in acht genommen / scheinet es doch so hoch von nöthen zue sein / als hoch von nöthen ist / das die Lateiner nach den quantitatibus oder grössen der sylben jhre verse richten vnd reguliren. Denn es gar einen übelen klang hat: Venus die hat Juno nicht vermocht zue obsiegen.»[14]

Um solche Mißbildungen auszuschließen, erklärt Opitz den Daktylus als ungeeignet für die deutsche Poesie. Der natürlichen Betonung des Deutschen angemessen seien allein, wie er mit Versen Luthers demonstriert, das iambische – «Erhalt vns Herr bey deinen wort» – und das trochäische – «Mitten wir im leben sind» – Versmaß.[15] Nach Opitzens Verständnis wird damit die Substanz der dichtungstheoretischen Überlieferung nicht angetastet, sondern lediglich dem schon im «Aristarchus» beklagten Verfall der deutschen Sprache Einhalt geboten. Er ahnt nicht, daß er mit dieser Reform, die die Eigenständigkeit des Deutschen gegenüber dem antiken Vorbild begründet, eine Entwicklung einleitet, durch die es möglich wird, schließlich auch die Überlieferung selbst in Frage zu stellen.

Subjektivität und Rhetorik

Mit seinen programmatischen Forderungen hat Opitz zwar die Voraussetzungen geschaffen für eine nichtprovinzielle bürgerliche Literatur. Trotzdem muß in dem nach 1648 in unzählige selbständige Territorien zerfallenen Deutschland eine neue Literatur zunächst auf sich warten lassen. In Frankreich liegt bereits seit 1561 die einflußreiche, auch für Opitz maßgebende Poetik Julius Caesar Scaligers vor. Während in Italien mit Giambattista Marino schon die Diskussion des Geschmacksproblems beginnt, die

die moderne, vom Individuum ausgehende bürgerliche Ästhetik ankündigt, bleiben in Deutschland die rhetorischen Konventionen bis weit über die Mitte des 18. Jahrhunderts hinaus verbindlich. Die Diskussion um den Geschmack, dem zunächst immer die Empfindung eines einzelnen Individuums zugrundeliegt, bedeutet eine Aufwertung individueller Reaktionen und Bedürfnisse; sie ist dem zwar auf Beeinflussung des Subjekts abzielenden, zugleich jedoch ihm gegenüber indifferenten Regelwesen der Rhetorik genau entgegengesetzt. Was in den romanischen Ländern bereits möglich ist: die Berücksichtigung individueller Vorlieben und Verhaltensweisen, könnte indessen in einem Land, in dem von einem bürgerlichen Publikum noch kaum die Rede sein kann, keine fruchtbare Diskussion in Gang bringen, sondern müßte die allgemeine Verwirrung noch verstärken.

So trifft die neue, bürgerliche Subjektivität, die sich auch in Deutschland gleichwohl zu entwickeln beginnt, auf Institutionen, die eher geeignet sind, sie zu unterdrücken als sie auszubilden; wie Goethes Bericht über seine poetischen Versuche während seiner Leipziger Studienzeit erkennen läßt: «Jedermann protestierte gegen meine Liebhabereien und Neigungen, und das, was man mir dagegen anpries, lag teils so weit von mir ab, daß ich seine Vorzüge nicht erkennen konnte, oder es stand mir so nah, daß ich es eben nicht für besser hielt als das Gescholtene. Ich kam darüber durchaus in Verwirrung und hatte mir aus einer Vorlesung Ernestis über Ciceros ‹Orator› das beste versprochen; ich lernte wohl auch etwas in diesem Kollegium, jedoch über das, woran mir eigentlich gelegen war, wurde ich nicht aufgeklärt. Ich forderte einen Maßstab des Urteils, und glaubte gewahr zu werden, daß ihn gar niemand besitze: denn keiner war mit dem andern einig».[16] Der angehende Poet, der 1765 in Leipzig, der Stadt Gottscheds, die ganze Desolatheit der literarisch-ästhetischen Situation erfährt, muß das zwar unklare, aber bestimmte Empfinden haben, ihm geschehe Unrecht, wenn man seine Produkte in Grund und Boden kritisiert, weil er deren Ursprung, das subjektive Empfinden, nicht für ganz falsch bzw. für unerheblich halten kann; zu dessen Rechtfertigung jedoch kann er sich auf nichts anderes berufen als wiederum nur auf sich selbst. Der Versuch, sich mit Hilfe der akademischen Lehrer einen «Maßstab des Urteils» anzueignen, verschlimmert nur die Situation, denn an den Universitäten wird noch orthodoxe Rhetorik gelehrt, mit der der junge bürgerliche Autor nichts mehr anfangen kann. Diese Konstellation bringt einen Affektstau hervor, der zur Vernichtung der Arbeiten führt: «Diese Geschmacks- und Urteilsungewißheit beunruhigte mich täglich mehr, so daß ich zuletzt in Verzweiflung geriet. Ich (...) befand mich in dem schlimmen Falle, in den man gesetzt ist, wenn eine vollkommene Sinnesänderung verlangt wird, eine

Entsagung alles dessen, was man bisher geliebt und für gut befunden hat. Nach einiger Zeit und nach manchem Kampfe warf ich jedoch eine so große Verachtung auf meine begonnenen und geendigten Arbeiten, daß ich eines Tags Poesie und Prosa, Plane, Skizzen und Entwürfe sämtlich zugleich auf dem Küchenherd verbrannte, und durch den das ganze Haus erfüllenden Rauchqualm unsre gute alte Wirtin in nicht geringe Furcht und Angst versetzte.»[17] Exemplarisch zeigen sich hier die Auswirkungen der verzögerten historischen Entwicklung in Deutschland: Die «vollkommene Sinnesänderung», die von Seiten der Autoritäten verlangt wird, hätte den Rückschritt bedeutet zu Positionen, die unwiderruflich veraltet sind. Die bürgerliche Subjektivität bestimmt zwar schon das Lebensgefühl, aber sie ist noch nicht institutionell und theoretisch abgesichert (die Ästhetik Baumgartens ist zwar inzwischen erschienen, wird aber nicht gelesen), so daß die neuen Impulse einstweilen wirkungslos verpuffen müssen.

Poesie und Moral
Johann Christoph Gottsched

Pädagoge – Pedant – Pionier

Eben diese Situation markiert den historischen Ort von Gottscheds «Versuch einer Critischen Dichtkunst», die, zuerst 1729 (mit der Angabe 1730) erschienen, rasche Verbreitung fand bis zu ihrer 4. Auflage im Jahre 1751. Zwar hatte Gottsched im Jahre 1765 den Höhepunkt seiner Wirkung längst überschritten – in den Augen der Jüngeren war er seit langem zur ärgerlichen, wenn nicht komischen Figur geworden –, indessen zeigen die Erlebnisse des jungen Goethe, daß die Situation, in die Gottsched um 1730 eingegriffen hatte, nach dreieinhalb Jahrzehnten im Grunde noch unverändert war. Ein guter Teil des Spottes, der dem «geborenen Nationalpädagogen»[1] in späteren Jahren entgegenschlug, dürfte daher auch Ausdruck ohnmächtiger Ungeduld sein, die dem Theoretiker als subjektives Versagen, als «Pedanterie» zuschrieb, was zu einem nicht geringen Teil auf die stagnierende geschichtliche Entwicklung zurückging.

Dieser eigentümlichen Stellung zwischen den Epochen entspricht die zwiespältige Beurteilung Gottscheds durch die Forschung. «Gottsched widerfuhr das Mißgeschick», schreibt Eric A. Blackall mit Blick auf Lessing, «von dem größten seiner literarischen Zeitgenossen angegriffen zu werden (...), und davon hat er sich nie erholt. (...) Zweifellos hatte er wenig oder gar kein Verständnis für das wirkliche Wesen der Dichtung. Seine Haltung der Literatur gegenüber war pedantisch. (...) Aber Pedanten erfüllen ihren Zweck. Gottsched lieferte einen positiven Beitrag zur Entwicklung der deutschen Sprache, und die moderne Kritik neigt dazu, dies als die weitaus wichtigste Seite seines Tätigseins zu betrachten.»[2] Dagegen fällt das zusammenfassende Urteil von Hans Peter Herrmann vernichtend aus: «Ein Eigenrecht des Ästhetischen, des Poetischen gegenüber dem bloß Prosaischen war der Rhetorik und Poetik seit Antike und Renaissance längst bekannt. Nicht, es überhaupt geltend zu machen, ist das Verdienst des 18. Jahrhunderts, wohl aber, es *unter den Bedingungen der modernen Philosophie* geltend zu machen, d.h. unter Einschluß der neuen Auffassung von Subjekt und Objekt der menschlichen Erkenntnis. Deshalb ist es das Verdienst Bouhours', den Poesiebegriff der Manieristen nicht a limine abzuweisen (...). Deshalb ist es das Verdienst (...) Baumgartens, Naturnachahmung, Poesie und Ästhetik unter dem Aspekt der Leibniz-Wolffschen Philosophie neu zu durchdenken. In diese Entwicklung hat Gottsched mit seiner ‹Critischen Dichtkunst› nicht eingegriffen.»[3]

Leicht ist erkennbar, woran sich die Geister scheiden. Untersucht man, wie Blackall, die Entstehung der literarischen Sprache, dann kommt Gottsched das Verdienst zu, nach einer unseligen historischen Entwicklung wieder Ordnung in das kulturelle Leben gebracht und damit die Voraussetzung für eine neue Produktivität überhaupt geschaffen zu haben. Mißt man dagegen, wie Herrmann, ihn an der zeitgenössischen Philosophie – ein Verfahren, das ebenfalls legitim ist, da Gottsched beansprucht, als Philosoph zu sprechen – so muß das Urteil negativ ausfallen: Gottsched erschwert, indem er ein letztes Mal die Literatur auf dem Regelsystem der Rhetorik begründet, der machtvoll sich entwickelnden, nach neuen Möglichkeiten des Ausdrucks suchenden bürgerlichen Subjektivität für Jahrzehnte die theoretische Orientierung. Trotzdem ist auch Herrmanns Vorgehen nicht ganz unbedenklich, da er, Bouhours gegen Gottsched ausspielend, Theorie abstrakt gegen Theorie setzt, ohne das jeweilige historische Umfeld ihrer Entstehung in Rechnung zu stellen. Was für Bouhours gefahrlos möglich war: der Frage des Geschmacks und damit dem Problem individueller Reaktionsweisen sich zuzuwenden, hätte für Gottsched die Preisgabe seines wichtigsten Zieles bedeutet: in einer als chaotisch erfahrenen Situation überhaupt erst einige Orientierung ermöglichende Normen einzuführen. Gottsched am ehesten gerecht wird daher nach wie vor Baeumler, der die historische Bedeutung der «Critischen Dichtkunst» zur Zeit ihrer Entstehung eindringlich vergegenwärtigt: «Was Wolff, Gottsched und viele andere lehrten, und woraus wir heute jene Zeit ganz einseitig kennen lernen, klang einmal jung und neu, ja revolutionär. (...) Die ersten ästhetischen Schriften in Deutschland sind Streitschriften, Kampfrufe. (...) Wir erfahren aus Joh. Ulrich Königs, Gottscheds und Bodmers Verwahrungen gegen den ‹Eigensinn›, gegen ästhetische Willkür und den Spruch ‹jeder hat seinen Geschmack für sich› (oder de gustibus non est disputandum), daß die Berufung auf den subjektiven ‹Geschmack› sehr schnell beliebt geworden war. (...) Es wäre ein Irrtum, diese Schriften als einfache Spiegelbilder der Zeit zu betrachten. Jedenfalls war das, was Gottsched und Bodmer ursprünglich meinten, das Gegenteil der Schulfuchserei, für die man es gemeinhin zu nehmen pflegt. Sie retteten die durch die neue Geisteshaltung des ‹Geschmacks› bedrohte Würde des Schönen. Normen anzuerkennen auf einem Gebiet, das von der Herrschaft gelehrter Pedanterie befreit, der individuellen Willkür preisgegeben schien, hat zur Zeit von Gottscheds erstem Auftreten mehr geistigen Mut erfordert, als man heute dazu braucht, alle Maßstäbe zu verwerfen.»[4] Gottsched hat – und hierin dürfte der eigentliche Grund für die zwiespältige Beurteilung, die er bis in die Gegenwart findet, bestehen – gerade dadurch, daß er zu einem bestimmten Zeitpunkt in Deutschland das historisch Notwendige tat, die entscheidende Wende in der Theorie verfehlt: die Ablösung der auf der rhetorischen Tradition begründeten Regelpoetik durch die sich konstituierende bürgerliche Ästhetik; so daß sein Werk, das 1730 noch die einzig mögliche Perspektive gewiesen hatte, schon nach 35 Jahren gleichbedeutend mit Perspektivlosigkeit geworden war.

In der kurzen Zeit von vierzehn Jahren hatte sich diese Wandlung vollzogen; noch 1737, aus Anlaß der zweiten Auflage, kann der Autor berichten, er habe «es mit Lust wahrgenommen», wie seit dem Erscheinen seines Buches «nicht nur in Leipzig, sondern an sehr vielen andern Orten, die Schriften angehender Poeten ein ganz anderes Ansehen gewonnen: daraus denn nicht undeutlich zu spüren gewesen, daß die in meiner Dichtkunst enthaltenen Regeln, ihnen zur Richtschnur gedienet hätten.»[5] Kann zu diesem Zeitpunkt Gottsched noch sämtliche Fortschritte, die die Literatur seitdem gemacht hat, in aller Bescheidenheit als Erfolg seines Werkes buchen, so geht die Bedrängnis, in die er wenig später gerät, schon aus dem Ausruf hervor, mit der er das Vorwort zur vierten Auflage einleitet: «Und meine Dichtkunst lebet noch!»[6] «Jedes Meßverzeichniß neuer Bücher», klagt er nun, «kündigte ihr einen neuen Angriff an; und man schien nicht ermüden oder aufhören zu wollen, bis man meine arme Dichtkunst mit Stumpf und Stiel ausgerottet hätte.»[7] Alle diese Angriffe habe er «mit begierigen Augen»[8], in der Hoffnung, auf etwaige Fehler hingewiesen zu werden, zur Kenntnis genommen; alle aber auch «weit ruhiger»[9] wieder aus der Hand gelegt, da keiner seiner Kritiker das infragezustellen vermocht habe, worauf es ihm seinerzeit angekommen sei: nachzuweisen, daß das seit der Antike überlieferte Regelsystem nach wie vor uneingeschränkte Gültigkeit besitze. «Denn, sprach ich bey mir selbst: sind die Regeln und Lehrsätze des griechischen und römischen Alterthums, die du in deiner Dichtkunst vorgetragen hast, wohl gegründet: so werden sie gewiß auch diese Angriffe überstehen; wie sie sich so viele Jahrhunderte in der Hochachtung aller Verständigen erhalten haben. Du hast dir nämlich keine neue Kunstgriffe in der Poesie erdacht; (...) die alten Wahrheiten, die du nur fortzupflanzen gesuchet hast, stehen fest genug; und werden sich schon zu erhalten wissen, wenn du gleich schweigest».[10] Gerade die Kritik, die an seinem Werk laut wird: daß es dem sich ankündigenden Neuen nicht Rechnung trage, nimmt Gottsched zum Anlaß, sich in seiner Position bestätigt zu sehen.

Stellung zur Tradition

Dabei war zur Zeit ihres ersten Erscheinens die «Critische Dichtkunst» der nicht ungeschickte Versuch, die Überlieferung mit dem – um 1730 – neuesten Diskussionsstand zu verbinden. Schon aus dem Aufbau des Werkes geht hervor, daß die Entwicklung seit Opitz in Bewegung geraten ist. Gottsched folgt zwar den herkömmlichen Magisterpoetiken, indem er auf die übliche Einleitung «Vom Ursprunge und Wachsthume der Poesie überhaupt», eine Pflichtübung, das Kapitel «Von dem Charactere eines Poeten» folgen läßt; dieses ist zwar ebenfalls von der Tradition vorgeschrieben, es hebt sich bei Gottsched jedoch durch seinen größeren Umfang deutlich von den älteren Poetiken ab. Während Opitz es mit dem konventionellen Hinweis hatte bewenden lassen, ein Reimeschmied sei noch kein Poet, hat sich bei Gottsched ein *subjektives* Moment in den Vordergrund geschoben, das sich nicht mehr mit einem pauschalen Hinweis auf die notwendige Eigenart des Dichters abtun läßt: der Begriff des «ingenium», das den Dichter erst zum Dichter mache. Nicht mehr durch das Schema der traditionellen Poetiken vorgegeben ist schließlich das dritte Kapitel, «Vom guten Geschmacke eines Poeten»; Gottsched muß hier auf den, wie sich zeigen wird, ihm gar nicht geheuren Begriff des Geschmacks eingehen, weil dieser um 1730 bereits geläufig, jedenfalls «dem literarisch Gebildeten»[11] bekannt ist. Schon hierdurch gesteht Gottsched, implizit und gewiß gegen seinen Willen, ein, daß die «Regeln», die er noch für objektiv und unveränderlich hält, nicht mehr selbstverständliche Herrschaft beanspruchen können; gegen die zeitgenössische Tendenz, sie in Diskussionen über Fragen des Geschmacks zur Disposition zu stellen, bedürfen sie der Rechtfertigung, gegebenenfalls auch der autoritären Durchsetzung. – Die Kapitel IV bis XII des ersten Teils folgen dann wieder der rhetorischen Tradition: sie sind der «inventio» der «res», der Erfindung der Inhalte gewidmet, sowie der «elocutio» der «verba», der Lehre von der sprachlichen Gestaltung und Ausschmückung, etwa durch «verblümte Redensarten».

Dagegen weicht Gottsched in einem wesentlichen Punkt von der Überlieferung ab, indem er den einzelnen literarischen Gattungen, die bisher keinen festen Platz in den Poetiken hatten, sondern einmal zu den verba, einmal zu den res gezählt wurden, entschlossen einen eigenen, zweiten, Teil zuweist; für die vierte Auflage bearbeitet er diesen Abschnitt völlig neu, nicht ohne zu versichern, daß hierdurch nur «Lücken» ausgefüllt, keineswegs aber die «Regeln und Lehrsätze» in Frage gestellt würden.[12] Trotzdem trägt Gottsched mit dem Entschluß, den Gattungen einen eigenen Teil zuzuweisen, unbeabsichtigt einer sich erst allmählich anbahnenden Entwicklung Rechnung. Denn seine klare Entscheidung ist nicht weniger bedeutsam, als es zuvor der unklare Status der Gattungen war: in den herkömmlichen, ausschließlich an der Rhetorik orientierten Poetiken konnte den Gattungen kein systematisch fixierter Ort zugeschrieben werden, weil sie allein ein objektivierendes, vom Subjekt des Redners bzw. Hörers eher unabhängiges Moment enthalten. Ihr Status mußte daher im System der auf *Wirkung* zielenden Rhetorik unbestimmt bleiben. Die von Gottsched – wahrscheinlich aus praktischen Gründen – vorgenommene Gliederung weist insofern, wenn auch nur unter diesem Aspekt, auf eine an den Gattungen bzw. am Werk orientierte Ästhetik voraus.

Philosophischer Anspruch

Die wichtigste Abweichung von der Tradition aber ist, daß Gottsched, indem er eine Poetik schreibt, als Philosoph vorzugehen beansprucht: «Wenn man nun ein gründliches Erkenntniß aller Dinge Philosophie nennet: so sieht ein jeder, daß niemand den rechten Character von einem Poeten wird geben können, als ein Philosoph; aber ein solcher Philosoph, der von der Poesie philosophiren kann, welches sich nicht bey allen findet, die jenen Namen sonst gar wohl verdienen. Nicht ein jeder hat Zeit und Gelegenheit gehabt, sich mit seinen philosophischen Untersuchungen zu den freyen Künsten zu wenden, und da nachzugrübeln: woher es komme, daß dieses schön und jenes häßlich ist; dieses wohl, jenes aber übel gefällt? (...) Was uns nun dergleichen Kunstrichter, solche philosophische Poeten, oder poesieverständige Philosophen sagen werden, das wird wohl ohne Zweifel weit gründlicher seyn, und einen richtigern Begriff von einem wahren Dichter bey uns erwecken; als was der große Haufe, nach einer betrüglichen Empfindung seines unbeständigen Geschmackes, zu loben oder zu tadeln pflegt.»[13] Diesen Anspruch hatte noch kein Autor einer Poetik erhoben. Allerdings lassen Gottscheds weitere Ausführungen unzweideutig erkennen, daß die «Philosophie» für ihn nicht mehr als ein willkommenes Mittel ist, die überlieferten Regeln in ihrer fortdauernden Gültigkeit zu befestigen: er gedenkt – ein nicht ungeschickter Schachzug – von der auf Wolff zurückgehenden Mode zu profitieren, über alle Gegenstände «vernünftige Gedanken» zu äußern. Die traditionellen Regeln könnten nach einer solchen, als «philosophisch» bezeichneten Prozedur beanspruchen, vor dem «Richterstuhl der Vernunft» bestanden zu haben, mithin auch in einer aufgeklärten Welt zu gelten.

Es ist offenkundig, daß für Gottsched, entgegen seinem philosophischen Anspruch, die Tradition der Rhetorik noch uneingeschränkt verbindlich ist. So stehen die häufigen Ausfälle gegen den «Pöbel», der nach seinem «unbeständigen Geschmacke» unberufenerweise urteile, in der Tradition einer durch Rhetorik geprägten Kultur, die sich stets auf den Kreis der Gebildeten beschränkte. Die Rhetorik, das Medium ihrer Selbstverständigung, «lieferte dem Dichter und Poetiker nicht nur die technischen Verfahrensweisen und Gliederungsschemata seiner Kunst, sie stellte ihn auch in einen anderthalb Jahrtausende alten Zusammenhang geistigen Selbstverständnisses des Gebildeten. Seit Cicero erhebt die Rhetorik den Anspruch, nicht nur Randbezirke der Bildung und Humanität zu erfassen, sondern deren Kern auszumachen. Durch die Gabe der Rede erhebt sich der Mensch über das Tier, auf ihr beruht die Würde des Menschen, sie ist das Zeichen seiner Gesinnung, sie gliedert ihn in die menschliche Gemeinschaft ein, in ihr gründet das Wohlergehen des Einzelnen wie des Staates.»[14] Vor allem aber sind die Ausfälle Gottscheds gegen den Pöbel gedacht als Polemik gegen den französischen Theoretiker Jean Baptiste Dubos, der in seinen zuerst 1719 erschienenen «Réflexions critiques sur la poésie et sur la peinture» als kritische Instanz das (gebildete) Publikum genannt hatte. Gottscheds indirekte Polemik gegen Dubos zeigt, daß die ästhetische Diskussion in Deutschland gegenüber Frankreich sich um zwei Generationen im Rückstand befindet. Während Dubos bereits gegen «die räsonnierende, abstrakte, zeitlose res cogitans», die Boileau, im Anschluß an Descartes, zur Grundlage seiner «Art poétique» gemacht hatte, «den individuellen, konkreten Menschen, (...) das reale ‹Parterre›»[15] stellen kann und damit die Vernunft, indem er sie an eine bestimmte Gesellschaft bindet, zugleich ansatzweise historisiert, muß Gottsched noch Sorge tragen, die Poesie allererst auf den starren, ahistorischen Vernunftbegriff des Descartes zu verpflichten. Eine andere Möglichkeit, ästhetische Normen zu begründen, gibt es für ihn, der sich nicht, wie sein französischer Gegenspieler, auf ein homogenes, Probleme der Kunst diskursiv auflösendes Publikum beziehen kann, in der Tat noch nicht. Der Rückgriff auf die Rhetorik ist also unvermeidbar. So ergibt sich die paradoxe Situation, daß Gottsched einerseits die Voraussetzung für eine bürgerliche Literatur in Deutschland schafft, indem er darauf beharrt, daß die Literatur zur Übermittlung moralischer Lehrsätze geeignet sei: die auf Vernunft gegründete, mithin allgemeingültige Moral wird die schärfste Waffe des Bürgertums gegen den partikularistischen Absolutismus sein; daß er andererseits jedoch eine theoretische Grundlegung, die Rhetorik, wählen muß, die dem Anspruch bürgerlicher Vernunft geradezu entgegengesetzt ist. Indem Gottsched die Voraussetzung für eine bürgerliche Literatur in Deutschland schafft, behindert er zugleich ihre Entwicklung.

Lessings Poetik des Mitleids

Nur wer die Entwicklung ästhetischer Theorien in einem geschichtsfreien Raum sich vollziehen läßt, kann in dem massiven Angriff Lessings gegen Gottsched ein zufälliges «Mißgeschick»[16] sehen. Denn Lessing mußte in dem von Gottsched verfochtenen Regelwesen das wichtigste Hindernis auf dem Wege zu einem urteilsfähigen, seiner historischen Aufgabe bewußten bürgerlichen Publikum sehen. Seine Begründung des Dramas auf der Mitleidstheorie hat das Ziel, den Allgemeinheitsanspruch bürgerlicher Moral auch in der Literatur durchzusetzen. Aber anders als Gottsched geht es Lessing nicht darum, das Publikum zur Annahme fertig formulierter, ein-für allemal gültiger «moralischer Sätze» zu bewegen. Deshalb spricht er auch nicht nur von «Mitleid», sondern ebenso von «Sympathie», «sympathisieren», «den Schmerz mitteilen», «gleichmäßige Leidenschaften, identische Gefühle hervorrufen»[17]. «Mitleid» im Zuschauer zu erwecken soll nicht letzter Zweck des Trauerspiels sein, sondern das Medium, durch das das bürgerliche Publikum sich seiner gemeinsamen psychischen Disposition bewußt wird. Während Gottsched die passive Hinnahme moralischer Lehrsätze durch das einzelne Subjekt als Ziel ansieht, soll nach Lessings Vorstellung durch Mitleid bzw. «Sympathie» eine intersubjektive, kommunikative Basis hergestellt werden, von der aus gemeinsames politisches Handeln möglich wird. Daher ist Lessings Theorie des Mitleids letzten Endes auf die Herstellung eines bürgerlichen Klassenbewußtseins hin angelegt. Er vertritt die Auffassung, «daß diejenige Behandlung des Leidens» durch den Dramatiker, der auf das Publikum einwirken will, «die beste (...) sei, wenn die Personen, unter welchen das Leiden bevorsteht, einander nicht kennen, aber in eben dem Augenblicke, da dieses Leiden zur Wirklichkeit gelangen soll, einander kennen lernen, so daß es dadurch unterbleibt.»[18] Hier ist der Grund, weshalb Lessing auf mitunter pedantisch wirkende Art die Quantitäten von Mitleid, Rührung, Furcht gegeneinander abwägt[19]: weder durch Verzärtelung der Gefühle, noch durch übergroßes Entsetzen soll die Handlungsfähigkeit des Publikums eingeschränkt werden. Die Erkenntnis gleicher Interessen in den Zuschauern und damit die Disposition zu solidarischem Handeln hervorzubringen, ist das letzte Ziel der Mitleidstheorie, ein Ziel, dem einzelne moralische Sätze ebenso wie die Regeln sich unterzuordnen haben. Während Gottscheds Regelsystem letzten Endes zur Stagnation sowohl der künstlerischen Techniken als auch der politischen Verhältnisse führt, ist Lessings Konzeption durchaus dynamisch angelegt. Daher ist es nicht verwunderlich, daß der Autor der «Critischen Dichtkunst» von Lessing mit kompromißloser Heftigkeit bekämpft wurde. Von einem «Mißgeschick», das Gottsched mehr oder weniger zufällig widerfahren sei, kann keine Rede sein.

Nachahmung der Natur – Wahrscheinlichkeit

Trotzdem erfüllt auch die starke Betonung der Regeln, die Gottsched in den Augen der Jüngeren zum Inbegriff des amusischen Pedanten werden läßt, ursprünglich eine fortschrittliche Funktion. Sie steht im Zeichen der Bekämpfung des barocken Schwulstes, der die literarischen Produktionen der Zeit überwuchert. Hiergegen stellt Gottsched das Prinzip der «Nachahmung der Natur», die der Künstler mit Hilfe der Regeln zu vollziehen habe.

«Ein Poet sey ein geschickter Nachahmer aller natürlichen Dinge».[20] Das seit Aristoteles überlieferte Mimesisgebot soll, so will es Gottsched, für alle Künstler gelten, sogar für den «Tanzmeister»[21]. Es liegt auf der Hand, daß seine Tätigkeit nur dann als «Naturnachahmung» begriffen werden kann, wenn die Natur noch nicht als die den gesellschaftlichen Konventionen schlechthin entgegengesetzte und sie korrigierende Instanz, sondern, im Gegenteil, als das Ensemble dieser Konventionen angesehen wird.[22] In der Tat besteht für Gottsched Nachahmung der Natur gerade in der peinlich genauen Einhaltung von ein- für allemal fixierten Regeln. Einen Widerspruch braucht er hierin nicht zu sehen, da die Philosophie Wolffs es ihm ermöglicht, die Regeln aus unveränderlichen Vernunftpositionen und damit auch aus der Natur abzuleiten. Von Wolff hat Gottsched gelernt, daß «der Natur alles angehört, was einer rein immanenten Begründung fähig ist, was der Erhellung durch die Offenbarung nicht bedarf. Nicht mehr die Inhalte und Gegebenheiten der Erscheinungswelt, sondern Wahrheiten, für die ein zureichender Grund beigebracht werden kann, sind das Objekt der Nachahmung.»[23] Da die Regeln nicht nur der Poesie, sondern auch des gesellschaftlichen Umgangs aus der Vernunft, die nicht in Widerspruch zur Natur steht, abgeleitet sind, können sie gleichermaßen als «Naturnachahmung» begriffen werden.

Als Nachahmung der Natur in der Poesie gilt eine «tactmäßig abgemessene, oder sonst wohl eingerichtete Rede; oder, welches gleich viel ist, (...) eine harmonische und wohlklingende Schrift, die wir ein Gedicht nennen.»[24] Schon durch diese Definition wird der von Gottsched erhobene

Anspruch, das Wesen der Poesie «philosophisch» zu bestimmen, in einer Weise verdünnt, daß er mit der als neue philosophische Disziplin sich konstituierenden philosophischen Ästhetik kaum zu vereinbaren ist. Wenn es allein auf die Einhaltung der Regeln ankommt, so wird die Poesie, gemäß der traditionellen Definition der Rhetorik, auf eine «eloquentia ligata», eine bloß mechanisch versifizierte Rede, reduziert. Nach Gottscheds eigenem Zeugnis ist jedoch die «Critische Dichtkunst» gerade zu dem Zweck verfaßt worden, das Wesen der Poesie im Unterschied zur Rhetorik zu bestimmen.[25] Gottsched mag selbst bemerkt haben, daß von der Eigenständigkeit der Poesie gegenüber der Rhetorik wenig übrigzubleiben droht, wenn er die «philosophische» Begründung der Regeln in der bloß formalen, ihnen äußerlich bleibenden Rückbeziehung auf den abstrakten, inhaltslosen Vernunftbegriff cartesianischer Prägung sich erschöpfen läßt. Er muß daher, eigentlich gegen seine von Descartes übernommene Überzeugung, daß nur «klare und deutliche» Begriffe zu philosophischer Erkenntnis taugen, dem verpönten «Wahrscheinlichen» in seiner Dichtungstheorie wenn nicht Heimat-, so doch wenigstens Gastrecht gewähren. Diese Operation gelingt ihm nicht ohne Verrenkungen. Noch einmal setzt er an, die Differenz zwischen Poesie und Rhetorik herauszuarbeiten. Er versucht nun, den Nachweis zu führen, daß allein der Poet dem Postulat der Naturnachahmung vollkommen gerecht werde.

«Ein Geschichtschreiber soll nicht nachahmen, was wir Menschen zu thun pflegen, (...) oder thun würden, wenn wir in solchen Umständen befindlich wären: sondern man fordert von ihm, daß er getreulich dasjenige erzählen solle, was sich hier oder da, für Begebenheiten zugetragen haben. Ein Redner soll nicht nachahmen, was andre Leute thun; sondern die Leute überreden, etwas für wahr oder zu falsch zu halten, und sie bewegen, etwas zu thun oder zu lassen. Ein Weltweiser ist gleichfalls von der Nachahmung entfernet, indem er uns die Gründe von der Möglichkeit aller Dinge untersuchen lehret. (...) Der Dichter ganz allein, hat dieses zu seiner Haupteigenschaft, daß er der Natur nachahmet, und sie in allen seinen Beschreibungen, Fabeln und Gedanken, sein einziges Muster seyn läßt.»[26] Gottsched trifft, wie nicht anders zu erwarten, mit wenigen Worten das Richtige, wenn er die Tätigkeit des Redners beschreibt. Zugleich Methode und Ziel des Redners ist «persuasio», die Überredung zu einer Einstellung bzw. Handlung, die inhaltlich zu erörtern oder gar zu problematisieren nicht seine Sache ist. Ähnlich unproblematisch ist es, die Aufgaben des Historikers und des Philosophen zu bestimmen. Dagegen wirkt unbestimmt, was über den Dichter gesagt wird. Die Welt zu zeigen, wie sie ist, die Aufgabe des Historikers, soll gerade *nicht* als Naturnachahmung gelten. Um die Eigenart der Poesie zu bestimmen, sieht Gottsched sich daher gezwungen, sich auf ein ihm höchst verdächtiges Gebiet zu begeben. Im Gegensatz zur Geschichtsschreibung, die sich auf die Fakten zu beschränken hat, schildere die Poesie, «was wir Menschen zu thun pflegen, oder wahrscheinlicher Weise gethan haben könnten, thun sollten, oder thun würden»[27]. Damit ist es glücklich heraus. Der Poesie fällt vor allem der Bereich des Wahrscheinlichen zu – ein für Gottsched, der seinen Dichtungsbegriff ja gerade auf dem alles bloß Wahrscheinliche ausschließenden cartesianischen Erkenntnisideal zu begründen versucht, zweifellos ein höchst unwillkommenes, dennoch durch die Logik der Argumentation, vor allem aber durch den Druck der aktuellen Diskussionen, notwendiges Eingeständnis.

Insofern ist durchaus verständlich, daß Gottsched gegenüber dem bloß Wahrscheinlichen starke Vorbehalte hat. Sie dürften noch verstärkt worden sein durch die von Leibniz betriebene Aktualisierung und Aufwertung dieses Bereichs. Die Unterscheidung von Tatsachenwahrheiten («vérités de fait») und Vernunftwahrheiten («vérités de raison»), anticartesianisch schon dadurch, daß auch nicht auf Vernunft begründeten Begebenheiten der Status von «Wahrheit» zugesprochen wird; die Lehre von der Vielfalt möglicher Welten; vor allem aber die Einführung des Unbewußten in die Philosophie, durch die das Erkenntnismonopol der klaren und deutlichen Begriffe entscheidend eingeschränkt wird zugunsten einer kontinuierlich verlaufenden Vorstellungsreihe, auf der wiederum eine neue Einschätzung der Phantasie als besonderes Erkenntnisvermögen begründet werden kann: alle diese durch Leibniz gegen die cartesianische Methode ins Feld geführten Vorstellungen müssen auf Gottsched, der seine «Critische Dichtkunst» auf dem antipsychologischen Vernunftbegriff des Descartes zu begründen versucht, als irritierende Herausforderung wirken.

Andererseits aber muß Gottsched die Poesie eben durch die Kategorie des Wahrscheinlichen auszeichnen, soll nicht seine «Critische Dichtkunst» auf den ersten Blick als Versuch erkennbar sein, ein letztes Mal das Regelsystem der Rhetorik zu befestigen. Da zudem die von Leibniz ausgehenden Anregungen bereits von seinem Lehrer Wolff aufgegriffen worden sind und durch Johann Ulrich König die Geschmacksdiskussion auch in Deutschland eröffnet worden ist, bleibt Gottsched nichts anderes übrig, als diese neueren Tendenzen, wenn sie schon nicht mehr zu ignorieren sind, aufzunehmen: nicht, um sie voranzutreiben, sondern um ihnen die Spitze abzubrechen.

Poesie und Moral

In diesem Zusammenhang ist Gottscheds Bestreben zu sehen, Literatur und Moral zu einer Einheit zu verbinden. «Die Pointierung des moralischen Anspruchs in der Literatur ist der Versuch, eine Ebene (Moral, Humanität) einzuführen, auf der die Klassenunterschiede zwischen Adel und Bürgertum zusammenschrumpfen und einem Bewertungssystem weichen, das die sozialen Statusunterschiede annulliert. Objektiv hat damit die kulturelle Konsolidierung des Bürgertums einen klassenkämpferischen Akzent.»[28] Zweifellos trägt Gottsched durch seine mit Entschiedenheit vorgetragene Überzeugung, Literatur tauge zur Verbreitung von Moral, dazu bei, Vorbehalte der Kirche, aber auch des Bürgertums auszuräumen – wobei dahingestellt bleiben mag, ob die beliebte Wendung, die Argumentation eines Autors habe «objektiv» die oder die Tendenz, so weit strapazierbar ist, daß ihm ein, wie auch immer vermittelter, klassenkämpferischer Akzent nachgesagt werden kann; trotzdem ist unbezweifelbar, daß die Moral in der «Critischen Dichtkunst» vor allem dazu dienen soll, das verdächtige – da vor allem in der Phantasie begründete – «ingenium» des Poeten in kontrollierbaren Grenzen zu halten. Der Dichter soll daher «von rechtswegen ein ehrliches und tugendliebendes Gemüth haben. Der Beweis davon ist leicht. Ein Dichter ahmet die Handlungen der Menschen nach; die entweder gut oder böse sind. Er muß also in seinen Schildereyen die guten als gut, *das ist schön,* rühmlich und reizend; die bösen aber als böse, *das ist häßlich,* schändlich und abscheulich abmalen. Thäte er dieses nicht, und unterstünde er sich die Tugend als verächtlich, schädlich und lächerlich, das Laster hergegen als angenehm, vortheilhaft und lobwürdig zu bilden: so würde er die Aehnlichkeit ganz aus den Augen setzen, und die Natur derselben sehr übel ausdrücken.»[29] Weil die Phantasie ein gegen bestehende Normen sich neutral verhaltendes Vermögen ist, das neue Möglichkeiten auch dann ausprobiert, wenn sie – einstweilen – noch nicht «klar und deutlich» demonstrierbar oder durch bestehende Normen moralisch gerechtfertigt sind; und weil allerdings schon solche «Neutralität» geeignet ist, den unbedingten Geltungsanspruch von Normen in Frage zu stellen, muß Gottsched darauf bestehen, daß das Schöne und das Moralische schlechterdings identisch zu sein haben.

Indem Gottsched das Schöne an unbezweifelbare, von vornherein feststehende und unveränderliche moralische Setzungen bindet, gibt er zu erkennen, daß seine «Critische Dichtkunst» schon von ihrem Ansatz her mit der im Entstehen begriffenen bürgerlichen Ästhetik unvereinbar ist. Schon

Baumgarten rückt in seinen frühen, die «Aesthetica» vorbereitenden «Meditationes» mit Entschiedenheit das «untere» (sinnliche) Erkenntnisvermögen ins Zentrum des Interesses und bricht damit die Zensur, die bei Gottsched die Moral über Wahrnehmungsvermögen und Einbildungskraft ausübt; er legalisiert das Bedürfnis, neue Wahrheiten zu erkennen, Wahrheiten, die nicht mehr allein aus einem vorgegebenen Werte- und Normenhorizont deduzierbar sind. Die Stellung des Subjekts – und hierin vor allem ist die spezifische Differenz zwischen Poetik und Ästhetik zu sehen – ändert sich damit in grundlegender Weise. Das Subjekt erhebt den Anspruch, «Wahrheit» künftig nicht mehr nur passiv hinzunehmen, sie abzuleiten aus vorgegebenen Normen, sondern sie zu sich selbst in Beziehung zu setzen, sie zu überprüfen an seinem Erkenntnisvermögen, aus dem die sinnliche, individuelle Wahrnehmung nicht mehr als eine nur minderwertige Erkenntnisquelle ausgeschlossen bleiben soll. Wahrheit ist damit nicht länger unabhängig von der subjektiven Konstitution der Menschen, ja diese werden in die Lage versetzt, solchen Wahrheiten besonders nachzugehen, auf die ihre durch die Sinne vermittelten Bedürfnisse gerichtet sind: Wahrheit und Subjektivität fallen im Medium der Kunst und der sie reflektierenden Wissenschaft, der Ästhetik, nicht mehr auseinander. Das Subjekt wird künftig frei sein – das ist die Verheißung, die von Baumgartens Schriften zur Ästhetik ausgeht – zu entdecken, wozu es Lust hat.

Die Abkopplung ästhetischer Erkenntnis von bestehenden Normen, von Moral überhaupt, ist hierzu die Voraussetzung. Gottsched dagegen verhängt durch die Gleichsetzung von Kunst und Moral tendenziell ein Erfahrungs- bzw. Denkverbot. Deutlich wird das an seinem Bemühen, auch noch der Odyssee einen eindeutigen moralischen Satz abzugewinnen: «Bey allen diesen poetischen Fabeln fragt sichs nun: Ob sie nothwendig moralische Absichten haben müssen? Man antwortet darauf, daß es freylich wohl möglich sey, Fabeln zur bloßen Belustigung zu ersinnen (...). Allein da es möglich ist, die Lust mit dem Nutzen zu verbinden, und ein Poet (...) auch ein rechtschaffener Bürger und redlicher Mann seyn muß: so wird er nicht unterlassen, seine Fabeln so lehrreich zu machen, als es ihm möglich ist; ja er wird keine einzige ersinnen, darunter nicht eine wichtige Wahrheit verborgen läge. (...) So ist z. E. die Fabel der Odyssee beschaffen (...) Ein König ist viele Jahre aus seinem Hause abwesend. Neptun verfolgt ihn, und beraubt ihn aller seiner Gefährten. Indessen ist bey ihm zu Hause alles in Unordnung: sein Vermögen wird verschwendet; seine Gemahlinn und sein Prinz stehen in Gefahr. Endlich aber kömmt er nach vielen Ungewittern glücklich an, erkennet etliche von den Seinigen, erlegt durch ihren Beystand seine Feinde, und bringt alles wieder in Ordnung.»[30] Auf diese Weise gelingt es Gottsched, das Epos auf einen einzigen «moralischen Satz» zu reduzieren, die Lehre, «die Abwesenheit eines Herrn, aus seinem Hause oder Reiche sey sehr schädlich»[31]. Nicht um die Grille eines pedantischen Moralisten, als die dieser Satz gern zitiert wird, handelt es sich hier, sondern um eine Forderung, die mit dem eigentlichen Ziel der «Critischen Dichtkunst»: der Abwehr von subjektiver, unreglementierter Erfahrung, zuinnerst zusammenhängt. Paradox ließe sich sagen, Gottsched begründe das Existenzrecht der Literatur, indem er es bestreitet. Er begründet es, indem er die Literatur vom Odium der moralischen Unzuverlässigkeit befreit; er bestreitet es durch die strikte Leugnung jeglichen Eigenwerts des Ästhetischen.

Entsprechend verfährt er bei den Überlegungen zur «inventio», der Wahl des Stoffes: «Zu allererst wähle man sich einen lehrreichen moralischen Satz, der in dem ganzen Gedichte zum Grunde liegen soll, nach Beschaffenheit der Absichten, die man sich zu erlangen, vorgenommen.»[32] Auch hier geht Gottsched strikt deduktiv vor: auf das Allgemeinste folgt das Allgemeine. «Hierzu ersinne man sich eine ganz allgemeine Begebenheit, worin eine Handlung vorkömmt, daran dieser erwählte Lehrsatz sehr augenscheinlich in die Sinne fällt.»[33] Die hierauf folgende «elocutio», die Anwendung auf einen besonderen Fall, hat sich nach dem Adressaten zu richten, auf den Wirkung ausgeübt werden soll: «Z.E. Gesetzt, ich wollte einem jungen Prinzen die Wahrheit beybringen: Ungerechtigkeit und Gewaltthätigkeit wären abscheuliche Laster. Diesen Satz auf eine angenehme Art recht sinnlich und fast handgreiflich zu machen, erdenke ich folgende allgemeine Begebenheit, die sich dazu schicket; indem man daraus die Abscheulichkeit des gedachten Lasters sonnenklar sehen kann. ‹Es war jemand, wird es heißen, der schwach und unvermögend war, der Gewalt eines Mächtigern zu widerstehen. Dieser lebte still und friedlich; that niemanden zu viel, und war mit dem wenigen vergnügt, was er hatte. Ein Gewaltiger, dessen unersättliche Begierden ihn verwegen und grausam machten, ward dieses kaum gewahr, so griff er den Schwächern an, that mit ihm, was er wollte, und erfüllete mit dem Schaden und Untergange desselben, seine gottlose Begierden.›»[34] Diese Handlung bezeichnet Gottsched als vorbildlich, da sie, auf dem Wege der Deduktion aus einem allgemeingültigen «moralischen Satz» gewonnen, hinreichend allgemein ist. Er ist noch weit von einer bürgerlichen, dem Ausdrucksverlangen des Subjekts genügenden Kunst entfernt; in seiner Theorie spielt das einzelne Subjekt noch keine Rolle. An keiner Stelle gesteht Gottsched ihm eigene Bedeutung zu, geschweige denn, daß er es für den künstlerischen Produktions- und Rezeptionsprozeß als konstitutiv empfände. Das von ihm gewählte Beispiel ist charakteristisch. Das poetische Werk ist nicht dazu da, dem einzelnen Subjekt zum Ausdruck zu verhelfen, sein Zweck ist vielmehr, auf den souveränen Willen des absoluten Herrschers einzuwirken. Gottscheds Theorie der Dichtkunst entspricht in diesem zentralen Punkt seiner Staatstheorie, in der noch der Vorrang des Staates vor dem Einzelnen betont wird, während die bürgerlichen Aufklärer feststellen, daß der Staat nur um der einzelnen Bürger willen ein Existenzrecht habe.[35] Individuum und Gesellschaft stehen, wie im absolutistischen Staat, so auch im Kunstwerk einander noch unvermittelt gegenüber.

Kunst – Erkenntnis – Einbildungskraft

Daß Gottsched der Kunst keine Erkenntnisfunktion zubilligt, bedeutet einen Rückschritt hinter bereits erarbeitete Positionen. Eine der wichtigsten Neuerungen, die er für seine Dichtungslehre hätte fruchtbar machen können, war die Psychologie, insbesondere die durch Christian Wolff ausgearbeitete Lehre von den Assoziationen. Wolff hatte versucht, die scheinbar willkürliche Folge der Assoziationen auf eine ihnen zugrundeliegende Gesetzmäßigkeit hin zu untersuchen, um auf diese Weise zu einer «Regel der Einbildungskraft», einer genaueren Kenntnis der Tätigkeit der Phantasie zu gelangen. Walter Benjamin, der seine wichtigsten Einsichten der physiognomischen Kraft seines assoziativ die Dinge miteinander verknüpfenden Blicks verdankt, schreibt einmal sehr pointiert, man könne, nach dem Auseinandergehen einer Gesellschaft, an der Stellung der Gläser, des Geschirrs, der Bestecke ablesen, wie der Abend verlaufen sei.[36] Diese Möglichkeit scheint bereits Wolff vorzuschweben, wenn er der Gesetzmäßigkeit der Assoziationen habhaft zu werden versucht: «Z.E. ich habe in einer Gesellschafft, wo getruncken worden, Personen und Gläser gesehen. Wenn ich nach diesem Gläser sehe, so kommen mir die Personen auch wieder vor. Habe ich eine von den Personen sonst in der Kirche gesehen; so kömmt mir die Kirche wieder vor. Und so gehet es weiter fort.»[37] Die Bedeutung dieser Reflexion für die Ästhetik ist offenkundig. Wolff sieht die Einbildungskraft nicht mehr als ein nur rezeptiv verfahrendes Vermögen, sondern er schreibt ihr eine gewisse Selbständigkeit zu, die Fähigkeit, Gegenwärtiges mit Vergangenem, Anwesendes mit Entferntem zu verknüpfen. Zwar legt er noch den Akzent auf die reproduktive Funktion der Einbildungskraft, es ist jedoch nur noch ein kleiner Schritt bis zu ihrer durch Baumgarten, insbesondere durch Kant vollzogenen Aufwertung.

Die besondere Aufmerksamkeit, die die Einbildungskraft findet, ist ein entscheidender Schritt in Richtung auf eine grundlegende Veränderung der Wahrnehmung von Welt durch die einzelnen Menschen. Gottscheds Weltbild ist dagegen noch durch die alte kosmologische Formel geprägt, Gott habe «alles nach Zahl, Maaß und Gewicht geschaffen»[38]. Er will nicht zur Kenntnis nehmen, daß an die Stelle dieser statischen Ordnung ein Weltbild tritt, das nicht mehr unveränderlich, unabhängig von den Subjekten, existiert, sondern das von ihnen allererst zu konstruieren ist, und zwar vermittels ihrer Fähigkeit, Beziehungen zwischen den Dingen wahrzunehmen. Die aus den überlieferten Ordnungen heraustretenden Menschen produzieren kraft ihrer Subjektivität, die mit der Einbildungskraft ihr entscheidendes Medium der Verbindung mit der Außenwelt ausbildet, ihr eigenes Weltbild. Die eigene Stellung in der Welt wird nicht mehr deduktiv, aus einem feststehenden ordo, bestimmt: an die Stelle der Deduktion tritt die Induktion, eine Interpretation der Welt und der eigenen Stellung in ihr, die das Individuum als Ausgangs- und Bezugspunkt hat; der Induktion ist die Rücksicht auf die Wünsche, Sehnsüchte und Bedürfnisse der lebendigen Menschen wesentlich. Das ist der Grund, weshalb die Ästhetik im 18. Jahrhundert ins Zentrum des Interesses rückt: allein in der ästhetischen Theorie ist die von Descartes geforderte strikte Entgegensetzung von res cogitans und res extensa, durch die der lebendige Mensch gleichsam in zwei Stücke gerissen wird, außer Kraft gesetzt. Je deutlicher schließlich spürbar wird, daß die von Descartes vollzogene Trennung wiederkehrt in der Abspaltung der Menschen von ihrer Arbeitskraft, desto entschiedener rükken die Kunst und der Künstler, die diesem Prozeß nicht zu unterliegen scheinen, ins Zentrum des Interesses.

Wie der Geschmack bei Baltasar Gracián (der den Begriff in seiner neueren Bedeutung einführte), so ist auch die Wolffsche Psychologie Reaktion auf einen Säkularisierungsschub. Geschmack wie Psychologie sollen es dem einzelnen Individuum ermöglichen, sich in einer Welt zurechtzufinden, in der es sich nicht mehr an einer transzendent verbürgten Ordnung orientieren kann, sondern auf sich selbst gestellt ist. Die neue, in Manufakturen organisierte Produktionsweise löst die Menschen aus einem umfassenden, an der Natur, am regelmäßigen Wechsel der Jahreszeiten sich orientierenden Lebens- und Arbeitszusammenhang. Die subjektiv, durch die Einbildungskraft, gestifteten Beziehungen zwischen den Dingen sollen die drohende Vereinzelung auffangen. Daß Gottsched die sich anbahnende Entwicklung spürt, ist anzunehmen: gegen sie ist die «Critische Dichtkunst» gerichtet. Aber er will nicht wahrhaben, wogegen er sich wendet. Wahrscheinlich liegt hier der Grund, weshalb er, obwohl er sich ausdrücklich als Wolff-Schüler bekennt, dessen wichtige Einsicht auf eigentümliche Weise entschärft. So schreibt er über den «Witz» des Poeten, also den eigentlich produktiven Teil der Einbildungskraft: «Dieser Witz ist eine Gemüthskraft, welche die Aehnlichkeiten der Dinge leicht wahrnehmen, und also eine Vergleichung zwischen ihnen anstellen kann. Er setzet die Scharfsinnigkeit zum Grunde, welche ein Vermögen der Seelen anzeiget, viel an einem Dinge wahrzunehmen (...). Je größer nun die Scharfsinnigkeit bey einem jungen Menschen ist; je aufgeweckter sein Kopf ist (...): desto größer kann auch sein Witz werden (...). Denn wo man viele Eigenschaften der Dinge ange- merket, und auf alle Kleinigkeiten bey einer Person, Handlung, Begebenheit usw. Acht gegeben hat, da kann man desto leichter die Aehnlichkeit einer solchen Person, Handlung, Begebenheit oder Sache mit andern dergleichen Dingen wahrnehmen. Die Einbildungskraft nämlich bringet, bey den gegenwärtigen Empfindungen, sehr leicht wiederum die Begriffe hervor, die wir sonst schon gehabt; wenn sie nur die geringste Aehnlichkeit damit haben. (...) ein Poet muß dergestalt (...) eine starke Einbildungskraft, viel Scharfsinnigkeit und einen großen Witz schon von Natur besitzen, wenn er den Namen eines Dichters mit Recht führen will.»[39] Mit dieser Darstellung des «Witzes» folgt Gottsched im großen und ganzen Wolff – und gerät dabei in bedenklichen Widerspruch zu seinen sonstigen Ausführungen. Denn die Feststellung, daß der Witz «Scharfsinnigkeit» voraussetze, schließt die Forderung ein, daß der Dichter gerade auf die individuellen Eigenarten des Darzustellenden achten müsse: eine Forderung, die mit dem deduktiven Prinzip, das der «Critischen Dichtkunst» sonst zugrunde liegt, nicht ohne weiteres zu vereinbaren ist. Offenbar aus diesem Grund unterwirft Gottsched schon im folgenden Paragraphen sehr entschieden die ihm nicht geheure Fähigkeit des «Witzes» der herkömmlichen Zensurinstanz, dem iudicium (in seiner Terminologie: der Vernunft). «Doch alle diese natürliche Gaben sind an und für sich selbst noch roh und unvollkommen, wenn sie nicht (...) von der ihnen anklebenden Unrichtigkeit gesaubert werden. Viele witzige Köpfe verrosten gleichsam bey ihrer guten Fähigkeit, aus Mangel der Anführung. (...) Gerathen solche Leute in anwachsenden Jahren aufs Reimen, so werden sie Possenreißer, Pritschmeister, und alberne Reimenschmiede; die allerhand abgeschmackte Einfälle zusammen häufen, sich alles für erlaubt halten, und nur den Beyfall des Pöbels suchen. Sie folgen schlechterdings ihrer Phantasie (...). Man kann aber junge Knaben beyzeiten aufwecken, und ihren Witz, so zu reden, in die Falten rücken, wenn man ihnen bald allerley gute sinnreiche Schriften zu lesen giebt; wenn man sie auf die treflichsten Stellen derselben aufmerksam machet; ihnen die Schönheit derselben recht vor Augen stellet, und durch ein vernünftiges Lob ihrer Verfasser, sie anspornet, nach gleicher Ehre zu streben.»[40] Womit von der produktiven Kraft der Phantasie, die Gottsched eben noch als unabdingbar für den Dichter hingestellt hatte, nicht mehr viel übrig geblieben ist, und in der Tat begibt er sich nicht noch einmal aufs Glatteis.

Geschmack

Ähnlich ist sein Vorgehen, wo er sich auf den Geschmack einläßt, den zweiten Begriff, in dem die neue, bürgerliche Subjektivität an die Oberfläche drängt. Auch dieser Begriff konnte nicht ganz vermieden werden, wollte Gottsched sein Buch nicht von Anfang an dem Vorwurf aussetzen, nicht auf der Höhe der Diskussion zu sein. Nach einem kurzen Verweis auf die konkrete Bedeutung des Begriffs kommt er auf seinen metaphorischen Sinn zu sprechen: «Von dem metaphorischen Geschmacke unsrer Seele bemerket man; daß man sich dieses Wortes fast ganz allein in freyen Künsten (...) bedienet: hergegen wo es auf die Vernunft allein ankömmt, da pflegt man dasselbe nicht zu brauchen. (...) In solchen Wissenschaften aber, wo das deutliche und undeutliche, erwiesene und unerwiesene noch vermischt ist, da pflegt man auch wohl noch vom Geschmacke zu reden. (...) Aber hier muß ich anmerken, daß man den Geschmack nur in denjenigen Theilen solcher Disciplinen suchet, die noch ungewiß sind (...). So bald eine Sache (...) für was demonstrirtes gehalten wird; so bald hört man auch auf, sie zum Geschmacke zu ziehen.»[41] Der Geschmack ist für Gottsched etwas durchaus Provisorisches, das dazu tendiert, sich selbst überflüssig zu machen. Er besetzt vorläufig, gleichsam als Statthalter der Vernunft, eine Position, die der begrifflichen Analyse noch nicht ganz zugänglich ist. Eine wie auch immer geartete eigenständige, für das ästhetische Urteil wesentliche Bedeutung kommt ihm nicht zu.

Mit dieser Einschätzung des Geschmacks folgt Gottsched der Argumentation Johann Ulrich Königs, dessen «Untersuchung von dem guten Geschmack in der Dicht- und Redekunst» zuerst 1727 als Anhang zu «Des Freyherrn von Canitz Gedichte» erschienen war. König hatte über das Verhältnis von Geschmack und Urteil geschrieben: «Also nennet man dieses den Geschmack, wann die Seele auf den ersten Eindruck eines Gegenstandes, durch eine natürliche oder verbesserte, aber doch fertige Empfindung urtheilet. Und hingegen heist man das ein Urtheil, wann die Seele nach vorher geschehener Verknüpfung oder Trennung unterschiedener Begriffe, durch Beweis-Gründe schließt. – Leute welche mehr gesunde Vernunft als Wissenschafft besitzen, urtheilen durch die Empfindung, und diejenigen, so die Wissenschafft mit der gesunden Vernunft vereinigen, urtheilen durch Beweis-Schlüsse. Also muß die fertige Empfindung, oder der Geschmack, wann er gut seyn soll, die Probe dieses Urtheils durch Vernunftschlüsse, und die Untersuchung nach den Sätzen .der Wahrheit, und den Regeln der Kunst aushalten können.»[42] Wenn Gottsched und König auch insofern gleich über den Geschmack urteilen, als sie ihn dem begrifflich-analytischen Urteil der Vernunft unterstellen, so läßt König wenigstens die Möglichkeit offen, im Geschmack vielleicht doch noch mehr als nur ein Provisorium zu sehen. Gottsched hingegen ist deutlich bemüht, eine solche Möglichkeit ein- für allemal als undenkbar auszuschließen. Er weiß zwar nicht genau, wo der Geschmack seinen Ursprung hat, aber er weiß dafür umso besser, wie er mit ihm fertig werden kann: «Ich rechne zuförderst den Geschmack zum Verstande; weil ich ihn zu keiner andern Gemüthskraft bringen kann.»[43] Indem er den Geschmack, also das nicht mit Begriffen operierende Urteilsvermögen, dem Verstand und damit den Begriffen zuordnet, entschärft er ihn. Sollte, wie Gottsched argwöhnt, aufgeschreckt durch die Diskussion in Frankreich (Dubos), der «Pöbel» sich jemals anmaßen, unter Berufung auf subjektiven Geschmack über literarische Dinge sich zu äußern, so will jedenfalls er, Gottsched, dafür Sorge getragen haben, daß dieser neumodische und zweifelhafte Begriff rechtzeitig an die Kette gelegt worden ist.

Baeumler hat diesen Schritt Gottscheds zu rechtfertigen versucht. «Bei einer Abrechnung im großen ist die negative Stellung zur Empfindung, die für Gottsched (...) charakteristisch ist, nicht als historischer Rückschritt zu bewerten. (...) Ja, indem Gottsched das urteilende Vermögen Verstand nennt, tut er einen nicht unbedeutenden Schritt nach vorwärts. Er verlegt das ‹Urteil› in ein höheres Vermögen. (...) Die Richtung auf die Kritik der Urteilskraft, die den Geschmack als oberes Vermögen rechtfertigt, ohne ihn mit dem Verstande zu vermischen, ist also von Gottsched eingeschlagen.»[44] Eine Schwäche von Baeumlers nach wie vor unentbehrlichem Werk ist, daß es zu einheitlich in der Perspektive auf die «Kritik der Urteilskraft» hin angelegt ist, so daß frühere Theorien selbst dann noch als Wege zu Kants Ästhetik erscheinen, wenn sie in Wirklichkeit nur, wie in diesem Falle, eine Sackgasse sind. Denn Gottsched bereitet keineswegs die Kantische Position vor, die ja gerade dadurch bestimmt ist, daß der Geschmack als selbständiges, nicht der Herrschaft des Begriffs unterworfenes Vermögen begründet wird. Vielmehr versucht Gottsched ein letztes Mal, mit Hilfe der abstrakten Vernunft cartesianischer Prägung Empfindung und Affekte, sofern sie mehr sind als ein bloßes Mittel im Dienste «persuasio» – und damit das lebendige Individiuum – aus der ästhetischen Diskussion hinauszudrängen. Er diskutiert den Geschmack mit dem deutlich erkennbaren Ziel, ihn ein- für allemal zu erledigen und die unveränderlich gültigen «Regeln» wieder an seine Stelle zu setzen.

So ist es nur konsequent, daß er das Gefühl der Lust und Unlust, das, wie Kants Analyse ergeben wird, für das Geschmacksurteil von konstituierender Bedeutung ist, vernachlässigt, obwohl bereits König auf dieses Phänomen nachdrücklich hingewiesen hatte: der Begriff «Geschmack» «schließe noch etwas mehrers in sich ein, als das Wort Urtheil in sich faßt: Dann es bedeutet, nebst der Beurtheilung, auch noch eine gewisse Ab- oder Zuneigung für einen Gegenstand, und daß derselbe Gegenstand etwas Anziehendes oder Wiedriges für uns an sich habe. (...) Im Gegentheil pflegt man dem Wort Urtheil weder eine Gewogenheit noch Abneigung für einen Gegenstand, sondern gantz allein desselben Prüfung, zuzueignen. Daher sagt man auch, der Verstand habe mehr Antheil als das Hertz an dem, was das Wissen und das Urtheil allein betrifft; und hinwiederum nehme das Hertz mehr Theil als der Verstand an dem, was den Willen und den Geschmack angeht.»[45] Es ist also, wie König bemerkt, dem Geschmacksurteil wesentlich, daß in ihm die Beziehung auf die Affekte nicht äußerlich bleibt, sondern daß das Gemüt, das «Hertz», zum guten Geschmack hinzugehört, ja seine eigentliche Voraussetzung ist. Diese letzte Konsequenz spricht König zwar nicht direkt aus, aber er kommt ihr doch sehr nahe, wenn er schreibt: «Der Geschmack schließt allemahl eine Beurtheilung, aber das Urtheil nicht nothwendig den Geschmack in sich ein. Es kan einer ein gelehrter und sonst belesener Mann in vielen Wissenschafften seyn: aber daraus folgt nicht, daß er den guten Geschmack auch nur im mindesten Grade besitze.»[46] Zwar ordnet König letzten Endes das Geschmacksurteil doch wieder der abstrakten Ratio unter, aber zumindest hat er zur Kenntnis genommen, daß der durch Descartes geprägten Wissenschaft die Beziehung auf das Gemüt fehlt. Und obwohl König offensichtlich noch gar keine Vorstellung davon hat, *warum* das Gefühl der Lust und Unlust mit dem Geschmacksurteil verbunden ist, hält er es für wichtig genug, es in seine Abhandlung aufzunehmen und damit das Problem offenzuhalten.

Ganz anders Gottsched, der in seiner Poetik die Verbindung des Geschmacksurteils mit den Affekten nicht einmal leugnet – er ignoriert sie einfach. Wenn schon die dem Poeten eigentümliche «Nachahmung der Natur» das bloß Wahrscheinliche mit einschließen muß; und wenn schon die Darstellung des Wahrscheinlichen – was die Menschen vielleicht nicht wirklich tun, aber tun könnten – nur durch einen Blick in ihr Inneres, durch Psychologie, möglich ist: dann müsse wenigstens, so fordert Gottsched – vielleicht verärgert durch Königs Bemerkung, ein Gelehrter sei nicht notwendig ein Mann von Geschmack – dieses Wahrscheinliche sich jederzeit vor der Wissenschaft ausweisen können: «So wird denn ein Poet, der auch die unsichtbaren Gedanken und Neigungen menschlicher Gemüther nachzuahmen hat, sich nicht ohne weitläuftige Gelehrsamkeit behelfen können. (...) Er muß zum wenigsten von allem etwas wissen (...). Ein Poet hat ja Gelegenheit, von allerley Dingen zu schreiben. Begeht er nun Fehler, die von seiner Unwissenheit in Künsten und Wissenschaften zeugen, so verliert er sein Ansehen. (...) Ein einzig Wort kann ihn also in Hochachtung oder in Verachtung setzen; nachdem es entweder seine Gelehrsamkeit, oder Unwissenheit an den Tag legt.»[47] Hier zeigt sich in exemplarischer Deutlichkeit, was Gottsched von der gesamten neueren Diskussion in Wahrheit hält: zwar hatte er nicht vermeiden können, in seinem Buch wenigstens zum Schein auf diese Diskussion einzugehen, aber er bricht sie sofort ab, sobald er im Ernst sich auf sie einlassen müßte; deshalb wird das Wahrscheinliche, schon für Baumgarten der eigentliche Ort der poetischen Wahrheit und von Gottsched zunächst widerwillig geduldet, sofort preisgegeben, wenn es mit seiner Forderung, auch in der Literatur habe alles sich «klaren und deutlichen» Begriffen unterzuordnen, zu kollidieren droht. Mag man seiner Argumentation immerhin ein historisches Recht zuerkennen im Zusammenhang seines Kampfes gegen die schwülstigen und ausufernden Phantastereien der zeitgenössischen Literatur – der unerschütterliche Glaube, für alles und jedes halte die Gelehrsamkeit eine fertige Antwort bereit, spricht dem Subjekt und seinem eigentlich produktiven Vermögen, der Phantasie, jede Bedeutung im künstlerischen Produktions- und Rezeptionsprozeß ab.

In der frühbürgerlichen Epoche sind Kunstwerke und ästhetische Theorien in dem Maße als «modern» zu bezeichnen, als sie geeignet sind, das neue Selbstwertgefühl des bürgerlichen Subjekts aufzunehmen und ihm zum Ausdruck zu verhelfen. Damit jedoch Subjektivität ihren Einzug in den Bereich des Ästhetischen halten kann, ist es notwendig, daß das ästhetische Phänomen nicht mehr als zeitenthoben, unveränderlichen Regeln unterworfen, angesehen werde. Es bedarf der Einsicht, daß das ästhetische immer zugleich auch ein historisches Phänomen ist. Da die Lebensbedingungen der Menschen und damit ihr Lebensgefühl, ihre subjektive Verfassung, sich wandeln, müssen auch die Kunstwerke, sollen sie deren adäquater Ausdruck sein können, sich der Geschichte öffnen. Subjektivität und historischer Sinn gehören zusammen. Auf diese Herausforderung, die in der Querelle des Anciens et des Modernes bereits ihren Ausdruck gefunden hatte, antwortet Gottsched mit der Beschwörung uralter kosmologischer Ordnungsvorstellungen: «Gott hat alles nach Zahl, Maaß und Gewicht geschaffen. Die natürlichen Dinge sind an sich selber schön: und wenn also die Kunst auch was schönes hervorbringen will, so muß sie dem Muster der

Natur nachahmen. Das genaue Verhältniß, die Ordnung und das richtige Ebenmaaß aller Theile, daraus ein Ding besteht, ist die Quelle aller Schönheit.»[48] Aus dieser unveränderlichen Ordnung haben die Griechen die Regeln der Poesie abgeleitet, die, da der unwandelbaren Ordnung eine ebenso unwandelbare Vernunft entspricht, nach wie vor unerschütterliche Geltung beanspruchen können – denn die Griechen waren «die vernünftigsten Leute von der Welt»[49].

Gottsched kommt das historische Verdienst zu, in einer Zeit, da in Deutschland das literarische Leben orientierungslos dahinsiechte, mit Entschiedenheit Stellung bezogen und die traditionellen Vorstellungen noch einmal mit großem Nachdruck zusammengefügt zu haben. Er hat, wenn schon nicht eine Grundlage für die weitere Entwicklung, so doch einen festen Bezugspunkt hergestellt, gegen den spätere Positionen kritisch abgegrenzt werden konnten. Vielleicht hätte Lessing seine Ansichten nicht so entschieden vortragen können, hätte ihm die klare Gegenposition, wie Gottsched sie noch einmal aufgebaut hatte, gefehlt. Aber in dieser bloß negativen Funktion erschöpft sich auch schon Gottscheds historische Mission, wenigstens was die Entwicklung der Ästhetik betrifft; seine Verdienste um die Entwicklung der deutschen Literatursprache werden hierdurch nicht geschmälert.

Die Verteidigung der Geschichte
Giambattista Vico

Doppelcharakter der Rhetorik

Die «Critische Dichtkunst» ist der Versuch, ein traditionales, geschlossenes Weltbild neu zu befestigen und ihm eine an der cartesianischen Methode orientierte Unangreifbarkeit zu verleihen. Gottsched sucht gegen die aufkommende bürgerliche Subjektivität, die ihn zutiefst beunruhigt, da sie den Sturz der alten metaphysischen Ordnung ankündigt, Zuflucht bei den Regeln, die, wie er meint, zurückgehen auf das unveränderliche Wesen der Menschen selbst. Dabei nimmt er zwar neuere Strömungen zur Kenntnis, aber nur, um sie in seinem Sinne zu entschärfen bzw. sie in seine Dienste zu stellen. Alles Neue ist ihm so weit willkommen, als mit seiner Hilfe das ins Wanken geratene Regelwesen noch einmal zu befestigen ist. Der überlieferte Regelkanon, einmal von der «Vernunft» überprüft und für nach wie vor gültig befunden, bietet ihm die Möglichkeit, seinerseits als Neuerer aufzutreten; er versucht, auch in der Literatur das cartesianische Erkenntnisideal der Klarheit und Deutlichkeit durchzusetzen. Damit fällt ihm die undankbare Aufgabe zu, in Deutschland etwas erst einführen zu müssen, was in Frankreich schon wieder umstritten ist: Dort wird die Übertragung der cartesianischen Theorie auf die Literatur, durch Boileau vollzogen, durch den Abbé Dubos im Namen des subjektiven Geschmacks attackiert.

In Gottscheds Bemühungen überschneiden sich also in eigentümlicher Weise Altes und Neues. Schnittpunkt ist die Rhetorik. Ihr Regelsystem hatte Gottsched dazu gedient, ein traditionales Weltbild mit, wie er meinte, cartesianischer Klarheit und Deutlichkeit neu zu befestigen; aber auch dem ersten Angriff auf die universale Gültigkeit beanspruchende Methode des Descartes liegt sie zugrunde. Dieser scheinbare Widerspruch geht auf den Doppelcharakter der Rhetorik zurück, durch den es tatsächlich möglich wird, sie sowohl für als auch gegen den Cartesianismus ins Feld zu führen. Denn die Topik, das System der Redefiguren, verbindet den Anspruch auf unwandelbare, übersubjektive Gültigkeit mit starker Affinität zu den Affekten und deren expressiven Ausformungen, mit Momenten also, die auf die lebendigen Subjekte verweisen, für die aber im cartesianischen Erkenntnisideal kein Platz mehr ist.

Das Regelsystem der Rhetorik ist also nur von außen gesehen starr und unveränderlich; allein diesen Aspekt hatte Gottsched sehen wollen. Zugleich jedoch ist die Topik, da sie dem Zweck dient, durch «persuasio» im Zuhörer eine bestimmte Einstellung hervorzurufen bzw. ihn zu einer Handlung zu motivieren, eine raffinierte Psychologie des Rezipienten; sie muß es um so mehr sein, als «persuasio» nicht Überzeugung durch Vernunftgründe meint – sie erhebt insofern keinen Anspruch auf objektive, in der Sache begründete Wahrheit –, sondern eher eine durch die Affekte vermittelte Konditionierung des Adressaten. Die Regeln, von denen Gottsched annahm, sie seien aus einer unveränderlichen Vernunft, letzten Endes aus kosmologischen Gesetzen deduziert, sind nichts anderes als die verallgemeinerten, schließlich erstarrten Ergebnisse konkreter Erfahrungen mit lebendigen Subjekten. Die die Redefiguren systematisierende Topik ist insofern dem cartesianischen Erkenntnismodell gerade entgegengesetzt: die Affekte der Menschen haben in ihr Vorrang vor der nüchternen Vernunft, sinnlicher Reiz rangiert vor dem logischen Schluß, dem weiten Feld des Wahrscheinlichen wird mehr Bedeutung eingeräumt als der kargen absoluten Gewißheit.

In dem Maße nun, in dem die kritische Philosophie – sie ist kritisch, weil sie die Möglichkeiten des Subjekts, zu gesicherter Erkenntnis zu gelangen, überprüft – sich durchsetzt, wird dem Bereich des Wahrscheinlichen der Boden entzogen. Denn die neue Gewißheit, deren Descartes sich versichert, entsteht zwar durch Rekurs auf das Subjekt. Dieses ist jedoch bloß ein abstraktes Prinzip, von sämtlichen affektiven und empirischen Beimengungen gereinigt: ein Subjekt ohne Subjektivität. Es liegt daher nahe, das empirische, psychologische Erbe der Rhetorik in dem Maße wieder aufzunehmen, in dem die cartesianische Methode sich ausbreitet, schließlich in sämtlichen Wissenschaften ihren erkenntnistheoretischen Monopolanspruch durchsetzt. «Descartes hatte seine Metaphysik unter dem Gesichtspunkt einer Methode entwickelt, die in dem Plan der universellen Mathematik ihre Erfüllung findet. (...) Es war dies ein Ideal, das im 17. Jahrhundert zu einer fast unumschränkten Herrschaft gelangt, in immer neue Bezirke vorgetragen worden war (...). Es wirkt nach in der Lehre vom Menschen, in Spinozas Ethik, in Leibniz' ‹Characteristica generalis› wie in seiner frühen Schrift, dem ‹Nova methodus docendae discendaeque jurisprudentiae›, welche die logisch-mathematische Analyse in den Dienst der römischen Rechtsgeschichte stellt.»[1] Aller nichtquantifizierenden Erkenntnis, dem «Gemüt», allen Affekten, die allmählich aus der Wissenschaft verdrängt werden, bleibt allein – bevor die Ästhetik als eigene Disziplin ausgebildet ist –, Zuflucht bei der Rhetorik zu suchen; sie soll die von der cartesianischen Methode geschaffenen Defizite ausgleichen, den der Nichtachtung verfallenen Bereich für die Menschen zurückgewinnen.

Begründung der Metaphysik in Geschichte und Philologie

Gegen den Universalitätsanspruch der cartesianischen Methode wendet sich mit Entschiedenheit Giambattista Vico. 1668 in Neapel geboren, wirkt er dort seit 1699 als Professor der Rhetorik; er stirbt ebenda im Jahre 1744. Daß er frühzeitig eine Methode in Frage stellte, die auf den verschiedensten Gebieten so eindrucksvoll ihre Leistungsfähigkeit bewiesen hatte, machte ihn zu einem durchaus unzeitgemäßen Denker; den führenden Geistern der Aufklärung konnte er sich «kaum empfehlen. Für sie hing der gesellschaftliche Fortschritt davon ab, wieweit man die festgelegten Gesetze der menschlichen Natur zu entdecken vermochte und dieses Wissen bewußt anzuwenden verstand»[2].

Das stolze Bewußtsein, daß nicht er, der sich auf die von Descartes verachtete Tradition bezieht und sie zum Gegenstand der Philosophie macht, hinter seiner Zeit zurück sei, sondern gerade der Cartesianismus, kommt schon im Titel seines Hauptwerks, «Principi di Scienza Nuova d'intorno alla comune natura delle nazioni» (1725), zum Ausdruck. In einem Frontispiz werden dessen Grundgedanken allegorisch dargestellt. Gottes Auge blickt auf eine weibliche Gestalt, die Metaphysik, die auf einer die Natur verkörpernden Erdkugel steht. Diese Erdkugel befindet sich in einem offensichtlich sehr labilen Gleichgewicht: sie wird nur von der äußersten Ecke eines – die archaischen Kulturen und Religionen versinnbildlichenden – Altars getragen; jeden Augenblick kann sie herabstürzen. Vico will damit zum Ausdruck bringen, daß er die Metaphysik seiner Zeit als höchst unzureichend begründet ansieht; sie ist nicht geeignet, die göttliche Vorsehung («Iddio con l'aspetto della su provvedenza»[3]) angemessen zu erfassen. «Perciò il globo, o sia il mondo fisico ovvero naturale, in una sola parte egli dall' altare vien sostenuto; perché i filosofi, infin ad ora, avendo contemplato la divina provvedenza per lo sol ordine naturale, ne hanno solamente dimostrato una parte (...); ma nol contemplarono già per la parte ch'era più propria degli uomini, la natura de' quali ha questa principale proprietà: d'essere socievoli.»[4] Die Metaphysik findet keine Stütze in den modernen quantifizierenden Naturwissenschaften, allenfalls in einer qualitativen Naturerfahrung, wie sie den alten Kulturen eigentümlich war. Jede Wissenschaft, die sich auf das Cogito des Descartes als die Grundlage aller Erkenntnis bezieht, verfehlt gerade die eigentliche «Natur» der Menschen:

gesellig zu sein. Seinen allegorischen Ausdruck findet dieser Sachverhalt in der konvexen Form des Juwels, das die die Metaphysik verkörpernde Gestalt trägt: das Licht, das von der göttlichen Vorsehung ausgeht, wird hierdurch aufgefächert und breit gestreut, nicht in einem einzigen Punkt konzentriert. Vico will damit verdeutlichen, daß die Metaphysik, die er meint, keine Privatsache sei, die sich in einem einzelnen reinen Herzen (dessen Ausdruck das Juwel ist) vollenden könnte; in diesem Falle wäre der Edelstein mit einer ebenen Oberfläche dargestellt worden: «Ma convesso, ove il raggio si rifrange e risparge al di fuori, perché la metafisica conosca Dio provvedente nelle cose morali *pubbliche,* o sia ne' costumi civili, co' quali sono provenute al mondo e si conservan le nazioni.»[5]

Daher lautet Vicos Forderung: Nicht auf der Natur – die für die Menschen unerkennbar bleiben muß, da sie von ihnen nicht hervorgebracht ist – ist die Metaphysik zu begründen, vielmehr ist die göttliche Vorsehung, sofern sie die Menschen betrifft, dort aufzusuchen, wo die Menschen als gesellig Handelnde auftreten: in der Geschichte und in ihren Spuren, den kulturellen Objektivationen. Während für Descartes das isolierte, abstrakte, ahistorische Bewußtsein des einzelnen Subjekts alleiniges Unterpfand sicherer Erkenntnis, einziger Lichtpunkt in einem undurchdringlichen Dunkel ist, hebt Vico als erste, unbezweifelbare Sicherheit hervor, daß die geschichtliche Welt ganz gewiß von den Menschen selbst hervorgebracht worden sei. «Ma, in tal densa notte di tenebre ond'è coverta la prima da noi lontanissima antichità, apparisce questo lume eterno, che non tramonta, di questa verità, la quale non si può a patto alcuno chiamar in dubbio: che *questo mondo civile egli certamento è stato fatto dagli uomini,* onde se ne possono, perché se ne debbono, ritruovare i princìpi *dentro le modificazioni della nostra medisima mente umana.* Lo che (...) dee recar maraviglia come tutti i filosofi seriosamente si studiarono di conseguire la scienza di questo mondo naturale, del quale, perché Iddio egli il fece, esso sole ne ha la scienza; e traccurarono di meditare su questo mondo delle nazioni, o sia mondo civile, del quale, perché l'avevano fatto gli uomini, ne potevano conseguire la scienza gli uomini.»[6] Die Methode des Descartes dagegen, darauf angelegt, die Gegenstände der Natur «klar und deutlich» zu erkennen, verhindert gerade die Selbsterkenntnis der Menschen. Vor allem wird die Eigenschaft der Menschen, durch sie erst sich selbst verständlich werden, ihr Hang zur Geselligkeit, durch die geometrische Methode verfehlt. Sie ist daher nicht geeignet, den Menschen zu Aufschlüssen über sich selbst und über den Sinn der Geschichte zu verhelfen.

Nicht auf den Naturwissenschaften ist daher die Metaphysik zu begründen, sondern auf einer «sapienza poetica»[7], die in der Lage ist, die in den

Mythen aufbewahrte Urgeschichte der Menschheit darzustellen. Der Blick Gottes, aufgefangen in der Gestalt der Metaphysik, wird reflektiert und weitergeleitet zu der Statue des Homer, der der erste Meister der «poetischen Weisheit» war; Ilias und Odyssee sind «due grandi tesori di discoverte del diritto naturale delle genti greche ancor barbare»[8]. In den Dichtungen Homers hören die gesellschaftlichen Institutionen auf, bloße Fakten zu sein, deren Ursachen im Dunkeln liegen; in ihnen werden die Prinzipien sichtbar, denen die Geschichte gehorcht. Philosophie wird zu einer «neuen Wissenschaft» bzw. zu einer «nuova arte critica»[9], indem sie die Philologie und alle die Wissenschaften befragt, die sich mit den von den Menschen selbst im Laufe ihrer Geschichte hervorgebrachten Gegenständen wie Sprachen, Sitten, nationalen Konflikten befassen.[10] Ziel dieser Philosophie ist eine «storia ideal eterna»[11], die Darstellung der Gesetze, denen die Menschheitsgeschichte gehorcht. Letzten Endes geht es Vico, nicht anders als nach ihm Hegel (der seine Bedeutung nicht erkannte), um die Erkenntnis der göttlichen Vorsehung (des Weltgeistes) aus dem Gang der Geschichte. Überdauert in den Mythen, verrätselt, die Urgeschichte der Menschheit, so liefert nach Vicos Überzeugung eine auf Philologie gegründete Geschichtsphilosophie den Schlüssel zu ihrer Erkenntnis. Geschichtsphilosophie ist die wahre Metaphysik.

Kritik der geometrischen Methode

Von besonderer Prägnanz der Argumentation ist die kleine, schon im Jahre 1708 erschienene wissenschaftstheoretische Schrift «De nostri temporis studiorum ratione», in der Vico versucht, den Absolutheitsanspruch der cartesianischen Philosophie zu brechen. Hier sind bereits die Prinzipien entwickelt, denen die «Scienza nuova» bei der Aufarbeitung des reichen historischen und mythologischen Materials folgen wird. Wie nach ihm Gottsched, beruft auch Vico sich auf die rhetorische Tradition, wenn auch seine Absicht hierbei der von Gottsched in der «Critischen Dichtkunst» vertretenen entgegengesetzt ist. Es gelingt ihm, mit Hilfe der Rhetorik das geometrische Erkenntnisideal so weit in Frage zu stellen, daß der Ansatz Baumgartens zwar nicht vorweggenommen, wohl aber in seiner historischen Notwendigkeit sichtbar wird.

Vico setzt mit seiner Kritik dort ein, wo die geometrische Methode gerade ihren vermeintlich größten Vorzug aufzuweisen hat: im Rekurs auf das Subjekt, das die einzige unbezweifelbare Grundlage für jede Erkenntnis zu sein scheint. Vico fragt dagegen, ob es zu vertreten sei, zur Grundlage jeder wissenschaftlichen Disziplin eine Erkenntniskritik zu machen, «die, um ihre erste Wahrheit nicht nur vom Falschen, sondern auch vom bloßen Verdacht des Falschen frei zu halten, alle sekundäre Wahrheit, sowie alles Wahrscheinliche genau so wie das Falsche aus dem Denken entfernt wissen will»[12]. Es komme vielmehr darauf an, gerade bei den «jungen Leuten», die in die Wissenschaften einzuführen sind, den natürlichen Allgemeinsinn (sensus communis) auszubilden, «damit sie nicht im Leben, wenn sie völlig erwachsen sind, auf Absonderlichkeiten und Torheiten verfallen»[13]. Vico schlägt also einen Weg ein, der dem des Descartes entgegengesetzt ist: Ausgangspunkt soll nicht die Versenkung des Subjekts in sich selbst, die Fixierung des isolierten, abstrakten Bewußtseins als einziger Grundlage der Erkenntnis sein; Ausgangspunkt – und Ziel – ist für Vico vielmehr die zwangslose Gemeinsamkeit mit den Mitmenschen. Die Forderung nach Ausbildung eines senus communis – «sozialer Sinn» wäre die angemessene Übersetzung – ist dem methodischen Ansatz des Descartes, seiner alle Empirie und alle sozialen Vermittlungen ausschließenden Reduktion des eigenen Ich auf das abstrakte Prinzip des res cogitans, strikt entgegengesetzt.

Mit der Methode verfällt auch deren inhaltliches Ziel der Kritik: die deutliche, völlig unbezweifelbare, geometrische Klarheit. Die Betonung des sensus communis wird in Vicos Schrift ergänzt durch die Verteidigung des Wahrscheinlichen (Baumgarten wird es, durchaus im Sinne Vicos, als das Wesen der ästhetischen Wahrheit bezeichnen). Aus ihm erwachse der natürliche Allgemeinsinn. «Denn das Wahrscheinliche steht gewissermaßen in der Mitte zwischen dem Wahren und Falschen, insofern es nämlich meistens wahr, nur ganz selten falsch ist. Während man sich also alle Mühe geben müßte, bei den jungen Leuten den natürlichen Allgemeinsinn zu entwickeln, ist zu befürchten, daß unsere kritische Wissenschaft ihn erstickt.»[14] Nur der geringste Teil aller Gegenstände ist geometrischer Natur und daher ohne Einschränkung durch die geometrische Methode erkennbar. Wenn diese Methode dennoch als einzige wissenschaftliche gelten soll, dann müssen alle Bereiche, mit Ausnahme der Geometrie, im wesentlichen unerkennbar bleiben.

«Klare und deutliche», von empirischen Daten völlig unabhängige Erkenntnis ist nur in der Geometrie möglich, in allen anderen Gebieten muß das Subjekt sich mit dem mehr oder weniger Wahrscheinlichen zufriedengeben. Die Gegenstände der Geometrie sind zwar restlos und mit letzter Sicherheit erkennbar, aber sie sind dafür auf einen engen Ausschnitt der Wirklichkeit beschränkt; es müsse daher gefragt werden, meint Vico, woher die Anhänger der geometrischen Methode, wenn sie sie auf einen anderen Bereich anwenden, eigentlich die Sicherheit nehmen, tatsächlich immer *alle* Aspekte eines Sachverhalts berücksichtigt zu haben. Die Einbeziehung des bloß Wahrscheinlichen in den Erkenntnisprozeß führe zwar nicht zu letzter, geometrisch beweisbarer Gewißheit, sie lasse dafür aber mehr lebendige Wirklichkeit ins Blickfeld treten. Die Wirklichkeit könne daher nur angemessen erfahren werden, wenn zwei verschiedene, voneinander unabhängige Erkenntnismethoden und Ausdrucksweisen als notwendig und legitim anerkannt werden, «Kritik» als die Kunst der wahren, «Topik» hingegen als die der reichen Rede («critica est ars verae orationis, topica autem copiosae»).[15]

«Der Mensch», so beschreibt Auerbach die Wirkungen der cartesianischen Methode, «wurde ein Einzelner, von mechanischen Kräften Bewegter (…); er verlor die Bindung nach unten, zu Land und Stadt, Volk und Staat, und die nach oben zu Gott und Schicksal; er verlor seine Würde vor Gottes Auge und seine unsterbliche Seele.»[16] Mit allen Verteidigungen der Geisteswissenschaften gegen die Vorherrschaft der naturwissenschaftlichen Methode teilt schon Vicos Versuch die Schwäche, daß das hohe Maß an Evidenz, das die more geometrico gewonnenen Ergebnisse auszeichnet, trotz aller möglicher Gegengründe die nur schwer überwindbare Suggestion von wissenschaftlicher Überlegenheit mit sich bringt. Der mitunter sich einstellende Eindruck, daß Vico auf verlorenem Posten kämpfe, ist nicht nur darauf zurückzuführen, daß er mit der Rhetorik nur über eine veraltete Methode verfügt, um die von ihm gemeinten Inhalte nicht aus der Wissenschaft hinausdrängen zu lassen. Die Schwäche der geisteswissenschaftlichen Position ist vielmehr unauflösbar mit ihrer Substanz verbunden. Daß eine reiche, nicht in jeder Einzelheit beweisbare und damit verallgemeinerbare Wahrnehmung wertvoller sei als die «klare» Erkenntnis weniger Daten; daß nur im geisteswissenschaftlichen Horizont der Erkenntnisvorgang offengehalten werden kann, gegenüber einer Erkenntnisweise, die die eigenen Grenzen schon für die Grenzen des Erkennbaren überhaupt nimmt; daß die geisteswissenschaftliche Erkenntnis des lebendigen Subjekts bedarf, im Gegensatz zu der «Anonymität» («anonimicità»)[17] der kritischen Methode, die Vico zu Recht hervorhebt, da das Subjekt, auf das die cartesianische Erkenntnis sich bezieht, nur ein abstraktes Prinzip ist – alle diese Merkmale der Geisteswissenschaften sind Vorzüge nur so lange, als die Menschen *Interesse* daran haben, an ihnen festzuhalten. Denn es läßt sich wohl denken, daß die Eigenart geisteswissenschaftlicher Erkenntnis zunehmend als Schwäche aufgefaßt wird, und zwar in dem Maße, in dem die durch die Naturwissenschaften gelieferten Sicherheiten die einzigen sind, die das Subjekt in einer Welt noch vorfindet, in der die überkommen, durch Tradition und Transzendenz vermittelten Sinnstrukturen verblassen.

Die Veränderungen, die Auerbach als «Folge» des Cartesianismus anführt, sind ja zugleich – und vor allem – Wirkungen der veränderten Produktionsweise, die für die Enstehung der modernen Wissenschaft ebenso bestimmend ist wie diese auf den Produktionsprozeß zurückwirkt. So ist die «Anonymität», die in der cartesianischen Methode erscheint, kein Defekt, der durch eine Verbesserung der Methode zu beseitigen wäre: in der Anonymität der Methode spiegelt sich die Anonymität und Abstraktheit des einzigen Ordnungsprinzips, das die bürgerliche Gesellschaft aufzuweisen hat, des Marktes. Ebenso ist die Vereinzelung der Menschen, ihre Lösung von allen traditionalen Bindungen, nicht «Folge» des cartesianischen Rückzugs auf das eigene abstrakte Bewußtsein, sondern der modernen Arbeitsteilung. Die Geisteswissenschaften zu rechtfertigen, das Selbstverständnis der Menschen in dem von ihnen Hervorgebrachten zu begründen, bedeutet daher immer, sich gegen eine Entwicklung zu stellen, die die Zerstückelung und Mechanisierung der Produktion vorantreibt, also die Menschen gerade in dem von ihnen Geschaffenen immer weniger sich erkennen läßt. Insofern sind die Erfahrungen, die in den Geisteswissenschaften reflektiert werden, nicht nur zu Bildung von individueller Identität unerläßlich: sie setzen, um überhaupt verarbeitet werden zu können, immer schon eine entwickelte, den ökonomischen und gesellschaftlichen Tendenzen Widerstand leistende Identität voraus. Umso verlockender können daher die durch die geometrische Methode vermittelten – wenn auch abstrakten – Sicherheiten sein. Als Ausgleich dafür, daß es sich nicht mehr als einem umfassenden Sinnzusammenhang angehörig, als Teil der Natur oder eines überschaubaren Arbeitsprozesses begreifen kann, bietet sich dem Subjekt durch die geometrische Methode die Möglichkeit, die Natur zu beherrschen und auf diese Weise die verlorene Orientierung in der Welt durch die Herrschaft über sie auszugleichen.

Daher wirkt die Kritik, die Vico an den modernen, nach der geometrischen Methode verfahrenden Naturwissenschaften übt, zugleich altertümlich und aktuell. «Sodann verbietet die geometrische Methode bei den physikalischen Abhandlungen genau so wie bei geometrischen Beweisführungen (...) eine kunstvolle Gestaltung. Daher die Beobachtung, daß alle modernen Physiker eine gespannte und strenge Vortragsweise haben. Und da diese Physik (...) immer aus dem Vorangehenden das Nächstfolgende ableiten muß, verschließt man bei den Zuhörern die den Philosophen kennzeichnende Fähigkeit, bei weit auseinanderliegenden und verschiedenartigen Dingen die Analogien zu bemerken; das aber ist, wie man weiß, aller scharfgeschliffenen und kunstreichen Rede Ursprung und Grundlage.» [18]
Was Vico hier im Geist der italienischen Naturphilosophie der Renaissance

ins Auge faßt, die Rettung einer qualitativ verfahrenden, «verstehenden» Naturwissenschaft, überdauert in der Folgezeit, außer in apokryphen Gestalten wie Alchimie und Astrologie, allein noch in dem der neuen Wissenschaft «Ästhetik» zugeschlagenen engen Bezirk des Naturschönen. Noch durchaus der Tradition der Rhetorik verbunden, die eine strikte Entgegensetzung von Theorie und Praxis nicht kennt, will Vico dagegen selbst bei der Physik nicht zwischen eigentlicher Forschungstätigkeit und ihrer Darstellung unterscheiden. Dem entspricht, daß er eine Eingrenzung des Ästhetischen auf einen abgeschlossenen Bereich «Kunst» noch nicht ins Auge faßt.

Obwohl die Forderung Vicos, der Physik habe die Darstellung nicht äußerlich zu sein, bizarr erscheint angesichts der Tendenz der modernen Naturwissenschaften, jedes expressives Moment aus der Beweisführung auszuschließen, enthält sie dieser gegenüber ein Wahrheitsmoment. Denn sie hält an einer Vorstellung von Wissenschaft fest, der die Beziehung auf die lebendigen Menschen mit allen ihren Affekten noch ebensowenig äußerlich ist wie der Topik, der Lehre von den Redefiguren, die ohne den steten Bezug auf die Hörer nicht denkbar sind. Nichts anderes verbirgt sich hinter Vicos Forderung als die Einsicht, daß nur die Wissenschaft, die die Natur noch nicht ausschließlich dem quantifizierenden, qualitätslosen Zeichen unterwirft, sondern deren Ziel die Vermittlung der inneren Natur der Menschen mit der äußeren ist, von den Menschen überhaupt als sinnvoll erfahren werden kann. Zweifellos ist diese Vorstellung, in der noch die «verstehende» Naturphilosophie der Antike und des Mittelalters nachwirkt, veraltet gegenüber dem modernen Wissenschaftsbegriff, demzufolge Naturwissenschaft ausschließlich der Beherrschung der Natur und ihrer Ausbeutung dient. In dem Maße, in dem die expressiven Momente sich nicht mehr in den Naturwissenschaften halten lassen, entsteht die Ästhetik, gleichsam als eine Spezialdisziplin für Ausdruck. Den Übergang markiert Baumgartens Forderung, der «aestheticus» habe nicht nur *über* das Schöne zu denken, sondern die Ästhetik sei zugleich eine «ars pulcre cogitandi», eine Kunst, *schön* zu denken. Das entspricht einerseits Vicos Gedanken, der Wissenschaft dürfe ihre Darstellung nicht äußerlich sein; andererseits würde schon Baumgarten seine Forderung wohl nicht mehr an die Adresse des Physikers richten. Kunst und Ästhetik fangen zwar die durch die Entwicklung der Wissenschaften und der Gesellschaft von der Realität abgespaltenen Sinnbedürfnisse auf, aber indem sie sie in einem autonomen Bereich, der Kunst, zusammenfassen, wird zugleich die Möglichkeit, daß sie auf die Realität und die Wissenschaften verändernd zurückwirken, unendlich erschwert.

Rhetorik – Topik – sinnliche Erkenntnis

Bereits bei Vicos Verteidigung der Rhetorik zeigt sich, was der bürgerlichen Kunst überhaupt eigentümlich zu sein scheint: daß ihre fortschrittlichen Inhalte nicht abzulösen sind von einer Kritik des Fortschritts, daß die Gehalte, die ihre jeweilige Aktualität ausmachen, fast stets zugleich ein Moment des Anachronistischen enthalten. So ist Kants Kritik der Rhetorik schlechthin unwiderlegbar: «Ich muß gestehen: daß ein schönes Gedicht mir immer ein reines Vergnügen gemacht hat, anstatt daß die Lesung der besten Rede eines römischen Volks- oder jetzigen Parlaments- oder Kanzelredners jederzeit mit dem unangenehmen Gefühl der Mißbilligung einer hinterlistigen Kunst vermengt war, welche die Menschen als Maschinen in wichtigen Dingen zu einem Urteile zu bewegen versteht, das im ruhigen Nachdenken alles Gewicht bei ihnen verlieren muß. (...) Rednerkunst (ars oratoria) ist, als Kunst, sich der Schwächen der Menschen zu seinen Absichten zu bedienen (diese mögen immer so gut gemeint, oder auch wirklich gut sein, als sie wollen), gar keiner *Achtung* würdig.»[19] Kants Abrechnung mit der Rhetorik läßt sich deshalb nicht widerlegen, weil die Inhalte, die der Redner vorträgt, den einzelnen Subjekten vermittels der persuasio nur oktroyiert werden. Dagegen kann Kant sich auf den Anspruch des mündigen, autonomen Individuums berufen, nur das als substantiell anzuerkennen, was der Prüfung durch die eigene Vernunft standgehalten hat.

Diese Argumentation findet sich auch schon bei Vico; es sei besser, läßt er die Gegner der Rhetorik einwerfen, «durch wahre Argumente eine Wirkung auf den Geist auszuüben, die sich im Denken festsetzt und von ihm nicht losgerissen werden kann, als mit jenen rednerischen Reizmitteln und Wortblitzen die Geister zu bewegen, die, sobald das Feuerwerk erloschen ist, wieder zu ihrer natürlichen Haltung zurückkehren»[20]. «Aber wie», führt er auf diesen Einwand aus, «wenn die Redekunst es nicht mit dem Verstand, sondern einzig und allein mit dem Gemüt zu tun hat? Der Verstand zwar läßt sich mit diesen feinen Netzen des Wahren fangen, das Gemüt aber kann nur mit unseren gröberen Maschinen berannt und erobert werden. Die Beredsamkeit nämlich ist die Fähigkeit, von dem, was Pflicht ist, zu überzeugen; aber nur der überzeugt, der in dem Zuhörer die gewünschte Gesinnung hervorbringen kann. Diese Gesinnung rufen die Weisen bei sich durch den Willen hervor, der des Verstandes gefügigster Diener ist; daher genügt es, sie über die Pflicht zu belehren, und sie tun sie. Die Menge aber (...) wird durch das Begehren gepackt und hingerissen; (...)

da es (...) ein Gebrechen des Geistes ist, entstanden durch Berührung mit dem Körper und der Natur des Körpers folgend, kann es nur durch Körper in Bewegung gesetzt werden; also muß man es durch körperliche Bilder zur Liebe verlocken; denn wenn es einmal liebt, läßt es sich leicht belehren, zu glauben; und wenn es glaubt, dann muß man es entzünden, daß es mit seinem gewohnten Ungestüm will.»[21] Vergleicht man diese Ausführungen mit denen Kants, so wird dieser, Argument gegen Argument, die Oberhand behalten; insbesondere kann hinter die spezifisch bürgerliche Einsicht, daß es mit der Würde des Individuums nicht zu vereinbaren sei, nur durch Überredung, nicht durch Einsicht zu einer Haltung bzw. Handlung veranlaßt zu werden, nicht ohne weiteres zurückgegangen werden. In der Tat enthalten Vicos Ausführungen über die Notwendigkeit der Rhetorik für das gemeine Volk einen Rest vorbürgerlichen Denkens; die Vorstellung, daß reine, von sinnlichen Momenten nicht beeinflußte Einsicht auf den kleinen Kreis philosophisch Gebildeter zu beschränken sei, empfindet er noch keineswegs als anstößig. Daß die dem unmittelbaren, sinnlichen «Begehren» folgende Masse nicht unbedingt durch Vernunftgründe überzeugt werden müsse, stimmt mit seinem Individualitätsbegriff überein, dessen äußerste Spezifikation der «Typus Volk», aber noch nicht das Individuum ist.[22]

Trotzdem ist die Schwäche von Kants Argumentation gerade in ihrer Unwiderlegbarkeit beschlossen; denn sie ist dadurch erkauft, daß von einem wesentlichen Teil des Menschen, den Gemütskräften, abstrahiert wird. Im Grunde genommen ist daher seine Kritik der Rhetorik, die der strikten Entgegensetzung von res cogitans und res extensa verpflichtet ist, mit dem eigentlichen Ziel der «Kritik der Urteilskraft»: der Vermittlung von Sinnlichkeit und Vernunft, nicht ohne weiteres vereinbar. Der Fortschritt im Bewußtsein der Freiheit ebenso wie der Preis, den er kostet, treten kaum jemals so deutlich hervor wie in der Konfrontation von Kants Ablehnung mit Vicos Verteidigung der Rhetorik. Denn wenn Vico auch den emphatischen Freiheitsbegriff Kantischer Prägung noch nicht zu fassen vermag, so läßt doch seine Auffassung, daß das Begehren, «entstanden durch Berührung mit dem Körper und der Natur des Körpers folgend (...), nur durch Körper in Bewegung gesetzt (...), durch körperliche Bilder zur Liebe» verlockt werden könne[23], zumindest die Einheit der menschlichen Person unbeschädigt. Seine Verteidigung der Geisteswissenschaften in der Gestalt der Rhetorik zielt gerade darauf ab, nicht in Vergessenheit geraten zu lassen, daß den menschlichen Angelegenheiten nicht nur mit Verstandesbegriffen beizukommen ist.

Die «Natur der Menschen aber», so lautet sein Vorwurf gegen die modernen, durch die cartesianische Methode geprägten Wissenschaften, «erforschen wir nicht, weil sie *durch die Willkür* völlig ungewiß» («ab arbitrio incertissima») ist[24]. Von Vicos Kritik an der geometrischen Methode, von seiner Verteidigung der topischen gegen die kritische Philosophie, von dem Nachweis, daß die durch den Verstand gelieferten klaren und deutlichen Erkenntnisse nur einen Teil der Wirklichkeit zu erfassen vermögen, ist es nur noch ein kleiner Schritt zur Forderung nach einer Logik der unteren Erkenntnisvermögen, die das systematisch zu erfassen versucht, was bisher noch als «durch Willkür völlig ungewiß» gilt. Vico allerdings sieht noch in der Topik das geeignete Potential, das «ab arbitrio incertissima» zu systematisieren, ohne es der Abstraktion zu unterwerfen. Sie eliminiert nicht den weiten Bereich des Wahrscheinlichen, der eigentlichen Lebenspraxis, zugunsten einiger weniger Fakten, die sich vor der geometrischen Methode als unbezweifelbar «wahr» ausweisen können. Nach seiner noch unerschütterten Überzeugung hält die Topik für jede Lebenssituation die passende, Erfahrung sinnvoll strukturierende Figur bereit.

Das ist der Punkt, an dem Vico bis an die Grenze der bürgerlichen Ästhetik vorstößt, allerdings ohne sie überschreiten zu können. Auch Baumgarten wird von der Feststellung ausgehen, daß die durch Abstraktion gewonnene Wahrheit der geometrischen Methode auf die «Negation» der Wirklichkeit hinausläuft. Beide Autoren stimmen auch noch darin überein, daß der enge, nur auf begrifflicher «Klarheit und Deutlichkeit» beruhende Wahrheitsbegriff der geometrischen Methode um den Bereich des Wahrscheinlichen zu erweitern ist. Denn «die Handlungen der Menschen», schreibt Vico, «lassen sich nicht mit dem geradlinigen Lineal des Verstandes, das starr ist, messen, sondern müssen mit jener geschmeidigen Norm der Lesbier geprüft werden, die die Körper nicht an sich anpaßt, sondern sich an die Körper anschmiegt. Und darin besteht eigentlich der Unterschied zwischen Wissenschaft und Klugheit, daß in der Wissenschaft diejenigen groß sind, die von einer einzigen Ursache möglichst viele Wirkungen in der Natur ableiten, in der Klugheit aber diejenigen Meister sind, die für eine Tatsache möglichst viele Ursachen aufsuchen, um dann zu erschließen, welche die wahre ist. Und das ist so, weil die Wissenschaft auf die obersten, die Klugheit auf die untersten Wahrheiten blickt».[25] Indem Vico die Tugend der prudentia, die kluge Lebenspraxis, den unteren Erkenntniskräften zuordnet, wertet er diese gegenüber der herrschenden cartesianischen Lehrmeinung entscheidend auf: denn die unteren Erkenntniskräfte sind diejenigen, die an die Menschen als Sinnenwesen gebunden sind. Den Schritt zur Einsicht in die Notwendigkeit der sinnlichen Erkenntnis als Korrektiv der geometrischen Methode vermag Vico jedoch nicht mehr zu tun, auch wenn er mit dem Hinweis auf das Verfahren der Lesbier, die ihren Körper als

Medium der Erkenntnis gebrauchten, der entscheidenden Einsicht schon im Bilde, wenn auch noch nicht im Begriff, habhaft wird. Auf eindrucksvolle Weise überlagern sich hier die Selbständigkeit seines Denkens und die Macht der Tradition, die es ihm noch nicht erlaubt, über die Topik hinauszugehen. Vico spürt offenbar, wo die Lösung des Problems liegen könnte, aber die Tradition ist stark genug, ihn in ihrem Bannkreis zu halten: «prudentia» wird nach seiner Auffassung erlangt – nicht durch sinnliche Erkenntnis, sondern durch die Topik, in der alles aufbewahrt ist, dessen es zur Überwindung der cartesianischen Kargheit bedarf. Erkenntnis, die über das hinausginge, was in der Tradition bereits enthalten ist, ist auf diese Weise nicht möglich. Den entscheidenden Schritt über die Topik hinaus zur sinnlichen Erkenntnis zu tun, ist Baumgartens größtes Verdienst. Er begründet die Ästhetik, in dem er der rhetorischen Tradition zwar verbunden, aber nicht in ihr befangen bleibt.

«Das Individuelle ist sehr poetisch»
Alexander Gottlieb Baumgarten,
felix aestheticus

Alexander Gottlieb Baumgarten ist nur noch dem Namen nach bekannt, es ist Teil der philosophiehistorischen Minimalausstattung zu wissen, daß er den Begriff der Ästhetik zuerst im modernen Sinne gebraucht und ihn zur Benennung einer neuen philosophischen Disziplin verwandt hat. In der Tat ist seit Baumgarten der Anspruch, den schon Gottsched angemeldet hatte: philosophisch über Kunst zu reden, auch institutionell gesichert. Denn allein schon die begriffliche Benennung der neuen Disziplin stellte einen nicht zu unterschätzenden Fortschritt dar: die Fragestellungen, die bisher nur locker aufeinander bezogen waren, konnten nun, konzentriert in dem neuen Begriff, in einen systematischen Zusammenhang gebracht werden.

Daß Baumgartens «Aesthetica» trotzdem nur stockend und lückenhaft zur Kenntnis genommen wurde, mag zum Teil auf das als schwierig und schwerfällig verrufene Latein des Autors zurückzuführen sein. Auch der gelegentlich erhobene Vorwurf der Unoriginalität dürfte eine Rolle gespielt haben: aus der Tatsache, daß sein Hauptwerk dem Aufbau der konventionellen Lehrbücher der Rhetorik folgt, wurde geschlossen, Baumgarten habe die «Aesthetica» nach der «Metaphysik» und der «Ethik» lediglich um der systematischen Vollständigkeit willen geschrieben. Bezeichnend für das philosophiehistorische Schattendasein Baumgartens ist, daß Marcuse ihn in «Triebstruktur und Gesellschaft» zwar nennt, die «Aesthetica» aber offenbar nur vom Hörensagen kennt, obwohl deren theoretische Begründung ästhetischer Erfahrung auf «sinnlicher Erkenntnis» mit seinen Grundgedanken im wesentlichen übereinstimmt (die psychoanalytische Orientierung natürlich ausgenommen). – Um so nachdrücklicher ist zu verweisen auf die Arbeit von Hans Rudolf Schweizer, «Ästhetik als Philosophie der sinnlichen Erkenntnis»[1], die sich vor allem durch behutsame und sensible Interpretationen, aber auch durch die sorgfältige Übersetzung wesentlicher Partien der «Aesthetica» auszeichnet.

Leben und Werk

Alexander Gottlieb Baumgarten wurde am 17. Juni 1714 in Berlin geboren. Sein Vater, der Prediger Jacob Baumgarten, starb, als sein Sohn Alexander noch nicht acht Jahre alt war. An dem Vater scheint ein gewisser Bürgerstolz eine seiner wichtigsten Eigenschaften gewesen zu sein, denn obwohl er seinen Söhnen nur einen «ansehnlichen Büchervorrath»[2] zu hinterlassen hatte, verfügte er, daß sie keinerlei Unterstützung in Form von Stipendien, Freitischen oder ähnlichem annehmen durften.[3] Außerdem hatte der Vater testamentarisch festgelegt, daß die Söhne in Halle Theologie studieren sollten. Nach dem Tode des Vaters wurde der junge Alexander Baumgarten vor allem durch seinen Lehrer Martin Christgau, einen ausgezeichneten Kenner der lateinischen Sprache und Dichtung, beeinflußt. Von ihm, berichtet Thomas Abbt, «wurde er besonders zu der lateinischen Dichtkunst angeführt; in die sich der junge Mensch auch so sehr verliebte, daß er etliche Jahre hindurch nicht nur täglich lateinische Verse machte, sondern auch die nachgeschriebene Sonntagspredigt lateinisch übersetzt ins Sylbenmaaß zwang. Der größte Nutzen, den Baumgarten bey reifern Jahren davon hatte, war, daß er seine lateinische Antrittsrede zu Frankfurt in Versen halten konnte.»[4]

Bereits hier wird ein weiterer Grund für das unzureichende Verständnis, das die Zeitgenossen Baumgarten entgegenbrachten, sichtbar. Denn während Abbt noch dem traditionellen, durch die Rhetorik geprägten Dichtungsbegriff folgt, nach dem Verse nichts als versifizierte Prosa, «eloquentia ligata», seien, ist für Baumgarten ein durchaus schon modern zu nennendes Verhältnis zur künstlerischen Produktion kennzeichnend. Dieses Verhältnis wird sich nicht nur inhaltlich, sondern auch in dem Baumgarten eigentümlichen Tonfall, seiner auf die Gegenstände sich einlassenden Vortragsweise, bemerkbar machen, besonders in der die «Aesthetica» begleitenden Kollegnachschrift.[5] Baumgarten spricht hier nicht als Antiquar oder als Fachmann für das Regelwesen, sondern als jemand, der den künstlerischen Produktionsprozeß aus eigener Erfahrung kennt. Dieser besondere Tonfall ist nicht etwa seiner Theorie nur äußerlich, er ist vielmehr Ausdruck des besonderen, durchaus neuen Verhältnisses, das Baumgarten zur Kunst hat und das seine ästhetische Theorie entscheidend prägt. So bemerkt er zum Problem der ästhetischen Begeisterung: «Wir sahen, daß die natürliche Anlage das meiste, die Übung auch sehr viel und die Kenntnis etwas beitrage; allein, wann dieses alles nicht weiter kommt, so bleibt der schöne Geist noch immer in der Möglichkeit. Es sind tote Kräfte da, die aber nicht lebendig werden, wann nicht der Schluß gefaßt wird, sie lebendig zu machen.»[6] So weit Baumgarten hier bereits über die Position Gottscheds, der dem «ingenium» des Dichters nur zweitrangige Bedeutung hinter der Beherrschung der Regeln einzuräumen bereit war, hinausgelangt ist, so weit entfernt ist er aber auch von der antiken Auffassung, die «Begeisterung» sei eine göttliche Macht, die dem Dichter von außen zukomme. Sie ist, hält er dagegen, eine durchaus im Subjekt wirkende Kraft, vom Willen des Dichters zwar nicht völlig abhängig, aber doch durch ihn beeinflußbar. Schon hier wird deutlich, daß die «Aesthetica» trotz ihres traditionellen, den Lehrbüchern der Rhetorik folgenden Aufbaus von allen früheren Dichtungstheorien grundsätzlich unterschieden ist, und zwar vor allem durch die Bedeutung, die dem Subjekt für den künstlerischen Produktionsprozeß zugeschrieben wird; wie auch, umgekehrt, dieses sich selbst erst in diesem Prozeß ganz gegenwärtig wird. Dagegen wäre der rhetorische Dichtungsbegriff, obgleich mit seinem Ziel der «persuasio» ebenfalls auf Subjekte gerichtet, durchaus ohne ästhetisches Subjekt denkbar; das individuelle Ausdrucksbedürfnis spielt in ihm keine Rolle. – Dieser besondere «Tonfall» Baumgartens wird auch hörbar, wenn er, nachdem er gewissenhaft die verschiedenen, aus der Tradition bekannten Arten von Begeisterung: Ekstasis, furor, Enthusiasmus, besprochen hat, zusammenfassend kommentiert: «Man darf eben nicht an den Schaum vor dem Munde gedenken, wann wir hier von Begeisterung reden. Nein, denn z. B. kann man es in einer Gesellschaft schon versuchen, ob man z. B. so artig sein kann, als ein anderer, und man wird vielleicht spüren, daß jener in einer Art von Begeisterung ist, in der man ietzt nicht ist. Wann man billig über sich selbst urteilen will, so kann man seine eigenen Arbeiten durch dieses Mittel schätzen. Wann man sie einige Zeit nicht angesehen hat, und man spüret bei nochmaliger Durchsehung bei sich einige Verwunderung, daß man es damals so gut gemachet, so kann man sicher schließen, daß man damals in einer Begeisterung gewesen.»[7] In solchen Passagen offenbart sich Baumgartens Eigenart am deutlichsten: kennzeichnend für ihn ist die Unbefangenheit, mit der er einen umfassenden, nicht auf das einzelne Werk begrenzten Begriff des Ästhetischen – die Einheit von ästhetischer Theorie und Praxis steht für ihn, in Übereinstimmung mit der Tradition der Rhetorik, nicht in Frage – verknüpft mit der Kennerschaft des Mannes vom Metier, der das schriftstellerische Produkt sachlich mustert als ein zwar noch nicht in sich abgeschlossenes, aber doch konsistentes Werk. Diese Wendung zum ästhetischen Gegenstand – «außer sich sein» heißt für Baumgarten: bei der Sache sein –, die einem Abgleiten in einen vagen Sentimentalismus und Subjektivismus, wie er insbesondere für die französische Geschmacksdiskussion kennzeichnend ist, vorbeugt, ist eine der wesentlichsten Errungenschaften Baumgartens. Hier fallen bei ihm theoretische Position und individuelles Naturell zusammen.

Dieses glücklichen Naturells bedarf er in Halle, wo er 1727 von August Hermann Francke in das Hallische Waisenhaus, das Zentrum des Pietismus, aufgenommen wird; 1730 bezieht er die Universität. «Er studirte eine Zeitlang als blosser Theolog; und scheint in diesem falschen Zeitpunkte seines Lebens in eben dem Zustande gewesen zu seyn, wie in seinen letzten Krankenstunden, da ihn die Philosophie ganz verließ und bloß eine dürre Theologie übrig blieb. Denn dieser Zeitlauf seines Studirens fiel eben in die Jahre ein, in denen es zu Halle ein Verbrechen war, Wolfens Lehrsätze sich bekannt zu machen. Wolf war für einen Gottesläugner, seine Sätze als der Moral und dem Christenthum zuwider, ausgeschrien worden. Lange und mit ihm seine Schaar rachsüchtiger Pietisten hatten nicht geruht, bis Wolf, als ein Verbrecher wider göttlich und menschliche Gesetze, binnen vier und zwanzig Stunden, bey Strafe des Stranges, Halle zu verlassen, Befehl erhielt.»[8] Der Pietismus, von Philipp Jacob Spener (1635–1705) als «Kirchlein in der Kirche» gegründet, hatte sich die Bekämpfung aller rationalistischen Strömungen in Theologie und Philosophie zum Ziel gesetzt. Die beispiellose Kampagne, die von Halle aus gegen Wolff inszeniert wurde – die Vorgänge, von denen Abbt berichtet, fanden bereits im November 1723 statt –, zeigt, daß die Eiferer für eine neue innerliche Frömmigkeit sich durchaus weltlicher Argumente zu bedienen wußten: es war ihnen gelungen, den preußischen König Friedrich Wilhelm I. von der Gefährlichkeit der Wolffschen Philosophie durch die Behauptung zu überzeugen, Wolff vertrete die Auffassung, «wenn einige große Grenadiere in Potsdam durchgingen, es Bestimmung des Fatums sei, daß sie durchgehen müßten, daß sie dieser Notwendigkeit nicht widerstehen könnten, und daß der König unrecht tue, wenn er sie bestrafen wollte»[9]. Wolff fand Zuflucht in Marburg, wohin er von dem Landgrafen Karl von Hessen berufen worden war.

Eine dem philosophischen Ansatz Baumgartens feindseligere Umgebung als Halle wäre kaum denkbar gewesen. Der Pietismus war als Erneuerungsbewegung gegen die erstarrte, «seelenlos» gewordene protestantische Orthodoxie gegründet worden; «Abtötung des Fleisches», physische Hinfälligkeit galten als die besten Voraussetzungen der erneuerten Geistigkeit. Dabei hatte der Pietismus eines mit der von ihm bekämpften protestantischen Orthodoxie gemeinsam, den Haß gegen die Philosophie. Und genau ins Zentrum dieses Hasses, das Hallesche Waisenhaus, das 1698 von August Hermann Francke gegründet worden und seit 1707 mit einem Lehrerseminar verbunden war, begibt sich der junge Baumgarten. «In dem Waisenhause herrschte ein streng pietistischer Geist, der besonders durch die Reden und Schriften Franckes gepflegt wurde. Die Pflege der Religion stand im Unterricht oben an, was schon die vielen Betstunden und die Eröffnung der Lehrstunden durch Gebete erkennen lassen. Aus den paränetischen Vorlesungen Franckes (Vorträge für angehende Studierende, die im Waisenhaus gehalten wurden) erhellt dieses so recht. So heißt es in einer derselben: ‹Man versuche es ein Vierteljahr, verwende täglich ein paar Stunden aufs Gebet, suche in demselben alle Dinge aus dem Sinne zu schlagen und beiseite zu setzen und bloß im Gebete und Flehen zu Gott, in der Prüfung seines Herzens und in der Betrachtung des göttlichen Wortes anzuhalten, damit das Herz mit seinem Schöpfer und Heiland vereinigt sein möge.›»[10] Abbt vollendet dieses Bild extremer Intellektfeindschaft, indem er über die Zustände an der Universität Halle nach Wolffs Vertreibung schreibt: «Die jungen Leute wurden von dem, was der ächten Philosophie vorzüglich eigen ist, von der genauen Zergliederung und richtigen Bestimmung der Begriffe abgeschreckt; und gewöhnt, Sätze welche die Vernunft erkennt, durch biblische Sprüche zu beweisen, und was daraus nicht bewiesen werden kann, als unnöthig, oder unnütz, oder gar als schädlich zu verwerfen.»[11] Erst 1740 wird Wolff durch Friedrich II. nach Halle zurückberufen. Baumgarten mußte sich also damit behelfen, die akademischen Lehrer zu hören, die Wolff nahestanden.

1735 erscheint seine Habilitationsschrift «Meditationes philosophicae de nonnullis ad poema pertinentibus», in der sich bereits einige Grundgedanken der «Aesthetica» befinden. 1739 folgt die «Metaphysica», im folgenden Jahre die «Ethica philosophica». Entsprechend verläuft die akademische Karriere: 1737 wird Baumgarten außerordentlicher Professor in Halle, zu Weihnachten 1739 soll er auf Befehl des Königs die erledigte Professur in Frankfurt an der Oder übernehmen. Auf eine von Studenten verfaßte Bittschrift hin wird ihm jedoch gestattet, bis Ostern 1740 in Halle zu bleiben – ein Umstand, der auf seine Beliebtheit als akademischer Lehrer schließen läßt. 1750 erscheint der erste Teil der «Aesthetica», deren zweiter erst 1758 folgt; seit 1751 wird Baumgarten von einer hartnäckigen Krankheit heimgesucht, die seine Arbeitsfähigkeit schwer beeinträchtigt. «Vom Jahre 1751 an bis 1760 fühlte er sich gleichsam sterbend».[12] Trotzdem gibt Baumgarten sich und seine Arbeit nicht auf. «Ich habe oft Gelegenheit gehabt, meine Philosophie zu prüfen»[13], soll er einmal, auf seine quälende Krankheit anspielend, gesagt haben.

Die letzte dieser Prüfungen hat Baumgarten in der Stunde seines Todes, 1762, bestanden. «Wir sind beym letzten Tage seines Lebens, den 26. May. Er ging, so zu sagen, das leztemal ausser sich, um seinem kleinen Sohne noch eine Sorge zu schenken, dem er den Spruch fleissig zu erklären an dessen Lehrmeister befahl: ‹Wie wird ein Jüngling seinen Weg unsträflich gehen? Wenn er sich hält, mein Gott, nach deinem Worte. Denn hieraus, sagte er, ist meine ganze Theologie entstanden.› Noch an demselben Tage aber schien er die eigentlich praktische Theologie für unnütz zu erklären. ‹Hier hilft nicht, sprach er, der Philosoph, nicht der Theolog, der Glaube allein; mein alter Glaube, dieser ist demonstratio demonstrationum; mein Herz trauet auf Gott, durch Jesum Christum.› Seine Wünsche schränkten sich nun bloß, besonders nachdem sich das Röcheln eingefunden, dessen Stimme er verstand, und auch andern als den Ruf: ‹Baumgarten, du solst kommen!› erklärte; schränkten sich nun auf den einzigen ihm noch erlaubten Wunsch eines sanften Todes ein. Aber bis auf die lezte Stunde wich sein Genie nicht von ihm. Er wolte kurz vor seinem Tode noch erfahren, ob er auch mit gebrochenen Augen sehen könnte; und verlangte also durch Zeichen, daß man den Schirm vor dem Lichte wegnehmen, und die Anwesenden vortreten liesse. Mit gleicher Aufmerksamkeit befühlte er in diesen Augenblicken oft Nase, Wangen und Puls; erkundigte sich nach der Uhr; und schien gleichsam seine lezten Erfahrungen über das Sterben mit den Erfahrungen anderer Geister vergleichen zu wollen. Er starb im 48ten Jahre seines Alters.»[14]

Baumgartens Lehre, aber auch sein Leben sind geprägt durch den kurzen historischen Augenblick, da es möglich ist, noch abgesichert durch ein unerschüttertes religiöses Weltbild, sich dem empirischen Einzelnen unbefangen zuwenden zu können. Er braucht noch nicht, wie schon Kant, fürchten zu müssen, daß die Hingabe ans Individuelle schließlich ins Bodenlose, in ein durch keine übergeordnete Instanz mehr sinnvoll strukturiertes Chaos führen werde. Daher schließt auch der auf die sinnliche Erkenntnisfähigkeit bezogene Selbstversuch in der Stunde des Todes noch nicht aus, daß Baumgartens Sterben geradezu das «exemplum» eines «christlichen Todes» ist. Erst nach Baumgarten wird die Versöhnung von Geist und Körper, von Sinnlichkeit und Vernunft zu einem der zentralen Probleme der ästhetischen Theorie.

Logik und Einbildungskraft

Wie weit Baumgarten andererseits, gerade weil er ganz auf der Höhe seiner Zeit ist, den Zeitgenossen voraus ist, zeigt die Tatsache, daß noch der 1763 entstandene Bericht Abbts von dem Horizont der Wolffschen Psychologie begrenzt wird. Der Gedanke, daß Baumgarten in den Schriften Wolffs noch etwas anderes gesucht haben könnte als «das ungeschmückte Land des Geometers, wo die Gewißheit, deren Füsse von Erz sind, an Statt aller Grazien, verehrt wird»[15], kommt ihm nicht; daher sind auch die Vermutungen, die er über Baumgartens Motive anstellt, sich mit ästhetischen Fragen zu beschäftigen, ganz unzureichend. Er meint, daß Baumgarten «damals zuerst auf die Gedanken kam, eine Metapoetik zu schreiben, wenn ich anders diesen Ausdruck nach der Aehnlichkeit dessen von der Metaphysik münzen darf. Er sah nemlich damals schon, wie bey einer Dämmerung: daß die Regeln, nach welchen die Dichter arbeiten, aus Grundsätzen herfliessen müsten, die vielleicht allgemeiner wären, als man sich es jetzt noch vorstellete, und daß sie eines schärfern Beweises fähig seyn dürften, als man bishero davon gegeben.»[16]

Mit diesen Bemerkungen hat Abbt nur die halbe Wahrheit ausgesprochen, die, da das Ziel, um dessenwillen Baumgarten sich die Wolffsche Lehre aneignete, unverstanden bleibt, ein ganzes Mißverständnis ist. Baumgarten kam es nicht darauf an, ein möglichst allgemeines Prinzip aller Kunst zu finden. Was die Lehre Wolffs für ihn attraktiv machte, war dessen Versuch, die Einbildungskraft und darüber hinaus die Psychologie insgesamt nach den Regeln der Logik – «Psychologia empirica principia tradit Logicae»[17] – abzuhandeln. Denn hier bot sich die Möglichkeit, jene von Jugend an als schmerzlich empfundene Diskrepanz zwischen Poesie und Philosophie zu beseitigen. «Seit der Zeit», schreibt Baumgarten in der Vorrede zu den «Meditationes philosophicae de nonnullis ad poema pertinentibus» von 1735, «da mich (...) der berühmte Christgau, dessen ich ohne innige Dankbarkeit nicht gedenken kann, in den Anfangsgründen der gelehrten Bildung mit großem Geschick unterwies, verging mir fast kein Tag ohne ein Gedicht. Doch mußte sich mit zunehmendem Alter (...) der Geist immer mehr ernsteren Dingen zuwenden, und das akademische Leben endlich verlangte offenbar ganz andere Anstrengungen und andere Sorgfalt. Trotzdem ich mich so den notwendigen Wissenszweigen widmete, konnte ich es nie über mich gewinnen, der Poesie völlig zu entsagen».[18] Mit seiner Untersuchung des Gedichts, eines Stoffs, «der zwar vielen zu unbedeutend und für eine scharfsinnige philosophische Betrachtung ungeeignet erscheint», gedenkt Baumgarten «Philosophie und Dichtung, die man für ganz entgegensetzte Gebiete hält, als in engster Gemeinschaft stehend vorzuführen»[19]. Nicht jedoch – hierin besteht Abbts Mißverständnis –, um die Dichtung auf den Wissenschaftsbegriff der Zeit festzulegen – dieser Versuch hätte tatsächlich ins «ungeschmückte Land des Geometers» geführt. Baumgartens Ziel ist vielmehr, die Eigenart der Dichtung, die bisher von dem geometrischen, «klaren und deutlichen» Erkenntnisideal und damit von der Philosophie ausgeschlossen war, philosophisch zu erfassen, ohne – und dies ist die über Wolff hinausweisende Aufgabe – sie zu zerstören.

Wolffs Psychologie konnte Baumgarten ein gutes Stück weiterbringen, weil sie, im Anschluß an Leibniz, die Vorstellungen nach verschiedenen Graden der Klarheit unterscheidet. «Dunkle» Vorstellungen sind dadurch gekennzeichnet, daß die Zahl der Merkmale, die wahrgenommen werden, zu gering ist, als daß die einzelnen Vorstellungen auseinandergehalten und also wiedererkannt werden könnten. «Wenn wir das, was wir wahrnehmen, nicht erkennen können, oder durch Merkmale nicht unterscheiden können, so ist diese Wahrnehmung dunkel.»[20] Dagegen können die klaren Vorstellungen («repraesentationes clarae») voneinander unterschieden und als unterschiedene vom Gedächtnis aufbewahrt werden. Als Beispiel nennt Wolff die Sonne, den im hellen Tageslicht wahrgenommenen Baum, die in einem Stein gefühlte Hitze.[21] Die klaren Vorstellungen sind «verworren» («confusae»), wenn sie, wie zum Beispiel Farbempfindungen, zwar deutlich voneinander unterscheidbar sind, ohne daß jedoch im einzelnen angegeben werden könnte, worin dieser Unterschied besteht. Lassen sich dagegen die Eigenschaften, die zwei Gegenstände voneinander unterscheiden, im einzelnen aufzählen, so handelt es sich um deutliche («distinctae») Vorstellungen. Diese Vorstellungen, und nur sie, genügen dem Erkenntnisideal der Methode.

Für die Ästhetik ist von entscheidender Bedeutung die Differenzierung im Bereich der klaren Vorstellungen, klar-verworren und klar-deutlich. Beide Vorstellungen reichen hin, zwei Gegenstände voneinander unterscheidbar werden zu lassen: aber nur bei den deutlichen Vorstellungen wird diese Unterscheidung ausschließlich durch den Verstand und durch Begriffe geleistet; nur auf sie ist daher das System der Logik anwendbar. Die verworrenen Vorstellungen dagegen (Farbempfindungen) können zwar auch unterschieden werden, aber nicht durch den Verstand, sondern allein durch die Sinne. Diese Unterscheidung kann nachträglich mit Begriffen, «rot», «blau», belegt werden, ohne daß jedoch den Begriffen hierdurch eine primär unterscheidende Funktion zukäme. So kann ein Blindgeborener zwar lernen, logisch zu denken und Begriffe richtig zu gebrauchen, aber Begriffe, die verworrene Vorstellungen bezeichnen, müssen für ihn leer bleiben.

Offenbar also verfügen die Menschen über zwei verschiedene Erkenntnisvermögen: über das obere, das mit Hilfe des Verstandes und der Begriffe klar-deutliche Vorstellungen («ideas et notiones distinctas») liefert, und über das untere Erkenntnisvermögen, das auf die Sinnlichkeit beschränkt bleibt und dunkle und verworrene Wahrnehmungen («ideas et notiones obscuras atque confusas») übermittelt. Jenes Erkenntnisvermögen ist nach der cartesianischen Methode wissenschaftsfähig, dieses ist es nicht. Ästhetik, die es mit sinnlicher Erkenntnis zu tun hat, ist, so wäre zu folgern, nicht wissenschaftsfähig.

Für die weiteren Überlegungen Baumgartens ist von grundlegender Bedeutung, daß er diese Konsequenz nicht zieht. Im Gegensatz zu seinen rationalistischen Vorgängern, etwa Gottsched, faßt er die Tatsache, daß die Poesie nicht auf klare und deutliche Begriffe zurückzuführen ist, nicht als Makel auf; weit davon entfernt, die Eigenart des Ästhetischen dem herrschenden Wissenschaftsideal zu unterwerfen, betont er sie. Trotzdem bleibt er – und erst dieser Umstand läßt es möglich werden, «Ästhetik» als Wissenschaft zu begründen – dem Rationalismus insofern verbunden, als er zu einer «Logik» des unteren Erkenntnisvermögens vorzudringen versuchen wird.

Damit gibt es keinen Grund mehr, die durch die Sinne vermittelten, mit Affekten verbundenen Vorstellungen als die Theorie beeinträchtigend zu eliminieren oder sie zumindest in ihrer Bedeutung herabzusetzen. «Begrifflich deutliche, vollständige, adäquate und bis in die tiefsten Tiefen dringende Vorstellungen sind nicht sensitiv und daher auch nicht poetisch.» [22] Den Beweis hierfür liefert er durch die Demonstration, daß ein Gedicht, das nur deutliche Vorstellungen enthält, nicht poetisch ist, auch wenn es in formal einwandfreien Versen geschrieben ist. Als Beispiel versifiziert er einen logischen Schluß:

> Quum qui demonstrant alios errasse, refutant,
> Nemo refutabit, nisi demonstretur ab illo
> Erratum alterius: Qui demonstrare jubetur
> Hunc logicam scivisse decet, quicunque refutat
> Ergo, tamen logicus non est, non rite refutat. [23]

(Widerlegen heißt beweisen, daß andere irrten. Es widerlegt also niemand, der nicht zuvor den Irrtum des anderen bewiesen hat. Wer beweisen muß, der muß sich auf die Logik verstehen; wer also widerlegt, ohne Logiker zu sein, widerlegt nicht in der richtigen Form.) «Darum eben», so führt Baumgarten zu diesem Beispiel aus, «glaubte man Dichtung und Philosophie niemals miteinander vereinbaren zu können, weil letztere sich vor allem um begriffliche Deutlichkeit bemüht, *worum sich die Poesie als über ihren Bereich hinausgehend gar nicht zu kümmern hat.*» [24]

Hier ist der entscheidende Schritt in Richtung auf die moderne Ästhetik vollzogen. Durch den Nachweis, daß die Eigenart der Poesie nicht dem Ideal der klaren und deutlichen Erkenntnis unterzuordnen sei, ist jeder Versuch, eine Ästhetik auf der Grundlage der cartesianischen Methode zu errichten, als von vornherein verfehlt erkennbar geworden. Zugleich wird in dem Augenblick, da die Herrschaft der Logik über die Kunst gebrochen ist, die Notwendigkeit einer philosophischen Ästhetik als eigener Disziplin offenbar. Darüber hinaus ist die – nach dem Dichtungsverständnis der Aufklärung selbstverständliche – Ausrichtung der Literatur nach «allgemeinen moralischen Sätzen», nach Kriterien der Nützlichkeit, aber auch nach den vermeintlichen Erkenntnissen der gelehrten Welt nicht mehr aufrechtzuerhalten; Gottscheds Verdikt, daß der Dichter durch einen einzigen sachlichen Fehler aufhöre, Dichter zu sein, ist außer Kraft gesetzt. Der Kunst ist nun erst die Möglichkeit gegeben, Neues, gesellschaftlich nicht Approbiertes, wissenschaftlich noch nicht Gesichertes, zu gestalten. Schließlich ist durch den Nachweis, daß die durch Kunst vermittelte Erkenntnis «sensitiv» sei, die Richtung gewiesen, in der die Beseitigung der noch durch Vico respektierten Schranke zu suchen ist. In den «Meditationes» ist es zum erstenmal gelungen, die Eigenart des Ästhetischen theoretisch zu begründen.

Noch eine weitere Differenzierung führt Baumgarten ein, um den Bereich des Ästhetischen von der durch die Begrifflichkeit der Logik geprägten Wissenschaft zu unterscheiden. Aus dem in § 11 aufgestellten Grundsatz «Poetisch soll alles heißen, was irgendwie zur Vollkommenheit eines Gedichtes beitragen kann»[25] folgt zunächst, daß nur die klaren, nicht aber die dunklen Vorstellungen poetisch sind, da diese «nicht so viele Vorstellungen von Merkmalen» enthalten, «als erforderlich sind, um das Vorgestellte wieder zu erkennen und von anderen Vorstellungen zu unterscheiden. (...) Klare Vorstellungen sind also poetischer als dunkle.»[26] Damit grenzt Baumgarten sich gegen das mögliche Mißverständnis derer ab, «die glauben, je dunkler und unklarer sie sprechen können, desto poetischer sei es»[27]. Denn durch die Abgrenzung der Ästhetik von der Logik soll nicht etwa bewiesen werden, daß die Kunst keinen Gesetzen, sondern nur, daß sie *anderen* Gesetzen als den logischen folge.

Die Unterscheidung, um die es ihm geht, betrifft also ausschließlich die «klaren» Vorstellungen; sie ist notwendig, um die Eigenart des Ästhetischen nicht in der negativen Abgrenzung gegen die Logik sich erschöpfen zu lassen. Die verworrene Erkenntnis bezeichnet Baumgarten als «extensiv klar», die deutliche Erkenntnis als «intensiv klar». Intensiv klar ist eine Vorstellung, wenn die begrenzte Zahl von Merkmalen, aus der sie besteht, ohne Rest benennbar ist; sie ist extensiv klar, wenn sie eine größere Anzahl von sensitiven Merkmalen enthält, die nicht sämtlich mit letzter Deutlichkeit erkannt werden. Intensive Klarheit, das Ziel der logischen Erkenntnis, ist aus der Poesie zwar nicht auszuschließen, sie trägt aber auch nichts zur

Vollkommenheit des Gedichts bei: «In extensiv sehr klaren Vorstellungen wird mehr sensitiv vorgestellt als in weniger klaren. Solche tragen deshalb zur Vollkommenheit des Gedichtes mehr bei. Deswegen sind die Vorstellungen von größerer extensiver Klarheit ganz besonders poetisch.»[28] Aufgrund dieser Differenzierung können Wissenschaft und Kunst unterschieden werden. Intensive Klarheit ist das Erkenntnisideal der Wissenschaft, die bestrebt ist, komplexe Erscheinungen und Begriffe in immer einfachere zu zerlegen, bis schließlich jedes einzelne Element in allen Eigenschaften bekannt ist. Extensive Klarheit zeichnet dagegen das Kunstwerk aus; es ist in sich reich differenziert, ohne daß jedoch seine Bestandteile voneinander isoliert werden: nicht analytische Deutlichkeit der Einzelheiten, sondern ihr lebendiger Zusammenhang steht im Vordergrund. Mit Hilfe der Formel «extensiv klar» wird es also möglich, die Eigenart des Ästhetischen nicht nur negativ gegen das logische Erkenntnisideal abzugrenzen – hierzu dienten seit langem Wendungen wie das berühmte «Je ne sais quoi»[29] –, sondern ihr vor allem einen positiv beschreibbaren Status zu verleihen. Durch die neue Wissenschaft, Ästhetik, soll Kunst zum Gegenstand der Theorie werden können, ohne in ihrer Eigenart zerstört zu werden.

Deduktion – Induktion

Mit der Unterscheidung von extensiver und intensiver Klarheit wird zugleich die Ablösung des für die Poetiken gültigen Prinzips der Deduktion durch die Induktion betrieben.

War das Prinzip der Deduktion, der Ableitung und Begründung alles Einzelnen durch ein allgemeinstes Prinzip, einer Weltsicht angemessen, derzufolge Gott alles «nach Zahl, Maaß und Gewicht» geordnet habe[30], so entspricht die induktive Haltung einer Welt, in der das einzelne Individuum im Mittelpunkt steht. Im Dienste dieser Ablösung einer durch die Transzendenz vorgegebenen, überindividuellen Ordnung durch eine vom einzelnen Subjekt her vorgenommene Interpretation der Welt steht die Unterscheidung von extensiver und intensiver Klarheit. Durch die Subsumption des Besonderen unter ein allgemeines Prinzip, den Prozeß also, in dem die Herstellung intensiver Klarheit eigentlich besteht, wird das Einzelne systematisch entwertet. In der extensiven Klarheit dagegen ist die lebendige Mannigfaltigkeit der Erscheinungen bewahrt, für Baumgarten die entscheidende Voraussetzung der Kunst: durch Verzicht auf letzte Deutlichkeit werden die Dinge in ihrer Eigenständigkeit respektiert; sie erschöpfen sich nicht darin, bloß Gegenstand der Analyse zu sein. Zusammengesetzte Begriffe, die die Wissenschaft nur als Gegenstand der logischen Analyse und damit als aufzulösende kennt, sind der Poesie gerade in ihrer Komplexität willkommen: «Da ein zusammengesetzter Begriff mehr Vorstellungen enthält, als ein einfacher, so sind zusammengesetzte verworrene Begriffe extensiv klarer als einfache, darum auch poetischer als diese.»[31]

Daher ist der Impuls, der den Gedanken sowohl der «Meditationes» als auch der «Aesthetica» ihre Kraft gibt, eine unerhörte und vor Baumgarten undenkbare Hinwendung zur individuellen Erscheinung. «Es scheint, dass der Blick des deutschen Philosophen mit Innigkeit auf den Dingen ruhte, so ärmlich auch die Natur und so kärglich die Kunst war, welche sich seiner Anschauung bot.»[32] Zweifellos ist mit diesem Satz Heinrich von Steins der wesentliche Vorzug der Arbeiten Baumgartens getroffen. An den «Meditationes» läßt sich beobachten, wie das Individuum, durch scheinbar trockene und schulmäßige begriffliche Distinktionen hindurch, ins Zentrum der Ästhetik rückt: «Durch das Hinzutreten besonderer Merkmale zum Gattungsbegriff entsteht der Artbegriff. Treten zu einem höheren Gattungsbegriff weitere Merkmale der Gattung, so erhalten wir einen Gattungsbegriff niederer Ordnung. Daher sind Vorstellungen der Gattung niederer Ordnung und solche der Art poetischer als solche der Gattung oder der Gattung höherer Ordnung.»[33] Logisch-systematische Abstraktion und poetischer Wert sind für Baumgarten unvereinbar. Dabei können zwischen der Theorie, die bereits ganz auf die moderne Individualität ausgerichtet ist, und den Beispielen, die Baumgarten noch der Tradition entnehmen muß, durchaus Diskrepanzen auftreten, zum Beispiel bei der Begründung, warum eine Ode des Horaz poetisch sei: «Wenn es nicht ein Vorzug wäre, an Stelle weiter Begriffe engere zu setzen, so stünde wohl kaum *Ahnen* für Vorfahren, *olympischer Staub* für Spielplatz, *Palme* für Siegespreis, *lybische Tennen* für fruchtbare Länder, *Verhältnisse eines Attalus* für glänzende Verhältnisse, *cyprisches Gebälk* für Handelsschiff, *myrthoische See* für ein gefährliches Meer, *der mit der ikarischen Flut ringende Africus* für Wind, *alter Massiker* für einen edlen Wein, *marsischer* Eber für grimmiger Eber usw.»[34] Auch wenn Baumgarten hier auf rhetorische Figuren zurückgreift, um seine Darlegungen zu erläutern, so ist doch die Individualität, auf die seine Darlegungen hinauswollen, qualitativ verschieden von der rhetorischen «Individualität», die in den Beispielen erscheint. Die Figur des *pars pro toto* zum Beispiel greift eine einzelne Eigenschaft nicht etwa deshalb heraus, weil sie von selbständiger Bedeutung wäre, sondern weil das Einzelne die Aufmerksamkeit des Lesers eher zu fesseln vermag als die Vorstellung eines Ganzen, das die individuelle Einbildungskraft oft überfordern würde. Die rhetorische Individualität hat dienende Funktion, sie ist funktional und verleugnet in keinem Augenblick den Vorrang des Ganzen, in dessen Diensten sie steht. Insofern sind die Beispiele, durch die Baumgarten seine Theorie erläutert, veraltet; die Theorie selbst ist es nicht. Auf die überlieferten Beispiele muß er zurückgreifen, weil anderes Material ihm nicht zur Verfügung steht; auch mag es ihm nicht unwillkommen sein, auf diese Weise zu belegen, daß seine Thesen durch die Autorität der Überlieferung legitimierbar seien.

Auch wenn Baumgarten – vom Aufbau der «Aesthetica» bis zur Wahl einzelner Beispiele – dem Vorbild der Rhetorik folgt, so ist er doch, wo es um grundsätzliche Überlegungen geht, von ihr schon weitgehend unabhängig. Das zeigt sich insbesondere bei der Einschätzung der Topik, des zentralen Teils der Rhetorik. Für Vico war die Topik noch die eigentliche Quelle der Erkenntnis, weil in ihr die noch unerschütterte und keiner substantiellen Ergänzung bedürftige Wahrheit der Tradition aufbewahrt war; Baumgarten läßt sie dagegen nur noch als «ars revocandi»[35] gelten. Der Topik kommt nach seiner Überzeugung nur noch reproduzierende Kraft zu: ihre Figuren sind geeignet, bereits vorhandene Vorstellungen zu vergegenwärtigen – nicht aber, neue Erkenntnisse zu vermitteln. Für die «inventio», den grundlegenden Akt künstlerischer Produktion, ist die Topik nach Baumgartens Überzeugung ohne Bedeutung. An ihre Stelle tritt die sinnliche Erkenntnis. Mag der dem Schema der Rhetorik folgende Aufbau der «Aesthetica», die Fülle der der Tradition entnommenen Beispiele zuweilen den Eindruck der Unoriginalität[36] hervorrufen: die Entschiedenheit, mit der Baumgarten dort, wo es um die theoretische Grundlegung geht, überlieferte Positionen verabschiedet, läßt unmißverständlich erkennen, daß es für ihn keine Unklarheit über die einzuschlagende Richtung gibt.

So läßt Baumgarten auch keinen Zweifel daran, daß das Individuum nicht etwa nur deshalb besonders hervorgehoben wird, damit es – wie der Adressat der in der Topik aufbewahrten Redefiguren – besser in einen übergeordneten Zusammenhang eingeordnet werden kann; sondern weil es *als Individuum* im Zentrum des Interesses steht. «Je mehr die Dinge bestimmt werden, desto umfassender werden ihre Vorstellungen. Je mehr Einzelheiten aber in einer verworrenen Vorstellung beisammen sind, desto größer wird (...) ihre extensive Klarheit und desto poetischer wird sie. Es ist daher poetisch, die Dinge, die in einem Gedicht vorgestellt werden sollen, möglichst weitgehend zu bestimmen.»[37] Daher ist für Baumgarten das Individuelle das schlechthin Poetische: «Individuen sind in jeder Hinsicht bestimmt; daher sind Vorstellungen von Einzelwesen sehr poetisch.»[38] Diese Intentionen der frühen, den Ansatz der «Aesthetica» im wesentlichen bereits enthaltenden Schrift faßt am prägnantesten der Satz zusammen «Oratio sensitiva perfecta est poema»[39], eine vollkommene sinnliche Rede ist ein Gedicht. Hier kommt das induktive Prinzip am deutlichsten zum Ausdruck, die Forderung, daß das komplexe Individuelle zu einem ästhetischen Ganzen, das nicht mehr, als metaphysische Wahrheit oder als «moralischer Satz» (Gottsched), von vornherein feststeht, sich zusammenschließen müsse. Die Bedeutung dieses Satzes, seine «Tendenz», ist von Baeumler sehr klar hervorgehoben worden: «Indem man gewöhnlich mit umgekehrter Satzstellung zitiert (poema est ...), erweckt man den Eindruck, als sei die Wendung oratio sensitiva perfecta eine für sich verständliche, genügende Erklärung. In Wahrheit schließt dieser Ausdruck eine kunstvolle Gedankenentwicklung über die oratio sensitiva ab, und der Begriff poema tritt, wie selbstverständlich, aber doch von außen hinzu; nicht aber tritt umgekehrt jene Erklärung von irgendwoher zu dem Begriff poema hinzu.»[40] Die Begriffe «oratio sensitiva» und «poema» verhalten sich zueinander wie ein Besonderes zu einem Allgemeinen. Der abstrahierende, die einzelnen Phänomene subsumierende Gattungsbegriff («poema») ist nicht mehr Ausgangspunkt, aus dem das Besondere deduziert wird, sondern er tritt aus dem Besonderen selbst hervor. Das Besondere bleibt in der schönen Fülle seiner Mannigfaltigkeit («venusta plenitudo») erhalten.

Damit ist zwar die Unterordnung des Individuellen unter die abstrahierenden Gesetze der Logik aufgehoben, der Zwang zur abstrahierenden Begriffsbildung, der noch bei Baumgartens Lehrer Wolff vorherrschend war, ist gebrochen. Das Problem des Verhältnisses von Allgemeinem und Besonderem ist mit diesem Gedankengang jedoch noch keineswegs gelöst. Es erscheint vielmehr aufs neue, und zwar gleichsam seitenverkehrt als Frage, wann zu einem Besonderen ein allgemeiner Begriff hinzutreten könne. Die Bestimmung des Gedichts als «vollkommene sinnliche Rede» wirft die Frage auf, nach welchem Kriterium entschieden werden soll, wann von «Vollkommenheit» die Rede sein kann. Die Emanzipation der Ästhetik von der Logik ist daher nur der erste Teil der Aufgabe, die Baumgarten zu lösen hat, und nicht einmal der schwierigste. Denn sofort stellt sich das Problem, ob es möglich sei, zu einem Besonderen ein Allgemeines zu finden, das dieses nicht wiederum auflöst, sondern als Besonderes bewahrt; ob also eine *induktive Logik* möglich sei.

Besteht der Mangel der deduktiv verfahrenden Logik darin, daß sie nur einen geringen Teil des menschlichen Erkenntnisvermögens berücksichtigt, da sie um der begrifflichen «Klarheit und Deutlichkeit» willen die sinnliche Wahrnehmung vernachlässigt, so wirft eine induktiv verfahrende, unter Einschluß der «unteren», sinnlichen Erkenntnisvermögen vom Besonderen zum Allgemeinen aufsteigende Logik die Frage auf, auf welche Weise überhaupt allgemeine Begriffe zu gewinnen seien. Denn wenn auch deduktive und induktive Logik einander entgegengesetzt sind, insofern der allgemeine Begriff dort Ausgangspunkt, hier Ziel ist, so ist ihnen doch die Problematik von Allgemeinem und Besonderem gemeinsam. Ginge es nicht auch bei der induktiven Logik letzten Endes um den allgemeinen Begriff, so wäre es sinnlos, überhaupt von *Logik* zu sprechen. Auch die Induktion, das Aufsteigen vom Besonderen zum Allgemeinen, ist nicht ohne Auswahl aus dem Besonderen denkbar; verhielte es sich anders, wäre die «venusta plenitudo», die «schöne Fülle des Mannigfaltigen», identisch mit der Vielfalt des Daseienden, so wäre der Begriff des Schönen, jede Begriffsbildung überhaupt, unmöglich. Die Definition des Kunstwerks als einer «vollkommenen» sinnlichen Rede setzt indessen voraus, daß sinnliche Erkenntnis nicht notwendigerweise auf eine tautologische Reproduktion des bloß daseienden Mannigfaltigen hinauslaufen müsse, sondern einer besonderen Form von Wahrheit fähig sei, die, als ästhetische, neben der logischen Wahrheit Eigenständigkeit beanspruchen könne. Die Frage nach der Eigenart der ästhetischen Wahrheit muß daher ins Zentrum der «Aesthetica» rücken.

Ästhetische und metaphysische Wahrheit

Zwei Wahrheitsbegriffe stehen Baumgarten zur Verfügung: der logisch-geometrische und der metaphysisch-theologische. Bereits die «Meditationes» hatten klargestellt, daß die logischen Wahrheiten zwar nicht unbedingt den ästhetischen zu widersprechen brauchen, daß sie aber keinesfalls konstitutiv für die Kunst sein können. Diese Auffassung, daß der «aestheticus» (der Begriff umfaßt in Baumgartens Sprachgebrauch sowohl den Künstler als auch den mit Kunst sich Befassenden) die logische Wahrheit niemals direkt anstrebe, daß sie ihm aber, stellt sie sich dennoch ein, willkommen sei, wird in der «Aesthetica» mehrfach paraphrasiert. Damit die ästhetische Wahrheit angemessen bestimmt werden kann, muß sie nicht nur in ihrem Verhältnis zur logisch-geometrischen, sondern auch zur metaphysischen Wahrheit bestimmt werden.

Hatte zur Begründung der ästhetischen Wahrheit die logische Wahrheit wegen ihres abstrakten, unanschaulichen Charakters sich als ungeeignet erwiesen, so zeigt sich nun, daß es mit der metaphysischen Wahrheit nicht besser steht. Baumgarten zitiert Leibnizens Kritik an der Abstraktheit der metaphysischen Begriffe: «Ich sehe viele, die sich an mathematischen Lehrsätzen erfreuen, während sie die metaphysischen verabscheuen; weil sie dort Licht, hier nur Dunkelheit wahrnehmen. Der wichtigste Grund hierfür scheint mit zu sein, daß die allgemeinen Begriffe und das, was uns am vertrautesten erscheint, durch die Nachlässigkeit der Menschen und die Unbeständigkeit ihres Denkens zweideutig und dunkel geworden ist und daß die allgemein üblichen Definitionen nicht einmal dem Wortlaut nach einen Sinn ergeben und nichts erklären.»[41] Den Niedergang der Metaphysik führt Leibniz also vor allem auf menschliches Verschulden, insbesondere auf den ungenauen Gebrauch der Begriffe, zurück. Dasselbe gelte, fährt Baumgarten fort, für die Theorien der Künste. «Für die Theorien, sage ich, und ihre Regelsysteme» («De disciplinis inquam, et regularum coacervationibus»).[42] Der Anspruch, den Baumgarten für die Theorie der Künste erhebt, ist daher kein geringer: so wie Leibniz einst die Metaphysik erneuert habe, so wolle er, Baumgarten, die Theorie der Künste neu begründen. Ob dieses Vorhaben gelingt, hängt letzten Endes davon ab, ob für die Theorie der Kunst ein Evidenzbegriff gefunden werden kann, der dem der cartesianischen Methode gleichrangig ist. Denn es macht die Überlegenheit dieser Methode aus, daß sie, im Gegensatz zu Metaphysik und Kunsttheorie, mit einem genau umrissenen Begriff von Evidenz aufwarten kann: Der erste Grundsatz sei, erklärt Descartes im «Discours de la méthode», «de ne recevoir jamais aucune chose pour vraie que je ne la connusse *évidemment* être telle; (...) et de ne comprendre rien de plus en mes jugements que ce qui se présenterait si *clairement* et si *distinctement* à mon esprit que je n'eusse aucune occasion de le mettre en doute.»[43] Solange es nicht gelingt, auch für die Ästhetik zu einem solchen unmißverständlichen Begriff von Evidenz zu kommen, solange wird die geometrische Methode für sich in Anspruch nehmen können, daß nur bei ihr «Licht» sei, während überall sonst die «Dunkelheit» vorherrsche.

Zweifellos kann Baumgarten ästhetische und metaphysische Wahrheit deshalb ohne weiteres aufeinander beziehen, weil für ihn die überlieferte metaphysische Weltordnung noch unbezweifelte Gültigkeit besitzt. Trotzdem muß es als problematisch erscheinen, wenn die Bindung der «Aesthetica» an ein geschlossenes metaphysisches Weltbild zu stark betont wird. Tatsächlich gilt Baumgartens Interesse dem Besonderen mit solcher Ausschließlichkeit, daß die Frage nach dessen Bindung an ein metaphysisches Allgemeines von ihm darüber weitgehend vernachlässigt wird. Paradox ließe sich sagen, daß Baumgarten die metaphysische Ordnung, *gerade weil* sie für ihn noch nicht fragwürdig geworden ist, aus den Augen verliert. Deutlicher als der veröffentlichte Text der «Aesthetica» läßt das Schema, mit dem Baumgarten im Kolleg das Verhältnis von objektiver und subjektiver Wahrheit verdeutlicht[44], diesen Sachverhalt erkennen:

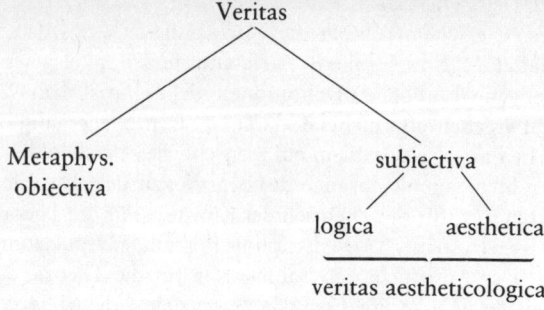

Nach diesem Schema ist die Vorstellung einer metaphysischen Wahrheit wie in einer Sackgasse befangen; eine direkte Verbindung zum Subjekt ist abgeschnitten. Durch diese Konstruktion wird deutlich, daß durch die Beziehung der ästhetischen auf die metaphysische Wahrheit weniger eine Bindung der Ästhetik an die Metaphysik angestrebt wird; vielmehr sollen die ästhetischen Wahrheiten das Erbe der metaphysischen antreten. Sie sollen die Leerstellen, die die verblaßte Metaphysik gelassen hat, besetzen. Es überrascht daher nicht, daß Baumgarten die eher dogmatischen Teile der Leibnizschen Metaphysik, die für Gottsched noch von Bedeutung waren, mit deutlichem Desinteresse behandelt. So waren für Gottsched poetische Erfindungen, Phantasiegebilde, nur unter Berufung auf die Leibnizsche Lehre von den möglichen Welten, die Gott hätte schaffen können, zulässig. Zwar unterscheidet auch noch Baumgarten pflichtgemäß zwischen «heterokosmischen» und «utopischen» Erfindungen. «Heterokosmisch» werden Erfindungen genannt, die zwar in dieser Welt nicht existieren, die aber in einer anderen möglichen Welt immerhin denkbar wären; weshalb sie dem Künstler erlaubt sind. «Utopische» Erfindungen – Baumgarten gebraucht den Begriff der Utopie in seiner ursprünglichen Bedeutung – sind so widersinnig, daß auch in einer anderen möglichen Welt für sie «kein Ort» wäre. Sie sind daher auch in den Künsten nicht statthaft. Allerdings verrät die Kollegnachschrift des einschlägigen Paragraphen, im Gegensatz zum veröffentlichten Text, der diese Lehre noch nicht offen in Frage stellt, daß auf Baumgarten eine solche Unterscheidung eher belustigend wirkte: «Penelope soll in der Tat nicht allzu keusch gewesen sein. Homer malt sie keusch; es ist möglich, folglich handelt Ulysses schön, da er nur bloß ihrethalben wieder nach Hause will.»[45]
Anders verhält Baumgarten sich zu jenen Teilen der Leibnizschen Metaphysik, die die Fähigkeit des Subjekts, das Ganze zu repräsentieren, seine

«vis repraesentativa», zum Gegenstand haben. Denn erst dieser Grundgedanke der Monadologie schafft die Voraussetzung, daß die ästhetische Wahrheit den gleichen Rang wie die metaphysische Wahrheit beanspruchen und diese tendenziell ablösen kann. Nach der von Baumgarten in der «Metaphysica» gegebenen Definition, auf die er sich auch in der «Aesthetica» bezieht, besteht die metaphysische Wahrheit der Objekte in der Übereinstimmung mit allgemeinsten Prinzipien.[46] «Man könnte die metaphysische Wahrheit die objektive, die Vorstellung des objektiv Wahren in einer bestimmten menschlichen Seele die subjektive Wahrheit nennen.»[47] Hieraus folgt zunächst, daß die Individuen, als endliche Wesen, niemals bis zur metaphysischen Wahrheit vordringen können. Bliebe die Kluft zwischen objektiver und subjektiver Wahrheit, wie es danach den Anschein hat, nicht überwindbar, so wäre es um den Versuch, ästhetische, subjektiv vermittelte, und metaphysische Wahrheiten aufeinander zu beziehen, schlecht bestellt. Weil er über diesen Gegensatz nicht hinauskam, mußte Wolff darauf verzichten, eine Theorie der Künste zu begründen, obwohl er sie für erstrebenswert hielt. Er blieb bei der Unterscheidung zwischen «wahrer Schönheit», die aus der «wahren Vollkommenheit» hervorgehe, und «scheinbarer Schönheit», die nur auf dem sinnlichen Schein beruhe, stehen.[48] Die «wahre» Schönheit ist noch für Wolff nur denkbar als Erscheinung eines transzendenten Begriffs von Vollkommenheit; dagegen ist die durch die unteren Erkenntniskräfte wahrgenommene «scheinbare» Schönheit tendenziell nicht mehr als ein bloßer Trug der Sinne.

Im Grunde ist es nicht einmal vertretbar, überhaupt von «scheinbarer» *Schönheit* zu sprechen. Descartes, über dessen Urteil Wolff in dieser Frage nicht hinausgelangte, hatte konsequenterweise die Auffassung vertreten, daß die «verworrenen und dunklen», durch die Sinne vermittelten Ideen am Nichts partizipieren, also bar jeder metaphysischen Dignität seien. «D'où il suit», schreibt Descartes im vierten Kapitel des «Discours de la méthode», «que nos idées ou notions, étant des choses réelles, et qui viennent de Dieu en tout ce en quoi elles sont claires et distinctes, ne peuvent en cela être que vraies. En sorte que, si nous en avons assez souvent qui contiennent de la fausseté, ce ne peut être que celles qui ont quelque chose de confus et obscur, à cause qu'en cela elles participent du néant, c'est-à-dire qu'elles ne sont en nous ainsi confuses qu'à cause que nous ne sommes pas tout parfaits.»[49] Daß die verworrenen und dunklen Ideen nichtig sind, folgt aus der Maxime, daß dem Wissen eine größere Vollkommenheit zukomme als dem Zweifel («que c'était une plus grande perfection de connaître que de douter»).[50] Folglich verweisen die Begriffe, durch die «klare und deutliche» Erkenntnis möglich ist, auf den Inbegriff aller Vollkommenheit, Gott; wäh-

rend alle unvollkommene Erkenntnis letzten Endes dem Inbegriff des Unvollkommenen, dem Nichts, anheimfällt. «Evidenz», die unmittelbare
Überzeugungskraft der Wahrheit, ist nur durch die Vernunft vermittelbar,
nicht, wie Descartes ausdrücklich hervorhebt, durch Einbildungskraft und
Sinne: «Car enfin, soit que nous veillions, soit que nous dormions, nous ne
nous devons jamais laisser persuader qu'à l'évidence de notre raison. Et il
est à remarquer que je dis de notre raison, et non point de notre imagination ni de nos sens.»[51] Die Wahrnehmung der Sinne kann trügen. Zwar
werde zum Beispiel die Sonne «klar» wahrgenommen, da auch die Sinneswahrnehmung sie als von anderen Gegenständen deutlich unterschieden
erscheinen läßt; trotzdem wäre es ganz abwegig, von dieser Wahrnehmung
etwa auf ihre tatsächliche Größe schließen zu wollen. Zu «Deutlichkeit»
wird es auch die klarste Sinneswahrnehmung nicht bringen. Sie bleibt daher
von der Erkenntnis der Wahrheit ausgeschlossen.

Vor diesem Hintergrund ist es kaum möglich, von «scheinbarer», durch
sinnliche Wahrnehmung vermittelter Schönheit zu sprechen; daß Wolff es
dennoch tut, dürfte darauf zurückzuführen sein, daß er durchaus bereit
war, der sinnlichen Wahrnehmung einen höheren Status einzuräumen als
Descartes, daß er jedoch nicht die theoretische Legitimation hierzu fand.
Als völlig ausgeschlossen aber, geradezu als absurd, müßte vor dem cartesianischen Verständnis von Erkenntnistheorie und Metaphysik Baumgartens Rede von «ästhetischer» Wahrheit erscheinen; von der engen Beziehung, die er zwischen ästhetischer und metaphysischer Wahrheit herstellt,
zu schweigen. Wie weit Baumgarten sich von der cartesianischen, die Wissenschaften seiner Zeit beherrschenden Methode entfernt hat, läßt seine
nachdrücklich vorgetragene Auffassung erkennen, daß die metaphysische
Wahrheit für das Individuum ungeschmälert erkennbar sei, und zwar sowohl durch die oberen als auch die unteren Erkenntniskräfte: «Die metaphysische Wahrheit (...) zeigt sich bald dem Verstand im rein geistigen
Sinne, dann nämlich, wenn sie in den vom Verstand deutlich vorgestellten
Objekten enthalten ist; wir nennen sie dann auch die logische Wahrheit im
engern Sinne; bald ist sie Gegenstand des intuitiven Denkens und der un-
tern Erkenntnisvermögen, und zwar ausschließlich oder nur zur Hauptsache; dann nennen wir sie die ästhetische Wahrheit.»[52] Diese Feststellung
wäre nicht möglich ohne die von Leibniz entwickelte Lehre, daß das einzelne Subjekt stets das Ganze «repräsentiere». Allerdings ist kennzeichnend
für Baumgarten, daß er die Bedeutung des Individuellen so verstärkt, daß
der Repräsentationscharakter des Subjekts und damit das eigentlich metaphysische Element der Leibnizschen Lehre kaum noch wahrnehmbar ist:
«In einem Gegenstand der allgemeinen Wahrheit wird nie so viel metaphy-

sische Wahrheit angetroffen, vor allem im Bereich sinnlicher Erfahrung, wie in einem Gegenstand der individuellen Wahrheit. (...) Darin liegt ein Grund dafür, daß der Ästhetiker, der sich um die höchste Wahrheit bemüht, die er zu sehen vermag, den allgemeineren, den abstraktesten und umfassendsten Wahrheiten die bestimmteren, weniger allgemeinen, weniger abstrakten und den allgemeinen überhaupt die individuellen so weit wie möglich vorzieht. (...) Die ästhetikologische Wahrheit» – jene Wahrheit, die sich indifferent gegenüber den Gesetzen der Logik verhält, was nicht ausschließt, daß sie auch logischen Kriterien standzuhalten vermag[53] – «des Gattungsbegriffs bedeutet die Vorstellung einer großen metaphysischen Wahrheit, die ästhetikologische Wahrheit des Artbegriffs die Vorstellung einer größeren, die ästhetikologische Wahrheit des Individuellen oder des Einzelnen die Vorstellung der höchsten denkbaren metaphysischen Wahrheit. Die erste ist wahr, die zweite wahrer, die dritte am wahrsten.»[54]

In diesen Sätzen sind in der Tat «die Bahnen des traditionellen metaphysischen Argumentierens verlassen»[55], insofern das Besondere so sehr in den Vordergrund getreten ist, daß das Allgemeine, das es doch «repräsentieren» soll, nicht mehr ins Gesichtsfeld tritt. Ist bei Leibniz noch ein Gleichgewicht festzustellen zwischen neuzeitlichem Individuum und überindividueller kosmischer Ordnung, so tritt als das Subjekt der «Aesthetica» bereits der Bürger auf, der die Bindung an übergreifende metaphysische Strukturen vernachlässigen kann, weil er sich in so vollkommener Übereinstimmung mit dem historischen Weltlauf weiß, daß ihm die «existentielle» Vereinzelung, die das Vernachlässigen der metaphysischen Bindungen doch zur notwendigen Folge hat, noch nicht zu Bewußtsein zu kommen braucht. Im Grunde ist kein schärferer Angriff auf die Metaphysik denkbar als Baumgartens Vorgehen, *gerade weil* er vorgibt, von Metaphysik zu reden, während er tatsächlich die metaphysischen Wahrheiten zum flatus vocis herabsetzt. Gewiß besteht kein Anlaß, ihm hier absichtsvolles Vorgehen zu unterstellen; Baumgarten dürfte des guten Glaubens gewesen sein, «metaphysisch» zu argumentieren – die Metaphysik kommt ihm sozusagen abhanden, weil sie für ihn keine erkennbare Funktion mehr hat. Der Begriff des «felix aestheticus», der in der «Aesthetica» sowohl den ausübenden Künstler als auch den Kunsttheoretiker bezeichnet, trifft auf Baumgarten selbst in ganz besonderer Weise zu. Er ist in der Tat ein «glücklicher» Ästhetiker – vielleicht der einzige überhaupt – insofern er seine große Entdeckung: daß das Individuelle das schlechthin Poetische sei, noch ganz unbefangen ausarbeiten kann. Die Erfahrung des sinnlich Wahrnehmbaren erlebt er so ungebrochen als beglückend, daß die Bindung des individuell Diesseitigen an metaphysische Positionen nicht einmal widerlegt zu werden braucht – gera-

de eine Metaphysik, die noch eigens «widerlegt» werden müßte, stellte ihre
ungebrochene Bedeutung unter Beweis – sondern mit einer in der Geschichte der bürgerlichen Philosophie unerhörten Entspanntheit vernachlässigt
werden kann. Der felix aestheticus, erläutert Baumgarten den zitierten Paragraphen im Kolleg, «untersucht nie die Gründe und die ersten Stoffe
neuer möglicher Welten, er fragt nicht, wie man in diese Welt gekommen
ist (...) es gefällt, man ist gerne da, ohne daß man weiß, wie man dahin
gekommen ist.»[56] Die ästhetische Wahrheit kann an die Stelle der metaphysischen treten, da die Kunst durch die in ihr erscheinende «venusta plenitudo», die schöne Fülle des Daseienden, den Menschen die Gewißheit gibt,
daß man in dieser Welt «gern» sein kann, daß also das allmähliche Verblassen der Transzendenz sie nicht zu Fremden auf der Erde macht. Durch ihre
venusta plenitudo, man könnte auch sagen: durch einen Zuwachs an Dies-
seitigkeit, gleicht die ästhetische Erfahrung den Verlust der metaphysischen
Dimension aus.

Ex nocte per auroram meridies

Da für Baumgarten das empirisch Daseiende und das Ästhetische noch
nicht durch eine Kluft voneinander getrennt sind, ist die «Aesthetica» noch
weit davon entfernt, eine Ästhetik des «Werks» zu sein; ästhetische Erfahrung und praktisches Verhalten werden als umfassende Einheit erlebt, so
daß die Frage nach einer möglichen «Geschlossenheit» der ästhetischen
Objektivation noch gar nicht gestellt zu werden braucht. Daher verschmäht
Baumgarten es nicht, ästhetisches Verhalten auch und gerade am Spiel der
Kinder zu exemplifizieren: «Ferner wird das schöne Naturtalent auch dann
geübt – und es übt sich offensichtlich schon selbst, auch wenn es nicht
weiß, was es tut –, wenn etwa ein Knabe plaudert und erzählt, wenn er
spielt, vor allem, wenn er Spiele erfindet und sich als kleiner Spielleiter
erweist, wenn er, mit großem Ernst auf die Spiele mit den Kameraden
konzentriert, zum Schwitzen kommt und hin und her mit allem möglichen
beschäftigt ist: wenn er Dinge sieht, hört, liest, die er schön zu erkennen
vermag.»[57] Ebensowenig wie über die Abgrenzung von Kunst und Empirie
braucht Baumgarten sich über die Problematik des induktiven Verfahrens
Gedanken zu machen. «Jam autem inductio completa nunquam haberi
potest»[58] – die vollständige Induktion kann niemals erreicht werden, stellt
er unbeschwert fest. Kann das Subjekt im Verhältnis zum deduktiven Prinzip sich im wesentlichen passiv verhalten, da eine von vornherein feststehende Wahrheit lediglich auf ein Besonderes hin spezifiziert werden muß,

so bedeutet dagegen das induktive Verfahren, daß das Individuum eine sinnvolle Interpretation der Außenwelt durch eigene Anstrengung erst hervorbringen muß – ein Prozeß, der prinzipiell unabschließbar und daher abhängig ist vom ungebrochenen Selbstvertrauen des Subjekts, das Zweifel an der Möglichkeit, die Welt als sinnvoll zu erleben, «gern» in ihr zu sein, noch nicht kennen darf. Auch insofern verweist die «Aesthetica» auf einen unwiederholbaren historischen Augenblick. Baumgarten ist der einzige Ästhetiker, dem das Faktum der Unabschließbarkeit der induktiven Erkenntnis kein Schreckbild bedeutet, gegen das es Maßnahmen zu treffen gelte. Gerade diese Unabschließbarkeit erfährt er als ein uneingeschränktes Glücksversprechen.

Sein Begriff der ästhetischen Wahrheit ist hiervon geprägt. Da sie durch die unteren, sinnlichen Erkenntnisvermögen übermittelt wird, ist sie grundsätzlich «verworren» – die Verworrenheit aber ist, wie der seit Descartes geläufige Einwand lautet, die «Mutter des Irrtums»[59]. Gerade diese Kritik aber läßt Baumgarten, wie schon Vico, nicht gelten. Die verworrenen Vorstellungen seien, im Gegenteil, geradezu die Voraussetzung («conditio, sine qua non»)[60] für die zu entdeckende Wahrheit, denn die Natur mache keinen Sprung aus der Dunkelheit in die Klarheit des Denkens. Aus der Nacht gelangt man nur über die Morgenröte zum Mittag, faßt Baumgarten seine Auffassung in einer Formel zusammen, deren Prägnanz im Deutschen nicht erreichbar ist: «Ex nocte per auroram meridies.»[61] Daher ist die ästhetische Wahrheit wesentlich eine Wahrheit des Wahrscheinlichen: «Worüber wir aber keine vollständige Gewißheit erlangen, worin wir trotzdem keine Falschheit erkennen können, das ist das Wahrscheinliche. Die ästhetische Wahrheit ist also in ihrer wesentlichen Bedeutung Wahrscheinlichkeit.»[62]

Mit der apodiktischen Feststellung «ästhetisch wahr, das heißt wahrscheinlich» («aesthetice vera, id est verisimilia»[63]) ist nicht nur die Vorherrschaft der didaktischen und der moralisierenden Kunst endgültig gebrochen, sondern das Ästhetische ist darüber hinaus vor allem als Medium der Erkenntnis theoretisch begründet. Denn gegenüber der geometrischen Methode, die für «klare und deutliche» Erkenntnis mit einem Verlust an Inhaltlichkeit bezahlt, rettet die ästhetische Wahrheit den weiten Bereich des Wahrscheinlichen. «Quid enim est abstractio, si iactura non est?»[64] lautet ein Schlüsselsatz der «Aesthetica». Im ästhetischen Sinne «notwendig» ist gerade das, was nicht mit letzter Notwendigkeit feststeht. Durch das Unbewiesene und Unbekannte konstituiert sich die ästhetische Wahrheit.

Daher ist der felix aestheticus geradezu verpflichtet, folgende Bereiche ins Kunstwerk aufzunehmen: «1) Nehmen wir an, der Ästhetiker, der nicht verpflichtet ist, überragend weise, noch viel weniger allwissend zu sein, müsse Gegenstände in sein Denken einbeziehen, deren metaphysische Wahrheit ihm völlig unbekannt ist. 2) Es mögen ihm in seinem Denken Gegenstände entgegentreten, deren logische Wahrheit im engern Sinne er nicht streng beweisen kann. 3) Es mögen ihm Dinge begegnen, über die er nicht einmal in ästhetischer Hinsicht völlig im klaren ist.»[65] So weit faßt Baumgarten den Begriff der ästhetischen Wahrheit, daß selbst der nur zerstreut aufnehmende, der «distractus omnino»[66], von ihr nicht ausgeschlossen ist – ein Gedanke, der erst von Walter Benjamin, wenn auch ohne Kenntnis Baumgartens, wieder aufgenommen wurde. «Die Rezeption in der Zerstreuung, die sich mit wachsendem Nachdruck auf allen Gebieten der Kunst bemerkbar macht und das Symptom von tiefgreifenden Veränderungen der Apperzeption ist, hat am Film ihr eigentliches Übungsinstrument. (...) Das Publikum ist ein Examinator, doch ein zerstreuter.» «Im Kino fallen kritische und genießende Haltung des Publikums zusammen.»[67] Für Benjamin ist die «zerstreute» Art der Rezeption wünschenswert, da die Ausbildung einer differenzierten, nicht mehr ohne weiteres gemeinverständlichen Formensprache in den «Werken» sich parallel vollzog mit dem Schwinden der Bedeutung von Kunst für die gesellschaftliche Praxis. «Je mehr nämlich die gesellschaftliche Bedeutung einer Kunst sich vermindert, desto mehr fallen (...) die kritische und die genießende Haltung im Publikum auseinander.»[68] Je gebieterischer das in sich völlig durchgebildete «Werk» die ganze Aufmerksamkeit des Rezipienten – «Versenkung» – fordert, desto mehr dichtet es sich ab gegen die Außenwelt, desto entschiedener ziehen sich die in ihm angelegten praktischen Impulse aus der gesellschaftlichen Wirklichkeit auf einen umgrenzten und wirkungslosen Sonderbereich zurück. Was Benjamin, der historischen Entwicklung sich entgegenstellend, durch einen theoretischen tour de force wieder herstellen wollte, ist bei Baumgarten noch selbstverständliche Voraussetzung: daß Kunst und Empirie ineinander übergehen können.

Die Kunst, schön zu erkennen

Dem entspricht, daß Baumgarten methodisch noch nicht streng unterscheidet zwischen der Reflexion *über* das Schöne, als die moderne Ästhetik sich ausschließlich begreift und der *schönen Reflexion*. Als «ars pulcre cogitandi»[69] obliege der Ästhetik sowohl die Erkenntnis des Schönen als auch die Ausbildung der Fähigkeit, schön zu denken. Zweifellos handelt es sich auch hier noch um eine Nachwirkung der Rhetorik, der die Trennung zwischen theoretischer Begriffsbestimmung und praktischer Ausbildung fremd war.

Wohl aus diesem Grund nahm schon die Generation nach Baumgarten
Anstoß an der Definition der Ästhetik als einer «ars pulcre cogitandi». So
bemängelt Herder, daß Baumgarten sich nicht an die von ihm selbst vorgeschlagene Bezeichnung «Theorie der schönen Künste und Wißenschaften»
gehalten habe. «Er nennet sein Werk *Theorie der schönen Künste und
Wißenschaften;* und ohne Zweifel ist dies der beste Name, den er selbst,
wie Moses und Sulzer gezeigt haben, mehr im Großen hätte beobachten
sollen. Er nennts *Aesthetik, Wißenschaft des Gefühls des Schönen,* oder
nach der Wolfischen Sprache, *der sinnlichen Erkenntniß;* noch angemeßen!
Sonach ists eine Philosophie, die alle Eigenschaften der Wißenschaft und
der Untersuchung, Zergliederung, Beweise und Methode haben muß. Er
nennt aber auch seine Aesthetik *die Kunst schön zu denken;* und das ist
schon eine ganz andre Sache; ein Ich weiß nicht Was, von Fertigkeit und
Praktischer Anweisung, die Kräfte des Genies und Geschmacks anzuwenden, oder nach der Kunstsprache, die sinnliche Erkenntnißfähigkeit schön
zu gebrauchen, und das ist Aesthetik ihrem Hauptbegriffe nach nicht. (...)
eine Zergliederin des Schönen, wo es sich findet, in Kunst und Wißenschaft, in Körpern und Seelen, das ist Aesthetik, und wenn man will Philosophie *über den Geschmack.* Die *Kunst des Geschmacks* hat zum Zwecke
die Schönheit selbst, und übel mit der Aesthetik gepaaret, will sie selbst
schön denken, schön urtheilen, schön schliessen; statt blos richtig zu
schliessen, scharf zu urtheilen, wahr zu denken. Die eine ist ars pulcre
cogitandi; die andre scientia de pulcro et pulcris philosophice cogitans; die
eine kann blos Liebhaber des Geschmacks; die andre soll Philosophen über
denselben bilden. Die Vermischung beider Begriffe gibt also natürlich ein
Ungeheuer von Aesthetik».[70] Schon für Herder sind ästhetische Theorie
und ästhetische Praxis strikt zu unterscheiden. So mag denn auch schon zu
Baumgartens Zeit dem Versuch, mit Hilfe des Begriffs des Ästhetischen das
Ideal des nicht-spezialisierten, nicht-pedantischen honnête homme zu ver-
bürgerlichen und damit in eine Zeit fortschreitender Arbeitsteilung hinüberzuretten, ein leise anachronistisches Moment nicht gefehlt haben:
«Man bedenket, daß man in Gesellschaften kommen kann, wo die Rede
von einer Sache ist, von der ich eben nicht Profession mache. Diese kann ich
nicht demonstrieren. Es würde auch unnützlich sein; ästhetisch sich darüber auszudrücken ist genug.»[71] Je mehr die Arbeitsteilung und die Durch-
organisation des Produktionsprozesses nach der Rationalität von Zwecken
und Mitteln fortschreiten, desto zweifelhafter muß solches «ästhetisches
Verhalten» in bürgerlichen Kreisen werden, weil es seine Gegenstände nicht
vollständig dem Begriff und damit der Verwertbarkeit unterwirft. Am ehesten wird dem von Baumgarten geforderten Verhalten noch die «Konversa-

tion» gerecht, wie sie der Adel noch bis ins 20. Jahrhundert hinein kultivieren konnte, weil er zwar an politischer und ökonomischer Macht verloren hatte, dafür aber nicht den Erfordernissen der Produktion sich in gleicher Weise beugen mußte wie das Bürgertum.

Die Ästhetik als «ars pulcre cogitandi» ist daher nicht einfach als unreflektierter Restbestand der rhetorischen Tradition abzutun. Denn die Begrenzung der Ästhetik auf eine Wissenschaft vom Schönen bedeutet zwar einen unleugbaren Fortschritt der Theorie, aber um den Preis, daß das Ästhetische und die Ästhetik endgültig als Sonderbereich, außerhalb der allgemeinen Lebenspraxis, etabliert werden. Reagiert die bürgerliche Ästhetik auf das Bedürfnis der Menschen, daß die Inhalte, die in dem neuen Wissenschaftsbegriff, aber auch in der zunehmend nach der Relation von Zwecken und Mitteln sich organisierenden Gesellschaft keinen Platz mehr haben, nicht ganz aus ihrem Leben verschwinden mögen, so wird dieser die neue Wissenschaft treibende Impuls bereits wieder gebrochen, kaum daß die Ästhetik als Wissenschaft sich konstituiert hat. Deren Begrenzung als Wissenschaft *von* der Kunst weist dieser zwar einen sicheren Platz zu, läßt aber auch unangefochten, daß alles, was sich nicht auf «Klarheit und Deutlichkeit» bzw. auf Zwecke und Mittel reduzieren läßt, erneut aus der alltäglichen Erfahrung verdrängt wird.

Wenn Baumgarten die Ästhetik als ars pulcre cogitandi begreift, wenn er bemerkt, daß der spielende Knabe das, womit er sich beschäftigt, «schön erkennen möge» («pulcre intelligat»)[72], dann ist hier ästhetisches noch als mimetisches Verhalten verstanden. Subjekt und Objekt sind noch nicht unversöhnlich auseinandergetreten. «Pulcre intellegere» bedeutet beides: Schönes zu erkennen und es schön zu erkennen. Wenn nicht nur das Objekt, sondern auch der subjektive Akt des Erkennens schön sein kann, dann verweist diese Einheit auf eine Welt, die den Menschen noch nicht als fremde, zu beherrschende gegenübersteht, sondern die noch in Affinität zum menschlichen Gemüt gedacht werden kann; in der die Menschen sich noch selbstverständlich «zu Hause» fühlen können.

Das erklärt auch die Großzügigkeit, mit der Baumgarten den Begriff der ästhetischen Wahrheit, die für ihn im wesentlichen mit dem Wahrscheinlichen zusammenfällt, behandelt. Allerdings kann das ästhetisch Wahre nur solange mit dem «Wahrscheinlichen» im weitesten Sinne gleichgesetzt werden, als das Vertrauen ungebrochen ist, das Wahrscheinliche sei in aller Regel auch das den Menschen Gemäße. Der Schluß des Descartes, daß in einer Welt, in der alles sich verändert, allein aufs eigene Ich, wenn auch nur als abstraktes Bewußtsein, Verlaß ist, liegt Baumgarten ganz fern. Der ästhetische Schein – denn um nichts anderes handelt es sich bei dem

«Wahrscheinlichen» – ist bei Baumgarten noch kaum unterschieden von der Empirie, er bedarf noch nicht des «Werks», das zwar in sich sinnvoll strukturiert ist, dafür jedoch die Empirie der Kontingenz überläßt. Das macht den «Glanz der Frühe»[73] aus, den man über Baumgartens «Aesthetica» gesehen hat: daß der ästhetische Schein hier noch nicht der haushälterischen Beschränkung auf das Werk bedarf, sondern daß er und die Empirie noch beinahe zusammenfallen. Die Differenz zwischen dem gleichsam verschwenderischen Umgang mit dem ästhetischen Schein und dem Versuch, durch die äußerste Anstrengung des Begriffs wenigstens einen Rest von Schein zu retten, weil ohne ihn keine Kunst mehr ist[74], mißt die Entwicklung der bürgerlichen Ästhetik aus und bezeichnet zugleich ihre Funktion, dem stetig zunehmenden Sinndefizit der bürgerlichen Realität entgegenzuwirken.

Geschmack und Gemeinsinn
Die Emanzipation des Ästhetischen
durch Kant

Schönheit und Vollkommenheit

«Die Formel für Baumgarten's Lehre ist: Schönheit ist Vollkommenheit der undeutlichen Erkenntnis. Man sagt wohl auch, Baumgarten lehre das Schöne als undeutlich erkannte Vollkommenheit. Die erste Fassung geht auf das Subjektive, durch innere Erfahrung zum Bewusstsein zu Bringende. Die zweite Fassung ist dagegen nicht ästhetisch immanent; sie hat das Bedenkliche, dass ein Begriff von objektiver Vollkommenheit als Erklärungsgrund vorausgesetzt wird. Auf Baumgarten's eigenes Unternehmen passt die erste Fassung besser als die zweite. In der Schule aber, welche an Leibnitz, Wolff und Baumgarten sich anschliesst, tritt die Beziehung auf anderweite, an sich bestehende Vollkommenheit mehr hervor.» [1]

Baumgarten selbst ist diese Zweideutigkeit seiner Lehre nicht verborgen geblieben. Hatte er in der «Metaphysica» die Schönheit noch als «perfectio phaenomenon» definiert, so ergänzte er diese Formel in der «Aesthetica» durch den Zusatz «qua talis» («als solche») [2]. Ob, wie Nivelle meint, die Schönheit nach der ursprünglichen Definition tatsächlich noch «nur eine Erscheinungsform der moralischen oder der metaphysischen Vollkommenheit» und damit «dem Guten und dem Wahren untergeordnet» [3] war, oder ob nicht vielmehr der Zusatz «als solche» nur der Verdeutlichung einer Auffassung diente, die Baumgarten bereits in der «Metaphysica» selbstverständlich war, mag dahingestellt bleiben. Jedenfalls scheint Baumgarten das Problem zwar gesehen und auch versucht zu haben, durch den Zusatz «qua talis» das ästhetische Phänomen von transzendenten Voraussetzungen freizuhalten, andererseits aber ist es ihm in seiner ganzen Tragweite wohl noch nicht zu Bewußtsein gekommen.

Nivelle rechnet es Braitmaier als Fehler an, «im gleichen Paragraphen das Wort perfectio auf zwei verschiedene Weisen zu übersetzen», wenn er schreibe: «Zweck der Ästhetik ist die *Vervollkommnung* der sinnlichen Erkenntnis als solche. Die *Vollkommenheit* nun der sinnlichen Erkenntnis heißt Schönheit.» Diese Inkonsequenz, meint Nivelle, sei «bei einem so streng methodischen Denker wie Baumgarten nicht ohne weiteres hinzunehmen»[4]. So anfechtbar Braitmaiers Formulierung in philologischer Hinsicht sein mag, so treffend gibt sie den philosophischen Gehalt der Baumgartenschen Ästhetik wieder. Von «Vervollkommnung der sinnlichen Erkenntnis» kann mit Recht geredet werden, da ein wesentlicher Teil der «Aesthetica» – der rhetorischen Tradition gemäß – praktischen Übungen gewidmet ist. Aber auch «Vollkommenheit der sinnlichen Erkenntnis» kann als Ziel der «Aesthetica» angegeben werden, da Baumgarten zweifellos nicht nur die Dynamik eines Prozesses der Vervollkommnung, sondern auch ein abschlußhaftes Moment im Auge hat: das vollständig, in allem Reichtum seiner Eigenschaften determinierte Individuum. So läßt der Begriff der «venusta plenitudo», von Baeumler treffend übersetzt mit «Individualität, in ihrer ganzen Fülle dargestellt, ist schön»[5], erkennen, daß Baumgarten ein in sich abgeschlossener, erfüllter Zustand, auf den der Begriff der Vollkommenheit immerhin anwendbar wäre, zumindest vorschwebte, auch wenn er den Prozeß der Induktion als grundsätzlich unabschließbar ansah.

Es kennzeichnet den Ort von Baumgartens Ästhetik, daß er zwar das abschlußhafte, die Einzelheiten zu einem Ganzen zusammenfügende Moment im Begriff der Vollkommenheit berücksichtigt, daß es ihm aber – darauf verweist die sorglose Präzisierung «qua talis» – noch nicht als das zentrale Problem der Ästhetik bewußt wird. Dieses labile, nur dem «felix aestheticus» Baumgarten eigentümliche Gleichgewicht dürfte darauf zurückzuführen sein, daß in der «Aesthetica» traditionale und neuzeitliche Momente einander noch nicht ausschließen. Der Begriff der Vollkommenheit war solange unproblematisch, als die in ihm vorausgesetzte transzendente Instanz, die das Viele zu einem Ganzen zusammenschloß, fraglos vorausgesetzt wurde. Baumgartens Sorglosigkeit in diesem Punkt ist damit zu erklären, daß diese Sicherheit in ihm noch nachwirkt, ja es überhaupt ermöglicht, daß er sich unbefangen dem Einzelnen als *Einzelnen* zuwenden kann. Er ist offenbar so glücklich darüber, der individuellen Erscheinung zu ihrem Recht verholfen zu haben, daß er sich noch nicht die Frage stellen muß, wie es denn nun eigentlich um das Verhältnis des Individuellen zum Allgemeinen, zum Ganzen der Welt, zu den anderen Individuen stehe. Schon für Kant wird diese Frage unabweisbar.

Baumgarten, vereinfacht gesagt, hat das bürgerliche Individuum als Subjekt der Kunst entdeckt. Einstweilen jedoch bleibt diese Entdeckung folgenlos, weil schon sein Schüler Georg Friedrich Meier, vor allem aber Moses Mendelssohn in der durch die unteren Erkenntnisvermögen vermittelten, also verworrenen Erkenntnis wieder nur eine mindere Form von Erkenntnis zu sehen vermögen. Da sie sie am Ideal der «deutlichen» Erkenntnis messen, können sie den Gedanken einer eigenständigen Bedeutung der sinnlichen Erkenntnis von vornherein nicht fassen. Das entscheidende Mißverständnis besteht darin, daß Mendelssohn in der «Aesthetica» nicht den Versuch erkennt, zu einer Begriffsbildung auf dem Wege der *Induktion* zu gelangen. Mit Begriffen wie «venusta plenitudo», «lux aesthetica» versucht Baumgarten, zu allgemeineren, das Individuelle zusammenfassenden Begriffen zu gelangen, ohne den Preis der Abstraktion zahlen zu müssen; nicht zuletzt, weil dieser Versuch unzureichend bleibt, muß Mendelssohn den vom Baumgarten gebrauchten Begriff der Vollkommenheit in traditioneller Weise als eine unveränderliche, transzendent begründete feste Größe begreifen, aus der ein Schönheitsbegriff allenfalls *deduziert,* zu der jedoch keinesfalls vom Individuellen aus, induktiv, gelangt werden könne. Wird jedoch, ungeachtet dieser theoretischen Unzulänglichkeit, die «Aesthetica» nicht vor allem als Versuch verstanden, zu einer induktiven, vom Subjekt ausgehenden Begriffsbildung zu gelangen, so muß der wesentliche Impuls, den sie enthält, von vornherein verfehlt werden.

Als geradezu «verfehlt» bezeichnet Kant denn auch in der Vorrede zur «Kritik der reinen Vernunft» den grundlegenden Gedanken Baumgartens, mit der «Aesthetica» eine Logik der unteren Erkenntniskräfte zu liefern und damit Kunst und Erkenntnis miteinander zu verbinden: «Die Deutschen sind die einzigen, welche sich jetzt des Worts Ästhetik bedienen, um danach das zu bezeichnen, was andere Kritik des Geschmacks heißen. Es liegt hier eine verfehlte Hoffnung zum Grunde, die der vortreffliche Analyst Baumgarten faßte, die kritische Beurteilung des Schönen unter Vernunftsprinzipien zu bringen, und die Regeln derselben zur Wissenschaft zu erheben. Allein diese Bemühung ist vergeblich. Denn gedachte Regeln oder Kriterien sind ihren vornehmsten Quellen nach bloß empirisch, und können also niemals zu bestimmten Gesetzen a priori dienen, wonach sich unser Geschmacksurteil richten müßte, vielmehr macht das letztere den eigentlichen Probierstein der Richtigkeit der ersteren aus.»[6] Kant gibt Baumgartens Ansatz preis, eine Logik der unteren Erkenntnisvermögen zu entwickeln und sie damit den oberen Erkenntnisvermögen, Verstand und Vernunft, gleichrangig zu machen. Daß Kunst und Erkenntnis zueinander in Beziehung treten könnten, wird von Kant nicht in Betracht gezogen, offenbar, weil er zur Zeit der ersten Kritik den Geschmack noch für etwas ausschließlich Subjektives hält, ohne den Anspruch auf allgemeine Gültigkeit zu sehen, der in jedem Geschmacksurteil enthalten ist. Eine «Kritik des Geschmacks» könnte dann nichts anderes sein als der Versuch, die verschiedenen Reaktionsweisen des Subjekts auf ästhetische Wahrnehmungen zu systematisieren. Dabei wären zwar interessante Ergebnisse psychologi-

scher Art zu erwarten, der Ansatz zu einer philosophischen Vermittlung
von Subjektivität und Außenwelt, der Baumgartens Ästhetik auszeichnet,
wäre indessen preisgegeben. Es entbehrt nicht der Ironie, daß es gerade die
mit der «Aesthetica» scheinbar nicht zu vereinbarende «Kritik der Urteilskraft» sein wird, in der die wesentlichen, von der Nachwelt mißverstande-
nen Ansätze Baumgartens zu Ende geführt werden.

«Subjektivierung» der Ästhetik

Die «Kritik der Urteilskraft» wird in der Regel als subjektivistisch, den
Erkenntnischarakter der Kunst preisgebend, interpretiert. So hat Rüdiger
Bubner, wohl gleichermaßen beeinflußt durch rezeptionsästhetische Ansätze wie durch die These Gadamers von der «Subjektivierung» der Ästhetik
durch Kant[7], den Nachweis zu führen versucht, daß die Aktualität der
Kantischen Ästhetik gerade in ihrem vermeintlichen Subjektivismus aufzusuchen sei.

Zunächst wendet Bubner sich gegen den Wahrheitsanspruch, den autonome Kunst erhebt: «Kunst wurde in unterschiedlicher Weise auf Wahrheit
bezogen und stand daher von vornherein unter der Erwartung, eine Antwort auf eine genuin philosophische Frage zu liefern. (...) Einer nüchternen
Betrachtung muß die durchgängige Bezugnahme der Ästhetik auf den
Wahrheitsbegriff und damit auf Philosophie als eine Majorisierung der
Theorie der Kunst durch philosophische Begrifflichkeit erscheinen. Ich
möchte daher alle bisher betrachteten Ästhetiken» – gemeint sind hier vor
allem Lukács, Benjamin und Adorno – «als heteronom bezeichnen. Es ist
für sie typisch, daß sie die Theorie der Kunst nicht autonom aufbauen,
sondern von Anfang an einer Fremdbestimmung durch einen Vorbegriff
von Philosophie, von deren Aufgabenstellung und Terminologie unterwerfen.»[8] Dagegen sieht Bubner «nur eine Möglichkeit einer nicht heteronomen Ästhetik»[9] – eben die «Kritik der Urteilskraft». Denn als methodische
Grundlegung einer nicht von Philosophie «majorisierten» Ästhetik könne
allein der «Ausgang von der ästhetischen Erfahrung» gelten: «Das ist
gleichbedeutend mit dem Verzicht auf die Hypostasierung sinnspendender
Werke und auf die Majorisierung der Kunst durch philosophische Begrifflichkeit. Die Analyse ästhetischer Erfahrung als einer besonderen auf das
Bewußtsein ergehenden Wirkung ist vorbildlich in Kants ‹Kritik der Urteilskraft› geleistet. Der Verzicht auf die Hypostase des Werks ist in der kritischen Restriktion Kants ausgedrückt, daß vom Schönen kein eigener gegen-
standskonstitutiver Begriff anzugeben sei.»[10] Der Verzicht auf die Katego-

rie des «Werks» ermögliche es, den Begriff des Ästhetischen und damit den Umfang ästhetischer Erfahrung zu erweitern: «Die genannte Restriktion vor einem Begriff des Schönen schafft zugleich die Möglichkeit, ästhetische Wirkungen, die nicht vom Werke im eigentlichen Sinne ausgehen, zu erfassen und in ihrer ästhetischen Bedeutsamkeit zu würdigen.»[11] Hierdurch werde es möglich, einen zeitgemäßen, nicht mehr durch das «Werk» unzulässig eingeschränkten Kunstbegriff zu entwickeln: «Es gibt Kunst offenkundig nur im Raume einer durch gewisse sinnliche Objekte ausgelösten Reflexionstätigkeit, die in einer *nicht endenden Bewegung* auf allgemeine Erfassung des Geschehenen hin und daher selbstvergessen reine Leistungen hervorbringt, die zu keiner Bestimmtheit gelangen, da sie auf Sinnlichkeit bezogen im Banne des Objekts verbleiben.»[12]

Bubners Argumentation ist unstimmig in mancherlei Hinsicht. Durchaus fragwürdig ist bereits die These, die Kunst sei durch einen von seiten der Philosophie ihr willkürlich zugeteilten Wahrheitsanspruch «majorisiert» worden. Allein schon die Tatsache, daß die Ästhetik sich zu einem bestimmten, offenbar nicht zufälligen historischen Zeitpunkt als philosophische Disziplin konstituiert hat, läßt daran zweifeln, daß die Konstellation von Kunst und Wahrheit als willkürlicher Übergriff seitens der Philosophie zu beurteilen sei. Wie immer es sich mit dieser Konstellation verhalten mag: daß sie um die Mitte des 18. Jahrhunderts offenbar *notwendig* wurde, macht es unmöglich, sie nur abstrakt zu negieren. – Ähnlich wäre auf Bubners Erledigung des Werkbegriffs zu erwidern. Selbst wenn man seiner Auffassung zuzustimmen geneigt ist, die Herausbildung des «Werks» habe eine fragwürdige Beschränkung des Ästhetischen auf einen eng umgrenzten, der Lebenspraxis entzogenen Bereich zur Folge gehabt, so verlangt diese Entwicklung doch, auf ihre Ursachen hin untersucht zu werden. Keinesfalls genügt zur Auseinandersetzung mit der Kategorie des Werks die nichtssagende, aber von Bubner genüßlich mehrfach wiederholte Floskel «kabbalistische Versenkung»[13].

Denn es könnte sehr wohl sein, daß mit der Herausbildung des autonomen Werks die Kunst auf eine gesellschaftliche Praxis reagierte, die alle Lebensbereiche zunehmend einem einzigen Ordnungsprinzip, der Rationalität der Produktion und damit der Relation von Zwecken und Mitteln unterwirft. Gewiß ist die «Kritik der Urteilskraft» noch keine Werkästhetik, aber sie bereitet durch die Betonung der «Interesselosigkeit» des Ästhetischen bereits vor, daß das Werk als ein der gesellschaftlichen Praxis entzogener Sonderbereich aufgefaßt werden kann. «Wenn das Begehrungsvermögen diejenige Fähigkeit des Menschen ist, die auf der Seite des Subjekts eine auf dem Prinzip der Profitmaximierung gründende Gesellschaft ermöglicht, dann umschreibt der Kantsche Grundsatz auch die Freiheit der Kunst gegenüber den Zwängen der entstehenden bürgerlich-kapitalistischen Gesellschaft. Das Ästhetische wird konzipiert als ein Bereich, der herausgenommen ist aus dem alle Lebensbereiche durchherrschenden Prinzip der Profitmaximierung.»[14] Von hier ist nur noch ein kleiner Schritt zur Autonomie des Werks als dem Bereich, der allein vom Konkurrenzprinzip ausgenommen ist. Was Bubner als «kabbalistisch» herabsetzt, die Versenkung ins Werk, ist das Verweilen in einem Bereich, in dem die Rationalität von Zwecken und Mitteln, die nichts um seiner selbst willen gelten läßt, keine Macht hat. Kant selbst hat das «Verweilen» angesichts des Ästhetischen als eine der Ursachen der mit dem ästhetischen Urteil verbundenen Lust angegeben. «Diese Lust ist auch auf keinerlei Weise praktisch, weder, wie die aus dem pathologischen Grunde der Annehmlichkeit, noch die aus dem intellektuellen des vorgestellten Guten. Sie hat aber doch Kausalität in sich, nämlich den Zustand der Vorstellung selbst und die Beschäftigung der Erkenntniskräfte ohne weitere Absicht zu *erhalten*. Wir *weilen* bei der Betrachtung des Schönen, weil diese Betrachtung sich selbst stärkt und reproduziert».[15] Daß die Zweck-Mittel-Rationalität der kapitalistischen Produktion sämtliche Bereiche, in dem das Subjekt «weilen», und das heißt nichts Geringeres als: sich seiner Identität versichern kann, immer stärker einschränkt, bis schließlich nur noch eine einzige Exklave, die Kunst, übrigbleibt, ist der gesellschaftlichen Praxis zuzuschreiben; nicht dem Werk, das auf diese Praxis reagiert. Was immer gegen die Kategorie des Werks vorzubringen sein mag, mit seinem Plaidoyer für «selbstvergessen reine Leistungen» paßt Bubner die Ästhetik einer Gesellschaft an, die unaufhörlich «frischwärts» strebt, streben muß, die jede Möglichkeit kontemplativen Verweilens, ohne die es keine Selbstvergewisserung gibt, als Stagnation verächtlich macht, um die Leere des ziellosen Getriebes nicht ins Bewußtsein treten zu lassen.

Zur Begründung einer Ästhetik der Anpassung ist die «Kritik der Urteilskraft» keinesfalls geeignet. Die Ästhetik «selbstvergessen reiner Leistungen», wie sie Bubner vorschwebt, beseitigt tendenziell jeden qualitativen Unterschied zwischen Kunst und psychotropen Drogen. Als bloße Stimuli verschaffen beide dem Subjekt mehr oder weniger intensive Sensationen; beide belassen es aber auch in seiner gesellschaftlich produzierten Vereinzelung. Bubner kann sich nur deshalb auf die «Kritik der Urteilskraft» berufen, weil er, wie Gadamer, Kants oberstes Kriterium zur Beurteilung künstlerischer Produktionen, allgemeine Mittelbarkeit, ignoriert. Denn obwohl die Kunst nach Kants Auffassung stets «Kunst des Genies» ist, bleibt sie gebunden an die Forderung nach allgemeiner Mitteilbarkeit;

es ist der Geschmack, der darüber befindet, ob dieser Forderung Genüge getan sei. «Der Geschmack ist, so wie die Urteilskraft überhaupt, die Disziplin (oder Zucht) des Genies, beschneidet diesem sehr die Flügel und macht es gesittet oder geschliffen; zugleich aber gibt er diesem eine Leitung, worüber und bis wie weit es sich verbreiten soll, um zweckmäßig zu bleiben; und indem er Klarheit und Ordnung in die Gedankenfülle hineinbringt, macht er die Ideen haltbar, eines daurenden zugleich auch allgemeinen Beifalls, der Nachfolge anderer, und einer immer fortschreitenden Kultur, fähig. Wenn also im Widerstreite beiderlei Eigenschaften an einem Produkte etwas aufgeopfert werden soll, so müßte es eher auf der Seite des Genies geschehen».[16]

Daher wäre für Kant die Frage, «woran in Sachen der schönen Kunst mehr gelegen sei, ob daran, daß sich an ihnen Genie, oder ob, daß sich Geschmack zeige», ganz unsinnig, denn sie bedeutete so viel, «als wenn gefragt würde, ob es darin mehr auf Einbildung, als auf Urteilskraft ankomme»[17]. Nicht die Furcht des Bürgers vor den Extravaganzen des Künstlers bewegt Kant[18], Geschmack und Einbildungskraft als gleichermaßen wichtig anzusehen, sondern die Einsicht, daß die Produktionen des Genies, blieben sie «selbstvergessen reine Leistungen», wirkungslos verpuffen würden. Zwar erfährt die Gesellschaft durch die Produktion des Genies Natur als ihr Korrektiv, denn Genie ist nicht nur «das Talent (Naturgabe), welches der Kunst die Regel gibt», sondern vor allem auch die «angeborne Gemütslage (ingenium), *durch welche* die Natur der Kunst die Regel gibt»[19], aber nicht jede Regung der Natur im Werk des Genies bedeutet bereits eine Beförderung der Humanität: diese bindet Kant ausdrücklich an die Möglichkeit, sich allgemein mitzuteilen. Das ist der Grund, weshalb die Produktion des Genies dem Geschmacksurteil unterworfen wird: «Empirisch interessiert das Schöne nur in der *Gesellschaft;* und, wenn man den Trieb zur Gesellschaft als dem Menschen natürlich, die Tauglichkeit aber und den Hang dazu, d. i. die *Geselligkeit,* zur Erfordernis des Menschen, als für die Gesellschaft bestimmten Geschöpfs, also als zur *Humanität* gehörige Eigenschaft einräumt: so kann es nicht fehlen, daß man nicht auch den Geschmack als ein Beurteilungsvermögen alles dessen, wodurch man sogar sein Gefühl jedem andern mitteilen kann, mithin als Beförderungsmittel dessen, was eines jeden natürliche Neigung verlangt, ansehen sollte.»[20]

Wenn auch bereits die Forderung nach allgemeiner Mitteilbarkeit erkennen läßt, daß Kants vermeintlich subjektivistische Ästhetik auf Intersubjektivität hin angelegt ist, so scheint dennoch, betrachtet man etwa die Einleitung des § 1, er selbst alles daran gesetzt zu haben, den Eindruck eines extremen Subjektivismus zu provozieren: «Um zu unterscheiden, ob etwas schön sei oder nicht, beziehen wir die Vorstellung nicht durch den Verstand auf das Objekt zum Erkenntnisse, sondern durch die Einbildungskraft (vielleicht mit dem Verstande verbunden) auf das Subjekt und das Gefühl der Lust oder Unlust desselben. Das Geschmacksurteil ist also kein Erkenntnisurteil, mithin nicht logisch, sondern ästhetisch, worunter man dasjenige versteht, dessen Bestimmungsgrund *nicht anders* als *subjektiv* sein kann. Alle Beziehung der Vorstellungen, selbst die der Empfindungen, aber kann objektiv sein (und da bedeutet sie das Reale einer empirischen Vorstellung); nur nicht die auf das Gefühl der Lust und Unlust, wodurch gar nichts im Objekte bezeichnet wird, sondern in der das Subjekt, wie es durch die Vorstellung affiziert wird, sich selbst fühlt.»²¹ Das Geschmacksurteil ist kein Erkenntnisurteil, es kommt ausschließlich auf subjektiver Grundlage zustande. Das Gefühl der Lust und Unlust, das mit ihm notwendig verbunden ist, hat seinen Ursprung ebenfalls im Subjekt, auf das allein es sich bezieht. Es ist, als sollten schon mit der ersten Beschreibung des Geschmacksurteils sämtliche Verbindungen zwischen Subjekt und Objekt gekappt werden, als sollte nachgewiesen werden, daß das ästhetische Urteil einen durchaus selbstgenügsamen Zustand des Subjekts anzeige.

Der Sinn dieser scheinbar extremen Subjektivierung erschließt sich, wenn man sich vergegenwärtigt, daß die Beschreibung des Geschmacksurteils zugleich analog und komplementär zum Begründungssatz der Erkenntnistheorie des Descartes sich verhält. Hatte Descartes das Subjekt isoliert und auf die Tätigkeit der Reflexion reduziert, um auf der allein zweifelsfreien Grundlage des Cogito eine Erkenntnistheorie zu begründen, die keine durch das Subjekt nicht überprüfbaren Prämissen enthalten solle; war auf diese Weise die Selbstgewißheit des Subjekts ausschließlich auf der Tätigkeit des *Verstandes* begründet worden: so münden dagegen sämtliche Merkmale, die Kant dem ästhetischen Geschmacksurteil zuspricht, in die Feststellung ein, daß in ihm, dem Geschmacksurteil, das Subjekt «sich selbst *fühlt*». Analog zur Argumentation des Descartes also ist der Rekurs aufs Subjekt; komplementär zum Cogito steht bei Kant der Verweis auf das «sich Fühlen» des Subjekts als letzten, nicht mehr hinterfragbaren Bezugspunkt des ästhetischen Urteils. Durchaus neu gegenüber der Argumentation des Descartes ist schließlich, im Zusammenhang hiermit, der Verweis auf das Gefühl der Lust und Unlust. Hatte spätestens seit Leibniz ein reicherer Begriff von Subjektivität sich entwickelt, der weder die Affekte noch das Unbewußte ausschloß, so konnte die am abstrakten Subjektbegriff des Descartes orientierte Wissenschaft dieser neuen Dimensionen, die das Subjekt an sich wahrgenommen hatte, nicht gerecht werden. Diese Tatsache erklärt das starke Interesse des 18. Jahrhunderts an der Ästhetik, weil allein in dieser Disziplin die Orientierung am konkreten Individuum mit allen seinen Affekten, Sehnsüchten und Ängsten möglich schien. Entspricht also die Einleitung der «Kritik der Urteilskraft» durch den Hinweis auf das «sich Fühlen» insofern den Erwartungen, die in die Ästhetik gesetzt wurden, so scheint es Kant andererseits nicht zu gelingen, das zweite durch die cartesianische Erkenntnistheorie theoretisch fixierte Defizit auszugleichen: die Isoliertheit des Subjekts. Dieses wird, indem es allein durch den kalkulierenden Verstand seiner selbst sich vergewissern kann, dazu konditioniert, in seiner psychischen Struktur mit der ökonomischen Organisation der Gesellschaft genau übereinzustimmen. Kunst und Ästhetik würden dann zwar hinreichen, daß das Subjekt sich «fühlt», aber sie kämen, salopp gesagt, prinzipiell nicht über die Rolle eines Sozialarbeiters am menschlichen Gemüt hinaus, der gesellschaftlich verursachte Schäden zwar vorübergehend abschwächen, ihre Ursachen aber nicht beseitigen kann. Tatsächlich ist hieraus der wichtigste Einwand gegen das «Werk» abzuleiten, das durch die spezifische Rezeptionsweise, die es fordert, die Versenkung, den Rezipienten zwar «sich fühlen», seine Isoliertheit jedoch zugleich als unaufhebbar erscheinen läßt. Ist jedoch, wie Kant (und vor ihm schon Vico) mutmaßt, der Trieb zur Geselligkeit eine anthropologische Konstante, dann ist absehbar, daß der Affekt gegen das Werk, gegen die immer nur vorübergehende und trügerische Aufhebung der Vereinzelung, durch die es den Rezipienten lockt, schließlich die Oberhand gewinnen und sich gegen den ästhetischen Schein überhaupt wenden wird. Hier liegt der eigentliche Impuls der europäischen Avantgardebewegungen. Ins Zentrum der «Ästhetischen Theorie» Adornos wird daher die Frage rücken, ob die Kategorie des Werks vermittelt werden könne mit dem Versuch, die mit dem «Werk» notwendig gesetzte Isoliertheit des Rezipienten zu durchbrechen.

Wäre Kant bei der strikt subjektivistischen Auffassung des Geschmacksurteils stehengeblieben, wie sie in der Vorrede zur «Kritik der reinen Vernunft» der Bemerkung über Baumgarten zugrundeliegt, so wäre die dritte Kritik ungeschrieben geblieben. Die Untersuchung bloß individueller Reaktionen hätte der Psychologie vorbehalten bleiben müssen: «Psychologisch beobachten (wie Burke in seiner Schrift vom Schönen und Erhabenen), mithin Stoff zu künftigen systematisch zu verbindenden Erfahrungsregeln sammeln, ohne sie doch begreifen zu wollen, ist wohl die einzige wahre Obliegenheit der empirischen Psychologie, welche schwerlich jemals auf den Rang einer philosophischen Wissenschaft wird Anspruch machen können.» [22] Bezeichnenderweise führt denn auch die dritte Kritik den Titel einer Kritik der *Urteilskraft* (nicht: einer Kritik des *Geschmacks*). Die Untersuchung des Geschmacks nimmt zwar breiten Raum ein, die eigentliche Fragestellung jedoch ist umfassender: sie begnügt sich nicht mit der bloß subjektiven Reaktion, sondern schließt die Analyse des Vermögens ein, das diese Reaktion erst hervorbringt.

Das Geschmacksurteil

Die übliche Unterscheidung zwischen «Geschmack» in ursprünglicher und in «metaphorischer» Bedeutung verbindet Kant mit der Differenzierung von Angenehmen und Schönem. «In Ansehung des *Angenehmen* bescheidet sich ein jeder: daß sein Urteil, welches er auf ein Privatgefühl gründet, und wodurch er von einem Gegenstande sagt, daß er ihm gefalle, sich auch bloß auf seine Person einschränke. Daher ist er es gern zufrieden, daß, wenn er sagt: der Kanariensekt ist angenehm, ihm ein anderer den Ausdruck verbessere und ihn erinnere, er solle sagen: er ist *mir* angenehm».[23] Der Geschmack, sofern er sich auf den bloßen Sinnenreiz, das Angenehme, bezieht, weist über das einzelne Subjekt nicht hinaus; sollten mehrere Personen in der Vorliebe für den Kanariensekt übereinstimmen, so wäre dieses Zusammentreffen in philosophischer Hinsicht zufällig, die Untersuchung seiner Ursache Gegenstand der Psychologie bzw. der Physiologie. Zu einem Prinzip a priori könnten beide empirische Wissenschaften nicht gelangen. «Mit dem Schönen ist es ganz anders bewandt. Es wäre (gerade umgekehrt) lächerlich, wenn jemand, der sich auf seinen Geschmack etwas einbildete, sich damit zu rechtfertigen gedächte: dieser Gegenstand (das Gebäude, was wir sehen, das Kleid, was jener trägt, das Konzert, was wir hören, das Gedicht, welches zur Beurteilung aufgestellt ist) ist *für mich* schön. Denn er muß es nicht *schön* nennen, wenn es bloß ihm gefällt. Reiz und Annehmlichkeit mag für ihn vieles haben, darum bekümmert sich niemand; wenn er aber etwas für schön ausgibt, so mutet er andern eben dasselbe Wohlgefallen zu: er urteilt nicht bloß für sich, sondern für jedermann, und spricht alsdann von der Schönheit, als wäre sie eine Eigenschaft der Dinge. Er sagt daher, die *Sache* ist schön; und rechnet nicht etwa darum auf anderer Einstimmung in sein Urteil des Wohlgefallens, weil er sie mehrmalen mit dem seinigen einstimmig befunden hat, sondern *fordert* es von ihnen. Er tadelt sie, wenn sie anders urteilen, und spricht ihnen den Geschmack ab, von dem er doch verlangt, daß sie ihn haben sollen; und sofern kann man nicht sagen: ein jeder hat seinen besondern Geschmack. Dieses würde so viel heißen, als: es gibt gar keinen Geschmack, d. i. kein ästhetisches Urteil, welches auf jedermanns Beistimmung rechtmäßigen Anspruch machen könnte.»[24] Aber obwohl das ästhetische Geschmacksurteil, im Gegensatz zum Urteil der Sinne, Anspruch auf Allgemeingültigkeit erhebt, konstituiert es sich gleichfalls ausschließlich im Subjekt; seine Allgemeinheit ist daher «subjektive Allgemeinheit», denn es gibt keine Instanz außerhalb des Subjekts, die den «Beitritt» zu diesem Urteil erzwingen könnte.

Hatten König und Gottsched den Geschmack als provisorische Instanz gelten lassen, die in dem Augenblick überflüssig wird, da die Regel angebbar ist, nach der allein verbindlich geurteilt wird, so verhält es sich in der «Kritik der Urteilskraft» umgekehrt. Der Geschmack fällt sein Urteil in zugleich erster und letzter Instanz; eine auf «Regeln» sich berufende Revision ist ausgeschlossen: «Wenn mir jemand sein Gedicht vorliest, oder mich in ein Schauspiel führt, welches am Ende meinem Geschmacke nicht behagen will, so mag er den Batteux oder Lessing oder noch ältere und berühmtere Kritiker des Geschmacks, und alle von ihnen aufgestellte Regeln zum Beweise anführen, daß sein Gedicht schön sei; auch mögen gewisse Stellen, die mir eben mißfallen, mit Regeln der Schönheit (so wie sie dort gegeben und allgemein anerkannt sind) gar wohl zusammenstimmen: ich stopfe mir die Ohren zu, mag keine Gründe und kein Vernünfteln hören, und werde eher annehmen, daß jene Regeln der Kritiker falsch sein, oder wenigstens hier nicht der Fall ihrer Anwendung sei, als daß ich mein Urteil durch Beweisgründe a priori sollte bestimmen lassen, da es ein Urteil des Geschmacks und nicht des Verstandes oder der Vernunft sein soll.»[25] Anders als beim Geschmacksurteil wäre bei einem Urteil des Verstandes oder der Vernunft jederzeit der *Begriff* angebbar, auf dem seine Notwendigkeit beruhte; das auf einen Begriff der theoretischen Vernunft, des Verstandes, zurückführbare Erkenntnisurteil aber hätte – wie ein auf einem Begriff der praktischen Vernunft beruhendes Urteil – Anspruch nicht nur auf subjektive, sondern auf objektive Allgemeinheit. In beiden Fällen, bei einem Urteil der theoretischen wie der praktischen Vernunft, wäre mit dem Begriff das Gesetz angebbar, nach dem geurteilt wird, während das Geschmacksurteil nicht einen unter ein «Gesetz» zu subsumierenden «Fall» zum Inhalt hat, sondern stets als «Beispiel einer allgemeinen Regel, die man nicht angeben kann, angesehen wird»[26]. – Darüberhinaus ist das Geschmacksurteil «interesselos», insofern «Interesse» das «Wohlgefallen» ist, «was wir mit der Vorstellung der Existenz eines Gegenstandes verbinden. Ein solches hat daher immer zugleich Beziehung auf das Begehrungsvermögen».[27] Beim Anblick eines Palastes ist deshalb für das Geschmacksurteil weder die persönliche Abneigung gegen Dinge von Belang, «die bloß für das Angaffen gemacht sind», noch Kritik an der «Eitelkeit der Großen (...), welche den Schweiß des Volks auf so entbehrliche Dinge verwenden», noch der Aspekt der Nützlichkeit: «davon ist jetzt nicht die Rede. Man will nur wissen, ob die bloße Vorstellung des Gegenstandes in mir mit Wohlgefallen begleitet sei».[28] Weder auf einen Begriff des Verstandes noch der Vernunft, noch auf das Begehrungsvermögen ist der Geschmack festzulegen. «Wenn man Objekte bloß nach Begriffen beurteilt, so geht alle Vorstellung der Schönheit verloren. Also kann es auch keine Regel geben, nach der jemand genötigt werden sollte, etwas für schön anzuerkennen.»[29] Trotzdem büßt das Geschmacksurteil hierdurch nichts von seinem Anspruch allgemeiner Gültigkeit ein, denn «wenn man den Gegenstand alsdann schön nennt, glaubt man eine allgemeine Stimme für sich zu haben, und macht Anspruch auf den Beitritt von jedermann»[30], man «wirbt um jedes andern Beistimmung»[31]. Die Subjektivierung des Geschmacksurteils, die bereits in § 1 ausgesprochen worden war, wird von Kant offenbar auch in der Absicht radikalisiert, den paradoxen Sachverhalt, daß der Geschmack ein subjektives, aber auch ein über das Subjekt hinausweisendes Vermögen sei, um so deutlicher hervortreten zu lassen.

Mit dem Nachweis, daß dem Geschmacksurteil kein Begriff zugrundeliegt, ist die Emanzipation des Ästhetischen von Logik und Moral endgültig gesichert; die von Kant dargelegte Eigenart des ästhetischen Urteils ist geeignet, das Mißverständnis, dem es noch im Anschluß an Baumgarten ausgesetzt war, es handele sich nur um ein minderwertiges Erkenntnisurteil, definitiv zu beseitigen.

Mit seiner Zergliederung des Geschmacksurteils erreicht Kant zweierlei: er demonstriert, daß, was der Geschmack als schön anerkennt, tatsächlich – um Baumgartens sorglose Formulierung aufzunehmen – «qua talis», unabhängig von vorhergehenden Fixierungen logischer, ethischer oder metaphysischer Art, schön ist. Und er radikalisiert das von Baumgarten erstmals zur Begründung der Ästhetik eingeführte Prinzip der Induktion. Baumgartens umwälzender Satz, daß das Individuelle «sehr poetisch» sei, wird von Kant gesichert: in völliger Autonomie entscheidet allein das einzelne Subjekt durch den Geschmack, der sich keine Regeln vorschreiben läßt, was schön sei; und es fällt sein Geschmacksurteil stets als ein *einzelnes* Urteil anläßlich eines *einzelnen* Objekts, das heißt, jedes Geschmacksurteil ist eine individuelle Leistung, die das Subjekt in jedem einzelnen Fall, allein auf sich gestellt, neu zu erbringen hat; ein aktiver Vollzug, bei dem es sich nicht, zu seiner Orientierung oder Entlastung, auf begrifflich vorstrukturierte Gegebenheiten stützen kann: «In der Tat wird das Geschmacksurteil durchaus immer, als ein einzelnes Urteil vom Objekt, gefällt. Der Verstand kann durch die Vergleichung des Objekts im Punkte des Wohlgefälligen mit dem Urteile anderer ein allgemeines Urteil machen: z.B. alle Tulpen sind schön; aber das ist alsdann kein Geschmacks- sondern ein logisches Urteil, welches

die Beziehung eines Objekts auf den Geschmack zum Prädikate der Dinge
von einer gewissen Art überhaupt macht; dasjenige aber, wodurch ich eine
einzelne gegebene Tulpe schön, d. i. mein Wohlgefallen an derselben allgemeingültig finde, ist allein das Geschmacksurteil. Dessen Eigentümlichkeit
besteht aber darin: daß, ob es gleich bloß subjektive Gültigkeit hat, es
dennoch *alle* Subjekte so in Anspruch nimmt, als es nur immer geschehen
könnte, wenn es ein objektives Urteil wäre, das auf Erkenntnisgründen
beruht, und durch einen Beweis könnte erzwungen werden.»[32] Wohl kann
aus einem allgemeinen Satz – «Alle Tulpen sind schön» – logisch deduziert
werden, daß auch die einzelne Tulpe schön sei; keineswegs jedoch ist hierdurch das einzelne Geschmacksurteil festgelegt; in jedem Einzelfalle wird es
durch das Subjekt aufs neue vollzogen.

«Erkenntnis überhaupt» – Bestimmende und reflektierende Urteilskraft

Durch die Analyse des Geschmacksurteils ist das Prinzip der Induktion für
die Ästhetik endgültig gesichert. Der Bereich des Ästhetischen ist nun geradezu dadurch definiert, daß in ihm stets aufs neue das Individuum mit dem
Individuellen zusammentrifft. Schon hierdurch wird die stets wieder vorgetragene Behauptung, Kant habe «das Fundament aller idealistischen We-
sensbestimmungen der Kunst» nur um den «Preis der Annullierung ihres
Erkenntnisanspruchs»[33] legen können, in Frage gestellt. Es ist wohl wahr,
daß das ästhetische Geschmacksurteil dadurch, daß es keinen Begriff von
seinem Objekt vermittelt, kein Erkenntnisurteil ist; keineswegs jedoch ist
hieraus die Annullierung des Erkenntnis*anspruchs* zu folgern. Denn die
Tatsache, daß das ästhetische Urteil keinen Begriff des Objekts verschafft,
bedeutet zugleich, daß das Objekt verschont bleibt von der ihm unvermittelt gegenüberstehenden Begriffsapparatur des Verstandes, der nicht zu Unrecht mit einer «Maschinerie» verglichen wurde: «Der Kantische reine Verstand gleicht einer Maschinerie. Er enthält die Formen, die das Subjekt dem
Material aufprägt, gleichsam die Kästen und Fangarme für das Rohmate-
rial. Mechanistischer als sein Bild vom Werden der Natur ist auch das des
physikalischen Materialismus nicht. Als eine Art produktiver Apparatur ist
die transzendentale Apperzeption, die reine ursprüngliche Vorstellung, un-
ermüdlich tätig, die Wirklichkeit, die feste Welt der Erscheinungen herzustellen, in der die empirische Vorstellung schließlich sich orientieren kann.
Das Subjekt, wie sehr Kant sich bemüht, es rein von allem Inhalt zu fassen,
gleicht dem arbeitenden Menschen, dem Bürger, der sich der Apparatur,
der Maschinerie bedient.»[34] Das Geschmacksurteil «produziert» in diesem

Sinne keine Erkenntnis, aber es ermöglicht, indem es sowohl das Subjekt als auch das Objekt von der Begriffsapparatur vorübergehend befreit, «*Erkenntnis überhaupt*»[35], die umfassender ist als die durch Begriffe vermittelte einzelne Erkenntnis. Die Subjektivierung des Geschmacksurteils, radikalisiert, schlägt in ihr Gegenteil um: das Geschmacksurteil, vom Erkenntnisurteil scharf geschieden, verspricht «Erkenntnis überhaupt» zu begründen. Dies wird dadurch möglich, daß Verstand und Vernunft im ästhetischen Urteil nicht etwa ausgeschaltet sind, sondern sich in einem Zustand des «freien Spiels» befinden, in dem «kein bestimmter Begriff sie auf eine besondere Erkenntnisregel einschränkt»[36].

Daher ist es gerade Kants – der «Aesthetica» scheinbar entgegengesetzter – Ansatz, durch den es möglich wird, Baumgartens Intention zu erfüllen. Baumgarten hatte zwar erkannt, daß das Ästhetische die Befreiung vom Zugriff der begrifflich-logischen Ordnung zur Voraussetzung hat, aber der von ihm für die Kunst erhobene Erkenntnisanspruch mußte problematisch bleiben, da von dem Individuellen als dem schlechthin «Poetischen» die Wendung zu einem Allgemeinen hin theoretisch nicht gesichert werden konnte. Den entscheidenden Durchbruch in dieser Problematik bringt erst die überraschende Einsicht, daß das uneingeschränkt subjektive Geschmacksurteil dennoch nicht den Anspruch auf Allgemeinheit verliert: «Diese besondere Bestimmung der Allgemeinheit eines ästhetischen Urteils, die sich in einem Geschmacksurteile antreffen läßt, ist eine Merkwürdigkeit (...) für den Transzendental-Philosophen, welche seine nicht geringe Bemühung auffordert, um den Ursprung derselben zu entdecken, dafür aber auch eine Eigenschaft unseres Erkenntnisvermögens aufdeckt, welche, ohne diese Zergliederung, unbekannt geblieben wäre.»[37] Das Geschmacksurteil verweist auf ein Erkenntnisvermögen, das weder im Gebiet der theoretischen noch der praktischen Vernunft anzutreffen ist. «Die Kritik der reinen *theoretischen* Vernunft (...) gab die Gesetze der *Natur,* die Kritik der *praktischen* Vernunft das Gesetz der *Freiheit* an die Hand und so scheinen die Prinzipien a priori für die ganze Philosophie jetzt schon vollständig abgehandelt zu sein.»[38] Dieser Einteilung zufolge dürfte es nur zwei «Denkungsvermögen» geben, den Verstand, der auf dem Gebiet der theoretischen, die Vernunft, die auf dem der praktischen Philosophie bestimmend wirkt. Das dritte Denkungsvermögen, die Urteilskraft, erläßt keine Gesetze, sondern hat die ausschließliche Aufgabe, zwischen Natur und Vernunft zu vermitteln.

Odo Marquard hat im Zusammenhang mit Kant die Frage aufgeworfen, ob die Ästhetik die «Vorhut oder das Trauergefolge des geschichtlich vernünftigen Fortschritts»[39] bedeute. Zwischen diesen Alternativen hält die

«Kritik der Urteilskraft» einen Zustand des labilen Gleichgewichts. Nach der in § 8 vorgetragenen Entdeckung, die «Bestimmung der Allgemeinheit eines ästhetischen Urteils» habe «eine Eigenschaft unseres Erkenntnisvermögens» aufgedeckt, «welche, ohne diese Zergliederung, unbekannt geblieben wäre», steht die Analyse des Geschmacksurteils gleichsam in der historischen «Perspektive» des Baumgartenschen Ansatzes, der gekennzeichnet war durch das ungebrochene Vertrauen, das Subjekt werde, vermittels der ästhetischen Wahrnehmung zur vollen Erfahrung seiner selbst gekommen, zur Lösung aller weiteren Probleme die Fähigkeit in sich selbst entfalten. Kant scheint diese Zuversicht einzulösen: erst durch die in der Analyse des Geschmacksurteils vollzogene Radikalisierung der Induktion gelingt es, die reflektierende Urteilskraft überhaupt zu entdecken. Ihr kommt bei dem Versuch des Subjekts, ohne Rückgriff auf vorgeordnete metaphysische Strukturen die Welt von sich aus neu zu interpretieren, entscheidende Bedeutung zu. Denn im Gegensatz zur bestimmenden Urteilskraft bezieht sie – als «reflektierende» – das Allgemeine grundsätzlich auf das Subjekt zurück. Die Existenz einer reflektierenden Urteilskraft ist unabdingbar für ein Subjekt, das zu einem Allgemeinen vorstoßen, nicht jedoch sich ihm blind unterwerfen will. In dieser Perspektive gelesen, ist Kants Ästhetik durchaus als Vorhut des geschichtlichen Fortschritts zu verstehen. Fortschritt und ungeschmälerte Selbstbehauptung des Subjekts erscheinen als nicht voneinander ablösbar.

Meldet sich in der Analyse des Geschmacksurteils der Anspruch des Subjekts an, keinen ihm äußerlich bleibenden Normen zu folgen, so ist doch unverkennbar, daß die Möglichkeit der Emanzipation die des Scheiterns einschließt. Man bedenke die «Größe der Aufgabe», schickt Kant seiner Untersuchung in der zweiten Fassung der Einleitung voraus, «aus gegebenen Wahrnehmungen einer allenfalls unendliche Mannigfaltigkeit empirischer Gesetze enthaltenden Natur eine zusammenhängende Erfahrung zu machen»[40]. Allein schon, um nicht zu suggerieren, die Urteilskraft könne in ihrer Eigenart ohne weiteres vorausgesetzt werden, muß Kant in der Einleitung die «Größe der Aufgabe» besonders stark hervorheben. Die Einleitung, betont er, müßte «billig nur den Schluß» der Abhandlung ausmachen[41], da die Urteilskraft erst im Verlaufe der Untersuchung selbst, die als «entdeckende Analyse»[42] angelegt ist, hervortreten wird. Die Urteilskraft ist also ein Vermögen, das aufzufinden nicht nur einen verheißungsvollen neuen Anfang, sondern zugleich eine bittere Notwendigkeit bedeutet, wenn die «unübersehbare Kluft zwischen dem Gebiete des Naturbegriffs (...) und dem Gebiete des Freiheitsbegriffs»[43] überhaupt noch einmal soll geschlossen werden können. Gewiß erscheint auch in dieser Perspektive

Ästhetik noch nicht als das «Trauergefolge» geschichtlicher Vernunft, wohl aber wird absehbar, daß sie einmal dazu werden könnte. Erst diese ambivalente Perspektive, die sich zusammensetzt aus dem Glück des Subjekts, sich selbst zu finden, und dem hiervon nicht ablösbaren Zwang, bei der Suche auch Glück zu haben, läßt das Argumentationsgefüge der «Kritik der Urteilskraft» ganz verständlich werden. Während der Verstand «das Vermögen der Erkenntnis des *Allgemeinen* (der Regeln)» ist, die Vernunft das «Vermögen der *Bestimmung* des Besondern durch das Allgemeine (der Ableitung von Prinzipien)», ist es allein die Urteilskraft, als das «Vermögen der *Subsumtion des Besondern* unter das Allgemeine»[44], die vom Besonderen *ausgeht* und nach seiner Beziehung zum Allgemeinen fragt. Dagegen sieht der Verstand, der die Erkenntnis der Naturgesetze zum Ziel hat, vom Besonderen überhaupt ab, während die Vernunft zwar auf das Besondere gerichtet ist, ihm jedoch keine eigenständige Bedeutung zumißt, sondern es nur passiv, als dem Sittengesetz unterworfen, gelten – damit eigentlich gerade nicht gelten – läßt.

Der Verstand – als das «Vermögen der Regeln»[45] – und die Vernunft – als das «Vermögen der Prinzipien»[46] stimmen also darin überein, daß durch sie das Besondere in seiner Eigenart geradezu vernichtet wird. «Unser Verstand», schreibt Kant in der «Kritik der Urteilskraft», «hat also das Eigene für die Urteilskraft, daß im Erkenntnis durch denselben, durch das Allgemeine das Besondere nicht bestimmt wird»[47], mithin ist «zufällig, auf wie vielerlei Art unterschiedene Dinge, die doch in einem gemeinsamen Merkmale übereinkommen, unserer Wahrnehmung vorkommen können. Unser Verstand ist ein Vermögen der Begriffe, d. i. ein diskursiver Verstand, für den es freilich zufällig sein muß, welcherlei und wie sehr verschieden das Besondere sein mag, das ihm in der Natur gegeben werden, und das unter seine Begriffe gebracht werden kann.»[48] Die Tätigkeit des Verstandes kann daher nur bedingt als Erkenntnisleistung gelten. Der Verstand nimmt das Besondere gleichsam nur zum Vorwand, um seine eigene kategoriale Struktur immer wieder bestätigt zu finden; seine Erkenntnisleistung beschränkt sich immer nur auf das Auffinden jenes einzigen Merkmals, durch das ein Besonderes sich als einem Begriff subsumierbar erweist.

Gadamer läßt unberücksichtigt, daß hierdurch die strikte Entgegensetzung von Verstandes- und Geschmacksurteil an Plausibilität verliert; er behauptet vielmehr, der «Preis», den Kant «für diese Rechtfertigung der Kritik im Felde des Geschmacks zahlt», bestehe «darin, daß er dem Geschmack jede *Erkenntnisbedeutung* abspricht. (...) In ihm wird nichts von den Gegenständen erkannt, die als schön beurteilt werden, sondern es wird nur behauptet, daß ihnen apriori ein Gefühl der Lust im Subjekt entspricht.»⁴⁹ Diese Gegenüberstellung von Verstandes- und Geschmacksurteil hinsichtlich der Erkenntnisleistung wäre nur dann aufrecht zu halten, wenn die durch den Verstand vermittelte Erkenntnis umfassend wäre, während sie in Wirklichkeit so einseitig ist wie der Verstand selbst. «Dieser ist jederzeit geschäftig, die Erscheinungen in der Absicht durchzuspähen, um an ihnen irgendeine Regel aufzufinden.»⁵⁰ Eine gewisse subalterne Stupidität ist unverkennbar; der Verstand, zugleich eine Art Buchhalter und Behördenspitzel, scheint die Wirklichkeit eher zu verwalten als sie in ihrer «venusta plenitudo» zu erkennen. Das Erkenntnismonopol des Verstandes gegenüber dem Geschmack kann daher nur solange Gültigkeit beanspruchen, als «Erkenntnis» aus *seiner* Perspektive, als möglichst vollständige Eliminierung des Besonderen, bestimmt wird. Daß nur der Verstand, nicht aber der Geschmack Erkenntnis vermittle, ist ein Urteil, das der Verstand als Richter in eigener Sache fällt. Wird dagegen die Eliminierung des Besonderen durch die Verstandestätigkeit als Mangel aufgefaßt, so ist es nicht mehr möglich, dem Geschmacksurteil von vornherein jede Erkenntnisbedeutung abzusprechen. Denn die Tatsache, daß das Geschmacksurteil sich konstituiert, indem ein einzelnes Subjekt auf einen individuellen, noch nicht kategorial verallgemeinerten Gegenstand reagiert (das Geschmacksurteil «Diese Tulpe ist schön» ist nicht ein aus der allgemeinen Feststellung «Alle Tulpen sind schön» deduzierbarer Sonderfall), zeigt an, daß im Geschmacksurteil eben jenes Besondere erscheint, das aus der durch Verstand vermittelten Erkenntnis ausgeschlossen bleibt. Gewiß hat Kant die Ästhetik «subjektiviert», indem er sie auf dem Geschmack begründete, aber Subjektivierung hat in diesem Fall gerade nicht die Preisgabe des Erkenntnisanspruchs zur Folge, sondern – durch kompromißloses Beharren auf dem Besonderen – erst dessen Erfüllung. Weil wahre Objektivität nicht durch Eliminierung des Besonderen zustande kommen kann, bedeutet gerade die Subjektivierung der Ästhetik durch Kant den Anspruch auf die volle, nicht von vornherein durch die abstrahierende Tätigkeit des Verstandes eingeschränkte Erkenntnis.

Nicht nur verhilft die reflektierende Urteilskraft im Geschmacksurteil dem Besonderen zu seinem Recht, sie korrigiert überdies einen weiteren Defekt der Verstandeserkenntnis: ihre Sinnlosigkeit; «Sinn» stellt für das erkennende Subjekt sich stets erst dann ein, wenn es den Gegenstand seiner Erkenntnis auf sich selbst zu beziehen vermag. Kant argwöhnt, daß die Reduktion der Naturerfahrung auf die Erforschung mechanischer Prinzipien dem Bedürfnis der Menschen, Vernunft nicht nur in sich, sondern auch als organisierendes Prinzip der Außenwelt zu entdecken, nicht gerecht werden könne: «Es ist nämlich ganz gewiß, daß wir die organisierten Wesen und deren innere Möglichkeit nach bloß mechanischen Prinzipien der Natur nicht einmal zureichend kennen lernen, viel weniger uns erklären können; und zwar so gewiß, daß man dreist sagen kann, es ist für Menschen ungereimt, auch nur einen solchen Anschlag zu fassen, oder zu hoffen, daß noch etwa dereinst ein Newton aufstehen könne, der auch nur die Erzeugung eines Grashalms nach Naturgesetzen, die keine Absicht geordnet hat, begreiflich machen werde: sondern man muß diese Einsicht den Menschen schlechterdings absprechen.»[51] Dem umfassenden Anspruch der Newtonschen Gesetze, das Universum nach mechanischen Gesetzen erklären zu können, steht entgegen, daß für sie alles, was in der Natur über den bloßen Mechanismus hinausgeht – und erst dieses könnte den Menschen als Entsprechung ihrer Vernunft in der Außenwelt erscheinen – nicht einmal in einem noch so bescheidenen Ausmaß erfaßbar ist. Wenn aber von den Naturwissenschaften ein Beitrag zum Selbstverständnis der Menschen nicht zu erwarten ist, dann läuft die praktische Philosophie Gefahr, sich folgenlos neben dem naturwissenschaftlichen Fortschritt zu entwickeln, «ein wenig albern»[52] zu werden.

Entsprechen jedoch naturwissenschaftliche Rationalität und Vernunftideen einander so wenig, dann steht auch zu befürchten, daß die weitere Entwicklung der Wissenschaft nicht nur gleichgültig gegenüber dem Sinnbedürfnis der Menschen bleiben wird, sondern darüber hinaus Folgen zeitigen wird, die für die menschliche Vernunft immer weniger voraussehbar, schließlich die Gattung gefährdend sein werden. In der Hervorhebung der politischen Bedeutsamkeit dieser Diskrepanz liegt das eigentliche Verdienst von Schillers wichtigstem Beitrag zur Ästhetik. Die Französische Revolution, aus dem Vorsatz entsprungen, den «Vernunftstaat» zu errichten, mündet dennoch in den Terror, weil die Vernunft auf eine Welt trifft, in der sie keine Entsprechung vorfindet: «Das Gebäude des Naturstaates wankt, seine mürben Fundamente weichen, und eine *physische* Möglichkeit scheint gegeben, das Gesetz auf den Thron zu stellen, den Menschen endlich als Selbstzweck zu ehren und wahre Freiheit zur Grundlage der politischen Verbindung zu machen. Vergebliche Hoffnung! Die *moralische* Möglichkeit fehlt, und der freigebige Augenblick findet ein unempfängliches Geschlecht.»[53] Nur wenn es gelingt, einen «ästhetischen Zustand» herzustellen, in dem äußere Zwänge die Menschen nicht mehr determinieren, wird es möglich sein, die Vernunft zur Grundlage der «physischen» Welt zu machen.

Kants Ziel ist es, durch die «Kritik der Urteilskraft» die Kluft zu schließen, die zwischen dem Naturbegriff und dem Freiheitsbegriff besteht. «Ob nun zwar eine unübersehbare Kluft zwischen dem Gebiete des Naturbe-

griffs, als dem Sinnlichen, und dem Gebiete des Freiheitsbegriffs, als dem
Übersinnlichen, befestigt ist, so daß von dem ersteren zum anderen (also
vermittelst des theoretischen Gebrauchs der Vernunft) kein Übergang möglich ist, gleich als ob es so viel verschiedene Welten wären, deren erste auf
die zweite keinen Einfluß haben kann: So *soll* doch diese auf jene einen
Einfluß haben, nämlich der Freiheitsbegriff soll den durch seine Gesetze
aufgegebenen Zweck in der Sinnenwelt wirklich machen; und die Natur
muß folglich auch so gedacht werden können, daß die Gesetzmäßigkeit
ihrer Form wenigstens zur Möglichkeit der in ihr zu bewirkenden Zwecke
nach Freiheitsgesetzen zusammenstimme.»[54] Der Urteilskraft, einem «Mit-
telglied zwischen dem Verstande und der Vernunft»[55], ist diese Aufgabe
zuzuordnen, da sie das «Vermögen» ist, «das Besondere als enthalten unter
dem Allgemeinen zu denken»[56]. Nicht mehr ist die «bestimmende», das
Besondere unter ein vorhandenes allgemeines Gesetz subsumierende Urteilskraft gemeint, die allein in der «Kritik der reinen Vernunft» Erwäh-
nung fand, sondern die «reflektierende»: «Ist aber nur das Besondere gegeben, wozu sie das Allgemeine finden soll, so ist die Urteilskraft bloß *reflektierend*.»[57]

Durch die Analyse des Geschmacksurteils war als wesentlich für den
Bereich des Ästhetischen erkennbar geworden, daß in ihm das Individuelle
mit dem Individuellen zusammentrifft, ohne daß Subjekt und Objekt einander beeinträchtigen. Von der reflektierenden Urteilskraft hängt es nun ab,
ob aus dem im Geschmacksurteil erscheinenden Besonderen eine *Theorie
des Besonderen* ableitbar ist. Als Theorie des Besonderen hat die Ästhetik
den Anspruch des bürgerlichen Subjekts auf ungeschmälerte Entfaltung zu
vertreten, zugleich aber auch das Problem zu lösen, wie das Verhältnis der
einzelnen Subjekte zueinander zu denken, wie überhaupt ein aus autonomen Individuen sich zusammensetzendes gesellschaftliches Ganzes vorzustellen sei. Dieses grundsätzliche Problem der Ästhetik wie der bürgerlichen
Gesellschaft kann nur mit Hilfe der reflektierenden Urteilskraft gelöst werden, die, vom Besonderen ihren Ausgang nehmend, nach einem Allgemeinen sucht, dem es zwanglos sich einordnen (nicht unterordnen) läßt. Ob ein
Problem der Ästhetik sinnvoll formuliert ist, läßt sich regelmäßig durch die
Frage entscheiden, ob in ihm die Widersprüche der Gesellschaft in einer
Prägnanz erscheinen, die in der Wirklichkeit nicht anzutreffen ist.

Die Einbildungskraft

In der «Kritik der Urteilskraft» leistet Kant nicht auf den Erkenntnisanspruch der Kunst Verzicht, er betreibt vielmehr vermittels der Reflexion auf

die Eigenart des Ästhetischen eine Revision der Erkenntnistheorie, die er in der «Kritik der reinen Vernunft» vorgelegt hatte. Der erste Schritt in diese Richtung ist, daß die reflektierende anstelle der bestimmenden Urteilskraft ins Zentrum des Interesses rückt; der zweite, daß der Einbildungskraft eine andere Einschätzung zuteil wird.

In der «Kritik der reinen Vernunft» war trotz aller Bemühungen Kants ein grundlegender Widerspruch offen geblieben. Auf der einen Seite nämlich galt, daß zur Erkenntnis «zwei Stücke» gehören, «erstlich der Begriff, dadurch überhaupt ein Gegenstand gedacht wird (die Kategorie), und zweitens die Anschauung, dadurch er gegeben wird; denn, könnte dem Begriffe eine korrespondierende Anschauung gar nicht gegeben werden, so wäre er ein Gedanke der Form nach, aber ohne allen Gegenstand, und durch ihn gar keine Erkenntnis von irgendeinem Dinge möglich».[58] Andererseits aber konnte nicht geleugnet werden, daß die Erkenntnis des menschlichen Verstandes «eine Erkenntnis durch Begriffe, nicht intuitiv, sondern diskursiv» ist.[59] Verstand und Anschauung schließen in der «Kritik der reinen Vernunft» tendenziell einander aus, so daß höchst problematisch ist, wie der Verstand überhaupt in Beziehung zu dem zu Erkennenden treten kann. «Da keine Vorstellung unmittelbar auf den Gegenstand geht, als bloß die Anschauung, so wird ein Begriff niemals auf einen Gegenstand unmittelbar, sondern auf irgendeine andere Vorstellung von demselben (sie sei Anschauung oder selbst schon Begriff) bezogen.»[60] Es ist die Einbildungskraft, die hier in die Bresche springt, indem sie die notwendigen Anschauungen bereitstellt, so daß der Erkenntnisakt als «dreifache Synthesis» beschreibbar wird, «nämlich der *Apprehension* der Vorstellungen, als Modifikation des Gemüts in der Anschauung, der *Reproduktion* derselben in der Einbildung und ihrer *Rekognition* im Begriffe».[61] Offenkundig jedoch ist das Problem hiermit nicht gelöst; es kehrt wieder als die Frage, wie es denn komme, daß, was durch die Einbildungskraft an Anschauungen reproduziert wird, im Begriff «rekognosziert» werden könne. Nicht weniger gewaltsam verfährt Kant, wenn er an anderer Stelle zwar einräumt, daß die Einbildungskraft der «Sinnlichkeit» zuzurechnen sei, daß sie aber dennoch ihre «Synthesis der Anschauungen *den Kategorien gemäß*»[62] hervorbringe. Damit aber ist die Einbildungskraft ihrer Eigenart beraubt und dem Verstand zugeschlagen; im Grunde verfährt Kant hier wie Gottsched, der den Geschmack «zuvörderst» dem Verstand zurechnete, «weil ich ihn zu keiner andern Gemüthskraft bringen kann»[63]. Auch das Kapitel über den «Schematismus der reinen Verstandesbegriffe», in dem Kant am eindringlichsten sich dieser Problematik widmet, bleibt ohne befriedigendes Ergebnis, denn dieser Schematismus ist, wie es mit einem Anflug von Resignation heißt, «eine verborgene Kunst in den Tiefen der menschlichen Seele, deren wahre Handgriffe wir der Natur schwerlich jemals abraten, und sie unverdeckt vor Augen legen werden.»[64]

Für den Autor der «Kritik der reinen Vernunft» mußte das Problem unlösbar bleiben, da er die Einbildungskraft lediglich aushilfsweise ins Spiel brachte, als ein Vermögen, dessen Funktion sich darin erschöpfte, dem Verstand zuzuarbeiten. Erst als mit der «Kritik der Urteilskraft» die Unzulänglichkeit der Verstandeserkenntnis in ein stärkeres Licht rückt, zieht die bisher vernachlässigte Einbildungskraft die Aufmerksamkeit auf sich. Der erste Schritt muß nun also sein, die Einbildungskraft als Bedingung von Anschaulichkeit aus ihrer untergeordneten Funktion als Hilfsvermögen des Verstandes zu befreien. Es ist – damit wird die bereits in der ersten Kritik vorgelegte Analyse wieder aufgenommen – die Eigenart «unseres diskursiven, der Bilder bedürftigen, Verstandes»[65], daß er der Einbildungskraft «als Vermögen der Anschauungen a priori»[66] bedarf, denn die amorphen Erscheinungen wären dem Verstand gar nicht zugänglich, wenn sie nicht durch die Einbildungskraft zunächst in einem ursprünglichen Akt der Synthesis zusammengefaßt würden. Aber obwohl die Einbildungskraft Anschauung allererst ermöglicht, vermag sie dennoch das Besondere nicht zu konstituieren, da sie entweder, ohne Anleitung, das amorph Erscheinende wahllos ins Unendliche synthetisiert oder aber, unter der ausschließlichen Herrschaft des Verstandes, dessen Abstraktionstätigkeit nichts entgegenzusetzen hat: «Die Einbildungskraft schreitet in der Zusammensetzung, die zur Größenvorstellung erforderlich ist, von selbst, ohne daß ihr etwas hinderlich wäre, ins Unendliche fort; der Verstand aber leitet sie durch Zahlbegriffe, wozu jene das Schema hergeben muß: und in diesem Verfahren, als zur logischen Größenschätzung gehörig, ist zwar etwas objektiv *Zweckmäßiges,* nach dem Begriffe von einem Zwecke (dergleichen jede Ausmessung ist), aber nichts für die ästhetische Urteilskraft Zweckmäßiges und Gefallendes.»[67] Da der Verstand «bloß progressiv (nicht komprehensiv) nach einem angenommenen Progressionsprinzip»[68] fortschreitet, vernichtet er wieder die durch die Einbildungskraft bereitgestellte Anschauung, zur Erkenntnis von Sinnzusammenhängen («Komprehensionen») ist er nicht fähig.

Die theoretische Vernunft, indem sie das Bedingte auf seine Bedingung, diese wieder auf ihre Bedingung befragt, und so fort bis zu einem «Herumtappen unter Naturformen»[69], ist gleichsam das Verendlichungsvermögen schlechthin, in dem das Besondere verschwindet, ohne jemals unbedingte Bedeutung zu gewinnen. Dagegen verfehlt der der praktischen Vernunft zugängliche Freiheitsbegriff gerade aufgrund seiner Unendlichkeit das Besondere, das, als ein Endliches, von ihm keine Anschauung gewinnen kann. In diesem Gegensatz von sinnloser, wenngleich anschaulicher Bedingtheit und unanschaulich bleibender Unbedingtheit besteht die «Kluft» zwischen theoretischer und praktischer Vernunft. Sie zu überbrücken, ist allein das Zusammenwirken von Einbildungskraft und reflektierender Urteilskraft geeignet. Denn anders als für die bestimmende Urteilskraft, das Instrument des Verstandes, ist für die reflektierende Urteilskraft das von der Einbildungskraft bereitgestellte anschauliche Besondere nicht etwas, das umstandslos, als bloßer Fall, unter ein abstraktes Gesetz zu subsumieren wäre. Vielmehr ist das Besondere, von dem die reflektierende Urteilskraft ausgeht, in gewissem Sinne immer auch schon das Ziel, insofern es in dem aufzusuchenden Allgemeinen nicht unterzugehen bestimmt ist. Dieser Gedanke macht eine Revision der in der «Kritik der reinen Vernunft» vorgelegten Erkenntnistheorie notwendig.

«Das erste», hatte Kant den Erkenntnisakt dort resümiert, «was uns zum Behuf der Erkenntnis aller Gegenstände a priori gegeben sein muß, ist das Mannigfaltige der reinen Anschauung; die Synthesis dieses Mannigfaltigen durch die Einbildungskraft ist das zweite, gibt aber noch keine Erkenntnis. Die Begriffe, welche dieser reinen Synthesis Einheit geben, und lediglich in der Vorstellung dieser notwendigen synthetischen Einheit bestehen, tun das dritte zum Erkenntnis eines vorkommenden Gegenstandes, und beruhen auf dem Verstande».[70] Erst der dritte Schritt, in dem das durch die Einbildungskraft Synthetisierte den Begriffen unterworfen wird, läßt diesen Vorgang zu einem Erkenntnisurteil werden; erst hier wird ein Erkenntnisvermögen, der Verstand, dominant, «freies Spiel» der Erkenntnisvermögen Verstand und Vernunft somit unmöglich. Offenbar geht Kant davon aus, daß die durch die Einbildungskraft bewirkte Synthesis das «Mannigfaltige der reinen Anschauung» noch keinem Ordnungsprinzip unterwirft, das ihm fremd wäre. Dies geschieht erst in einem dritten Schritt, durch die Begriffe, die, obwohl sie mit den Objekten eigentlich nichts zu tun haben, «Erkenntnis» produzieren. «*Verstand* ist, allgemein zu reden, das Vermögen der Erkenntnisse. Diese bestehen in der bestimmten Beziehung gegebener Vorstellungen auf ein Objekt. *Objekt* aber ist das, in dessen Begriff das Mannigfaltige einer gegebenen Anschauung *vereinigt* ist.»[71] Nicht trifft im Erkenntnisakt das Individuelle mit dem Individuellen zusammen, sondern das Subjekt bestimmt, was überhaupt als Objekt zu gelten habe: Objekt ist, was der Begriff unter einer Regel zusammenzufassen vermag. In jedem einzelnen Erkenntnisakt ist der Herrschaftsanspruch des Subjekts gesetzt: Erkenntnis und Herrschaft sind nicht voneinander abzulösen. «Objekt» ist, was übrig bleibt, wenn in dem durch die Einbildungskraft synthetisierten anschaulich Mannigfaltigen das *eine* Merkmal entdeckt ist, das es erlaubt, die anschauliche Synthesis der Einbildungskraft durch die abstrakte Einheit des Begriffsystems zu ersetzen.

Auch in der «Kritik der Urteilskraft» wird nicht gesagt, wie die Einbildungskraft verfährt, um das Mannigfaltige der reinen Anschauung zu einer – vorläufigen – Einheit zu synthetisieren, ohne es einer ihm äußerlich bleibenden Struktur zu unterwerfen. Aber im Gegensatz zur «Kritik der reinen Vernunft» scheint Kant diese Unklarheit jetzt nicht mehr unbedingt als Schwäche zu sehen; dafür spricht, daß Verlegenheitslösungen der Art, die Einbildungskraft synthetisiere «den Kategorien gemäß», nicht mehr aufgenommen werden.

Vielmehr eröffnet gerade die Tatsache, daß die Eigenart der durch die Einbildungskraft bewirkten Synthesis nicht bis ins letzte erklärt werden kann, die Chance, an eine Korrektur des in der ersten Kritik entwickelten Erkenntnismodells überhaupt zu denken. Obwohl Kant auch in der «Kritik der Urteilskraft» vermeidet, sich in dieser Frage festzulegen, ist es hier eher möglich, die Tätigkeit der Einbildungskraft angemessen zu beschreiben. Da nach Kants Vorstellung die noch nicht unter der «Anleitung» des Verstandes stehende Einbildungskraft einer der Begriffsapparatur vergleichbaren Struktur, die sie dem von ihr erfaßten «Mannigfaltigen» überstülpen könnte, offenbar enträt, ist ihre Tätigkeit nur denkbar als *mimetischer, der Natur sich unmittelbar angleichender Vollzug.* Verhielte es sich anders, so wäre weder die Lehre von den «ästhetischen Ideen» noch die vom Genie, durch das die Natur sich selbst die Regeln gebe, möglich. Die Einbildungskraft hätte somit teil an einer älteren anthropologischen Entwicklungsstufe, an einer Form der Wahrnehmung, die das begriffliche Erkenntnisurteil noch nicht kennt. Als mimetischer Akt verweist sie auf einen Zustand, für den charakteristisch ist, daß Subjekt und Objekt noch nicht ganz geschieden, noch nicht vollständig gegeneinander abgegrenzt sind. Auf diese Stufe ist also zunächst zurückzugehen, soll der einheitliche Grund der durch eine «Kluft» getrennten Erkenntnisvermögen Verstand und Vernunft, den aufzusuchen das Thema der «Kritik der Urteilskraft» ist, gefunden werden. In der «Kritik der Urteilskraft» kann die Priorität des Verstandes vor der Einbildungskraft nicht mehr unbedingte Gültigkeit beanspruchen. Erst hierdurch wird es überhaupt möglich, daß nach einer Alternative zu jenem in der «Kritik der reinen Vernunft» noch als unausweichlich angesehenen «dritten Schritt», der «Rekognition» des durch die Einbildungskraft anschaulich Synthetisierten «im Begriffe», gesucht werden kann.

Die Einbildungskraft, stellt Kant nun fest, liefere «Stoff für den Verstand, worauf dieser in seinem Begriffe nicht Rücksicht nahm»[72]. In der

«Rücksichtnahme» auf die Hervorbringungen der Einbildungskraft, mit denen der Verstand nichts anfangen kann, besteht die wohl wichtigste erkenntnistheoretische Differenz zwischen der «Kritik der reinen Vernunft» und der «Kritik der Urteilskraft», die Aufwertung, die die Einbildungskraft hier erfährt. In der «Kritik der reinen Vernunft» war nur die Tatsache von Bedeutung, daß der Verstand vermittels der Begriffe einen von ihm «verwertbaren» Teil des von der Einbildungskraft gelieferten Stoffes auswählt; der Rest verfiel hier noch der Nichtachtung.

Die ästhetischen Ideen

Diesem «Rest», der in der «Kritik der reinen Vernunft» unerwähnt bleibt, gilt die Aufmerksamkeit der dritten Kritik. Negativ erscheint er in der Feststellung, daß das Geschmacksurteil nicht an Begriffen teilhabe und daher kein Erkenntnisurteil sei. Ins Positive gewandt, wird der für den Verstand unverwertbare Rest als «ästhetische Idee» bezeichnet. «Mit einem Worte, die ästhetische Idee ist eine einem gegebenen Begriffe beigesellte Vorstellung der Einbildungskraft, welche mit einer solchen Mannigfaltigkeit der Teilvorstellungen in dem freien Gebrauche derselben verbunden ist, daß für sie kein Ausdruck, der einen bestimmten Begriff bezeichnet, gefunden werden kann, der also zu einem Begriffe viel Unnennbares hinzu denken läßt, dessen Gefühl die Erkenntnisvermögen belebt und mit der Sprache, als bloßem Buchstaben, Geist verbindet. – Die Gemütskräfte also, deren Vereinigung (in gewissem Verhältnisse) das *Genie* ausmachen, sind Einbildungskraft und Verstand.»[73] Obwohl ästhetische Idee und begriffliche Erkenntnis in einem Spannungsverhältnis zueinander stehen, kann die ästhetische Idee nicht einfach mit der Metapher gleichgesetzt werden.[74] Auch die Spiele der Abendgesellschaften – «ohne Spiel kann sich beinahe keine unterhalten»[75] –, Musik und «Stoff zum Lachen»[76] sind für Kant, der hier noch ganz in der Tradition des «felix aestheticus» Baumgartenscher Prägung steht, «Arten des Spiels mit ästhetischen Ideen»[77]; selbst einander bloß abwechselnde «Verstandesvorstellungen» der Art, in denen «am Ende nichts gedacht wird» (gemeint sind wohl Nonsensfiguren, «Blödeleien») werden zu ihnen gezählt, weil sie das «Lebensgeschäft im Körper» befördern.[78] «Ästhetisch» sind diese Beschäftigungen, weil auch sie ein zwangloses «freies Spiel» hervorrufen, nicht nur der «Denkungsvermögen» Verstand und Vernunft, sondern auch von allgemeinem Lebensgefühl und Körperlichkeit.

Konstitutiv für die ästhetische Idee ist jedoch in der Regel die Spannung zwischen dem Begriff und einem über ihn hinausweisenden Überschuß: «unter einer ästhetischen Idee aber verstehe ich diejenige Vorstellung der Einbildungskraft, die viel zu denken veranlaßt, ohne daß ihr doch irgend ein bestimmter Gedanke, d. i. *Begriff* adäquat sein kann (...). – Man sieht leicht, daß sie das Gegenstück (Pendant) von einer *Vernunftidee* sei, welche umgekehrt ein Begriff ist, dem keine *Anschauung* (Vorstellung der Einbildungskraft) adäquat sein kann».[79] Mit «ästhetischer Idee» ist also eine Bezeichnung für das gefunden, was im «dritten Schritt» des Erkenntnisvorgangs, wie er in der «Kritik der reinen Vernunft» beschrieben war, unterging. Darüberhinaus aber hat die Einbildungskraft, die dort als ausschließlich funktional vorgestellt worden war, eine entscheidende Aufwertung erfahren. Sie ist nicht mehr nur ein Zwischenglied zwischen dem sinnlich Mannigfaltigen und dem Verstand, der, auf sich allein gestellt, mit seinem auf Abstraktion zielenden Instrumentarium von einer gänzlich unbearbeiteten sinnlichen Vielfalt gleichsam abgleiten müßte.

Die «Kritik der reinen Vernunft» und die «Kritik der praktischen Vernunft» hatten die desaströse Perspektive eröffnet, daß im Freiheitsbegriff zwar das übersinnliche Substrat der Menschheit angebbar, aber nicht anschaulich wurde. Zweifelhaft mußte bleiben, ob das übersinnliche Substrat der Menschheit zu den empirischen Menschen überhaupt in notwendige Beziehung treten, von ihnen nicht nur *gedacht,* sondern in ihrer Umwelt auch *erfahren* werden könne, bevor «ein weites Grab sie insgesamt (redlich oder unredlich, das gilt hier gleichviel) verschlingt, und sie, die da glauben konnten, Endzweck der Schöpfung zu sein, in den Schlund des zwecklosen Chaos der Materie zurück wirft, aus dem sie gezogen waren»[80]. Die Aufwertung der Einbildungskraft zeigt sich vor allem darin, daß ihr Produkt als «Idee» und als solche ausdrücklich in Beziehung zur «Vernunftidee» gesetzt wird. Dieser Sachverhalt verweist darauf, daß Kant mit Hilfe der Einbildungskraft und ihrer Produkte, der ästhetischen Ideen, hofft, das erklärte Ziel der «Kritik der Urteilskraft» zu erreichen: den «Grund der *Einheit* des Übersinnlichen, welches der Natur zum Grunde liegt, mit dem, was der Freiheitsbegriff praktisch enthält»[81] zu finden, um auf diese Weise den «Übergang von der Denkungsart nach den Prinzipien der einen, zu der nach Prinzipien der anderen»[82] vollziehen zu können.

Daß Kant nun den Produkten der vom sinnlich Mannigfaltigen ausgehenden Einbildungskraft, die in der «Kritik der reinen Vernunft» sich gleichsam in Handlangerdiensten für den Verstand erschöpft hatte, den Status von «Ideen» gibt, verweist darauf, daß er Sinnlichkeit und Vernunft prinzipiell für miteinander vermittelbar hält. Denn die wesentliche Eigenschaft der ästhetischen Ideen besteht darin, daß sie «zu etwas über die

Erfahrungsgrenze hinaus Liegendem wenigstens streben, und so einer Darstellung der Vernunftbegriffe (...) nahe zu kommen suchen, welches ihnen den Anschein einer objektiven Realität gibt»[83].

Was der theoretischen Vernunft versagt bleibt, vollbringt die Einbildungskraft: über die Erfahrungsgrenze «wenigstens zu streben», um auf diese Weise das übersinnliche Substrat der Menschheit *anschaulich* werden zu lassen. Die ästhetischen Ideen ermöglichen es also, das übersinnliche Substrat der Menschheit als in der Welt wirklich vorhanden anschaulich zu vergegenwärtigen. Bliebe dieses Substrat dagegen nur der praktischen Vernunft als «Vernunftidee» zugänglich, so stünde zu befürchten, daß es in alle Ewigkeit bedeutungslos für die erfahrbare Wirklichkeit bliebe und schließlich von einem bloßen Hirngespinst nicht mehr unterscheidbar wäre.

Ein Mißverständnis wäre die Auffassung, die Einbildungskraft vollbringe diese Leistung nur in der Kunst, so daß über die Vereinbarkeit von übersinnlichem Substrat und Empirie nach wie vor nichts ausgemacht sei. Es kommt Kant vielmehr darauf an zu zeigen, daß diese Produktion sozusagen ein «normaler» Vorgang ist. Nicht von einem Kunstwerk in engerem Sinne läßt er die Produktion ästhetischer Ideen abhängig sein, sondern nur davon, daß die Einbildungskraft sich nicht in Dienstleistungen für den Verstand erschöpft. Die Vermutung wäre nicht abwegig, die Einbildungskraft bringe grundsätzlich ästhetische, über die «Erfahrungsgrenze» verweisende Ideen hervor, und nur jener Teil ihrer Produktion, der von der Verstandestätigkeit gleichsam «verbraucht» werde, bleibe innerhalb der Erfahrungsgrenze. In diesem – aber auch nur in diesem – Sinne ließe sich Adornos Bemerkung rechtfertigen, Kant habe noch eine der Kunst äußerlich bleibende Ästhetik geschrieben.[84] Als kunstfern kann die «Kritik der Urteilskraft» nur aus der Perspektive einer Werkästhetik bezeichnet werden. Es geht Kant jedoch nicht um das «Werk». Die Kategorie der «Werks» bildet sich erst aus, als das Bürgertum den Anspruch auf allgemeine, nicht nur auf die Kunst beschränkte Gültigkeit der in der Aufklärungsepoche formulierten Vernunftprinzipien preisgibt. Die Distanz zur Empirie, die für das Kunstwerk konstitutiv wird, wird notwendig in dem Maße, in dem die Möglichkeit, daß die empirische Realität vernünftig werde, verschwindet.

Dagegen zeigt nicht nur die Tatsache, daß auch Gesellschaftsspiele und «Stoff zum Lachen» mit ästhetischen Ideen vereinbar sind, sondern vor allem auch die Sorgfalt, mit der Kant Einbildungskraft und Empirie miteinander vermittelt, daß eine Werkästhetik noch nicht notwendig ist: «Die Einbildungskraft (als produktives Erkenntnisvermögen) ist nämlich sehr mächtig in Schaffung gleichsam einer andern Natur, aus dem Stoffe, den ihr die wirkliche gibt. Wir unterhalten uns mit ihr, wo uns die Erfahrung zu

alltäglich vorkommt; bilden diese auch wohl um: zwar noch immer nach
analogischen Gesetzen, aber doch auch nach Prinzipien, die höher hinauf in
der Vernunft liegen (...). Man kann dergleichen Vorstellungen der Einbildungskraft *Ideen* nennen: eines Teils darum, weil sie zu etwas über die
Erfahrungsgrenze hinaus Liegendem wenigstens streben, und so einer Darstellung der Vernunftbegriffe (der intellektuellen Ideen) nahe zu kommen
suchen, welches ihnen den Anschein einer objektiven Realität gibt; andrerseits, und zwar hauptsächlich, weil ihnen, als innern Anschauungen, kein
Begriff völlig adäquat sein kann.»[85] Kant sieht in den Produkten der Einbildungskraft nichts weniger als willkürliche Phantasmagorien; wichtig ist
ihm vielmehr, daß ihre «Stoffe» der gewöhnlichen – sinnlichen – Erfahrung
entstammen. Daß die Einbildungskraft «sehr mächtig gleichsam in Schaffung einer andern *Natur*» ist, weist sie als Korrektiv jener alltäglichen,
durch den Verstand und seine Begrifflichkeit vermittelten Erkenntnis aus,
über die hinauszugehen nötigt, daß sie «uns (...) zu alltäglich vorkommt».
Der Impuls zur Produktion ästhetischer Ideen wäre demnach die Erfahrung, daß die auf Begriffe zu bringende Erkenntnis in ihren eigenen Mechanismen befangen bleibt, daß sie nichts beiträgt zur Erkenntnis jener Natur,
die zwar der Produktivität der Einbildungskraft zugrundeliegt, aber durch
den in der «Kritik der reinen Vernunft» dargestellten «dritten Schritt» nicht
mehr im durch den Verstand vollzogenen Erkenntnisurteil aufscheint. In
der «Kritik der Urteilskraft» erscheint dagegen als wesentliche Fähigkeit
der Einbildungskraft, daß sie «ohne Begriff schematisiert»[86] und es damit
den Menschen ermöglicht, mit der durch den Verstand noch nicht regle-
mentierten Natur in Beziehung zu treten. Erst wenn, im Gegenzug zum
Alleinvertretungsanspruch des cartesianischen Erkenntnismodells, die Einbildungskraft in ihrem Eigenwert anerkannt wird, wird es möglich, Erkenntnis und Herrschaft voneinander zu trennen.

Geist – Genie

Wird unter Erkenntnis allein die «Bestimmung des Objekts» durch das
Subjekt verstanden, so verdient diese Tätigkeit nur bedingt den Namen
Erkenntnis. Anders verhält es sich mit dem Geschmacksurteil. Denn durch
«die Benennung eines ästhetischen Urteils über ein Objekt wird (...) so fort
angezeigt, daß eine gegebene Vorstellung zwar auf ein Objekt bezogen, in
dem Urteile aber nicht die Bestimmung des Objekts, sondern des Subjekts
und seines Gefühls verstanden werde».[87] Erst wo das Subjekt seinerseits
durch das Objekt affiziert werden kann, im ästhetischen Urteil, kann das

Objekt im eigentlichen Sinne «erkannt» werden, da es nun erst aufhört, bloß «bestimmt» zu werden.

Daher ist das Vermögen der Darstellung ästhetischer Ideen, das Kant «Geist» nennt, «das belebende Prinzip im Gemüte»[88], weil es dem Gemüt eine Erfahrung ermöglicht, die über die alltägliche, durch den Verstand vermittelte, hinausgeht. «Ein Gedicht kann recht nett und elegant sein, aber es ist ohne Geist. (…) Eine feierliche Rede ist gründlich und zugleich zierlich, aber ohne Geist.»[89] Gemeinsam ist diesen Beispielen, daß in ihnen zwar die begrifflich vermittelbaren Regeln künstlerischer Produktion bzw. gesellschaftlichen Umgangs eingehalten, zugleich aber noch als «Regeln» (und damit als Zwänge) erkennbar sind, weil das die Regeln gebende Erkenntnisvermögen, der Verstand, dominant ist. «Geist» entsteht erst, wenn es gelingt, *beide* Erkenntnisvermögen, Einbildungskraft *und* Verstand, so miteinander zu vermitteln, daß sie, ohne in ihrer Eigenart beeinträchtigt zu sein – die Einbildungskraft «in ihrer *Freiheit*», der Verstand «mit seiner *Gesetzmäßigkeit*» – in einem «freien Spiele»[90] zusammenwirken.

Damit ist zugleich die Eigenart des Genies bezeichnet. Dessen «Originalität» besteht darin, «Zwangsfreiheit von Regeln so in der Kunst auszuüben, daß diese dadurch selbst eine *neue Regel* bekommt»[91]. Diese sich aus der «Zwangsfreiheit von Regeln» ergebende neue Regel ist nun keine restriktiv normative Vorschrift mehr; sie bezeichnet vielmehr einen Zustand, in dem das zwanghafte Moment, das dem Erkenntnisvorgang in bezug auf die Natur eigentümlich ist, aufgehoben ist: Der Inhalt der «neuen Regel» ist geradezu «Zwangsfreiheit von Regeln». Diese ist das Ergebnis des freien Spiels des Erkenntnisvermögens, des Zustandes, in dem die mimetische Tätigkeit der Einbildungskraft nicht dem Verstand aufgeopfert wird; der Begriff der «neuen Regel» besagt, daß dieser Zustand von Dauer sein soll. Dies ist der Sinn von Kants berühmter Formel, daß die Natur im Genie der Kunst die Regel gebe.[92]

Hier ist auch der Grund, weshalb die Begriffe «Genie» und «Geist» in der «Kritik der Urteilskraft» ineinander übergehen. Ihr Bedeutungskern ist identisch – beide verweisen auf «Zwangsfreiheit von Regeln» als «neue Regel» –, er wird lediglich verschieden akzentuiert. Im Begriff des Genies ist die subjektive Seite künstlerischer Produktion hervorgehoben, während «Geist» eher auf das Produzierte, künstlerisch Objektivierte verweist.

«Geist» ist jedoch insofern der weitergehende Begriff, als er noch einmal die an das Genie zu stellende Forderung bekräftigt, nicht nur «zu einem gegebenen Begriffe Ideen aufzufinden», sondern auch zu diesen «den *Ausdruck* zu treffen, durch den die dadurch bewirkte subjektive Gemütsstimmung, als Begleitung eines Begriffs, anderen mitgeteilt werden kann»[93].

«Das letztere Talent», setzt Kant eigens hinzu, offenbar in der Absicht, die
– eigentlich schon im Begriff des Genies enthaltende – Forderung nach
allgemeiner Mitteilbarkeit der ästhetischen Ideen durch einen eigenen Begriff auszuzeichnen, «ist eigentlich dasjenige, was man Geist nennt; denn
das Unnennbare in dem Gemütszustande bei einer gewissen Vorstellung
auszudrücken und allgemein mitteilbar zu machen, der Ausdruck mag nun
in Sprache, oder Malerei, oder Plastik bestehen: das erfordert ein Vermögen, das schnell vorübergehende Spiel der Einbildungskraft aufzufassen,
und in einen Begriff (der eben darum original ist und zugleich eine neue
Regel eröffnet, die aus keinen vorhergehenden Prinzipien oder Beispielen
hat gefolgert werden können) zu vereinigen, der sich ohne Zwang der
Regeln mitteilen läßt.»[94] Nach diesen Ausführungen fügt «Geist» dem Produkt des Genies zwar nichts wesentlich Neues hinzu, wohl aber ist er das
untrügliche Kennzeichen dafür, daß das im «freien Spiel» der Erkenntniskräfte Erscheinende nicht als «selbstvergessen reine Leistung» verpufft,
sondern daß es dazu beiträgt, die Menschen einen immer größeren Teil der
Welt als vereinbar mit der Forderung, den Freiheitsbegriff auch in der
Anschauung wiederzufinden, erkennen zu lassen. Ist es der Mangel der
theoretischen Vernunft, daß die durch sie vermittelten Erkenntnisse nicht in
Beziehung zu Vernunftideen zu setzen sind, so liegen die ästhetischen Ideen,
deren Produktion mit den Gesetzen des Verstandes nicht unvereinbar (sie
geschieht «nach analogischen Gesetzen»[95]), aber auch nicht ihnen unterworfen ist, «höher hinauf in der Vernunft»[96]. Sie gaben den Vernunftbegriffen den «Anschein einer objektiven Realität»[97] und sind insofern ein
entscheidender Hinweis darauf, daß die Vernunft, die der Verstand in der
Welt nicht zu entdecken vermag, in ihr möglicherweise doch anzutreffen
ist. Die «Kluft» zwischen theoretischer und praktischer Vernunft hatte
Anlaß zu der Besorgnis gegeben, die Vernunftideen, die den Menschen erst
zum Menschen machen, seien möglicherweise bloße Hirngespinste. Daß es
ihnen möglich ist, ästhetische Ideen zu produzieren, kann die Menschen
dagegen mit Grund hoffen lassen, doch in einer Welt zu leben, die ihnen
gemäß ist.

Das Leitmotiv der Hegelschen Ästhetik wird die Forderung sein, es sei
Aufgabe der Kunst, «der Außenwelt ihre spröde Fremdheit zu nehmen»[98]
und es damit den Menschen zu ermöglichen, sich in der Welt «zu Hause»[99]
zu fühlen; eben diese Funktion wird bereits in der «Kritik der Urteilskraft»
der Kunst zugesprochen. Sie kann dieser Aufgabe gerecht werden, da die
Einbildungskraft, nachdem sie das anschaulich Mannigfaltige in einem ersten Schritt «ohne Begriff», mimetisch, schematisiert hat, nach der in der
dritten Kritik vorgelegten Darstellung nun nicht mehr gezwungen ist, das

ihr eigentümliche mimetische Verfahren zugunsten der Subsumtion unter Begriffe preiszugeben. Vielmehr wird durch die ästhetischen Ideen das mimetisch Synthetisierte derart mit der Wirklichkeit vermittelt, daß das, was über die Begriffe hinausgeht, unverloren bleibt. «Geist» stellt sich dort ein, wo diese begrifflich zunächst nicht zu fassenden Inhalte nicht unverbindlich bleiben, sondern, indem sie den Vernunftbegriffen den «Anschein einer objektiven Realität» geben, eine neue, der Verstandestätigkeit nicht zugängliche Dimension der Wirklichkeit erschließen.

Daß die schöne Kunst notwendig «Kunst des Genies»[100], daß sie etwas ist, «welches keine Wissenschaft lehren und kein Fleiß erlernen kann»[101], ergibt sich aus der Tatsache, daß alles wissenschaftlich Lehr- und Lernbare in Regeln und damit in Begriffe zu fassen ist, während die ästhetischen Ideen gerade als Korrektiv der Verstandestätigkeit wirken. Wie das Geschmacksurteil sich auf keine logischen Voraussetzungen berufen kann («alle Tulpen sind schön»), sondern sich stets aufs neue, in der Begegnung mit dem je einzelnen Gegenstand konstituiert, so ist auch die Produktion des Genies «original», insofern «Zwangsfreiheit von Regeln» sich nicht nach einer vorgegebenen Regel herstellen läßt, sondern des freien Spiels der Erkenntnisvermögen, das sich von Fall zu Fall einstellt, bedarf.

Ganz unzulässig wäre es daher, in der Bestimmung der Kunst als Kunst des Genies bereits den Beginn einer bildungsbürgerlich-elitären Ästhetik sehen zu wollen. Daß ein solches Mißverständnis überhaupt möglich war, ist darauf zurückzuführen, daß in der Tat ein Widerspruch zu bestehen scheint zwischen Kants unmißverständlicher, zuweilen in rüden Formulierungen vorgetragener Forderung, das Genie habe seine Produkte gefälligst allgemein mitteilbar zu halten, wenn es sich nicht dem Vorwurf aussetzen wolle, «originalen Unsinn»[102] hervorzubringen; und der nicht weniger unmißverständlichen Feststellung, daß «schöne Kunst» immer nur das Werk eines Auserwählten, eben des Genies, sein könne. Diese scheinbare Unstimmigkeit hat besonderen Erkenntniswert. Daß die Produktion von Kunst, durch die «die Natur sich selbst die Regel gibt», auf eine begrenzte Zahl von Genies beschränkt ist, ist notwendig in einer Gesellschaft, in der das Potential von Entfremdung bereits so angewachsen ist, daß die Fähigkeit, unbeeinflußt von vorgegebenen Regeln und Normen der Natur selbst zum Ausdruck zu verhelfen, bereits auf wenige Individuen beschränkt ist. Noch Baumgarten wäre es nicht in den Sinn gekommen, im «felix aestheticus» ein «Genie» zu sehen. Daß Kant für die «schöne Kunst» das Genie als notwendige Voraussetzung ansieht, bedeutet insofern einen wesentlichen Schritt auf dem Weg zu einer Werkästhetik.

Offensichtlich ist schon für Kants Generation der «Zwang zum Selbstzwang» so weit fortgeschritten, daß die Fähigkeit, ihn zu durchbrechen, bereits als Ausnahme gelten muß. Die Erwachsenen, so beschreibt Norbert Elias diesen seit dem späten Mittelalter rapide sich beschleunigenden Prozeß, «erzeugen teils automatisch, teils ganz bewußt durch ihre Verhaltensweisen und Gewohnheiten entsprechende Verhaltensweisen und Gewohnheiten bei den Kindern; der Einzelne wird bereits von der frühesten Jugend an auf jene beständige Zurückhaltung und Langsicht abgestimmt, die er für die Erwachsenenfunktionen braucht; diese Zurückhaltung, diese Regelung seines Verhaltens und seines Triebhaushalts wird ihm von klein auf so zur Gewohnheit gemacht, daß sich in ihm, gleichsam als eine Relaisstation der gesellschaftlichen Standarde, eine automatische Selbstüberwachung der Triebe im Sinne der jeweiligen gesellschaftsüblichen Schemata und Modelle, eine ‹Vernunft›, ein differenzierteres und stabileres ‹Über-Ich› herausbildet, und daß ein Teil der zurückgehaltenen Triebregungen und Neigungen ihm überhaupt nicht mehr unmittelbar zum Bewußtsein kommt.»[103] Die «Kritik der Urteilskraft» trägt diesem verstärkten Zwang zum Selbstzwang, dem Produkt einer durch fortschreitende Arbeitsteilung komplexer werdenden Gesellschaft, insofern Rechnung, als sie zwar «schöne Kunst», also die objektivierten, allgemein mitteilbar gemachten ästhetischen Ideen, an die Tätigkeit des Genies bindet, aber noch nicht die ästhetische Erfahrung selbst. Entfremdung – nichts anderes bedeutet Zwang zum Selbstzwang – ist zur Zeit der Entstehung der «Kritik der Urteilskraft» noch nicht so unausweichlich, daß sie nicht durch die einfache Begegnung mit der Natur korrigiert werden könnte, wie das Beispiel des Mannes zeigt, «der Geschmack genug hat, um über Produkte der schönen Kunst mit der größten Richtigkeit und Freiheit zu urteilen», aber dennoch «das Zimmer gern verläßt, in welchem jene, die Eitelkeit und allenfalls gesellschaftliche Freuden unterhaltenden, Schönheiten anzutreffen sind, und sich zum Schönen der Natur wendet, um hier gleichsam Wollust für seinen Geist in einem Gedankengange zu finden, den er sich nie völlig entwickeln kann»[104]. Diesem Mann fehlt zum Genie eigentlich nur dessen Fähigkeit, seiner über die gesellschaftlich vermittelten Begriffe hinausgehenden Erfahrung zum Ausdruck und damit zu allgemeiner Mitteilbarkeit zu verhelfen. Das romantische Naturerlebnis, als Flucht aus der Gesellschaft in die Natur, ist der «Kritik der Urteilskraft» noch ganz fremd. Der Mann, der das Zimmer «gern verläßt», tut dies, um seine Einbildungskraft in den Stand zu setzen, ästhetische Ideen ohne Fesselung durch Begriffe und gesellschaftliche Konventionen zu produzieren. Allein hierzu bedarf er der Natur – «um hier gleichsam Wollust für seinen Geist in einem Gedankengange zu finden, den er sich nie völlig entwickeln kann» –, nicht aber, um diesen «Gedanken-

gang» selbst aus der Natur zu beziehen. Die Menschen bedürfen des Naturschönen, um die Tätigkeit der Einbildungskraft in Freiheit zu setzen, jedoch
nicht – hierin besteht die prinzipielle Differenz zwischen der Konzeption
des Naturschönen bei Kant und Adorno – um in der Natur Inhalte zu
suchen, die sie in ihrer Vernunft nicht mehr zu finden vermögen. Kant läßt,
im Gegenteil, keinen Zweifel daran, daß es den Menschen aufgegeben ist,
ihre Vernunft in die Natur hineinzubilden. Diese Leistung vollbringt das
Genie, indem es die ästhetischen Ideen objektiviert, sie allgemein mitteilbar
macht und auf diese Weise durch «Geist» verbindet, was zuvor durch die
«Kluft» von theoretischer und praktischer Vernunft getrennt war.

Stellung zur Aufklärung

Die Kritik der Urteilskraft ist zugleich *Vollendung* und *Kritik* der Aufklärung, in dem Sinne, daß Aufklärung, mit den von ihr produzierten Konsequenzen konfrontiert, zur *Selbstreflexion* getrieben wird.

Vollendung der Aufklärung: Insofern die reflektierende Urteilskraft auf
das von allen «bestimmenden» Abhängigkeiten befreite, auf sich selbst
gestellte Subjekt verweist. Die reflektierende Urteilskraft ist daher geradezu
als das methodische Prinzip der Aufklärung zu bezeichnen: sie strebt zwar
nach einem Allgemeinen, aber sie läßt keines gelten, das sich als unvereinbar mit den Ansprüchen des reflektierenden Subjekts erweisen könnte; der
Rückbezug auf das Subjekt ist ihr wesentlich. – Zugleich ist Kants Ästhetik
eine *Kritik* der Aufklärung: weil sie der Tatsache Rechnung trägt, daß das
autonome Subjekt, das durch den Verstand den «Mechanismus» der Natur
zu erkennen vermag, Gefahr läuft, die Vielzahl der mechanischen Gesetze
nicht mehr zur «Möglichkeit der Erfahrung als eines Systems» zusammenschließen zu können, «ohne welche Voraussetzung wir nicht hoffen
können, uns in einem Labyrinth der Mannigfaltigkeit möglicher, besonderer Gesetze zurechte zu finden»[105]. «Denn, daß die Natur in ihren bloß
formalen Gesetzen (...) nach unserm Verstande richte, läßt sich wohl einse-
hen, aber in Ansehung der besondern Gesetze, ihrer Mannigfaltigkeit und
Ungleichartigkeit ist sie von allen Einschränkungen unseres gesetzgebenden
Erkenntnisvermögens frei».[106] Aufklärung, die sich allein auf die Tätigkeit
des Verstandes verläßt, tendiert dazu, sich selbst entgegenzuarbeiten; als
Gefahr wird erkennbar, daß an die Stelle der Einheit der Erfahrung eine
Einheit des Wahns treten könnte, wenn nämlich der Verstand, der «in
seiner transzendentalen *Gesetzgebung* der Natur von aller Mannigfaltigkeit
möglicher empirischer Gesetze»[107] abstrahiert, den einheitlichen Mechanis-

mus seiner vom Besonderen absehenden Tätigkeit schon für die Einheit der Natur nimmt. – *Selbstreflexion* und Korrektiv der Aufklärung: insofern in der «Kritik der Urteilskraft» ein Begriff gesucht wird, der, ohne die Spontaneität des Verstandes im Erkenntnisakt zu verleugnen, dennoch zum Ausdruck bringt, daß Erkenntnis nicht einfach in der Subsumtion des Besonderen unter allgemeine «Regeln» aufgeht. Allein ein solcher Begriff könnte als transzendentales Prinzip der reflektierenden Urteilskraft gelten.

Kant ist es gelungen, so wäre seine Argumentation zusammenzufassen, die reflektierende Urteilskraft als Prinzip der Ästhetik konsequent durchzuführen. Es ist ausgeschlossen, daß ein ästhetisches Urteil diesen Namen verdiente, in dem das freie Spiel der Erkenntnisvermögen in irgendeiner Weise beeinträchtigt wäre. Sichergestellt ist, daß die «neue Regel», der das ästhetische Urteil folgt, nur auf der durch das freie Spiel der Erkenntnisvermögen vermittelten «Zwangsfreiheit von Regeln»[108] begründet werden kann. Um Zwangsfreiheit zu gewährleisten, bezieht Kant sich auf das Gefühl der Lust und Unlust, die subjektivste überhaupt denkbare Reaktionsweise, die das Zustandekommen bzw. Mißglücken des «freien Spiels» anzeigt. Eine Kunst, die vom Subjekt absieht, ist nach dieser Konstruktion unmöglich geworden.

Allerdings droht an dieser Stelle die Argumentation zum Zirkel zu werden. Denn so gewiß das Gefühl der Lust und Unlust, da es ausschließlich im Subjekt zustandekommt und nur auf das Subjekt sich bezieht, untrügliches Kennzeichen einer gelungenen bzw. mißlungenen Induktion ist – die ideologiekritische Frage, ob nicht auch Lust und Unlust von Instanzen außerhalb des Subjekts manipuliert werden können, stellt sich für Kant noch nicht –, so sehr erschüttert es wiederum die Allgemeingültigkeit des Geschmacksurteils. Damit wäre auch die Unterscheidung zwischen dem Angenehmen («Der Kanariensekt ist mir angenehm») und dem Schönen («Die Tulpe ist schön») hinfällig, eine Ästhetik wäre nur noch empirisch, auf Psychologie und Physiologie begründbar, nach dem Vorbild von Humes Essay «On the Standard of Taste». Wiederum verweist eine Aporie der Ästhetik auf einen Widerspruch in der Gesellschaft: Die Forderung nach uneingeschränkter Emanzipation des Subjekts ist nur schwer zu dem Gedanken einer gesellschaftlichen Organisation in Beziehung zu setzen, die geeignet wäre, die mit Emanzipation immer schon gesetzte Gefahr der Vereinzelung zu bannen.

Geschmack als sozialer Sinn

Kant versucht daher, die Forderung nach allgemeiner Verbindlichkeit des Geschmacksurteils durch eine transzendentale Deduktion als begründet nachzuweisen. Denn wenn ein «Urteil Anspruch auf Notwendigkeit» oder auch, wie im Falle des ästhetischen Urteils, auf «subjektive Allgemeinheit» erhebt, so ergibt sich die «Obliegenheit einer Deduktion, d. i. der Gewährleistung der Rechtmäßigkeit»[109]. Im Falle des Geschmacksurteils lautet daher die Aufgabe, die eine transzendentale Deduktion zu lösen hat: «Wie ist ein Urteil möglich, das bloß aus dem *eigenen* Gefühl der Lust an einem Gegenstande, unabhängig von dessen Begriffe, diese Lust, als der Vorstellung desselben Objekts *in jedem andern Subjekte* anhängig, a priori, d. i. ohne fremde Beistimmung abwarten zu dürfen, beurteilte?»[110]

Allerdings ist mit dieser Fragestellung der Widerspruch von subjektiver Lust im Geschmacksurteil und dessen Anspruch auf allgemeine Gültigkeit nur auf den Begriff, nicht aber der Auflösung näher gebracht. Denn die reflektierende Urteilskraft, die, ausschließlich vom Besonderen ausgehend, das Allgemeine aufsucht, bedürfte, um dieser Aufgabe gerecht zu werden, eines transzendentalen Prinzips, das sie «sich nur selbst als Gesetz geben, nicht anderwärts hernehmen (weil sie sonst bestimmende Urteilskraft sein würde), noch der Natur vorschreiben»[111] dürfte. Es ist die Eigenart der reflektierenden Urteilskraft, daß sie nicht teilbar ist; machte sie sich nur im geringsten abhängig von einem außerhalb des Subjekts liegenden Gesetz, sofort hörte sie auf reflektierend zu sein und wirkte «bestimmend», das Prinzip der Induktion außer Kraft setzend. Das Geschmacksurteil in seiner Eigenart, als zugleich subjektiv und allgemeinverbindlich, transzendental zu deduzieren, bedeutete daher nichts anderes, als Intersubjektivität durch Rekurs auf das einzelne Subjekt zu legitimieren: eine offenbare Unmöglichkeit. Der Versuch einer transzendentalen Deduktion des Geschmacksurteils ist denn auch mißlungen; sie fügt der in den §§ 1–22 vorgetragenen «Exposition» nichts entscheidend Neues hinzu.

Kant versucht hier, dem Empfinden von Lust, das dem Geschmacksurteil wesentlich ist, die gleiche transzendental begründete Notwendigkeit zuzuschreiben wie in der «Kritik der reinen Vernunft» den Kategorien. Eben dies aber ist nicht möglich. Denn während die Kategorien beanspruchen können, in jedem einzelnen Subjekt jederzeit und unabhängig von allen sozialen Bedingungen auf die gleiche Weise Erkenntnis zu ermöglichen (den Gedanken, daß der Erkenntnisapparat selbst durch historische und gesellschaftliche Wandlungen veränderbar sein könnte, zieht Kant noch ebensowenig in Betracht wie die Möglichkeit der Manipulierbarkeit der ästhetischen Lust), handelt es sich beim Geschmack nicht nur um ein subjektives Vermögen, sondern zugleich um einen *sozialen Sinn*. Daß im Gegensatz zu den Kategorien, die stets und auch im isolierten Subjekt a priori wirksam bleiben, der ästhetischen Lust ein soziales Moment wesentlich ist, betont Kant im übrigen selbst mit der Bemerkung, daß ein Mensch, der allein auf einer Insel lebte, niemals darauf verfiele, seine Umgebung oder sich selbst zu schmücken; vor allem aber durch den grundsätzlichen Hinweis, daß der Anspruch auf allgemeine Gültigkeit im Geschmacksurteil der Lust vorausgehe[112] – nicht etwa umgekehrt. Es ist dieses auf Objektivität verweisende Moment im Geschmacksurteil, das ästhetische Lust geradezu als Lust an nicht repressiver, das einzelne Subjekt nicht um seine legitimen Ansprüche bringender Allgemeinheit bestimmbar werden läßt.

Ein sozialer Sinn aber ist keinesfalls transzendental deduzierbar – ebensowenig, wie aus dem cartesianischen Cogito, dem die transzendentale Reflexion verpflichtet ist, auf die Existenz auch nur eines einzigen Bewußtseins neben dem eigenen geschlossen werden könnte. Die Transzendentalphilosophie, die die Bedingung von Erkenntnis stets am einzelnen, von allen empirischen Eigenschaften gereinigten Subjekt untersucht, stößt hier an ihre Grenze, und es ist nur folgerichtig, daß dies im Zusammenhang mit dem ästhetischen Urteil geschieht: im Ästhetischen wird die Klammer, die seit Descartes das einzelne Bewußtsein umschlossen hält, gesprengt. Beim Versuch, das Geschmacksurteil transzendental zu deduzieren, wendet die Transzendentalphilosophie sich kritisch gegen sich selbst: die Forderung wird unabweisbar, das Subjekt möge nicht in den Grenzen befangen bleiben, die die Erkenntnistheorie in genauer Entsprechung zur Organisation der bürgerlichen Gesellschaft ihm gezogen hat. Der «Bestimmungsgrund» des Geschmacksurteils, meint Kant denn auch zögernd und ohne das Scheitern seines Versuchs einer transzendentalen Deduktion direkt einzugestehen, liege «vielleicht im Begriffe von demjenigen (...) was als das übersinnliche Substrat der Menschheit angesehen werden kann»[113].

Gerade vom Individuellsten, dem Geschmacksurteil, soll auf das Allgemeinste, das intelligible Substrat der Menschheit, geschlossen werden können. Daß Kant, obwohl er hier an die Grenzen der Transzendentalphilosophie stößt, dennoch den transzendentalen Untersuchungsrahmen nicht sprengt, dürfte auf die Überzeugung zurückzuführen sein, daß das übersinnliche, intersubjektive Substrat der Menschheit nur durch die einzelnen Subjekte hindurch existiert, und daß es verschwindet, gerade wenn die Subjekte ihre Autonomie an ein übersubjektives Ganzes abtreten. Kant hat heftig dagegen polemisiert, aus der richtigen Einsicht, der «diskursive» menschliche Verstand bedürfe der Anschauung, die vermeintliche Berechtigung abzuleiten, die begriffliche Tätigkeit einem imaginären «anschauenden» Verstand unterzuordnen; auf keinen Fall wollte er zulassen, daß auf diese Weise metaphysische Setzungen (ein anschauender Verstand kann nur Gott zugeschrieben werden, «Gott erkennt alles anschauend»[114]) wieder in die Philosophie eingeführt werden. So scheint auch seine Abneigung, die Transzendentalphilosophie in die Proklamierung übersubjektiver Zusammenhänge «münden» zu lassen, der Ahnung entsprungen sein, daß die «Überwindung» der Transzendentalphilosophie allzuleicht zum Vorwand dienen könnte, das Subjekt aus der Verantwortung für sich selbst und damit für die Menschheit insgesamt zu entlassen.

Diese Haltung bestimmt Kants Ausführungen über das Verhältnis von Subjekt und Natur, die sich um die Begriffe des Zweckmäßigen, der teleologischen Urteilskraft und des Naturschönen kristallisieren; und sie liegt schließlich den Spekulationen über die «Idee eines sensus communis» zugrunde, die die Transzendentalphilosophie zu überwinden geeignet ist, ohne ihren kritischen Gehalt preiszugeben.

Transzendentalphilosophie und Metaphysik der Natur

Vor allem liegt es nahe, die Transzendentalphilosophie in eine Metaphysik der Natur übergehen zu lassen: «Das System der Transzendentalphilosophie mündet insofern, wie nur Schelling bemerkt hat, mit der Kritik der Urteilskraft notwendig in die transzendentale Naturphilosophie. Oder anders ausgedrückt: Das System der Transzendentalphylosophie kann nur in einer transzendentalen Metaphysik der Natur begründet werden.»[115] Während «die Vernunftkritik der Erkenntnis der Natur des Menschen diente, sofern in ihr die Natur als Gegenstand der Erkenntnis begründbar schien», gebe «die Kritik der Urteilskraft nun Rechenschaft *über das Sein des Menschen in der Natur*»[116]. Für Freudenberg zeigt daher die «Kritik der Urteilskraft», «konsequent interpretiert, daß die Einheit von transzendentaler Subjektivität und transzendentaler Realität, welche die Vernunft um ihrer Existenz willen postulieren muß, in der Tat begründbar ist»[117].

Zu fragen ist jedoch, ob die «Kritik der Urteilskraft» «konsequent» in dem von Freudenberg gemeinten Sinne interpretiert werden darf. Freudenberg verfährt, als sei in ihr die Wendung zur Naturphilosophie nicht erst *angelegt,* sondern bereits *vollzogen.* Die «Größe der Aufgabe», die der reflektierenden Urteilskraft gestellt ist, «zu dem Besonderen das Allgemeine zu finden», wird von Freudenberg verharmlost, da er das zu findende Allge-

meine als bereits existent voraussetzt. Die Urteilskraft hat dann dem Besonderen zu diesem vorgegebenen Allgemeinen nur noch den Weg zu weisen.
Daher ist, wenn Freudenberg «ästhetische und teleologische Urteilskraft als
die eigentlichen Vermögen des Seins des Bewußtseins im Ganzen»[118] bestimmt, im Grunde nicht mehr von Kant, sondern von Schellings Prinzip
der «Construktion» die Rede. Erst in einem auf der Grundlage einer Metaphysik der Natur wiederhergestellten, nach christlichem Vorbild geschlossenen und geordneten Kosmos ist es möglich, das Verhältnis von Besonderem und Allgemeinem zu «construieren», das heißt, das Besondere vermittels der Urteilskraft in seinen von vornherein im Ganzen feststehenden Platz
einrücken zu lassen. Dann aber verliert die Unterscheidung von bestimmen-
der und reflektierender Urteilskraft ihren Sinn, denn eine reflektierende
Urteilskraft, die «construierend» verfährt, behält das Prinzip der Induktion
nur zum Schein bei. Der Anspruch, den die «Kritik der Urteilskraft» erhebt,
wäre damit zurückgenommen.

Eben diesen Anspruch jedoch, daß die Urteilskraft in strengem Sinne
reflektierend verfahren müsse, wird Kant nicht müde zu betonen: «Aber,
was die besondern Gesetze betrifft, die uns nur durch Erfahrung kund
werden können, so kann unter ihnen eine so große Mannigfaltigkeit und
Ungleichartigkeit sein, *daß die Urteilskraft sich selbst zum Prinzip dienen
muß*, um auch nur in den Erscheinungen der Natur nach einem Gesetze zu
forschen und es auszuspähen, indem sie ein solches zum Leitfaden bedarf,
wenn sie ein zusammenhängendes Erfahrungserkenntnis nach einer durchgängigen Gesetzmäßigkeit der Natur, die Einheit derselben nach empirischen Gesetzen, auch nur hoffen soll.»[119] Im Gegensatz zu einer auf der
Basis naturphilosphischer Spekulation «construierenden» Urteilskraft behält daher die reflektierende Urteilskraft Kantischer Prägung stets einige
Ähnlichkeit mit dem Bemühen Münchhausens, am eigenen Zopf sich aus
dem Sumpf zu ziehen, da sie «sich selbst zum Prinzip dienen muß».

Es ist die «formale Zweckmäßigkeit der Natur»[120], in der Kant dieses
transzendentale Prinzip findet. Er läßt keinen Zweifel daran, daß sie keine
objektive Gegebenheit ist, sondern «ein besonderer Begriff a priori, der
lediglich in der reflektierenden Urteilskraft seinen Ursprung hat»[121]. Verhielte es sich anders, so handelte es sich nicht mehr um ein transzendentales, sondern um ein metaphysisches Prinzip: «Ein transzendentales Prinzip
ist dasjenige, durch welches die allgemeine Bedingung a priori vorgestellt
wird, unter der allein Dinge Objekte unserer Erkenntnis überhaupt werden
können. Dagegen heißt ein Prinzip metaphysisch, wenn es die Bedingung a
priori vorstellt, unter der allein Objekte, deren Begriff empirisch gegeben
sein muß, a priori weiter bestimmet werden können. So ist das Prinzip der

Erkenntnis der Körper, als Substanzen und als veränderlicher Substanzen, transzendental, wenn dadurch gesagt wird, daß ihre Veränderung eine Ursache haben müsse; es ist aber metaphysisch, wenn dadurch gesagt wird, ihre Veränderung müsse eine *äußere* Ursache haben!»[122] Deutlich erkennbar handelt es sich also bei dem Prinzip der Zweckmäßigkeit der Natur als dem transzendentalen Prinzip der reflektierenden Urteilskraft um eine ursprünglich metaphysische, durch die kritische Philosophie jedoch säkularisierte Maxime. Noch Gottsched hatte eine solche Maxime in ungebrochenen theologischem Sinne gebraucht, indem er den Satz, Gott habe alles nach «Zahl, Maaß und Gewicht» geordnet, als Begründung seines deduktiven Vorgehens in der «Critischen Dichtkunst» anführte.

Ästhetische und teleologische Urteilskraft

Die Ergänzung der Kritik der ästhetischen Urteilskraft durch eine Kritik der teleologischen Urteilskraft, in deren Zentrum der Begriff der Zweckmäßigkeit steht, ist daher als die Fortsetzung des zuerst von Baumgarten unternommenen Versuchs anzusehen, die durch das Verblassen metaphysischer Positionen entstehenden Leerstellen mit Hilfe der Ästhetik wieder zu besetzen. Die noch immer anzutreffende Auffassung, daß Ästhetik und Teleologie «herzlich wenig miteinander zu tun haben»[123], läßt die Tatsache unberücksichtigt, daß, gegen die Tendenz der Naturwissenschaften, eine unendlich teilbare Materie in einem sich unendlich ausdehnenden Raum anzunehmen, die traditionelle Metaphysik sich zunehmend als ohnmächtig erwies, an der Vorstellung eines zu einem sinnvollen Ganzen sich schließenden Weltbildes festzuhalten. «Was userm Verstande aber so beschwerlich fällt (...) ist bloß: daß für ihn als menschlichen Verstand, dasjenige überschwenglich (d.i. den subjektiven Bedingungen seines Erkenntnisses unmöglich) ist, was doch die Vernunft als zum Objekt gehörig zum Prinzip macht.»[124] Der Verstand allein ist nicht in der Lage, das Bedürfnis der Vernunft zu befriedigen, die Objekte mögen sich reflexiv zu ihr verhalten, ihr nicht in unaufhebbarer Fremdheit gegenüberstehen. Er ist zwar fähig, Gegenstände als «zweckmäßig» zu erkennen, aber nur in dem Sinn, daß sie sich der Erfassung durch die Kategorien zu fügen scheinen. Damit ist aber noch nichts darüber ausgemacht, ob von Zweckmäßigkeit im Sinne einer *Affinität* von Vernunft und Natur, die etwas qualitativ anderes wäre als die Unterwerfung der Natur durch die Verstandestätigkeit, überhaupt sinnvoll geredet werden kann.

In einer Kritik der Urteilskraft, bemerkt Kant, sei «der Teil, welcher die

ästhetische Urteilskraft enthält, ihr wesentlich angehörig, weil diese allein
ein Prinzip enthält, welches die Urteilskraft völlig a priori ihrer Reflexion
über die Natur zum Grunde legt, nämlich das einer formalen Zweckmäßigkeit der Natur nach ihren besonderen (empirischen) Gesetzen für unser
Erkenntnisvermögen, ohne welche sich der Verstand in sie nicht finden
könnte: anstatt daß gar kein Grund a priori angegeben werden kann, ja
nicht einmal die Möglichkeit davon aus dem Begriffe einer Natur, als Gegenstande der Erfahrung im allgemeinen sowohl, als im besonderen, erhel-
let, daß es objektive Zwecke der Natur, d. i. Dinge, die nur als Naturzwecke
möglich sind, geben müsse».[125] Dieser Vorbehalt ist insofern geboten, als
Teleologie im allgemeinen und der Begriff des Naturzwecks im besonderen
die Grenze zwischen Transzendentalphilosophie und Metaphysik zu verwischen geeignet sind. «Denn zweckmäßig nennen wir dasjenige, dessen Dasein eine Vorstellung desselben Dinges vorauszusetzen scheint».[126] Durch
die Hervorhebung der ästhetischen gegenüber der teleologischen Urteilskraft will Kant offenbar von vornherein das Mißverständnis ausschließen,
er leiste teleologischen Spekulationen der Art Vorschub, wie sie in der
Nachfolge des Wolffschen Rationalismus beliebt geworden waren, etwa
«das Ungeziefer, welches die Menschen in ihren Kleidern, Haaren, oder
Bettstellen plagt, sei nach einer weisen Naturanstalt ein Antrieb zur Rein-
lichkeit»[127]. Daß der Kritik der ästhetischen eine Kritik der teleologischen
Urteilskraft folgt, soll nichts daran ändern, daß es ausschließlich dem Subjekt aufgegeben ist, inmitten von Naturgesetzen, die sich nicht mehr ohne
weiteres zu einer sinnvollen Einheit zusammenschließen, einen Sinnzusammenhang herzustellen.

Trotzdem wäre eine Kritik der Urteilskraft, die Ernst machte mit der
Behauptung, daß nur die ästhetische Urteilskraft ihr «wesentlich angehörig» sei, nur schwer vorstellbar, da in diesem Fall der Inhalt des Geschmacksurteils – von einem vagen Gefühl des Wohlgefallens abgesehen –
unbestimmt, das Subjekt in sich befangen bliebe. Zwar ist die teleologische
Urteilskraft, die über «eine bloß relative, dem Dinge selbst, dem sie beigelegt wird, bloß zufällige Zweckmäßigkeit»[128] urteilt, ebenfalls ein ausschließlich im Subjekt anzutreffendes Vermögen, andererseits aber verweist
sie, indem sie die Vorstellung einer «Gesetzlichkeit des Zufälligen» – wie
Kant den Begriff des Zweckmäßigen definiert – möglich macht, doch auf
ein, wenn nicht objektives, so doch objektivierendes Moment.

Die «relative Zweckmäßigkeit», über die die teleologische Urteilskraft
urteilt, «ob sie gleich hypothetisch auf Naturzwecke Anzeige gibt», berechtigt dennoch zu keinem «absoluten teleologischen Urteile»[129]. Aber wie die
ästhetische Urteilskraft zwar nicht einzelne Erkenntnisse vermittelt, durch

das freie Spiel, in das sie Verstand und Vernunft versetzt, jedoch «Erkenntnis überhaupt» ermöglicht, so läßt sich von der teleologischen Urteilskraft sagen, daß sie zwar keine objektive Zweckmäßigkeit im einzelnen Fall erkennen läßt, dafür aber die Möglichkeit von etwas anzeigt, was, in Analogie zu «Erkenntnis überhaupt», mit «Zweckmäßigkeit überhaupt» zu bezeichnen wäre. Indem nämlich die teleologische Urteilskraft die Natur als «Chiffreschrift»[130] wahrnimmt, entspricht sie der Forderung der Vernunft, «daß die Natur wenigstens eine Spur zeige, oder einen Wink gebe, sie enthalte in sich irgend einen Grund, eine gesetzmäßige Übereinstimmung ihrer Produkte zu unserm von allem Interesse unabhängigen Wohlgefallen (...) anzunehmen»[131]. Die teleologische Urteilskraft ist daher kein bloßes Anhängsel der ästhetischen Urteilskraft. Sie ist vielmehr Voraussetzung dafür, daß die Vorstellung von ästhetischen Ideen, die Verstand und Vernunft in ein freies Spiel versetzen und damit «Erkenntnis überhaupt» befördern, nicht eine leere, ausschließlich subjektive Konstruktion bleibt. Denn wenn zutrifft, daß die ästhetischen Ideen die «Kluft» zwischen theoretischer und praktischer Vernunft dadurch überwinden, daß sie den Vernunftideen den Anschein objektiver Realität geben, so ist damit vorausgesetzt, daß Vernunft in Natur zumindest potentiell objektivierbar sei, daß Natur und Vernunft in einem Verhältnis der Affinität zueinander stehen. Die teleologische Urteilskraft sichert die Spuren dieser Affinität. Sie läßt Zweckmäßigkeit zwar nicht als im Einzelfall nachweisbar (in einem «absoluten teleologischen Urteile») erscheinen. Indem sie aber die Vorstellung einer «Zweckmäßigkeit überhaupt» ermöglicht, steht sie dafür ein, daß die Organisation der Natur für die Menschen nicht in eine unendliche Zahl auseinanderstrebender mechanischer Gesetze zerfallen muß, sondern verständlich bleibt. Die «Gunst»[132], die die Natur den Menschen gewährt und die wahrzunehmen die teleologische Urteilskraft das Organ ist, besteht darin, daß die Menschen – da sie als empirische Wesen selbst ein Teil der Natur sind[133] – sich selbst verständlich bleiben, wenn sie die Natur als verständlich, mit Vernunft vermittelbar, erfahren.

Daher ist die teleologische Urteilskraft, entgegen der «offiziellen» Abstufung, die Kant vornimmt, nicht weniger als die ästhetische einer Kritik der Urteilskraft «wesentlich angehörig». Kant gesteht dies in dem Augenblick stillschweigend ein, da er sich, bei der Unterscheidung von «freier» und «anhängender» Schönheit, bewußt wird, welcher Art die Schönheit ist, die einer auf sich gestellten ästhetischen Urteilskraft allein zugänglich wäre: «Viele Vögel (...), eine Menge Schaltiere des Meeres sind für sich Schönheiten, die gar keinem nach Begriffen in Ansehung seines Zwecks bestimmten Gegenstande zukommen, sondern frei und für sich gefallen. So bedeuten die Zeichnungen à la grecque, das Laubwerk zu Einfassungen, oder auf Papiertapeten u. s. w. für sich nichts: sie stellen nichts vor, kein Objekt unter einem bestimmten Begriffe, und sind freie Schönheiten.» [134] Zweifellos entsprechen diese Gebilde der Forderung der ästhetischen Urteilskraft, die Erkenntnisvermögen in ein freies Spiel zu versetzen; anzunehmen ist, daß Kants Schönheitsbegriff ursprünglich allein hierdurch bestimmt war. Indessen scheint Kant sich der Einsicht nicht verschlossen zu haben, daß diese freie Schönheit, ein Spiel von nichtssagenden, inhaltsleeren Formen, als sinnlos erfahren wird: stets stellt der Eindruck von Sinnlosigkeit sich ein, wenn das Subjekt sich in der Außenwelt nicht wiedererkennt, sondern sich auf sich selbst zurückgeworfen findet. Daher ist es keine bloß äußerliche Analogie, wenn die als «abstrakt» bezeichnete Kunst der Moderne, die sich der Vermittlung von Subjektivität und Außenwelt verweigert, ihrer Struktur nach der Vorstellung Kants von einer «freien», die ästhetische Urteilskraft befriedigenden Schönheit recht nahe kommt. Der teleologischen Urteilskraft obliegt es dagegen, den «Wink» der Natur aufzunehmen, daß die Hoffnung, Vernunftideen in ihr zumindest mit dem Schein objektiver Realität anschaulich wiederzufinden, vielleicht doch nicht ganz grundlos sei. Die Anzeige einer weitergehenden, gar einer grundsätzlichen Übereinstimmung von theoretischer und praktischer Vernunft läge bereits außerhalb der Kompetenz der teleologischen Urteilskraft und setzte daher – Schelling wird diese Konsequenz ziehen – eine Metaphysik der Natur voraus, die mit Kants kritischem Anspruch unvereinbar wäre. Zwar bedarf die ästhetische der teleologischen Urteilskraft, damit das «freie Spiel» der Erkenntnisvermögen sich nicht in inhaltsarmer Selbstgenügsamkeit verliert, aber Kant läßt keinen Zweifel daran, daß die vernünftige Struktur, die das Subjekt in der Natur zu entdecken glaubt, nicht etwas objektiv Erkennbares ist, sondern daß sie auf die Tätigkeit des Subjekts angewiesen bleibt, das seine eigene Vernünftigkeit in die Natur hineinbilden soll. Der «Wink», den die Natur gibt, und der durch die teleologische Urteilskraft wahrgenommen wird, enthält zwar ein objektives, zumindest nach Objektivität strebendes Moment, dieses verschwände aber sofort, würde wieder zur bloßen «Chiffre», wenn das Subjekt glaubte, es ein für allemal dingfest machen zu können, um künftig auf jede weitere eigene Anstrengung verzichten zu können. Kant beharrt darauf, daß die Zweckmäßigkeit, die die Menschen in der Natur wahrnehmen, wenn nicht subjektiven Ursprungs, so doch subjektiv vermittelt ist. «Sie gehört zur reflektierenden, nicht bestimmenden Urteilskraft»; für diese wäre der «Begriff eines Dinges, als Naturzwecks (...) überschwenglich». [135] Hierin besteht die entscheidende Differenz zwischen einer Konzeption, die die Verwirklichung von Vernunft als Aufgabe des

Subjekts begreift; und einem Ansatz, der die «Größe» dieser Aufgabe dadurch zu vermindern sucht, daß er Vernunft in der Natur oder, wie Hegel, in der «Wirklichkeit» als bereits existent und nur noch der «Einsicht» bedürftig voraussetzt, und eben hierdurch die Entmündigung des Subjekts betreibt.

Der Naturzweck

Wenn die Natur den «Wink» gibt, Vernunftideen könnten in ihr zumindest den Anschein anschaulicher, objektiver Realtität gewinnen, so bedeutet dies, daß in ihr ein «Endzweck» muß entdeckt werden können, ein Gegenstand also, der seinerseits nicht wieder zu einem bloßen Mittel werden kann. Da der kategorische Imperativ vorschreibt, daß die gesamte Menschheit in jedem Individuum «jederzeit zugleich als Zweck, niemals bloß als Mittel»[136] angesehen werden müsse, kann der Freiheitsbegriff nur anschaulich gemacht werden, wenn es gelingt, ein «Naturwesen» zu entdecken, das «von sich selbst» zugleich «Ursache und Wirkung ist»[137]: in ihm gelangte jene Autonomie zur Anschauung, die im Freiheitsbegriff bloß abstrakt gefordert wird.

Ein solches in sich zweckmäßiges Wesen nennt Kant einen «Naturzweck». Um ihn näher zu bestimmen, unterscheidet er zwischen bloß «relativer» und «innerer» Zweckmäßigkeit eines Naturwesens. Relative Zweckmäßigkeit ist gleichbedeutend mit «Nutzbarkeit» bzw. «Zuträglichkeit».[138] Etwas ist «relativ» zweckmäßig, wenn seine Zweckmäßigkeit nur in einer Relation, in einer Beziehung auf ein anderes besteht, das es zu benutzen vermag: wenn es ein bloßes Mittel ist. In einem relativ zweckmäßigen «Naturwesen» vermögen die Menschen sich nicht wiederzuerkennen, da es nicht dem Anspruch des Freiheitsbegriffs genügt. Relative Zweckmäßigkeit und Verstand jedoch gehören zusammen, denn seine Tätigkeit besteht gerade darin, daß er für jeden Gegenstand die Regel aufsucht, unter der er einzuordnen ist. Ist diese erst einmal gefunden, ist der Gegenstand in die Hierarchie der Abstraktionsstufen eingeordnet, so ist er beherrschbar und damit benutzbar geworden: Abstraktion und Herrschaft gehören zusammen, während das Ästhetische und Herrschaft einander tendenziell ausschließen. Da der Verstand die Objekte nicht in ihren Qualitäten, nur in der Relation, in der sie als Zwecke und Mittel zueinander stehen, zu erkennen vermag, ist ausgeschlossen, daß seine Tätigkeit jemals in der Erkenntnis eines vernünftigen Ganzen, das als ein Endzweck anzusehen wäre, zur Ruhe kommen könnte. Der Zweck-Mittel-Relation ist jede inhaltliche –

und damit auch jede vernünftige – Bestimmung äußerlich; der Verstand muß daher jeden Zweck als bedingt, als Mittel zu einem dahinterstehenden anderen Zweck, und so fort ins Unendliche verfolgen, ohne daß jemals ein vernünftiges, nicht weiter hinterfragbares Ziel, ein «Endzweck» dieser rastlosen Tätigkeit sichtbar würde.

Zur Entdeckung eines End- bzw. Naturzwecks bedarf es daher eines eigenen Erkenntnisvermögens, der teleologischen Urteilskraft; die ästhetische Urteilskraft allein reichte hierzu nicht aus. Während im ästhetischen Reflexionsurteil der Gegenstand «als zweckmäßig, bloß für die Urteilskraft, wahrgenommen, mithin die Zweckmäßigkeit selbst bloß als subjektiv betrachtet» wird, wird durch die teleologische Urteilskraft «Zweckmäßigkeit *objektiv* beurteilt»[139]. Allein die teleologische Urteilskraft richtet sich auf einen «*Naturzweck,* da vorher» – im ästhetischen Urteil – «nur Dinge als unbestimmt – zweckmäßige *Naturformen* beurteilt wurden»[140]. Das ästhetische Urteil entqualifiziert zwar nicht, wie der Verstand, die Objekte zu bloßen Relationen von Zwecken und Mitteln, aber es bleibt, wie die angeführten Beispiele «freier Schönheit» gezeigt haben, inhaltlich völlig unbestimmt. Da vermittels der ästhetischen Urteilskraft das Subjekt die Dinge nur zum Anlaß nimmt, um durch die Vorstellungen, die sie in ihm auslösen, sich selbst «zu fühlen», steht nichts dafür ein, daß es aus der Befangenheit in sich selbst jemals heraustreten könnte. (Diese Erfahrung wird, ein Jahrhundert später, das zentrale Problem des Ästheten sein, der der Außenwelt völlig beziehungslos gegenübersteht: «in allem hatte er nur sich gesucht und sich nur in allem gefunden. Sein Schicksal allein erfüllte sich wirklich, und was sonst geschah, geschah weit von ihm weggerückt, wie auf Bühnen, Gespieltes (...). Nur sein Schicksal war wirklich».[141]) Nur die teleologische Urteilskraft vermag anzuzeigen, ob es sich bei einem Objekt um einen «Naturzweck» handelt, dem «innere», nicht nur «relative» Zweckmäßigkeit zukommt.

Die Frage, ob es möglich sei, durch die teleologische Urteilskraft einen «Naturzweck» und damit einen säkularisierten Begriff von Vollkommenheit zu finden, ist von entscheidender Bedeutung. Von ihr hängt ab, ob die Ästhetik tatsächlich, wie bei Baumgarten angedeutet, die von der alten Metaphysik hinterlassenen Leerstellen besetzen kann, oder ob der Versuch, ursprünglich religiöse Gehalte durch die Kunst zu säkularisieren und sie damit zu retten, scheitern muß. Hinter der Suche nach einem Naturzweck steht daher die Frage nach einem Begriff von Vollkommenheit, der nicht mehr durch eine metaphysische Instanz, sondern durch *innerweltliche Vernunft* bestimmt wäre. Unübersehbar ist, daß es die gesellschaftliche Konstellation ist, aus der das Problem des Verhältnisses von Metaphysik und

Ästhetik seine drängende Aktualität erhält: denn es ist durchaus fraglich, ob in einer Gesellschaft, in der die Rationalität von Zwecken und Mitteln tendenziell alle Bereiche des Lebens durchzieht, der Begriff eines Endzwecks überhaupt noch *gedacht* werden kann, wenn er durch keine metaphysische Instanz mehr verbürgt ist.

Damit ein Ding als Naturzweck erkannt werden kann, müssen zwei Bedingungen erfüllt sein, zunächst, «daß die Teile (...) nur durch ihre Beziehung auf das Ganze möglich sind (...) Sofern aber ein Ding nur auf diese Art als möglich gedacht wird, ist es bloß ein Kunstwerk, d.i. das Produkt einer von der Materie (den Teilen) desselben unterschiedenen vernünftigen Ursache».[142] Kein Naturzweck, «bloß ein Kunstwerk» (etwas künstlich Hergestelltes; Kunst im modernen Sinn erscheint in Kants Sprachgebrauch immer als «schöne Kunst») wäre ein solches Ding, da sein organisierendes Prinzip, der Grund seiner Vernünftigkeit, außerhalb seiner selbst läge. Solange die ihm zugrunde liegende «vernünftige Ursache» nicht in ihm selbst anzutreffen ist, ist es auch zu Zwecken, die ihm äußerlich bleiben, benutzbar; es bleibt also ein bloßes Mittel.

Daher gehört, zweitens, zu einem Ding als Naturzweck, «daß die Teile desselben sich dadurch zur Einheit eines Ganzen verbinden, daß sie von einander wechselseitig Ursache und Wirkung ihrer Form sind. Denn auf solche Weise ist es allein möglich, daß umgekehrt (wechselseitig) die Idee des Ganzen wiederum die Form und Verbindung aller Teile bestimme: nicht als Ursache – denn da wäre es ein Kunstprodukt – sondern als Erkenntnisgrund der systematischen Einheit der Form und Verbindung alles Mannigfaltigen, was in der gegebenen Materie enthalten ist, für den, der es beurteilt».[143] Nur wenn ein Gegenstand in sich selbst die Ursache seiner vernünftigen Organisation hat, kann von einem «Naturzweck» die Rede sein; die Zweckmäßigkeit, die ihn auszeichnet, ist seiner Organisation immanent, eine «innere», keine «relative» Zweckmäßigkeit. Ein Naturzweck kann nicht mehr Mittel sein zu einem außerhalb seiner selbst liegenden Zweck. Für den Verstand bietet daher seine Zweckmäßigkeit sich dar als «ohne Zweck», aber er behält nicht mehr das letzte Wort, da nun offenbar ist, daß der Gegenstand in seiner Eigenart durch die Tätigkeit des Verstandes überhaupt nicht erfaßbar ist. Wenn an einem Gegenstand kein Hinweis auf eine Regel, der er unterzuordnen wäre, zu finden ist, ohne daß ihm doch Zweckmäßigkeit abgesprochen werden könnte, so ist der Anspruch des Verstandes, das Monopol der Erkenntnis in erster und zugleich letzter Instanz auszuüben, gebrochen.

Ein Endzweck der Natur ist der Organismus: «In einem solchen Produkte der Natur wird ein jeder Teil, so, wie er nur *durch* alle übrige da ist, auch

als *um der andern* und des Ganzen *willen* existierend, d. i. als Werkzeug
(Organ) gedacht: welches aber nicht genug ist (…); sondern als ein die
andern Teile (folglich jeder den andern wechselseitig) *hervorbringendes*
Organ, dergleichen kein Werkzeug der Kunst, sondern nur der (…) Natur
sein kann: und nur dann und darum wird ein solches Produkt, als *organi-
siertes* und *sich selbst organisierendes Wesen,* ein *Naturzweck* genannt werden können.»[144] Allein im Naturzweck, im Organismus als der Einheit von
Bedingung und Bedingtem, wird die zwanghafte Tätigkeit des Verstandes,
alles in eine unendliche Reihe von Zwecken und Mitteln aufzulösen, inhaltlich und anschaulich stillgestellt. Die leere Unendlichkeit, die den Verstand
kennzeichnet, solange er Herrschaft ausübt – es gehört zum Wesen von
Herrschaft, daß sie sich selbst keine Grenzen zu setzen vermag –, wird
durch die Anschauung eines vernünftigen Ganzen, in dem nichts nur Mittel
zu einem fremden Zweck ist, in ihrer ganzen Abstraktheit erkennbar.

Damit wird die Tätigkeit des Verstandes einer Kritik zugänglich gemacht, die nicht ihrerseits abstrakt bleiben muß. Indem die teleologische
Urteilskraft im Organismus ein «Naturwesen» entdeckt, dem Vernunft als
sein Organisationsprinzip immanent ist, ermöglicht sie auch im Zeitalter
der durch den Verstand beherrschten Naturwissenschaften, daß die Umwandlung aller Zwecke in bloße Mittel nicht das letzte Wort behält. Erst
recht für den Naturzweck gilt, was Kant über «die entdeckte Vereinbarkeit
zweier oder mehrerer empirischen heterogenen Naturgesetze unter einem
sie beide befassenden Prinzip» gesagt hatte, daß sie «der Grund» sei «einer
sehr merklichen Lust, oft sogar einer Bewunderung, selbst einer solchen,
die nicht aufhört, ob man schon mit dem Gegenstande derselben genug
bekannt ist»[145]. Durch die Entdeckung eines Naturzwecks wird sichergestellt, daß Kontemplation, von ihrem Ursprung her eine der Transzendenz
bedürftige Haltung – sie setzt ein Anzuschauendes voraus, das unabhängig
vom Subjekt existiert – auch in einer am Subjekt orientierten, induktiven
Ästhetik, säkularisiert, möglich ist. Kontemplation ist die Voraussetzung
dafür, daß Lust, die das Zusammenstimmen des Subjekts mit der Außenwelt anzeigt, ein ebenso vergängliches wie nach Dauer strebendes Empfinden, nicht ephemer, eine bloße augenblicksgebundene Stimmung bleibt;
anders als, ein Jahrhundert später, der Ästhet, der zwischen Stimmung und
Erkenntnis nicht mehr zu unterscheiden vermag[146], kann das Subjekt der
«Kritik der Urteilskraft» sich durch die Anschauung des Naturzwecks vergewissern, daß sein Gefühl der Lust nicht eine ausschließlich subjektive
Regung, sondern objektivierbar ist, sofern es nur den «Wink» der Natur
aufnimmt und in der Anstrengung nicht nachläßt, den Freiheitsbegriff in
die Außenwelt hineinzubilden.

Gesellschaftlicher Gehalt

Die «Kritik der Urteilskraft» vermittelt zwischen einer aufklärerischen Geschichtsphilosophie, durch die das Bürgertum Anspruch erhebt, seine vor der Vernunft ausgewiesenen Ziele zu verwirklichen, und einer Philosophie der Natur, die als Unterpfand einer vernünftigen Einheit, die gesellschaftlich nicht mehr herstellbar zu sein scheint, dienen muß. Einstweilen verhindert Kants Ästhetik, daß der Optimismus der Aufklärung, der aus der Möglichkeit, eine vernünftige Gesellschaft theoretisch zu entwerfen, ohne weiteres auf deren praktische Realisierbarkeit schloß, einer resignativen Haltung weichen muß, die aus dem Scheitern der Französischen Revolution die prinzipielle Unvereinbarkeit von aufklärerischer Theorie und gesellschaftlicher Praxis ableitet.

Diese zwischen aufklärerischem Rationalismus und einer Metaphysik der Natur vermittelnde Stellung von Kants Ästhetik macht es möglich, daß Natur und Subjekt einander als Korrektiv dienen können. Nicht nur bedarf das Subjekt der «Gunst» der Natur, sondern auch die Natur bedarf des Subjekts, um aus einem unendlich Mannigfaltigen, einem bloßen «Aggregat» von Gesetzen, zu einem vernünftigen Ganzen zu werden. Denn solange der Mensch nicht in der Natur den Freiheitsbegriff anschaulich wiederzufinden vermag, um die leere, vernunftfremde Unendlichkeit des alles Daseiende zu Mitteln verarbeitenden Verstandes stillzustellen, so lange bleibt die Natur ein Zirkel von sinnlosem Fressen und Gefressenwerden, denn in ihr, «als Natur», gibt es «kein Wesen, welches auf den Vorzug, Endzweck der Schöpfung zu sein, Anspruch machen könnte»[147]. So veranlasse die Kenntnis «der unbeschreiblich weisen Organisation» des Gewächsreiches die Frage: «Wozu sind diese Geschöpfe da? Wenn man sich antwortet: für das Tierreich, welches dadurch genährt wird, damit es sich in so mannigfaltige Gattungen über die Erde habe verbreiten können: so kommt die Frage wieder: Wozu sind denn diese Pflanzen-verzehrenden Tiere da? Die Antwort würde etwa sein: für die Raubtiere, die sich nur von dem nähren können, was Leben hat. Endlich ist die Frage: wozu sind diese samt den vorigen Naturreichen gut? Für den Menschen, zu dem mannigfaltigen Gebrauche, den ihn sein Verstand von allen jenen Geschöpfen machen lehrt; und er ist der letzte Zweck der Schöpfung hier auf Erden, weil er das einzige Wesen auf derselben ist, welches sich einen Begriff von Zwecken machen und aus einem Aggregat von zweckmäßig gebildeten Dingen durch seine Vernunft ein System der Zwecke machen kann.»[148] Die Natur bedarf des Menschen, damit sie aus einem bloßen «Aggregat von zweckmäßig gebildeten Dingen» zu einem sinnvoll strukturierten «System der Zwecke» werden kann.

Andererseits aber erscheint in diesem Zirkel von Fressen und Gefressenwerden der Mensch zunächst, weit davon entfernt, ihn zu durchbrechen, als eine Art von oberstem Raubtier. Allein der Mensch kann zwar den Anspruch erheben, Endzweck zu sein, aber dieser Anspruch kann sich nur als stets aufs neue zu verwirklichendes Postulat Geltung verschaffen. Er wird verfehlt, solange die Menschen nur nach «Glückseligkeit», dem «Inbegriff aller durch die Natur (...) möglichen Zwecke» streben, der, «wenn er sie zu seinem ganzen Zwecke macht, ihn unfähig macht, seiner eigenen Existenz einen Endzweck zu setzen und dazu zusammen zu stimmen»[149]. «Glückseligkeit» ist das letzte dem Menschen erreichbare Ziel, solange er der Natur und seinesgleichen mit der Absicht gegenübersteht, sie zu unterwerfen, zu beherrschen und auszubeuten. Daß er diese Haltung für die gewöhnliche hält, hatte Kant bereits in dem Aufsatz «Idee zu einer allgemeinen Geschichte in weltbürgerlicher Absicht» ausgesprochen: nur «Ehrsucht, Herrschsucht oder Habsucht»[150] läßt er hier als Motive menschlichen Handelns gelten. Solange der Mensch nur durch diese Motive «getrieben»[151] wird, ist er, als das raffinierteste Raubtier, unfähig, den Zirkel von Fressen und Gefressenwerden zu durchbrechen: er bleibt im bloßen Naturzusammenhang befangen; Glückseligkeit ist nur der oberste «Naturzweck», kein Zweck der Vernunft.

Zwar hatte Kant schon in dem Aufsatz aus dem Jahre 1784 gefordert, «daß der Mensch alles, was über die mechanische Anordnung seines tierischen Daseins geht, gänzlich aus sich selbst herausbringe, (...) frei von Instinkt, durch eigene Vernunft»[152], aber er hatte den diesem Anspruch eigentlich unwürdigen Widerspruch nicht beseitigen können, daß die Verwirklichung dieser Vernunftzwecke sich gleichsam nur hinter dem Rücken der Menschen verwirklicht: gerade durch den fortbestehenden «Antagonism» der Menschen, ihre «ungesellige Geselligkeit»[153], komme auch ohne ihr Zutun eine vernünftige Ordnung zustande.

Es liegt auf der Hand, daß in diesem Widerspruch die Abstraktheit der durch den Marktmechanismus bewirkten «Versöhnung» der einander widerstreitenden egoistischen Interessen zum Ausdruck kommt. Da es den Menschen nicht möglich ist, von den sie beherrschenden Trieben der Ehrsucht, der Herrschsucht und der Habsucht sich zu lösen, wird zwar nicht die Verwirklichung der vernünftigen Ordnung selbst in Frage gestellt, wohl aber wird die Möglichkeit absehbar, daß erst nach unendlichen Wirren und verheerenden Kriegen die Menschen dazu gelangen werden, ihre «brutale Freiheit aufzugeben»[154]. Auf jeden Fall bleibt unvermeidbar, daß der

Mensch, «einen Herrn nötig hat (...), der ihm den eigenen Willen breche, und ihn nötige, einem allgemein-gültigen Willen, dabei jeder frei sein kann, zu gehorchen».[155]

Gegenüber dieser die liberalistische Ideologie nicht in Frage stellenden Schrift enthält die «Kritik der Urteilskraft» zwei wesentliche Modifikationen. Hatte dort die Befangenheit der Menschen in bloßen «Naturzwecken» die endlich doch erfolgende Verwirklichung von Vernunftzwecken nicht zu gefährden vermocht, so wird hier erkennbar, daß die den Menschen gegebene «Tauglichkeit: sich selbst überhaupt Zwecke zu setzen»[156] *nicht* die Möglichkeit einschließt, auf diese Tauglichkeit nach Belieben etwa auch zu verzichten. Sollten die Menschen sich auf das Streben nach Glückseligkeit beschränken – der Guizot zugeschriebene Aufruf «Enrichissez-vous» wird das Verhältnis des Kapitalismus zu Vernunftzwecken auf die kürzestmögliche Formel bringen – und in der Immanenz des vernunftlosen Naturzusammenhangs befangen bleiben wollen, so wird sich herausstellen, daß die Möglichkeit, in dieser Immanenz als ein Naturwesen unter anderen auf Dauer zu verharren, ihnen nicht gegeben ist. Die Regression ist möglich, Leben in der Regression nicht.

Denn des Menschen «Natur ist nicht von der Art, irgendwo im Besitze und Genusse aufzuhören und befriedigt zu werden»[157]. Aus der Definition von Glückseligkeit als dem «Inbegriff aller durch die Natur (...) möglichen Zwecke» folgt, daß, wenn der Mensch Glückseligkeit «zu seinem ganzen Zwecke macht», er «unfähig» wird, «seiner eigenen Existenz einen Endzweck zu setzen und dazu zusammen zu stimmen»[158]. Die Natur, als Zirkel von bloßen Mitteln, von Fressen und Gefressenwerden, bleibt, obwohl sie sich durch Akte von Gewalt reproduziert, doch im Gleichgewicht, da die Unterwerfung und Vertilgung niederer durch höher organisierte Lebewesen nur der Selbsterhaltung dient. Das Mittel bringt hier zwar keinen Vernunftzweck hervor, aber es bleibt doch als Mittel kenntlich, es wird nicht zum Endzweck erklärt. Daß er in seiner «ungeselligen Geselligkeit» eben dies tut, daß er den Akt des Unterwerfens und Vertilgens, ein bloßes Mittel der Selbsterhaltung, zum Zweck erklärt, unterscheidet den Menschen vom Tier. Allerdings hört das Mittel dadurch, daß es zum Zweck erklärt wird, nicht auf, Mittel zu sein, weshalb nicht einmal der oberste Naturzweck, Glückseligkeit, jemals erreichbar ist. Die Tätigkeit des Unterwerfens aller Zwecke zu bloßen Mitteln, ihrerseits zum Zweck erklärt, ist prinzipiell unabschließbar, sie findet ihre Grenze nicht in der Befriedigung von Bedürfnissen, nicht einmal im Prinzip der Selbsterhaltung, so daß der Mensch schließlich, «so viel an ihm ist, an der Zerstörung seiner eigenen Gattung arbeitet»[159]. Wenn das Mittel zum letzten Zweck gemacht wird, mündet die Entwicklung nicht, wie Kant noch 1784 meinte, in einen Zustand, der «so wie ein Automat sich selbst erhalten kann»[160], sondern in die Katastrophe.

Der Sinn von Kants Kritik der teleologischen Urteilskraft ist daher in dem Versuch zu sehen, den Zirkel von Fressen und Gefressenwerden, als den die Natur und die in ihr befangen bleibende Menschheit sich darstellt, zu durchbrechen. Ihren gesellschaftlichen Gehalt hat diese Problemstellung darin, daß die Suche nach einem Endzweck Reaktion ist auf die Herausbildung von ökonomischen Strukturen, durch die zum ersten Mal in der Geschichte alles ausschließlich auf die Relation von Zwecken und Mitteln reduziert wird, so daß ein Endzweck nicht einmal mehr als denkbar erscheint. Redekers oberlehrerhafte Bemerkung: «Selbst unter Anrechnung seiner weltanschaulichen Möglichkeiten ist Kant in Sozialkritik schwach, wenn man ihn etwa mit Schiller vergleicht»[161] ist unhaltbar, da die Fragestellungen insbesondere der Kritik der teleologischen Urteilskraft dem Stand der Produktivkräfte und der Produktionsverhältnisse genau entsprechen. Kant hat die Probleme ins Zentrum seiner Untersuchungen gestellt, die entstehen, wenn eine Wirtschaftsstruktur, die noch primär auf die Befriedigung der Bedürfnisse einer bestimmten Zahl von Menschen zielt, abgelöst wird durch eine Wirtschaftsform, deren Ziel die unbegrenzte Ansammlung von abstraktem Mehrwert ist: Erst zu Kants Zeit wird das Zunftwesen, dessen Organisationsprinzip die Beschränkung der Produktion auf die Bedürfnisse überschaubarer Gemeinwesen war, allmählich durch die für einen anonymen Markt frei produzierenden Manufakturen abgelöst.

Der Gleichmut, den Kant ungeachtet aller Beunruhigung durch die Möglichkeit einer in sich völlig heterogenen Natur letzten Endes doch zeigt – sollte «eine tiefere oder ausgebreitetere Kenntnis der Natur durch Beobachtung (...) zuletzt auf eine Mannigfaltigkeit von Gesetzen stoßen, die kein menschlicher Verstand auf ein Prinzip zurückführen kann», so sind «wir es auch zufrieden»[162] –, ist darauf zurückzuführen, daß es nach seiner Überzeugung ohnehin allein den Menschen möglich ist, vernünftige Endzwecke hervorzubringen. Ein stärkerer Gegensatz zu einer auf einer Metaphysik der Natur begründeten Ästhetik ist nicht denkbar. Das Prinzip der Induktion, durch das in der Ästhetik das Subjekt den Anspruch anmeldete, die Welt ausschließlich nach den Bedürfnissen der Vernunft zu interpretieren, wird von Kant nicht nur nicht preisgegeben, sondern über das Gebiet des Ästhetischen hinaus zu der Forderung erweitert, daß die Menschen die Welt, in der sie leben, vernünftig, das heißt: ihnen gemäß einrichten. Kant hat denn auch, wie eine kurz vor dem Erscheinen der «Kritik der Urteilskraft» (Frühjahr 1790) noch eingeschobene Fußnote zeigt, mit großer Befriedigung vermerkt, daß man «sich bei einer neuerlich unternommenen gänzlichen Umbildung eines großen Volks zu einem Staat, des Worts *Organisation* (...) sehr schicklich bedient» habe. «Denn jedes Glied soll freilich in einem solchen Ganzen nicht bloß Mittel, sondern zugleich auch Zweck, und, indem es zu der Möglichkeit des Ganzen mitwirkt, durch die Idee des Ganzen wiederum, seiner Stelle und Funktion nach, bestimmt sein.»[163] Der ästhetischen und der teleologischen Urteilskraft fällt hierbei eine Schlüsselfunktion zu, da durch die «ästhetischen Ideen» bzw. durch die Organismen als «Naturzwecke» Vernunft und Empirie als miteinander vermittelbar gezeigt werden, ohne daß sich nach Kants Auffassung genau sagen ließe, wann und durch welche (politischen) Maßnahmen diese Vermittlung tatsächlich zustande komme. In der Tat hat Kant keine Revolutionstheorie geschrieben.[164] Die Beschreibung des Organismus als Naturzweck geschieht nicht in unvermittelt politischer Absicht, etwa als seien diese Überlegungen immer schon eine Aufforderung zu politischer Praxis. «Genau zu reden», lautet der Satz, an den sich in der zweiten Auflage die Fußnote anschließt, «hat also die Organisation der Natur nichts Analogisches mit irgend einer Kausalität, die wir kennen.»[165] Sollte als Folge politischer Ereignisse sich dann doch eine Analogie ergeben, so wäre diese Entwicklung zu begrüßen; von vornherein gerechnet werden kann mit ihr nicht. Man könne lediglich einer «gewissen Verbindung» von natürlichen und gesellschaftlichen Organisationsformen, so leitet Kant die Fußnote über die Französische Revolution ein, «*die aber auch mehr in der Idee als in der Wirklichkeit angetroffen wird,* durch eine Analogie mit den genannten unmittelbaren Naturzwecken Licht geben».[166] Aber selbst die «Analogie» sagt nichts über die Bedingung von Praxis: Kant ist mit äußerster Sorgfalt darauf bedacht, Analogie und Kausalität auseinanderzuhalten, das heißt, die Leerstellen zwischen Theorie und Praxis offenzulassen. Insofern bleiben die Reflexionen über den Organismus, wenn man so will, «unpolitisch». Nur wäre dann zu fragen, ob Kants Haltung, gerade weil sie das Problem der Praxis offenhält, nicht letzten Endes politischer ist als eine «politische Ästhetik»[167] nach dem Vorbild Schillers, der in die Leerstelle zwischen Theorie und Praxis den Begriff des «Spiels» einfügt[168], ohne der Lösung des Problems – wie das Scheitern der «Ästhetischen Erziehung» zeigt – dadurch im geringsten näherzukommen.

Im Gegensatz zu der – von Marquard dargestellten – Tendenz der bürgerlichen Ästhetik, in Naturphilosophie überzugehen, ist für die «Kritik der Urteilskraft» kennzeichnend, daß hier von der Erfahrung der Natur geschichtsphilosophische Impulse ausgehen, ja, daß Naturerfahrung, wenn auch nur durch Analogie, auf gesellschaftliche Praxis verweist. Zugleich aber gilt, daß auf das Naturschöne Licht fällt von der gesellschaftlichen Praxis, daß es allmählich verschwinden müßte, käme die an Vernunft bzw. Freiheit orientierte gesellschaftliche Perspektive, in der es erst sichtbar geworden ist, eines Tages ganz abhanden.

Das Schöne als Symbol der Sittlichkeit

Das Medium, in dem das Selbstverständnis des Bürgertums im 18. Jahrhundert praktisch wird, ist Moral. Aus diesem Grund versucht Kant nachdrücklich, das Schöne (insbesondere das Schöne der Natur) als «Symbol der Sittlichkeit»[169] darzustellen. Gelingt dieser Nachweis, so liegt damit zugleich der Schluß nahe, daß das Schöne die bürgerlicher Ideologie eigentlich angemessene Erscheinungsform ist.

Dies ist umso dringlicher, als es «Virtuosen des Geschmacks» gibt, die «gewöhnlich, eitel, eigensinnig, und verderblichen Leidenschaften ergeben»[170] sind. Die antifeudale Tendenz dieses Satzes ist deutlich. Der Geschmack ist zwar eine bürgerliche Errungenschaft, aber er ist zunächst noch durchaus korrumpierbar durch die Übermacht der feudalen Kultur. *Bürgerlich* ist der Geschmacksbegriff, weil er das Vermögen bezeichnet, dessen das auf sich gestellte Subjekt bedarf, um sich in einer Welt zurechtzufinden, die nicht mehr durch das differenzierte Regelsystem höfischer Etikette geordnet ist. Er ist *korrumpierbar*, weil, wer an der überlieferten feudalen Kultur teilhat, durch die Sicherheit des ästhetischen Urteils dem Bürger zunächst einmal voraus ist. «Virtuosen des Geschmacks» vermitteln die beunruhigende Erkenntnis, daß es möglich ist, treffende Geschmacksurteile zu fällen, ohne daß hieraus schon auf einen «guten moralischen Charakter» zu schließen wäre. Mit der Verläßlichkeit des Geschmacksurteils ist daher bürgerliche Subjektivität überhaupt in Frage gestellt. Auch die zahlreichen Romane, deren einziges Thema die Gefahr der Verführbarkeit bürgerlicher Tugend durch den falschen Glanz der Höfe ist – etwa die «Geschichte des Fräuleins von Sternheim» von Sophie von La Roche – belegen nachdrücklich dieses noch nicht überwundene Gefühl der Unsicherheit. Aus diesem Grunde muß das Geschmacksurteil immer wieder auf Natur rückbezogen, diese mit Moral in Verbindung gebracht werden. Kant bestreitet daher, daß «am Schönen überhaupt ein Interesse zu nehmen» in jedem Falle «Zeichen eines guten moralischen Charakters»[171] sei.

Das «Interesse am *Schönen der Kunst*» wird ausdrücklich nicht als «Beweis einer dem Moralischgutem anhänglichen, oder auch nur dazu geneigten Denkungsart»[172] anerkannt. Wenn das Interesse an von Menschen hervorgebrachten kulturellen Produkten, über die der Geschmack urteilt, grundsätzlich nicht den Schluß auf sittliche Substantialität erlaubt, dann wird auch die beunruhigende Tatsache, daß es – richtig urteilende – «Virtuosen des Geschmacks» gibt, gegenstandslos.

Ein «*unmittelbares Interesse* an der Schönheit der *Natur* zu nehmen (nicht bloß Geschmack zu haben, um sie zu beurteilen)», ist dagegen «jederzeit ein Kennzeichen einer guten Seele»[173]. Um diese Auffassung zu stützen, wendet Kant außerordentliche Mühe auf die Verknüpfung von (Natur-) Schönheit und Sittlichkeit, wobei er, um nicht auf die in der Analyse des ästhetischen Urteils widerlegte Position einer naiv-aufklärerischen Gleichsetzung von Schönheit und Moral zurückzufallen, auf eine etwas mühsame Beweisführung durch Analogien ausweichen muß. Das Geschmacksurteil, das über Schönheit befinde, entspreche in seiner Struktur genau dem moralischen Urteil, das das Sittlichgute zum Gegenstand hat: «1) Das Schöne gefällt *unmittelbar* (aber nur in der reflektierenden Anschauung, nicht, wie die Sittlichkeit, im Begriffe). 2) Es fällt *ohne alles Interesse* (das Sittlichgute zwar notwendig mit einem Interesse, aber nicht einem solchen, was vor dem Urteile über das Wohlgefallen vorhergeht, verbunden, sondern was dadurch allererst bewirkt wird). 3) Die *Freiheit* der Einbildungskraft (...) wird in der Beurteilung des Schönen mit der Gesetzmäßigkeit des Verstandes als einstimmig vorgestellt (im moralischen Urteile wird die Freiheit des Willens als Zusammenstimmung des letzteren mit sich selbst nach allgemeinen Vernunftgesetzen gedacht). 4) Das subjektive Prinzip der Beurteilung des Schönen wird als *allgemein,* d.i. für jedermann gültig, aber durch keinen allgemeinen Begriff kenntlich, vorgestellt (das objektive Prinzip der Moralität wird auch für allgemein, d.i. für alle Subjekte, zugleich auch für alle Handlungen desselben Subjekts, und dabei durch einen allgemeinen Begriff kenntlich, erklärt).»[174] Gegen die «Virtuosen des Geschmacks» versucht Kant klarzustellen, daß der Geschmack, den er meint, sich nicht an den Normen einer vorbürgerlichen Gesellschaft orientiert. Die «Analogie» von ästhetischem und moralischem Urteil besteht im wesentlichen darin, daß die bürgerliche Moral mit dem Anspruch auftritt, nicht klassenspezifisch geprägt, sondern von allgemeiner, für die Menschheit insgesamt verpflichtender Verbindlichkeit zu sein.

Trotzdem wirkt dieser Versuch, das Naturschöne mit Sittlichkeit in Beziehung zu setzen, mühselig und wenig überzeugend. Das ist jedoch insofern von geringerer Bedeutung, als man mit Grund behaupten kann, das in dem «berühmten» § 59 Dargelegte sei schon auf wesentlich verbindlichere Weise Gegenstand des § 42 gewesen. Dort hatte es geheißen: «Der, welcher einsam (und ohne Absicht, seine Bemerkungen andern mitteilen zu wollen) die schöne Gestalt einer wilden Blume, eines Vogels, eines Insekts u. s. w. betrachtet, um sie zu bewundern, zu lieben, und sie nicht gerne in der Natur überhaupt vermissen zu wollen, ob ihm gleich dadurch einiger Schaden geschähe, vielweniger ein Nutzen daraus für ihn hervorleuchtete, nimmt ein unmittelbares und zwar intellektuelles Interesse an der Schönheit der Natur. D. i. nicht allein ihr Produkt der Form nach, sondern auch das Dasein desselben gefällt ihm, ohne daß ein Sinnenreiz daran Anteil hätte, oder er auch irgend einen Zweck damit verbände.»[175] Der Gedankengang ist zugleich einfacher und für Kants Ziel, das Schöne mit dem Sittlichen zu verbinden, zweckdienlicher als die Beweisführung des § 59. Das Naturschöne, so wird hier erkennbar, ist keine vom Subjekt unabhängige Qualität, sondern konstituiert sich erst in der interesselosen «Beschauung», also in einem bestimmten Verhalten des Subjekts gegenüber der Natur. Wer alles und jedes sofort in Beziehung zu seinem Begehrungsvermögen bringt, ist der Wahrnehmung des Naturschönen gar nicht fähig: würde in einer Gesellschaft dieses Verhalten allgemein, so verschwände das Naturschöne. Ist das Subjekt dagegen fähig, am bloßen *Dasein* der Dinge Anteil zu nehmen, ohne sie sogleich in Beziehung zu sich selbst zu setzen oder sie auf ihren Nutzen hin zu taxieren, so wird das Naturschöne möglich; zugleich ist der Schluß auf eine «gute Seele» erlaubt. Es ist also im Grunde nur eine einzige Analogie nötig, um auf den Zusammenhang von Sittlichkeit und Schönheit zu verweisen: Interesselosigkeit. Kant läßt daher auch die Hinwendung zur Natur nur dann gelten, wenn sie auf «Ideen» beruht, «welche über alles sinnliche Interesse hinweg sehen».[176]

«Sinnliches Interesse» an Natur beweist dagegen, wer sich ihrer bedient, um das eigene Selbstwertgefühl zu erhöhen. So verhalten sich Anton Reiser und sein Freund, die «gar zu oft zwischen sich und der Natur eine Szene veranstalteten, indem sie etwa bei Sonnenuntergang die Jünger von Emmaus aus dem Klopstock lasen oder an einem trüben Tage Zachariäs ‹Schöpfung der Hölle› usw.»[177] In der malerischen Umgebung von Erfurt «saßen (...) N. und Reiser oft stundenlang und lasen sich aus irgendeinem Dichter wechselweise vor, welches die meiste Zeit eine wahre Mühe und Arbeit und ein peinlicher Zustand für die war, den sie aber einander nicht gestanden, um nur am Ende die Idee mit sich zu nehmen: ‹Wir sind am Steigerwald freundschaftlich beieinandergesessen, haben von da in das anmutsvolle Tal hinuntergeblickt und dabei unsern Geist mit einem schönen Werke der Dichtkunst genährt›. – Wenn man erwägt, wie viele kleine Umstände sich ereignen müssen, um das Stillsitzen und Lesen unter freiem Himmel angenehm zu machen, so kann man sich denken, mit wie vielen kleinen Unannehmlichkeiten N. und Reiser bei diesen empfindsamen Szenen kämpfen mußten: wie oft der Boden feucht war, die Ameisen an die Beine krochen, der Wind das Blatt verschlug usw.»[178] Die empfindsame Naturschwärmerei bedeutet gerade das Gegenteil von dem, was Kant fordert: die Erscheinung der Natur als Selbstzweck, «ohne Interesse», aufzufassen. Indem N. und Reiser mit der Natur eine «Szene» aufführen, machen sie sie zum Mittel der Darstellung ihrer eigenen Eitelkeiten. (Allerdings rächt sich dieses Verhalten insofern, als der von Reiser und N. verleugnete Bezug auf das Begehrungsvermögen durch die Natur selbst aufs unangenehmste ins Bewußtsein zurückgeholt wird.) Die Natur ist jedoch weder ein Schmollwinkel noch ein besonders raffiniertes Instrument, das in den Dienst egoistischer Strebungen zu stellen wäre. Nur wenn die Hinwendung zur Natur ohne Interesse geschieht, kann sie als Korrektiv der von einander widerstreitenden Interessen entstellten Realität erfahren werden. Das Subjekt, das hierzu fähig ist, beweist, daß es von den eigenen, partikularen Interessen vorübergehend abzusehen vermag. Seine zeitweilige Ungeselligkeit ist daher nicht Selbstzweck, sondern nimmt eine Haltung vorweg, die in einer versöhnten Gesellschaft allgemein wäre. Der Rückzug aus der Gesellschaft geschieht um der Rückkehr in die Gesellschaft willen.

Wie das Naturschöne des Subjekts bedarf, so ist dieses seinerseits auf Natur angewiesen, weil allein in ihr noch ein Bereich zu erfahren ist, der noch nicht von der Zweckrationalität der neuen Produktionsweise durchdrungen ist. Wie genau die Argumentation der «Kritik der Urteilskraft» mit dem Stand der geschichtlichen Entwicklung vermittelt ist, zeigt sich nicht zuletzt in der Empfindlichkeit, mit der Kant auf den Versuch reagiert, die wirkliche Erfahrung der Freiheit vom Prinzip der Zweckrationalität durch eine bloße Illusion zu ersetzen: «Es ist aber hiebei merkwürdig, daß, wenn man diesen Liebhaber des Schönen insgeheim hintergangen, und künstliche Blumen (die man den natürlichen ganz ähnlich verfertigen kann) in die Erde gesteckt, oder künstlich geschnitzte Vögel auf Zweige von Bäumen gesetzt hätte, und er darauf den Betrug entdeckte, das unmittelbare Interesse, was er vorher daran nahm, alsbald verschwinden, vielleicht aber ein anderes, nämlich das Interesse der Eitelkeit, sein Zimmer für fremde Augen damit auszuschmücken, an dessen Stelle sich einfinden würde. Daß die Natur jene Schönheit hervorgebracht hat: dieser Gedanke muß die Anschauung und Reflexion begleiten».[179] Das berühmte Beispiel der künstlichen Nachtigall, deren Schlagen alles Interesse einbüßt, sobald es als Nachahmung erkannt ist, soll diesem Gedanken Nachdruck verleihen. «Es muß Natur sein, oder von uns dafür gehalten werden, damit wir an dem Schönen als einem solchen ein unmittelbares *Interesse* nehmen können».[180] Kant reagiert da-

mit auf die Erfahrung, daß allein in der Natur jene Rationalität von Zwek-
ken und Mitteln, die die Menschen und die Dinge der Möglichkeit beraubt,
«Selbstzweck» zu sein, sich noch nicht durchgesetzt hat. Umgekehrt vermag das Naturschöne zur Analogie einer Gesellschaft zu werden, in der
man jeden einzelnen «nicht gerne vermissen» wird, unabhängig von der
Einschätzung, ob er in irgendeiner Hinsicht «nützlich» sei oder nicht. Nur
auf diese umfassende Weise, nicht durch den herbeigezwungenen Nachweis, daß das ästhetische Urteil und das der praktischen Vernunft einander
entsprechen, lassen sich das Schöne und das Sittliche miteinander vermitteln. Wer der Erfahrung des Naturschönen fähig ist, bei dem ist «wenigstens eine Anlage zu guter moralischer Gesinnung zu vermuten»[181], weil zu
hoffen ist, er werde seine Bereitschaft, in der Natur etwas einfach «da» sein
zu lassen, ohne es auf seine Nützlichkeit zu taxieren, auch sein Verhalten in
der Gesellschaft bestimmen lassen.

Behielte dagegen, wie die pedantische Argumentation des § 59 nahelegt
und wie Kant an anderer Stelle einmal ausdrücklich fordert, die Bindung
des Ästhetischen an «moralische Ideen», «die *allein*» – also ohne Vermittlung durch ästhetische Erfahrung – «ein selbständiges Wohlgefallen bei
sich führen»[182], das letzte Wort, so kehrte der Widerstreit zwischen der
Unendlichkeit des Sittengesetzes und der Endlichkeit der Menschen wieder.
Folgerichtig fordert Kant denn auch in diesem Zusammenhang, der einzige
Endzweck, «den die Vernunft a priori angeben muß», sei «*der Mensch (...)
unter moralischen Gesetzen*»[183]; eine Bemerkung, die durch eine Fußnote
nachdrücklich bekräftigt wird: «Ich sage mit Fleiß: *unter* moralischen Gesetzen. Nicht der Mensch *nach* moralischen Gesetzen, d. i. ein solcher, der
sich ihnen gemäß verhält, ist der Endzweck der Schöpfung. Denn mit dem
letztern Ausdrucke würden wir mehr sagen, als wir wissen: nämlich daß es
in der Gewalt eines Welturhebers stehe, zu machen, daß der Mensch den
moralischen Gesetzen jederzeit sich angemessen verhalten (...). Nur vom
Menschen unter moralischen Gesetzen können wir, ohne die Schranken
unserer Einsicht zu überschreiten, sagen: sein Dasein mache der Welt Endzweck aus.»[184] Daß der Mensch «nach» moralischen Gesetzen, in völliger
Übereinstimmung mit ihnen, sich verhalten könne, ist ausgeschlossen, weil
er als endliches Wesen aufgrund seiner Sinnlichkeit Neigungen hat, die
schon als solche, unabhängig von ihrem Inhalt, mit dem Absolutheitsanspruch des moralischen Gesetzes prinzipiell nicht in Übereinstimmung zu
bringen sind. Gerade die Absolutheit des Sittengesetzes, das zu erkennen
den Menschen erst zum Menschen macht – der Freiheitsbegriff ist das
einzige den Menschen zugängliche Ding an sich –, hindert ihn daran, ganz
zu sich selbst zu kommen. Das Sittengesetz bleibt ihm letzten Endes äußer-

lich, Instanz eines Zwanges, der fortbesteht, da der Mensch ein Sinnenwesen bleibt.

Diese Bemerkungen Kants sind daher mit der eigentlichen Intention der «Kritik der Urteilskraft» nicht zu vereinbaren. Gerade durch die ästhetische Erfahrung soll der unselige Zwiespalt zwischen Vernunft und Sinnlichkeit, der es dem Menschen unmöglich macht zu sich selbst zu finden, aufgehoben werden. «Annehmlichkeit gilt auch für vernunftlose Tiere; Schönheit nur für Menschen, d. i. tierische, aber doch vernünftige Wesen, aber auch nicht bloß als solche (z. B. Geister) sondern zugleich als tierische; das Gute aber für jedes vernünftige Wesen überhaupt.»[185] Schönheit soll zwischen der Endlichkeit der Menschen als «tierischen» Wesen und der abstrakten Unendlichkeit des Sittengesetzes vermitteln. Daß dieses Dilemma, das in der «Kritik der praktischen Vernunft» unauflösbar geblieben war, zuweilen noch in der «Kritik der Urteilskraft» wieder hervorbricht, läßt erkennen, wie stark in Kants Denken unaufgelöste religiöse Traditionen nachwirken, in diesem Falle die protestantische Überzeugung, daß der Mensch bereits als Sinnenwesen, unabhängig von seinen Taten (diese mögen gut oder böse sein) der Sünde verfallen sei. Die Grenze der Aufklärung, die hier sichtbar wird, war noch für die «Kritik der praktischen Vernunft» unüberwindbar. In der Absolutheit des Sittengesetzes behielt der Schöpfergott seine Macht – denn nur ihm, der es hervorgebracht hat, wäre es möglich, sich «nach» dem Sittengesetz zu verhalten –, und zwar um so nachdrücklicher, als er in der Gestalt eines abstrakten, absolute Verbindlichkeit beanspruchenden Vernunftprinzips von keiner Kritik mehr erreichbar war. Gerade der durch die Vernunft zum Sittengesetz säkularisierte Gott wurde in der «Kritik der praktischen Vernunft» vollends zum Deus absconditus: Der Zwang, den das Sittengesetz auf die Menschen ausübt, mußte ihnen nun als ihr innerstes Wesen erscheinen, gegen das sich zu wehren nicht legitim ist; die Selbstentfremdung wurde ganz nach innen verlegt, ja als oberstes sittliches Gebot akzeptiert.

Diese zwanghaften, unaufgelösten Züge der Tradition zergehen in der Erfahrung des Naturschönen, in einem «Gewährenlassen», das geeignet ist, eine neue, zwangfreie, den Menschen gemäße Sittlichkeit zu begründen. Der entscheidende Schritt der «Kritik der Urteilskraft» über die «Kritik der praktischen Vernunft» hinaus besteht also darin, daß dem Subjekt die Möglichkeit gegeben wird, mit sich selbst identisch zu werden.

Ästhetische Erfahrung und Humanität

Schiller erliegt daher einem Mißverständnis, wenn er meint, der schroffe Gegensatz von Sinnlichkeit und Vernunft, wie er noch in der «Kritik der praktischen Vernunft» erscheint, sei von Kant selbst nicht mehr überwunden worden. Tatsächlich ist in der «Kritik der Urteilskraft» das in der «Ästhetischen Erziehung» angestrebte Ziel bereits erreicht.

Problematisch bleibt bei Schillers Ansatz, daß die durch das «Spiel» vollbrachte Vermittlung eine private Erfahrung isolierter Subjekte bleibt. Dagegen betont Kant die Notwendigkeit der Intersubjektivität der ästhetischen Erfahrung. Die Frage, «ob im Geschmacksurteile das Gefühl der Lust vor der Beurteilung des Gegenstandes, oder diese vor jener vorhergehe»[186], wird ausdrücklich als «Schlüssel zur Kritik des Geschmacks, und daher aller Aufmerksamkeit würdig»[187], angegeben. Denn ginge «die Lust an dem gegebenen Gegenstande vorher, und nur die allgemeine Mitteilbarkeit derselben sollte im Geschmacksurteile der Vorstellung des Gegenstandes zuerkannt werden», so würde eine solche Lust «keine andere, als die bloße Annehmlichkeit in der Sinnenempfindung sein, und daher (...) nur Privatgültigkeit haben können»[188]. Mithin müsse «die allgemeine Mitteilungsfähigkeit des Gemütszustandes» dem Geschmacksurteil zugrunde liegen «und die Lust an dem Gegenstande zur Folge haben»[189]. Die im Geschmacksurteil sich einstellende Lust ist also geradezu definiert als Lust *an* allgemeiner Mitteilbarkeit. Sie stellt sich nicht etwa dadurch ein, daß die Menschen sich als Teil einer vorgegebenen, von ihnen unabhängigen Einheit und Harmonie erkennten[190], sondern sie entsteht immer nur dort, wo es den Menschen gelingt, sich – zumindest potentiell – über Vernunftzwecke zu *verständigen*.

In der Verbesserung der «allgemeinen Mitteilungsfähigkeit» sieht Kant daher den eigentlichen Fortschritt der Humanität, die ausdrücklich definiert wird «einerseits» als «das allgemeine *Teilnehmungsgefühl*, andererseits das Vermögen, sich innigst und allgemein *mitteilen* zu können»[191]. Während bei «Farben, um sich zu bemalen (Rocou bei den Karaiben und Zinnober bei den Irokesen), oder Blumen, Muschelschalen»[192], es sich ursprünglich um Gegenstände des «Putzes» handele, die nur zur Hervorhebung der eigenen Person dienen, weshalb auch «ein verlassener Mensch auf einer wüsten Insel weder seine Hütte, noch sich selbst ausputzen»[193] würde, trete das Motiv des bloßen «Putzes» immer mehr zurück hinter dem Bedürfnis nach Mitteilung, «bis endlich die auf den höchsten Punkt gekommene Zivilisierung daraus beinahe das Hauptwerk der verfeinerten Neigung macht, und Empfindungen nur so viel wert gehalten werden, als sie sich allgemein mitteilen lassen; wo denn, wenn gleich die Lust, die jeder an einem solchen Gegenstande hat, nur unbeträchtlich und für sich ohne merkliches Interesse ist, doch die Idee von ihrer allgemeinen Mitteilbarkeit ihren Wert beinahe unendlich vergrößert.»[194]

Durch die «Kritik der Urteilskraft» wird es möglich, auf eine weitere Frage, die in der Schrift von 1784 offen bleiben mußte, eine Antwort zu erteilen: wie die Versöhnung der einander widerstreitenden Interessen denn eigentlich zustande kommen könne. Dort hatte Kant sich mit der Feststellung begnügt, daß trotz der «ungeselligen Geselligkeit» der Menschen schließlich doch ein stabiles Gemeinwesen entstehe; stillschweigend anerkannt war damit, daß die Widersprüche innerhalb der bürgerlichen Gesellschaft fortbestehen würden; Kant hatte noch nicht (anders als wenig später Hegel) den Versuch unternommen, das durch den Marktmechanismus hervorgebrachte Gleichgewicht für einen Zustand wirklicher Versöhnung auszugeben.

Erst durch die ästhetische Erfahrung wird ein Weg sichtbar, die gestörte Kommunikation der in «ungeselliger Geselligkeit» verharrenden Subjekte zu korrigieren. Der durch das liberalistische Modell hergestellte Zustand einer bloß abstrakten Versöhnung ist dem durch das Gefühl der Lust im ästhetischen Urteil angezeigten gerade engegengesetzt, da er vom einzelnen absieht bzw. auf dessen Kosten erst zustandekommt. «Wo die Gleichheit die formalen Fundamente der Beziehungen zwischen Menschen ergreift», wird Georg Simmel bemerken, «wird sie zum Mittel, ihre individuellen Ungleichheiten zum schärfsten und folgenreichsten Ausdruck zu bringen, der Egoismus hat sich, indem er die Schranken der formalen Gleichheit einhält, mit inneren und äußeren Hindernissen abgefunden und besitzt nun gerade in der Allgemeingültigkeit jener Bestimmungen eine Waffe, die, weil sie jedem dient, auch gegen jeden dient.»[195] Die «absolute Möglichkeit, die Kräfte des Geldes bis aufs Letzte auszunutzen», erscheint daher «nicht nur als Rechtfertigung, sondern sozusagen als logisch-begriffliche Notwendigkeit, es auch wirklich zu tun.»[196] Daher bedeutet die Tatsache, daß nach Kants Darstellung umfassende «Mitteilung» zwischen den Subjekten sich im Medium der Kunst herstellt, das Korrektiv einer Kommunikation, die notwendig formal bleiben muß, da die Subjekte auf dem Markt nur funktional miteinander in Beziehung treten, als Tauschende. Wo, wie in der Kunst, nicht nach Begriffen geurteilt wird, besteht auch keine «logisch-begriffliche Notwendigkeit», die egoistischen Strebungen mit letzter Rücksichtslosigkeit durchzusetzen. In der Tat läßt sich nicht dogmatisch fixieren, welcher Klasse das Subjekt zugehört, an dem sich Kant in seiner Ästhetik orientiert.[197] Mit dem wirtschaftenden Subjekt teilt das ästhetische Subjekt das Interesse an ungeschmälerter Selbstbehauptung: daher ist mit dem Geschmacksurteil das Gefühl von Lust verbunden; beide unterscheidet, daß das ästhetische Subjekt sich nicht auf Kosten anderer zu behaupten versucht: die Lust hat daher zur Bedingung, daß sie allgemein mittelbar, das heißt, auch in allen anderen Subjekten möglich ist. Bürgerliche Ästhetik, wie Kant sie entwirft, ist daher zugleich eine Kritik der bürgerlichen Gesellschaft: indem Kant das ästhetische Erlebnis an die Forderung nach allgemeiner Mitteilbarkeit bindet, erinnert er daran, daß die Emanzipation des einzelnen nur in einer Gesellschaft denkbar ist, durch deren Organisationsprinzip die Möglichkeit umfassender Mitteilung nicht auf Dauer zerstört ist.

Einteilung der Künste – allgemeine Mitteilbarkeit – «Ton»

Dieser Gedanke liegt auch der Skizze zu einer Einteilung der schönen Künste zugrunde, die Kant «wenigstens zum Versuche»[198] unternimmt. Daß sie wenig Beachtung fand, dürfte darauf zurückzuführen sein, daß Kant diesen Gedanken nur nebenbei, als Anregung ausspricht; es fehlte ihm hierzu wohl auch eine ausreichende Kenntnis des Materials.[199] Auch mag die eine oder andere in dieser Skizze vorgenommene Zuordnung, etwa der Gartenkunst zur Malerei, für einen Leser, dessen Vorstellungen geprägt sind durch Kategorien der Werkästhetik, kaum noch nachvollziehbar sein.

Der grundlegende Gedanke des «Versuchs» wird jedoch hiervon nicht in Frage gestellt. Zum Prinzip der Einteilung nimmt Kant «die Analogie der Kunst mit der Art des Ausdrucks, dessen sich Menschen im Sprechen bedienen, um sich, so vollkommen als möglich ist, einander, d. i. nicht bloß ihren Begriffen, sondern auch Empfindungen nach, mitzuteilen.»[200] Da ihnen als Medien der Mitteilung «Worte», «Gebärdung» und «Ton» (zu dem «Artikulation», «Gestikulation» und «Modulation» zählen) zur Verfügung stehen, könne es «nur dreierlei Arten schöner Künste» geben, «die *redende, die bildende,* und die Kunst *des Spiels der Empfindungen* (als äußerer Sinneneindrücke)».[201] «Nur die Verbindung dieser drei Arten des Ausdrucks», so bekräftigt Kant, «macht die vollständige Mitteilung des Sprechenden aus. Denn Gedanke, Anschauung und Empfindung werden dadurch zugleich und vereinigt auf den andern übertragen.»[202]

Nimmt man diesen Gedanken ernst, so wird nichts Geringeres sichtbar als der bürgerlich-revolutionäre politische Gehalt von Kants Ästhetik. Denn wenn Kant fordert, daß Mitteilung sich nicht nur in Begriffen zu vollziehen habe, sondern auch «Anschauung und Empfindung» einschließen müsse, so ist damit die Forderung nach Herstellung einer repressionsfreien Gesellschaft erhoben: Nur eine Gesellschaft, die die Menschen nicht auf eine bloße Funktion in einem ihnen äußerlichen Zusammenhang reduziert, vermag jenen Elementen des Ausdrucks, die in der jeweiligen Funktion nicht aufgehen, in denen aber eigentlich die «Subjektivität» der Subjekte besteht, zu ihrem Recht zu verhelfen.

Es kann kein Zweifel sein, daß diese Konstruktion durch die gleichen sozialen Erfahrungen vermittelt ist, die in Deutschland die Literatur der «Empfindsamkeit» hervorbrachten. Kaum eine andere Stelle der «Kritik der Urteilskraft» läßt deutlicher erkennen, daß politische Entwicklung, künstlerische Produktion und ästhetische Theoriebildung sehr genau aufeinander verweisen. «Empfindsam» zu sein, seine Gefühle und Stimmungen offen zur Schau zu tragen, ist das genaue Gegenteil höfisch-aristokratischer Undurchdringlichkeit: «Gunst, Einfluß, Bedeutung, dieses ganze komplizierte und gefährliche Spiel, bei dem körperliche Gewaltanwendung und unmittelbare Affektausbrüche verboten sind (...), verlangt von jedem Beteiligten eine beständige Langsicht, eine genaue Kenntnis jedes Anderen und seiner Stellung, seines Kurswertes im Geflecht der höfischen Meinungen (...). Jeder Mißgriff, jeder unvorsichtige Schritt drückt den Kurswert dessen, der ihn getan hat, in der höfischen Meinung herab; er bedroht unter Umständen seine ganze Stellung am Hof. ‹Un homme, qui sait la cour, est maître de son geste, de ses yeux et de son visage; il est profond, impénétrable; il dissimule les mauvais offices, sourit à ses enemis, contraint son humeur, déguise ses passions, dément son cœur, agit contre ses sentiments›.»[203] Wenn die Empfindsamkeit «in den 70er und 80er Jahren, bis hin in die 90er Jahre, eine Modeerscheinung»[204] ist, so handelt es sich jedenfalls um eine politisch überaus begründete Mode.

Denn während in Frankreich es den Angehörigen des Bürgertums seit längerem prinzipiell möglich war, in enge Verbindung mit der Aristokratie zu treten und politisch bedeutsame Positionen zu besetzen[205], mußte der deutsche bürgerliche Mittelstand noch im ausgehenden 18. Jahrhundert auf den Bereich ausweichen, der von den das politische Leben beherrschenden aristokratischen Verkehrsformen nicht besetzt war: das Gefühl. Die Woge der Peinlichkeit und des Befremdens, die Werther durch sein Erscheinen in einer aristokratischen Abendgesellschaft auslöst, hat Gewalt genug, ihn ein- für allemal aus einem Bereich zu entfernen, in dem er nichts zu suchen hat; erst nach diesem Erlebnis verfällt er endgültig der empfindsamen Schwärmerei. Politische Unmündigkeit schärft im Bürgertum das Bewußtsein dafür, daß es noch andere als begriffliche Möglichkeiten der Mitteilung gibt; und wenn auch der Absturz in die pure Rührseligkeit unvermeidlich ist, so daß schon früh auch von bürgerlicher Seite gegen Empfindsamkeit als «Sentimentalität» polemisiert wird[206], so wird doch durch den Rückzug auf die Pflege der eigenen Empfindung eine Möglichkeit der Erfahrung erschlossen, die der Forderung nach Emanzipation eine entscheidende Tiefendimension hinzuzufügen geeignet ist. Niemand hat schärfer als Kant auf die negativen Wirkungen der enthemmten Empfindsamkeit hingewiesen: «Romane, weinerliche Schauspiele, schale Sittenvorschriften, die mit (obzwar fälschlich) sogenannten edlen Gesinnungen tändeln, in der Tat aber das Herz welk (...), aller Achtung für die Würde der Menschheit in unserer Person und das Recht der Menschen (...), und überhaupt aller festen Grundsätze unfähig machen (...): vertragen sich nicht (...) mit dem, was zur Schönheit (...) der Gemütsart gezählt werden könnt (...).»[207] Trotzdem verschließt Kant sich nicht der Erkenntnis, daß «Mitteilung» sich nicht im Austausch von Begriffen erschöpft. Zwischen einer rationalistischen, ausschließlich den Begriff berücksichtigenden, subjektive Empfindung verdrängenden Auffassung und einer alle Begrifflichkeit auslaugenden Empfindsamkeit findet er den schmalen Ausweg, indem er den Ausdruck der Empfindung mit der Forderung allgemeiner Mitteilbarkeit verbindet.

Daher kommt der Kunst erhebliches politisches Gewicht zu. Nur in der Kunst ist von Bedeutung, daß die «vollständige Mitteilung des Sprechenden» nicht nur in der Übermittlung von Begriffen, sondern nicht weniger in Gebärde und Ton, Artikulation, Gestikulation, Modulation bestehe; während in der Realität die nichtverbalen Elemente, solange sie nicht das begrifflich Gesagte direkt dementieren, in ihrer kommunikativen Bedeutung nicht anerkannt sondern zur Privatsache, die nicht zur Kenntnis genommen werden muß, erklärt werden. Indem die Kunst Gebärde und Ton als zur «Mitteilung» ebenso gehörig anerkennt wie den Begriff, unterstützt sie jene Bereiche, von denen das Subjekt die bestimmte Empfindung hat, auf sie komme es eigentlich an, und die dennoch am wirkungsvollsten unterdrückt werden können, weil sie als Mitteilung nicht anerkannt werden.

So ist charakteristisch, daß in der «Emilia Galotti» der «Ton», mit dem der sterbende Graf Appiani den Namen Marinelli ausspricht, für die bürgerliche Claudia Galotti den untrüglichen Beweis der Schuld des Höflings enthält:

CLAUDIA. (...) Marinelli war – der Name Marinelli war – begleitet mit einer Verwünschung – Nein, daß ich den edeln Mann nicht verleumde! – begleitet mit keiner Verwünschung – Die Verwünschung denk' ich hinzu – Der Name Marinelli war das letzte Wort des sterbenden Grafen.

MARINELLI. Des sterbenden Grafen? Grafen Appiani? – Sie hören, gnä-

dige Frau, was mir in Ihrer seltsamen Rede am meisten auffällt. – Des
sterbenden Grafen? – Was Sie sonst sagen wollen, versteh' ich nicht.
CLAUDIA *(bitter und langsam)*. Der Name Marinelli war das letzte Wort
des sterbenden Grafen! – Verstehen Sie nun? – Ich verstand es erst auch
nicht: ob schon mit einem Tone gesprochen – mit einem Tone! – Ich höre
ihn noch! Wo waren meine Sinne, daß sie diesen Ton nicht sogleich verstanden?
MARINELLI. Nun, gnädige Frau? – Ich war von je her des Grafen Freund;
sein vertrautester Freund. Also, wenn er mich noch im Sterben nannte –
CLAUDIA. Mit dem Tone? – Ich kann ihn nicht nachmachen; ich kann
ihn nicht beschreiben: aber er enthielt alles! alles! – Was? Räuber wären es
gewesen, die uns anfielen? – Mörder waren es; erkaufte Mörder! – Und
Marinelli, Marinelli war das letzte Wort des sterbenden Grafen! Mit einem
Tone!
MARINELLI. Mit einem Tone? – Ist es erhört, auf einen Ton, in einem
Augenblicke des Schreckens vernommen, die Anklage eines rechtschaffnen
Mannes zu gründen?
CLAUDIA. Ha, könnt' ich ihn nur vor Gerichte stellen, diesen Ton! –[208]
Der Affekte und moralische Wertung ausdrückende «Ton» ist es, der über
Schuld und Unschuld entscheidet; er enthält die Verwünschung, die Clau-
dia Galotti zunächst glaubt expressis verbis gehört zu haben. Die bloße
Nennung des Namens, gebraucht wie ein «klarer und deutlicher» Begriff,
gibt hierüber keine Auskunft. Er kann durchaus in entgegengesetztem Sinne
verstanden werden, wie der Höfling sofort erkennt. Marinelli gebraucht
denn auch die gegen ihn vorgebrachte Anklage ohne weiteres zu seiner
Verteidigung:
MARINELLI. Sie wissen, gnädiger Herr, wie sehr ich den Grafen Appiani
liebte; wie sehr unser beider Seelen in einander verwebt schienen –
ODOARDO. Das wissen Sie, Prinz? So wissen Sie es wahrlich allein.
MARINELLI. Von ihm selbst zu seinem Rächer bestellet –
ODOARDO. Sie?
MARINELLI. Fragen Sie nur Ihre Gemahlin. Marinelli, der Name Mari-
nelli war das letzte Wort des sterbenden Grafen: und in einem Tone! in
einem Tone! – Daß er mir nie aus dem Gehöre komme dieser schreckliche
Ton, wenn ich nicht alles anwende, daß seine Mörder entdeckt und bestraft
werden![209]
Was in einer vorbürgerlichen Gesellschaft allein zählt, ist der moralisch
indifferente Begriff, ohne Rücksicht auf das, was nach bürgerlicher Absicht
ihm erst seinen eigentlichen Inhalt gibt.
Umgekehrt wendet, ein Jahrhundert später, das konsolidierte Bürgertum

sich gegen eine Rasse, für die «Artikulation, Gestikulation, Modulation» auch dann noch zur Mitteilung gehören, als alle nicht funktionalen Momente aus der nur noch als Instrument der Produktion verstandenen Sprache getilgt sind: «Im Besonderen aber widert uns (...) die *rein sinnliche Kundgebung der jüdischen Sprache* an. Es hat der Kultur nicht gelingen wollen, die sonderliche Hartnäckigkeit des jüdischen Naturells in Bezug auf Eigentümlichkeiten der semitischen Aussprechweise durch zweitausendjährigen Verkehr mit europäischen Nationen zu brechen. Als durchaus fremdartig und unangenehm fällt unserem Ohre zunächst ein zischender, schrillender, summsender und murksender Lautausdruck der jüdischen Sprechweise auf: eine unserer nationalen Sprache gänzlich uneigentümliche Verwendung und willkürliche Verdrehung der Worte und Phrasenkonstruktionen gibt diesem Lautausdrucke vollends noch den Charakter eines unerträglich verwirrten Geplappers, bei dessen Anhörung unsere Aufmerksamkeit unwillkürlich mehr bei diesem widerlichen *Wie,* als bei dem darin enthaltenen *Was* der jüdischen Rede verweilt.»[210] Die Kunst ist an die Stelle der nicht verwirklichten Freiheit getreten: Die universale Mitteilung gilt nun als verdächtig, dem reibungslosen Funktionieren des Menschen im Produktionsprozeß potentiell abträglich; sie ist allenfalls noch im Gesamtkunstwerk legitimiert, das umso üppiger auftritt, je mehr die Inhalte, die noch für Kant mit der Realität vermittelt werden sollten, aus dieser abgezogen worden sind. Das Gesamtkunstwerk kommuniziert vermittels der Technik der unendlich wiederkehrenden Leitmotive nur noch mit sich selbst, die Beziehung auf das Subjekt ist ihm nicht mehr wesentlich, im Gegensatz zur «Kritik der Urteilskraft». Denn indem bei Kant die ästhetische Erfahrung im Subjekt das Gefühl der Lust hervorruft, wird sie zum einzigen verläßlichen Anzeichen, daß Freiheit real verwirklicht oder doch verwirklichbar ist; als die subjektivste aller Empfindungen stellt Lust sich nur dann ein, wenn das Subjekt sich in Übereinstimmung mit der Außenwelt erfahren kann, ohne das Geringste in sich dem Anspruch eines Allgemeinen opfern zu müssen. «Der Gegenstand heißt alsdann schön; und das Vermögen, durch eine solche Lust (folglich auch allgemeingültig) zu urteilen, der Geschmack.»[211] Wer Geschmack hat, ist also der Erfahrung von Freiheit zugänglich. Daher ist das Geschmacksurteil ein *Urteil:* weil es einen objektiven Sachverhalt, Freiheit, zum Gegenstand hat. Das ist der eigentliche Grund, weshalb es allgemeine Zustimmung beansprucht, um die es gleichwohl nur «wirbt». Denn weder kann noch will das Geschmacksurteil etwas erzwingen. Es *kann* nichts erzwingen, weil es kein logisches, auf Begriffen fundiertes Urteil ist, sondern weil es durch nichtdiskursive Momente konstituiert wird. Es *will* nichts erzwingen, weil sein

Inhalt nicht aus abstrakten Begriffen *geschlossen* sondern *erfahren* wird. Wer Geschmack hat, wirbt darum, daß die Erfahrung von Freiheit allgemein werde.

Geschmack und Gemeinsinn

Der Geschmack, jenes scheinbar zutiefst egozentrische Vermögen, durch das das Subjekt alle Gegenstände strikt auf sich bezieht, ist also nicht nur ein ästhetischer, sondern zugleich ein sozialer Sinn. Daher war der Versuch, das Geschmacksurteil transzendental zu deduzieren, unbefriedigend verlaufen. Die Transzendentalphilosophie ist an der Grenze ihrer Möglichkeiten angelangt, wenn das einheitsstiftende Moment nicht mehr das einzelne Subjekt, die mit ihm gesetzte, nicht mehr hinterfragbare transzendentale Synthesis der Apperzeption ist. Der «Bestimmungsgrund» des Geschmacksurteils, jene Instanz, die seinen Anspruch auf «subjektive Allgemeinheit» begründet, kann daher nicht im einzelnen Subjekt, sondern muß, wie Kant folgert, «vielleicht im Begriffe von demjenigen» liegen, «was als das übersinnliche Substrat der Menschheit angesehen werden kann»[212].

Wenn es aber der Geschmack ist, der auf das übersinnliche Substrat der Menschheit verweist, dann muß es sich bei diesem um eine «Art von sensus communis»[213] handeln. In der Tat kommt Kant zu dem Ergebnis, «daß der Geschmack mit mehrerem Rechte sensus communis genannt werden könne, als der gesunde Verstand; und daß die ästhetische Urteilskraft eher als die intellektuelle den Namen eines gemeinschaftlichen Sinnes führen könne».[214]

Hatte Kant zunächst bemerkt, daß das Geschmacksurteil zwar nicht *aus* einem Begriff folge, aber doch – sonst bliebe sein Anspruch auf allgemeine Verbindlichkeit unerklärbar – *auf* einen Begriff verweisen müsse[215], so stellt sich nun heraus, daß es sich bei diesem Begriff nur um den sensus communis handeln kann. «Unter dem sensus *communis* aber muß man die Idee eines *gemeinschaftlichen* Sinnes, d. i. eines Beurteilungsvermögens verstehen, welches in seiner Reflexion auf die Vorstellungsart jedes andern in Gedanken (a priori) Rücksicht nimmt, um *gleichsam* an die gesamte Menschenvernunft sein Urteil zu halten (...). Dieses geschieht nun dadurch, daß man sein Urteil an anderer, nicht sowohl wirkliche, als vielmehr bloß mögliche Urteile hält, und sich in die Stelle jedes andern versetzt, indem man bloß von den Beschränkungen, die unserer eigenen Beurteilung zufälliger Weise anhängen, abstrahiert».[216] Die entscheidend neue Bedeutung, die Kant dem Begriff des sensus communis gibt und die es erlaubt, in ihm das intelligible Substrat der Menschheit zu identifizieren, ist, daß in ihm eine «Idee» gesehen wird. Denn eine «Idee» ist dadurch ausgezeichnet, daß sie ein über die «Erfahrungsgrenze» hinausweisendes Moment enthält. Dadurch unterscheidet sich die Bedeutung, die dem Begriff des sensus communis in der «Kritik der Urteilskraft» zuwächst, grundsätzlich von der Art und Weise, wie er im angelsächsischen Bereich, etwa bei Shaftesbury, aufgefaßt wird: «Shaftesbury stellt die Würdigung der gesellschaftlichen Bedeutung von wit und humour unter den Titel sensus communis (...). Es ist (...) nicht so sehr eine naturrechtliche, allen Menschen verliehene Ausstattung, als eine soziale Tugend, eine Tugend des Herzens mehr als des Kopfes, die Shaftesbury meint.»[217] Aber im Gegensatz zu Gadamer, der beklagt, daß der Begriff des sensus communis bei Kant seines sozialen Gehalts verlustig gehe, ist daran festzuhalten, daß in der «Kritik der Urteilskraft» der soziale Gehalt des Gemeinsinns neu begründet wird: gerade der Vergleich mit der Schottischen Schule läßt die unerhörte Offenheit und Dynamik erkennen, die Kant ihm zuweist. Gewiß kommt auch hier die Zurückgebliebenheit der politischen Verhältnisse in Deutschland wieder ins Spiel. Für ein Bürgertum, dem aufgrund der unterentwickelten Kommunikationsstrukturen die Möglichkeit der Selbstverständigung weitgehend fehlt, muß in der Tat schon der Begriff eines sensus communis über die «Erfahrungsgrenze» verweisen. Andererseits jedoch wächst ihm hierdurch ein kritisches Potential zu, das ihn nicht nur vor Erstarrung bei einmal erreichten Positionen bewahrt, sondern ihn als eine in der Zukunft einzulösende Forderung begreifen läßt. «Common sense» bezeichnet bei den angelsächsischen Autoren eine erprobte und bewährte Haltung und insofern eine Tatsache; Gemeinsinn, in der «Kritik der Urteilskraft», verweist dagegen auf eine Instanz, die erst noch herzustellen ist, und an die daher, eben weil sie noch nicht verwirklicht ist, höhere Ansprüche gestellt werden müssen.

«Auf irgend einen Begriff», hatte Kant geschrieben, «muß sich das Geschmacksurteil beziehen; denn sonst könnte es schlechterdings nicht auf notwendige Gültigkeit für jedermann Anspruch machen. Aber *aus* einem Begriffe darf es darum eben nicht erweislich sein».[218] Mit dem als «Idee» verstandenen Gedanken eines Gemeinsinns ist dieser Begriff gefunden. Er ist, als Idee, die – noch – keine Entsprechung in der Wirklichkeit hat, eher ein Postulat als ein fixer Begriff. Der sensus communis, wie er in der «Kritik der Urteilskraft» konzipiert wird, ist daher als ein noch unabgeschlossener Prozeß zu denken, der allenfalls dann zu einem Ende gelangt, wenn die im Geschmacksurteil vorweggenommene Übereinstimmung des Subjekts mit der Außenwelt allgemein geworden ist, gesichert durch eine vernünftige Struktur der Gesellschaft. Dann erst käme dem Geschmacksurteil mehr als nur «subjektive» Allgemeinheit zu, ohne daß das Subjekt dem Allgemeinen – wie Moritz schon 1788 fordert – sich zu «opfern»[219] brauchte.

Damit ist die mit der Forderung nach Emanzipation des Subjekts aufgeworfene Problematik – die zugleich das Grundproblem einer «bloß negativ»[220] verstandenen Aufklärung ist – gelöst. Denn Geschmacksurteil, durch das das Subjekt «ohne Schrecken seiner selbst innewerden»[221] kann, und Gemeinsinn entsprechen einander. Wenn der Gemeinsinn «die notwendige Bedingung der allgemeinen Mitteilbarkeit unserer Erkenntnis» ist, so ist der Geschmack bestimmt als «das Vermögen, die Mitteilbarkeit der Gefühle, welche mit gegebener Vorstellung (ohne Vermittelung eines Begriffs) verbunden sind, a priori zu beurteilen»[222]. Jedes ästhetische Urteil enthält somit ein utopisches Moment. Denn der Geschmack urteilt darüber, ob eine Vorstellung in Einklang zu bringen ist mit einem Zustand, in dem der Gemeinsinn aufgehört hätte, «eine bloße idealische Norm»[223] zu sein. Jedes Geschmacksurteil enthält den Anspruch, daß die Verwirklichung dieser Norm, die vorläufig nur im einzelnen Subjekt erfolgt, schließlich allgemein werde.

Das Erhabene – Grenzen ästhetischer Anschauung

«‹Sehen Sie, Herr, doch bloß die Sderne an. Da sdehen sie und glitzern, es ist, weiß Gott, der ganze Himmel voll. Und nun bitt' ich Sie, wenn man hinaufsieht und bedenkt, daß viele davon doch hundertmal größer sein sollen als die Erde, wie wird einem da zu Sinn? Wir Menschen haben den Telegraphen erfunden und das Telephon und so viele Errungenschaften der Neuzeit, ja, das haben wir. Aber wenn wir da hinaufsehen, so müssen wir doch erkennen und versdehen, daß wir im Grunde Gewürm sind, elendes Gewürm und nichts weiter, – hab' ich recht oder unrecht, Herr? Ja, wir sind Gewürm!› antwortete er sich selbst und nickte demütig und zerknirscht zum Firmament empor. Au ... nein, der hat keine Literatur im Leibe! dachte Tonio Kröger. Und alsbald fiel ihm etwas ein, was er kürzlich gelesen hatte, der Aufsatz eines berühmten französischen Schriftstellers über kosmologische und psychologische Weltanschauung; es war ein recht feines Geschwätz gewesen.»[224]

Über den, wie es scheint, nicht rückgängig zu machenden Zerfall der Kategorie des Erhabenen, der sich nicht erst seit der Jahrhundertwende vollzieht, herrscht Einigkeit; weniger deutlich sind die Gründe dieser Entwicklung. Weischedel begnügt sich mit einem Hinweis auf das Schwinden transzendenter Sicherheiten: «Je fragwürdiger das Übersinnliche wurde, desto mehr trat das Moment der Endlichkeit und Nichtigkeit in den Vordergrund. Solange der Mensch sich im Jenseitigen geborgen wissen konnte, vermochte er der Bedrohtheit seines welthaften Daseins getrost ins Auge zu blicken. In dem Maße aber, in dem diese Gewißheit versank, mußte auch das Bedrohliche immer bedrohlicher, das Ängstende immer ängstender werden.»[225] Homann dagegen nennt mehrere mögliche Ursachen – die «Entaktualisierung der Kategorie des Erhabenen» habe ihre wichtigsten Gründe «in der Insuffizienz der Metaphysik seit Marx, Kierkegaard und Nietzsche, in der Kritik der Religion seit Feuerbach und Freud, in der Zuspitzung der gesellschaftlich-politischen Problematik und und in der zunehmenden Relevanz von Naturwissenschaft, Technik und Psychologie»[226] – ohne ihr Verhältnis zueinander näher zu bestimmen. Zweifellos kommt mit der «Kritik der Urteilskraft» dem Erhabenen zum letztenmal eine ernstzunehmende Bedeutung in der ästhetischen Theorie zu. Schiller versucht zwar, das Erhabene, das bei Kant vor allem aus dem Standhalten des Subjekts gegenüber einer als übermächtig erfahrenen Natur abgeleitet wird, auch auf die Konfrontation des (dramatischen) Subjekts mit der Geschichte anzuwenden. «Die Welt, als historischer Gegenstand, ist im Grunde nichts anders als der Konflikt der Naturkräfte untereinander selbst und mit der Freiheit des Menschen, und den Erfolg dieses Kampfs berichtet uns die Geschichte.»[227] Da aber in diesem Kampf weiter keine Erfolge zu vermelden waren, mußte auch der Versuch, das Erhabene auf die Geschichte auszudehnen, entfallen; vor den Erfahrungen des 20. Jahrhunderts ist das geschichtlich Erhabene nicht einmal mehr zu denken möglich. – Für Schelling ist das Erhabene der Natur das «Chaos», der Urgrund, aus dem alles hervorgeht, das Geformte wie das alle Formen Sprengende; damit entfällt die von Kant betonte Differenz zwischen Schönem und Erhabenem. Größere Bedeutung scheint dem Erhabenen dagegen in Hegels Ästhetik zuzukommen; hebräische Poesie und Religion werden hier als erhaben gekennzeichnet, da in ihnen Gott zum erstenmal der Welt absolut gegenübersteht: erhaben ist nach Hegel die – zum erstenmal in der jüdischen Religion vollzogene – Vernichtung alles Endlichen durch den Geist. Obwohl Hegel der Kantischen Bestimmung des Erhabenen damit nahe kommt – es gebe vielleicht, bemerkt Kant, «keine erhabenere Stelle im Gesetzbuche der Juden, als das Gebot: Du sollst dir kein Bildnis machen»[228] – ist doch nicht zu übersehen, daß das Erhabene für Hegel eher als religionsphilosophischer denn als ästhetischer Begriff von Bedeutung ist.

Anders verhält es sich in der «Kritik der Urteilskraft». Zwar kommt Kant der historischen Bedingtheit des Erhabenen ganz nahe mit der Bemerkung, daß «das Urteil über das Erhabene der Natur Kultur bedarf»[229]; daß das Erhabene überhaupt als nicht «bloß abschreckend» empfunden werden kann, hat einen fortgeschrittenen Stand der Naturbeherrschung zur Voraussetzung: der «rohe Mensch» muß in «den Beweistümern der Gewalt der Natur», in ihrer «Zerstörung und dem großen Maßstabe ihrer Macht, wogegen die seinige in nichts verschwindet, lauter Mühseligkeit, Gefahr und Not sehen»[230]. Aber dennoch weist Kant das naheliegende Ansinnen, den Begriff des Erhabenen zu historisieren, entschlossen zurück – er sei «nicht eben von der Kultur zuerst erzeugt, und etwa bloß konventionsmäßig in der Gesellschaft eingeführt», sondern er habe «seine Grundlage in der menschlichen Natur»[231]. Abgesehen von der Tatsache, daß die Historisierung ästhetischer Kategorien für Kant ohnehin noch nicht denkbar ist, hätte die Relativierung des Erhabenen zu einer bloßen Konvention die Preisgabe der Möglichkeit bedeutet, mit seiner Hilfe für das problematisch werdende Verhältnis von Ästhetik und Anschauung noch einmal eine Lösung zu finden.

Denn bereits in der «Kritik der Urteilskraft», deren Ziel der Nachweis ist, daß Vernunft vermittels der ästhetischen Ideen in der Wirklichkeit anschaulich werden könne, wird die Grenze ästhetischer Anschauung absehbar. Der Grund hierfür ist, daß die Naturwissenschaften der künstlerischen Vergegenwärtigung nicht mehr bedürfen, anders als «zur Zeit Lionardos», da sie sich «noch in einem frühen, ganz auf durchdachte Beobachtung angewiesenen Zustande» befinden und «als eigenständige Instanz» der Kunst noch gar nicht gegenüberstehen. Zu dieser Zeit ist die Kunst, «weil sie bereits Theorien entwickelt, *selbst* die damals *vollkommenste* und fortschrittlichste Wissenschaft gewesen. Im 15. und beginnenden 16. Jahrhundert ist z. B. die Anatomie zum großen Teil in den Händen der Künstler, es gab den Begriff ‹pictore anatomista› (E. Panofsky, Dürers Kunsttheorie, 1915, p. 65). In Lionardos Traktat sind zunächst ganze Partien beschreibende Naturwissenschaft: Er untersucht die Verschiedenheit des Astansatzes bei Nußbaum, Holunder und Ulme, oder in welcher Richtung die Baumrinde platzt; er behauptet, daß zwischen dem Längenmaß der äußersten Streckung und der stärksten Beugung des Armes eine Abweichung von einem Achtel der ganzen Armlänge vorhanden ist. Er beobachtet die Konfiguration und Bestrahlung der Wolken und die dabei eintretenden optischen Täuschungen über ihre Höhe, macht präzise Aussagen über das, was heute Helligkeitskontrast heißt, er analysiert die Mimik des Zornes, der Verzweiflung, des Lachens und mißt die Lichtbrechung im Kristall. Alle diese Dinge waren außerhalb der Kunst überhaupt noch nicht wissenschaftsfähig, er trieb hier keine Hilfswissenschaft der Malerei, sondern empirische Naturforschung.»[232] Die abstrahierenden und quantifizierenden Verfahren der Naturwissenschaften sind auf Anschauung nicht mehr angewiesen, ihre Ergebnisse sind nicht mehr anschaulich darstellbar. Diese Entwicklung läßt die Grenze der Einbildungskraft ins Bewußtsein treten: «Anschaulich ein Quantum in die Einbildungskraft aufzunehmen (...), dazu gehören zwei Handlungen dieses Vermögens: *Auffassung* (apprehensio) und *Zusammenfassung* (comprehensio aesthetica). Mit der Auffassung hat es keine Not: denn damit kann es ins Unendliche gehen; aber die Zusammenfassung wird immer schwerer (...) und gelangt bald zu ihrem Maximum».[233] Verbürgt keine Transzendenz mehr die Vorstellung eines in sich geordneten und geschlossenen Kosmos, so kann der naturwissenschaftlichen Annahme eines unendlichen und unendlich teilbaren Raumes nichts entgegengesetzt werden außer der «Stimme der Vernunft», die das Gemüt «in sich» hört; eine Stimme, die «zu allen gegebenen Größen (...) Totalität fordert, mithin Zusammenfassung in *eine* Anschauung, und für alle jene Glieder einer fortschreitend-wachsenden Zahlreihe *Darstellung* verlangt, und selbst das Unendliche (Raum und verflossene Zeit) von dieser Forderung nicht ausnimmt».[234] Eben dies: daß das Subjekt angesichts einer quantitativen Unendlichkeit nicht darauf verzichtet, der Stimme der Vernunft Geltung zu verschaffen, macht in der «Kritik der Urteilskraft» den Inhalt des Erhabenen aus. Friedrich Theodor Vischers ganz im Sinne Hegels vorgebrachter Tadel, Kant habe das Erhabene verfehlt, da er es nicht der Objektivität der Idee, sondern dem Subjekt zugeschrieben habe[235], läßt erkennen, daß die Kantische Konstruktion des Erhabenen alsbald auf völliges Unverständnis stoßen mußte. In der Tat ist Kants Lehre vom Erhabenen der verzweifelte Versuch, den Anspruch der Ästhetik aufrechtzuerhalten, vom einzelnen Subjekt aus die Welt als anschaulichen Sinnzusammenhang zu interpretieren.

Zwar kann nach Kants Auffassung das Subjekt, was die Fähigkeit seiner Einbildungskraft zur «Komprehension» überschreitet, nicht mehr als zweckmäßig, daher auch nicht mehr als schön und nicht mit dem Empfinden von Lust erfahren; daß es aber, obwohl es sich derart als «ästhetisch in Grenzen eingeschlossen»[236] erkennen muß, dennoch dem Unbegrenzten sich nicht unterwerfen muß, ist geeignet, es «negative Lust»[237] empfinden zu lassen. «Das Schöne der Natur betrifft die Form des Gegenstandes, die in der Begrenzung besteht; das Erhabene ist dagegen auch an einem formlosen Gegenstande zu finden, sofern *Unbegrenztheit* an ihm (...) vorgestellt und doch Totalität derselben hinzugedacht wird».[238] Erhabenheit kommt keiner noch so großen Quantität zu, denn es gibt nichts in der Natur, was nicht, im Vergleich mit etwas noch Größerem, klein wäre[239]; erhaben ist nicht die unendliche Zahl der «Sderne» oder die Bereitschaft, sich ihnen gegenüber als «Gewürm» zu empfinden: erhaben ist allein das Subjekt, das durch keine quantitative Unendlichkeit die «Achtung» für seine «eigene Bestimmung»[240] sich nehmen läßt und den Anspruch, ein Selbstzweck zu sein, nicht preisgibt.

Indem Kant das Erhabene ausschließlich dem Subjekt zuschreibt, wird zugleich der gesellschaftliche Gehalt bürgerlicher Ästhetik nachdrücklich hervorgehoben. Er besteht darin, daß durch das Medium der Kunst das Subjekt sich seiner selbst als nicht quantifizierbare, eigenständige Qualität zu vergewissern vermag. Zugleich aber wird deutlich, daß mit der äußersten Anspannung dieses Anspruchs die Grenzen dessen sichtbar werden, was durch die Kunst möglich ist. Die Konstruktion des Erhabenen im Subjekt kann daher nur für einen kurzen historischen Zeitraum Geltung beanspruchen: für die Zeit, während der der Anspruch des Subjekts gegenüber der Übermacht des quantifizierenden Denkens noch nicht als gänzlich unangemessen erscheint. Der sprichwörtliche Schritt vom Erhabenen zum Lächerlichen bereitet sich indessen schon in der Unschuld der Beispiele vor, die Kant für die Übermacht der Natur anführt: «Kühne überhangende gleichsam drohende Felsen, am Himmel sich auftürmende Donnerwolken, mit Blitzen und Krachen einherziehend, Vulkane in ihrer ganzen zerstörenden Gewalt, Orkane mit ihrer zurückgelassenen Verwüstung, der grenzenlose Ozean, in Empörung gesetzt, ein hoher Wasserfall eines mächtigen Flusses u. dgl.»[241] Die Wildheit der Natur bedroht zwar die physische Existenz der Menschen und sprengt die Formen, die Kant, ganz im Geiste des 18. Jahrhunderts, als für die Schönheit konstitutiv erachtet, aber sie läßt auch ohne weiteres zu, daß, «wenn wir uns nur in Sicherheit befinden»[242], nicht die Empfindung hoffnungsloser Unterlegenheit, sondern «Achtung für unsere eigene Bestimmung»[243] hervorgerufen wird. Der Betrachter der übermächtigen Natur in der «Kritik der Urteilskraft» steht insofern noch durchaus in der «Tradition der von Anbeginn mit der Philosophie identischen θεωρία τοῦ κόσμου», der Anschauung des Kosmos als «Weltordnung»[244]. Diese bewirkt, «in das Neuplatonische und Christliche umgesetzt», «Aufstieg der Seele vom Körperlichen zum Unkörperlichen in der Zuwendung des Selbst zu Gott»[245]; bei Kant ist der transzendente Bezug lediglich in das Innere des Subjekts verlegt, das das ehemals göttliche Prinzip in sich selbst entdeckt. Erst wenn der Wahrnehmung der Natur die letzte Spur der Erinnerung an die «Theoria» des Kosmos ausgetrieben sein wird, wenn die Natur nur noch als Gegenstand der Beherrschung und der Ausbeutung erscheint, wird auch der Anspruch des Subjekts, im Erhabenen der eigenen «absoluten Größe» sich zu vergewissern, hinfällig und lächerlich werden. Die stürmische Entwicklung der industriellen Produktionsweise dürfte daher der wichtigste Grund für den raschen Verfall der Kategorie des Erhabenen sein.

Allerdings wird im Rückblick auch die Differenz zwischen Erhabenem und Schönem eingeebnet. Angesichts eines nur noch abstrakten Verhältnisses zur Natur ist auch das der Schönheit zugrundeliegende Prinzip der Zweckmäßigkeit vom Absturz, wenn nicht in die Lächerlichkeit, so doch in die Belanglosigkeit bedroht: «Die organische Welt wurde den gleichen Methoden unterworfen, die sich seit zweihundert Jahren an der anorganischen bewährt hatten. Das Problem der Vereinbarkeit mechanischer und teleologischer Gesetzmäßigkeit, von Kant in die unzugängliche Sphäre des ‹An sich› verlegt, stellte sich dem forscherlichen Zugriff und erfuhr dabei eine wesentliche Akzentverschiebung: die Zweckmäßigkeit wird zum Epiphänomen des ‹mechanischen› Spiels der Kräfte. Das berühmteste Beispiel: Darwins Theorie der natürlichen Zuchtwahl. Sie erst hat den Gedanken von der Einheit der anorganischen und organischen Natur, von der Relativität der Naturreiche populär gemacht und einer Neutralisierung der Zweckmäßigkeitsphänomene zum Durchbruch verholfen.»[246] Durch diese Entwicklung wird der Ästhetik Kants der Boden entzogen. Die «Chiffreschrift», durch die die Natur mitteilt, daß sie mit menschlicher Vernunft vermittelbar ist, kann nur solange wahrgenommen werden, als der Begriff der Vernunft den Gedanken des Selbstzwecks jedes einzelnen Subjekts einschließt; wird Vernunft dagegen nur noch als formale Fähigkeit im Dienst der Naturbeherrschung verstanden, wie es der Logik der Produktionsverhältnisse entspricht, so wird auch die «Chiffreschrift» der Natur immer mehr verblassen und schließlich verschwinden – mit ihr die Differenz zwischen dem Schönen und dem Erhabenen.

Mit der «Kritik der Urteilskraft» erreicht die ästhetische Theorie ihren ersten Höhepunkt und stößt zugleich an ihre Grenzen. Was in Kants Theorie des Erhabenen zum Ausdruck kommt, ist die Erfahrung, die Hegel mit der Gegenüberstellung von klassischer und romantischer Kunst historisch fassen wird, die Einsicht, daß sinnliche Darstellung, das eigentliche Medium von Kunst, als Ausdruck von Wahrheit nicht mehr genügt. Im Kantischen Begriff des Erhabenen wie in Hegels Auffassung von der romantischen Kunst, ist der Anspruch des Subjekts, seine «höchsten Interessen»[247] auszudrücken, nicht mehr im Medium sinnlicher Darstellung realisierbar und wird deshalb ins Innere des Subjekts zurückverlegt. Damit ist gerade dasjenige in Frage gestellt, was der neuen Disziplin ihre Daseinsberechtigung gegeben hatte: als Korrektiv der Abstraktheit moderner Wissenschaft und der modernen Gesellschaft zu wirken, einer Gesellschaft, die sich «dadurch von allen sonst in der Geschichte bekannten Reichen, Staaten, Gemeinschaften» unterscheidet, «daß sie sich allein auf das Naturverhältnis des Menschen beschränkt, das sie zugleich zur Form der rationellen Arbeit in der industriellen Nutzung der Natur entwickelt»[248]. Über der Betonung der Unvergleichlichkeit des Genies, das im Gegensatz zum Naturwissenschaftler keinen vorgegebenen Regeln folgt, weshalb im «Wissenschaftlichen (...) der größte Erfinder vom mühseligsten Nachahmer und Lehrlinge nur dem Grade nach, dagegen von dem, welchen die Natur für die schöne Kunst begabt hat, spezifisch unterschieden»[249] ist: über dieser Hervorhebung wird allzu leicht der Nachsatz übersehen, der deutlich macht, wie weit Kant davon entfernt ist, einen Kult des Genies zu begründen: «Eben darin, daß jener» – der Wissenschaftler – «Talent zur immer fortschreitenden größeren Vollkommenheit der Erkenntnisse (...) ist, besteht ein großer Vorzug derselben vor denen, welche die Ehre verdienen, Genies zu heißen: *weil für diese die Kunst irgendwo still steht, indem ihr eine Grenze gesetzt ist, über die sie nicht weiter gehen kann, die vermutlich auch schon seit lange her erreicht ist und nicht mehr erweitert werden kann*».[250] In diesen eher verhaltenen Sätzen kommt zum Ausdruck, daß ästhetische und wissenschaftliche Wahrheit nicht nur auseinanderfallen, sondern daß der ästhetischen Wahrheit stets ein Moment der Zurückgebliebenheit anhaften wird. Zwar vermag nur die ästhetische Wahrheit der «Stimme der Vernunft» genüge zu tun, die in allem «Totalität», «Zusammenfassung» dessen fordert, was ohne sie abstrakt, ohne Beziehung auf das Subjekt und also sinnlos wäre. Der Preis für diese Leistung aber ist, daß die ästhetische Wahrheit stets etwas behält von der Vorspiegelung falscher Tatsachen, daß sie nicht auskommt – und hierin besteht ihre unübersteigbare Grenze, die, wie Kant argwöhnt, «schon seit lange her erreicht ist» – ohne den Rückgriff auf überholte, geschlossene, «ptolemeische»[251] Weltbilder: «Wenn man also den Anblick des bestirnten Himmels *erhaben* nennt, so muß man der Beurteilung desselben nicht Begriffe von Welten, (...) in sehr zweckmäßig für sie gestellten Kreisen bewegt, zum Grunde legen, sondern bloß, *wie man ihn sieht, als ein weites Gewölbe, was alles befaßt*».[252] Daß der von ästhetischer Wahrheit vermittelte Sinn von überholten Weltbildern zehrt, ist hier direkt ausgesprochen. «Ebenso den Anblick des Ozeans nicht so, wie wir, mit allerlei Kenntnissen (die aber nicht in der unmittelbaren Anschauung enthalten sind) bereichern ihn *denken;* (...) sondern man muß den Ozean bloß, *wie die Dichter es tun, nach dem, was der Augenschein zeigt* (...) dennoch erhaben finden können.»[253] Hatte Baumgarten noch das ästhetisch Wahre als das «Wahrscheinliche», sinnlich Wahrnehmbare definiert, so wird bereits bei Kant absehbar, daß ästhetische Wahrheit nur noch um den Preis mit Anschauung zusammenfällt, daß alles, was dieser Anschauung abträglich sein könnte, beiseitegeschoben wird: die ästhetische *Wahrheit* wird endgültig zum ästhetischen *Schein*.

Ästhetische Wahrheit als Korrektiv naturwissenschaftlicher Abstraktion wird schon in Kants Ausführungen über das Erhabene als zutiefst problematisch erfahren. Das Ästhetische kann den Anspruch, mit der Empirie entweder schon zusammenzufallen (wie bei Baumgarten), oder doch – wie in der «Kritik der Urteilskraft» – mit ihr vermittelbar zu sein, nicht mehr ohne weiteres aufrechterhalten. Es muß seinen illusionären Charakter entweder eingestehen, um auf diese Weise sein Verhältnis zur Empirie zurechtzurücken, oder sich in einen autonomen Bereich, von aller Empirie abgetrennt, zurückziehen.

Die Vertreibung des Subjekts aus der Ästhetik
Friedrich Schiller

Die Zerstörung der Bilder

In einer Fußnote der «Kritik der Urteilskraft» deutet sich bereits die Frage-stellung an, die für die Ästhetik nach Kant richtungweisend sein wird. Kant definiert in § 40 Aufklärung als «Befreiung vom Aberglauben» und von Vorurteilen.[1] So einleuchtend diese Definition ist – Aufklärung fragt nicht nach Zusammenhängen, die jenseits der Grenze menschlichen Wissens lie-gen –, so problematisch muß, wie Kant einsieht, der Versuch sein, die Praxis des menschlichen Lebens nach ihr einzurichten. «Man sieht bald», merkt er deshalb an, «daß Aufklärung zwar in thesi leicht, in hypothesi aber eine schwere und langsam auszuführende Sache sei; weil mit seiner Vernunft nicht passiv, sondern jederzeit sich selbst gesetzgebend zu sein zwar etwas ganz Leichtes für den Menschen ist, der nur seinem wesentli-chen Zwecke angemessen sein will, und das, was über seinen Verstand ist, nicht zu wissen verlangt; aber, da die Bestrebung zum letzteren kaum zu verhüten ist, und es an andern, welche diese Wißbegierde befriedigen zu können mit vieler Zuversicht versprechen, nie fehlen wird: so muß *das bloß Negative (welches die eigentliche Aufklärung ausmacht)* in der Denkungs-art (zumal der öffentlichen) zu erhalten, oder herzustellen, sehr schwer sein.»[2]

Mit dieser Bemerkung gesteht Kant indirekt das Dilemma der Aufklä-rung ein: daß die Kritik aller Metaphysik, selbst wenn sie noch so einleuch-tend durchgeführt wird, doch nicht das metaphysische Bedürfnis der Men-schen auszulöschen geeignet ist. Die Einsicht, daß dem Verstand Grenzen gesetzt sind, die zu überschreiten nicht möglich ist, reicht nicht aus, die Menschen dazu zu bringen, sich diesseits der Wissensgrenze zu bescheiden. Die Menschen werden noch lange für vorrationale Denk- und Gefühlssche-mata anfällig sein, sie werden Fragen stellen, auf die sie, nach der Depoten-zierung der Metaphysik, keine Antworten mehr erhalten werden. Metaphy-sische Bedürfnisse aber, die nur noch als irrational, als «Aberglaube» und als «Vorurteil» qualifiziert sind, werden gleichsam herrenlos; da niemand mehr ernsthaft um sie sich zu kümmern hat, tendieren sie dazu, sich zu verselbständigen und damit letzten Endes Aufklärung selbst in Frage zu

stellen. Schon vor Erscheinen der «Kritik der Urteilskraft» hatte der Betrü-
ger Cagliostro, «der diese Wißbegierde befriedigen zu können mit vieler
Zuversicht» versprochen hatte, in großem Stile demonstriert, wie leicht
eine ebenso aufgeklärte wie durch den Glauben an die Allmacht der Vernunft töricht gewordene Gesellschaft zu verleiten war, auf Manipulationen,
die sich auf nichts als den wüstesten Aberglauben stützten, hereinzufallen.

Der Kern des Problems ist in der Feststellung enthalten, daß das «bloß
Negative» «die eigentliche Aufklärung» ausmache. Damit ist ausgesprochen, daß der Aufklärung es nicht möglich ist, das offenbar anthropolo-
gisch verankerte Bedürfnis der Menschen nach metaphysischen Sicherheiten – das nicht ohne weiteres als rückständig abzutun ist – zu befriedigen.
Dieses Bedürfnis unterschätzt und diskriminiert zu haben im Namen einer
mit parvenuhafter Geschichtslosigkeit sich aufspreizenden Vernunft, dürfte
die wohl folgenschwerste Fehleinschätzung der Aufklärung gewesen sein.
Auch Kant hat es zwar nicht ausdrücklich als berechtigt anerkannt; aber er
hat ihm mit seiner Postulatenlehre doch Rechnung getragen: Die Existenz
Gottes und die Unsterblichkeit der Seele seien nicht durch Vernunft beweis-
bar, aber sie müßten im Namen eben dieser Vernunft postuliert werden.
Dieses vorsichtige Zugeständnis an metaphysische Sinnbedürfnisse, mit
dem Kant selbst die dem Wissen durch seine Vernunftkritik gezogene Grenze nicht verletzt hatte, genügt seinen Nachfolgern bereits, die Postulatenlehre zu einer neuen Orthodoxie zu verfestigen. Schon in seinen 1795 erschienenen «Philosophischen Briefen über Dogmatismus und Kriticismus»
beklagt Schelling, man habe es unternommen, «aus den Trophäen des Kriticismus ein neues System des Dogmatismus zu erbauen». Dagegen sei
daran zu erinnern, «daß die Idee von Gott im Kriticismus überhaupt nicht
als Objekt eines *Fürwahrhaltens»,* sondern bloß als «*Objekt des Handelns*
aufgestellt»[3] werde, als einer Art regulativer Idee mithin, deren Existenz
zwar nicht vorausgesetzt werden kann, die aber dennoch unabdingbar ist,
weil ohne sie alles Denken und Tun perspektivlos und ohne Ziel bliebe.
Entscheidend ist, daß diese Idee sich durch die Praxis zu bewähren hat; sie
verschwindet in dem Augenblick, da sie für eine unveränderliche, von der
menschlichen Vernunft unabhängige metaphysische Größe ausgegeben
wird.

Vermeidbar war die von Schelling kritisierte, die Romantik einleitende
Entwicklung allerdings kaum angesichts des kargen Menschenbildes, das
die Aufklärung hinterlassen hatte; selbst Kant ist wohl der Zumutung nicht
ganz inne geworden, die in seiner Forderung nach einem Menschen beschlossen ist, «der nur seinem wesentlichen Zwecke angemessen sein will,
und das, was über seinen Verstand ist, nicht zu wissen verlangt». Schon die

Bestimmung eines solchen «Zwecks» setzt voraus, daß eine Perspektive, die über den Verstand hinausweist, offenbleibt; die negativ verfahrende, aus der Unerträglichkeit eines Zustandes ohne Vorstellung von Gott und Unsterblichkeit der Seele sich herleitende Postulatenlehre bleibt ein dürftiger Ersatz im Vergleich mit den religiösen bzw. mythischen Bilderwelten, in denen die Menschen sich bisher bewegt hatten. «Bloß negativ» verfährt die Aufklärung nicht zuletzt deshalb, weil sie diese Bilderwelten unerbittlich abträgt. Nur noch in parodistischer Absicht können die Gestalten der griechischen Mythologie, durch die die Künste die Affekte der Menschen anschaulich werden ließen, zitiert werden. Gewiß versucht Kant in der «Kritik der Urteilskraft», den abstrakten Freiheitsbegriff mit Anschauung zu vermitteln. Aber selbst der Organismus, den er als Hinweis auf die Möglichkeit einer solchen Vermittlung anführt, erscheint als arm, verglichen mit den Bildern, in denen die Menschen sich bisher wiedererkennen konnten.

Die an der Rationalität von Zwecken und Mitteln orientierte, die Natur nur noch «mit kameralistischen Augen»[4] taxierende Aufklärung und die nur noch quantifizierend verfahrenden Naturwissenschaften hatten die antike Mythologie, deren Gestalten auf eine qualitative Erfahrung der Natur zurückgingen, entwertet und sie schließlich auch aus den Künsten verdrängt. Schon aus diesem Grund: weil weder die überlieferten Bilderwelten noch die Natur die Möglichkeit mehr boten, das Schöne sich entfalten zu lassen, mußte Kant es in der «Kritik der Urteilskraft» als ausschließlich im Subjekt sich konstituierend denken. So unbezweifelbar der hiermit verbundene Fortschritt auf dem Wege der Emanzipation des Subjekts war, so unvermeidlich war auch, daß es durch diese Zumutung auf die Dauer überfordert sein würde.

Sprache und Anschauung

Die in der «Kritik der Urteilskraft» entwickelte Position kann nur für den kurzen historischen Augenblick gehalten werden, da das Subjekt sich noch nicht als ohnmächtig gegenüber dem Verlauf der Geschichte empfindet, sondern sich selbst als geschichtsmächtig einschätzt. Mit dem Schwinden dieses Selbstvertrauens vollzieht sich der Übergang vom subjektiven zum objektiven Idealismus.

Ein erster Schritt in diese Richtung wird von Schiller getan, wenn er in den «Kallias-Briefen», die seinen großen ästhetischen Arbeiten vorangehen, den Hauptakzent auf die Frage legt, ob nicht doch ein objektiver Begriff der Schönheit denkbar sei. Obwohl er vorgibt, sich an Kant zu orientieren, sind es gerade die für die «Kritik der Urteilskraft» charakteristische Offenheit und Unabgeschlossenheit, die nun der Kritik verfallen. – Für seinen Versuch, einen objektiven Begriff des Schönen zu begründen, erfährt Schiller höchstes Lob. Es müsse ihm «das große Verdienst zugestanden werden, die kantische Subjektivität und Abstraktion des Denkens durchbrochen und den Versuch gewagt zu haben, über sie hinaus die Einheit und Versöhnung denkend als das Wahre zu fassen und künstlerisch zu verwirklichen».[5] Dieses Lob aus Hegels Munde ist allen aus der Seele gesprochen, die, wie Lukács, angesichts der Offenheit der «Kritik der Urteilskraft» von einer «formalistischen Sackgasse»[6] sprechen, in die durch Kant die Ästhetik geraten sei. Voraussetzung dafür, sie nunmehr in eine dogmatische Einbahnstraße zu führen, ist, wie Lukács in Übereinstimmung mit Schiller fordert, ein objektiver Begriff des Schönen. Nur auf diese Weise läßt sich doch noch erreichen, was Kant ausdrücklich ausgeschlossen hatte: daß das Geschmacksurteil nicht nur um die Zustimmung von jedermann «wirbt», sondern daß diese Zustimmung auch erzwungen werden kann.

Trotz der Betonung des «sentimentalischen», über den gegenwärtigen Zustand hinausweisenden Charakters der modernen Poesie liegt Schiller alles Offene, Unabgeschlossene außerordentlich fern. Die im Herbst und Winter 1792/93 entstandenen Briefe an Körner («Kallias-Briefe») sind der Versuch, Ersatz für ein in sich geschlossenes Weltbild, über das er in seiner Jugend verfügt hatte, zu schaffen. In der anfangs der achtziger Jahre entstandenen «Theosophie des Julius» noch weiß er, der Monadenlehre Leibnizens folgend, das Besondere in einer festen Beziehung auf das Absolute aufgehoben. «Unser ganzes Wissen läuft endlich (...) auf eine konventionelle Täuschung hinaus, mit welcher jedoch die strengste Wahrheit bestehen kann. Unsre reinsten Begriffe sind keineswegs *Bilder* der Dinge, sondern bloß ihre notwendig bestimmte und koexistierende *Zeichen*. Weder Gott, noch die menschliche Seele, noch die Welt sind das wirklich, was wir davon halten. Unsre Gedanken von diesen Dingen sind nur die endemischen Formen, worin sie uns der Planet überliefert, den wir bewohnen – unser Gehirn *gehört* diesem Planeten, folglich auch die Idiome unsrer Begriffe, die darinne aufbewahrt liegen. Aber die Kraft der Seele ist eigentümlich, notwendig und immer sich selbst gleich: das willkürliche der Materialien, woran sie sich äußert, ändert nichts an den ewigen Gesetzen, wornach sie sich äußert (...). So, wie die Denkkraft die Verhältnisse der Idiome entwickelt, müssen diese Verhältnisse in den Sachen auch wirklich vorhanden sein. (...) Was für eine Ähnlichkeit haben z.B. die Buchstaben A und B, die Zeichen : und =, + und – mit dem Faktum, das gewonnen werden soll? – Und doch steigt der vor Jahrhunderten verkündigte Komet am entlegenen Himmel auf, doch tritt der erwartete Planet vor die Scheibe der Sonne.»[7] Sprachliches Zeichen und Bezeichnetes stimmen zwar nicht in der Anschauung überein, aber die Begriffe führen dennoch nicht in die Irre, weil ihre systematische Ordnung der des Universums entspricht: die Gesetze der «Denkkraft» verweisen auf die Gesetze des Kosmos. Daß Zeichen und Bezeichnetes nicht zusammenfallen, wirft solange keine Schwierigkeiten auf, als die Zeichen diesen Verweisungscharakter behalten. Kann indessen die Analogie von Zeichen und Bezeichnetem, von Allgemeinem und Besonderem nicht mehr vorausgesetzt werden, dann wird die Sprache zum Problem: in diesem Falle muß davon ausgegangen werden, daß die allgemeinen Begriffe stets den einzelnen Erscheinungen Gewalt antun. Die Dichtung als Medium der Freiheit wäre damit grundsätzlich in Frage gestellt.

Daß es Schiller vor allem auf die Lösung dieses Problems bei der Suche nach einem objektiven Schönheitsbegriff ankommt, zeigt der Schluß der «Kallias-Briefe», wo er auf das Verhältnis von Zeichen und Bezeichnetem zurückkommt. Im Gegensatz zu der frühen Schrift muß er nun davon ausgehen, daß die sprachlichen Zeichen dem Besonderen nicht mehr seine Stelle in einem geordneten Ganzen zuweisen, sondern daß sie es nur durch einen willkürlichen Akt festlegen. «Das Medium des Dichters sind *Worte;* also abstrakte Zeichen für Arten und Gattungen, niemals für Individuen; und deren Verhältnisse durch *Regeln* bestimmt werden, davon die *Grammatik* das System enthält.»[8] Zwar sind die Begriffe grundsätzlich nicht anschaulich erfahrbar; solange jedoch vorausgesetzt werden kann, daß ihre Ordnung auf die des Universums verweist, enthalten sie gleichsam ein Potential an Anschauung, das jederzeit einlösbar ist: Theorie ist durch «Theoria» im ursprünglichen Wortsinn, Anschauung des Kosmos, gedeckt. Der Theoretiker braucht gleichsam nur seinen Blick zu erheben, um seine abstrakten Berechnungen anschaulich bestätigt zu finden. Entfällt diese Voraussetzung, so wird – da der Kunst ein anschauliches Moment unabdingbar ist – der Kunstcharakter der Poesie problematisch. In diesem Falle müßte Schiller die Eigenart gerade seiner dichterischen Produktion in Frage gestellt sehen. Denn die Tatsache, daß das Allgemeine, der Begriff, das Besondere stets einer abstrakten Regel unterwirft, ist mit Freiheit schlechthin unvereinbar. Durch die Sprache wird der «Gegenstand (...) also der Einbildungskraft nicht als durch sich selbst bestimmt, also nicht frei, vorgestellt».[9] Schiller muß fürchten, von vornherein, gerade durch das Medium der Poesie, sein Ziel zu verfehlen.

Theorie und Rhetorik

Dieser Widerspruch zwischen dem Ziel der Dichtung: Freiheit zur Anschauung zu bringen, und ihrem Medium, der Sprache, ist nicht ohne weiteres zu beseitigen. Das darzustellende Objekt müsse, meint Schiller, «durch das abstrakte Gebiet der Begriffe *einen sehr weiten Umweg nehmen*»[10], bevor es in der Poesie wieder anschaulich werden könne. Wohl versucht er, durch die These, Bedingung objektiver Schönheit sei die Überwindung der Materie durch die künstlerische Form, das Problem auch als theoretisch gelöst hinzustellen: «Soll also eine poetische Darstellung frei sein, so muß der Dichter ‹*die Tendenz der Sprache zum Allgemeinen durch die Größe seiner Kunst überwinden und den Stoff* (Worte und ihre Flexions- und Konstruktionsgesetze) *durch die Form* (nämlich die Anwendung derselben) *besiegen*›. (...) Frei und siegend muß das Darzustellende aus dem Darstellenden hervorscheinen, und trotz allen Fesseln der Sprache in seiner ganzen Wahrheit, Lebendigkeit und Persönlichkeit vor der Einbildungskraft dastehen.»[11] Diese Beteuerungen wirken indessen wenig überzeugend: sie sind rhetorisch im pejorativen Sinne des Wortes; nicht getragen durch das Ineinandergreifen von Argumenten, sondern allein durch den Schwung und den Nachdruck, den der Redner seinen Worten zu geben versteht. Der Dichter muß die Abstraktheit der Begriffe durch seine «Größe», die Gesetze der Sprache durch ihre «Anwendung» besiegen: eine solche Argumentation tritt auf der Stelle; daß sie fortzuschreiten scheint, ist bloße Täuschung, hervorgerufen durch den sich steigernden Nachdruck, mit dem der Vortragende die sich gleichbleibende These versieht.

Gewiß ist der rhetorische Elan Schillers nicht abzulösen von seinem Impuls, nicht nur theoretische Einsichten zu vermitteln, sondern mit ihnen schon den ersten Schritt zur Praxis auszulösen; er will mit seinen theoretischen Schriften nicht nur den Verstand ansprechen, sondern «das Ensemble der Gemüthskräfte»[12] beschäftigen. Indessen ist dieser Praxisbezug bloßer Schein, da die über die theoretische Einsicht hinausgehenden Wirkungen auf das Innere des einzelnen Subjekts beschränkt bleiben; sie bestehen lediglich in seiner vorübergehenden Überrumpelung durch den Schwung der Tirade, wie drastisch eine Stelle aus der «Ästhetischen Erziehung» belegt: «Fallen wird das Gebäude des Wahns und der Willkürlichkeit, fallen muß es, es ist schon gefallen, sobald du gewiß bist, daß es sich neigt; aber in dem innern, nicht bloß in dem äußern Menschen muß es sich neigen.»[13] Das Fortschreiten der begrifflichen Argumentation findet lediglich im Wechsel der Tempora und Modalverben statt; der Schein von Praxis kommt dadurch zustande, daß «Praxis» auf den Bereich eingeengt wird, den der Rhetor tatsächlich, wenigstens vorübergehend, zu beeinflussen vermag: das Innere der Subjekte. Hierdurch aber wird der Begriff der Praxis nicht nur eingeschränkt, sondern sogar in sein Gegenteil verkehrt: nur im Innern vollzogen, alle nicht-innerlichen Momente als bedeutungslos vernachlässigend, wird aus Praxis eine bloße Gefühlsaufwallung; eine Haltung, die sich durch Aufgeregtheit über ihren eigentlichen, durchaus selbstgenügsamen Charakter hinwegtäuscht. Diese Haltung, nicht etwa Theorie, die die Distanz zwischen den Ergebnissen, zu denen sie gelangt, und deren möglicher Realisierung nicht verleugnet, ist das eigentliche Gegenteil von Praxis; sie ist der Effekt, den Schillers Schriften hervorbringen, während die Begriffe von Theorie und Praxis korrumpiert auf der Strecke bleiben.

Ein objektiver Begriff des Schönen

Die Einheit von Theorie und Praxis, die Schiller als den wesentlichen Vorzug seiner Schriften ansieht, besteht in der rhetorischen Überrumpelung des Zuhörers bzw. Lesers. In ihrem Dienste steht die Suche nach dem «*objektiven Begriff des Schönen,* der sich eo ipso auch zu einem objektiven Grundsatz des Geschmacks qualifiziert»[14]. Schiller mißversteht Kant grundsätzlich, wenn er meint, das Fehlen eines objektiven Kriteriums des Geschmacks in der «Kritik der Urteilskraft» sei ein Mangel, dem es abzuhelfen gelte. Aus gutem Grund hatte Kant sich geweigert, einen objektiven Begriff des Schönen aufzusuchen. Nicht nur aus der systematischen Erwägung, daß ein «Begriff» des Schönen die Eigenart des Ästhetischen zerstören müßte, weil in diesem Fall ein ästhetisches Urteil sich auf ein logisches Urteil zurückführen ließe. Vor allem würde durch die Annahme eines solchen Begriffs das Subjekt aus der Ästhetik eliminiert; diese verlöre ihr Daseinsrecht. Dagegen hält die «Kritik der Urteilskraft» die Perspektive auf einen versöhnten Zustand von Besonderem und Allgemeinem dadurch offen, daß sie dem Subjekt gleichsam ein Mitspracherecht bei der Feststellung, etwas sei schön, zugesteht. Wäre es möglich, ihm durch einen objektiven Begriff vorzuschreiben, warum es etwas nicht nur als schön empfinde, sondern so empfinden *müsse,* so wäre nicht einzusehen, welches Interesse es überhaupt an Kunst nehmen sollte.

Dieses «Mitspracherecht» des Subjekts – und damit letzten Endes das Subjekt selbst – aus Kunst und Ästhetik zu vertreiben, es zumindest überflüssig werden zu lassen, ist indessen Schillers erklärte Absicht: Die Merkmale objektiver Schönheit müssen, wie er meint, solche «Beschaffenheiten der Gegenstände» sein, die ihnen bleiben, «auch wenn das vorstellende Subjekt ganz hinweggedacht wird»[15]. Um diesen objektiven Schönheitsbegriff abzuleiten, bedient Schiller sich nach Belieben aus der Ästhetik Kants, ohne Rücksicht darauf, ob die Elemente, die er als nützlich für seine eigene Beweisführung erachtet, einmal aus dem Argumentationszusammenhang der «Kritik der Urteilskraft» herausgelöst, ihren Sinn behalten. So zieht er zur Exposition seines objektiven Schönheitsbegriffs, zu dem Zustimmung jederzeit erzwungen werden kann, ausgerechnet Kants grundlegende Feststellung heran, daß Schönheit und Begrifflichkeit einander ausschließen. Schönheit sei mithin nicht bei der theoretischen Vernunft anzutreffen, sie müsse im Bereich der praktischen Vernunft aufgesucht werden.[16] Da der Gegenstand praktischer Vernunft Freiheit sei, müsse also ihre Form, Schönheit, «*Ausschließung jedes äußern* Bestimmungsgrundes» sein. «Die Form der praktischen Vernunft annehmen oder nachahmen heißt also bloß: nicht von außen, sondern durch sich selbst bestimmt sein, autonomisch bestimmt sein oder so erscheinen.»[17]

«Oder so erscheinen»: Diese Wendung ist für Schillers Ästhetik von grundlegender Bedeutung. Sollte Schönheit von tatsächlich vorhandener Autonomie abhängig sein, so könnte, wie er hervorhebt, kein Gegenstand der Natur ihrer teilhaftig werden. Denn keiner von ihnen ist «*durch sich selbst bestimmt,* sobald wir über ihn nachdenken. Jeder ist durch einen andern da, jeder um eines andern willen da, keiner hat Autonomie».[18] Aus diesem Grund rückt für Schiller der ästhetische Schein ins Zentrum der Ästhetik überhaupt: «Aber alles wird anders, wenn man die theoretische Untersuchung hinwegläßt und die Objekte bloß nimmt, *wie sie erscheinen.* Eine Regel, ein Zweck kann nie *erscheinen,* denn es sind Begriffe und keine Anschauungen. Der Realgrund der Möglichkeit eines Objekts fällt also nie in die Sinne, und er ist so gut als gar nicht vorhanden, ‹sobald der Verstand nicht zu Aufsuchung desselben veranlaßt wird›. (...) Eine Form erscheint also frei, sobald wir den Grund derselben weder außer ihr finden, *noch außer ihr zu suchen veranlaßt werden.*»[19] «Ästhetisch» ist daher «eine Beurteilung nichtfreier Wirkungen nach der Form des reinen Willens»[20]. Da Freiheit (Autonomie) aber nicht der Realgrund der Gegenstände ist, sondern nur in der Erscheinung existieren kann, gilt die Zusammenfassung: Freiheit in der Erscheinung ist eins mit der Schönheit.[21]

Damit hat Schiller einen Begriff von Schönheit entwickelt, der im wesentlichen auch für seine späteren ästhetischen Schriften verbindlich sein wird; von «Objektivität» in dem ursprünglich angestrebten Sinne (schön soll sein, was den Gegenständen selbst anhaftet, auch wenn das Subjekt fehlt) kann allerdings keine Rede sein: gerade die ausschließlich in der «Erscheinung» sich konstituierende Schönheit ist gänzlich auf das vom «Real-grund» der Gegenstände abstrahierende Subjekt angewiesen. Auch die er-gänzende These, Freiheit in der Erscheinung und damit Schönheit stelle sich dort ein, «*wo die Masse von der Form* und (im Tier- und Pflanzenreich) von den lebendigen Kräften (...) *völlig beherrscht* wird»²², vermag hieran nichts mehr zu ändern. So sei zwar das Pferd, nicht aber der Elefant schön zu nennen. Diese Beurteilung folgt indessen keineswegs aus einem, wie Schiller meint, objektiven, geschichtlichem Wandel nicht unterworfenen Schönheitsbegriff, sondern stammt – wie Werner Strube im einzelnen nach-gewiesen hat²³ – aus einem spezifisch klassizistischen Normenrepertoire; schon in der Ästhetik Moritz Carrières wird der Elefant als besonders schönes Tier gerühmt.

Freiheit als ästhetische Illusion

Von Schillers Bemühungen um einen objektiven Schönheitsbegriff bleibt daher nicht mehr übrig, als daß das Subjekt zum Schweigen verurteilt wird, wann immer Vernunft und Anschauung in Konflikt zu geraten drohen. Das Problem, daß ein Gegenstand als unfrei – und damit als unschön – erkenn-bar wird, «sobald wir über ihn nachdenken», löst Schiller, indem er die Reflexion kurzerhand aus der ästhetischen Erfahrung verbannt. Auf diese Weise erreicht er zwar ohne weitere Umstände, was auch Kant vorschweb-te: daß Freiheit in der Erscheinung, also anschaulich, sichtbar werde; um den Preis allerdings, daß dem ästhetischen Schein – ganz im Gegensatz zu Kants «ästhetischen Ideen» – eine von der Wirklichkeit völlig unabhängige Existenz zugesprochen wird. Kants These, Kriterium des Schönen sei das «freie Spiel» der Erkenntnisvermögen Vernunft und Verstand, hatte das ästhetische Urteil zwar als eigenständig neben dem Erkenntnisurteil, in dem der Verstand dominiert, begründet. Aber nach dieser Vorstellung wäre nicht möglich, was Schiller gerade zur Voraussetzung seines Schönheitsbe-griffs macht, daß das Geschmacksurteil in *direkten Widerspruch* zum Er-kenntnisurteil treten kann, daß es gegebenenfalls dazu dient, begriffliche Erkenntnis nicht nur zu suspendieren, sondern sie geradezu auszuschließen, Freiheit auch dort noch vorzugaukeln, wo sie nicht einmal ansatzweise einen Grund in der Sache hat.

Was in der «Kritik der Urteilskraft» allein in der Lehre vom Erhabenen andeutungsweise sichtbar wurde: daß es notwendig werden könnte, um der Anschauung («comprehensio aesthetica») willen die Verstandeserkenntnis zu unterdrücken – das Beispiel des Ozeans, der angeschaut werden müsse «wie die Dichter es tun» –, wird bei Schiller Voraussetzung des Schönen überhaupt. Zum erstenmal wird theoretisch gerechtfertigt, daß der ästhetische Schein ein bloßes Trugbild sein kann. Neu ist nicht in Schillers Ästhetik, daß der ästhetische Schein als unverbindlich, gauklerisch, der Wirklichkeit widersprechend verdächtigt wird; neu ist, daß der trügerische Anspruch des Scheins, Erscheinung von Freiheit zu sein, als letztes Ziel der Kunst angegeben wird. Die Mühe, die Kant sich gemacht hatte, die ästhetischen Ideen mit der Wirklichkeit zu vermitteln, entfällt. Daß Freiheit zur Anschauung gelange, wollte Kant nur gelten lassen, wenn der ästhetische Schein von der Wirklichkeit zumindest nicht dementiert wird. Diesen Vorbehalt, ohne den die Kunst mit beliebigen Ideologien befrachtet werden kann, solange nur der Schein von Freiheit gewahrt ist, läßt Schiller fallen: «In der ästhetischen Welt ist jedes Naturwesen ein freier Bürger, der mit dem Edelsten gleiche Rechte hat, und *nicht einmal um des Ganzen willen* darf *gezwungen* werden, sondern zu allem schlechterdings *konsentieren* muß. In dieser ästhetischen Welt (...) fordert auch der Rock, den ich auf dem Leibe trage, Respekt von mir für seine Freiheit, und er verlangt von mir, gleich einem verschämten Bedienten, daß ich niemanden merken lasse, daß er mir *dient*.»[24] Das Beispiel ist nicht etwa unglücklich gewählt; es gibt, im Gegenteil, Schillers Intention sehr genau wieder. Um des Scheins von Freiheit willen ist er bereit, jede kritische Reflexion aus der Kunst auszuschließen. Die Freiheit in der Erscheinung trägt allenfalls der Scham des Unterdrückten Rechnung; die Unterdrückung selbst wird nicht in Frage gestellt, sie wird mit dem Rock der ästhetischen Nächstenliebe zugedeckt.

Durch diesen Schönheitsbegriff wird es möglich, Kunst als ein Medium zu begreifen, das geeignet ist, real bestehende Unfreiheit zu verschleiern. Schon in der Abhandlung «Über Anmut und Würde» wird deutlich, daß die in den «Kallias-Briefen» gewonnenen Ergebnisse, die in den späteren Schriften vorausgesetzt werden, ohne weiteres auch politisch gewendet werden können: «Wenn ein monarchischer Staat auf eine solche Art verwaltet wird, daß, obgleich alles nach eines Einzigen Willen geht, der einzelne Bürger *sich doch überreden kann*, daß er nach seinem eigenen Sinne lebe und bloß seiner Neigung gehorche, so nennt man dies eine liberale Regierung.»[25]

Das Scheitern des Vernunftstaats

Unter dem Eindruck der Französischen Revolution allerdings scheint Schiller diesen ideologieträchtigen, Freiheit nur als ästhetisches Phänomen gelten lassenden Schönheitsbegriff zu revidieren. In der Schrift «Über die ästhetische Erziehung des Menschen in einer Reihe von Briefen» (1795) stellt er sich dem durch die Französische Revolution erhobenen Anspruch, Freiheit zum Ziel politischer Praxis werden zu lassen. Er erkennt ausdrücklich an, daß der Umsturz im Namen der Vernunft geschehen sei. Daß die Revolution in das Stadium des Terrors eingetreten ist, mache es jedoch notwendig, die politische durch ästhetische Theorie zu ergänzen. Der politische Umsturz, der Versuch, eine Gesellschaftsform zu begründen, die die Mündigkeit der Individuen ermöglichen solle, sei zu einer Zeit erfolgt, da die Menschen sich diesem «Vernunftstaat» noch nicht gewachsen zeigten: «Das Gebäude des Naturstaates wankt, seine mürben Fundamente weichen, und eine *physische* Möglichkeit scheint gegeben, das Gesetz auf den Thron zu stellen, den Menschen endlich als Selbstzweck zu ehren und wahre Freiheit zur Grundlage der politischen Verbindung zu machen. Vergebliche Hoffnung! Die *moralische* Möglichkeit fehlt, und der freigebige Augenblick findet ein unempfängliches Geschlecht.»[26] Der ästhetischen Theorie fällt in diesem Zusammenhang eine doppelte Funktion zu: sie soll es ermöglichen, die von einer verfehlten politischen Praxis hervorgebrachten Zwänge aufzulösen, und sie soll damit den Weg zu einer richtigen Praxis freilegen.

Den Grund für das Scheitern des «Vernunftstaats» sieht Schiller in der modernen Arbeitsteilung. Durch sie sind Sinnlichkeit und Sittlichkeit auseinandergetreten. In der Antike «hatten die Sinne und der Geist noch kein strenge geschiedenes Eigentum», so daß sie «im Notfall ihre Verrichtungen tauschen»[27] konnten. Daher konnte jeder einzelne Mensch in sich selbst die ganze Gattung erkennen. In der modernen Welt dagegen müsse man «von Individuum zu Individuum herumfragen (...), um die Totalität der Gattung zusammenzulesen (...) wir sehen nicht bloß einzelne Subjekte, sondern ganze Klassen von Menschen nur einen Teil ihrer Anlage entfalten, während daß die übrigen, wie bei verkrüppelten Gewächsen, kaum mit matter Spur angedeutet sind.»[28] Aus diesem Grund mußte nach Schillers Auffassung die Einführung des Vernunftstaats in Frankreich scheitern. Zwar sind die Maximen der Vernunft für die gesamte Gattung verbindlich, so daß jedes einzelne Subjekt sich als «Beisitzer» des Vernunftgerichts betrachten kann; durch den fortgeschrittenen Prozeß der Entfremdung jedoch vermag es den damit verbundenen Anspruch nicht mehr ohne weiteres einzulösen.

Die Folge der Funktionsunfähigkeit des «Vernunftgerichts», der Terror, stellt nicht nur den «Vernunftstaat» in Frage, sondern vor allem auch die physische Existenz der Menschen. «Nun ist aber der physische Mensch *wirklich,* und der sittliche nur *problematisch.* Hebt also die Vernunft den Naturstaat auf, wie sie notwendig muß, wenn sie den ihrigen an die Stelle

setzen will, (...) so wagt sie die Existenz der Gesellschaft an ein bloß mögliches (wenngleich moralisch notwendiges) Ideal von Gesellschaft. Sie nimmt
dem Menschen etwas, das er wirklich besitzt, und ohne welches er nichts
besitzt, und weist ihn dafür an etwas an, das er besitzen könnte und sollte».[29] Die «Kluft», die Kant zwischen der theoretischen und der praktischen Vernunft sah, ist damit zu dramatischer Aktualität gelangt. Von der
geschichtlichen Entwicklung eingeholt, ist aus dem systematischen Problem, als das das Verhältnis von theoretischer und praktischer Vernunft bei
Kant eben noch gelten konnte, eine lebensbedrohende politische Krise geworden, die nachdrücklich eine Lösung fordert.

Suspendierung der Praxis

Hierzu ist nach Schillers Überzeugung die Kunst unentbehrlich. Sie wird
damit zur Bedingung einer vernünftigen politischen Praxis, die weder in der
durch Arbeitsteilung entstellten Realität erstarrt, noch in Terror umschlägt.

Mit der These, daß es «die Schönheit» sei, «durch welche man zu der
Freiheit wandert»[30], folgt Schiller zunächst dem Ansatz der «Kritik der
Urteilskraft». Aber im Gegensatz zu Kant versucht er, die «Kluft» zwischen
theoretischer und praktischer Vernunft historisch zu fassen, indem er Antike und Moderne einander gegenüberstellt. Die antike Einheit von (in Schillers Terminologie) Sinnlichkeit und Vernunft, die es noch nicht zu einem
Widerstreit zwischen Individuum und Gattung hatte kommen lassen, mußte um einer Fortentwicklung der Kultur willen preisgegeben werden. «Die
mannigfaltigen Anlagen im Menschen zu entwickeln, war kein anderes
Mittel, als sie einander entgegenzusetzen. Dieser Antagonism der Kräfte ist
das große Instrument der Kultur, aber auch nur das Instrument; denn
solange derselbe dauert, ist man erst auf dem Wege zu dieser.»[31] Die Problematik dieser geschichtsphilosophischen Konstruktion besteht in ihrer
zirkulären Struktur. Kultur, verstanden als die auf einer höheren Stufe
wiederhergestellte Einheit von Sinnlichkeit und Vernunft, hat zwar als Voraussetzung den Widerstreit der Klassenunterschiede, sie beginnt jedoch erst
dann Wirklichkeit zu werden, wenn dieser Antagonismus verschwunden
ist: die Versöhnung setzt die Versöhnung voraus. Nachdem im revolutionären Frankreich der Versuch gescheitert ist, den «Antagonism der Kräfte»
durch politische Maßnahmen zu beseitigen, sieht Schiller nur noch eine
Möglichkeit, diesen Zirkel zu durchbrechen: die Suspendierung der politischen Praxis; an ihre Stelle soll für einen begrenzten Zeitraum die Kunst
treten.

Damit ist Schiller an den entscheidenden und zugleich äußerst delikaten Punkt seiner Argumentation gelangt. Alles hängt nun davon ab, nicht aus dem Auge zu verlieren, daß die Ersetzung der politischen Praxis durch Kunst nur ein vorübergehender Zustand sein kann. Der «Antagonism der Kräfte» kann nicht von sich aus aufhören; dazu bedarf es der politischen Veränderung. Die Funktion der Kunst ist lediglich, zwanghafte Verhaltensweisen, die die Menschen aufgrund der Trennung von Sinnlichkeit und Vernunft habitualisiert haben, aufzulösen, sie in den Stand zu setzen, ihrer Vernunft gemäß zu handeln. Wieviel Zeit dieser Zwischenzustand auch beanspruchen mag, entscheidend ist, daß er als *endlicher* gedacht wird; daß nicht der naheliegenden Versuchung nachgegeben wird, das Ende des ästhetischen Zustandes immer weiter hinauszuschieben, schließlich sich in der Ersetzung politischer Praxis durch Kunst für immer einzurichten.

Die Tatsache, daß Schiller sich im weiteren Verlauf seiner Abhandlung in immer neue Widersprüche verstrickt, zeigt indessen, daß er nur allzu bereit ist, mit dem transitorischen Charakter des ästhetischen Zustands die geschichtsphilosophische Perspektive preiszugeben. Er verzichtet darauf, zunächst zögernd, wie es scheint, dann mit wachsender Selbstverständlichkeit, das Problem der Praxis, das mit dem Instrumentarium der Ästhetik allein nicht zu lösen ist, auch nur zu benennen. Nur unter dieser Voraussetzung jedoch, durch Bezeichnung der Grenzen, die ästhetischer Theorie in praktischer Hinsicht gesteckt sind, könnten die Möglichkeiten der Kunst in Beziehung auf gesellschaftliche Praxis mit einigem Anspruch auf Verbindlichkeit eingeschätzt werden. Dagegen beharrt Schiller darauf, das Problem der Praxis mit den Mitteln der Kunst lösen zu können, ohne die immer wiederkehrenden politischen Implikationen zur Kenntnis zu nehmen.

Ästhetischer Zustand – Spieltrieb

Zunächst allerdings scheint Schiller durchaus gewillt zu sein, den transitorischen Charakter der ästhetischen Phase nicht aus den Augen zu verlieren. Da in der Schönheit der «Antagonism der Kräfte» aufgehoben ist, kann vermittels der Kunst ein Zustand der Versöhnung hergestellt werden, der zwar zunächst bloßer – ästhetischer – Schein ist, aber als solcher immerhin auf die Möglichkeit von Versöhnung auch in der Realität verweist. Der Weg aus dem Schein in die Praxis wird dadurch offengehalten, daß im «ästhetischen Zustand» die durch die Entgegensetzung von Vernunft und Sinnlichkeit blockierten Möglichkeiten der Menschen wieder freigegeben sind. Schiller beschreibt ihn, in enger Anlehnung an Kants Theorie vom «freien Spiel» der Erkenntnisvermögen im Geschmacksurteil, als «eine mittlere Stimmung (...) , in welcher Sinnlichkeit und Vernunft *zugleich* tätig sind» und «eben deswegen aber ihre bestimmende Gewalt gegenseitig aufheben»[32]. Diese «freie Stimmung» in den Menschen hervorzurufen, ist Aufgabe der «ästhetischen Erziehung». Sie soll keine Ausrichtung auf fest umrissene, vorgegebene Ziele bewirken, sondern einen Zustand, in dem aufgrund des Ausgleichs von Sinnlichkeit und Vernunft den Menschen die Freiheit zurückgegeben ist, sich erst für bestimmte Ziele zu entscheiden.

Der ästhetische Zustand ist daher vor allem ein Zustand der Eigenschaftslosigkeit: «Durch die ästhetische Kultur bleibt (...) der persönliche Wert eines Menschen oder seine Würde (...) noch völlig unbestimmt, und es ist weiter nichts erreicht, als daß (...) ihm die Freiheit, zu sein, was er sein soll, vollkommen zurückgegeben ist.»[33] Es liegt auf der Hand, daß die Frage nach der Praxis hierdurch nur verschoben, nicht aber gelöst ist. Denn in einer Gesellschaft, die durch den Widerstreit von Sinnlichkeit und Vernunft geprägt ist, ist die Herstellung des ästhetischen Zustands kaum weniger problematisch als die Fähigkeit, Handeln und Vernunft in Einklang zu bringen. Schiller selbst gesteht ein, daß die eigentliche Schwierigkeit darin bestehe, den ästhetischen Zustand hervorzubringen, nicht, aus ihm in den Zustand realer Versöhnung überzugehen.

Um die an dieser Stelle der Argumentation immer noch naheliegende Einsicht zurückzudrängen, daß die Herstellung des ästhetischen, von gesellschaftlichen Zwängen suspendierten Zustandes ihrerseits auf gesellschaftlichen Voraussetzungen beruhe, versucht Schiller, durch Hinweis auf eine anthropologische Konstante, den Spieltrieb, nachzuweisen, daß es jedem einzelnen Subjekt möglich sei, diesen Zustand jederzeit *für sich* herzustellen. Im Spiel werden Sinnlichkeit und Vernunft, in Schillers Terminologie: «sinnlicher Trieb» und «Formtrieb», versöhnt: «Der Gegenstand des sinnlichen Triebes, in einem allgemeinen Begriff ausgedrückt, heißt *Leben* in weitester Bedeutung (...) . Der Gegenstand des Formtriebes, in einem allgemeinen Begriff ausgedrückt, heißt Gestalt (...). Der Gegenstand des Spieltriebes, in einem allgemeinen Schema vorgestellt, wird also *lebende Gestalt* heißen können; ein Begriff, der (...) dem, was man in weitester Bedeutung *Schönheit* nennt, zur Bezeichnung dient.»[34] Ob dieser Gedankengang, der den Eindruck erweckt, eher kurzfristig, zur Deckung eines Argumentationsdefizits, konstruiert worden zu sein, in sich schlüssig sei, ist von untergeordneter Bedeutung; entscheidend ist, daß durch die Einführung des Spieltriebs die Frage, wie der ästhetische Zustand herzustellen sei, aus einer gesellschaftlichen in eine anthropologische verwandelt worden ist.

Entfernung vom Tatort

Aber das Problem der Praxis, nun schon zum zweiten Mal verschoben, ist noch immer nicht aus der Welt geschafft. Es kann jederzeit wiederkehren, etwa mit der Frage, ob der Spieltrieb, selbst wenn es sich bei ihm ursprünglich um eine anthropologische Konstante handeln sollte, nicht durch gesellschaftlich produzierte Entfremdung, vor allem durch gleichförmige industrielle Arbeit, beschädigt werden könne. Das Argument läge nahe, daß der Spieltrieb sich nur so lange entfalten könne, als sinnlicher Trieb und Formtrieb sich noch nicht so weit voneinander entfremdet haben, daß sie einer Synthese gar nicht mehr fähig sind. Wie der Zauberlehrling die von ihm leichtfertig gerufenen Geister nicht mehr los wird, so wird Schiller stets wieder von seinem eigenen Anspruch, durch seine ästhetische Theorie zugleich das Problem gesellschaftlicher Praxis zu lösen, eingeholt. In der Tat ist es – wenn auch schon fast unkenntlich geworden – dieses Problem, das ihn zu der Feststellung nötigt: «Dadurch aber, daß wir die Bestandteile anzugeben wissen, die in ihrer Vereinigung die Schönheit hervorbringen, ist die Genesis derselben auf keine Weise noch erklärt; denn dazu würde erfordert, daß man *jene Vereinigung selbst* begriffe».[35] Hatte Schiller zu Beginn seiner Abhandlung sich zum Ziel gesetzt, die Position Kants zu überwinden, indem er dessen transzendentale Fragestellung nach den Bedingungen der Möglichkeit einer Versöhnung von theoretischer und praktischer Vernunft geschichtlich faßte, so wählt er nun, da er diesen Anspruch nicht durchzuhalten vermag, den umgekehrten Weg: Die Frage, wie Schönheit – und damit eine Überwindung der Entfremdung – möglich werden könne, wird enthistorisiert und nur noch unter «transzendentalem» Gesichtspunkt betrachtet. «Die Vernunft stellt aus transzendentalen Gründen die Forderung auf: es soll eine Gemeinschaft zwischen Formtrieb und Stofftrieb, d. h. ein Spieltrieb sein, weil nur die Einheit der Realität mit der Form, der Zufälligkeit mit der Notwendigkeit, des Leidens mit der Freiheit den Begriff der Menschheit vollendet. (...) Sobald sie demnach den Anspruch tut: es soll eine Menschheit existieren, so hat sie eben dadurch das Gesetz aufgestellt: es soll eine Schönheit sein. (...) *Wie* aber eine Schönheit sein kann, und wie eine Menschheit möglich ist, kann uns weder Vernunft noch Erfahrung lehren.»[36] Erst mit der Rückverwandlung der historischen in eine transzendentale Fragestellung kann Schiller einigermaßen sicher sein, von seinem eigenen Anspruch, vermittels der ästhetischen Theorie einen Weg zur Praxis zu weisen, nicht mehr eingeholt zu werden. Nicht, daß eine transzendentale Fragestellung jede historisch-gesellschaftliche Konsequenz

grundsätzlich ausschlösse; gerade die «Kritik der Urteilskraft» läßt erkennen, daß ein folgerichtig durchgehaltener transzendentaler Ansatz schließlich – etwa im Gedanken der «Idee eines sensus communis» – zu Ergebnissen führt, die eine historisch-gesellschaftliche Einlösung fordern. Voraussetzung hierfür ist allerdings, daß die transzendentale Fragestellung nicht
mit der Forderung nach Praxis kurzgeschlossen oder gar mit ihr gleichgesetzt werde. Eine Sache ist es, im Organismus einen Hinweis darauf zu
sehen, daß die menschliche Vernunft vielleicht mit der Außenwelt vermittelt werden könne; eine ganz andere, hieraus bereits die Möglichkeit von
Praxis ableiten zu wollen. Daher begrüßt Kant zwar, daß im revolutionären
Frankreich die neue Staatsform «sehr schicklich» mit dem Begriff der «Organisation» bezeichnet wird[37], dennoch lehnt er es weiter ab, aus der Theorie bereits auf die Möglichkeit von Praxis schließen zu wollen.

Schiller dagegen vermengt die transzendentale Fragestellung und die
Forderung nach gesellschaftlicher Praxis bis zur Ununterscheidbarkeit. Die
Möglichkeit von Theorie wie von Praxis wird hierdurch korrumpiert. Denn
im Verlauf seiner Argumentation nimmt er zwar den Anspruch auf Praxis
Schritt für Schritt zurück, ohne jedoch dieses Vorgehen auch nur ein einziges Mal offenzulegen; es kommt daher nur indirekt, als Folge von «Argu-
mentationsbrüchen»[38], zum Ausdruck.

Schiller versucht, sich heimlich vom Tatort zu entfernen – er will es nicht
gewesen sein, der das Problem der Praxis aufgegriffen hat. Nicht, daß er
das Theorie-Praxis-Problem nicht zu lösen vermag, ist ihm vorzuhalten.
Wohl aber, daß er nach Belieben eine theoretische Position als praktische
Möglichkeit ausgibt, sich jedoch, wenn die Schwierigkeiten, die sich hieraus ergeben, überhandnehmen, aus dem selbstgestellten Anspruch auf Praxis fortzustehlen versucht. Ohne daß Schiller es für nötig hielte, den Leser
auch nur mit einem einzigen Wort über seinen eigentümlichen Sinneswan-
del zu verständigen, wird das Problem der Praxis, das anfangs mit erhebli-
chem rhetorischen Aufwand zum eigentlichen Thema der Abhandlung aus-
gerufen worden war, preisgegeben. An die Stelle des «Vernunftstaates» tritt
nun, als neue Zielvorstellung, der «ästhetische Staat».[39] Schrittweise, indem zuerst von «ästhetischem Zustand», dann von «ästhetischer Kultur»,
schließlich von einem «ästhetischen Staat» die Rede ist, wird die ursprüngliche Konzeption, derzufolge das Ästhetische nur ein Zwischenzustand,
Vorbereitung realer Freiheit sein sollte, abgebaut. Der ästhetische Schein
wird zum Endzweck.

Ästhetischer Staat

Daher bedeutet Praxis für Schiller schließlich: an der Herstellung dieses «ästhetischen Staates» durch die Produktion von ästhetischem Schein zu arbeiten. «Nicht daß wir einen Wert auf den ästhetischen Schein legen (wir tun dies noch lange nicht genug), sondern daß wir es noch nicht bis zu dem reinen Schein gebracht haben, daß wir das Dasein noch nicht genug von der Erscheinung geschieden und dadurch beider Grenzen auf ewig gesichert haben, dies ist es, was uns ein rigoristischer Richter der Schönheit zum Vorwurf machen kann.»[40] Vom ästhetischen Zustand als einem bloßen Übergangsstadium zum «Vernunftstaat» ist nicht mehr die Rede: Jetzt geht es darum, Realität und ästhetischen Schein «auf ewig» auseinanderzuhalten. Hatte Schiller zu Beginn seiner Abhandlung dem Schönen die Funktion zugeschrieben, in den Menschen die durch Entfremdung hervorgebrachten Zwänge zu suspendieren, um ihnen auf diese Weise die Fähigkeit zu autonomem Handeln wiederzugeben, so versucht er am Ende, Schönheit als autonomen Bereich *neben* der durch Entfremdung geprägten Realität – die nicht mehr in Frage gestellt wird – zu institutionalisieren: «Die Schönheit allein beglückt alle Welt, und jedes Wesen vergißt seiner Schranken, solang es ihren Zauber erfährt.»[41] Nicht mehr um die Autonomie des Subjekts geht es hier, sondern nur noch um die Autonomie des mit der Wirklichkeit nicht länger zu vermittelnden ästhetischen Scheins. Freiheit erfährt das Subjekt nur als vorübergehende Illusion, solange es sich dem ästhetischen Schein aussetzt: «In dem ästhetischen Staate ist alles – auch das dienende Werkzeug ein freier Bürger, der mit dem edelsten gleiche Rechte hat».[42] Sollte der Leser, dessen Verdrängungsmechanismen vielleicht weniger zuverlässig arbeiten als die des Autors, sich einfallen lassen, die als Schein erfahrene Freiheit zum Anlaß zu nehmen, sie auch in der Wirklichkeit herzustellen – also nichts anderes als den von Schiller zunächst selbst propagierten Schritt zu tun: so zöge er sich das Verdikt der Geistesstörung, der «Schwärmerei» zu: «Hier also, in dem Reiche des ästhetischen Scheins, wird das Ideal der Gleichheit erfüllt, welches der Schwärmer so gern auch dem Wesen nach realisiert sehen möchte».[43]

Aber noch die selbstgenügsame Illusion von Freiheit scheint Schiller schließlich bedenklich gewesen zu sein. Bringt der ästhetische Schein schon die Illusion von Gleichheit hervor, so ist wenigstens, damit auch die letzte Gefahr einer Ansteckung der Wirklichkeit durch das Ideal gebannt sei, dafür Sorge zu tragen, daß die Erfahrung dieses Scheins Sache weniger bleibe: «Existiert aber auch ein solcher Staat des schönen Scheins, und wo ist er zu finden? Dem Bedürfnis nach existiert er in jeder feingestimmten Seele, der Tat nach möchte man ihn wohl nur, wie die reine Kirche und die reine Republik, in einigen wenigen auserlesenen Zirkeln finden, wo nicht die geistlose Nachahmung fremder Sitten, sondern eigne schöne Natur das Betragen lenkt, wo der Mensch durch die verwickeltsten Verhältnisse mit kühner Einfalt und ruhiger Unschuld geht».⁴⁴ Die Erfahrung des Schönen als des Korrektivs von Entfremdung – das ist Schillers letztes Wort in dieser Sache – soll nur denen möglich sein, die durch Entfremdung, also durch die Trennung von geistiger und körperlicher Arbeit, ohnehin am wenigsten beeinträchtigt sind. Nicht nur die Perspektive auf politische Praxis, auch der bescheidenere Gedanke einer Erziehung zu mehr oder weniger selbstgenügsamer ästhetischer Erfahrung ist am Schluß stillschweigend getilgt. Genugtuung, daß das Schöne Sache weniger Auserwählter ist, prägt unüberhörbar den letzten Absatz.

Enteignung des Subjekts

Schiller, zunächst auf der Suche nach einem objektiven Schönheitsbegriff, der auch unabhängig vom Subjekt soll gedacht werden können, dann einem elitären Ästhetizismus das Wort redend, vertreibt das Subjekt ausgerechnet aus der Wissenschaft, die aus dem Bedürfnis entstanden war, «sich zu fühlen» auch in einer durch Entfremdung und durch quantifizierendes Denken geprägten Welt. Unter den Wissenschaften im bürgerlichen Zeitalter ist Ästhetik die einzige, in der wissenschaftliche Erkenntnis nicht gleichgesetzt wird mit möglichst vollständiger Eliminierung des Subjekts, sondern ihr Wesen in der Vermittlung mit dem Subjekt hat.

Nicht Kant: Schiller vollzieht die Preisgabe des Erkenntnisanspruchs der Kunst. Gewiß ist bei Kant das ästhetische Urteil kein Erkenntnisurteil; aber das bedeutet nicht, daß die Vernunft keinen Anteil an ihm hätte. Dieser entscheidende Umstand entgeht Schiller; nur aus diesem Grunde ist es möglich, Schönheit als Trug, als bloße Illusion, als Freiheit bloß in der Erscheinung zu bestimmen. Nicht erst durch die Romantiker wird die «utopische Energie, die in den ‹Briefen über die ästhetische Erziehung des Menschen› am Werk ist, (...) zum Stillstand gebracht»⁴⁵. Schiller besorgt dieses Geschäft schon selbst, mit einer Gründlichkeit, die nichts zu wünschen (oder auch zu hoffen) übrigläßt. Schönheit und Freiheit haben für ihn, außer als bloße Illusion, nichts miteinander zu schaffen; «und wenn es wahr ist», bemerkt er unmittelbar nach dem Urteil über den «Schwärmer», der Freiheit auch «dem Wesen nach» (also nicht nur als Schein) verwirklicht sehen möchte, «daß der schöne Ton in der Nähe des Thrones am frühesten und am vollkommensten reift, so müßte man auch hier die gütige Schickung erkennen, die den Menschen oft nur deswegen in der Wirklichkeit einzuschränken scheint, um ihn in eine idealische Welt zu treiben».[46] Bis in die Wortwahl, die eher den Problemen des Viehauftriebs als der Ästhetik angemessen wäre, verrät sich hier, daß von dem einzelnen Subjekt nichts mehr abhängig gemacht wird. Daher ist auch dieses Beispiel – wie das des «verschämten Bedienten» – nicht etwa unglücklich gewählt; es ist der Theorie, die es erläutern soll, durchaus angemessen. Wenn Schönheit als Freiheit nur in der Erscheinung ihr Wesen hat, wenn die kritische Reflexion grundsätzlich ausgeschlossen ist, dann kann – muß – der ästhetische Schein unabhängig von den politischen Strukturen, die ihn hervorgebracht haben, wahrgenommen werden. Daher fehlt Schiller der Sinn für die peinliche Zweideutigkeit seiner Beispiele. Die «Briefe über die ästhetische Erziehung des Menschen» weisen weniger den Weg zum Vernunftstaat als daß sie den Boden für die Kulturindustrie bereiten. Daß Schönheit «Freiheit in der Erscheinung» sei, dem entmündigten Subjekt beliebig vorzusetzen und zu verordnen, wird jedes einzelne Produkt einer Kultur prägen, deren Funktion es sein wird, die Illusion von Freiheit als deren Verwirklichung auszugeben.

Die Begründung der Autonomieästhetik
Karl Philipp Moritz

Die Schriften von Karl Philipp Moritz zur Ästhetik sind bis auf wenige Ausnahmen vor der «Kritik der Urteilskraft» erschienen. Zu seiner wichtigsten Arbeit, «Über die bildende Nachahmung des Schönen» (entstanden 1788 in Rom), bemerkt Goethe, als er 1829 den Bericht über seinen zweiten römischen Aufenthalt redigiert, sie könne «geschichtlich einiges Interesse haben, um daraus zu ersehen, was für Gedanken sich in jener Zeit vor uns auftaten, welche, späterhin entwickelt, geprüft, angewendet und verbreitet, mit der Denkweise des Jahrhunderts glücklich zusammentrafen.» [1] Einen Teil dieser Arbeit, Bemerkungen über das Genie, rückt Goethe in das eigene Manuskript ein; sie erscheinen ihm offenbar als besonders repräsentativ. Nicht Kants heftige Absage an die Selbstherrlichkeit und Selbstgenügsamkeit des Genies, sondern Moritzens bedingungslose Unterwerfung unter dessen Autorität hat, wie durch Goethes Verfahren bestätigt wird, die Entwicklung geprägt. Seine Schriften werden von der «Kritik der Urteilskraft» zwar alsbald in den Schatten gestellt – nach der Jahrhundertwende ist Moritz so gut wie vergessen –, aber die in ihnen entwickelten Theorien, insbesondere vom Genie und von der Autonomie des Kunstwerks, prägen das allgemeine Bewußtsein von dem, was unter Kunst, Künstler, Kunstwerk zu verstehen sei, weit nachhaltiger als Kants Vorstellungen.

«Ich stelle mich auf die unterste Stufe»

In den wenigen Jahren, die Moritz für schriftstellerische Arbeit zur Verfügung stehen – er stirbt, siebenunddreißigjährig, bereits 1793 –, trägt er wesentlich dazu bei, der Entwicklung bürgerlicher Ästhetik in Deutschland eine entscheidende Wendung zu geben. Allerdings verläuft die Entwicklung des Theoretikers Moritz keineswegs geradlinig. Die Schriften zur Ästhetik, die den von der Realität abgehobenen, autonomen Status der Kunst begründen, erscheinen erst in den Jahren 1785 bis 1788; zuvor hatte Moritz eine rege Tätigkeit nicht nur als den Idealen der Aufklärung verbundener Volksschriftsteller, sondern auch als Pädagoge entfaltet. Das Elend, das er in seiner Jugend und, 1778, als Lehrer am Potsdamer Militär-Waisenhaus kennengelernt hatte, läßt ihn gerade den Hilflosesten sich zuwenden; 1782 nimmt er einen taubstummen Knaben in seinen Haushalt auf, um die Behauptung Herders zu widerlegen, daß erst die Sprache den Menschen über das Tier erhebe. In demselben Jahr erscheint seine «Anleitung zum Briefeschreiben», die gegenüber der konventionellen Ausrichtung an vorgegebenen Mustern und Regeln die subjektive Ausdrucksfähigkeit zum Ziel setzt. Moritz ist hier noch weit entfernt von seinen späteren Lehren, daß allein das Genie des angemessenen Ausdrucks mächtig sei; sein Bestreben ist, allen Menschen, gerade auch den durch Natur und Herkunft benachteiligten, zu eigenem Ausdruck zu verhelfen. Noch in seinen ersten Schriften zur Ästhetik ist dieser Ansatz nicht ganz preisgegeben. Im Gegensatz zu Kant, der – wenn auch mit Bedauern – hinzunehmen bereit ist, daß die Fortschritte der «Kultur» nur auf Grund der «Ungleichheit unter Menschen» erfolgen können[2], hält Moritz daran fest, daß *wahre Aufklärung* darin bestehe, daß «jeder einzelne Mensch, wenn er seinen Antheil von Kräften zur Erhaltung des Ganzen aufgewandt hat, sich auch als den Zweck dieses Ganzen betrachten lerne»[3].

Erst die zwei Jahre später, 1788, entstandene ästhetische Hauptschrift wird die bedingungslose Unterordnung des unvollkommenen Einzelnen unter das vollkommene Ganze fordern. Vor dem in sich vollendeten Werk hat das Subjekt zu verstummen, während es ursprünglich so ausgesehen hatte, als wolle Moritz nur eine strikt nominalistische, vom unterdrückten Einzelnen ausgehende Ästhetik dulden: «ich stelle mich auf die unterste Stufe, worauf mich der Zufall versetzen konnte, und gebe keinen von meinen Ansprüchen auf die Rechte der Menschheit auf.»[4]

Erfahrungsseelenkunde

Um diesem Vorsatz zu entsprechen, hatte er selbst umfangreiche Materialien gesammelt, paradoxerweise auch noch zu einer Zeit, da er längst bereit ist, die Unterwerfung des einzelnen Subjekts unter das «Ganze» des Werks zu fordern; sein «Magazin für Erfahrungsseelenkunde», dessen ersten Band er im Jahre 1783 herausgegeben hatte, erscheint noch bis 1793. Es enthält zahllose Momentaufnahmen der sozialen Wirklichkeit seiner Zeit, Pathographien, Berichte von neurotischen Deformationen und psychosomatischen Störungen, vor allem eine Fülle psychologischer Analysen sprachlicher Phänomene – Materialien, die eher geeignet scheinen, eine Ästhetik des in sich geschlossenen Werkes zu zerstören als sie allererst zu begründen. Angesichts der bedrängenden Gewalt dieser Erfahrungen liegt Moritz nichts ferner als eine transzendentale Fragestellung nach den Bedingungen der Möglichkeit von Erfahrung überhaupt. Was ihn im «Magazin» allein interessiert, ist die Empirie. Kein größerer Gegensatz zu der zwei Jahre zuvor erschienenen «Kritik der reinen Vernunft» ist denkbar als das methodische Programm, das er im ersten Band entwirft: «Alles ängstliche Hinarbeiten aber auf ein festes System muß dabei gänzlich vermieden werden, und fürs erste muß alles nur ohngefährer Entwurf seyn, worinn immer noch manche Linie wieder verwischt werden kann, wenn auch sogar das Ganze darüber eine völlig andre Gestalt gewinnen sollte.»[5] Seine «Grundlinien» ziehe er auf gut Glück, und er werde «mit der größten Gleichgültigkeit eine nach der andern wieder auslöschen, sobald sich Fakta einfinden, welche dagegen streiten»[6]. Moritz wird von ganz anderen Dingen beunruhigt als etwa von der Frage, ob es eine systematische Einheit der Natur gebe: für ihn, der die Wirklichkeit als feindliches, die eigene Existenz unmittelbar bedrohendes Chaos erlebte, geht es zunächst darum, diese Wirklichkeit überhaupt erst in Worte zu fassen. Grundsatz für die Darbietung der Fakten im «Magazin» ist daher: «In einem Magazine der Erfahrungsseelenkunde müssen, insbesondre anfänglich, der eingestreuten Reflexionen so wenige als möglich seyn.»[7] Wohl aber sind die eingestreuten Reflexionen über «Sprache in psychologischer Rücksicht» ein wesentlicher Bestandteil des «Magazins», da die Sprache «ein Abdruck der menschlichen Seele ist, von welcher sie uns in ihren Fugen und geheimen Verbindungen ein getreues Gemälde darstellt»[8]. Die psychologische Analyse der Sprache, die Untersuchung, auf welche Weise ihr System dem Ausdrucksverlangen der Menschen Rechnung trägt, ist daher – neben der Sammlung einschlägigen Materials – die wichtigste Voraussetzung einer Erfahrungsseelenkunde. Dabei gelangt Moritz zu Einsichten, die bereits Nietzsches Prinzip, die Strukturen menschlicher Erkenntnis aus der Leiblichkeit abzuleiten, vorwegnehmen: «Der Mensch drückt in der Sprache der ganzen Natur sein Bild auf. Und die Begriffe von *auf, an, unter,* u.s.w. sind höchstwahrscheinlich zuerst vom *menschlichen Körper* hergenommen, und bezeichnen die drei Haupterscheinungen in der Körperwelt, *Annäherung, Berührung,* und *Verlassung.*»[9]

Welcher Art die Fakten sind, die Moritz interessieren, vermag besonders drastisch ein Bericht zu verdeutlichen, der zwar nicht aus seiner eigenen Feder stammt, aber den Absichten der Zeitschrift genau entspricht; er wird von Moritz kommentarlos eingerückt.

Grausamkeit eines gefangnen Soldaten gegen seinen eignen Körper.

Im Jahre 1762, da ich in der Kaiserlichen Gefangenschaft über ein Lazareth Preußischer Kranken in Grätz in Steurmarck die Auffsicht hatte, ereignete es sich, daß man Kaiserlicher Seits durch allerhand Drohungen die Preussen zu österreichischen Diensten zu zwingen suchte.

Ein Soldat Nahmens Salomon, aus dem Magdeburgischen gebürtig, (und wo ich nicht irre) vom Regiment des General Hülsen, der in seiner Heimath ein kleines Cossäthenguth, Frau und Kinder zurück gelassen hatte, übrigens ein recht patriotischer Brandenburger war; hatte einige Beispiele von halb gewaltthätigen Anwerbungen seiner Cammeraden gesehn, hierüber verfiel er in eine Art des Wahnsinns, wovon er nach Verlauf einiger Wochen durch dienliche Mittel wieder hergestellt wurde. Er war nun allem Anschein nach völlig verständig, erzählte wie er beim Finckschen Chor gefangen worden, wer seine Eltern gewesen, was seine Frau für eine brave Frau, und seine Kinder für liebe Kinder wären, und am Ende einer jeden ganz vernünftigen Erzählung schloß er damit, man sähe hieraus, wie unmöglich es ihm sey, Kaiserliche Dienste anzunehmen. Diese Bitte wiederholte er täglich mit dem besten Anstand, und allem Anschein einer gesunden Vernunft.

Ohnvermerkt schlich sich dieser Salomon heimlich auf den Boden des Lazareths, schnitt sich mit einem stumpfen Brodtmesser den linken Daum ab, verband die Hand mit einem Tuch, kam wieder in diejenige Kranken-stube, worin er gehörte, und erzählte bei einer Pfeife Taback, daß ihm wohl wissend sey, wie in Kaiserlichen Diensten kein fehlerhafter Mensch angenommen werde, und wie er sich nun vor allen ferneren Nachstellungen gesichert habe. Diese von Salomon selbst gemachte Amputation wurde bald und gut geheilt, während der Cur verhielt sich Salomon immer ruhig und friedlich, hatte die Liebe aller seiner Cammeraden, er war ihr unterhaltender Gesellschafter, war in allen Stücken vernünftig, bis auf einen Punkt, daß er jedesmahl den Medicum erwartete, und ihn bat, ihn mit den Kaiserlichen Diensten zu verschonen.

Einige Wochen nach seiner Heilung, schlich er sich zum zweiten mal auf den Boden, und schnitt mit einem stumpfen Messer, mit welchem er kurz vorher Taback geschnitten hatte, sein Scrotum genau in der Mitte durch, und sodann den rechten Testicul nebst denen ihn umgebenden Häuten rein weg, und kam kaltblütig zurück in die Stube. Seine Cameraden bemerkten das überall hervordringende Blut, und befragten ihn deshalb, worauf er antwortete, es sey alles das seinige, und könne er damit machen, was er wolle. Es wurden sogleich alle Anstalten gemacht, die Verblutung zu stillen, und nach gehörigem Verband war Salomon ruhig, blieb im Bette, und wurde in sechs Wochen von seiner halben Castration geheilt. Nun blieb er 3 Monat in derselben Lage, er war gesund, aß und trank, gieng aber seit dieser Operation etwas krumm, und an einem Stock. Jeden Morgen erwartete er an der Thüre des Lazareths den Kaiserlichen Medicum, und wiederholte jedesmal seine Bitte, ihn nicht zum Dienst zu zwingen. Nach Verlauf besagter drei Monath schnitt sich dieser Salomon den zweiten Testicul nebst seinen Häuten weg; er wurde auch hier abermals glücklich geheilet, doch so, daß er nun ganz krumm gieng. Täglich fuhr er fort, seine Bitte zu erneuern, und sich auf seine Frau und Kinder zu berufen. Der Medicus, dem dieser tägliche Anlauf endlich zur Last wurde, antwortete in der Folge ganz kurz, daß die Kaiserin ihn nicht brauchen könne, und seine Frau sich seiner auch nicht freuen würde, wodurch Salomon jedesmal beruhiget wurde, und so verblieb bis zur Ranzion, da ich weiter nichts von seinem Schicksale erfahren habe.

Bei diesem Vorfall ist doch allerdings bemerkenswerth, daß ein Mensch, dem Anschein nach, sehr vernünftig und mit dem zartesten Gefühl für Vaterland, Frau und Kinder begabt, auf der andern Seite einen solchen Grad der Verrückung haben könne, der ihn zu der grausamsten Operation abhärtet und hinleitet.

Schröder,
Doctor Medicinä.[10]

Der Bericht läßt die Notwendigkeit von Moritzens Versuch erkennen, Psychologie und Sprachanalyse miteinander zu verbinden. Die Sprache, in der die Selbstverstümmelung wiedergegeben wird, verrät die absolute Unfähigkeit der Zeitgenossen, psychische Erscheinungen mit ihren sozialen Bedingungen auch nur entfernt in Verbindung zu bringen. Die Unerschütterlichkeit, mit der an der Diagnose «Verrückung» festgehalten wird, trotz der wiederholten Festellung, daß es sich offenbar um einen völlig normalen Mann gehandelt habe, der wahrscheinlich sich gegen den Heeresdienst in Preußen nicht gewehrt hätte, zeigt, daß es zwischen dem Einzelnen und dem «Ganzen», das Moritz später bedingungslos verherrlichen wird, keine Verbindung gibt. Es ist verständlich, daß angesichts dieser Realität Moritz Reflexionen über einen sensus communis oder über «Zwangsfreiheit von Regeln» fernliegen. Andererseits verhält es sich nicht so, daß zwischen den Fakten, von denen das «Magazin» berichtet, und den subtilsten ästhetischen Reflexionen überhaupt kein Zusammenhang bestünde: auch der unglückliche Soldat handelt aus dem Impuls, der dem Interesse an Kunst und Ästhetik zugrundeliegt: dem Bedürfnis des Subjekts, sich selbst – nach

Kants Formulierung im ersten Abschnitt der Kritik der Urteilskraft – «zu fühlen». Mit dem Unterschied, daß die Probleme und Defizite der Menschen, die in der ästhetischen Theorie nur sehr vermittelt erscheinen, in den von Moritz gesammelten Fällen mit brutaler Direktheit deutlich werden.

Die Menschen, von denen Moritz in der Zeitschrift berichtet, haben gar nicht die Möglichkeit, die Gewalt, von der sie unmittelbar betroffen sind, in theoretischen Reflexionen zu verallgemeinern und sie dadurch zu mildern, wenn nicht überhaupt unkenntlich zu machen. Tatsächlich betreibt Moritz «Aufklärung» mit einer Radikalität, die im Bürgertum das Eingeständnis provoziert, so genau wolle man es nun doch nicht wissen. Schiller gibt den Rat, «jedes Heft mit einem philosophischen Aufsatze zu begleiten, der lichtere Blicke öfnet, und diese Dißonanzen gleichsam wieder in Harmonie auflöst»[11]. Moritzens Verfahren führe dazu, meint Schiller indigniert, daß man das Heft «immer mit einer traurigen oft wiedrigen Empfindung weglegt, und dieses darum, weil es uns nur an Gruppen des menschlichen Elends heftet»[12]. Der Brief zeigt, wie wenig begründet Kants wohlmeinende Hoffnung war, die «Ungleichheit unter den Menschen», die Kultur erst möglich mache, werde durch Kultur «nach und nach»[13] beseitigt. Das Bürgertum hat diese Ungleichheit längst als Bedingung der eigenen Lebensform akzeptiert; die Verpflichtung gegenüber «Gruppen des menschlichen Elends» wird nur noch als lästig empfunden – von ihr befreit die philosophische Reflexion.

«Zu wenig eigene Existenz»: «Anton Reiser»

Es zeichnet Moritzens Verfahren sowohl im «Magazin» als auch im «Anton Reiser» aus, daß er das Besondere grundsätzlich nicht im Allgemeinen aufgehen läßt. Die Zeitschrift wie der Roman lassen es möglich werden, das einer philosophischen Fragestellung ursprünglich zugrundeliegende, aber nicht mehr ohne weiteres erkennbare besondere Bedürfnis wieder zu entziffern. So beschreibt Kant die teleologische Urteilskraft als ein regulatives Vermögen, durch das die Menschen in die Lage versetzt werden, eine Ordnung in der Natur wahrzunehmen, die sich dort nicht an sich findet, deren sie aber gleichwohl bedürfen, um überhaupt zusammenhängende Erfahrungen machen zu können. Diese nur regulative Geltung aller teleologischen Ordnungsvorstellungen erlebt Anton Reiser am eigenen Leibe. Seine kleinbürgerliche Herkunft – es ist ihm versagt, ein bürgerliches Selbstwertgefühl zu entwickeln – bringt es mit sich, daß durch einen harmlos gemeinten Satz eines Adligen er sich aufs äußerste erniedrigt fühlt. «Im Grunde war es das

Gefühl *der durch bürgerliche Verhältnisse unterdrückten Menschheit*, das sich seiner hiebei bemächtigte und ihm das Leben verhaßt machte – (...) was hatte er vor seiner Geburt verbrochen, daß er nicht auch ein Mensch geworden war, um den sich eine Anzahl anderer Menschen bekümmern und um ihn bemüht sein müssen – (...) – Hätten ihn seine Verhältnisse in der Welt *glücklich* und *zufrieden* gemacht, so würde er allenthalben Zweck und Ordnung gesehen haben, jetzt aber schien ihm alles Widerspruch, Unordnung und Verwirrung.»[14] Die Fähigkeit, die Außenwelt als geordnete, sich selbst als Teil eines umfassenden Sinnzusammenhangs wahrzunehmen, hängt für Reiser nicht von einer unbestimmten «Chiffernschrift» der Natur ab, sondern, sehr viel direkter, von der Möglichkeit, sich selbst in einen sozialen Zusammenhang einzuordnen.

In dem Maße, in dem die Versuche, die Reiser in dieser Hinsicht unternimmt, scheitern, entwickelt Moritz seine Vorstellungen von einer autonomen, durch soziale Gegebenheiten nicht beeinträchtigten Kunst. Gewiß sind, trotz des autobiographischen Inhalts des Romans, Reiser und Moritz nicht einfach gleichzusetzen; vor allem durch eine eher versteckte Ironie, die am ehesten noch in der Trockenheit, mit der von Reisers Mißgeschicken berichtet wird, dingfest zu machen ist, distanziert sich der Erzähler von seiner Gestalt. Das Verhältnis von Moritz zu Reiser wäre mit einer Versuchsanordnung zu vergleichen: als Experimentiermaterial benutzt Moritz die eigenen Erfahrungen, die er Reiser noch einmal erleben läßt, um auf diese Weise herauszufinden, welche Gründe das eigene Scheitern hatte, ob es überhaupt notwendig war. In dem Maße, in dem diese Notwendigkeit sich bestätigt, verringert sich wieder die Distanz zwischen Erzähler und Romangestalt, bis das Experiment schließlich abgebrochen wird. In den Schriften zur Ästhetik, die noch während der Arbeit am Roman entstehen, entwirft Moritz dagegen Lösungen, die durch eigene Erfahrungen nicht mehr beeinträchtigt werden können. In der Tat findet er für jedes einzelne Problem, an dem Reiser scheitert, doch noch eine Lösung, allerdings nicht mehr im Roman, der die Realität nachzeichnet, sondern in der ästhetischen Theorie.

Aus kleinbürgerlich-plebejischen Verhältnissen stammend, aber aus deren Enge hinausstrebend, erinnert Reiser seine Umwelt allzu penetrant an die «Gruppen des menschlichen Elends» (Schiller), so daß er stets abgewiesen und auf sich selbst zurückgeworfen wird, in eine Haltung, die ihm aufgrund seiner strengen pietistischen Erziehung von Kindheit an vertraut ist. Überhaupt dürfte der Erfolg des Pietismus in Deutschland darauf zurückgehen, daß Reisers Erfahrung, keine soziale Identität entwickeln zu können, im Kleinbürgertum allgemein verbreitet ist; als Ersatz für einen nicht herstellbaren sozialen Zusammenhang bietet sich der Versuch an, die Stimme Gottes im eigenen Innern zu vernehmen. Schon auf der ersten Seite des Romans wird eine solche pietistische Séance beschrieben: «Alle diese Personen mußten sich täglich einmal in einem großen Zimmer des Hauses zu einer Art von Gottesdienst versammeln, den der Herr v. F. selbst eingerichtet hatte und welcher darin bestand, daß sie sich alle um einen Tisch setzten und mit zugeschloßnen Augen, den Kopf auf den Tisch gelegt, eine halbe Stunde warteten, ob sie etwa die Stimme Gottes oder das *innre Wort* in sich vernehmen würden. Wer dann etwas vernahm, der machte es den übrigen bekannt.»[15] Von den Inhalten wie von den Ritualen des Pietismus vermag Moritz sich zwar ironisch zu distanzieren; nicht jedoch ist damit bereits eine andere Perspektive eröffnet als die von frühester Kindheit an eingeübte: die Wendung nach innen.

Die Erkenntnis, eigentlich gar keine Identität zu haben, wird damit unausweichlich. «Nun war es sonderbar; wenn er im Anfang etwas niederschreiben wollte, so kamen ihm immer die Worte in die Feder: *Was ist mein Dasein, was mein Leben?* (...) Nun fing er an, den Begriff des *Individuums* zu verfolgen, (...) und da er nun endlich auf den höchsten Grad des Bestimmtseins von allen Seiten und des *Vollkommen-sich-selbst-gleich-Seins* stieß, so war es ihm nach einigem Nachdenken, *als ob er sich selbst entschwunden wäre – und sich erst in der Reihe seiner Erinnerungen an das Vergangene wieder suchen müßte.* (...) Die wahre Existenz schien ihm nur auf das eigentliche *Individuum* begrenzt zu sein – und außer einem *ewig unveränderlichen, alles mit einem Blick umfassenden Wesen* konnte er sich kein wahres Individuum denken. Am Ende seiner Untersuchungen dünkte ihm sein eignes Dasein eine *bloße Täuschung,* eine *abstrakte Idee* (...). – Durch diese Begriffe von seiner eignen Eingeschränktheit veredelten sich seine Begriffe von der Gottheit – er fing an, nun in diesem großen Begriffe sein eignes Dasein zu fühlen, das ihm ohnedem unter den Händen zu verschwinden, ohne Zweck, abgerissen und zerstückt zu sein schien.»[16] «Weil er», wie es an anderer Stelle heißt, «von Kindheit auf *zu wenig eigene Existenz gehabt hatte»*[17], sucht er nicht nur sein Heil im Beruf des Schauspielers, um sich fremde Existenzen anzueignen, sondern findet auch zu einer Art sekundärer Religiosität zurück: daß seine Begriffe von der Gottheit sich «veredeln», ist alles andere als ein Glaubensakt, es ist nicht einmal auf einen genuinen religiösen Impuls zurückzuführen. Was Reiser an der Gottheit, vielmehr an deren *Begriff,* imponiert, ist die Fähigkeit, das «Ganze» in Gegenwart und Vergangenheit vollständig zu überblicken, im Gegensatz zu der eigenen «Eingeschränktheit». Da die gleichsam intellektuelle Hochachtung, die Reiser für die Gottheit empfindet, nicht ausreicht, den verlorenen Glauben neu zu beleben, müßten die religiösen Begriffe säkularisiert werden. Damit ist im wesentlichen bereits die Wendung zur Werkästhetik vorgezeichnet. An die Stelle des Kosmos tritt die Natur, an die der Gottheit das Genie, das der Natur in ihrer Ganzheit teilhaftig ist und sie vermittels der Einbildungskraft im Werk, in verringertem Maßstab, reproduziert.

Moritz hat aber auch erkannt, daß die fehlende soziale Wirklichkeit nicht unbedingt durch die Einbildungskraft ausgeglichen werden kann. Im Roman spricht er aus, was er in den etwa gleichzeitig entstehenden Schriften zur Ästhetik nicht wahrhaben will: daß den kompensatorischen Möglichkeiten der Phantasie und damit auch der Kunst Grenzen gesetzt sind. Reiser gerät in zwei lebensgefährliche Krisen, in die Nähe des Selbstmords und des Wahnsinns. Selbstmord ist die letzte Konsequenz aus seiner gesellschaftlichen Isolation; Wahnsinn folgt aus der übermäßigen Beanspruchung der Einbildungskraft, die für alles aufkommen muß, was ihm in der Realität vorenthalten wird. Denn «da er einmal bloß in der Ideenwelt lebte, so war ihm ja alles das wirklich, was sich einmal fest in seine Einbildungskraft eingeprägt hatte, ganz aus allen Verhältnissen mit der wirklichen Welt hinausgedrängt, drohte die Scheidewand zwischen Traum und Wahrheit bei ihm den Einsturz.»[18] Moritzens moderner, Grundeinsichten der Psychoanalyse vorwegnehmender Begriff der Neurose ist von dieser Erfahrung geprägt: «Mangel der *verhältnißmäßigen Uebereinstimmung* aller Seelenfähigkeiten ist Seelenkrankheit. (...) Die thätigen Kräfte müssen mit den vorstellenden Kräften in einem gewissen Verhältniß stehen; sind sie gegen dieselben zu stark, und bekommen das Uebergewicht, so ist dieses Krankheit der Seele».[19] Selbst die Differenz von latenten Traumgedanken und manifestem Inhalt der Träume bleibt ihm in diesem Zusammenhang nicht verborgen: «Es scheinet, als wenn die Ideen, welche wir im Traume erhalten, ordentlicher Weise wieder verdunkelt werden müssen. Mir ist wenigstens die Erinnrung von Träumen höchst unangenehm, weil sie den ganzen Tag über einige Unordnung in meinen übrigen Ideen erweckt.»[20] Moritz gelangt zwar noch nicht zu der Erkenntnis, daß jeder Traum eine Wuncherfüllung sei, dagegen scheint ihm die im eigenen Ich vorhandene Zensurinstanz wohlbekannt gewesen zu sein: «unangenehm» ist die Erinnerung an einen Traum, weil eine uneingeschränkte Wuncherfüllung in der Phantasie das Gleichgewicht der tätigen und vorstellenden Kräfte, das Moritz fordert, aufzuheben droht. Es ist charakteristisch für seine entsagungsvolle Existenz, daß er noch den Traum nach dem Maßstab der von außen auferlegten Repression beurteilt, derzufolge die eigenen Wünsche nur als Störung und als «Unordnung» aufgefaßt werden können.

Moritz hat im «Anton Reiser» die psychologische Analyse so weit vorangetrieben, daß sie den immanent-psychologischen Bereich sprengt und den Blick freigibt auf diejenigen sozialen Bedingungen, die die psychischen Reaktionen erst verursachen. Weil das Subjekt in Deutschland keine sozialen Institutionen vorfindet, in denen es sich entwickeln könnte, muß es alle psychischen Energien auf sich selbst rückbeziehen, um überhaupt zu überleben; die Folge ist eine hypertrophe, vom Subjekt abgespaltene, unbestimmt schweifende Subjektivität, die stets bereit ist, sich selbst preiszugeben, um dem übermäßigen Druck zu entgehen, dem die sozial unabgesicherte Individuation ausgesetzt ist: «Und wo blieb nun der Geist nach der Zerstörung und Zerstückelung des Körpers? – Alle die Gedanken von so viel Tausend Menschen, die vorher durch die Scheidewand des Körpers bei einem jeden voneinander abgesondert waren und nur durch die Bewegung einiger Teile dieser Scheidewand einander wieder mitgeteilt wurden, schienen ihm nach dem Tode der Menschen in eins zusammenzufließen (...) – er dachte sich den *übriggebliebenen und in der Luft herumfliegenden Verstand eines Menschen, der bald in seiner Vorstellungskraft zerflatterte.*»[21] Reisers Todessehnsucht, seine latente Bereitschaft, die eigene Individuation in einem größeren Ganzen – gleich welchen Inhalts – aufgehen zu lassen, hat ihren Grund darin, daß seine eigene Subjektivität ihm einerseits als inhaltsleer, andererseits jedoch, weil er sich nicht mitteilen kann, als undurchdringlicher Panzer erscheint. «Daß er nun unabänderlich *er selbst* sein *mußte* und kein anderer sein *konnte*, daß er in sich selbst eingeengt und *eingebannt* war – das brachte ihn nach und nach zu einem Grade der Verzweiflung, der ihn an das Ufer des Flusses führte, welcher durch einen Teil der Stadt ging, wo dasselbe mit keinem Geländer versehen war.»[22]

Perspektive: Die Linien des Lebens und der Kunst

Aus dieser Situation sieht Moritz, wie der Fragmentcharakter des Romans zeigt, keinen durch Begriffe vermittelbaren Ausweg. Wohl aber gibt es innerhalb des Romans selbst Stellen, an denen es Reiser gelingt, sich vorübergehend als Teil eines Ganzen wahrzunehmen und sich auf diese Weise seiner Identität zu versichern. So hat Reiser seine besten Momente immer dann, wenn er die Stadt, in der er lebt, von den Wallanlagen aus als ganze überblicken kann, «denn er sahe hier die dicht ineinandergebaute Stadt und die ländliche offene Natur, mit Gärten, Äckern und Wiesen, so nahe aneinandergrenzend und doch so außerordentlich verschieden, daß dieser Kontrast einer lebhaften Wirkung auf seine Phantasie nie verfehlen konnte. –

Dann drängten sich auch in die *Umgebung* des Ortes, der seine meisten Schicksale gleichsam in seinen Umfang einschloß, immer tausend dunkle Erinnerungen an die Vergangenheit in seiner Seele empor, welche, mit seiner gegenwärtigen Lage zusammengehalten, gleichsam mehr Interesse in sein Leben brachten».[23] Der Wall ist die Stelle, an der das durch Arbeitsteilung zerstückelte Leben noch im Zusammenhang mit der Natur überblickt werden kann. Vor allem aber ist der Wall der einzige Ort, an dem Reiser das gesellschaftliche Ganze, das für ihn sonst stets abstrakt bleibt, anschaulich wird – nur in dieser Perspektive, in der sich aus dem Schein von Zusammenhang die Illusion von Sinn auch für seine eigene Existenz ergibt, kann er «mehr Interesse» an seinem Leben nehmen. «Und dies waren die glücklichsten Momente seines Lebens, wo sein eigenes Dasein erst anfing, ihn zu interessieren, weil er es in einem gewissen Zusammenhange und nicht einzeln und zerstückt betrachtete. Das Einzelne, Abgerissene und Zerstückte in seinem Dasein war es immer, was ihm Verdruß und Ekel erweckte.»[24] Nur indem das Subjekt sich des Zusammenhangs mit der Gesellschaft vergewissert, stabilisiert es seine eigene Identität, mit der Einschränkung, daß dieser Zusammenhang nicht wirklich erlebt, sondern nur in der Anschauung vollzogen wird. Nur als *ästhetische* ist eine – vorübergehende – Transzendierung der Situation möglich. Daher kann für Moritz die psychologische Analyse nicht durch politische, sondern nur durch ästhetische Theorie ergänzt werden. Die kunsttheoretischen Äußerungen eröffnen dort eine Perspektive, wo der Roman – der ohne greifbares Ereignis abbricht – keine Perspektive offenläßt.

Der Begriff der Perspektive ist wörtlich zu verstehen; Moritzens Vorliebe für geometrische Figuren und Metaphern aus dem Bereich der Optik hat hier ihren Grund.[25] Das Subjekt, verloren in unaufhebbarer Vereinzelung, versucht sich selbst in einer Perspektive zu sehen, die es als Teil eines sinnvollen Ganzen zeigt. In der Wirklichkeit aber ist der Fluchtpunkt jeder Perspektive, wie Reiser immer wieder erlebt, das Nichts; hier laufen für ihn, wie eine der eindrucksvollsten Szenen des Romans verdeutlicht, alle Linien zusammen.

Auf der Flucht vor dem Hohn seiner Mitschüler, die ihn vom Theaterspiel ausgeschlossen haben, gerät Reiser in die Nähe eines Dorffriedhofs, wo er eine – im wörtlichen Sinne – Zuspitzung seiner Situation erfährt: «Er ging immer querfeldein, bis es dunkel wurde – da kam er an einen breiten Weg, der zu einem Dorfe führte, das er vor sich liegen sahe – der Himmel fing an, sich immer düstrer zu umziehn, und drohte Regenwetter – die Raben fingen an zu krächzen, und zwei, die immer über seinem Kopfe hinflogen, schienen ihm das Geleite zu geben – bis er an den kleinen engen

Kirchhof des Dörfchens kam, welcher gleich vornean lag und mit unordent-
lich übereinandergelegten Steinen eingefaßt war, die eine Art von Mauer
vorstellen sollten. – Die Kirche mit dem kleinen spitzen Turme, der mit
Schindeln gedeckt war, in der dicken Mauer nach jeder Seite zu nur ein
einziges Fensterchen, durch welches das Licht *schräg* hereinfallen konnte –
die Türe wie halb in die Erde versunken und so niedrig, daß es schien, man
könne nicht anders als gebückt hineingehen. – Und ebenso klein und unan-
sehnlich, wie die Kirche war, so enge und klein war auch der Kirchhof, wo
die aufsteigenden Grabhügel dicht aneinandergedrängt und mit hohen Nes-
seln bewachsen waren. – Der Horizont war schon verdunkelt; der Himmel
schien in der trüben Dämmerung allenthalben dicht aufzuliegen, das Gesicht wurde auf den kleinen Fleck Erde, den man um sich her sahe, begrenzt
– das *Winzige* und *Kleine* des Dorfes, des Kirchhofes und der Kirche tat auf
Reisern eine sonderbare Wirkung – *das Ende aller Dinge schien ihm in
solch eine Spitze hinauszulaufen – der enge dumpfe Sarg* war das letzte –
hierhinter war nun nichts weiter – hier war die zugenagelte Bretterwand –
die jedem Sterblichen den fernern Blick versagt. – Das Bild erfüllte Reisern
mit Ekel, der Gedanke an *dies Auslaufen in einer solchen Spitze, dies Aufhören ins Enge und noch Engere und immer Engere –* wohinter nun nichts
weiter mehr lag – trieb ihn mit schrecklicher Gewalt von dem *winzigen
Kirchhofe* weg (...). – Was ihm aber auf dem Kirchhofe den Gedanken des
Todes so schrecklich machte, war die Vorstellung des *Kleinen,* die, sowie
sie herrschend wurde, in seiner Seele eine fürchterliche *Leere* hervorbrachte, welche ihm zuletzt unerträglich war. – Das *Kleine* nahet sich dem Hin-
schwinden, der Vernichtung – die Idee des *Kleinen* ist es, welche *Leiden,
Leerheit* und *Traurigkeit* hervorbringt – das Grab ist das *enge Haus,* der
Sarg ist eine Wohnung, *still, kühl und klein – Kleinheit* erweckt *Leerheit,
Leerheit* erweckt *Traurigkeit – Traurigkeit* ist der Vernichtung Anfang –
unendliche Leere ist Vernichtung. Reiser empfand auf dem *kleinen* Kirchhofe die Schrecken der Vernichtung – der Übergang vom Dasein zum
Nichtsein stellte sich ihm so anschaulich und mit solcher Stärke und Gewißheit dar, daß seine ganze Existenz nur noch wie an einem Faden hing,
der jeden Augenblick zu zerreißen drohte.»[26]

   Diese Episode ist eine Schlüsselszene des Romans, weil es Moritz hier
gelingt, die gesamte psychische und soziale Situation Reisers in ein Bild zu
übersetzen, das mit äußerster Strenge und Konsequenz perspektivisch kom-
poniert ist – von dem sich verdüsternden und dadurch gleichsam enger
werdenden Himmel, über die erdwärts fliegenden Raben, die Reiser vollends an den Boden bannen, das schräg einfallende Licht, bis hin zu der halb
eingesunkenen Tür, laufen alle Linien in der Spitze des Sarges zusammen:

«das Ende aller Dinge schien ihm in solch eine Spitze hinauszulaufen».
Die beschädigte soziale Identität Reisers, sein Mangel an eigener Existenz
wird anschaulich in einem Symbol als der, wie Moritz definiert, Einheit von
Zeichen und Bezeichnetem[27]: die schrägen Linien laufen in einer Art von
negativem Brennpunkt aus, hinter dem eine weitere Entwicklung nicht
mehr denkbar ist. Dieser Brennpunkt ist das Nichts, das von Reiser als
metaphysische Vernichtung wahrgenommen wird, das zugleich jedoch in
einem eindringlichen Bild die Aussichtslosigkeit seiner sozialen Situation
anschaulich werden läßt. Gewiß kann das metaphysische Grauen, das Reiser empfindet, nicht ausschließlich auf gesellschaftliche Bedingungen zurückgeführt werden; ebensowenig aber ist es eine in sich konstante Größe:
ein Akt sozialer Diskriminierung schafft die Voraussetzung dafür, daß das
malum metaphysicum mit voller Wucht über ihn hereinbricht.

Es ist für das Verhältnis von Wirklichkeit und Kunst bei Moritz charakteristisch, daß das genaue Gegenbild zu diesem Brennpunkt der Vernichtung sich nicht im Roman findet, sondern in der Abhandlung «Die Signatur
des Schönen»; sie erscheint im Jahre 1788, zwei Jahre nach dem die Kirch-
hof-Episode enthaltenden dritten Teil des «Anton Reiser». Hier beschreibt
Moritz, wie das Kunstschöne sich als selbständige, von der Wirklichkeit
unabhängige Sphäre konstituiert. Er stellt die These auf, daß die Begriffe
«Spuren» in der Einbildungskraft zurücklassen, die sich schließlich zu einem schönen Bilde zusammenschließen. «Worte können daher das Schöne
nicht eher beschreiben, als bis sie in der bleibenden Spur, die ihr vorübergehender Hauch auf dem Grunde der Einbildungskraft zurückläßt, *selbst
wieder zum Schönen werden.*»[28] Jeder Begriff, das scheint Moritz sagen zu
wollen, bezieht sich zwar ursprünglich auf einen empirisch gegebenen,
durch Anschauung erfahrbaren Gegenstand; als *Begriff* jedoch ist er abstrakt und unanschaulich, solange jedenfalls, bis er auf die Einbildungskraft trifft, die ihm nun wieder Anschaulichkeit zuteil werden läßt. Diese
von der Einbildungskraft synthetisierte Anschauung ist jedoch von der ursprünglichen qualitativ verschieden. Die durch den Begriff in die Einbildungskraft gegrabene «Spur» eines empirischen Gegenstandes könne,
meint Moritz, «von dieser Sache selbst so unendlich verschieden seyn»,
«daß es zuletzt fast unmöglich wird, die Verwandtschaft der Spur mit der
Gestalt des Dinges, wodurch sie eingedrückt ward, noch ferner zu errathen.
(...) Das Allerverschiedenste kann daher immer in der *letzten* Spur, die es
von sich zurückläßt, sich wieder gleich werden; wie denn alles was da ist,
sich auf dem Punkte gleich wird, wo seine äußersten Spitzen in unserm
Denken zusammentreffen, und dort eine gemeinschaftliche Spur von sich
zurücklassen, die mit nichts außer sich mehr Ähnlichkeit hat, und eben

daher von allem was da ist, ohne Hinderung sagen kann: es ist.»[29] Die Beschreibung der Konstitution des Kunstschönen ist die genau komplementäre Ergänzung zur Kirchhofszene, und zwar sowohl der Terminologie und Metaphorik als auch dem Inhalt nach. In der Realität waren für Reiser alle Linien zusammengeschossen in der Spitze des Sarges, dem Nichts; wo dagegen die Linien des Kunstschönen zusammentreffen, dort ist das schlechthin Seiende: von dem Kunstschönen kann gesagt werden: «es ist». In der Kunst ist der negative Brennpunkt zum positiven geworden. Die «Linien des Lebens»[30] hatten den seiner sozialen und intelligiblen Identität beraubten Reiser ins Nichts geführt; die Perspektive der Kunst stellt dagegen die unbeschädigte, nicht mehr zu beschädigende Identität wieder her: «Das Allerverschiedenste kann (...) sich wieder gleich werden.» Moritz konstruiert eine Vorstellung von autonomer Kunst – «eine gemeinschaftliche Spur (...), die mit nichts außer sich mehr Ähnlichkeit hat» –, die bis in die Gegenwart fortwirkt: «Kunstwerke sind die vom Identitätszwang befreite Sichselbstgleichheit.»[31] So unterschiedlich die nach ihm entstandenen Entwürfe auch sind, gemeinsam ist ihnen der Gedanke, daß es die Funktion autonomer Kunst sei, die in der Empirie beeinträchtigte und beschädigte Identität wieder herzustellen, gemeinsam aber auch die Voraussetzung, daß es hierzu der strikten Trennung von Kunst und Realität bedürfe.

Häusliche Glückseligkeit – Schöne Natur

Die Wendung zur Autonomieästhetik vollzieht sich bei Moritz in einem sehr kurzen, nur zwei bis drei Jahre umfassenden Zeitraum. Während in den Aufsätzen «Das Edelste in der Natur», «Das menschliche Elend» und «Einheit – Mehrheit – menschliche Kraft», die sämtlich im Jahre 1786 erscheinen, sich noch Ansätze finden, die einem aufklärerisch-kämpferischen Impuls folgen, ist bereits 1788, mit dem Aufsatz «Über die bildende Nachahmung des Schönen», das Daseinsrecht des einzelnen Individuums gegenüber dem übergeordneten Ganzen preisgegeben.

Ausgangspunkt ist für Moritz, wie für viele seiner Zeitgenossen, die Arbeitsteilung in der modernen – bürgerlichen – Gesellschaft. Anders jedoch als Schiller, für den ganz allgemein die «Kultur selbst» es war, «welche der neuern Menschheit diese Wunde schlug», so daß ein «verderblicher Streit» ihre «harmonischen Kräfte» entzweite[32], sieht Moritz in der Arbeitsteilung eine besonders raffinierte Form von Herrschaft. «Der einzelne Mensch», stellt er fest, «hebt seinen Fuß nicht in die Höhe und streckt seine Hand nicht aus, wenn nicht sein *eigner Gedanke* ihn dazu treibt».[33] Kaum

jedoch wird die Arbeitskraft mehrerer Menschen zu *einem* Zweck vereinigt, so ist die Folge, «daß die körperlichen Bewegungen mehrerer Menschen, durch die lenkenden Gedanken eines einzigen eine *gewisse Richtung*
erhalten, wovon sie nicht *abweichen* dürfen».[34] Diese Entwicklung sieht
Moritz nicht als selbstverständlich an; keineswegs folgt sie für ihn schon
allein aus dem Begriff der Kultur. Daß die Menschen ihre Freiheit aufgeben,
gilt ihm als so widernatürliches Verhalten, daß es nur durch äußere Gewalt
erklärt werden kann: «Der listigere und verschlagnere Theil der Menschen
hat nehmlich Mittel gefunden, dem ehrlichern und gutmüthigern, seine
nothwendigen Bedürfnisse auf gewisse Weise zu entreissen und abzuschnei-
den, um sie ihm nur unter der Bedingung wieder zufließen zu lassen, daß er
eine Zeitlang auf die natürliche Verbindung seiner Geistes- und Körper-
kräfte *Verzicht* thut – und wie eine bloße Maschine durch die Gedanken
eines andern seinen Arm ausstrecken, und seinen Fuß emporheben läßt, wie
der Soldat auf das Kommando thun muß».[35]

Zweifellos greift Moritz bei diesen Überlegungen auf eigene Beobachtungen zurück. In Preußen war zu seiner Zeit der Staat dazu übergegangen,
«mittels Prämien und mittels Anwendung von Gewalt außerhalb der Zünfte und der Agrarwirtschaft Arbeiter» heranzuziehen, «die weder das Staats-
gebiet verlassen konnten, noch am Stände- und Privilegiensystem der Feu-
dalgesellschaft teilhatten, sondern nur durch den Verkauf ihrer Arbeitskraft die Erhaltung ihres Lebens erreichen konnten».[36] Seine Fähigkeit der
genauen Beobachtung ermöglicht es Moritz, die Entfremdungsproblematik
sehr viel schärfer als die meisten seiner Zeitgenossen zu erfassen. Im Unterschied zu den späteren Arbeiten jedoch scheint Moritz Resignation zunächst noch fern zu liegen. Am Beispiel des Hausbaus erläutert er, daß er
Arbeitsteilung nicht unbedingt mit Herrschaft und Entfremdung verbunden
sieht:

«Ein anders ist, wenn z. B. eine Gesellschaft von Menschen in Verbindung tritt, von denen jeder einzelne mit den übrigen ein großes Haus zu
bewohnen wünscht, das aber durch die Kräfte eines einzigen nie würde
hervorgebracht werden können – Diese Anzahl von Menschen *wählen* einen unter sich, durch dessen Gedanken sie ihre Arme nach einer gewissen
Richtung ausstrecken, und ihre Füße nach einer gewissen Richtung wollen
emporheben lassen – Hier ist *allen* der Zweck gemeinschaftlich – *allen* ist
daran *gelegen,* daß das Haus fertig werde. – Einer *denkt* zwar für alle, aber
er denkt *für sie* nur die Art der Erreichung des Zwecks, nicht den Zweck
selber – (...) Hier findet also nichts Gewaltsames, keine Beraubung der
natürlichen Freiheit, kein Zerreissen der Verbindung zwischen Gedanken
und Bewegung statt – niemand ist hier ganz Maschine».[37]

Gegenüber einer warenproduzierenden Gesellschaft bleibt das von Moritz entworfene Modell, aus dem die Prinzipien der Profitmaximierung wie des Tauschs dem Begriff wie der Sache nach ausgeschlossen sind, völlig abstrakt. Nur deshalb mündet der Aufsatz «Einheit – Mehrheit – menschliche Kraft» nicht in Resignation, weil in ihm die moderne, bürgerliche Gesellschaft überhaupt nicht erscheint. Hier ist der Grund für die auffallende Gebrochenheit von Moritzens Haltung, die für mehrere der vor der «Nachahmungs»-Schrift entstandenen Arbeiten zur Ästhetik kennzeichnend ist. Seine Fähigkeit zu genauer Beobachtung gibt ihnen die kritische Spitze; diese wird jedoch in der Regel von Moritz selbst abgebrochen, da er nicht in der Lage ist, die von ihm beobachteten Entfremdungserscheinungen als das Ergebnis gesellschaftlicher Prozesse zu begreifen. Daher stößt der kritische Impuls häufig ins Leere. An seine Stelle tritt schließlich der Rückzug auf die vermeintlich unzerstörbare Innerlichkeit des isolierten Subjekts. Dieser regelmäßig eintretende Umschlag erfolgt also nicht etwa, weil Moritz an der Möglichkeit einer humanen Gesellschaft verzweifelte, sondern weil Gesellschaft überhaupt – so stark hat die Erfahrung der Vereinzelung sein Denken geprägt – für ihn im Grunde genommen nicht existiert. Es gibt nur «häusliche Glückseligkeit» auf der einen, die «schöne Natur» auf der anderen Seite. Wie im Vorgriff auf die Malerei des Surrealismus stellt er ein einzelnes Wohnzimmer mitten in die Natur:

«Welch ein Unterschied zwischen einem *Wohnzimmer* und *der großen Natur!*

Und doch ist das Wohnzimmer mitten in der großen und offenen Natur so angenehm – (…)

Wenn um das *einzelne Haus,* auch alles übrige wegfiele, so bleibt doch rund umher die schöne offne Natur, die eigentlich das wahre Element ist, worin der Mensch, sobald er aus seiner Wohnung tritt, athmen und sich bewegen sollte – (…) Das höchste Ziel seiner Wünsche ist: *Häußliche Zufriedenheit, verbunden mit dem ungestörten Genuß der schönen Natur.*»[38]

«Mitteilung», für Kant Inbegriff für Humanität, die zu befördern wichtigste Funktion der Kunst ist, findet nach Moritz nur zwischen dem einzelnen Subjekt und der Natur, nicht aber den Menschen statt: es fehlt das Medium, Gesellschaft, das intersubjektive Mitteilung erst ermöglicht. Die mit der Natur kommunizierenden Subjekte bleiben untereinander isoliert. Von eben dieser Erfahrung ist auch die Ästhetik geprägt, die Moritz in mehreren Aufsätzen, vor allem aber in seiner Schrift «Über die bildende Nachahmung des Schönen» entfalten wird.

Das Schöne ist das Ganze

Mit dem Titel seiner ersten bedeutenden Schrift zur ästhetischen Theorie, dem «Versuch einer Vereinigung aller schönen Künste unter dem Begriff des in sich selbst Vollendeten» (1785), bezieht Moritz sich auf die auch in Deutschland viel diskutierte Abhandlung des Abbé Batteux, «Les Beaux Arts réduits à un même principe» (1746). Im Gegensatz zu den Enzyklopädisten Diderot und d'Alembert, die die Orientierung der «schönen» am Prinzip der «mechanischen» Künste, Nützlichkeit, fordern, sieht Batteux die Funktion der schönen Künste ausschließlich im ästhetischen Gefallen, das sie hervorrufen; eine entschiedene Abwertung der mechanischen Künste ist die Folge. Von den «mechanischen» werden die «schönen» Künste abgetrennt; sie allein werden künftig unter dem allgemeinen Begriff «Kunst» zusammengefaßt. Die seit der Antike gegenüber der Kunst erhobene Forderung des «prodesse» wird fallengelassen, die Funktion der Kunst auf «delectatio» beschränkt – eine Entwicklung, gegen die die Enzyklopädisten mit dem Argument polemisieren, «qu'on a bien plus loué les hommes occupés à faire croire que nous étions heureux, que les hommes occupés à faire que nous le fussions en effet»[39].

Moritz greift diesen Ansatz von Batteux auf. «Nutzlos» müssen die Werke sein, weil er, der keine Möglichkeit der Vermittlung zwischen den Subjekten sieht, den Gedanken eines überindividuellen Zwecks, der nicht mit Zwang auf den Einzelnen verbunden wäre, nicht zu fassen vermag. Das Schöne wird daher als das «in sich selbst» Vollendete definiert. «Bei dem bloß Nützlichen finde ich nicht (...) an dem Gegenstande selbst, als vielmehr an der Vorstellung von der Bequemlichkeit (...), die mir (...) durch den Gebrauch desselben zuwachsen wird, Vergnügen. Ich mache mich gleichsam zum Mittelpunkte, worauf ich alle Theile des Gegenstandes beziehe, d.h. ich betrachte denselben bloß als Mittel, wovon ich selbst (...) der Zweck bin. (...) Bei der Betrachtung des Schönen aber wälze ich den Zweck aus mir in den Gegenstand selbst zurück: ich betrachte ihn, als etwas, nicht in mir, sondern *in sich selbst Vollendetes,* das also in sich ein Ganzes ausmacht, und mir *um sein selbst willen* Vergnügen gewährt; indem ich dem schönen Gegenstande nicht sowohl eine Beziehung auf mich, als mir vielmehr eine Beziehung auf ihn gebe.»[40] Im Gegensatz zu den Aufklärern setzt Moritz Nützlichkeit und gesellschaftlichen Fortschritt nicht mehr in eins. Daß ein Gegenstand nützlich sei, weist ihn zunächst nur als tauglich für den Markt aus; Fortschritt oder gar Gerechtigkeit ist jedoch mit der Institution des Marktes, wie Moritz aus eigener Erfahrung eher spürt als weiß, nicht notwendig verbunden. Moritz ahnt, daß die Forderung, das Schöne solle zugleich nützlich sein, dem kapitalistischen Interesse entspricht, alles auf seine Verwertbarkeit zu taxieren und nur das Verwertbare überhaupt gelten zu lassen. Man gehe mehr und mehr dazu über, bemerkt er, alles, selbst die Natur, mit «kameralistischen Augen»[41] zu betrachten.

Durch radikale Eliminierung alles Nützlichkeitsdenkens versucht Moritz deshalb, mehr oder weniger instinktiv, die Kunst aus dem Ordnungsprinzip der bürgerlich-kapitalistischen Gesellschaft, dem Marktmechanismus, herauszuhalten. Schönheit kann nicht von Nützlichkeit abhängig gemacht werden – hierin stimmt Moritz mit Kant überein. An dem Gedanken, daß jedes Subjekt ein Selbstzweck zu sein habe, vermag er jedoch nicht festzuhalten; aufgrund der Erfahrung, bis zu welchem Grad es erniedrigt und verächtlich gemacht werden kann, scheint er sich diesen Gedanken als überschwenglich verboten zu haben. Selbstzweck kann nur das Schöne sein; er bestimmt es daher als das *in sich selbst* Vollendete. Zwar trifft diese Definition auch auf den Organismus zu, wie er von Kant in der Kritik der teleologischen Urteilskraft beschrieben wird. Der Organismus ist für Kant jedoch nicht Paradigma des Schönen, sondern lediglich ein Hinweis darauf, daß die Natur der Forderung der Vernunft nach einem Selbstzweck anschaulich zu entsprechen vermag. Kant setzt das Schöne noch nicht mit einem schon bestehenden «Ganzen», das «in sich selbst vollendet» wäre, gleich; eine solche Konzeption widerspräche der Offenheit seiner Ästhetik, derzufolge als ein «Ganzes» allenfalls die – noch herzustellende – umfassende «Humanität» gelten könnte.

Weil für Moritz Humanität, verstanden als ein Zustand, in dem die durch gesellschaftliche Widersprüche produzierte Isolation der Subjekte aufgehoben wäre, undenkbar ist, kann es ihm nicht genügen, daß die Natur nur einen «Wink» gebe, die Herstellung eines vernünftigen, intersubjektiven Ganzen sei zumindest nicht ausgeschlossen. Für ihn muß jedes Subjekt in die Lage versetzt werden, für sich selbst, als einzelnes, sein Bedürfnis nach Sinn, Ordnung, Totalität zu befriedigen. Das ist der Grund, weshalb Moritz das Schöne als ein in sich geschlossenes Ganzes bestimmt. Die Ästhetik des «Werks» entsteht, weil das Subjekt, an der Möglichkeit eines intersubjektiven Ganzen verzweifelnd, dennoch an seinem Wunsche festhält, eine sinnvoll strukturierte Totalität zu erfahren; ästhetische Erfahrung schließt die Beziehung auf einen «sensus communis» aus. Sie kann daher auch nicht mehr auf dem Gefühl der Lust und Unlust, sondern muß auf einer objektiven Gegebenheit begründet werden, in der das Subjekt sich zunächst verlieren muß, um sich dann als dessen Zentrum «fühlen» zu können. «Während das Schöne unsre Betrachtung ganz auf sich zieht, zieht es sie eine Weile von uns selber ab, und macht, daß wir uns in dem schönen Gegenstande zu verlieren scheinen: und eben dies Verlieren, dies Vergessen unsrer selbst, ist der höchste Grad des reinen und uneigennützigen Vergnügens, welches uns das Schöne gewährt.»[42]

Das sich Verlieren im Werk enthebt zugleich das Subjekt der Verpflichtung, das in der Außenwelt wahrgenommene Leiden, die zu keinem «Ganzen» sich zusammenfügenden Widersprüche, auf sich selbst zu beziehen; die noch im Jahre 1786 formulierte, für den frühen Moritz verpflichtende Maxime – «ich stelle mich auf die unterste Stufe, worauf mich der Zufall versetzen konnte, und gebe keinen von meinen Ansprüchen auf die Rechte der Menschheit auf»[43] – ist damit preisgegeben. Sinn dieser Maxime war, daß das Subjekt sich – um die von Moritz bevorzugte Metapher aufzugreifen – zum «Brennpunkt» machte, in dem sich alles in der Realität wahrgenommene Leiden der Menschen konzentrieren sollte. Anschauung war hier noch nicht gleichbedeutend mit passiver Kontemplation, sondern sie löste im wahrnehmenden Subjekt den Impuls aus, Innen und Außen in Übereinstimmung zu bringen, in dem Sinne, daß die «Rechte der Menschheit», deren Anspruch das Individuum in sich spürt, auch in der Außenwelt durchgesetzt werden. Gibt es in Deutschland – so wäre die gesellschaftliche Bedeutung dieser Perspektive zu benennen – schon keine kohärenten Klassen, lassen die unzureichenden Möglichkeiten der Kommunikation die Ausbildung eines Klassenbewußtseins, Voraussetzung gemeinsamen politischen Handelns, nicht zu, so entwickelt sich doch wenigstens im beobachtenden Subjekt ein Bewußtsein von dem ganzen Ausmaß des menschlichen Elends. «Über das Elend», schreibt Moritz in seiner Besprechung von Salzmanns Roman «Karl von Karlsberg», «welches die Menschen nun seit Jahrtausenden, ohne es sich selber recht vorzustellen, erduldet haben, hat endlich der Professor Salzmann (...) ein ganzes Buch geschrieben, worinn er alles gleichsam in einen Brennpunkt zusammenfaßt, was man sonst nur hie und da einzeln und zerstreut bemerkt hat.»[44] Der Begriff des «Brennpunkts» ist hier noch nicht, wie in den späteren Schriften, ausschließlich dem Kunstwerk vorbehalten – 1788 wird Caroline Herder ausführlich von Moritzens Lieblingsidee berichten, in jedem Werk den «Mittelpunkt» aufzusuchen[45] – sondern bezeichnet einen theoretischen Standort, von dem aus es dem Subjekt möglich ist, die Struktur der gesellschaftlichen Wirklichkeit zu erfassen.

Dieser Aufgabe aber ist das Subjekt in seiner Vereinzelung auf die Dauer nicht gewachsen. Als Tendenz der seit 1785 entstehenden Schriften zur Ästhetik läßt sich die Verlagerung des «Brennpunkts» der Wahrnehmung aus dem Subjekt in das «Werk» bestimmen.

Interesselose Verzweiflung

Es ist eine «geheime Stimme», der Moritz zunächst nur hypothetisch Gehör verschafft, die den Abbruch der gesellschaftskritischen Reflexion bewirkt. «Du wägst das menschliche Elend auf trüglichen Schalen, scheint eine geheime Stimme in mir zu sagen – im Ganzen genommen ist das Elend nirgends, als in dem Kopfe dessen, der ein Belieben daran findet, es zusammen zu fassen – was einmal einzeln ist, bleibt ewig einzeln – du kannst jedesmal nur das Elend eines *einzelnen* Menschen, und nie das Elend aller Menschen zusammen genommen auf die Wage legen. – Da nun das Elend so *vereinzelt* wird, so fällt schon seine eingebildete Schwere weg, die fast ganz verschwindet, wenn du die *Vereinzelung desselben durch die Zeit* erwägst; daß es nur eigentlich der *gegenwärtige Augenblick* ist, worin der *einzelne Mensch* es *wirklich* trägt; daß es gar *keine eigentliche Summe* des Elendes selbst bei dem einzelnen Menschen giebt, eben weil sein wirkliches Daseyn auf den Moment begrenzt, und alles übrige bei ihm nur Erinnerung an die Vergangenheit oder Furcht vor der Zukunft ist – und daß ein jeder dieser Momente dieß kurze und nichtige Leben seinem Ende näher bringt. – Das Elend des einen ist dem Blick des andern durch Meere, durch weite Strecken Landes wo niemand wohnt, und an den bewohnten Orten selbst durch die Wände und Mauern entzogen, welche die Seufzer und Thränen der Menschen in sich schließen – Kurz, die große Masse des menschlichen Elendes, wird bei genauer Zergliederung des Begriffes, so *winzig* klein, wie die Menschen selber und ihr ganzes irrdisches Daseyn – es verschwindet in Traum und Blendwerk, wie des Menschen Leben. – Denen, die es tragen, ist es lange nicht so wichtig, als denen, die es betrachten und schildern –»[46] Zweifellos ist diese Proklamation metaphysischer Vereinzelung und Verdüsterung beeinflußt durch den Zerfall des religiös geschlossenen Weltbildes. Wenn keine Instanz mehr existiert, vor der nichts verloren ist, dann verhallt alles Leiden echolos und für immer: Jean Pauls «Rede des toten Christus vom Weltgebäude herab», auch das Antimärchen in Büchners «Woyzeck» führen diese metaphysische Klage fort.

Nichtsdestoweniger ist die Klage über das metaphysische Elend – wie schon das Kirchhof-Erlebnis Anton Reisers – zugleich Ausdruck einer als aussichtslos erfahrenen gesellschaftlichen Situation. Im Gegensatz zu Kant, der darauf vertraut, daß, ebenfalls wie durch eine «geheime Stimme», im Geschmacksurteil der sensus communis und damit eine unzerstörbare Gemeinsamkeit aller Menschen sich Gehör verschafft, ist für den Angehörigen des Kleinbürgertums die in der Realität erfahrene Vereinzelung unaufhebbar. Diese Erfahrung ist es, die dem praktisch-aufklärerischen Impuls Moritzens die Spitze abbricht, auch wenn er der Resignation, zu der die «geheime Stimme» ihn auffordert, zunächst entschiedenen Widerstand entgegenzusetzen gewillt ist: «Ich fühle, daß es mir unerträglich seyn würde, in einer Welt zu leben, worin irgend ein denkendes und empfindendes Wesen wirklich und *nothwendig* unglücklich wäre – denn ich kann der Neigung nicht widerstehen, mich an die Stelle desselben zu setzen, an welche mich der *Zufall der Geburt* hätte setzen können, dem ich nicht zu gebieten vermochte.»[47] Scheinen diese Sätze in der Tat dem «vierten Stand» «unüberhörbar»[48] zum Ausdruck seiner Interessen verhelfen zu wollen, so liegt Moritz doch nichts ferner als die Aufforderung zu klassenbewußter Solidarität. «Ehe ich daher», heißt es unmittelbar anschließend, «in der Betrachtung des menschlichen Elends einen Schritt weiter gehe, suche ich erst festen Fuß zu fassen, indem ich mir den tröstenden, durch Erfahrung geprüften Gedanken denke, *daß es in der Macht des Menschen steht, sich der Nothwendigkeit freiwillig zu unterwerfen – (...) daß es in jedem Augenblick seines Daseyns in seiner Macht steht, sich in sich selbst zurückzuziehen, und alles was ihn umgiebt, freiwillig dem Zufall Preis zu geben – (...)* Und nun fühle ich mich erst stark genug, das, was die Menschen drückt und quält, als einen Gegenstand meiner kaltblütigen Betrachtung vor mich hinzustellen, weil ich nun auf jeden Fall, es mag demselben abgeholfen werden können, oder nicht, gefaßt bin. –»[49] So undenkbar ist für Moritz die Möglichkeit gemeinsamen politischen Handelns, daß allein die freiwillige Unterwerfung unter ein – wie auch immer willkürliches – äußeres Schicksal dem einzelnen Subjekt einen Rest von Freiheit zu garantieren scheint. Nur wenn es sich ganz auf sich selbst zurückzieht, wenn es ihm gelingt, jede Betroffenheit durch das Wahrgenommene zu verleugnen, kommt jene Freiheit zustande, die Moritz als die allein mögliche ansieht; sie besteht in der Fähigkeit, sich fremdem wie eigenem Leiden gegenüber rein kontemplativ zu verhalten, es als nur ästhetisches Phänomen wahrzunehmen.

Nach der «Nutzlosigkeit» der Werke ist damit das zweite Prinzip autonomer Kunst begründet: Kontemplation ist das angemessene Verhalten, das sie fordert – und zugleich erst möglich macht. Die Kunstwerke sind es, die dem einzelnen Subjekt die Möglichkeit eröffnen, sich in sich selbst wie in eine uneinnehmbare «Veste»[50] zurückzuziehen. Auch das kontemplative Verhalten, das Moritz vorschwebt, ist im Kantischen Sinne «interesselos», ohne Bezug auf das «Begehrungsvermögen». Nur kann von interesselosem *Wohlgefallen* keine Rede sein: interesselose *Verzweiflung* wäre der Zustand zu nennen, der durch ästhetisches Verhalten ermöglicht werden soll.

Die Entstehung des Werks

Die Überlegungen, die Moritz über das Zustandekommen des autonomen, in sich geschlossenen Werks anstellt, lassen zweierlei erkennen: wie sich die für die Werkästhetik konstitutive Distanz zur Empirie herausbildet; und wodurch es möglich wird, daß die Werke als «sinnspendend» erfahren werden und damit tendenziell an die Stelle religiöser Offenbahrung treten können.

Am deutlichsten ist die Entstehung des autonomen Werkes in dem Aufsatz «Die metaphysische Schönheitslinie» beschrieben. Im Künstler liegt ein «Reichthum großer und edler Gedanken, die schon seine frühste Kindheit erzeugte», bereit. Sie sind aber zunächst noch in den «ganzen Zusammenhang aller seiner übrigen weniger edlen und großen Vorstellungen, – und gleichsam in sein Ich verwebt».[51] Der eigentliche Produktionsprozeß besteht nun darin, diese «Gedanken» aus dem empirischen Ich des Künstlers herauszulösen und sie so zueinander in Beziehung zu setzen, daß sie schließlich ein von ihm unabhängiges «Ganzes»[52] ausmachen. Hierzu hat er Sorge zu tragen, daß «ein Faden nach dem andern muß abgeschnitten werden, der sie mit den übrigen Vorstellungen in der Seele des Künstlers, gleichsam nach einer *äußern Richtung,* zusammen knüpft».[53] Die «Gedanken» erhalten auf diese Weise «gleichsam eine *Neigung gegen sich selbst*»[54], sie streben, je mehr sie von den Beimengungen der Empirie gereinigt werden, zueinander, bis sie sich endlich zu einem Ganzen zusammenschließen.

Im Kunstwerk erhalten die Dinge also die Fähigkeit zurück, die ihnen in der Wirklichkeit abhanden gekommen ist: sich aufeinander zu beziehen, zu einem Kosmos sich zusammenzuschließen, als dessen Zentrum das Subjekt sich begreifen kann. Vom Werk wird erwartet, daß es die durch den Marktmechanismus bewirkte Entfremdung der Dinge von den Menschen rückgängig mache. Denn die Umwandlung der Gebrauchs- in Tauschwerte nimmt das Subjekt wahr als zentrifugale Bewegung der Dinge, die es nicht mehr auf sich zu beziehen vermag. Diese Entwicklung läßt sich nur durch die Betonung der «Nutzlosigkeit» der im Kunstwerk erscheinenden Dinge, ihre vollständige Herausnahme aus dem Marktmechanismus, rückgängig machen. «Der Künstler muß suchen, den Zweck, der in der Natur immer außer dem Gegenstande liegt, in den Gegenstand selbst zurückzuwälzen, und ihn dadurch in sich vollendet zu machen. (...) Der Dichter schneidet sie gleichsam aus ihrem Zusammenhange heraus, und giebt den Begebenheiten eine Neigung gegen sich selber unter einander, die sie in der Natur nicht haben. – Der Zweck aller dieser Begebenheiten fällt in sie selbst zurück; wir vergessen ihren Zusammenhang mit dem großen Lauf der Dinge, und glauben eine Welt, ein Ganzes von Begebenheiten im Kleinen zu sehen.»[55] Selbst wenn es auf diese Weise gelingen sollte, die Dinge aus heteronomen Bindungen zu lösen, so bleibt doch das Problem, wie das «Ganze» zu denken sei, zu dem sie sich zusammenschließen.

Das Ganze: Staat – Natur – Genie

Auf diese Frage versucht Moritz eine grundsätzliche Antwort in seiner ästhetischen Hauptschrift «Über die bildende Nachahmung des Schönen» (1788) zu geben. Sie setzt ein mit einer Radikalisierung der These des Abbé Batteux von der «Nutzlosigkeit» des Schönen. Ein Gegenstand sei nicht allein schon dadurch schön, daß er nicht nützlich *ist,* sondern erst durch die Tatsache, daß er «nicht nützlich zu seyn *braucht»*[56]. Nach dieser Definition müßte eigentlich der Staat Inbegriff des Schönen sein, denn «jeder Bürger» müsse «eine gewisse Beziehung auf den Staat haben, oder dem Staate nützlich seyn; der Staat selbst aber braucht in so fern er in sich allein ein Ganzes bildet, weiter keine Beziehung auf irgend etwas ausser sich zu haben, und braucht also auch nicht weiter nützlich zu seyn.»[57] Das Gefühl der Ohnmacht gegenüber dem übermächtigen gesellschaftlichen Ganzen, das Moritz nie verläßt, führt hier dazu, daß er hinter ein bürgerlichem Bewußtsein bereits geläufiges Staatsverständnis zurückfällt. «Das Totale der einzeln Glückseligkeiten aller Glieder ist die Glückseligkeit des Staats», ist bei Lessing zu lesen. «Außer dieser gibt es gar keine. Jede andere Glückseligkeit des Staats, bei welcher auch noch so wenig einzelne Glieder leiden, und leiden *müssen,* ist Bemäntelung der Tyrannei.»[58] Bei Moritz dagegen fehlt wenig, die ästhetische Theorie in eine Verherrlichung der Staatsgewalt um ihrer selbst willen einmünden zu lassen. Indessen kommt es nicht zu diesem letzten Schritt, der Verherrlichung des Staats als Inbegriff des Schönen: Staat und Subjekt fallen vollständig auseinander, der Staat bleibt so abstrakt, daß Moritz ihm das Moment, das zum Schönen neben der Freiheit vom Zwang des Nützlichen gehört, Anschaulichkeit, absprechen muß. Man könne «mit dem Begriff vom Staat, ob derselbe gleich ein für sich bestehendes Ganze ist, dennoch den Begriff der Schönheit nicht wohl verknüpfen», da «derselbe *in seinem ganzen Umfange,* weder in unsern äussern Sinn fällt, noch von der Einbildungskraft umfaßt, sondern bloß von unserm Verstande gedacht werden kann»[59]. Der Staat kann also nicht das «Ganze» sein, zu dem die im künstlerischen Produktionsprozeß aus den Zwängen der Nützlichkeit befreiten Dinge sich zusammenfügen.

Die an das Schöne zu stellende Forderung, daß es «wie ein für sich bestehendes Ganze, *in unsre Sinne fallen,* oder von unsrer *Einbildungskraft umfaßt werden* könne»[60], kann daher nur von der Natur erfüllt werden. Als Ganze ist sie allerdings nur für Gott anschaulich. «Unser umschränkter Verstand sieht in der großen Natur nichts als Mittel, und ahndet nur die Zwecke.»[61] So sehr ist für Moritz die Natur in den ökonomischen Verwertungsprozeß einbezogen, so sehr prägt die Arbeitsteilung bereits die Art, in der die Menschen sie wahrnehmen, daß sie des Kunstwerks bedarf, um – «im verjüngten Maaßstabe»[62] – wieder anschaulich zu werden.

Daß der Künstler hierzu in der Lage ist, bringt eine unerhörte Steigerung seines Ansehens mit sich: seine Tätigkeit wird derjenigen Gottes nahezu ebenbürtig; was Gott vorbehalten war: durch Schaffung eines «Ganzen» Sinnbezüge herzustellen, wird nun auch vom Genie vollbracht. Es kann daher nicht ausbleiben, daß von nun ab scharf zwischen mechanischen und schönen Künsten, Handwerkern und Künstlern unterschieden wird. Trotz des erbitterten Widerstands bürgerlicher Aufklärer, insbesondere der französischen Enzyklopädisten, die mit größtem Nachdruck für die gesellschaftliche Nützlichkeit der Künste und gegen ihre Aufspaltung in «mechanische» und «schöne» eintreten[63], ist diese Entwicklung nicht aufzuhalten; daß sie sich in Deutschland besonders nachhaltig vollzieht, ist nicht zuletzt auf Moritzens Bemühungen zurückzuführen. In einer arbeitsteiligen Gesellschaft bleibt nur der Künstler übrig, der *allein* ein Ganzes hervorbringt; je mehr die Arbeitsteilung um sich greift, desto außergewöhnlicher und geheimnisvoller muß seine Produktionsweise wirken, bis sie ihm schließlich einen singulären Rang zukommen läßt: Wer in einer durch Arbeitsteilung geprägten Gesellschaft allein ein selbständiges Ganzes bleibt, der muß, so lautet der naheliegende, den Geniekult begründende Schluß, mit dem ursprünglichen, für die gewöhnlichen Menschen nicht mehr wahrnehmbaren Ganzen, der Natur, schlechthin identisch sein.

Dieser Gedanke ist in der Schrift «Über die bildendė Nachahmung des Schönen» zum erstenmal konsequent durchgeführt. In dem Aufsatz über die «metaphysische Schönheitslinie» hatte Moritz noch an dem Gedanken festgehalten, daß der Künstler *die* Natur nachahme, sie in verkleinertem Maßstab reproduziere; er war hier noch nicht mit dem Wesen der Natur unmittelbar identisch. Dagegen wird in der Hauptschrift jede qualitative Differenz zwischen dem zum Genie avancierten Künstler und der Natur beseitigt. Das Genie, dessen Wesen in derselben «Tatkraft» besteht, die auch das Substrat der Natur ist, darf sich nun nicht mehr damit begnügen, *sie* nachzuahmen, sondern «er muß *ihr* nachahmen»[64]. «Der Sinn aber für das höchste Schöne in dem harmonischen Bau des Ganzen, das die vorstellende Kraft des Menschen nicht umfaßt, liegt unmittelbar in der *Thatkraft* selbst (...). Die Natur konnte aber den Sinn für das höchste Schöne nur in die Thatkraft pflanzen, und durch dieselbe erst mittelbar einen Abdruck dieses höchsten Schönen der Einbildungskraft faßbar, dem Auge sichtbar, dem Ohre hörbar, machen; weil der Horizont der Thatkraft mehr umfaßt, als der äussre Sinn, und Einbildungs- und Denkkraft fassen kann.»[65] Damit hat Moritz die für seine Zeit verbindliche Lehre vom Genie formuliert. Auch Kants Auffassung, daß das Genie, «welches der Kunst die Regel gibt (...), selbst zur Natur» gehöre, vor allem aber seine Bemerkung, es sei abwegig, den Begriff «Genie» im Plural zu gebrauchen, da es nur «das» Genie gebe[66], stimmt mit Moritzens Lehre von der *einen* Tatkraft, die in der Natur wie im Genie wirksam sei, überein. Durch diese bedingungslose Identifizierung der «Tatkraft» des Genies mit der Natur wird es unmöglich, die Produkte des Genies in soziale Zusammenhänge zu stellen, sie, wie Kant fordert, nur gelten zu lassen, wenn sie zu einem Fortschritt der «Kultur» beitragen. Kants auffallend schroffe Zurechtweisung des Genies geht nicht, wie regelmäßig behauptet wird[67], auf seine Abneigung gegen die Stürmer und Dränger zurück, sondern auf die Tatsache, daß es in der Tat nahegelegen hätte, wenn er aus seinem Geniebegriff, der mit dem Moritzens inhaltlich übereinstimmt, auch die gleichen Konsequenzen gezogen hätte; gegen ein solcherart antisoziales, von den Romantikern aufgegriffenes Verständnis des Genies legt die «Kritik der Urteilskraft» Verwahrung ein.

Dieses Moment des Selbstgenügsamen, des abstrakt Dynamischen und damit auch eigentümlich Ziellosen in der Produktion des Genies findet in Moritzens Abhandlung seinen deutlichen theoretischen Ausdruck: «Allein da unser höchster Genuß des Schönen dennoch das *Werden desselben aus unsrer eignen Kraft* unmöglich mit in sich fassen kann – so bleibt der einzige höchste Genuß desselben immer dem schaffenden Genie, das es hervorbringt, selber; und das Schöne hat daher seinen höchsten Zweck, in seiner Entstehung, in seinem Werden schon erreicht (:..) – und das bildende Genie ist daher im grossen Plane der Natur, zuerst *um sein selbst,* und dann erst um unsertwillen da».[68] Indem Moritz ästhetisches Verhalten strikt aufteilt in die absolute Produktion des Genies und den bloß passiven Nachvollzug durch den Rezipienten, begründet er zugleich die kontemplative Versenkung in das je einzelne Werk als die allein angemessene Haltung gegenüber der Kunst. Gewiß ist damit erst die Voraussetzung dafür geschaffen, daß die Kunst nicht länger als bloßes Divertissement, heteronom, aufgefaßt wird, sondern als Medium einer spezifischen, nichtdiskursiven Wahrheit verstanden werden kann. Aber indem Moritz die Versenkung ins Werk ausschließlich als passiv-gläubigen Nachvollzug gelten läßt und jede

Möglichkeit kritischer Reflexion kategorisch ausschließt, bereitet er auch schon die Degeneration der autonomen Kunstwerke zu bloßen Kulturgütern vor, die zwar noch – wie Georg Simmel eindringlich darstellen wird – den Anspruch auf Verbindlichkeit erheben, tatsächlich jedoch den Menschen nichts mehr zu sagen haben. Aus dieser Diskrepanz ziehen die europäischen Avantgardebewegungen zu Beginn des 20. Jahrhunderts die Konsequenz.

Natur und Geschichte

Durch die Preisgabe der historischen Reflexion zugunsten der «Tatkraft», der blinden Dynamik der Natur, wird ein deutlich autoritäres Moment in die Ästhetik eingeführt. «Das Schöne kann daher nicht erkannt, es muß hervorgebracht – oder *empfunden* werden.»[69] Werk und Rezipient verhalten sich zueinander wie Führer und Geführter. In Moritzens Schriften zur Ästhetik ist von dem Anspruch, der in der etwa gleichzeitig entstandenen «Kritik der Urteilskraft» erhoben wird, nichts zu spüren: daß durch das Medium der Kunst die Menschen befähigt werden sollen, den blinden Naturzusammenhang, von dem sie zunächst selbst ein Teil sind, zu durchbrechen. Aus der bedingungslosen Ausrichtung der Kunst an der Natur folgt denn auch, daß deren zerstörerischen Kräften nichts entgegengesetzt werden kann. Moritz kann gar nicht anders, als das Prinzip der Natur, die niederen Organismen zu vernichten, um aus ihnen höherwertige Lebewesen zu schaffen, auf die Geschichte zu übertragen: «Daher ergreift jede höhere Organisation, ihrer Natur nach, die ihr untergeordnete, und trägt sie in ihr Wesen über. Die Pflanze den unorganisierten Stoff, durch bloßes Werden und Wachsen – das Thier die Pflanzen durch Werden, Wachsen und Genuß – der Mensch verwandelt nicht nur Thier und Pflanze, durch Werden, Wachsen und Genuß in sein innres Wesen; sondern faßt zugleich alles, was seiner Organisation sich unterordnet (...). Wo nicht, so muß er das, was um ihn her ist, durch *Zerstörung* in den Umfang seines wirklichen Daseyns ziehn, und verheerend um sich greifen, so weit er kann (...). Mit dem sich angeschliffnen Stahle seines eingeschränkten Daseyns nicht mehr froh, strebt er, ausser sich selber, ein grösseres Ganze, als er selbst, zu seyn; stellt sich, zu einem Volk, zu einem Staat sich bildend, mit Wesen seiner Art zusammen, um Wesen seines gleichen, die (...) ihm nicht dienen, mit ihm nicht eins seyn wollen, zu zerstören.»[70] Weil das einzelne Subjekt unter dem Mangel an eigener Existenz leidet, beansprucht es als selbstverständliches Recht, die ganze Welt rücksichtslos sich zu unterwerfen, sie in ästhetische

Anschauung umzuwandeln. Die Affinität von Ästhetizismus und Imperialismus, wie sie erst seit dem Ende des 19. Jahrhunderts hervortreten wird,
ist bei Moritz bereits deutlich angelegt. Der politische Imperialismus leitet
aus der Tatsache, daß der Binnenmarkt zu klein wird, die Berechtigung ab,
die ganze Welt zum Markt zu machen, gegebenenfalls durch gewaltsame
Eroberung. Ihren Grund hat die Affinität von Ästhetizismus und Imperiali-
sierung darin, daß die Kunst, verstanden als Ausgleich jenes Mangels an
eigenem Sein, unter dem schon Anton Reiser leidet, aus sich selbst heraus,
entlassen aus der Beziehung auf Vernunft und Geschichte, keine Kriterien
hervorbringt, die der umfassenden Verwandlung aller Menschen und Dinge
in ästhetisches Material Einhalt gebieten könnten.[71]

Moritz deutet zwar eine Art von Sublimierungseffekt der Tatkraft durch
die Kunst an: «die um sich greifende, zerstörende Thatkraft» gehe «in die
sanfte, schaffende Bildungskraft (...) hinüber, und ergreift den leblosen
Stoff, und haucht ihm Leben ein.»[72] Durch die ausdrücklich vollzogene
Gleichsetzung von Natur und Geschichte aber bleibt dieser Gedanke in
Moritzens Schrift unverbindlich, im Gegensatz zur «Kritik der Urteilskraft», in der durch ihre Fähigkeit, sich selbst aus Vernunft Zwecke zu
setzen, den Menschen die Möglichkeit offengehalten wird, den Bannkreis
der Natur zu überschreiten. Gegen Ende von Moritzens Abhandlung treten
die vitalistischen Elemente seiner Ästhetik denn auch immer entschiedener
in den Vordergrund, bis sie schließlich in einer enthemmten Verherrlichung
des Rechtes des Stärkeren kulminieren. Hier fehlt sogar die Andeutung
einer Schwelle zwischen der Menschengattung und der Natur. Damit hat
Moritz endgültig sein ursprüngliches Vorhaben preisgegeben, sich auf die
«unterste Stufe» der Menschheit zu stellen: nur in dieser Perspektive hätte
das Leiden selbst des Geringsten davor bewahrt werden können, in ein bloß
ästhetisches Phänomen verwandelt zu werden. Eben diese Verwandlung
betreibt Moritz nun selbst, wenn er das Opfer des Einzelnen verherrlicht.
Aus der Perspektive der übermächtigen Gewalt kann das «Opfer», der
Untergang des Schwachen, als «schön» erscheinen, weil es die Bestätigung
der durch sie repräsentierten Ordnung ist: «Es scheint nichts Höheres zu
geben, dem die Aufopferung selbst wieder müßte aufgeopfert werden. (...)
Und das Individuum muß dulden, wenn die *Gattung* sich erheben soll.»[73]
Daß mit «Erhebung der Gattung» nicht ein in der Geschichte sich vollzie-
hender Fortschritt der Menschheit gemeint ist, ist offenkundig. Kant hatte
die Problematik des aufklärerischen Fortschrittsgedanken in seinen «Ideen
zu einer Geschichte in weltbürgerlicher Absicht» gestreift: bedenklich an
ihm sei, daß nur die letzte Generation in den Genuß des ganzen Fortschritts
komme, zu dem doch die gesamte Menschheit beigetragen habe; dennoch

hatte er den Gedanken des Fortschritts der Gattung nicht preisgegeben. Dagegen scheint Moritz in dem für die Richtung seiner Gedanken offenbar entscheidenden Jahr 1787 beschlossen zu haben, nicht länger auf den Fortschritt der Menschheit als ganzer zu hoffen: «Es ist endlich einmal Zeit, diß Gebäude zu bewohnen, woran seit Jahrtausenden bloß gebaut, und gebessert ist. Oder, um mich eines andern Gleichnisses zu bedienen, warum soll ich nicht lieber aus den Trümmern des Schiffbruches noch retten, was ich kann, da es doch nicht möglich ist, den zerstörten Bau je wieder herzustellen.»[74] Bemerkenswert ist, daß Moritz die Aufkündigung der historischen Perspektive in zwei verschiedene, einander widersprechende Bilder faßt: kommt in dem Bild vom Hausbau der Anspruch des Individuums zum Ausdruck, nicht nur um des Glücks künftiger Generationen willen zu leben, ohne daß hiermit Geschichte schon preisgeben würde, so schließt die Metapher vom Schiffbruch das Eingeständnis ein, daß der Rückzug des Individuums auf sich selbst erfolgt, weil es die Hoffnung auf einen Fortschritt der Gattung aufgegeben hat. Tatsächlich ist, wenn Moritz trotzdem gelegentlich von der «Erhebung» der Gattung spricht, nur noch der Fortschritt der «Geisterwelt» gemeint.

Die Geisterwelt

Schon in früheren Jahren hatte Moritz den metaphysischen Gedanken einer der Vergänglichkeit nicht unterworfenen «Geisterwelt» entwickelt, offenbar in der Absicht, sich über den Schrecken der Endlichkeit des einzelnen Individuums hinwegzuhelfen: «*Denkender Mensch – Knochengerippe*», heißt es in der Skizze «Das Skelet» von 1786: «Es läßt sich kein Übergang von dem einen zu dem andern denken. – Das, was *dachte,* kann nicht *so* verwandelt werden.»[75] Sowohl das menschliche Bewußtsein selbst als auch die von ihm hervorgebrachten Gedanken werden nach Moritzens Vorstellung Bestandteil der unzerstörbaren Geisterwelt; mag das einzelne Subjekt sterblich sein, durch den Beitrag, den es zu Geisterwelt geleistet hat, wird es unsterblich. Die «Geisterwelt» tritt an die Stelle einer durch die Religion garantierten, alles Endliche auf ein Absolutes beziehenden Transzendenz: «Menschen werden geboren und sterben; der Staub von Millionen mischt sich zu dem Staube, aber mitten durch die Zerstörung wächst die Geisterwelt empor; sie arbeitet sich durch Tod und Verwüstung durch – und nimmt mit jedem Menschenalter zu.»[76] Nicht nur, um die Schreckensvision einer vollständigen Vernichtung des individuellen Bewußtseins überwinden zu können, muß Moritz diesen Gedanken entwickeln, sondern auch, um als

Ausgleich für das Verkümmern der geschichtsphilosophischen Perspektive gleichsam eine Auffangstellung aufzubauen. Ohne die Vorstellung einer Geisterwelt als dem unzerstörbaren Substrat alles individuierten Lebens müßte die Natur als ein sinnloser Zirkel von Produktion und Zerstörung erscheinen.

Vor allem aber benötigt Moritz den Gedanken einer unzerstörbaren Geisterwelt, um den inhumanen Grundgedanken seiner Ästhetik wenigstens teilweise zu entschärfen. Wenn das Subjekt vermittels der Einbildungskraft alles, was in der Realität beziehungslos auseinanderfällt, in seinem «Denken zusammentreffen», und dort eine gemeinschaftliche Spur»[77] erzeugen läßt, so ist letzte Konsequenz hieraus, daß es die ganze Welt nur als Material zur Wiederherstellung seines Selbstgefühls betrachtet. Gerade die Objektivierung des Schönen im Werk, die scheinbar demütige, bis zur Selbstpreisgabe getriebene «Versenkung» fordert, ist eine Veranstaltung, die das Subjekt ausschließlich um seiner selbst willen betreibt. Um «jedes schöne Kunstwerk als ein für sich bestehendes Ganze zu betrachten», faßt Moritz ein Jahr nach der Hauptschrift seine Theorie zusammen, «ist es nöthig, in dem Werke selbst den *Gesichtspunkt* aufzufinden, wodurch alles Einzelne sich erst in seiner nothwendigen Beziehung auf das Ganze darstellt, und wodurch es uns erst einleuchtet, daß in dem Werke weder etwas überflüßig sey, noch etwas mangle.»[78] Vielleicht ist Moritzens Verpflichtung gegenüber dem pietistischen Erbe an keiner anderen Stelle so verborgen wie wirksam: wie im Pietismus, so ist auch in seiner Ästhetik Demut die subtilste, zugleich nachhaltigste Form der Eigenliebe; hat das Subjekt sich erst ganz an das Werk ausgeliefert, hat es sich bis zur Selbstpreisgabe mit dessen «Mittelpunkt» identifiziert, so kann es sich in demselben Augenblick als Mittelpunkt eines sinnvollen Zusammenhangs fühlen. Selbstpreisgabe schlägt um in eine äußerste Form von Selbstgefühl. Dabei braucht das Subjekt – und schon dies ist Lohn genug für die Mühe, die es auf sich genommen hat – nicht im geringsten die Verpflichtung einzugehen, an der tatsächlichen Herstellung eines Sinnzusammenhangs mitzuwirken. Indem es sich in den «Mittelpunkt» des Werks versetzt, überwindet es das Leiden an dem durch seine Vereinzelung bedingten Sinndefizit, ohne die Existenz anderer Subjekte überhaupt zur Kenntnis nehmen zu müssen; weder braucht es einen «Endzweck» wahrzunehmen außer sich selbst, noch seine ästhetische Erfahrung auf einen sensus communis zu beziehen. Die Analogie zum Ästhetizismus ist auch hier nicht zu übersehen. Zweck der künstlerischen Tätigkeit sei es, wird Hofmannsthal ein Jahrhundert später in einem Brief, der als Manifest des Ästhetizismus gelten kann, formulieren, dem Subjekt ein «Centrumsgefühl»[79] zu verschaffen.

Auf dieses Ziel hin sind sämtliche kunsttheoretischen Schriften, die Moritz verfaßt, ausgerichtet. Als vorbildlich gilt ihm ein Werk, das es dem Subjekt ermöglicht, sich als dessen Zentrum zu fühlen. Daher verfällt Schillers «Kabale und Liebe» einer im einzelnen durchaus treffenden, insgesamt aber doch maßlosen Kritik: in der unheilvollen, durch gesellschaftliche Widersprüche zerrissenen Welt dieses Dramas gibt es keinen Ort, von dem aus eine zu einem «Ganzen» sich zusammenschließende Perspektive möglich wäre. Höchstes Lob dagegen wird einer Passage des «Werther» zuteil, die es dem Leser erlaubt, durch Versenkung in ein «Gemälde», das der Autor entwirft, sich als Mittelpunkt der Natur zu fühlen. Seine genaue Analyse des Textes faßt Moritz zusammen: «Zuerst wird mit wenigen Zügen ein *Umriß* um das Bild entworfen, dann *senkt* sich die Darstellung von ihrer Höhe immer tiefer bis zu dem kleinsten Gesichtskreise des Auges, zu dem Grashalm am Boden nieder; je tiefer sich die Darstellung *niedersenkt,* jemehr das Bild sich im *Kleinen* ausmahlt, desto inniger und lebhafter wird die Empfindung, die dann gleichsam aus ihrem *Mittelpunkte* sich wieder erhebt, und die Darstellung wieder *steigen* läßt, so wie sie vorher sich niedersenkte, bis zuletzt ein *großer Umriß* sich wieder um das Ganze zieht, und eine das Ganze umfassende Empfindung zuletzt das Bild *vollendet.*»[80] Eine «das Ganze umfassende Empfindung» – also ein Gefühl der Einheit von Subjekt und Welt – kann sich einstellen, weil die Perspektive sich von einer die gesamte sichtbare Natur einschließenden Totale bruchlos zusammenzieht auf das betrachtende Subjekt, von dem aus sie sich wieder zum «Ganzen» erweitert. Auf diese Weise gelingt es ihm, sich als das Zentrum der Natur zu erleben. Exemplarisch ist hier ausgeführt, was Moritz von jedem Werk fordert: die Natur in verkleinertem Maßstab zur Anschauung zu bringen, damit das Subjekt, das sich in das Werk versenkt, zugleich sich als Zentrum der Natur fühlen kann.

Kant weist der Kunst die Aufgabe zu, mit Hilfe der «ästhetischen Ideen» die Vermittlung von Natur und Vernunft immer weiter voranzutreiben, bis schließlich Außenwelt und menschliche Vernunft einander nicht mehr fremd gegenüberstehen: ästhetische Theorie und Geschichtsphilosophie sind bei ihm noch nicht unversöhnlich auseinandergetreten. Auch für Moritz, dessen Ästhetik, wie das Zeugnis Goethes belegt, für die Zeit der Klassik von entscheidender Bedeutung werden sollte, kommt der Kunst die Funktion zu, die «Kluft» zwischen Subjekt und Außenwelt zu schließen, aber nicht, indem sie es den Menschen ermöglicht, den Vernunftideen Anschaulichkeit zu verleihen, um auf diese Weise die Möglichkeit ihrer Verwirklichung in der Realität vor Augen zu führen. Vielmehr soll durch die Kunst die Anschauung Gottes nachgeahmt werden. «Wenn bei Gott das

Vergangene nicht gegenwärtig bliebe, so wäre zu wenig Wirklichkeit in der Welt.»[81] Bei ihm ist «keine Folge», Vergangenheit, Gegenwart und Zukunft sind eins, die Vergänglichkeit alles Lebendigen ist in seiner Perspektive bloßer Schein. «Ich will nicht klagen, daß mein Freund im Staube vermodert. – Er blühet noch in seiner schönsten Jugend.»[82] Nur ihre «Unvollkommenheit», ihre Unfähigkeit, sich «mehrere Dinge auf einmal vorstellen» zu können, zwingt die Menschen zu «warten, bis das eine erst vorüber ist», bevor sie «das andre betrachten können»[83].

Aller Vergänglichkeit und allem Leiden kommt somit keine objektive Wirklichkeit zu; es handelt sich um bloße Erscheinungen, hervorgerufen durch die Endlichkeit des menschlichen Wahrnehmungsvermögens. Ist aber das Leiden bloß ein – im ursprünglichen Wortsinne – «ästhetisches», auf einen Defekt des menschlichen Wahrnehmungsvermögens zurückführendes Phänomen, dann kann es auch im Medium des Ästhetischen überwunden werden. Alle künstlerische Produktion muß daher im Grunde der Versuch sein, die menschliche Anschauung der Perspektive Gottes anzugleichen. Hierzu verhilft die Einbildungskraft, die die disparaten Momente der Wirklichkeit in ein *Bild* verwandelt und sie auf diese Weise der Vergänglichkeit entreißt: «Bei Gott ist das Vergangene noch eben so wirklich als das Gegenwärtige. Bei uns bleibt, beim Anschauen des Gegenwärtigen, doch das Bild vom Vergangenen noch zurück. Das macht uns ihm ähnlich.»[84] Was einmal durch die Einbildungskraft erfaßt worden ist, ist Teil der Geisterwelt und damit unvergänglich geworden. Nur vom Schönen läßt sich daher sagen *«es ist!»*[85] Woran es nicht nur Anton Reiser, sondern allen Menschen mangelt, uneingeschränkte Existenz, ist nur durch die ästhetische Transformation des Daseienden zu verwirklichen. Die Forderung, reales Leiden nicht in der Realität zu beseitigen, sondern es zum Gegenstand ästhetischer Kontemplation zu machen, «die Duldung in die Erscheinung»[86] aufzulösen, behält in Moritzens Ästhetik das letzte Wort.

«Wir schufen rückwärts» – Autonomieästhetik und Ästhetizismus

Mit seinem vorletzten Wort allerdings hat Moritz selbst Kritik an seiner eigenen Ästhetik geübt. Der unerhört scharfe, von der Forschung zumeist mit Stillschweigen übergangene Aufsatz «Die Unschuldswelt», entstanden ein Jahr vor der Hauptschrift, spricht mit schonungsloser Offenheit alles das aus, was in der klassischen Ästhetik, zu der die «Über die bildende Nachahmung des Schönen» den Grundstein legte, nicht mehr ausgesprochen werden durfte.

Hier versucht Moritz, den Sündenfall, als dessen Folge «in die menschlichen Einrichtungen *wirkliches Elend* verwebt»[87] worden sei, näher zu bestimmen. Künste und Wissenschaften, Handel und Ackerbau, «Abweichungen von der Natur»[88] werden genannt, ohne daß Moritz sich auf einen oder mehrere dieser Faktoren festlegte. Sicher scheint ihm nur eines zu sein: solange die Menschen in vorgeschichtlichen, idyllischen Zuständen lebten – in einer «Unschuldswelt» –, solange gab es mehr Glück als Elend. «Aber freilich», wendet Moritz an dieser Stelle selbst ein, «*wenn alle Menschen Schafe gehütet hätten,* so wären sie zwar an sich wohl ganz glücklich gewesen. Aber was wäre denn aus unsrer Geschichte geworden? Wo hätten wir von Schlachten zu Land' und zur See, von eroberten Städten, von Feldherrntugenden, von Heldenmuth und Tapferkeit, von Bündnissen und Staatsverfassungen zu hören und zu lesen bekommen?»[89] Diese Worte lassen erwarten, daß Moritz das Problem in den üblichen Bahnen diskutieren, gegen die nostalgische Verherrlichung des Ursprungs die Notwendigkeit der «Entzweiung» setzen werde, weil nur auf diese Weise die Menschen sich selbst kennenlernen, ihre Fähigkeiten entfalten konnten. Ein neuer, höherer Zustand der Einheit könne nur, wie Schiller und vor allem Hegel betonen werden, jenseits des Zustands der Entzweiung, nicht diesseits, in einer künstlich wiederhergestellten Idylle, liegen. Damit wäre sichergestellt, daß der Zustand der Entzweiung zwar schmerzhaft, aber doch Vernunft fördernd, vor allem aber vorübergehend ist.

Eben diesem Argumentationsmuster aber verweigert sich Moritz; der Zustand der Entzweiung gilt ihm nicht als bloßes Übergangsstadium, das bereits den Zustand der Versöhnung vorbereite. Er beharrt darauf, daß vor der Negativität der Entzweiung alles vermeintliche Große, ja die Vernunft selbst zweifelhaft wird. «Alle diese großen Dinge» – die Werkzeuge der Zerstörung, durch die der historische Fortschritt ins Werk gesetzt wird –, «müssen ja doch einen Zweck haben. – Was wären denn die Bomben, wenn keine Glieder dadurch zerschmettert, und die Schwerdter, wenn nicht Menschen dadurch getödtet würden? Das veredelt ja eben die Werkzeuge der Zerstörung, daß sie das Edelste auf Erden in solcher Menge zernichten und zerstören. Wenn Tausende an einem Tage vor dem Schwerdtstreich fallen, das ist doch etwas *Großes.*»[90] Was, ein Jahr später, Moritz in der Nachahmungsschrift über das Verhältnis von Individuum und Gattung sagen wird, ist in dem Aufsatz über die «Unschuldswelt» bereits fertig ausgearbeitet; mit dem Unterschied, daß die ästhetische Perspektive, die dort die Angleichung der Menschen an Gott bewirkt, hier noch als diabolisches Prinzip erscheint: «Und das *Große* wollen wir ja; unsre Seele will ja erweitert seyn, unsre Einbildungskraft will *viel* umspannen. Wenn also dieser Zweck nur

erreicht wird, so mag darüber zu Grunde gehn, was da wolle; das Zugrun-
degehen ist eben so etwas Tragisches, die Seele Erschütterndes, dessen Anblick wir uns sehr gerne gefallen lassen, sobald es nur uns selber nicht mit
betrift.»⁹¹ Selbst der Gedanke, daß ästhetische Versöhnung, die keinen
Grund in der Realität hat, sondern nur noch der Selbstherrlichkeit des
einzelnen Subjekts, seinem ungehemmten Bedürfnis «sich zu fühlen» entspringt, in äußerste Inhumanität umschlägt, ist Moritz nicht unzugänglich
geblieben: «Wir alle», stellt er fest, «sind im Grunde unsers Herzens kleine
Neronen, denen der Anblick eines brennenden Roms, das Geschrei der
Fliehenden, das Gewimmer der Säuglinge gar nicht übel behagen würde,
wenn es so, als ein *Schauspiel,* vor unsern Blicken sich darstellte.»⁹²

Der Begründer der Werkästhetik, der noch vor Erscheinen der «Kritik
der Urteilskraft» die in die Kunst gesetzte Hoffnung verabschiedet, sie
möge dazu beitragen, die Kluft zwischen dem vereinzelten bürgerlichen
Individuum und der Außenwelt zu schließen, scheint bereits zu ahnen, daß
mit der Beschränkung des ästhetischen Scheins auf das einzelne Werk das
außerästhetische, die ökonomische Entwicklung bestimmende Prinzip der
rücksichtslosen Selbsterhaltung auch die ästhetische Erfahrung zu prägen
beginnt. Der in der Hauptschrift entwickelte Versuch, durch Angleichung
an die Perspektive Gottes ein unendliches, scheinbar interesseloses Sinnkontinuum wieder herzustellen, ist noch ein Jahr zuvor erkennbar als der
Anspruch des Subjekts auf ungehemmte Unterwerfung alles Daseienden
unter das eigene Interesse. «Den Zweck haben wir also erreicht: unsre
Gedanken sind erweitert; wir sind den Göttern gleich geworden; aber unsre
neuen Ideen haben wir uns nicht sowohl durch *Bauen,* als durch *Zerstören*
geschaffen. Da wir nicht Schöpfer werden konnten, um Gott gleich zu seyn,
wurden wir *Zernichter;* wir schufen *rückwärts,* da wir nicht *vorwärts*
schaffen konnten. Wir schufen uns eine Welt der Zerstörung, und betrachteten nun in der Geschichte, im Trauerspiel, und in Gedichten unser Werk
mit Wohlgefallen. Denn da allein kann es noch überblickt, und mit Wohlgefallen betrachtet werden.»⁹³ In dem von der Empirie abgetrennten, in
sich unendlichen Werk vermag zwar das Individuum eine zuvor nur religiös
vermittelte Erfüllung seiner tiefsten Sehnsüchte zu finden hoffen; um den
Preis allerdings, daß ästhetische Erfahrung die Vernunft nicht mehr auch
außerhalb des einzelnen Werks bzw. des ins Werk sich versenkenden Subjekts zur Anschauung gelangen läßt. Dieser Erfahrung aber bedürfte es,
sollte das Subjekt nicht nur sich allein als Selbstzweck, alle anderen Menschen nur als Material zur Stützung des eigenen Selbstgefühls ansehen.
Gerade das vollständig autonome, von der Empirie streng geschiedene
Werk wird insofern auch heteronom, bloßes Mittel der Selbsterhaltung.

Die Abschaffung des Zufalls
Geschichte und Gattungspoetik
bei Wilhelm von Humboldt

In einem Brief an Schiller aus dem Jahre 1792 äußert sich Wilhelm von Humboldt zur Französischen Revolution, die zu dieser Zeit auf deutsches Gebiet überzugreifen beginnt. Er bezieht sich auf die Errichtung der Mainzer Republik durch deutsche Jakobiner, nachdem die französische Revolutionsarmee unter Custine am 21. Oktober 1792 die Stadt eingenommen hatte. Georg Forster war am 10. November dem Jakobinerklub «Gesellschaft der Freunde der Freiheit und Gleichheit» beigetreten, gegen Ende des Jahres wird er dessen Präsident. – «Was sagen Sie zu den Vorfällen am Rhein? (...) Mein eignes Interesse (...) weiß kaum recht, wohin es sich schlagen soll. Mehrere Gründe (...) lassen mich die Wiedergewinnung des Landes wünschen. Auf der andern Seite sähe ich indes auch sehr ungern die Franzosen geschlagen. Ein edler Enthusiasmus hat sich doch jetzt offenbar der ganzen Nation bemächtigt, es sind doch endlich einmal andre Dinge als die Neigungen und eingeschränkten Gesichtspunkte einiger einzelnen, welche eine ganze Nation beschäftigen, und die Energie überhaupt muß dadurch unendlich gewinnen. (...) Ungeachtet dieser meiner Anhänglichkeit an die Französische Revolution kann ich es dennoch Forster nicht verzeihen, daß er in dem jetzigen Zeitpunkt auf einmal ganz öffentlich zur französischen Partie übergegangen ist und Dienste genommen hat. Ich sage nicht, daß es unpolitisch ist, denn Forsters zerrüttete Finanzumstände mochten vielleicht einen verzweifelten Schritt notwendig machen; aber unmoralisch und unedel scheint es mir doch in hohem Grade, dem Kurfürsten, dem er wahrlich nichts als Wohltaten zu danken hat, in einer Periode untreu zu werden, wo er offenbar der schwächere Teil ist.»[1]

Die Haltung, die dieser Brief verrät, ist ambivalent. Humboldt erkennt an, daß der Universalitätsanspruch bürgerlicher Vernunft, der bisher nur theoretisch angemeldet worden war – etwa im Allgemeingültigkeit beanspruchenden Geschmacksurteil bei Kant –, nun in politische Praxis umgesetzt werden soll. Andererseits – und auch diese Einstellung ist zutiefst bürgerlich – fällt es ihm schwer zu glauben, daß sich tatsächlich jemand in den Dienst des allgemeinen Interesses stellen könne, ohne hierzu seinerseits durch persönliche Motive veranlaßt zu sein. Denn der der bürgerlichen

Gesellschaftsordnung zugrunde liegende Gedanke, daß, vermittelt durch den Markt, aus dem Gegeneinander egoistischer Interessen ein harmonisches Ganzes hervorgehe, schließt ein, daß keine einzelne Handlung gedacht werden kann, die nicht einem partikularen Zweck diente. Trotzdem fällt Humboldts Urteil letzten Endes zugunsten der Errichtung einer bürgerlichen Konstitution in Frankreich aus. Daß durch sie «die Energie unendlich gewinnen» müsse, läuft auf das höchste Lob hinaus, das er zu vergeben hat. Die Kräfte des «ganzen» Menschen zu entwickeln, die «Energie» des Individuums gegen jede äußere Beeinträchtigung zu verteidigen, ist das Ziel, an dem Humboldts Staats- und Bildungstheorie nicht weniger ausgerichtet sind als seine Ästhetik.

Staat

Humboldts Staatstheorie ist im wesentlichen bereits im Titel seiner Schrift «Ideen zu einem Versuch, die Gränzen der Wirksamkeit des Staates zu bestimmen» aus dem Jahre 1792 enthalten. Sein Begriff des Staates ist vor allem negativ, Theorie dessen, was der Staat *nicht* zu sein habe. Für ihn ist, im Unterschied zu Hegel, der Staat keineswegs Inbegriff der Sittlichkeit. Zwar nimmt Hegel mit dieser Bestimmung des Staates «der Kirche jede wesentliche und eigene Rolle in der Geschichte»[2], aber um den Preis, daß hier bereits die Ablösung einer Heteronomie, Kirchenfrömmigkeit, durch eine andere, Staatsfrömmigkeit, angelegt ist. Diese wird in dem Maße notwendig, als immer weniger übersehen werden kann, daß durch das liberalistische Modell die gesellschaftlichen Widersprüche keineswegs beseitigt werden; soll die Ideologie des Interessenausgleichs dennoch aufrechterhalten bleiben, so muß immer stärker die Bedeutung des «Ganzen» gegenüber den Einzelnen hervorgehoben, die Abstraktheit des Staates dadurch überwunden werden, daß er zum Inbegriff der für jedes Individuum verpflichtenden Sittlichkeit überhöht wird. Dadurch erhält der Staat, im Gegensatz zu der ursprünglichen Lehre des Liberalismus, immer mehr Gewicht, bis er schließlich zum Selbstzweck wird, demgegenüber das Individuum nichts gilt.

Die fortdauernde Bedeutung von Humboldts staatstheoretischen, bildungstheoretischen und ästhetischen Schriften besteht darin, daß sie dieser Tendenz kompromißlosen Widerstand entgegensetzen. «Gewiss ist es wohlthätig, wenn die Verhältnisse des Menschen und des Bürgers soviel als möglich zusammenfallen; aber es bleibt diess doch nur alsdann, wenn das des Bürgers so wenig eigenthümliche Eigenschaften fordert, dass sich die

natürliche Gestalt des Menschen, ohne etwas aufzuopfern, erhalten kann
(...). Ganz und gar aber hört es auf, heilsam zu sein, wenn der Mensch dem
Bürger geopfert wird. (...) Daher müsste, meiner Meinung zufolge, die
freieste, so wenig als möglich schon auf die bürgerlichen Verhältnisse gerichtete Bildung des Menschen überall vorangehen. Der so gebildete
Mensch müsste dann in den Staat treten, und die Verfassung des Staats sich
gleichsam an ihm prüfen. (...) Jede öffentliche Erziehung aber, da immer
der Geist der Regierung in ihr herrscht, giebt dem Menschen eine gewisse
bürgerliche Form.»[3] Ziel von Humboldts staatstheoretischen Schriften ist
nicht, zwischen «Mensch» und «Bürger» zu vermitteln durch Herstellung
eines Kompromisses; Ziel ist vielmehr, die Rechte des «Menschen» vor der
gesellschaftlichen Ordnung ohne die geringste Einschränkung zu behaupten. Insofern kommt der anthropologischen Argumentation Vorrang zu vor
der politischen. Die politische Theorie hat sich auszurichten nach einem
Menschenbild, das in seinen Grundzügen für Humboldt schon früh unbezweifelbare Gültigkeit besitzt: «Der wahre Zwek des Menschen (...) ist die
höchste und proportionirlichste Bildung seiner Kräfte zu einem Ganzen. Zu
dieser Bildung ist Freiheit die erste, und unerlassliche Bedingung. Allein
ausser der Freiheit erfordert die Entwikkelung der menschlichen Kräfte
noch etwas andres, obgleich mit der Freiheit eng verbundenes, Mannigfaltigkeit der Situationen.»[4] In diesen Worten ist der Gehalt ebenso wie der
Zusammenhang von Humboldts politischen, bildungstheoretischen und ästhetischen Überlegungen zusammengefaßt. «Proportionirlichste Bildung
der Kräfte» ist in den Schriften zur Politik, wie er immer wieder betont, der
einzige Gesichtspunkt, aus dem er die ganze Materie behandelt habe.
«Mannigfaltigkeit der Situationen» herzustellen, um auf diese Weise eine
möglichst intensive Verbindung von Subjekt und Außenwelt zu erreichen,
bedarf zwar politischer Freiheit als Voraussetzung; es sind jedoch Kunst
und Ästhetik, institutionalisiert in Bildungsprozessen, denen die Aufgabe,
diese Mannigfaltigkeit herzustellen, eigentlich obliegt. Nur eine einzige positive Funktion gesteht Humboldt dem Staat zu: er hat das Maß an innerer
und äußerer Sicherheit zu garantieren, das notwendig ist, um dem Individuum die freie Entwicklung seiner Anlagen zu ermöglichen. Als «Zwek des
Staats»[5] können theoretisch zwar zwei verschiedene Möglichkeiten in Betracht gezogen werden – «er kann Glük befördern, oder nur Uebel verhindern wollen».[6] Aber Humboldt läßt keinen Zweifel daran, daß für ihn nur
ein einziger Zweck ernsthaft in Betracht kommt, denn: «das Glük, zu
welchem der Mensch bestimmt ist, ist auch kein andres, als welches seine
Kraft ihm verschaft».[7] Daher kann es dem Staat nicht erlaubt sein, «mit
positiven Endzwekken auf die Lage der Bürger zu wirken». «Ein Staat, in

welchem die Bürger durch solche Mittel genöthigt, oder bewogen würden, auch den besten Gesezen zu folgen, könnte ein ruhiger, friedliebender, wohlhabender Staat sein; allein er würde mir immer ein Haufe ernährter Sklaven (...) scheinen.»[8]

Diese Überlegungen prägen auch das Bild des Staates in der Antike, das Humboldt entwirft. Er sieht das klassische Altertum als Korrektiv der Gegenwart, nicht – wie etwa Winckelmann – als einen nie wieder erreichbaren Zustand der Vollendung. Dabei sind es weniger die traditionellerweise (auch bei Humboldt) mit der Antike verbundenen Harmonievorstellungen, die sie als kritisches Gegenbild zur Moderne erscheinen lassen[9], als die in ihr wirksamen, durch staatliche Institutionen zwar behinderten, aber noch nicht in ihrer Substanz angegriffenen «Kräfte».

«Die Alten sorgten für die Kraft und Bildung des Menschen, als Menschen; die Neueren für seinen Wohlstand, seine Habe und seine Erwerbfähigkeit. Die Alten suchten Tugend, die Neueren Glükseligkeit. Daher waren die Einschränkungen der Freiheit in den ältern Staaten auf der einen Seite drükkender und gefährlicher. Denn sie griffen geradezu an, was des Menschen eigenthümliches Wesen ausmacht, sein inneres Dasein; und daher zeigen alle ältere Nationen eine Einseitigkeit, welche (...) grossentheils durch die fast überall eingeführte gemeinschaftliche Erziehung, und das absichtlich eingerichtete gemeinschaftliche Leben der Bürger überhaupt hervorgebracht und genährt wurde. Auf der andren Seite erhielten und erhöheten aber auch alle diese Staatseinrichtungen bei den Alten die thätige Kraft des Menschen. (...) Dagegen wird zwar bei uns der Mensch selbst unmittelbar weniger beschränkt, als vielmehr die Dinge um ihn her eine einengende Form erhalten, und es scheint daher möglich, den Kampf gegen diese äusseren Fesseln mit innerer Kraft zu beginnen. Allein schon die Natur der Freiheitsbeschränkungen unsrer Staaten, dass ihre Absicht bei weitem mehr auf das geht, was der Mensch besitzt, als auf das, was er ist, (...) unterdrükt die Energie, welche gleichsam die Quelle jeder thätigen Tugend, und die nothwendige Bedingung zu einer höheren und vielseitigeren Ausbildung ist.»[10] Die Vorzüge der Antike machen Humboldt nicht blind für Einrichtungen, die unvereinbar mit seinen staatstheoretischen Prinzipien sind, vor allem die «gemeinschaftliche Erziehung» und das «absichtlich eingerichtete gemeinschaftliche Leben der Bürger»: dem Subjekt von außen auferlegte, daher unbedingt abzulehnende staatliche Maßnahmen. Entsprechend wertet Humboldt als unbezweifelbaren Vorzug der bürgerlichen Gesellschaft, daß der Staat den Zugriff auf den «inneren Menschen» gelockert hat. Um den Preis allerdings, daß an die Stelle äußeren Zwangs, der zwar «Einseitigkeit» hervorbrachte, die «Kraft» jedoch unbeschädigt ließ, eine die Menschen von innen heraus lähmende Entwicklung getreten ist.

Die Diagnose, die Humboldt der bürgerlichen Gesellschaft stellt, geht also in Kritik an der gesellschaftlichen Arbeitsteilung, wie sie seit Rosseau geläufig und für Schillers «Ästhetische Erziehung» wie für Moritzens Kulturkritik grundlegend ist, nicht auf; «Einseitigkeit», für die Zeitgenossen die typische, durch die Arbeitsteilung bewirkte Deformation des modernen Menschen, wird von Humboldt gerade der Antike zugeschrieben. Seine Herkunft machte es ihm gewiß leicht, diese Umwertung vorzunehmen: die plebejisch-kleinbürgerliche Enge, die Moritzens und auch Schillers Jugend prägte, war dem jungen Aristokraten, dem die ganze Welt offenstand, unbekannt geblieben. Sein Urteil wird hierdurch jedoch nicht beeinträchtigt; gerade die materielle Sicherheit schärfte den Blick für eine Entwicklung, die noch keinem ins Bewußtsein gedrungen war. Cassirer weist zu Recht darauf hin, daß seine Kritik durchaus neuartig ist: «Wenn sonst vom Standpunkt des Individuums gegen den Staat argumentiert wurde, so geschah es zumeist, weil er den einzelnen in dem Kreise seines ihm zugemessenen ‹natürlichen› Besitzes bedrohte. Hier dagegen herrscht die entgegengesetzte Betrachtungsweise: nicht die Störung dieses Besitzes, sondern die Fixierung und Bestätigung, die der Staat ihm gibt, bildet den eigentlichen Angriffspunkt. Denn dadurch wird in ein fertiges Gut verwandelt, was allein das Ergebnis der freien Selbsttätigkeit sein sollte.»[11] Auf den ersten Blick könnte es scheinen, als ob Humboldt mit seiner Forderung nach uneingeschränkter Selbsttätigkeit des Subjekts nur die liberalistische Ideologie von der freien Entfaltung der Unternehmerpersönlichkeit wiederhole. Aber obwohl seine Kritik zweifellos durch den Liberalismus inspiriert ist, ist sie doch geeignet, zu dessen Kritik zu werden. Humboldt durchschaut, daß das scheinbar durch und durch dynamische Modell des Liberalismus zu einem statischen Zustand führt, weil die freie Entfaltung der Kräfte die Produktion von Waren, deren Wert durch die anonyme Institution des Marktes bestimmt wird, zum Ziel hat. Eine auf ihren Tauschwert reduzierbare Ware aber kann weder um ihrer selbst willen geschätzt werden, noch ist es möglich, eine andere Beziehung als die des bloß abstrakten Besitzens zu ihr herzustellen. Die wahre Aneignung der Welt durch das Subjekt, wie Humboldt sie versteht, wird hierdurch unmöglich gemacht: «Der Mensch scheint doch einmal dazu dazusein», lautet eine seiner Maximen, «alles, was ihn umgibt, in sein Eigentum, in das Eigentum seines Verstandes zu verwandeln, und das Leben ist kurz, ich möchte, wenn ich gehn muß, so wenig als möglich hinterlassen, das ich nicht mit mir in Berührung gesetzt hätte. Diese Begierde ist mir immer eigen gewesen».[12] Diese schöpferische

Aneignung der Welt ist genau das Gegenteil des abstrakt bleibenden Besitz-
verhältnisses. Den Menschen sei, präzisiert Humboldt diese Gedanken in
der Schrift über «Hermann und Dorothea», als «letzte Bestimmung», als
das «grösseste und schwerste Geschäft» aufgegeben, «sich und die Aussen-
welt (...) auf das innigste mit einander zu verknüpfen, diese erst als einen
fremden Gegenstand in sich aufzunehmen, dann aber als einen frei und
selbst organisirten wieder zurückzugeben».[13] Der Vermittlungsprozeß von
Subjekt und Außenwelt aber wird gerade verhindert, wenn nicht durchschaut wird, daß das freie Spiel der Kräfte, wie es der ökonomische Liberalismus versteht, die Welt in Waren verwandelt, die nur besessen, nicht aber
in ihrer Eigenart mit dem Subjekt vermittelt werden können. Diese Verdinglichung des modernen Lebens zu verdeutlichen, ist der eigentliche Sinn
von Humboldts Wendung zur Antike: im Gegenbild soll die moderne Dynamik als scheinhaft erkennbar werden; sie bringt Entfremdung und Starrheit im Verhältnis der Menschen zu sich selbst wie zu den Dingen hervor.
Den bildungstheoretischen und ästhetischen Schriften fällt die Aufgabe zu,
das Problem nicht nur darzustellen, sondern Wege zu seiner Lösung aufzusuchen.

Sinnlichkeit

Weil er der Dynamik der bürgerlichen Gesellschaft mißtraut, sieht Humboldt, im Unterschied zu Kant und auch zu Schiller, nicht die Versöhnung
von Sinnlichkeit und Vernunft als das Ziel seiner theoretischen Bemühungen an. Die Frage, wie die sinnliche Verfassung der Menschen mit der
Vernunft in Übereinstimmung zu bringen sei, ein zentrales Anliegen der
Aufklärung, ist für Humboldt gewissermaßen kein Thema mehr. Er ist um
so viel moderner als die Philosophen der Aufklärung, als er bereits davon
ausgeht, daß die in der bürgerlichen Gesellschaft wirkenden Verdingli-
chungstendenzen die aus der Sinnlichkeit gespeiste «Selbstigkeit» der Menschen über kurz oder lang ohnehin lahmlegen werden; das Problem, wie
Rationalität gegenüber ungebändigter Triebhaftigkeit sich behaupten könne, wird sich dann von selbst erledigt haben. Daher räumt er der Entfaltung
der sinnlichen Kräfte unbedingten Vorrang ein, anstatt sich auf die Ver-
mittlungsproblematik von Sinnlichkeit und Vernunft einzulassen. Kapitel
VIII der Schrift über die «Gränzen der Wirksamkeit des Staats» hat die
Beziehung von staatlicher Gesetzgebung und Sinnlichkeit zum Gegenstand.
Unter der Überschrift «Über Sittenverbesserung durch den Staat» führt
Humboldt hier aus: «Das lezte Mittel, dessen sich die Staaten zu bedienen

pflegen, um eine, ihrem Endzwek der Beförderung der Sicherheit angemessene Umformung der Sitten zu bewirken, sind einzelne Geseze und Verordnungen.»[14] Diese auf Sittenverbesserung abzielenden staatlichen Eingriffe laufen regelmäßig auf Einschränkungen der Sinnlichkeit hinaus. Daß die Reglementierung der Sinnlichkeit unerläßlich zur Herstellung staatlicher Ordnung sei, wird von Humboldt nicht eigentlich bestritten; was er – sehr viel radikaler ansetzend – in Frage stellt, ist die Identifizierung dieser Ordnung mit dem «wahren Interesse des Menschen»[15]. Da an diesem «wahren Interesse» alle staatlichen Maßnahmen zu überprüfen der eigentliche Grundsatz seines Vorgehens ist[16], wird notwendig, «den Einfluss der Sinnlichkeit auf das Leben, die Bildung, die Thätigkeit und die Glükseligkeit des Menschen»[17] neu zu bestimmen.

Die sinnliche Verfassung der Menschen ist bei Kant und auch bei Schiller dasjenige Element, durch das sie der Endlichkeit verhaftet bleiben. Dagegen betont Humboldt, daß die Menschen ohne Sinnlichkeit den Gedanken der Unendlichkeit nicht einmal zu fassen vermöchten. «Die sinnlichen Empfindungen, Neigungen und Leidenschaften sind es, welche sich zuerst und in den heftigsten Aeusserungen im Menschen zeigen. (…)Sie sind es gleichsam, welche wenigstens zuerst der Seele eine belebende Wärme einhauchen, zuerst zu einer eignen Thätigkeit anspornen. Sie bringen Leben und Strebekraft in dieselbe (…). Ueberhaupt bringen sie alle Vorstellungen in grössere und mannigfaltigere Bewegung, zeigen neue Ansichten, führen auf neue, vorher unbemerkt gebliebene Seiten».[18] Sinnlichkeit und Vernunft miteinander zu versöhnen, kann für Humboldt schon deshalb nicht das letzte Ziel sein, weil er – das genetisch-dynamische Prinzip der Psychoanalyse vorwegnehmend – sie gar nicht als einander entgegengesetzt ansieht: Das «geistige Schaffen»[19] sei nur «eine feinere Blüthe des körperlichen Erzeugens»[20]. «Meiner Idee nach», heißt es daher zusammenfassend, «ist Energie die erste und einzige Tugend des Menschen. Was seine Energie erhöht, ist mehr werth, als was ihm nur Stoff zur Energie an die Hand giebt.»[21]

Obwohl Humboldt die «Kritik der praktischen Vernunft» an keiner Stelle nennt, läuft seine Argumentation doch auf die genaue Umkehrung der von Kant entwickelten Position hinaus. Keineswegs, so wäre seine Theorie der Sinnlichkeit zu präzisieren, verfehlen die Menschen als sinnliche Wesen von vornherein den Freiheitsbegriff in der Unbedingtheit seines Anspruchs. Es ist vielmehr gerade die Sinnlichkeit, die, indem sie «Mannigfaltigkeit der Situationen» herstellt, den Freiheitsbegriff in seinem ganzen Umfang erst erfahrbar macht. «Die Beimischung des Schönheitsgefühls scheint der Reinheit des moralischen Willens Abbruch zu thun, und sie könnte es allerdings, und würde es auch in der That, wenn diess Gefühl eigentlich dem Menschen Antrieb zur Moralität sein sollte. Allein es soll bloss die Pflicht auf sich haben, gleichsam mannigfaltigere Anwendungen für das moralische Gesez aufzufinden».[22] Gerade weil die sinnliche Erfahrung, das «Schönheitsgefühl», ursprünglich nichts mit «Moralität» zu tun hat, und sich ihr daher auch nicht unterzuordnen braucht, ist sie geeignet, den abstrakt-unendlichen Freiheitsbegriff in seinem ganzen Umfang gleichsam aufzufächern, durch die Herstellung von «mannigfaltigen Situationen» seine vielfältigen Anwendungsmöglichkeiten anschaulich werden zu lassen und auf diese Weise dazu beizutragen, daß Freiheit als ein erfüllter Zustand, nicht nur als abstrakt bleibende Autonomie erlebt werde.

Bildung

Hier ist der Punkt, an dem Bildungstheorie die Theorie des Staates ergänzt. Das Problem der Praxis stellt sich für Humboldt nur bedingt als eines der Gesellschaft, da er an der Überzeugung festhält, die «Tugend» stimme «so sehr mit den ursprünglichen Neigungen des Menschen überein (...), dass es weit weniger nothwendig ist, neue Triebfedern zu tugendhaften Handlungen hervorzusuchen, als nur denen, welche schon von selbst in der Seele liegen, freiere und ungehindertere Wirksamkeit zu verschaffen.»[23] Verzichtet der Staat darauf, die freie Selbsttätigkeit der Individuen zu reglementieren, so ist die wesentliche Voraussetzung, das von Humboldt ins Auge gefaßte Ziel der individuellen wie der gattungsgeschichtlichen Entwicklung zu erreichen, bereits geschaffen. «Das Menschengeschlecht kann als ein grosses Ganzes betrachtet werden, dessen einzelne Glieder sich durch eine planmässige Ausbildung ihrer verschiedenen Kräfte Einem gemeinschaftlichen Ziele nähern.»[24] Ist die grundlegende Forderung, den Staat in seinen «Grenzen» zu halten, erfüllt, so können es allein noch «Zufälle»[25] sein, die die Menschen daran hindern, in Übereinstimmung mit dieser Zielvorstellung zu handeln.

Nicht nur verschließt Humboldts Theorie sich dem «Begriff des Bösen»[26]: auch der Gedanke, daß das gesellschaftliche Geflecht eine Eigendynamik entfalten könnte, die von den Individuen weder gewollt, noch vorauszusehen, noch steuerbar wäre, liegt außerhalb seines theoretischen Horizonts. Den Zufall zu verbannen, um auf diese Weise die höchste Übereinstimmung in seine Handlungen zu bringen[27], ist dagegen jedem einzelnen Individuum möglich. Es hierzu anzuleiten, ist *Bildung* der einzige Weg, den Humboldt gelten läßt. «Jede Bemühung für die Fortschritte des Menschengeschlechts», schreibt er in der Abhandlung «Das achtzehnte Jahrhundert», «die nicht von der Ausbildung der Individuen ausgienge, würde schlechthin fruchtlos und chimärisch seyn; wird hingegen für diese gesorgt, so erfolgt jener Einfluss auf das Ganze von selbst und ohne ausdrücklich darauf gerichtete Absicht.»[28] Der Begriff der Bildung – in Humboldts Sprachgebrauch das Gegenteil der unbedingt abzulehnenden «öffentlichen Erziehung» – schließt ein, daß dem Individuum Gelegenheit gegeben werden müsse, ohne Einschränkung jede nur denkbare theoretische, praktische und künstlerische Tätigkeit auszuüben; auf keinen Fall dürfe ihm etwas aufgedrängt werden, dem nicht seine eigene Neigung entgegen käme: «es scheint mir unedel», wendet er gegen den an dieser Stelle voraussehbaren Vorwurf des Elitären ein, «überall da, wo es der Mensch ist, welcher die Untersuchung beschäftigt, nicht aus den höchsten Gesichtspunkten auszugehen.»[29] Nur auf diese Weise, durch Ausbildung der in jedem Individuum verschiedenen Anlagen und Neigungen, ist es möglich, jene «Mannigfaltigkeit der Charaktere» hervorzubringen, die Humboldt als Voraussetzung des Fortschritts der Menschheit ansieht.[30]

Die grundsätzliche Übereinstimmung von Subjekt und Gattung, von der seine Bildungstheorie ausgeht, bedeutet indessen nicht, daß in *jedem* Individuum die *ganze* Gattung sich verwirklichen solle; in diesem Falle wäre das «Ideal», das die Menschheit als Ganze ist, eine Macht, die das einzelne Individuum nur als Last empfinden könnte. Der Eindruck des Gewaltsamen, der, wie auch Humboldt zugeben muß, von Schillers Produktion häufig ausgeht, dürfte auf diesen Totalitätsanspruch zurückgehen. Dagegen entspricht die Art, wie Humboldt das Verhältnis von Individuum und Gattung vermittels des Begriffs der Bildung spezifiziert, eher dem «naiven», am besonderen Phänomen ansetzenden Vorgehen Goethes. «So weist uns (...) die Vorstellung des Ideals überall zu der Aufsuchung der ursprünglichen Eigenthümlichkeit, und der vollkommenere Zustand, den wir hervorzubringen wünschen, zu dem wirklich vorhandenen zurück, und die philosophische Beurtheilung nach dem Ideal, statt den Geist mit einer bestimmten Form zu erfüllen, und ihm dadurch die wahren Gesichtspunkte zu verrücken, bindet ihn vielmehr unverbrüchlich an die gewissenhafteste Beobachtung der Natur und der Gegenwart.»[31] Zwar ist es unmöglich, «in der Individualität das Ideal zu erreichen»[32], aber jeder Mensch ist prinzipiell in der Lage, durch Freilegung und Entwicklung der in ihm angelegten Kräfte diesem Ideal sich zumindest anzunähern. Indem Humboldt die Vorstellung eines Ideals entwirft, das den Individuen dazu verhelfen soll, sich ihrer selbst zu vergewissern, vermeidet er die Abstraktheit des Schillerschen Ideals, das alle individuellen Züge unter sich läßt und auf diese Weise aller Anschauung verlustig geht; erst recht die niederschmetternde Erhöhung der

Menschen durch den Freiheitsbegriff Kants, dem zu entsprechen ohnehin unmöglich ist. Ein außerhalb der Individuen befindliches, von ihnen unabhängiges Ideal, «ein göttliches allgenugsames und unveränderliches Wesen» zu denken ist für Humboldt ein «Unding»³³. Alle Bemühung um Erkenntnis ist vergeblich, wenn sie nicht aus dem Allgemeinen auf das Subjekt zurückwirkt und in ihm zur Anschauung gelangt: «und das erforschte, erkannte, ausgemessene Universum, die ergründete Tiefe der Wahrheit, die erflogene Höhe des Gefühls sind eitle Schaugepränge spielend verschwendeter Kräfte, wenn sie sich nicht endlich in dem denkenden, redenden, handlenden Menschen lebendig offenbaren, wenn nicht das, was sie in ihm wirkten, aus seinen Blicken zurückstrahlt, seine Worte und Handlungen nicht von ihnen Kunde geben.»³⁴

Kunst

Zwischen der durch die «Kritik der Urteilskraft» markierten Position und der den Übergang zum objektiven Idealismus vollziehenden «Philosophie der Kunst» Schellings nehmen Humboldts Schriften zur Kunst eine vermittelnde Stellung ein. Mit Kant verbindet Humboldt, daß bei ihm das Subjekt noch nicht abgedankt hat zugunsten außersubjektiver Strukturen, wie der Natur oder dem Weltgeist. Dem Subjekt ist aufgegeben, von sich aus das in ihm angelegte Ideal, soweit es in seinen Kräften steht, zu verwirklichen. Anders als in der «Kritik der Urteilskraft» jedoch steht bei Humboldt das Subjekt nicht mehr in einem Spannungsverhältnis zu der «Idee» eines sensus communis, der erst noch zu verwirklichen wäre: das Menschengeschlecht, meint Humboldt, habe inzwischen eine «Stufe der Kultur» erreicht, «von welcher es sich nur durch Ausbildung der Individuen höher emporschwingen kann»³⁵. «Bildung» ist daher grundsätzlich Sache des *einzelnen* Individuums. Wenn diese Grundüberzeugung Humboldts auch geprägt ist von einem aufklärerischen Fortschrittsoptimismus, der seine endgültige Erfüllung in greifbare Nähe gerückt sieht, so bahnt sich hier doch schon die Tendenz zum Rückzug des gebildeten Individuums auf sich selbst an: es gibt in Humboldts Schriften keine im eigentlichen Sinne historische Perspektive mehr. Sollte die vorausgesetzte Übereinstimmung von Gattung und Individuum sich als Illusion erweisen, so ist diesem der Fluchtweg bereits vorgezeichnet: aus der Teilhabe am überindividuellen «Ideal» der Menschheit wird dann das isolierte Bildungserlebnis.

An die Stelle des in deutlicher Spannung zum subjektiven Geschmacksurteil stehenden sensus communis tritt ein eher unbestimmtes «ästhetisches

Gefühl», durch das sich die Menschen des Zusammenhangs mit der Natur und untereinander vergewissern: «Die individuelle Kraft des Einen ist dieselbe mit der aller Andern, und der Natur überhaupt. Denn ohne das wäre kein Verstehen, keine Liebe und kein Haß möglich».[36] Daher befindet sich, wer «die Theorie der Kunst bearbeitet, (...) in dem gleichen Fall mit dem Naturforscher. Was diesem die Natur ist, das ist jenem das Kunstgenie.»[37] Insofern Kunst nicht mehr auf Geschichte bezogen wird und Ästhetik tendenziell in Naturphilosophie übergeht, stellt Humboldt seine kunsttheoretischen Überlegungen auf die gleiche Grundlage wie Schelling seine Philosophie der Kunst; mit dem Unterschied, daß dem Subjekt bei Humboldt seine Stellung im Ganzen des Universums nicht von außen, vermittels der «Construktion» zugewiesen wird, sondern daß es sie aus eigener Kraft für sich selbst bestimmen muß. Daher kann Humboldt zunächst feststellen, daß es vom Individuum und seiner Einbildungskraft abhänge, ob ein Gegenstand zum Stoff einer Tragödie oder eines Epos werde (im letzten Teil seiner Abhandlung über «Hermann und Dorothea» wird er diese Position stillschweigend räumen). Anders als Schelling sieht Humboldt die Gattungen nicht als feststehende, allem Besonderen vorgeordnete Größen an, in die das Besondere gleichsam einzurasten hat, sondern die individuelle Einbildungskraft entscheidet autonom darüber, welcher Gattung der von ihr bearbeitete bzw. produzierte Gegenstand schließlich zuzuweisen ist. Noch nicht wird vermittels der «Construktion» dem Subjekt die Möglichkeit genommen, seine Stellung im Universum selbst zu bestimmen.

Daher bleibt bei Humboldt die Kunst Medium von Erkenntnis; «ästhetisches Gefühl», Sprache, Einbildungskraft sind die drei Fähigkeiten, durch die die Menschen sich selbst zu erkennen und zugleich mit der Außenwelt in Verbindung zu treten vermögen. Diese drei Fähigkeiten bilden im Grunde eine Einheit; was sie unterscheidet, ist ihre unterschiedliche Differenziertheit. Da die künstlerische Produktion vor allem in der Tätigkeit der Einbildungskraft besteht, ist Kunst das differenzierteste Erkenntnisvermögen.

Ästhetisches Gefühl

Das «ästhetische Gefühl, mit dem uns die Sinnlichkeit Hülle des Geistigen, und das Geistige belebendes Princip der Sinnenwelt ist»[38], ist das allgemeinste dieser Erkenntnisvermögen. Es ist Voraussetzung der Erkenntnis, daß ein «geheimnissvolles Band»[39] «Sinnlichkeit und Unsinnlichkeit verknüpft»[40]. In einer Welt, die in ihrer ganzen Organisation darauf angelegt ist, die «Kräfte» der Menschen nach vorgeordneten Normen und Begriffen zu reglementieren, ist es allein das «ästhetische Gefühl», das die Menschen befähigt, die «letzte Aufgabe» ihres Daseins, die «Verknüpfung» ihres «Ichs mit der Welt zu der allgemeinsten, regesten und freiesten Wechselwirkung»[41] zu erfüllen. Im ästhetischen Gefühl werden «Individualität», das auf keine äußeren Ursachen zurückzuführende Besondere, und «Trieb», das allgemeinste Prinzip, als Einheit wahrgenommen: «Die Individualität eines Menschen ist Eins mit seinem Triebe. Das ganze Universum besteht nur durch den Trieb (...). Dieser Trieb ist derselbe in der Körper und in der Geisterwelt (...). Er kann daher ebensowohl dienen, das Höchste in der geistigen, als das Einfachste in der körperlichen Natur zu erklären.»[42] Während alle staatlichen, und, im weitesten Sinne, auch alle gesellschaftlichen Institutionen die Erkenntnis dieses umfassenden Zusammenhangs unmöglich machen, da sie das Wahrnehmungsvermögen durch Verstandesbegriffe, die ihrerseits Ausdruck partikularer Interessen sind, präformieren, läßt allein das «ästhetische Gefühl» unreglementierte, nicht von vornherein der Rationalität von Zwecken und Mitteln unterworfene Erfahrung zu: «Ohne das Schöne, fehlte dem Menschen die Liebe der Dinge um ihrer selbst willen».[43]

Sprache

Diese Einheit von Individualität, Trieb und Idee, die ihren allgemeinsten Ausdruck im «ästhetischen Gefühl» findet, wird durch die Sprache differenziert. Sie bringt zu Bewußtsein, was durch das ästhetische Gefühl zunächst nur als «Ahndung»[44] übermittelt wird.

Die Sprache ist für Humboldt, was für Hegel die Geschichte sein wird: das Medium, in dem die Einheit von Subjekt und Objekt – «Objectivität und Subjectivität – an sich Eins und dasselbe»[45] – ins Bewußtsein gehoben und damit erst vollendet wird: «in der Sprache», stellt Humboldt fest, «vereinigt sich (...) die Welt, die sie darstellt, und der Mensch, der sie schafft.»[46] Anders als Hegel jedoch läßt er diesen Prozeß nicht zu einem Abschluß gelangen; vielmehr wäre es «gut», die verschiedenen Sprachen noch zu «vervielfältigen», da durch jede weitere Sprache neue in der Menschheit angelegte Möglichkeiten erkennbar werden.[47] Damit entgeht Humboldt der Versuchung, der Hegel erliegt, die Geschichte Europas oder auch nur eines europäischen Staates, Preußens, zum Maß aller Dinge zu machen. Je weiter er in seinen vergleichenden Sprachstudien fortfährt, desto – aus abendländischer Perspektive – entlegeneren Sprachen wendet er sich zu: der Kawi-Sprache ist sein Fragment gebliebenes sprachwissenschaftliches Hauptwerk gewidmet.

Die Sprache wirkt nach Humboldts Auffassung zugleich dynamisch und objektivierend. Dynamisch, insofern sie das Medium ist, in dem die Menschen sich die Welt aneignen; objektivierend, weil in den Begriffen bereits geleistete Erkenntnis aufbewahrt wird. «Da wir (…) die Sprache selbst, und nur nach und nach und nur für und durch unser Denken, mühsam gebildet haben (ein Fall, in dem sich jeder befindet, dem Wörter mehr als leere Schälle sind, da jedes echte Verstehen ein neues Prägen von Ausdrücken ist), so bringt uns die Sprache unaufhörlich die Arbeit unseres Geistes, und zwar in lauter bis auf einen gewissen Punkt gelungenen, aber immer nur halb vollendeten Versuchen zurück, die also auch immerfort zum weiteren Fortarbeiten zugleich Stimmung und Leitung gewähren.»[48] Einerseits also bindet die Sprache die Menschen zurück an ihre Geschichte; sie wirkt damit der Gefahr entgegen, daß die Menschheit, die sich nach dem Verblassen der Transzendenz, vollends nach der Destruktion der Metaphysik durch die kritische Philosophie Kants, nicht mehr auf Einheit und Sinn stiftende Weltbilder beziehen kann, gleichsam in vereinzelte Subjekte auseinanderfällt. In der Sprache ist ein historisches Kontinuum bewahrt, in dem die einzelnen Menschen sich als Teil der Gattung wiederzuerkennen vermögen. Andererseits verweist die historische Kontinuität, wie sie sich in der Sprache herstellt, als ein Kontinuum von Versuchen menschlicher Selbsterkenntnis nicht nur in die Vergangenheit, sondern vor allem auch in die Zukunft. Durch die Sprache vermag die Menschheit als Ganze, was dem einzelnen Individuum aufgrund seiner Endlichkeit verwehrt bleibt: der «Idee» der Gattung – niemals abschließend zwar aber doch so weitgehend wie nur möglich – innezuwerden. Die Sprache ermöglicht es, daß die Menschheit auch künftig, ohne Vermittlung durch religiöse Vorstellungen, immanent, die mit dem einzelnen Subjekt gegebene Endlichkeit zu überwinden vermag. «Da diese Endlichkeit nicht in der Tat aufgehoben werden kann, so muß sie es in der Idee, da es nicht auf göttliche Weise geschehen kann, muß es auf menschliche.» Hierzu ist die Sprache «das einzige sinnliche und – als aus der innersten Menschheit stammend und nur in ihr möglich – menschliche Mittel»[49].

Mit dieser starken Betonung des dynamischen Moments der Sprache ist aufs engste Humboldts Vorliebe für Schiller verknüpft.

Schiller

Schiller hat für ihn den Vorzug, der moderne Dichter schlechthin zu sein, weil er die Differenz der modernen zur griechischen Kunst nicht beklage, sondern als erster für die Dichtung fruchtbar zu machen verstehe. Die Einheit der Griechen mit der Welt, ihre – mit Schillers Begriff – «Naivetät», ist nicht wieder herstellbar; alle moderne Dichtung muß sentimentalisch sein, durch die Reflexion hindurchgegangen und nach einem Ideal strebend. Daß sie diese Forderung erfülle, mache das Wesen von Schillers Dichtung aus: «Es ist einmal unverkennbar», schreibt Humboldt, Antike und Moderne vergleichend: «Wir haben mehr als sie, und es ist möglich, dies Mehrere poetisch darzustellen. Sie *waren* bloß, was sie waren. Wir wissen auch, was wir sind, und blicken darüber hinaus. (...) Ich denke Sie mir mit der ganzen Stärke und dem ganzen Reichtum, den dieser Vorteil gewährt, in den Realismus der Alten zurückgekehrt, und so entsteht (...) ein unendlicher Inhalt».[50]

Diese Bewertung der modernen, sentimentalischen Dichtung entspricht im wesentlichen Humboldts Sprachauffassung. Es ist der Sprache, verstanden als «energeia», wie der sentimentalischen Dichtung eigentümlich, unabgeschlossen zu sein: «Daß ein Dichter, besonders ein moderner und also sentimentalischer, etwas *durchaus Vollendetes* hervorbringe, etwas, das sein Dichtergenie in seinem ganzen Umfange und seiner ganzen Größe ausdrücke, läßt sich (...) auf keine Weise erwarten. Es bleibt hier also kaum etwas andres zu tun übrig, als der Nachwelt dasjenige zu übergeben, was in dem jedesmaligen Moment das möglich Höchste war.»[51] Wie Humboldt das in der Sprache noch unausgeschöpfte Erkenntnispotential höher veranschlagt als die in den Begriffen bereits fixierte Erkenntnis, so richtet sich seine Aufmerksamkeit mehr auf die Eigenart der Einbildungskraft und die lebendige Individualität des Dichters als auf das Werk, in dem diese ihren Ausdruck finden: hier wie dort gilt ihm die «Energie» mehr als die «Gestalt», die nur das «Bild» jener Energie, und daher «weiter von der Wahrheit entfernt»[52] ist. – Die Grenzen zwischen Humboldts Theorie der Sprache und seiner Auffassung der sentimentalischen Dichtung sind also fließend. Diese hätte sich wohl vor allem durch eine größere Deutlichkeit des «Ideals» von der Sprache im allgemeinen zu unterscheiden. Der «Überschuß von Selbsttätigkeit»[53], den Humboldt als das wesentliche Merkmal von Schillers dichterischer Produktion hervorhebt, betont jedenfalls zu einseitig die dynamischen Momente auf Kosten der Inhalte. Gewiß wirkt schon die Sprache allein, durch Aufbewahrung bereits geleisteter Erkenntnisarbeit, objektivierend. Solange jedoch unbestimmt bleibt, wie spezifisch *ästhetische* Objektivationen beschaffen seien, sind Humboldts Äußerungen zur Kunst nicht mehr als Teile seiner allgemeinen Sprachtheorie.

Das individuelle Ideal

Daß Sprache und sentimentalische Dichtung tendenziell bis zur Ununterscheidbarkeit ineinander übergehen, wird von Humboldt zwar niemals direkt ausgesprochen. Trotzdem trägt er diesem Problem, das ihm möglicherweise nie ganz zu Bewußtsein kam, dadurch Rechnung, daß er in seiner wichtigsten Schrift zur Ästhetik sich nicht – wie es bei seiner Einschätzung Schillers zu erwarten wäre – auf ein Werk der sentimentalischen Poesie, sondern auf Goethes «Hermann und Dorothea» bezieht. Nicht dem Drama, in dem die «Selbsttätigkeit» des Subjekts ungleich stärker hervortritt, sondern dem eher objektivierenden, Subjektivität relativierenden Epos wendet er seine besondere Aufmerksamkeit zu, ohne diese auffallende, auf den ersten Blick inkonsequent wirkende Tatsache zu kommentieren.

Entscheidend für die Wahl des epischen Werkes dürfte gewesen sein, daß der Schillersche Lösungsversuch Humboldt in einem wesentlichen Punkt nicht zu überzeugen vermocht hatte. Schiller sei bei einer dichotomischen Theorie der Dichtkunst stehengeblieben, ohne den Versuch zu unternehmen, naive und sentimentalische Poesie aus «ihrem höheren Begriff»[54] abzuleiten. «Da der naive Dichter ganz und gar mit der Schilderung des Individuums beschäftigt ist, aber auch der sentimentalische, insofern er *Dichter* sein will, seinen Gestalten Individualität und wo möglich *völlige* geben muß, so kann hieraus ein Mißverständnis entspringen, das vielleicht noch nicht genug dadurch gehoben ist, daß Sie selbst sagen, daß der sentimentalische Dichter immer in gewissem Sinn auch naiv ist.»[55] Schillers dichotomische Unterscheidung von naiver und sentimentalischer Dichtung laufe darauf hinaus – so wäre Humboldts Einwand zusammenzufassen –, daß Individuation und damit Anschaulichkeit vor allem der «naiven» Dichtung zugeschrieben werden, während die sentimentalische Poesie unanschaulich und damit abstrakt zu werden droht.

Diese Gefahr sucht Humboldt durch die «Idee des individuellen Ideals»[56] abzuwenden. Das ist der «höhere Begriff» von Dichtung, den er bei Schiller vermißt und den er selbst aufgrund seiner entschiedenen Neigung für die sentimentalische Dichtung zeitweise aus den Augen zu verlieren droht. Er will zeigen, «daß die Menschenkenntnis, wenn sie vollständig und philosophisch sein soll, nur das aufsuchen muß, was in dem Subjekt einer Vervollkommnung zum Ideal fähig ist, und die Menschenbildung im Grunde nichts weiter zu tun hat, als dies zu erhalten, zu reinigen und zu steigern».[57] Danach wäre die Anschaulichkeit des Ideals, seine «Individualität», dadurch gewährleistet, daß seine Elemente grundsätzlich im einzelnen Individuum, nicht außerhalb seiner, aufgesucht werden.

Die staatstheoretischen, bildungstheoretischen und ästhetischen Ansätze Humboldts schließen sich hier zusammen. Durch *Bildung* wird es dem Individuum möglich, tendenziell zu seinem eigenen «Ideal» zu werden; hierdurch leistet es zugleich – das ist der *politische* Aspekt des Bildungsbegriffs – einen Beitrag zum Fortschritt der Gattung, denn wenn für die «Ausbildung der Individuen» gesorgt wird, «so erfolgt jener Einfluss auf das Ganze von selbst und ohne ausdrücklich darauf gerichtete Absicht»[58]. Die *ästhetische Theorie* schließlich ermöglicht es, die Annäherung des Individuums an das Ideal und damit auch den Fortschritt des Menschengeschlechts immer weiter voranzutreiben. Denn Gegenstand der Ästhetik ist die Einbildungskraft, das differenzierteste Vermögen, über das die Menschen verfügen, um ihr Inneres zu erforschen und es mit der Außenwelt zu vermitteln. Da die Einbildungskraft zugleich das eigentliche Medium der Kunst ist, sind Kunst und Ästhetik für den Fortschritt des Individuums wie der Gattung unentbehrlich.

Einbildungskraft

Das «Wesen eines Menschen vollständig aus den Umständen, die auf ihn eingewirkt haben, herleiten und durchaus begreifen und darstellen zu wollen», hält Humboldt für ein «schlechterdings vergebliches Bemühen».[59] Der innerste Kern des Individuums wie des ihm entsprechenden Kollektivs, der Nation (nicht: des Staates) ist prinzipiell unerkennbar und unableitbar. Wie tief man auch in die Eigenart eines Individuums bzw. einer Nation eindringen mag, eine «unbekannte Grösse» bleibe doch immer zurück: die «primitive Kraft, das ursprüngliche Ich, die mit dem Leben zugleich gegebne Persönlichkeit»[60]. Durch diese prinzipielle Unerkennbarkeit des Kerns jeder Individualität scheint die «Idee eines individuellen Ideals», mit ihr die Möglichkeit, den Widerspruch von naiver und sentimentalischer Dichtung durch einen «höheren Begriff» von Poesie aufzulösen, in Frage gestellt zu sein. Wenn der sentimentalische Dichter durch die «Absonderung des Ideals von der Wirklichkeit»[61] Gefahr läuft, abstrakt und unanschaulich zu werden, so droht Humboldt mit seiner Forderung, der Dichter solle das Ideal *in* jedem Individuum aufsuchen, an der Unerkennbarkeit des Persönlichkeitskerns zu scheitern. Die Vorstellung eines individuellen Ideals wäre gegenstandslos, falls sich herausstellen sollte, daß es keine über die alltägliche Erfahrung hinausgehende Möglichkeit gibt, in das Wesen einer Individualität einzudringen. Der Erfahrungshorizont der Menschen bliebe eng, sie selbst wären sich unerkennbar.

Es ist die dichterische Einbildungskraft, die es ermöglicht, den kleinen Bereich einer bloß faktischen, auf die Oberfläche beschränkten Erkenntnis entscheidend zu erweitern. Zwar ist auch das «Letzte, worauf die Dichtkunst führt (...) etwas Unauflösbares, Unerklärbares»[62]; den innersten Kern des Individuums, die Frage, warum es so ist wie es ist, vermag auch die Einbildungskraft nicht zu erhellen. Wohl aber stößt sie in Tiefen vor, die der auf bloße Fakten beschränkten Erkenntnis verborgen bleiben müssen; denn «es kommt nur darauf an, wo man den Knoten faßt, ob näher, in der Erscheinung selbst, oder weiterhin in ihrem rätselähnlichen Sinn. Zu dem letzteren gehört natürlich eine höhere Kraft des Geistes. Denn wenn man eine Erscheinung in Gedanken, in ihre Bedeutung auflöst, so ist unmittelbar alles klar und verständlich, und man muß erst den Gedanken wieder in die Tiefe verfolgen, um auf das Dunkel zu stoßen, das nun kein Licht weiter aufhellt, weil es die rein vorgelegte Aufgabe des Menschendaseins ist, die aufzulösen man sich selbst überspringen müßte.»[63] Diese «höhere Kraft des Geistes» ist die Einbildungskraft. Sie vermag zu «dem Uebergange vom Endlichen zum Unendlichen»[64] zu verhelfen, weil Humboldt sie offenbar als einen noch nicht objektivierten, unverdinglichten Teil dieses Unendlichen, der ursprünglichen Einheit allen Lebens, begreift. Durch die Einbildungskraft vermögen die Menschen die Trennung von erstarrter, endlicher Gestalt und lebendiger, unendlicher Kraft – «Keine Kraft ist mit dem, was sie bis jetzt gewirkt hat, vollendet»[65] – als scheinhaft zu erkennen und die isolierte Erscheinung mit dem Wesen, der Einheit des Lebens, wieder zu verknüpfen. Einbildungskraft, so wäre Humboldts nicht nur auf die genetische Philosophie Schellings, sondern bereits auf Lebensphilosophie und Psychoanalyse verweisende Theorie zusammenzufassen, ist das Medium, in dem Geist und Sinnlichkeit sich zur Einheit verbinden.

In seiner wichtigsten und umfangreichsten Schrift zur Ästhetik, der Abhandlung über «Hermann und Dorothea», will Humboldt denn auch vor allem das Wesen der dichterischen Einbildungskraft erforschen: «und so trieb mich die Begierde, dieser geheimnissvollsten unter allen menschlichen Kräften mit Begriffen näher zu kommen».[66] Nachdrücklich verweist er auf die Autonomie dieses nicht von vorgegebenen Regeln abhängigen produktiven Vermögens. Die dichterische Einbildungskraft ist an nichts gebunden, das außerhalb ihrer selbst läge – nicht an bestimmte Stoffe, nicht einmal an die überlieferten Gattungen. Daher komme es bei keiner «Dichtungsart (...) eigentlich auf das Object, bei allen nur auf die Art an, wie dasselbe bearbeitet wird. Selbst die vollkommenste Tragödie (...) liesse sich auch an einer durchaus glücklichen und gelingenden Begebenheit ausführen.»[67] Damit ist die Autonomie des Ästhetischen gegenüber der Realität nicht nur bestätigt, sondern in einer Weise radikalisiert, die auf die Selbstvergottung des Individuums hinausläuft. Wenn im Kunstwerk nichts mehr am «Object» liegt, wenn alles ins Belieben der Einbildungskraft gestellt ist, dann wird damit für das Individuum eine Allmachtstellung reklamiert, die nach herkömmlichen Vorstellungen Gott vorbehalten war. War seit Baumgarten als eine wesentliche Funktion der Ästhetik der Versuch erkennbar geworden, von der Metaphysik geräumte Positionen neu zu besetzen, so findet diese Entwicklung bei Humboldt ihren konsequenten Abschluß mit der Idolisierung des Künstlers.

Da die einzigen Gesetze, denen das Kunstwerk folgt, die der dichterischen Einbildungskraft sind, schreibt Humboldt der Kategorie des Werks keine absolute Bedeutung zu. Grundsätzlich gelte es, ein Kunstwerk weniger nach vorgegebenen Regeln zu beurteilen, als nach dem Grade, in dem es die lebendige Individualität seines Schöpfers hervortreten und anschaulich werden läßt. Wichtiger als das fertige Werk sei die lebendige Individualität, die in ihm zum Ausdruck komme. Das einzelne Werk müsse zugleich «Ausdruck seiner Gattung» sein und das «lebendige Gepräge seines Urhebers»[68] tragen. Es fordere eine Art der Kritik, «die in dem einzelnen Beispiel zugleich die Gattung, in dem Werke zugleich den Künstler schildert»[69]. Es ist daher ein dreifaches Ziel, das Humboldt mit seiner Abhandlung zu erreichen sucht: Er will das Werk als einzelnes erläutern, es als exemplarisch für seine Gattung, das Epos, darstellen und darüberhinaus zeigen, wie in ihm die Einbildungskraft seines Urhebers zum Ausdruck kommt. Charakteristisch für Humboldts wichtigste Schrift zur Ästhetik ist insgesamt, daß der Absolutheitsanspruch des dichterischen Subjekts zunächst die gesamte Argumentation prägt, schließlich aber jäh in sich zusammenbricht.

«*Das Wirkliche in ein Bild zu verwandeln,* ist die allgemeinste Aufgabe aller Kunst, auf die sich jede andre, mehr oder weniger unmittelbar, zurückbringen lässt.»[70] Das «Bild», in das die Einbildungskraft die Wirklichkeit verwandelt, ist nichts weniger als ein «Abbild», weder von Artefakten noch von natürlichen Gegenständen. Damit entfällt eine Unterscheidung von Kunstschönem und Naturschönem; Humboldt kennt die Kategorie des Naturschönen eigentlich nicht: «die Natur ist überhaupt nie schön, als insofern die Phantasie sie sich vorstellt.»[71] Einen stärkeren Ausdruck kann das Selbstbewußtsein des bürgerlichen Subjekts schlechterdings nicht mehr finden; der Einbildungskraft als der Fähigkeit des Individuums, von sich aus, aus eigener Machtvollkommenheit, sinnvolle Zusammenhänge herzustellen, scheinen keine Grenzen mehr gesetzt zu sein. Während in der Wirklichkeit «jede Erscheinung einzeln und für sich da steht, (…) keine als Grund oder Folge von der anderen abhängt», steht das «Bild», in das die Einbildungskraft die Wirklichkeit verwandelt, «unter der Bedingung eines durchgängigen inneren Zusammenhanges» und ist «daher im strengsten und einfachsten Sinne des Worts *idealisch*. Denn es ist in so fern der Wirklichkeit, der *Realität* geradezu entgegengesetzt.»[72] Was auch immer die Einbildungskraft aufnimmt, es wird allein schon hierdurch zu einem sinnvollen Ganzen synthetisiert; was durch die Einbildungskraft hindurchgegangen ist, was zum «Bild» geworden ist, «kann nun nicht anders, als schön seyn»[73]. Wenn es ein Grundbedürfnis des Menschen ist, stets «den Begriff eines gegenseitigen Zusammenhanges, einer innern Organisation geltend zu machen», um auf diese Weise überall «den Zufall zu verbannen»[74], so ist es nach Humboldts Vorstellung die Einbildungskraft, die dieses Bedürfnis vollkommen zu befriedigen vermag. Damit scheint – zumindest in der Kunst – die Emanzipation des bürgerlichen Individuums von den Einschränkungen, die ihm eine überlieferte Ordnung bisher auferlegt hatte, endgültig vollzogen zu sein. Die Welt setzt seinem Bedürfnis, sie in seinem Sinne zu interpretieren, keine Widerstände mehr entgegen.

Stimmend – bildend

Die Radikalität, mit der Humboldt im ersten Teil seiner ästhetischen Hauptschrift alles Heil von der Selbsterkenntnis menschlicher Subjektivität vermittels der Einbildungskraft erwartet, dürfte der Grund für die Ablehnung der Arbeit durch die Zeitgenossen gewesen sein. In einem Brief an Schiller gesteht Körner ein, die Abhandlung habe ihm «Angst gemacht»; diese Angst steht hinter seiner Weigerung, in die «schauerliche Tiefe hinabzusteigen»[75], in die Humboldt den Leser führe.

Besonders in der Zusammenfassung, die Humboldt in französischer Sprache für Madame de Staël schreibt, finden sich Formulierungen, die, um einer möglichst prägnanten Zusammenfassung willen, die Thesen über die Einbildungskraft noch einmal zuspitzen: «L'artiste, seul, ne se fonde sur rien; par l'essor seul de son génie il se tient planant, pour ainsi dire, dans le vide.»[76] Zu Recht rückt Müller-Vollmer diesen Satz in die Nähe von Baudelaires Gedicht «Élévation»[77]; nicht nur der Begriff des ungehinderten Aufschwungs («essor», bei Baudelaire: «libre essor»), das ganze Bild einer im Leeren, von allen Bindungen, aber auch von allen Orientierungsmöglichkeiten emanzipierten Subjektivität ist beiden Autoren gemeinsam. Baudelaires Verherrlichung der Imagination als «reine des facultés»[78] hätte Humboldt zugestimmt. Trotzdem ist er nicht der Herold der Moderne, auf die Müller-Vollmer ihn einseitig festzulegen versucht. Humboldt entwickelt zwar den Gedanken einer völlig autonomen, auf keine überlieferten Sinnzusammenhänge mehr angewiesenen Subjektivität, aber er versucht zugleich, der damit zwangsläufig ausgelösten Dialektik von Autonomie und Beziehungslosigkeit auszuweichen. So weit ist er noch der Aufklärung verpflichtet, daß die Idee einer völligen Autonomie des Subjekts für ihn uneingeschränkte Gültigkeit besitzt; aber er kann den Gedanken, daß die Ablösung überkommener Normen und Wertvorstellungen neue Probleme aufwirft, nicht mehr als gegenstandslos abtun. Hier ist der Grund für den eigentümlichen Bruch der Argumentation.

Nicht erst 1813 gesteht Humboldt ein, daß die autonome Subjektivität spezifischen Gefährdungen ausgesetzt ist: «Aber wenn einmal der Grad des Selbstbewußtseins gekommen ist», schreibt er in einem Brief an seine Frau, «der den alten immer fremd blieb, wo der Mensch sich mit sich selbst entzweit und das Vertrauen zu sich verliert, dann kommt man in furchtbare Tiefen».[79] Schon in der Abhandlung über «Hermann und Dorothea» wird die Notwendigkeit neuer, nicht nur am einzelnen Subjekt ausgerichteter Orientierungen ausgesprochen: «Denn die wichtige Frage, die sich in unsrer Zeit überall jedem aufdrängen muss: wie soll bei dem allgemeinen Wechsel, in welchem Meynungen, Sitten, Verfassungen und Nationen fortgerissen werden, der Einzelne sich verhalten? findet er nicht allein in den mannigfaltigsten Gestalten aufgeworfen, sondern auch so beantwortet, dass die Antwort ihm mit der Belehrung zugleich Kraft zum Handeln und Muth zum Ausharren in die Seele haucht.»[80] Die Einbildungskraft allein vermag diese Frage nicht zu beantworten; durch sie stellt das Subjekt zwar Zusammenhänge her, indem es die in der Außenwelt disparaten Gegenstände gleichsam in sich hineinnimmt und sie in sich zur Einheit verbindet; auf die bedrängenden Probleme, die sich aus der geschichtlichen Entwicklung ergeben, kann die strikt subjektiv verfahrende Einbildungskraft nicht reagieren. Hier rächt sich, daß Humboldt die Spannung zwischen ästhetischem Urteil und sensus communis zugunsten eines allgemeinen «ästhetischen Gefühls» preisgegeben hat. So kehrt das Problem, auf das Kant bei der Analyse der ästhetischen Urteilskraft gestoßen war: daß die ausschließlich im Subjekt vollzogene ästhetische Versöhnung Gefahr läuft, abstrakt, nicht vermittelt mit der Außenwelt, zu bleiben, bei Humboldt verschärft wieder. Kant hatte Abhilfe zu schaffen versucht, indem er der teleologischen Urteilskraft die Aufgabe zuwies, nach einem «*Wink*» in der Natur zu suchen, daß Vernunft auch außerhalb des Subjekts anschaulich werden könne; Schelling wird in der *Mythologie* eine Möglichkeit sehen, die Identität von Geist und Natur anschaulich zu spezifizieren; Humboldt versucht, durch die dichterische *Gattung* der in sich selbst versinkenden Subjektivität, der schwermütigen «Stimmung einer unerfüllten, sich selbst nicht recht verständlichen Sehnsucht»[81] einen Halt zu verschaffen.

Humboldt widerruft zwar keine einzige seiner Thesen zur Autonomie der Einbildungskraft, aber er relativiert stillschweigend jene Bemerkungen, mit denen er das Ästhetische in der Tätigkeit der Einbildungskraft hatte aufgehen lassen. «Mehr (...) als das *Gemüth* zu *stimmen* ist nicht die Absicht des Dichters»[82], hatte er im ersten Teil seiner Abhandlung geschrieben. Damit sollte die dynamische, erkenntnisfördernde Wirkung der Dichtung zum Ausdruck gebracht werden: die dichterische Einbildungskraft, als die differenzierteste Form des «ästhetischen Gefühls», soll im Leser eine «Stimmung» hervorbringen, die der des produzierenden Künstlers, des Genies, entspricht; auf diese Weise soll sich ihm die Erkenntnis und lebendige Empfindung der im Individuum wie im Universum einheitlich wirkenden «Kraft» mitteilen.

Dieser Allmachtsanspruch der Einbildungskraft, der offensichtlich Humboldts innerster Wunschvorstellung entspricht, wird jedoch von ihm in dieser Absolutheit nicht aufrechterhalten. Da der Dichter, «um einen Gegenstand durch die Einbildungskraft zu erzeugen, zugleich *bildend* und *stimmend* verfahren, das Object darstellen und das Subject zubereiten muss», gelte es, sich der «Entwicklung der reinen Objectivität unsres Gedichts»[83] zuzuwenden. Hatte es zunächst so ausgesehen, als komme es allein auf die das Subjekt «stimmende» Tätigkeit der Einbildungskraft an, so werden nun immer stärker die objektivierenden – «bildenden» – Momente der Dichtung hervorgehoben, mit dem Ziel, als die objektivste Gattung das Epos auszuweisen.

Das Goethesche Epos, das nicht ohne weiteres mit seinem im Ansatz sentimentalischen, das «stimmende» Verfahren der Einbildungskraft betonenden Dichtungsbegriff zu vereinbaren ist, hat Humboldt offenbar deshalb gewählt, weil in ihm die «bildende», objektivierende Wirkung der Einbildungskraft in besonderem Maße zur Geltung kommt: in «Hermann und Dorothea» wird, allein schon durch die Gattung, die freigesetzte Subjektivität in einen objektiven Zusammenhang gestellt. Auf diese Weise soll der unbedingte – und daher letzten Endes unverbindliche – Subjektivismus der Einbildungskraft eingeschränkt werden.

Der «bildenden», objektivierenden Elemente versucht Humboldt habhaft zu werden, indem er zunächst die Eigenart der Poesie im Vergleich mit der bildenden Kunst näher bestimmt, bevor er sich den einzelnen literarischen Gattungen zuwendet. «Wo der höchste Grad der Objectivität erreicht ist, da steht schlechterdings nur Ein Gegenstand vor der Einbildungskraft da; wie viele sie auch derselben unterscheiden möchte, so vereinigt sie sie doch immer nur in Ein Bild».[84] Nach dieser Forderung müßte eigentlich die Skulptur «am meisten dem reinen Begriffe der Kunst» entsprechen. «Die Sculptur (...) kann allein (...) durch das Ganze wirken (...). Der Dichter hingegen (...) kann nur den Theil zeichnen, und indem er die Schilderung desselben der Empfindung seines Lesers wichtig macht, diesen nöthigen, das Fehlende selbst auszumahlen.»[85] Indessen macht in Humboldts Augen gerade der scheinbare Mangel der Dichtkunst ihren größten Vorzug gegenüber der Skulptur aus. Je mehr ein Dichter sein Heil in einer möglichst vollständigen Beschreibung seines Gegenstandes sucht, desto weniger verfährt er «bildend», desto weiter entfernt er sich von dem Ziel, ein «individuelles Ideal» zu gestalten. Denn die Kunst des «Bildens» besteht vor allem in der Auswahl solcher Einzelheiten, die die Einbildungskraft des Lesers veranlassen, den Gegenstand oder die Gestalt selbständig hervorzubringen. Als Beispiel zitiert Humboldt, wie in Hermanns Erzählung die Gestalt Dorotheas aus dem Strom der Flüchtlinge hervorgehoben wird.

«Und Ihr werdet sie bald,
sagt er,   vor allen andern erkennen;
    Denn wohl schwerlich ist an Bildung ihr eine vergleichbar.
    Aber ich geb' Euch noch die Zeichen der reinlichen Kleider.»[86]

Diese Stelle kommentiert Humboldt: «Also nur nach den Kleidern wird die Gestalt geschildert. Dadurch gewinnt der Dichter einen doppelten Vortheil. Er ist gewiss, bloss dem Auge zu mahlen, durch keine Nebenvorstellung die Aufmerksamkeit von der Gestalt abzuziehen, auf welche sie geheftet seyn soll; und zugleich kann er auf diese Weise die ganze Figur in allen ihren Umrissen zeichnen. Wählte er dagegen die Bildung selbst, so konnte er immer nur einzelne Theile schildern, die Gestalt nur beschreiben, nicht unmittelbar vor die Augen stellen.»[87] Indem der Dichter die Einbildungskraft des Lesers selbständig tätig zu werden veranlaßt, erfüllt er seine Aufgabe, «den Menschen mit der Natur in die engste und mannigfaltigste Verbindung»[88] zu bringen.

    Hierzu muß er «zugleich *bildend* und *stimmend* verfahren, das Object darstellen und das Subject zubereiten».[89] Vermag er dieser doppelten Forderung gerecht zu werden – so wäre dieser Gedanke zu Ende zu führen

– so wird der Gegensatz von «bilden» und «stimmen» im dialektischen Sinne des Wortes «aufgehoben»: der Dichter, der im höchsten Sinn zu «bilden» versteht, indem er aus dem Ganzen seines Gegenstandes den passenden Teil auswählt, verfährt zugleich «stimmend», da die Einbildungskraft des Lesers veranlaßt wird, aus dieser Einzelheit das Ganze selbständig wieder hervorzubringen. Damit wäre die – Humboldt stets als letztes Ziel vorschwebende – Vermittlung von Subjekt und Außenwelt hergestellt, und zwar nicht als abschlußhaftes Resultat, sondern als Prozeß: weder versucht das Subjekt, sich der Außenwelt als einer Summe von fixierten Einzelheiten zu bemächtigen, noch wird es selbst von der Objektseite her überwältigt, da es die Gegenstände in freier Selbsttätigkeit hervorbringt. Daher schlägt letzten Endes der scheinbare Vorzug der bildenden Kunst vor der Literatur, ihre Anschaulichkeit, zu ihrem Nachteil aus: «Selbst die grosse sinnliche Realität, welche die bildende Kunst durch das wirkliche Aufstellen des Objectes besitzt, schadet ihr in Absicht auf diese Totalität. Denn diese lebendige Sinnlichkeit schlägt nun alles nieder, was die Einbildungskraft ihr noch hinzusetzen möchte.»[90] Nur auf den ersten Blick kommt der bildenden Kunst mehr Anschaulichkeit und «Objektivität» zu als der Poesie. Tatsächlich jedoch tritt die Skulptur hinter die Poesie zurück, da sie, einmal als «Werk» vollendet, die Einbildungskraft weit weniger zu freier Selbsttätigkeit veranlaßt als das dichterische Wort. Dieses Urteil prägt auch Humboldts Einstellung zur Kunst der Antike. «Nur aus der Ferne, (...) nur als vergangen muß das Altertum uns erscheinen», schreibt er im August 1804 aus Italien an Goethe. «Es geht damit, wie (...) mit den Ruinen. Wir haben immer einen Ärger, wenn man eine halbversunkene ausgräbt. Es kann höchstens ein Gewinn für die Gelehrsamkeit auf Kosten der Phantasie sein.»[91] Das Altertum ist nicht ein Wert an sich; eine klassizistische Haltung, die in ihm objektive, unveränderliche Normen suchte, liegt Humboldt außerordentlich fern. Die Antike interessierte ihn nur insofern, als sie das Subjekt dazu anhält, sie durch seine Einbildungskraft noch einmal hervorzubringen: ihr Vergangenheitscharakter ist daher – anders als bei Winckelmann – nicht Grund eines niemals zu besänftigenden Schmerzes, sondern geradezu die Voraussetzung ihres wahren Fortlebens.

Die Wiederkehr des Zufalls

Nach dieser Auszeichnung der Poesie gegenüber der Skulptur wäre zu erwarten, daß von den literarischen Gattungen Humboldt die Tragödie an oberster Stelle einordnete. Denn in ihr konzentriert sich, was die Poesie als allgemeinen Vorzug aufzuweisen hat. Um «*Totalität*» herzustellen, «muss sie, statt eine unendliche Fläche vor uns auszubreiten, einen einzelnen Punkt so gleichsam schwängern, dass in ihm allein alles enthalten sey»[92]; sie ist insofern der Inbegriff der «stimmenden», die Einbildungskraft des einzelnen Individuums aktivierenden Dichtung. Dagegen kennzeichnet es das Epos, daß es «den ausschliesslichen Ansprüchen Einzelner feind, sogar gegen den nothwendigen Untergang Einzelner gleichgültig, nur mit unermüdlicher Sorgfalt über das Daseyn des Ganzen wacht».[93] Im Gegensatz zur Tragödie, die in extremem Maße «stimmend» verfährt, wirkt das Epos nicht weniger ausschließlich «bildend».

Keine der überlieferten Gattungen (die Lyrik noch weniger als Epos und Tragödie) vermag Humboldts programmatischer Forderung ganz zu genügen, die Dichotomie von sentimentalischer und naiver, moderner und antiker, stimmender und bildender Dichtung (die drei Begriffspaare verweisen auf das gleiche Spannungsfeld) in einem «höheren Begriff» aufzuheben. Hierzu müßte eine Gattung konstruiert werden, die die Konzentration eines Konflikts auf einen Punkt, die für die Tragödie kennzeichnend ist, verbände mit dem Zustand der «Beschauung»[94] einer vorgegebenen Ordnung, durch den das Epos charakterisiert ist. Der «höhere Begriff» der Poesie müßte, wie die Tragödie, «den verwegnen Schritt wagen, den Menschen und die Welt, die sie nicht mehr zu schlichten und zu versöhnen im Stande ist, durch einen kühnen Streich auf einmal von einander zu trennen und dem ersteren dadurch seine Ruhe wiederzugeben, dass sie ihn, alle seine Kraft in ihm selbst versammelnd, unabhängig und selbstthätig macht.»[95] Diesen Gedanken hat Humboldt nicht weiter ausgeführt, so sehr er auch mit seiner Überzeugung übereinstimmt, als Glück verdiene nur bezeichnet zu werden, was die Menschen aus eigener Kraft zustandebringen. Es ist wohl die in diesem Ansatz enthaltene Möglichkeit des Scheiterns, die ihn davon abhält, hier weiterzudenken; überdies wäre eine solche extreme Entgegensetzung von Individuum und Welt mit seinem letzten Endes doch harmonischen Weltbild nur schwer zu vereinbaren. Andererseits aber paßt zu seiner Forderung nach Autonomie des Individuums schwerlich eine Gattung, die vor allem auf das «Daseyn des Ganzen» geht und sich dem Einzelnen gegenüber eher «gleichgültig» verhält. Daß Humboldt dennoch das Epos zur bedeutendsten literarischen Gattung – und damit zur wertvollsten Kunstform überhaupt – erklärt, läßt das extreme Selbstwertgefühl des Subjekts, das das Zentrum aller seiner Schriften ist, in anderem Lichte erscheinen. Es ist, als habe Humboldt vor dem heraufziehenden Bild einer «unerfüllten, sich selbst nicht recht verständlichen Sehnsucht»[96], in die eine von der Möglichkeit geschichtlicher Erfüllung abgespaltene Subjektivität sich zu verwandeln droht, Schutz gesucht bei einer literarischen Gattung, von deren Handlung ausgemacht ist, daß sie «nach einem bestimmten Ziele»[97] strebe. Dieses Ziel ist stets ein glückliches, der «Kampf, in welchem der epische Dichter den Menschen mit dem Schicksal zeigt (...), muss sich in Sieg oder in Frieden und Versöhnung, nicht in Niederlage und Verzweiflung endigen.»[98] Nur das Epos verbürgt dieses glückliche Ende. Der Roman bleibt von Humboldts Überlegungen ausgeschlossen, denn er ist «mit einer rhythmischen Einkleidung schlechterdings unverträglich».[99] Der Rhythmus aber ist für Humboldt unabdingbar: er ist «ein wahrer Vermittler», der, «als äussere Gesetzmässigkeit, die Bewegungen der Welt, und als innere, die Veränderungen des Gemüths beherrscht».[100] Im Hexameter sieht er den «Inbegriff (...) aller Harmonien des Menschen und der Schöpfung»[101], den Ausdruck eines vorgegebenen Sinnzusammenhangs. Die Möglichkeit, daß dieser, ist er einmal gestört, durch das einzelne Subjekt wieder hergestellt werden könnte, scheint Humboldt im tiefsten bezweifelt zu haben.

Vor der Ahnung, daß die für seine theoretischen Entwürfe grundlegende Voraussetzung einer unproblematischen Übereinstimmung von Individuum und Gattung von der historischen Entwicklung nicht bestätigt wird, und wohl auch aus der Einsicht, daß die Einbildungskraft hier an ihre Grenzen stößt, nimmt Humboldt seine Zuflucht zu einer literarischen Form, die, als *Form*, diese Voraussetzung noch einmal zu garantieren scheint. Daß diese Lösung nicht unproblematisch ist, gesteht er allerdings selbst ein mit dem Vorbehalt, daß «die heroische Epopee in unsern Tagen mit vollkommenem Recht unter die Zahl der Unmöglichkeiten»[102] zu rechnen sei. Denn die Handlung des Epos kann nicht mehr «heroisch», das heißt unabhängig vom Willen und den Leidenschaften eines einzelnen Subjekts sein in einer Zeit, in der das «Zusammenwirken der Menschen und Ereignisse (...) so vielfach und mächtig geworden» ist, «dass wir weit öfter den Zufall – das Zusammentreffen kleiner, für sich nicht bemerkbarer Umstände – als den Entschluss Einzelner herrschen sehen».[103] Den Zufall zu verbannen, nichts geschehen zu lassen, was die Menschen nicht auf sich beziehen und als durch sich bewirkt ansehen können, ist jedoch gerade die geschichtliche Aufgabe, die Humboldt der Menschheit gestellt sieht. Nun muß er eingestehen, daß die Möglichkeit hierzu allenfalls noch im privaten, nicht mehr im öffentlichen Bereich bestehe; daher habe der Dichter von «Hermann und Dorothea» seinen Stoff «mehr im bürgerlichen, als im öffentlichen Leben» aufgesucht[104]; «und es bleibt (...) nichts andres übrig, als alle epischen Stoffe immer nur aus dem Privatleben und zwar aus derjenigen Menschenclasse zu nehmen, die wirklich auch jetzt noch natürlicher, einfacher und antiker lebt.»[105] Hatten unausgesprochene Zweifel an einer durch die Ge-

schichte zu bewirkenden Versöhnung von Besonderem und Allgemeinem –
Zweifel, die er wohl auch vor sich selbst nur sehr selten eingestand –
Humboldt dazu bewogen, letzten Endes doch vor der Konstruktion eines
«höheren Begriffs» der Poesie zurückzuweichen und seine Zuflucht zur
Form des Epos als einer Gattung *vor* aller Entzweiung von Individuum und
Gesellschaft zu nehmen, so schlägt sich dieser Verstoß gegen das eigene
Programm als Resignation in der ästhetischen Theorie nieder. Die letzte
Konsequenz hat Humboldt allerdings nicht einmal angedeutet: daß auch
im privaten, bürgerlichen Bereich dem Individuum nur noch für eine begrenzte Zeit die Bedeutung zukommt, die für die Gestalten des Epos unerläßlich ist. Abzusehen ist, daß auch dort, wo Humboldt vorerst noch eine
Chance für das Epos sieht, im «Privatleben», die Wirkungsmöglichkeiten
des Subjekts immer mehr an Boden verlieren gegenüber dem «Zufall».
Diesem Prozeß des Vordringens gesellschaftlicher Vermittlung in den eng-
sten Umkreis des Subjekts, schließlich ins Subjekt selber, muß Humboldt
ohnmächtig und begriffslos zusehen. Als «zufällig» erscheinen den Menschen Ereignisse und Entwicklungen, die sie nicht als Folge ihres vernünftigen Wollens begreifen können. Im Begriff des Zufalls, dessen Bedeutung
von Humboldt so unterschiedlich eingeschätzt wird – in den politischen
und bildungstheoretischen Arbeiten erscheint er als verschwindender Restbestand einer dunkleren Vergangenheit, in der ästhetischen Hauptschrift
dagegen als Inbegriff einer bedrohlichen Zukunft – vereinen sich Glanz und
Elend der Aufklärung. Ihr Glanz: das unbedingte Selbstvertrauen des Individuums, das seine Vernunft als Teil einer hilfreichen historischen Entwicklung begreifen kann. Ihr Elend: das hilflose Unverständnis, das sich einstellen muß, sobald sich die vorausgesetzte Übereinstimmung von Subjektivität
und gesellschaftlicher Totalität als brüchig herausstellt. Obwohl Humboldt
seine Theorie von der Dimension der Gesellschaft freizuhalten versucht,
kann er nicht verhindern, daß gerade der Begriff des Zufalls, in dem sich die
gesellschaftliche Problematik verbirgt, schließlich seinen Schatten über die
Theorie wirft. Wie die Fähigkeit der dichterischen Einbildungskraft, sinnvolle Zusammenhänge herzustellen, an ihre – durch die historische Entwicklung gezogene – Grenze stößt, so ist das Epos nicht mehr geeignet, die
Totalität der Welt zu erfassen. Der Feststellung Schellings, «Grundforde-
rung an alle Poesie» sei «Universalität nach innen und außen»[106], hätte
Humboldt nicht widersprochen, ohne doch unter den überlieferten poetischen Gattungen eine angeben zu können, die dieser Forderung entspräche.
Durch den Gedanken einer «neuen Mythologie» wird Schelling versuchen,
die Möglichkeit einer neuen, über die tradierten literarischen Gattungen
hinausweisenden Universalität zu eröffnen.

«Synthesis ist das Erste»
Schellings genetische Philosophie der Kunst

Wahrheit als Ungeschiedenheit

Max Horkheimer spricht in den nachgelassenen «Notizen» einmal davon, daß zur Wahrheit ein Zustand der «Ungeschiedenheit»[1] gehöre. Die Bemerkung scheint auf die Zurücknahme von Aufklärung zu zielen. Auf keinen Fall ist sie vereinbar mit dem Wahrheitsbegriff der modernen Naturwissenschaften, demzufolge nur wahr sein kann, was aus seinem ursprünglichen Zusammenhang gelöst, im Experiment auf seine quantifizierbaren und jederzeit wiederholbaren Eigenschaften reduziert und schließlich in ein neues, theoretisches Bezugssystem eingefügt wurde. Die Vorstellung von Wahrheit, die Horkheimers Satz zugrundeliegt, ist dagegen offenkundig religiösen Ursprungs. Nur Wahrheit in religiösem Sinne ist mit «Ungeschiedenheit» vereinbar. Denn die Wahrheit der Religion ist nicht begrifflich vermittelt; sie vollendet sich in der Anschauung des Absoluten. Die Vereinigung des Anschauenden mit dem Absoluten wäre die höchste Form von Wahrheit; nach ihr strebt die mystische Erfahrung.

Mit dem Verblassen der religiösen Weltbilder und – als dessen Bedingung und Folge – dem «Wandel der Erkenntnisrichtung vom verstehenden zum erklärenden Begreifen»[2] in den Wissenschaften bleibt ein Rest des kontemplativen Wahrheitsbegriffs nur noch in der Kunst erhalten – auch hier, wie es scheint, nur für eine begrenzte Frist. Auch für die ästhetische Wahrheit gilt – wie weitgehend im einzelnen sie auch mit Reflexion vermittelt sei – daß sie sich im wesentlichen in der Anschauung vollzieht. Insofern ist – spätestens seit Descartes – der Wahrheit der Kunst von vornherein ein anachronistisches Moment eigen, weshalb die Kunst auch nur für eine begrenzte Zeit den Verfall des auf Anschauung gegründeten Verständnisses von Wahrheit aufzuhalten vermag. Wird Anschaulichkeit für den Fortschritt der Naturwissenschaften irrelevant – als einschneidendes Ereignis darf die Entwicklung der Relativitätstheorie durch Einstein im Jahre 1916 angesehen werden[3] –; bringen Industrialisierung und fortschreitende gesellschaftliche Arbeitsteilung es darüberhinaus mit sich, daß die übersichtliche, hierarchische Struktur der Gesellschaft, Widerschein des alles überwölbenden göttlichen ordo, zerbricht: so wird es immer weniger möglich, an der

Vorstellung einer spezifisch ästhetischen, in Anschauung sich vollziehenden Wahrheit festzuhalten. Die Kunst wird, wie die Wissenschaften und wie die Gesellschaft, abstrakt.

Gegen diese Entwicklung, für deren Signale er wie wohl kein Autor vor ihm empfindlich war, stellt Schelling den Versuch einer Rettung der Anschauung; sie ist das Zentrum seiner Philosophie. Daß hierbei nicht nur der durch die Aufklärung bewirkte Fortschritt, sondern vor allem auch dessen Kosten ins Blickfeld treten, ist zu erwarten. Deshalb gilt Schelling als reaktionär; ein Urteil, in dem der preußische König Friedrich Wilhelm IV., der ihn 1841 als Liquidator der Hegelschen Philosophie an die Berliner Universität berief, und Georg Lukács[4] übereinstimmen.

Diskursiver Verstand – Intellektuelle Anschauung

Auch die «Kritik der Urteilskraft» zielt nicht auf einen Zustand der Ungeschiedenheit. Die Intention, die Kant mit der dritten Kritik verfolgt: die «Kluft» zwischen theoretischer und praktischer Vernunft zu schließen, läßt doch die qualitative Differenz der beiden Erkenntnisvermögen bestehen. Der «Wink», den die Natur durch die Produktion organisierter Wesen gibt: daß der Freiheitsbegriff vielleicht doch mit den Verstandesbegriffen vermittelbar sei, markiert nach Kants Überzeugung die äußerste Grenze, die menschlichem Wissen gezogen ist.

Daß die Eigenart der Produktion organischen Lebens, das Produzieren selbst Gegenstand der Erkenntnis werden könnte, hält Kant für ausgeschlossen. Einen «Newton des Grashalms», der die Prinzipien, nach denen organische Gebilde entstehen, mit gleicher Sicherheit bestimmen könnte wie die mechanischen Naturgesetze, werde es niemals geben.[5] Der «diskursive», mit Begriffen operierende menschliche Verstand ist zwar «der Bilder bedürftig»[6], weil ohne Anschauung Erkenntnis nicht möglich wäre; es ist auch möglich – wie in der «Kritik der Urteilskraft» ausgeführt wird – vermittels der durch die Einbildungskraft produzierten ästhetischen Ideen die Anschauung aus ihrem Status als bloße Erfüllungsgehilfin des Verstandes zu befreien, indem ihr die Fähigkeit zugeschrieben wird, den Freiheitsbegriff zu symbolisieren: völlig ausgeschlossen aber ist, daß der Verstand seine diskursive Struktur überspringen und selbst anschauend verfahren könnte. «Unser Verstand nämlich hat die Eigenschaft, daß er in seinem Erkenntnisse (...) vom *Analytisch-Allgemeinen* (von Begriffen) zum Besonderen (...) gehen muß».[7] Das ist der Grund, weshalb ein «Newton des Grashalms» undenkbar, das Wesen des Organischen nicht Gegenstand von

Erkenntnis werden kann. Wie umfassend auch die allgemeinsten Begriffe sein mögen, sie bleiben doch *Begriffe,* durch analytisches Vorgehen gewonnen und nur zur Analyse brauchbar. Von einem komplexen, «analytisch-allgemeinen» Sachverhalt ausgehend, kann der Verstand diesen zwar in seine besonderen Bestandteile zerlegen, aber er ist nicht in der Lage, die Eigenart – in Humboldts Terminologie: die «Kraft» –, die ein Produkt zu dem, das es ist, erst hat werden lassen, zu erfassen. Der Grashalm kann zwar durch Verstandesoperationen, unterstützt durch geeignete, von den modernen Naturwissenschaften entwickelte Methoden – die selbst nichts anderes sind als Objektivationen des Verstandes – bis in seine kleinsten Elemente zerlegt werden, das Prinzip jedoch, das diese Elemente erst sich organisieren ließ, bleibt unerkennbar. Die Organismen eröffnen dem Freiheitsbegriff zwar die Möglichkeit, seine eigene Struktur in der Natur symbolisiert wiederzufinden, die Dichotomie von theoretischer und praktischer Vernunft wird hierdurch jedoch nicht in einer beide umfassenden Einheit aufgehoben. Denn die Tatsache, daß, vermittelt durch die von der Einbildungskraft produzierten ästhetischen Ideen, der Freiheitsbegriff in der Natur ein anschauliches Korrelat findet, läßt die grundsätzliche Trennung von Freiheit – die ganz auf seiten des Subjekts ist – und Notwendigkeit – die das Geschehen in der Natur bestimmt – unangetastet. Daher kann der Organismus von der praktischen Vernunft zwar als «Wink» aufgefaßt werden, daß in ihm eine Struktur vorliege, die der eigenen gleiche, aber *als* Organismus, dem der Freiheitsbegriff möglicherweise ebenso zugrundeliegt wie dem Subjekt, *verstanden* werden kann er nicht. Die Möglichkeit, daß es sich bei dem «Wink» der Natur bloß um einen Schein handele, kann daher nicht ausgeschlossen werden.

Hierüber zu befinden, ist dem diskursiven menschlichen Verstand versagt. Da sein Instrumentarium, die Begriffe, durch das Subjekt in seiner Freiheit hervorgebracht worden ist, ist es dem Verstand prinzipiell nicht möglich, Freiheit im Nichtsubjektiven zu verstehen. Das wäre nur einem Verstand möglich, der nicht diskursiv, sondern «intuitiv», anschauend, verführe. «Nun können wir uns aber auch einen Verstand denken, der, weil er nicht wie der unsrige diskursiv, sondern intuitiv ist, vom *Synthetisch-Allgemeinen* (der Anschauung eines Ganzen, als eines solchen) zum Besondern geht, d. i. vom Ganzen zu den Teilen; der also und dessen Vorstellung des Ganzen die *Zufälligkeit* der Verbindung der Teile nicht in sich enthält».[8] Nur dem intuitiven Verstand wäre es möglich, die Vorstellung eines «Ganzen» zu fassen; dem diskursiv, analytisch verfahrenden Verstand ist sie ganz fremd. Nur vor einem intuitiven Verstand verlöre das Besondere seine Isoliertheit und Zufälligkeit, indem seine Stellung innerhalb eines

Ganzen hervorträte. Da offenkundig ist, daß ein solcher intuitiver Verstand religiöser Voraussetzungen bedürfte – allein Gott erkennt intuitiv – betont Kant nachdrücklich, daß man diesen anderen Verstand nur *denken* könne, «negativ, nämlich als bloß nicht diskursiven»⁹. Es unterliegt für Kant keinem Zweifel, daß die Philosophie nicht in der Lage ist, über diesen intuitiven Verstand irgend etwas auszusagen, geschweige denn, ihn zum Medium von Erkenntnis zu machen.

Eben dies versucht Schelling. Der intuitive Verstand – Schelling bevorzugt die Bezeichnung «intellektuelle Anschauung» – soll Organon einer Philosophie sein, deren Ziel es ist, die Kluft zwischen theoretischer und praktischer Vernunft, Freiheit und Notwendigkeit, Wissen und Handeln, bewußtlosem und bewußtem Produzieren, Subjekt und Objekt zu schließen. Der mit der «Kritik der Urteilskraft» unternommene Versuch der Vermittlung wird von Schelling (wie von Schiller und Hegel) als nicht weitgehend genug angesehen.

Synthesis als Mangel

Die «Philosophischen Briefe über Dogmatismus und Kriticismus» aus dem Jahre 1795 und auch die zwei Jahre später entstandene Einleitung zu den «Ideen zu einer Philosophie der Natur» geben bereits die Richtung an, in der nach Schellings Vorstellung die Lösung des Problems von Subjekt und Objekt zu suchen ist. Seinen Ansatz will Schelling verstanden wissen nicht etwa als Zurücknahme, sondern als notwendige Fortsetzung der durch Kant begründeten kritischen Philosophie. In den «Philosophischen Briefen über Dogmatismus und Kriticismus» geht er davon aus, daß man «im Begriff» sei, «aus den Trophäen des Kriticismus ein neues System des Dogmatismus zu erbauen»¹⁰; er bezieht sich hiermit auf Kants Postulatenlehre, die aus seiner Kritik der Metaphysik hervorgegangen war. Kant hatte der Vernunft die Fähigkeit abgesprochen, zu einem Beweis der Existenz Gottes und der Unsterblichkeit der Seele zu gelangen. Was allein auf die Existenz Gottes schließen lasse, sei die Unendlichkeit des einzigen den Menschen zugänglichen Dings an sich, des Freiheitsbegriffs. Die Existenz Gottes lasse sich daher einzig als Postulat der praktischen Vernunft behaupten, dem jedoch – daran hatte Kant keinen Zweifel gelassen – kein Erkenntnischarakter zukomme. Durch die Postulate der praktischen Vernunft nimmt Kant von seiner Kritik der dogmatischen Metaphysik nichts zurück, wie auch Schelling betont. Kant habe nichts anderes sagen wollen als: «Liebe Menschen, eure (theoretische) Vernunft ist zu schwach, als daß sie einen

Gott begreifen könnte, dagegen sollt ihr moralisch-gute Menschen seyn, und um der Moralität willen ein Wesen annehmen, das den Tugendhaften belohnt, den Lasterhaften bestraft –»[11] Nichts berechtige die Anhänger des «Dogmatismus» – einer vorkritischen Metaphysik –, hieraus die Legitimation abzuleiten, eine neue – dogmatische – Aussage über die Existenz Gottes zu geben. «Gewiß», bringt Schelling gegen sie vor, für die Verfechter der kritischen Philosophie sprechend, «ihr seyd uns für die Widerlegungen eures Systems großen Dank schuldig. Nun habt ihr nicht mehr nöthig, euch auf spitzfindige, schwer zu fassende Beweise einzulassen: wir haben euch einen kürzern Weg eröffnet. Was ihr nicht beweisen könnt, dem drückt ihr den Stempel der praktischen Vernunft auf, mit der gewissen Versicherung, daß eure Münze überall, wo Menschenvernunft noch herrsche, gangbar seyn werde. Es ist gut, daß die stolze Vernunft gedemüthigt ist. Einst war sie sich selbst genug, nun erkennt sie ihre Schwäche».[12] Das also bedeutet, aus den Trophäen des Kritizismus einen neuen Dogmatismus zu errichten: man bedarf des theoretischen Beweises der Existenz Gottes nicht mehr, denn «praktisches Bedürfniß ist nöthigender, dringender, als das theoretische»[13]. Daß es sich hier nicht um einen innerakademischen Streit handelt, sondern daß der neue, angeblich auf die praktische Vernunft gegründete Dogmatismus gefährliche Konsequenzen haben kann, deutet Schelling mit der Bemerkung an: «Ich lobe mir den alten, ehrlichen Wolfianer; wer an seine Demonstrationen nicht glaubte, galt für einen unphilosophischen Kopf. Das war wenig! Wer an die Demonstrationen unserer neuesten Philosophen nicht glaubt, auf dem haftet das Anathem *moralischer* Verworfenheit.»[14] Anzunehmen ist, daß Schelling hier auf Friedrich Heinrich Jacobi anspielt, der die kritische Philosophie durch moralische Denunziation bekämpft, indem er nachzuweisen versucht, daß sie notwendig in «Nihilismus» übergehen müsse.

Aber die Verdeutlichung der Position Kants, die Schelling mit der Zurückweisung des neuen Dogmatismus betreibt, dient nur als Ausgangspunkt für eine Metakritik der kritischen Philosophie, die deren Schwäche beseitigen soll, ohne ihren Gehalt preiszugeben. Schelling verkennt nicht, daß die Anziehungskraft des Dogmatismus im wesentlichen unabhängig davon ist, ob seine philosophischen Fundamente tragfähig sind oder nicht. Denn er schließt Vorzüge ein, denen der Kritizismus solange nichts entgegenzusetzen hat, als er sich ausschließlich als Kritik des Erkenntnisvermögens versteht. «Der Kriticismus, mein Freund, hat nur schwache Waffen gegen den Dogmatismus, wenn er sein ganzes System nur auf die Beschaffenheit unsers *Erkenntnißvermögens*, nicht auf unser ursprüngliches Wesen selbst gründet. Ich will mich nicht auf den mächtigen Reiz berufen, der dem

Dogmatismus insofern wenigstens eigenthümlich ist, als er nicht von Abstraktionen oder von todten Grundsätzen, sondern (in seiner Vollendung wenigstens) von einem *Daseyn* ausgeht, das aller unserer Worte und todten Grundsätze spottet. Ich will nur fragen, ob der Kriticismus seinen Zweck – die Menschheit frei zu machen – wirklich erreicht hätte, wenn sein ganzes System einzig und allein auf unser Erkenntnißvermögen, als etwas von unserm ursprünglichen Wesen Verschiedenes, gegründet wäre?»[15] Der «mächtige Reiz» des Dogmatismus besteht, wie Schelling bereits zu Beginn des ersten Briefes ausgesprochen hat, darin, daß er «nicht auf Kampf, sondern auf Unterwerfung, nicht auf gewaltsamen, sondern auf freiwilligen Untergang, auf stille Hingabe meiner selbst ans absolute Objekt»[16] gehe. Noch mehr als Kant, der sich mit der Feststellung begnügt hatte, daß die Aufklärung zunächst etwas «bloß Negatives»[17] sei, nimmt Schelling die hieraus sich ergebenden Konsequenzen sehr ernst.

Der «mächtige Reiz» des Dogmatismus besteht also darin, die Spannung, in der sich Subjekt und Objekt nach der Zerschlagung des metaphysischen Weltbildes befinden, gleichsam kurzzuschließen durch die Rückbindung des über seine eigene Emanzipation erschrockenen Subjekts an ein dogmatisch vorausgesetztes Absolutes. Nicht zuletzt bei Moritz hatte dieser «mächtige Reiz» sich ausgewirkt; die intellektuelle Anschauung, die er der Sache, wenn auch nicht dem Begriff nach, schließlich zum Prinzip seiner Ästhetik gemacht hatte, um die ihm unerträgliche Kontingenz im Verhältnis von Subjekt und Welt zu überwinden, hatte zum Untergang des Subjekts im Absoluten geführt, von dem allein noch gesagt werden kann «es ist»[18].

Schelling dagegen beantwortet die vom Dogmatismus ausgehende Lokkung mit der an die Adresse des Subjekts gerichteten Aufforderung «Sey!»[19] Gegen den Dogmatismus entscheidet Schelling sich für die Auseinandersetzung von Subjekt und Objekt: «Es dünkt Ihnen größer, gegen eine absolute Macht zu kämpfen und kämpfend unterzugehen, als sich zum voraus gegen alle Gefahr durch einen moralischen Gott zu sichern.»[20] Dem entspricht, daß die Tragödie als die menschlicher Freiheit eigentlich angemessene Kunstform erscheint. «Man hat oft gefragt, wie die griechische Vernunft die Widersprüche ihrer Tragödie ertragen konnte. Ein Sterblicher – vom Verhängniß zum Verbrecher bestimmt, selbst *gegen* das Verhängniß kämpfend, und doch fürchterlich bestraft für das Verbrechen, das ein Werk des Schicksals war! (...) Daß der Verbrecher, der nur der Uebermacht des Schicksals unterlag, doch *bestraft* wurde, war Anerkennung menschlicher Freiheit, *Ehre,* die der Freiheit gebührte. Die griechische Tragödie ehrte menschliche Freiheit dadurch, daß sie ihren Helden gegen die Uebermacht des Schicksals *kämpfen* ließ».[21] Im Gegensatz zu Humboldt, der, eigentlich gegen seine theoretischen Grundsätze, vor der Tragödie zurückschreckt, weil er wohl daran zweifelt, daß die in ihr vollzogene Entgegensetzung von Subjekt und Objekt jemals wieder aufzuheben sei, beansprucht Schelling, die Emanzipation des Subjekts nicht nur als negativen Akt denken zu können. Daß er den Anspruch vertritt, über das «bloß Negative» der Aufklärung hinauszugelangen, ist also ebenso unzweifelhaft wie die Tatsache, daß diese Überwindung der Aufklärung im Namen der Aufklärung selbst erfolgen soll: «Es ist Zeit, der *bessern* Menschheit die Freiheit der Geister zu verkünden, und nicht länger zu dulden, daß sie den Verlust ihrer Fesseln beweine.»[22] Ursache hierfür sei, daß die Vernunftkritik, wie sie von Kant vollzogen wurde, «weiter nicht als bis zur *negativen* Widerlegung des Dogmatismus kommen konnte»[23]. Sollte es dagegen möglich sein – wie Schelling beabsichtigt – den Nachweis zu führen, daß Dogmatismus und Kritizismus bei aller Gegensätzlichkeit doch auf einen gemeinsamen Ursprung zurückgehen, so müßte auch die scheinbare Überlegenheit des Dogmatismus zu überwinden sein.

Gemeinsam sei beiden Systemen, Dogmatismus wie Kritizismus, daß sie erst möglich (und nötig) wurden, nachdem die Menschen aus dem Absoluten herausgetreten seien. «Hätten wir bloß mit dem Absoluten zu thun, so wäre niemals ein Streit verschiedener Systeme entstanden. Nur dadurch, daß wir aus dem Absoluten heraustreten, entsteht der Widerstreit gegen dasselbe, und nur durch diesen *ursprünglichen* Widerstreit im menschlichen Geiste selbst der Streit der Philosophen. Gelänge es irgend einmal – nicht den Philosophen, sondern – dem Menschen, dieses Gebiet verlassen zu können, in das er durch das Heraustreten aus dem Absoluten gerathen ist, so würde alle Philosophie und jenes Gebiet selbst aufhören.»[24] Kant habe diesen Widerspruch niemals auflösen können, da schon die Ausgangsfrage der «Kritik der reinen Vernunft», «Wie kommen wir überhaupt dazu, synthetisch zu urtheilen?»[25] falsch gestellt sei. Nicht nach der Bedingung der Möglichkeit synthetischer Urteile sei zu fragen, sondern danach, warum synthetische Urteile überhaupt notwendig seien. Die Ausgangsfrage müsse daher richtig lauten: «Wie komme ich überhaupt dazu, aus dem Absoluten heraus und auf ein Entgegengesetztes zu gehen?»[26] Die «Kritik der reinen Vernunft» habe zu kurz gegriffen, als sie die Synthesis im Erkenntnisvermögen selbst suchte, nicht in einem Bereich, der dem Erkenntnisvermögen vorangehe: «Obschon wir aber Synthesis schlechterdings nur durch eine *ursprüngliche* Einheit im Gegensatze gegen Vielheit begreifen können, so konnte doch die Kritik der reinen Vernunft nicht zu jener absoluten Einheit aufsteigen, weil sie, um den Streit der *Philosophen* zu schlichten, gerade nur von demjenigen Faktum ausgehen konnte, von welchem der Streit der *Philosophie* selbst ausgeht. Eben deßwegen aber konnte sie auch jene ursprüngliche Synthesis nur als ein Faktum im *Erkenntnißvermögen* voraussetzen.»²⁷ – Dagegen ist zu fragen, «wo das Princip jener Einheit, die im synthetischen Urtheile ausgedrückt ist, liege».²⁸ Nur durch diese Fragestellung läßt sich der gemeinsame Ursprung der beiden konkurrierenden Ansätze ins Auge fassen; hier konvergieren der Dogmatismus und der zu Ende gedachte Kritizismus. Gemeinsam ist ihnen das Bedürfnis nach Synthesis, mit dem Unterschied, daß es im Dogmatismus offen zutage tritt, während der Kritizismus es auf ein innerphilosophisches, erkenntnistheoretisches Problem ohne Bedeutung für das Leben der Menschen reduziert hat. Gerade aber seine unmittelbar praktische Bedeutung ist es, die den Vorzug des Dogmatismus, seinen «mächtigen Reiz», ausmacht. Er kann nur überwunden werden, wenn sich zeigen läßt, daß auch die Vernunftkritik praktisch zu werden vermag, daß ihre Ergebnisse nicht nur «negativ» zu sein brauchen. Die theoretische Vernunft, meint Schelling, mißversteht sich selbst, solange sie nicht erkennt, daß auch sie «nothwendig auf ein Unbedingtes gehe», weil «eine absolute Thesis, als Ende aller Philosophie, nothwendig durch *dasselbe* Streben gefordert werde»²⁹, das auch die durch den Verstand produzierte Synthesis hervorbringt.

Weil «*der Zweck aller Synthesis (...) Thesis*»³⁰ ist, übt der Dogmatismus nach wie vor einen «mächtigen Reiz» aus – er verleugnet niemals, daß er auf Thesis aus ist, einen befriedeten, sinngesättigten Zustand. Das Unbehagen an der kritischen Philosophie Kants rührt daher, daß sie dieser Sehnsucht der Menschen nicht in ausreichendem Maße Rechnung trägt. Den Dogmatismus endgültig überwinden kann daher nur eine kritische Philosophie, die nicht länger das Bedürfnis nach «Ungeschiedenheit» verleugnet, weil sie es nicht befriedigen zu können glaubt. Der Kritizismus muß hinter die Frage nach der Bedingung der *Möglichkeit* von Synthesis zurückgehen, indem er nach der Bedingung ihrer *Notwendigkeit* fragt. Erst wenn die Synthesis als Symptom eines Mangels erkannt ist, wird es möglich sein, einen Zustand ins Auge zu fassen, in dem keine Synthesis und damit auch keine Philosophie mehr notwendig wären, weil Subjekt und Objekt versöhnt wären.

Nur auf diese Weise läßt sich der starre Gegensatz von Freiheit auf der Seite des Subjekts, Notwendigkeit auf der des Objekts auflösen: Das Subjekt muß über die Frage nach der Struktur der Verstandeserkenntnis hinausgehen, wenn es nicht – paradox formuliert – Gefangener seiner Freiheit bleiben will. Folgerichtig wendet Schelling sich daher auch gegen die Konstruktion philosophischer Systeme. Denn das System ist das Gefängnis, zu dem sich die Reflexionen des Subjekts unweigerlich zusammenschließen, solange es sich nicht der Befangenheit des eigenen Ich bewußt wird. In der «Einleitung zu den Ideen zu einer Philosophie der Natur» wird Schelling sogar so weit gehen, die «*bloße* Reflexion» als «eine Geisteskrankheit des Menschen»[31] zu bezeichnen. Wenn es, nach einer späteren Formulierung Schellings, in der Philosophie darum geht, «sich zu erheben über alles Wissen, das bloß *von mir* ausgeht»[32], dann muß danach gefragt werden, warum Verstandeserkenntnis überhaupt notwendig wurde. Nur auf diese Weise kann es gelingen, dem fragwürdigen Vorzug des Dogmatismus: seiner unmittelbar-affirmativen Bedeutung für die Lebenspraxis, die Grundlage zu entziehen, und zwar durch eine Einsicht, die zugleich dem menschlichen Freiheitsbegriff und einer richtigen Praxis angemessen ist.

Denn die von Schelling intendierte Fragestellung ist theoretisch «schlechthin unbeantwortlich, weil sie nur so beantwortlich ist, daß sie gar nicht mehr aufgeworfen werden kann»[33]. Sie kann nur dadurch beantwortet werden, daß die Bedingung, durch die sie selbst hervorgebracht wurde, die strikte Trennung von Subjekt und Objekt, von Freiheit und Notwendigkeit, als Folge des Heraustretens aus dem Absoluten beseitigt wird. Der Dogmatismus läßt zu diesem Ziel nur die eine Möglichkeit zu, daß das Subjekt, indem es im Absoluten aufgeht, seine Freiheit aufgibt. Damit jedoch ist Schellings Begriff von Philosophie unvereinbar; sie ist durchaus als «ein Werk der Freiheit»[34] zu verstehen. Selbstaufhebung der Philosophie *ohne* Preisgabe der Freiheit kann daher nur durch den Kritizismus erfolgen, denn nur hier ergeht an das Subjekt die Aufforderung «Sey!»[35]

Die richtig zu Ende geführte kritische Philosophie hebt sich also schließlich selbst auf. Aus einem theoretischen Reflexionssystem wird sie zu einem praktischen *Verhalten,* so daß sie immer weniger bloß theoretisch sich erlernen läßt: sie muß gelebt werden. In dieser «Nichterlernbarkeit» der Philosophie liegt die ihr eigentümliche Esoterik. Sie hat nicht das geringste zu tun mit der angeblich «aristokratischen Erkenntnistheorie», die Lukács glaubt Schelling vorhalten zu müssen[36]; eher mit den von bürgerlichen Aufklärern gebildeten geheimen Gesellschaften, die die Funktion hatten, die Positionen bürgerlicher Vernunft und Moral vor dem Zugriff der staatlichen Macht zu bewahren. Keineswegs sollte durch die Esoterik der Anspruch bürgerlicher Vernunft auf allgemeine Geltung in Frage gestellt werden. Lessings Bemerkungen zur Esoterik hätte Schelling seine Zustimmung nicht verweigert. Das Geheimnis müsse, erklärt Lessing in seinen «Gesprächen für Freimäurer», sich selbst aufheben — und zwar in dem Maße, in dem die bürgerliche Vernunft auf die politischen Verhältnisse prägend einwirkt. Mit Nachdruck warnt Lessing davor, das Geheimnis zur bloßen

Heimlichkeit, zum Selbstzweck degenerieren zu lassen.[37] Daß diese Sorge begründet war, wird bei Friedrich Schlegel sichtbar. «Ein schönes Geheimnis also ist die Philosophie; sie ist selbst Mystik, oder die Wissenschaft und die Kunst göttlicher Geheimnisse. (...) Ja auch wenn die Philosophie öffentlich gemacht, und in Werken dargestellt wird, so muß Form und Ausdruck dieser Werke geheimnisvoll sein, um angemessen zu scheinen.»[38] Keinen Zweifel läßt Schlegel, der dreist genug ist, seine Auslassungen als «Fortsetzung» von Lessings Freimaurergesprächen auszugeben, am eigentlichen Zweck der von ihm propagierten Esoterik der Philosophie: «Nur allzu deutlich hat uns erst die Reformation und mehr noch die Revolution gelehrt, was es auf sich habe mit der unbedingten Öffentlichkeit».[39] Schelling dagegen bezeichnet es als «Verbrechen an der Menschheit, Grundsätze zu verbergen, die allgemein mittheilbar sind».[40] Eine (vorläufige) Grenze findet die Mitteilbarkeit nur solange, als die qualitative Veränderung der Philosophie, ihr Überschreiten der bloßen Reflexion, die durch sie ermöglichte umwälzende Erneuerung der Lebenspraxis, noch nicht allgemein ins Bewußtsein gedrungen ist. Nicht etwa aus einer elitären, «aristokratischen» Einstellung, sondern aus ihrem unmittelbaren Bezug zur richtigen Praxis folgt, daß diese Philosophie «*durch sich selbst* zur *esoterischen* wird»; sie kann «nicht *gelernt,* nicht nachgebetet, nicht nachgeheuchelt, nicht auch von geheimen Feinden und Ausspähern nachgesprochen werden»[41]. Ein «ewiges Räthsel»[42] wird sie nur für alle diejenigen bleiben, die in ihr weiterhin nur ein System toter Begriffe sehen.

Philosophie als Praxis

In der Einleitung zu den «Ideen zu einer Philosophie der Natur» (1797) versucht Schelling, seine programmatischen Forderungen einzulösen. Ausgangspunkt ist hier die Problematik einer Philosophie, die nur theoretisch bleibt. «Denn das Wesen des Menschen ist Handeln. (...) Der Mensch ist nicht geboren, um im Kampf gegen das Hirngespinnst einer eingebildeten Welt seine Geisteskraft zu verschwenden, sondern einer Welt gegenüber, die auf ihn Einfluß hat, ihre Macht ihn empfinden läßt, und auf die er zurückwirken kann, alle seine Kräfte zu üben; zwischen ihm und der Welt also muß keine Kluft befestigt, zwischen beiden muß Berührung und Wechselwirkung möglich seyn, denn so nur wird der Mensch zum Menschen.»[43] Diese Sätze richten sich gleichermaßen gegen Kant wie gegen Fichte. In der «Kritik der reinen Vernunft» (auf die «Kritik der Urteilskraft» und den in ihr enthaltenen Vermittlungsversuch durch «ästhetische Ideen» geht Schelling nicht ein) ist der Gedanke eines transzendentalen Schematismus, durch den Begriff und Außenwelt miteinander in Beziehung gesetzt werden sollen, in der Tat nicht mehr als Ausdruck einer Verlegenheit, die Kant immerhin damit eingesteht, daß er von den Objekten ein prinzipiell unerkennbares, abstraktes Substrat, das «Ding an sich», stehen läßt.

Diese unüberwindbare Fremdheit von Subjekt und Objekt ist nach Schellings Auffassung notwendiges Resultat einer in reiner Reflexion befangen bleibenden Philosophie. Mit Fichte setzt sich die Einsicht durch, daß das Problem nur praktisch zu lösen ist.[44] Tatsächlich ist zwar zwischen Fichtes absolutem Ich und der Welt «keine Kluft befestigt», weil die Außenwelt von vornherein zum Gegenstand der «Tathandlung» des Ich herabgesetzt ist; dafür aber ist nichts geblieben, mit dem das Subjekt sich ernsthaft auseinandersetzen könnte. «In der That, wenn man vorher alles aufgehoben hat, was zu den Vorstellungen einer objektiven Welt gehört, was bleibt mir noch übrig, das ich verstünde? Offenbar nur ich *selbst*. Also müßten aus *mir* selbst alle Vorstellungen einer äußern Welt sich entwickeln.»[45] Deshalb bleibe bei Fichte nicht weniger als bei Kant unklar, wie Subjekt und Objekt überhaupt in Beziehung miteinander treten können.

Mit der Frage: «Wie entstehen Vorstellungen äußerer Dinge in uns?»[46] wirft Schelling in der Schrift von 1797 das ungelöste Problem wieder auf, wobei die betonte Einfachheit der Formulierung offensichtlich auf die Diskrepanz verweisen soll, die zwischen dem alltäglichen, die Verbindung von Subjekt und Außenwelt als selbstverständlich unterstellenden Bewußtsein und dem in Wahrheit höchst problematischen Sachverhalt besteht. Denn die Einwirkung äußerer Gegenstände auf das Subjekt ist mit dessen Freiheit nicht ohne weiteres zu vereinbaren. Es sei, betont Schelling, «gar nicht zu begreifen, wie Dinge auf *mich* (ein freies Wesen) wirken. Ich begreife nur, wie Dinge auf Dinge wirken.»[47] Wären Freiheit und Notwendigkeit tatsächlich strikt geschieden; wäre Freiheit nur beim Subjekt, während die Welt der Objekte ausschließlich von Notwendigkeit durchherrscht wäre, so bliebe die Frage, wie äußere Gegenstände auf das Subjekt zu wirken vermögen, unlösbar. Vor allem kommt es Schelling darauf an, zu verdeutlichen, daß keine *Begriffe,* auch nicht solche, die, wie «Materie» oder «Kraft», sich nicht auf bestimmte Gegenstände beziehen, sondern einen Vermittlungsprozeß bezeichnen sollen, das Auseinanderfallen von Subjekt und Objekt zu überwinden vermögen. «Die Materie ist nicht wesenlos, sagt ihr, denn sie hat ursprüngliche *Kräfte,* die durch keine Theilung vernichtet werden. ‹Die Materie hat Kräfte.› (…) Aber wie? ‹die Materie hat› – hier wird sie also vorausgesetzt als etwas, das für sich und unabhängig von seinen Kräften besteht. Also wären ihr diese Kräfte nur zufällig? Weil die Materie *außer euch* vorhanden ist, so muß sie auch ihre Kräfte einer äußern Ursache verdanken. Sind sie ihr etwa, wie einige Newtonianer sagen, von einer höhern Hand eingepflanzt? Allein von Einwirkungen, wodurch Kräfte *eingepflanzt* werden, habt ihr keinen Begriff.»[48] Es hilft nichts, insistiert Schelling, immer neue Zwischenglieder zwischen Innen- und Außenwelt zu erfinden, noch, sich auf die neuesten Erkenntnisse der Naturwissenschaften wie Chemismus und die zwischen bestimmten Elementen bestehenden «Wahlverwandtschaften» zu berufen, um auf diese Weise einen kontinuierlichen Übergang von Außen nach Innen zu konstruieren: schließlich wird doch ein begrifflich nicht zu beseitigender Sprung übrigbleiben; «denn der Uebergang vom Körper zur Seele kann nach euern eigenen Vorstellungen nicht continuirlich, sondern nur durch einen Sprung geschehen, den ihr doch vermeiden zu wollen vorgebt.»[49]

Damit ist die «Kluft» zwischen Freiheit – praktischer Vernunft – und Notwendigkeit – theoretischer Vernunft –, die zu schließen Kants Ziel in der dritten Kritik war, wieder aufgerissen; bei Schelling allerdings verschärft um eine sozialpsychologisch bedeutsame Konsequenz. Daß Freiheit nur beim Subjekt sei, war für Kant – in Übereinstimmung mit einer noch gänzlich unangezweifelten liberalistischen Ideologie – nur insofern problematisch, als das Subjekt in seiner durch Notwendigkeit geprägten Umwelt nicht ohne weiteres sich selbst wiederzuerkennen vermag. Noch nicht in den Sinn gekommen war Kant, daß es für das in sich befangene Subjekt im Grunde nicht weniger problematisch ist, Freiheit in anderen *Subjekten* zu erkennen (und anzuerkennen). Daß das Subjekt die Natur als der theoretischen Vernunft unterworfen ansieht, zugleich jedoch ohne weiteres unterstellt, daß, wie in ihm selbst, so auch in jedem anderen Subjekt, der Freiheitsbegriff wirksam ist, entspricht einem Entwicklungsstand der Produktivkräfte, der das Subjekt zwar alle Gegenstände nur noch in der Perspektive möglicher Aneignung und daher als unfrei wahrnehmen läßt, der andererseits jedoch die Konkurrenz zwischen den Subjekten noch nicht zu einer solchen Schärfe hat kommen lassen, daß diese einander gar nicht mehr als Subjekte, deren jedes gleichermaßen am Freiheitsbegriff partizipiert, zu erkennen bzw. anzuerkennen vermögen; mit der Folge, daß jedes einzelne Subjekt alle anderen dem Reich der Notwendigkeit, in dem der Freiheitsbegriff nicht zu respektieren ist, zurechnet. In eben dieser Konsequenz aber erscheint bei Schelling das Problem von Freiheit und Notwendigkeit. Wenn Freiheit ausschließlich auf Seiten des Subjekts ist, dann ist die Frage nicht von der Hand zu weisen, wie zu gewährleisten sei, daß die Subjekte einander als *Subjekte* und damit als frei erkennen können. Nur «weil ich mir meines eigenen Seyns unmittelbar bewußt bin, beruht der Schluß auf eine

Seele in mir (...) wenigstens auf *Einem* unzweifelbaren Vordersatz, *dem,*
daß ich *bin, lebe, vorstelle, will.* Aber wie komme ich nun dazu, *Seyn,*
Leben u.s.w. auf Dinge *außer mir* überzutragen. Denn sobald dieß geschieht, verkehrt sich mein unmittelbares Wissen alsobald in ein *mittelba-*
res. (...) Gesetzt also es komme in meiner Anschauung vor ein organisirtes
Wesen, das sich frei bewegt, so weiß ich gar wohl, daß dieses Wesen *exi-*
stirt, daß es *für mich* da ist, nicht aber auch, daß es *für sich selbst* und *an*
sich da ist.»[50] Dieses bloß mittelbare und daher unsichere Wissen kann
nicht allein durch Reflexion zu einem unmittelbaren werden. Es läßt sich
allein kommunikativ, also praktisch – indem die Subjekte zueinander in
Beziehung treten – auflösen. «Wäre ich nicht genöthigt, mit Menschen
außer mir in Gesellschaft und in alle praktischen Verhältnisse, die damit
verbunden sind, zu treten; (...) wüßte ich (...) nicht, daß meine moralische
Existenz erst durch die Existenz anderer moralischer Wesen außer mir
Zweck und Bestimmung erhält, so könnte ich, der bloßen Spekulation
überlassen, allerdings zweifeln, ob hinter jedem Antlitz Menschheit und in
jeder Brust Freiheit wohne. (...) Nur von Wesen außer mir, die sich mit mir
im Leben auf gleichen Fuß setzen, zwischen welchen und mir Empfangen
und Geben, Leiden und Thun völlig wechselseitig ist, erkenne ich an, daß
sie geistiger Art sind.»[51] Schellings naturphilosophisch-genetische Konzeption soll die Verhärtung des Subjekts in sich selbst auflösen. Sie ist gedacht
als Voraussetzung einer Praxis, durch die es ihm möglich wird, seine Selbst-
bezogenheit, die eine Haltung des Verfügens und der Herrschaft zur Folge
hat, kommunikativ zu überwinden. Damit tritt zugleich der politische Gehalt dieses Ansatzes hervor: die genetische Selbstreflexion vermag nur dann
praktische Folgen zu zeitigen, wenn sie nicht von vornherein durch gesellschaftliche Ungleichheit verzerrt wird.

«Die Philosophie wird genetisch»

Wenn also die Vermittlung von Freiheit und Notwendigkeit durch den
Begriff, das vom Subjekt selbst hervorgebrachte Erkenntnisinstrument,
nicht möglich ist; und wenn dasselbe Subjekt, das für sich selbst Freiheit als
innerstes Prinzip reklamiert, nicht fähig ist, dasselbe Prinzip in anderen
Subjekten zweifelsfrei zu erkennen: dann liegt offenbar eine tiefgreifende
Störung in seinem Verhältnis zur Außenwelt vor; weder kann es der Sinn
von Freiheit sein, daß sie das Subjekt auf sich selbst reduziert, noch ist mit
dem Freiheitsbegriff vereinbar, daß er sich immer nur in einem einzelnen
Subjekt, tendenziell sogar auf Kosten aller anderen, verwirklicht. Soll nicht

davon ausgegangen werden, daß das Subjekt als freies zu denken überhaupt
ein Irrtum sei – aber schon die «Briefe über Dogmatismus und Kriticismus»
hatten keinen Zweifel daran gelassen, daß Schelling am Begriff der Freiheit
festzuhalten gedenkt –, so ist diese Störung im Verhältnis zur Außenwelt
und damit auch zu sich selbst als das Ergebnis einer Fehlentwicklung zu
begreifen, die, wie eine Krankheit, der Diagnose und Therapie zugänglich
gemacht werden muß.

Die Diagnose, die Schelling dem Subjekt stellt, ist *Amnesie,* Unfähigkeit,
sich der eigenen Herkunft zu erinnern, und *Verlust der Anschauung.* Weil
das Subjekt seine Herkunft, ja die Tatsache, daß es überhaupt eine Geschichte hat, verleugnet, kann es nicht die Möglichkeit äußerer Einwirkungen denken, ohne auf eine zwanghafte, fast hysterisch zu nennende Art und
Weise sich selbst in Frage stellen zu müssen; nur eine Freiheit, die nicht
mehr in historischer Perspektive gedacht wird, muß eifernd um jeden Preis
– auch um den, sich selbst ad absurdum zu führen – rein erhalten werden.
Weil nur noch die vom Subjekt selbst, durch den Begriff, inszenierte Erkenntnis Geltung beanspruchen darf, kommt ihm die Anschauung abhanden und damit die Möglichkeit, sich selbst in einem sinnvollen Zusammenhang wahrzunehmen. – Was die Therapie betrifft, so kann sie nicht in einer
Arznei bestehen, die nur ein genau eingrenzbares Symptom zum Verschwinden bringt; um den Punkt aufzufinden, von dem aus das Leiden: das
unversöhnliche Auseinandertreten von Freiheit und Notwendigkeit, seinen
Ausgang nahm, bedarf es vielmehr der aktiven Mitarbeit des ganzen Subjekts. Reflexion muß durch Erinnerung ergänzt, Philosophie aus einer systematischen zu einer genetischen Wissenschaft werden.

Praktische und theoretische Vernunft, Freiheit und Notwendigkeit, Wissen und Handeln verselbständigten sich, als das Subjekt, sich aus der ursprünglichen Einheit mit der Natur lösend, vergaß, daß es hierdurch nicht
aufhörte, ein Teil der Natur zu sein. Das «System der Natur» als das
«System unseres Geistes»[52] wiederzuerkennen, wird daher Ziel der Philosophie. «Die Natur soll der sichtbare Geist, der Geist die unsichtbare Natur
seyn . *Hier* also, in der absoluten Identität des Geistes *in* uns und der Natur
außer uns, muß sich das Problem, wie eine Natur außer uns möglich sey,
auflösen. (...) Philosophie also ist nichts anders, als eine *Naturlehre unseres
Geistes.* (...) Wir betrachten das System unserer Vorstellungen nicht in
seinem *Seyn,* sondern in seinem *Werden.* Die Philosophie wird *genetisch,*
d.h. sie läßt die ganze nothwendige Reihe unserer Vorstellungen vor unsern
Augen gleichsam entstehen und ablaufen.»[53] Kant hatte das Wesen organischen Lebens für unerkennbar erklärt, da die theoretische Vernunft nur die
in meßbaren Größen sich vollziehende Einwirkung fertiger Produkte auf-

einander, nicht aber das Produzieren selbst erklären könne. Das Produkt hatte sich auf diese Weise von der produzierenden Kraft, der Natur, entfremdet, was schließlich dazu führen mußte, daß nur noch das einzelne Bewußtsein sich selbst als lebendig erfahren konnte, weil es in allem anderen nur noch das fertige Ding, nicht auch dessen Gewordensein zu erkennen in der Lage war. Schon bei Descartes war diese Entwicklung festgelegt: lebendig ist hier nur der winzige Lichtpunkt des Cogito, alles andere ist zur bloßen res extensa herabgesetzt, die zwar geometrisch vermessen, aber nur noch als toter Stoff betrachtet werden kann. Die genetisch verfahrende Philosophie macht diese Verhärtung rückgängig, indem sie annimmt, «es gebe eine Stufenfolge des Lebens in der Natur. Auch in der bloß organisirten Materie sey *Leben;* nur ein Leben eingeschränkterer Art».[54] Sie bringt wieder zum Sprechen, was unter dem Zugriff des diskursiven Verstandes verstummt, oder, wie der Begriff der «Weltseele», ins Okkulte abgedrängt worden ist, obgleich «man wohl zum voraus vermuthen» könne, «es müsse irgend ein Grund dieses Naturglaubens im menschlichen Geiste selbst liegen».[55]

In Analogie zu Schelling wird Freud, der Begründer einer genetisch verfahrenden Psychologie[56], das neurotische Symptom verstehen als Folge der Verselbständigung moralischer Normen gegenüber der Natur (die in der Psychoanalyse allerdings nicht mehr als Totalität erscheint, sondern gleichsam aufgeteilt auf eine Anzahl weniger umfassende Begriffe wie Es, Libido, Lustprinzip). Wie überhaupt Freuds Neigung, für seine theoretischen Einsichten Bestätigung in den Werken der Kunst zu suchen, mit Schellings Forderung vergleichbar (wenn auch nicht gleichzusetzen) ist, daß die ästhetische Anschauung die intellektuelle zu objektivieren habe. Mit dem Unterschied, daß Freud in den Kunstwerken eher die Symptome neurotischer Fehlentwicklungen als die Bilder geglückter Identität wahrnimmt, während Schelling die Werke als Entsprechungen natürlicher Organismen, in denen der Widerspruch von Freiheit und Notwendigkeit aufgehoben ist, begreift.

Im Organismus «hört für uns alle mechanische Verknüpfung von Ursache und Wirkung auf»[57]. Die Einheit von Freiheit und Notwendigkeit, die für ihn konstitutiv ist, verweist auf die ursprüngliche Identität von Subjekt und Objekt. Diese Identität anschaulich werden zu lassen, ohne die Freiheit des Subjekts einfach zu widerrufen, ist Aufgabe des Kunstwerks, das sich, wie Schelling im «System des transcendentalen Idealismus» ausführt, vom natürlichen Organismus vor allem dadurch unterscheidet, daß dieser noch ungetrennt enthält, was die ästhetische Produktion «nach der Trennung, aber vereinigt»[58], darstellt. Diese Bestimmung des Verhältnisses von Organismus und Kunstwerk, die unverändert in die «Philosophie der Kunst» übernommen wird[59], schließt ein, daß die Philosophie der Identität, soll sie nicht auf Regression hinauslaufen, der Kunst notwendig bedarf. Die Formel «nach der Trennung, aber vereinigt», faßt prägnant Schellings Bemühen zusammen, Dogmatismus: die Ungeschiedenheit von Subjekt und Objekt, und Kritizismus: Freiheit des Subjekts, miteinander zu vermitteln; sie entspricht Hegels Bemerkung, das Absolute sei nicht einfach Identität, sondern «Identität der Identität und der Nichtidentität»[60]. Allein durch die Kunst also vermag das Absolute zur Anschauung zu gelangen.

Intellektuelle und ästhetische Anschauung
Kunst als Organon der Philosophie

Wenn Schelling daher zusammenfassend fordert, die Philosophie habe «die Menschheit, die lange genug, es sey im Glauben oder im Unglauben, unwürdig und unbefriedigt gelebt hat, endlich ins Schauen einzuführen»[61], dann ist dieses Programm seiner Philosophie, das er in seinem «System des transcendentalen Idealismus» (1800) ausführen wird, zugleich unmittelbar einleuchtend und problematisch. Die entschiedene Hervorhebung der Anschauung gegenüber dem Begriff – von Richard Kroner scharf als Entmächtigung des Begriffs getadelt[62] –, ist historisch notwendig, um einem Prozeß entgegenzuwirken, den Plessner als «das allmähliche Auseinandertreten von Anschauung und Begreifen» im Umgang mit der Natur beschrieben hat. «Das Anschauen konzentriert sich und verarmt zugleich zu Beobachtung und Wahrnehmung, das Begreifen steigert sich zur Theorie. Die unmittelbare Umgänglichkeit weicht und macht einer mittelbar gezwungenen und erzwungenen, mehr oder weniger berechnenden Art der Beeinflussung Platz, die auf Beherrschung hinausläuft. (...) Unser Naturverständnis ist Technik in statu nascendi, (...) Antwort auf eine Welt, deren Ordnung keinen Ausdruckswert mehr besitzt, weil sie durch keinen Sinn mehr zusammengehalten wird. Wir verstehen uns auf Natur, aber wir verstehen sie nicht mehr.»[63] – Prekär ist die Philosophie Schellings, weil sie den Begriff der intellektuellen Anschauung unmittelbar für sich reklamiert, ohne zu überprüfen, ob er nicht etwa nur im theologischen Diskurs sinnvoll verwendet werden kann. Selbst wenn zutreffen sollte, daß keine Philosophie «den Sinn geben» kann, «den nur ein Gott geben kann»[64], so darf sie sich dennoch nicht ohne weiteres auf ein Erkenntnisvermögen stützen, das die Existenz Gottes zur Voraussetzung hat. Denn intellektuelle Anschauung, die Fähigkeit, das Daseiende in der Anschauung, unmittelbar, ohne Begriff, in seiner Totalität zu erkennen, ist nur möglich, wenn der Anschauende den

Gegenstand aus sich hervorgebracht hat, wenn er zugleich sein Schöpfer ist. Das für Schellings Philosophie entscheidende Problem wäre also in der Frage zusammenzufassen, ob es möglich ist, die intellektuelle Anschauung so weit zu säkularisieren, daß eine auf ihr begründete Philosophie nicht gänzlich von einer einmal getroffenen Glaubensentscheidung abhängig wird. Wäre dies der Fall, wäre die intellektuelle Anschauung nicht ablösbar von ihrem religiösen Hintergrund, so müßte auch der Gedanke einer Synthese von Dogmatismus und Kritizismus sich als Illusion erweisen.

Während Kant daran festhält, daß kritische Philosophie und intellektuelle Anschauung schlechterdings unvereinbar seien[65], kann Schelling mit seiner Forderung, daß die Philosophie genetisch verfahren müsse, immerhin beanspruchen, eine – wohl auch die einzige – ernstzunehmende Möglichkeit, die intellektuelle Anschauung zu säkularisieren, ins Auge gefaßt zu haben, so daß diese nicht mehr als ausschließlich negativ denkbares Erkenntnisvermögen erscheint. Denn genetisch zu verfahren, mit dem Daseienden zugleich sein Werden zu erfassen, bedeutet die weitestgehende Angleichung an die Anschauungsweise Gottes, die einem endlichen Wesen, das nicht zugleich Schöpfer des Angeschauten ist, möglich ist. Hatte der von Moritz unternommene Versuch, unmittelbar und ohne Einschränkung die menschliche Anschauungsweise derjenigen Gottes anzugleichen, durch die in ihm enthaltene Verleugnung der Endlichkeit der Menschen zu unmenschlichen, dem einzelnen Subjekt jeden eigenständigen Wert absprechenden Konsequenzen geführt, so scheint bei Schelling – weil dem genetischen Verfahren nicht Hybris sondern Selbstreflexion des Subjekts, die Erinnerung an seine Geschichte, zugrundeliegt – die intellektuelle Anschauung erfolgreich säkularisiert zu sein. Die genetische Philosophie scheint daher beides zu gewährleisten: daß das Subjekt in seiner Freiheit, als Subjekt, sich bewahrt und daß es zugleich, indem es sich seiner Genese und damit seines Zusammenhangs mit der Natur erinnert, seine Isolation überwindet.

Aber die intellektuelle Anschauung, «die nicht das Objektive oder das Subjektive, sondern das absolut Identische (...) zum Gegenstand hat»[66], bedarf der Ergänzung. Denn sie ist «bloß eine innere, die für sich selbst nicht wieder objektiv werden kann: sie kann objektiv werden nur durch eine zweite Anschauung. Diese zweite Anschauung ist die ästhetische.»[67] Da die ästhetische Anschauung «nur die objektiv gewordene intellektuelle» ist, «so versteht sich», meint Schelling, «von selbst», daß die Kunst nicht nur «Document», sondern auch das «einzige wahre und ewige Organon» der Philosophie sei, «welches immer und fortwährend aufs neue beurkundet, was die Philosophie äußerlich nicht darstellen kann, nämlich das Bewußtlose im Handeln und Produciren und seine ursprüngliche Identität mit dem Bewußten. Die Kunst ist eben deßwegen dem Philosophen das Höchste, weil sie ihm das Allerheiligste gleichsam öffnet, wo in ewiger und ursprünglicher Vereinigung gleichsam in Einer Flamme brennt, was in der Natur und Geschichte gesondert ist, und was im Leben und Handeln, ebenso wie im Denken, ewig sich fliehen muß. Die Ansicht, welche der Philosoph von der Natur künstlich sich macht, ist für die Kunst die ursprüngliche und natürliche.»[68] Daß gerade dieser wohl berühmteste Gedanke Schellings, die Bestimmung der Kunst als «Organon», als unentbehrliche Voraussetzung philosophischer Erkenntnis, in seinem späteren Werk nicht mehr anzutreffen ist, scheint in der Tat den Schluß zu rechtfertigen, «daß die Kunst in der behaupteten Rolle kein Konstitutivum jenes Stadiums der Philosophie war, sondern nur eine auf dem sonst legitimen Weg vom ‹subjektiven› zum ‹objektiven Idealismus›, von der ‹Ich› – zur ‹Identitäts›-Philosophie (...) irrtümlich eingeschlagene Sackgasse»[69]. Die Kunst, so könnte gefolgert werden, sei als Organon der Philosophie in dem Augenblick nicht mehr notwendig gewesen, «wo sich das Ziel der ‹Naturphilosophie› in Schellings ‹Identitäts-System› zu verwirklichen scheint, wo seine Konzeption der Geschichtlichkeit des Geistes von der ‹Phänomenologie› und ‹Logik› Hegels aufgenommen wird»[70]. Hiergegen macht Jähnig darauf aufmerksam, daß die «ungewöhnliche philosophische Einschätzung der Kunst bei Schelling nicht auf seine frühe Philosophie beschränkt bleibt. Mit dem Ganzen dessen, was er als ‹Mythologie› und ‹Offenbahrung› im Auge hat, also der vor-philosophischen, heidnischen und christlichen Theophanien, sieht er die Philosophie auf eine ursprünglich andere und eigengesetzliche menschliche Produktivität verwiesen und angewiesen, die ihr als ein nicht ‹aufzuhebender›, sondern ebenbürtiger und trotz ihres Alters die Keime des Künftigen bergender Partner gegenübersteht.»[71]

Tatsächlich verweist gerade die um die «Organon»-Funktion der Kunst entstandene Verwirrung auf die Eigenart von Schellings Kunstauffassung. Einerseits bedeutet die Tatsache, daß der «Organon»-Gedanke nicht wiederholt wird, wohl weniger eine Korrektur in der Sache als vielmehr die Zurücknahme einer Formulierung, mit der Schelling schon beim ersten Mal über das eigentlich von ihm gemeinte Ziel hinausgeschossen war. Denn schon im «System des transcendentalen Idealismus» kann eigentlich kein Zweifel daran bestehen, daß das eigentliche «Organon» der Philosophie die intellektuelle Anschauung ist, die der ästhetischen lediglich zur Objektivierung bedarf; aufschlußreich ist schon das «nur», das Schelling in diesem Zusammenhang – die ästhetische Anschauung ist «nur» die objektivierte intellektuelle – gebraucht. Gegen die Feststellung, daß die Auffassung der

Kunst als «Organon» der Identitätsphilosophie nach kurzer Zeit wieder verschwinde, ist darauf zu verweisen, daß für Schelling die Kunst *von Anfang an* eher «Document» als Organon ist. Denn von ihr wird nicht etwas im eigentlichen Sinne «erkannt», sondern ein immer schon vorausgesetztes Absolutes wird durch sie in endliche Formen gleichsam «übersetzt» und dadurch der Anschauung zugänglich gemacht.

Andererseits wird die Kunst gerade durch ihre Funktion, das Absolute in besonderen Formen zur Anschauung zu bringen, über eine bloß dienende Funktion herausgehoben. Erschiene in den Göttern der Mythologie das Absolute nicht als ein zugleich Begrenztes und Unbegrenztes, so bliebe es für die Menschen abstrakt. Unter diesem Aspekt rückt die Kunst doch wieder zumindest in die Nähe von Erkenntnis, so daß das spezifisch moderne Interesse an Kunst als einem besonderem Erkenntnismodus bereits bei Schelling gegeben zu sein scheint. Jedenfalls entspringt Szondis Kritik deutlich der Enttäuschung darüber, daß Schelling diese Erwartung dann doch nicht – jedenfalls nicht eindeutig – einlöst. «Daß das Ziel der Philosophie erst in der Kunst erreicht wird», führt Szondi aus, «diese These ist nun nicht etwa, *wie man erwarten könnte,* die Basis, auf der sich Schellings Ästhetik, die ‹Philosophie der Kunst› von 1802 erhebt: die Identitätsphilosophie, wie Schelling sie 1801 festlegt, hat ihr Wesen geradezu darin, daß sie das Erreichen dieses Zieles, das der Kunst vorbehalten schien, für die Philosophie vindiziert. Dabei gilt das Ziel – will man die Kritik an der Identitätsphilosophie auf eine schroffe Formel bringen – jetzt darum als erreichbar, weil es zum Ausgangspunkt gemacht worden ist.»[72] Szondi nimmt daher an, die Kunst habe für Schelling zu der Zeit, da er seine Vorlesungen zur Philosophie der Kunst hielt, bereits an Interesse verloren; aus einer strikten Notwendigkeit sei sie zu einer bloßen «Illustrierung»[73] seines identitätsphilosophischen Systems geworden.

Urbild und Gegenbild

Diesem Einwand liegt ein grundsätzliches Mißverständnis des Verhältnisses von Kunst und Philosophie bei Schelling zugrunde. Daß die Kunst «Organon» der Philosophie sei, bedeutet gerade nicht, daß die Identitätsphilosophie als *Philosophie* der Kunst bedarf. Denn die «Philosophie ist die Grundlage von allem und befaßt alles; sie erstreckt ihre Construktion auf alle Potenzen und Gegenstände des Wissens; nur durch sie gelangt man zum Höchsten».[74] Daher wird die Philosophie der Kunst, wie Schelling in der Einleitung betont, für «diejenigen, die mein System der Philosophie kennen (...), nur die Wiederholung desselben in der höchsten Potenz seyn (...). Der Zusatz Kunst in ‹Philosophie der Kunst› beschränkt bloß den allgemeinen Begriff der Philosophie, aber hebt ihn nicht auf. Unsere Wissenschaft soll Philosophie seyn. Dieß ist das Wesentliche; daß sie eben Philosophie seyn soll in Beziehung auf Kunst, ist das Zufällige unseres Begriffs.»[75] Trotzdem ist die Kunst weit mehr als eine bloße «Illustrierung» des identitätsphilosophischen Ansatzes. Denn auf die Frage, «wie jenes an sich schlechthin Eine und Einfache in eine Vielheit und Unterscheidbarkeit übergehe», antwortet die Philosophie «durch die Lehre von den Ideen oder Urbildern»[76]. Diese «Urbilder», deren die genetisch verfahrende Philosophie in der intellektuellen Anschauung teilhaftig wird, müßten für die Menschen unerkennbar bleiben, wenn sie in ihnen sich nicht wiedererkennen könnten. Die Aufgabe der Kunst besteht deshalb darin, daß sie aus den Urbildern «Gegenbilder»[77] macht, in dem wörtlichen Sinne, daß sie die Ideen den Menschen gleichsam entgegengehen läßt: «anstatt daß die Philosophie die Ideen wie sie *an sich* sind, anschaut, schaut sie die Kunst *real* an. Die *Ideen* also, sofern sie als real angeschaut werden, sind der Stoff (...) der Kunst (...). Diese *realen*, lebendigen und existirenden Ideen sind die Götter; (...) die allgemeine *Darstellung der Ideen* als realer ist demnach in der Mythologie gegeben (...). In der That sind die Götter jeder Mythologie nichts anderes als die Ideen der Philosophie nur objektiv oder real angeschaut.»[78] Am ehesten läßt sich die in der These vom «Organon» enthaltene Widersprüchlichkeit wohl durch die Feststellung auflösen, daß die Kunst «Organon» zwar nicht der Philosophie, wohl aber bei dem Versuch ist, die intellektuelle Anschauung des Absoluten auf die Praxis des Lebens der Menschen zu beziehen. Denn nur in der Anschauung von Gestalten, die zugleich unendlich und individuiert sind, vermag die Erkenntnis des Absoluten als der Identität von Subjekt und Objekt auf das Leben der Menschen bezogen zu werden. Die griechische Mythologie hält die Erinnerung daran wach, daß es einmal möglich war, in menschlicher Gestalt das Absolute zur Anschauung zu bringen; als vergangene bewirkt sie die Forderung nach einer «neuen Mythologie», die umfassend genug sein muß, den differenzierten Reichtum der modernen Welt anschaulich werden zu lassen, ihn in jeder seiner individuellen Ausprägungen nicht weniger als in seiner Beziehung zum Absoluten vor Augen zu führen.

Die Forderung nach einer neuen Mythologie ist also nicht ohne weiteres als regressiv zu verurteilen – Regression ist Entdifferenzierung –, auch wenn nicht zu bestreiten ist, daß in der Hinwendung zum Mythos eine Krise des aufklärerischen Vernunftbegriffs ihren Ausdruck findet.

Das Bewußtsein hierfür zu wecken: daß es möglich und notwendig ist, durch die Kunst die Zerrissenheit des Lebens, den Verlust aller überindividuellen Formen – den Schelling als charakteristisch für seine Epoche ansieht – zu überwinden, ist die eigentliche Funktion einer Philosophie der Kunst; sie wird notwendig, weil es keinen übergreifenden, gesellschaftlich verbindlichen Konsens über Begriff und Funktion der Kunst mehr gibt: «Jeder bildet sich nun seine eignen, besonderen Gesichtspunkte für die Kunst, und beurtheilt selbst das Vorhandene darnach. (...) Keiner der Streitenden versteht den andern. Sie beurtheilen, der eine nach dem Maßstab der Wahrheit, der andere nach dem der Schönheit, ohne daß ein einziger wüßte, was Wahrheit oder was Schönheit ist.»[79] Auch Schelling fordert also, nicht anders als Kant, daß das ästhetische Urteil allgemeine Gültigkeit müsse beanspruchen können. Insofern ein solches, nicht bloß subjektiv gültiges Urteil nur möglich ist in einer Gesellschaft, deren Widersprüche ein Minimum – sei es durch Tradition vermittelter, sei es diskursiv hergestellter – Übereinstimmungen zulassen, gibt es in der Tat, wie Schelling in einer (nicht weiter ausgeführten) Bemerkung andeutet, «überhaupt kein gesellschaftlicheres Studium als das der Kunst».[80] Trotzdem hat, wie hier erkennbar wird, in den wenigen Jahren seit Erscheinen der «Kritik der Urteilskraft» die historische Perspektive, in der die Forderung nach allgemeiner Gültigkeit des Geschmacksurteils erhoben wird, sich grundsätzlich verändert. Die «Idee eines sensus communis», auf die diese Forderung sich gründet, war zwar auch für Kant nicht etwas unmittelbar Gegebenes; aber er schien doch nicht ernsthaft daran gezweifelt zu haben, daß die bürgerliche Gesellschaft grundsätzlich in der Lage sei, eine gerechte, die Sinnbedürfnisse des Einzelnen wie die Interessen der Gesamtheit befriedigende Ordnung aus sich selbst hervorzubringen. Daher konnte er es dabei bewenden lassen, als Grund für die allgemeine Gültigkeit des Geschmacksurteils die «Idee» eines sensus communis anzugeben, ohne eine konkrete Bilderwelt, an der die Gesellschaft sich orientieren könnte, fordern zu müssen.

Mythologie

Wenn Schelling nun an die Stelle des sensus communis Natur und Mythologie setzt, dann spielt hierbei gewiß der Verlust der ungebrochen optimistischen Geschichtsauffassung, die für die Aufklärung bestimmend war, eine nicht zu unterschätzende Rolle. Trotzdem ist nur für den Fortschrittsphilister (der schon den geringsten Zweifel, ob denn tatsächlich alle Probleme der Menschheit sich gesellschaftlich auflösen lassen, als Sakrileg ahndet) die Hinwendung zur Mythologie völlig eindeutig, ohne lästiges Wenn und

Aber, einzuschätzen: «Mag der antike Mythos Aufklärungsfunktion gehabt haben, der neuzeitliche Rückschlag in Mythologie ist reaktionär.»[81]
So wenig aus Schellings Wort von «unsern blödsinnigen Aufkärern (...),
die, wenn man sie alle vereinte und hundert Jahre machen ließe – doch
nichts als Sandhaufen zusammenbrächten»[82] auf eine prinzipielle Ablehnung aufklärerischen Denkens zu schließen ist: blödsinnig ist für Schelling
eine Vernunft, die sich in der Auflösung überkommener Ordnungen und
Vorstellungen erschöpft, ohne überhaupt die Frage nach der Möglichkeit
von Synthese zu stellen; so wenig ist, wie etwa eine Bemerkung Schellings
zur Historienmalerei zeigt, das Interesse an Mythologie schon an sich reaktionär. Die Forderung nach einer «neuen Mythologie» in der Kunst – und
damit nach einer neuen Universalität – läßt die Unangemessenheit von
Versuchen, die Kunst in den Dienst partikularer Interessen zu stellen, erkennen: «Wenn z.B. Künstler eines neueren Staates angewiesen sind, vorzüglich edle Handlungen aus der vaterländischen Geschichte darzustellen,
so ist die geforderte Nationalität (= Nicht-Universalität) ebenso sonderbar
als die Forderung, die Sittlichkeit der Handlungen zu malen – und dann
mögen die Soldaten auch immerhin noch in preußischen Uniformen gemalt
werden. Wir müssen uns hier dessen erinnern, (...) daß, da uns eine universelle Mythologie fehlt, jeder Künstler sich aus dem vorliegenden Stoff der
Zeit eine specielle Mythologie schaffen kann.»[83] Wie prekär auch immer
der Gedanke einer «speciellen Mythologie» sein mag, die Substanz bürgerlicher Aufklärung wird mit ihm nicht angetastet. Die «specielle», von dem
einzelnen Künstler zu entwerfende Mythologie ist nicht mehr als ein Behelf,
der solange notwendig ist, als für eine umfassende, die moderne Welt in der
ganzen Differenziertheit ihrer Lebensäußerungen einschließende Mythologie noch nicht die Form gefunden ist. Insofern jede spezielle Mythologie ein
probeweise entworfener Vorgriff auf eine künftige universelle Mythologie
ist, bleibt Schellings Philosophie der Kunst durchaus offen für eine geschichtliche Einlösung der in dieser Konzeption enthaltenen utopischen
Momente.

Es ist die Beschreibung der griechischen Götterwelt, in der die Parole von
Schellings Philosophie – «Wir verlangen (...), daß nichts im Universum
gedrückt, rein beschränkt und untergeordnet sey. Wir fordern für jedes
Ding ein besonderes und freies Leben»[84] – sich konkretisiert. Das «Geheimniß alles Lebens», nämlich «Synthese des Absoluten mit der Begrenzung»[85],
wird in den Gestalten der Götter offenbar; sie sind «die real angeschauten
Ideen»[86], die «Gegenbilder» zu den «Urbildern», und daher «nothwendig
für die Kunst»[87]; denn nur in ihnen schließen Absolutheit und die Voraussetzung von Anschaulichkeit, Individuation, einander nicht aus: «Nur da-

durch (...), daß sie streng begrenzt, daß also sich wechselseitig einschränkende Eigenschaften in einer und derselben Gottheit sich ausschließen und absolut getrennt sind, und daß gleichwohl innerhalb dieser Begrenzung jede Form die ganze Göttlichkeit in sich empfängt, liegt eigentlich das Geheimniß ihres Reizes und ihre Fähigkeit für Kunstdarstellungen. Dadurch erhält die Kunst gesonderte, beschlossene Gestalten, und in jeder doch die Totalität, die ganze Göttlichkeit.»[88] Als Beispiel führt Schelling Minerva an, «das Urbild der Weisheit und Stärke in Vereinigung, *aber* die weibliche Zärtlichkeit ist ihr genommen; beide Eigenschaften vereinigt würden diese Gestalt zur Gleichgültigkeit, und demnach mehr oder weniger zur Nullität reduciren».[89] Da das Absolute an und für sich «keine Mannichfaltigkeit» darbietet, sondern für den Verstand eine «absolute, bodenlose Leere» ist, da Leben «nur im Besonderen» ist[90], bedarf es der Mythologie, damit «das Universum bevölkert»[91] werde. Sie ist Gegenstand weder des Verstandes noch der Vernunft, sondern eines besonderen Vermögens, der Phantasie. «Nicht des Verstandes, denn dieser haftet nur an der Begrenzung, nicht der Vernunft, denn diese kann auch in der *Wissenschaft* die Synthese des Absoluten und der Begrenzung nur ideell (urbildlich) darstellen».[92] Phantasie also ist, wie Schelling ausdrücklich festhält, «die intellektuelle Anschauung in der Kunst»[93]. Daher kann in der Kunst nichts erscheinen, was nicht auch, vermittels der intellektuellen Anschauung, durch die Philosophie erkannt werden könnte. Nicht dem Umfang nach ist die Phantasie ein besonderes Erkenntnisvermögen (im Begriff der intellektuellen Anschauung ist beschlossen, daß sie nicht überboten werden kann), wohl aber durch ihre Fähigkeit, das Absolute zu spezifizieren. Gäbe es nicht die durch die Phantasie hervorgebrachten Göttergestalten, so müßte zweifelhaft bleiben, ob Schellings Forderung, «daß nichts im Universum gedrückt, rein beschränkt und untergeordnet sey»[94], überhaupt auf die Menschen als begrenzte Wesen anwendbar sei. Die Götter führen vor Augen, daß Individuation und Teilhabe am Absoluten einander nicht ausschließen.

In Beziehung auf die Philosophie ist die Kunst daher zugleich heteronom und unentbehrlich. Für diejenigen, die sein System der Philosophie bereits kennen, bemerkt Schelling einleitend, ist die Philosophie der Kunst «nur die Wiederholung desselben in der höchsten Potenz»[95]. Trotzdem ist sie mehr als dessen bloße «Illustrierung». Sie steht dafür ein, daß die Philosophie der Identität nicht auf die totalitäre Unterwerfung des Besonderen unter das Absolute hinausläuft, sondern Philosophie der *Freiheit* bleibt. Indem die Kunst als konkretisierbar vor Augen führt, was die Philosophie nur als Idee verheißt: die Identität des Absoluten und der Individuierten, wird sie zum eigentlichen Ort der Utopie.

Potenz und Construktion

So wenig es möglich ist, Schellings Forderung nach einer «neuen» Mythologie eindeutig als «progressiv» oder als «reaktionär» zu klassifizieren, so wenig indessen läßt sich auch ungebrochen von den utopischen Gehalten in der «Philosophie der Kunst» sprechen. Wird die Utopie nicht als ein zwar verborgener, gleichwohl bereits vorhandener, der Entdeckung harrender Zustand verstanden, sondern als eine Denkfigur, die noch der Verwirklichung in der Zukunft bedarf, so ist fraglich, ob von ihr überhaupt im Zusammenhang mit Schellings Ästhetik die Rede sein kann.

Durch die Einführung der intellektuellen Anschauung als Erkenntnismodus der Philosophie wird Geschichte entmächtigt; es ergibt sich der paradoxe Sachverhalt, daß durch die intellektuelle Anschauung zwar die verhärtete Konfrontation von Natur und Geist sich genetisch auflösen läßt, daß zugleich jedoch ein statisches Moment wirksam wird, das in der Transzendentalphilosophie Kantischer Prägung noch nicht anzutreffen war. Denn das Daseiende intellektuell, nicht nur in seinem gegenwärtigen Zustand sondern auch in seiner Genese anschauen heißt, es in der Perspektive Gottes zu sehen. Die Anschauungsweise Gottes aber schließt alles als gegenwärtig ein, was für die Menschen erst allmählich, in der Geschichte, sich entfaltet. Die intellektuelle Anschauung kennt daher die Dimension der Zukunft eigentlich nicht. Insofern läuft die Bemerkung, daß die Philosophie nicht den Sinn geben könne, «den nur ein Gott geben kann»[96], auf eine Absage an Geschichtsphilosophie in aufklärerischer Absicht hinaus. Sinn ist, wenn es ihn gibt, von Gott bereits in die Welt gelegt; er stellt sich nicht erst durch eine vernünftige geschichtliche Praxis her. Zwar scheint aus Schellings Bemerkung, «nur in der Geschichte der Kunst» offenbare sich «die wesentliche und innere Einheit aller Kunstwerke»[97], zu folgen, daß die Kunst zu ihrer Entfaltung der Geschichte bedürfe, daß daher die Geschichte auch das Medium sei, in dem ihre Eigenart erkannt werden könne. Tatsächlich jedoch verhält es sich gerade umgekehrt. Es kommt Schelling auf die «Einheit aller Kunstwerke» an, nicht auf ihre in der Geschichte entstandene Verschiedenheit. Die Einheit ist vorgegeben, die Geschichte ist lediglich das Mittel, das diese Einheit sichtbar werden läßt, sie produziert sie nicht erst. Wenn die Kunst «ein Ausfluß des Absoluten»[98] ist, dann sind alle in der Zeit auftretenden Differenzierungen, «wie die Zeit selbst»[99], nicht substantiell, sondern lediglich «formell» – bis hin zu dem Gegensatz von antiker und moderner Kunst.[100]

Als entscheidende Schwäche im Vergleich mit der Hegelschen Ästhetik wirkt sich daher aus, daß Schelling mit der Verleugnung jeder substantiellen historischen Entwicklung auch auf die Geschichte als Medium von Erkenntnis Verzicht leisten muß. «Wenn wir in der Abhandlung der verschiedenen Dichtungen der natürlichen oder historischen Ordnung folgen wollten, so würden wir von dem Epos als der Identität ausgehen und von da zur lyrischen und dramatischen Poesie fortgehen müssen. Allein da wir uns hier ganz nach der wissenschaftlichen Ordnung zu richten haben, und da nach der bereits vorgezeichneten Stufenfolge der Potenzen die der Besonderheit oder Differenz die erste, die der Identität die zweite, und das, worin Einheit und Differenz, Allgemeines und Besonderes selbst eins sind, die dritte ist, so werden wir auch hier dieser Stufenfolge getreu bleiben und machen demnach den Anfang mit der lyrischen Kunst.»[101] Nicht nur verfehlt Schelling auf diese Weise von vornherein die Möglichkeit, die Künste in ihrer reichen Differenziertheit philosophisch zu durchdringen – tatsächlich ist die «Philosophie der Kunst», in sonderbarem Kontrast gegenüber dem Prinzip der intellektuellen Anschauung, das Besondere nicht als zufällig in seiner Beziehung auf das Allgemeine erscheinen zu lassen, von einer tiefen Gleichgültigkeit gegenüber dem einzelnen Werk geprägt –, er kann auch den Eindruck nicht vermeiden, daß der Begriff der «Potenz» dem Besonderen weniger gerecht werden als es vielmehr in seiner Bedeutung herabsetzen solle. Schelling bedarf der Lehre von den Potenzen, um die für seine Philosophie grundlegende Frage beantworten zu können, «wie jenes an sich schlechthin Eine und Einfache in eine Vielheit und Unterscheidbarkeit übergehe, wie also aus dem allgemeinen und absoluten Schönen besondere schöne Dinge hervorgehen können»[102]. Keineswegs bezeichnen die Potenzen qualitative Gegensätze und Differenzierungen; sie «verändern schlechthin nichts am Wesen, dieses bleibt immer und nothwendig dasselbe»[103]. Durch die Potenzen wird es möglich, daß das Absolute gleichermaßen in Natur, Geschichte und Kunst erscheinen kann, ohne Modifikationen unterworfen zu sein (ein modifizierbares Absolutes wäre ein Widerspruch in sich). «Z. B. das, was wir in der Geschichte oder der Kunst erkennen, ist wesentlich dasselbe mit dem, was auch in der Natur ist: jedem nämlich ist die ganze Absolutheit eingeboren, aber diese Absolutheit steht in der Natur, der Geschichte und der Kunst in verschiedenen Potenzen. Könnte man diese hinwegnehmen, um das *reine Wesen* gleichsam entblößt zu sehen, so wäre in allem wahrhaft Eins.»[104] Über das Absolute inhaltliche Aussagen zu machen wäre dann allerdings unmöglich. – Der Begriff der Potenz ist aber auch nicht, wie Szondi meint, lediglich ein «Kunstgriff, der es der Identitätsphilosophie erlaubt, mit dem Skandalon der realen Verschiedenheit der Dinge fertig zu werden»[105]; die Verschiedenheit der Dinge ist nicht

nur ein Ärgernis, sie ist vor allem die Voraussetzung dafür, daß das Absolute überhaupt erkannt werden kann. Problematisch ist der Begriff der Potenz
vielmehr deshalb, weil er das Besondere von vornherein gar nicht als Besonderes ernstnimmt. Wenn aber die Beziehung des Besonderen auf das
Absolute immer schon als unveränderlich vorausgesetzt wird, so wird aus
einer philosophischen Frage letzten Endes eine des Glaubens.

Bezeichnet der Begriff der Potenz die objektive Einheit des Besonderen
mit dem Absoluten, so meint «Construktion» die auf das Erfassen dieser
Einheit gerichtete Tätigkeit des Subjekts. Mit diesem Begriff trägt Schelling
der Tatsache Rechnung, daß das Prinzip des Erklärens für eine Wissenschaft, die auf Anschauung eines Ganzen hin angelegt ist, nicht brauchbar
ist. «Der bloße Weg der Erklärung führt überhaupt und in nichts zur wahren Erkenntniß. Die Wissenschaft erklärt nicht; unbekümmert, welche Gegenstände aus ihrem rein wissenschaftlichen Handeln hervorgehen mögen,
construirt sie; allein eben bei diesem Verfahren wird sie am Ende mit der
vollkommenen und geschlossenen Totalität überrascht; die Gegenstände
treten unmittelbar, durch die Construktion selbst, an ihre wahre Stelle, und
diese Stelle, die sie in der Construktion erhalten, ist zugleich ihre einzig
wahre und richtige Erklärung (...) die Construktion bezeichnet zum voraus
und mit Nothwendigkeit diese Stelle im allgemeinen Zusammenhang, welche sie einnimmt.»[106] Es ist offenkundig, daß dieser Bestimmung der «Construktion» als der Verfahrensweise, die jede einzelne Erscheinung an ihren
vorbestimmten Platz in einem Ganzen setzt, kein Werk des bürgerlichen
Zeitalters, sondern allein die «Göttliche Komödie» Dantes – der Schelling
im «Kritischen Journal der Philosophie» eine Abhandlung gewidmet hat –
zu entsprechen vermag. Die Vielzahl der zum großen Teil geradezu realistisch individuell gezeichneten Gestalten der Göttlichen Komödie, durch
die sich bereits die Kunst des bürgerlichen Zeitalters ankündigt, wird durch
die äußerste architektonische Strenge des Gesamtwerks gebändigt und zusammengehalten. Daß jede der individuell gezeichneten Gestalten ihren
festen Platz in einem geordneten und geschlossenen Kosmos einnimmt, läßt
Schelling die Göttliche Komödie als «prophetisch, vorbildlich (...) für die
ganze moderne Poesie»[107] erscheinen. Sie ist «eine Welt für sich. Sie bezeichnet eine Stufe, wohin sich nach Maßgabe der übrigen Verhältnisse die
spätere Poesie nicht wieder erschwungen hat.»[108]

Dantes Werk verdient in Schellings Augen offenbar deshalb höchstes
Lob, weil sein Formprinzip mit dem Begriff der «Construktion» völlig
übereinstimmt. Unter «Construktion» versteht Schelling «Darstellung der
Dinge im Absoluten»[109]; bezogen auf die Kunst handelt es sich um «*Darstellung ihrer Formen* als Formen der Dinge, wie sie im Absoluten sind, und

demnach auch des Universums selbst als absoluten Kunstwerks, wie es in ewiger Schönheit in Gott gebildet ist».[110] Als vorbildlich kann die Göttliche Komödie nicht zuletzt deshalb gelten, weil sich an ihr das Prinzip der Construktion am nachdrücklichsten demonstrieren läßt, ohne sich erst bewähren zu müssen: aufgrund der schon durch den Dichter, in Analogie zu dem geschlossenen mittelalterlichen ordo, errichteten Form bleibt dem Philosophen eigentlich nichts mehr zu «construieren» übrig. «Jede Art der Kunst ist nur durch ihre Stelle bestimmt, diese ist ihre Erklärung. Uebrigens aber mag sie dieser Stelle entsprechen, auf welche Weise sie will.»[111] Unvergleichlich ist die Göttliche Komödie in Schellings Augen, weil sie selbst bereits ein Abbild des Kosmos ist; ihre «Stelle» in ihm braucht nicht erst «bestimmt» zu werden. Erst in einer Gesellschaft, die sich nicht mehr auf ein einheitliches Weltbild bezieht, wird die «construierende» Spekulation des Philosophen notwendig. Wenn Schelling die Philosophie einmal als «Göttliche Wissenschaft»[112] bezeichnet, weil durch sie das «unendliche Affirmirtseyn Gottes im All, (...) die ewige Natur»[113] erkannt wird, so kann das Prinzip der Construktion charakterisiert werden als eine Art «göttliches Puzzle»: durch die Construktion wird wieder zusammengefügt, was in der Moderne in kleine und kleinste Bruchstücke zersprungen ist.

Abwendung von der Geschichte

Kein Teil der «Philosophie der Kunst» scheint so veraltet, so undenkbar als methodisches Prinzip einer modernen Ästhetik wie das Motiv einer «Construktion» der Künste. Sie läuft nicht nur auf «Destruktion» von Geschichte[114] hinaus, sie macht es prinzipiell unmöglich, in den Kunstwerken der sich entfaltenden und zum Bewußtsein ihrer selbst gelangenden menschlichen Subjektivität auch nur annähernd gerecht zu werden. Das für die ästhetische Theorie seit Baumgarten und Kant konstitutive Prinzip der Induktion, des Anspruchs, die Welt nicht durch vorgegebene Sinnstrukturen, sondern in der Perspektive des Subjekts zu interpretieren, ist mit Schellings Begriff der Construktion unvereinbar. Konsequent ist daher, daß, der «Philosophie der Kunst» zufolge, die «Luftperspektive (...) nicht zu dem Wesentlichen der Kunst gerechnet werden» kann. «Die Abdämmerung der Farben in der Ferne beruht auf dem empirischen und demnach zufälligen Umstand, daß ein durchsichtiges, trübendes Medium zwischen uns und den Gegenständen liegt».[115] Die Luftperspektive, durch die ein Bild vom Subjekt aus organisiert wird, muß von einer Ästhetik, der «Construktion» als methodisches Prinzip zugrunde liegt, verworfen werden. Inkonsequent dagegen ist es, wenn Schelling die Linienperspektive mit der Begründung billigt, sie sei «in allgemeinen Gesetzen des Raumes gegründet» und beziehe sich «auf Größe, Figur, demnach allgemeine Bestimmungen der Körper»[116].

Tatsächlich jedoch besteht zwischen Luft- und Linienperspektive kein qualitativer Unterschied; beide sind gleichermaßen Ausdruck der Emanzipation des Subjekts, das die Gegenstände nicht mehr durch die Erkenntnis ihrer unverrückbaren Stellung in dem durch Gott geschaffenen Kosmos, sondern durch ihre Beziehung auf das eigene Bewußtsein ordnet. Die Differenzierung, die Schelling hier vornimmt, ist konventionell motiviert: hätte er, der Logik der Sache folgend, auch die Linienperspektive verworfen, so wäre offenkundig gewesen, daß die «Philosophie der Kunst» allen nach der Malerei des Mittelalters entwickelten Techniken ablehnend gegenübersteht.

Überhaupt werden die anachronistischen Züge von Schellings Ästhetik am deutlichsten in seinen Bemerkungen zur Malerei. Nicht etwa, weil er, unter Berufung auf Goethes Farbenlehre, die Newtonsche Theorie des Lichts verwirft; sondern weil die im Prinzip der Construktion enthaltene Abwertung aller geschichtlichen Entwicklungen hier direkt in die Propagierung solcher Kunstformen mündet, die sich fast unverhüllt als besonders ideologieträchtig zu erkennen geben. «Man kann allgemein sagen, daß mit der Entfernung dessen, was nicht zum Wesen gehört, von selbst die Schönheit hervortrete, da die Schönheit das schlechthin Erste, die Substanz und das Wesen der Dinge ist, dessen Erscheinung nur durch die empirischen Bedingungen gestört ist. Die bildende Kunst hat aber überall den Gegenstand nicht in seiner empirischen, sondern in seiner absoluten Wahrheit, befreit von den Bedingungen der Zeit, in seinem *An-sich* darzustellen.»[117] Die Abwendung von der Geschichte bringt es mit sich, daß ein Moment der Erstarrung, ja der gewaltsamen Harmonisierung Schellings kunsttheoretische Erwägungen prägt. Das Kunstwerk wird gleichsam überstrapaziert; es soll zur Anschauung bringen, was durch die mit der geschichtlichen Entwicklung zunehmenden Entfremdung immer nachdrücklicher dementiert wird: die Einheit von Wesen und Erscheinung. «In dem Kunstwerk an und für sich (...) soll immer nur das Absolute objektiv werden.»[118] Diese Forderung läßt sich nur dadurch erfüllen, daß Geschichte im Kunstwerk stillgestellt, ihre Spuren aus ihm getilgt werden. Da «jede mögliche Handlung die Allseitigkeit eines Bildes aufhebt und den Menschen im *Moment* fixirt», ist «in der Regel die größtmögliche Ruhe vorzuziehen»[119]. Ruhe ist die erste Künstlerpflicht.

Eher als die Erfahrung des Wesens schlägt sich in dieser Forderung die Erfahrung überwältigender Entfremdung nieder. Wie schlecht muß es um die Objektivität des im Kunstwerk herbeizitierten Absoluten stehen, welche Gewalt muß dagegen den von Schelling nur als «formell» angesehenen «Gegensätzen» zukommen, wenn die geringste Aktivität genügt, um Erscheinung und Wesen auseinanderzusprengen. Und wie es der Kunst aufgegeben ist, das immer mehr sich entziehende Wesen festzuhalten, so sind die einzigen Tätigkeiten, die im Kunstwerk dargestellt werden dürfen, künstlerischer Art. «Die einzige erlaubte Ausnahme» – nach der ein Mensch nicht im Zustand der Ruhe, sondern der «Handlung» im Kunstwerk erscheinen darf – «findet da statt, wo die Handlung so mit dem Wesen des Menschen eins ist, daß sie wiederum zur Charakteristik von ihm gehört. Z.B. einen Tonkünstler in der Handlung seiner Kunst vorzustellen, würde darum vorzüglicher seyn, als einen Dichter etwa mit der Feder in der Hand, weil das musikalische Talent isolirender und mit dem Wesen dessen, der es besitzt, am meisten verwebt ist»[120]; weil, mit anderen Worten, der Mann am Klavier (sofern er sich dem Instrument nicht mit der Absicht genähert hat, es zu stimmen) aller Wahrscheinlichkeit nach ein Künstler oder zumindest ein Kunst Ausübender sein wird, während der Mensch mit der Feder in der Hand nicht notwendigerweise zu dichten braucht, sondern ebensogut einer Tätigkeit als Buchhalter nachgehen kann.

Das Schicksal Winckelmanns im 19. Jahrhundert, als Gewährsmann einer Kunst der Gipsplastiken, des Wahren, Schönen und Guten angerufen zu werden, zeichnet sich bereits bei Schelling ab, der es für ausgeschlossen hält, über dessen Ansichten jemals hinauszugehen.[121] «Die Stille ist der der Schönheit eigenthümliche Zustand (...). Nur in der Ruhe kann die menschliche Gestalt überhaupt und das Gesicht der Spiegel der Idee seyn. Auch hierin deutet die Schönheit auf Einheit und Indifferenz als ihr wahres Wesen hin.»[122] Die klassische Kunst, die nicht mehr, wie bei Winckelmann, Gegenstand lebendiger Erfahrung ist, sondern die Austreibung der Geschichte aus den Werken legitimieren soll, findet ihre bürgerliche Vollendung in den Plastiken, die das Bild der Friedhöfe im späteren 19. Jahrhundert prägen: Schelling nimmt diese Entwicklung vorweg, wenn er bemerkt, daß «die plastische Kunst (...) die höchste Berührung des Lebens mit dem Tode»[123] darstelle.

Trotzdem ist es noch den ideologieträchtigsten Teilen von Schellings Ästhetik eigen, daß sie in der bloßen Affirmation von Entfremdung nicht aufgehen. Der Grund hierfür ist gerade in der, wie es scheint, hoffnungslosen Abwegigkeit mancher Gedankengänge zu suchen. Gewiß ist das methodische Prinzip der «Construktion» extrem anachronistisch. Gerade seine unangepaßte Kompromißlosigkeit wirft jedoch ein Licht auf die Bedeutung des Problems, auf das es eine Antwort sein soll. Wenn Schelling darauf beharrt, daß Philosophie der Kunst «Wissenschaft des All in der Form oder Potenz der Kunst»[124] sei und hieraus die Lehre von der «Construktion» entwickelt, dann reagiert er auf die Tatsache, daß die Kunst in Gefahr geraten ist, ihren Anspruch, die Wirklichkeit in ihrer Totalität zu erfassen, nicht mehr einlösen zu können. Der drohenden Isolierung der Kunst in einem vom wissenschaftlichen Fortschritt wie vom gesellschaftlichen Leben abgetrennten Gehege setzt Schellings Ästhetik Widerstand entgegen, indem sie darauf beharrt, das einzelne Kunstwerk in seiner «Stellung im Universum»[125] zu bestimmen. Mag der Gedanke der «Construktion» selbst illusionär sein, die für die Kunst tendenziell tödliche Gefahr, auf die er reagiert, ist es nicht.

Ähnlich verhält es sich mit der Forderung, daß Wesen und Erscheinung, Bedeutung und Bezeichnung im Kunstwerk zusammenfallen sollen. Gerade die Radikalität, mit der Schelling klassizistische Geschichtslosigkeit propagiert, läßt darauf schließen, in welchem Ausmaß bereits zu Beginn des Jahrhunderts Geschichte nicht mehr als Medium der Emanzipation der Gattung und des einzelnen Subjekts, sondern als Verhängnis, als Potential von Entfremdung aufgefaßt wird. Die Kritik, die Schelling an dem Auseinanderfallen von Wesen und Erscheinung übt, geht daher nicht in bedingungsloser Parteinahme für den Klassizismus auf; sie ist vielmehr wesentlicher Bestandteil seiner Lehre von der Mythologie.

Neue Mythologie als Utopie

Die «Forderung», daß in der «absoluten Kunstdarstellung» die «Darstellung mit *völliger Indifferenz*» zu erfolgen habe, «so nämlich, daß das Allgemeine ganz das Besondere, das Besondere zugleich das ganze Allgemeine *ist,* nicht es bedeutet», sieht Schelling nicht nur in der klassizistischen Kunst verwirklicht, sondern vor allem «poetisch gelöst in der Mytologie. (...) Die Bedeutung ist hier zugleich das Seyn selbst, übergegangen in den Gegenstand, mit ihm eins. Sobald wir diese Wesen etwas *bedeuten* lassen, sind sie selbst *nichts mehr*».[126] Die Göttergestalten, in denen Sein und Bedeutung eins sind, stellt Schelling einer Gesellschaft gegenüber, in der der Gebrauchswert immer stärker durch den Tauschwert verdrängt wird. Jupiter ist «die absolute Macht mit der absoluten Weisheit gepaart», Minerva das Bild der «göttlichen Weisheit». «*Nur nicht:* daß etwa Jupiter oder Minerva dieß *bedeutet* oder auch bedeuten *sollen.* Dadurch würde alle poetische Unabhängigkeit dieser Gestalten vernichtet. Sie *bedeuten* es nicht, sie *sind* es selbst.»[127]

Trotzdem fallen in den Göttergestalten Sein und Bedeutung nicht einfach in unterschiedsloser Indifferenz zusammen. Daher beruht ihr höchster Reiz «eben darauf, daß sie, indem sie bloß *sind* ohne alle Beziehung – in sich selbst absolut –, doch zugleich immer die Bedeutung durchschimmern lassen».[128] Sie bedeuten nur, was sie als Besondere sind; auf keinen Teil ihrer Individualität wird von einem allgemeinen Prinzip Anspruch erhoben; ihnen werden nicht, wie den Menschen, in verschiedenen Situationen verschiedene Rollen aufgezwungen: immer sind sie nur sie selbst. Gleichwohl sind sie nicht in sich verschlossen. Als Verkörperungen des Absoluten können sie die Bedeutung, ein Allgemeines, «durchschimmern» lassen. Daß dieser Gedanke nicht notwendig zu der Propagierung eines zeitlos-klassizistischen Kunstideals führen muß, sondern daß er ein kritisches Potential gegen die destruktiven Tendenzen des sich entfaltenden kapitalistischen Systems enthält, läßt im übrigen, ein Jahrhundert später, der Ansatz Walter Benjamins erkennen. Der Begriff einer «intentionslosen Wahrheit», den Benjamin in seiner Untersuchung über den «Ursprung des deutschen Trauerspiels» entwickelt, ist bis ins Detail dem Argumentationsmuster Schellings verpflichtet; von der Feststellung, das «Sein der Ideen» könne «als Gegenstand einer Anschauung überhaupt nicht gedacht werden, auch nicht der intellektuellen»[129], bis zu dem Befund, daß «Sein» und «Bedeutung» (außer in den Namen) allein noch im Kunstwerk zusammenfallen. «Wahrheit tritt nie in eine Relation und insbesondere in keine intentionale. Der Gegenstand der Erkenntnis als ein in der Begriffsintention bestimmter ist nicht die Wahrheit. Die Wahrheit ist ein aus Ideen gebildetes intentionsloses Sein.»[130]

Nur vor diesem Hintergrund kann Schellings Forderung nach einer neuen Mythologie angemessen eingeschätzt werden: als Reaktion auf eine sich krisenhaft zuspitzende gesellschaftliche Entwicklung, nicht als Flucht in einen begriffslosen vorgeschichtlichen Zustand. Allein die Götter der griechischen Mythologie erfüllen, was er von der Kunst als Gegenbild der gesellschaftlichen Wirklichkeit fordert: «wir wollen, was Gegenstand der absoluten Kunstdarstellung seyn soll, so concret, nur in sich selbst gleich wie das Bild, und doch so allgemein und sinnvoll wie der Begriff».[131] Mythologie ist daher «die nothwendige Bedingung und der erste Stoff aller Kunst»[132]; trotzdem läßt Schelling keinen Zweifel daran, daß er an eine bloße Restauration des antiken Musters nicht denkt. Eher stellt sich für ihn die Frage, ob das Christentum eine der griechischen Antike vergleichbare oder sogar überlegene Bilderwelt hervorgebracht habe, die als Grundlage der geforderten «neuen Mythologie» dienen könnte.

Dem steht entgegen, daß nach Schellings Auffassung mit dem Übergang von der Antike zum Christentum die Einheit der Menschen mit der Natur aufgelöst worden sei. Der Sinnzusammenhang, in dem sie sich sehen, wird nicht mehr durch Natur, sondern durch «Geschichte, als einer Welt der Vorsehung»[133], konstituiert. Der Kern dieser Umwandlung besteht darin, daß der griechische Begriff des Schicksals abgelöst wird durch den christlichen der Vorsehung. «Auch das Schicksal ist Vorsehung, aber im Realen angeschaut, so wie die Vorsehung das Schicksal ist, aber im Idealen angeschaut. Die ewige Nothwendigkeit offenbart sich in der Zeit der Identität mit ihr als Natur. So in den Griechen. Mit dem Abfall von ihr offenbart sie sich als Schicksal in herben und gewaltigen Schlägen. Um sich dem Schicksal zu entziehen, ist nur Ein Mittel, sich in die Arme der Vorsehung zu werfen. Dieß war das Gefühl der Welt in jener Periode der tiefsten Umwandlung (...). Da verloren die alten Götter ihre Kraft, die Orakel schwiegen, die Feste verstummten und ein bodenloser Abgrund voll wilder Vermischung aller Elemente der gewesenen Welt schien sich vor dem menschlichen Geschlecht zu öffnen. Ueber diesem finstern Abgrund erschien als das einzige Zeichen des Friedens und des Gleichgewichts der Kräfte das Kreuz (...) – zu einer Zeit, wo keine Wahl übrig blieb, an dieses Zeichen zu glauben.»[134] Durch das Christentum werden zwar die Kontingenzen beseitigt, durch die die Menschen nach ihrem Abfall von der Natur überwältigt zu werden drohten. War Prinzip der griechischen Mythologie «Darstellung des Unendlichen als solchen im Endlichen», so wird durch das Christentum «das Endliche ins Unendliche»[135] aufgenommen. Dadurch werden für die Menschen die Schrecken der Zufälligkeit und der Sinnlosigkeit gebannt; die Einheit mit der Natur jedoch bleibt verloren und damit auch ein in jedem Augenblick in sich erfülltes Dasein. In der antiken Mythologie ist «die Natur das Offenbare, die ideelle Welt ist das Geheime»; durch das Christentum «wird die ideelle Welt offenbar, und die Natur tritt ins Mysterium zurück»[136]. Auf den Bruch der Menschen mit der Natur, auf ihre Unfähigkeit, weiter das Unendliche im Endlichen zu erkennen, antwortet das Christentum durch die *Offenbarung* einer Wahrheit, die jenseits der Natur aufzusuchen ist. Weil die Natur nicht mehr Ort der Wahrheit ist, wird sie unerkennbar.

Die christliche Religion rettet die Menschen aus der chaotischen Vereinzelung, in die sie als Folge des Bruchs mit der Natur getrieben wurden; aber sie vermag das nur, indem sie diesen Bruch zu ihrer Voraussetzung macht und auf diese Weise ihn wenn nicht verewigt so doch bis zum Ende aller Geschichte aufrechterhält. Aus diesem Grunde ist das Christentum «seinem innersten Geist nach und im höchsten Sinne historisch (...); was die griechische Religion als ein Zumal hatte, hat das Christenthum als ein Nacheinander».[137] In dieser Konstruktion ist nicht nur der eigentliche Sinn von Schellings Forderung nach einer «neuen Mythologie» umschrieben, sondern auch schon die Antwort auf die Frage enthalten, ob das Christentum diese neue Mythologie aus sich hervorbringen könne. Der Sinn des Gedankens einer neuen Mythologie – und in dieser Perspektive erscheint dann allerdings auch die «Destruktion» von Geschichte durch das Prinzip der «Construktion» in einem anderen Licht – ist die Forderung nach einem Ende der Geschichte: das erfüllte «Zumal» soll nicht länger in ein historisches «Nacheinander» zerlegt werden, auch wenn dieses Nacheinander Heilsgeschichte (und daher «im höchsten Sinn» historisch) ist. In der Tat ist also «Destruktion» von Geschichte Schellings Perspektive; nicht jedoch zu dem Ziel, die Gebrechen der Gegenwart für alle Zeiten festzuhalten, sondern um die Wahrheit – sie ließe sich umschreiben als ein sinngesättigter Zustand, in dem die Entfremdung der Menschen von der Natur und damit auch von sich selbst aufgehoben wäre – aus einem transzendenten Gegenstand der Offenbarung zur selbstverständlichen Grundlage diesseitigen Lebens zu machen. Wahrheit und Leben (der Vorgriff auf die Lebensphilosophie, auch auf Vorstellungen, die der junge Lukács ein Jahrhundert später in dem Essayband «Die Seele und die Formen» entwickeln wird, ist nicht zu übersehen) wären in einem solchen Zustand des erfüllten «Zumal» nicht mehr durch den Abgrund der Geschichte voneinander getrennt, sondern gingen ineinander über.

In der Definition der Mythologie – sie ist «eine vollkommene Verendlichung des Unendlichen»[138] – ist enthalten, daß Christentum und Mythologie einander eigentlich ausschließen; denn im Christentum ist «das Endliche für sich selbst nichts, sondern nur, sofern es das Unendliche bedeutet», «unbedingte Hingabe an das Unermeßliche» ist hier «einziges Princip der Schönheit».[139] Daher sind die Engel auch nicht mit den Göttergestalten der antiken Mythologie zu vergleichen. Sie sind keine Naturwesen; da das Unendliche in ihnen keinen angemessenen Ausdruck zu finden vermag, bleibt auch ihre Individuation unvollkommen; anders als die griechischen Götter, für die, als Naturwesen, Unendlichkeit und Begrenzung kein Widerspruch ist, gehen die Gestalten der Engel ineinander über: es fehlt ihnen «durchgängig an der Begrenzung; selbst die obersten derselben fließen fast ineinander, und die ganze Masse ist, wie die Heiligenscheine mancher großer italienischer Maler, die in der Nähe genau betrachtet aus lauter kleinen Engelköpfen bestehen, fast breiartig. Es ist, als ob man dieses Zerfließen im Christenthum durch die einförmigste Thätigkeitsäußerung, die man ihnen geben konnte, nämlich das ewige Singen und Musiciren derselben Art, habe ausdrücken wollen.»[140]

Daher kann Schelling in der christlichen Bilderwelt nicht bereits die neue Mythologie sehen, die er als Grundlage für eine moderne Kunst fordert. Trotzdem ist es – insbesondere seit der Reformation – allein die katholische Kirche, die in der modernen Welt noch Spuren vergangener Mythologien aufbewahrt. Aus diesem Grunde kann sie, da der «Geist der neuen Welt» auf «Zerschlagung aller rein endlichen Formen»[141] ausgeht, noch am ehesten beanspruchen, das bedeutendste Merkmal einer «neuen Mythologie», Universalität, zu repräsentieren.[142]

Der Einwand liegt nahe, daß Schelling mit der Feststellung «Die Kirche ist als ein Kunstwerk zu betrachten»[143] (da in der «objektiven Welt» sich «keine andere Synthese dieser Art»[144] finde) eine zentrale Position der Aufklärung räume. In der Tat wird von der Vernunft nicht mehr erwartet, daß sie Universalität in absehbarer – geschichtlicher – Zeit hervorbringen werde; eine neue «Synthese» könne allenfalls entstehen «in der unendlichen Zeit, aber nicht gegenwärtig»[145]. Trotzdem kann dieser Einwand nur relative Gültigkeit beanspruchen. Denn nicht nur wird der Kirche nur eine Art Statthalterschaft im Hinblick auf eine künftige, die «neue Mythologie» auszeichnende Universalität zugeschrieben: «Der Katholicismus ist ein nothwendiges Element aller modernen Poesie und Mythologie, aber er ist sie nicht ganz und in den Absichten des Weltgeistes ohne Zweifel nur ein Theil davon»[146]; Schelling kann auch beanspruchen, mit diesen Überlegungen einen unentbehrlichen Beitrag zur Selbstreflexion der Aufklärung geleistet zu haben. «Bei dem großen, universellen Sinn der Kirche konnte ihr nichts fremd bleiben, nichts, was in der Welt gewesen, schloß sie von sich aus: sie konnte alles mit sich vereinigen. Vorzüglich von der Seite des Cultus (...) verstattete sie auch dem Heidenthum wieder den Eingang. Der katholische Cultus vereinigte die religiösen Gebräuche der ältesten Völker mit denen der spätesten, nur daß für die meisten in der Folgezeit der Schlüssel verloren gegangen ist.»[147] Schelling sieht die Universalität des katholischen Kultus als Antezipation einer künftigen «neuen Mythologie» an, weil in ihm auf sinnfällig-anschauliche Weise «semantische Energien»[148] auch aus vorchristlichen Schichten aufbewahrt sind. So wird in der modernen Welt paradoxerweise gerade durch die Religion, die ursprünglich den Bruch der Menschen mit der Natur zur Voraussetzung hatte, die Erinnerung an jenen Zustand der Ungeschiedenheit festgehalten. Käme diese Erinnerung gänzlich abhanden, so wäre zweifelhaft, ob eine mögliche Versöhnung der Menschen mit der Natur überhaupt noch gedacht werden könnte. Ähnliche Erwägungen mögen im übrigen Goethe veranlaßt haben, in den «Wahlverwandtschaften» auf katholisch getönte religiöse Symbole zurückzugreifen, obwohl er den katholisierenden Neigungen der Romantiker mit großer Skepsis gegenüberstand. Bei Goethe wie bei Schelling bedeutet der Rückgriff auf die symbolische Bilderwelt des Katholizismus den Versuch, eine als sinnvoll erfahrbare Einheit der Menschen mit der Welt in einem Augenblick zu retten, da diese Einheit endgültig zu zerbrechen droht.

Anders als Hegel, der in der völligen Verinnerlichung aller religiöser Gehalte durch die Reformation den entscheidenden Schritt auf dem Wege des Geistes zu sich selbst sieht, kritisiert Schelling, der Protestantismus habe nie dazu gelangen können, «sich eine äußerliche und wahrhaft objektive und endliche Gestalt zu geben»[149]; hier sind die Spuren getilgt, die auf eine künftige Versöhnung mit der Natur und der Sinnenwelt verweisen könnten. Das autoritäre Moment, das in diesem Akt der Befreiung des Geistes latent beschlossen ist, hat Schelling nicht übersehen: gegen den Protestantismus erhebt er den treffenden Einwand, «die nur zu bald eintretende Folge der Reformation» sei gewesen, «daß an die Stelle der alten Autorität eine neue, prosaische, buchstäbliche trat»[150]. Schelling kritisiert, daß sich mit dem Protestantismus eine Wendung anbahnt zur Unterwerfung unter den Begriff, der nichts gelten läßt, was nicht mit den abstrakten Gesetzen der Logik vereinbar ist.

Gegen eine unreflektierte Aufklärung, die in dem ungebrochenen Vertrauen auf den Begriff und auf die Vernunft nicht die Gewalt wiedererkennt, die die Menschen der Natur und damit auch sich selbst antun, verweist Schelling, wie Benjamin, auf jene «semantischen Energien», ohne die «die endlich folgenreich durchgesetzten Strukturen des praktischen Diskurses veröden»[151] müßten. Die «Philosophie der Kunst» ist im wesentlichen – und hierin besteht ihre Aktualität – Anstoß zur permanenten Selbstreflexion und Korrektur einer Rationalität, die dadurch blind zu werden droht, daß sie ausschließlich auf den Begriff vertraut, während sie das Moment der Anschauung, überhaupt alle vorbegriffliche Wahrnehmung, aus dem Erkenntnisprozeß hinausdrängt. Daß der Verstand «der Bilder bedürftig»[152] sei, und zwar in einem sehr viel umfassenderen Sinne, als Kant mit dieser Formulierung zugestand, wird von Schelling ins Zentrum seiner Philosophie der Kunst gerückt.

Bis die universale Mythologie sich ausgebildet haben wird, ist es dem einzelnen Künstler aufgegeben, den «ihm offenbaren Theil zu einem Ganzen zu bilden und aus dem Stoff derselben sich *seine* Mythologie zu schaffen»[153]. Erfüllt sieht Schelling diese Forderung in Calderóns «autos sacramentales», im «Don Quijote» des Cervantes und in Goethes «Faust». Den Widerspruch zwischen der Forderung nach einer universalen Mythologie und dem Zugeständnis, jeder Künstler solle sich zunächst seine «specielle» Mythologie schaffen, versucht er mit Hilfe des Geniebegriffs aufzulösen.

Das ist insofern konsequent, als das Genie, schon in der Funktion, die Kant ihm in der «Kritik der Urteilskraft» zuweist, den Bruch mit der Natur noch nicht vollzogen hat; nur hierdurch ist es möglich, daß nach Kant die Natur durch das Genie sich selbst die Gesetze gibt und daß Schelling nun dem Genie die Möglichkeit zuschreiben kann, im Vorgriff auf eine künftige universale Mythologie eine «specielle» Mythologie zu entwerfen. Hier ist der Punkt, an dem «Kritik der Urteilskraft» und «Philosophie der Kunst» ineinander überzugehen scheinen. Mit dem Unterschied, daß Kant das Genie rigoros einem gesellschaftlichen Gebot, der Forderung nach allgemeiner Mitteilbarkeit, unterstellt, während Schelling es in den Zusammenhang einer umfassenden Philosophie der Natur stellt; in der Naturphilosophie sieht er «die erste ferne Anlage jener künftigen Symbolik und derjenigen Mythologie (...), welche nicht ein Einzelner, sondern die ganze Zeit geschaffen haben wird»[154].

Naturphilosophische, nicht mehr geschichtsphilosophische Kategorien scheinen von nun an die Perspektive zu bestimmen, in der Ästhetik sich orientiert. Trotzdem läßt sich sagen, daß Schelling auf Geschichte nicht leichten Herzens und auch nicht in einer Weise verzichtet hätte, durch die die kunstphilosophische Reflexion für immer auf eine geschichtliche Perspektive hätte Verzicht leisten müssen. «Also: ehe die *Geschichte* uns die Mythologie als allgemeingültige Form wiedergibt, wird es immer dabei bleiben, daß das Individuum selbst sich seinen poetischen Kreis schaffen muß; und da das allgemeine Element des Modernen die Orginalität ist, wird das Gesetz gelten, daß gerade je origineller, desto universeller; wobei man von der Originalität nur die Particularität unterscheiden muß. Jeder originell behandelte Stoff ist eben dadurch auch universell poetisch.»[155] Wie Schelling für den Kultus der katholischen Kirche nicht nur um seiner selbst willen eintritt, sondern ihn als Antezipation der künftigen neuen Mythologie verstanden wissen will, so entspricht es keineswegs seiner Absicht, durch Naturphilosophie die geschichtsphilosophische Reflexion endgültig abzulösen. Gewiß kann der Gedanke einer neuen Mythologie nicht ohne Naturphilosophie entfaltet werden; gewiß bedeutete die Verwirklichung von Schellings Utopie als eines in sich sinngesättigten Zustandes auch das Ende der Geschichte: gleichwohl bleibt Schelling sich bewußt, daß die Herstellung dieses Zustandes weder dem Naturphilosophen noch dem Genie gelingen kann, sondern daß sie der Geschichte bedarf. Daß vorerst nur die Arbeit des Philosophen und des künstlerischen Genies auf die neue Mythologie verweist, läßt Schelling einzig aufgrund des Mangels einer gesellschaftsphilosophischen Perspektive, aus Not, nicht aus prinzipieller Geschichtsfeindschaft gelten: «denn noch scheint der Punkt der Geschichte, wo sich ihr Nacheinander in ein Zumal verwandeln wird, unbestimmbar weit entfernt, und was jetzt möglich ist, nur (...) daß jede überwiegende Kraft sich aus jedem Stoff, also auch aus dem der Natur, ihren mythologischen Kreis bilden kann, welches doch wiederum nicht ohne eine Synthese der Geschichte mit der Natur möglich seyn wird.»[156]

Kunst und Begriff
Die Historisierung der Ästhetik durch Hegel

Kant versucht in der «Kritik der reinen Vernunft», den Dualismus der cartesianischen Erkenntnistheorie, das unversöhnliche Auseinandertreten von Subjekt und Objekt in res cogitans und res extensa, dadurch zu überwinden, daß er dem erkennenden Subjekt in der Einheit der transzendentalen Apperzeption völlige Souveränität über die den Erkenntnisprozeß regulierende Gesetzgebung einräumt. Allerdings bleibt durch diese Konstruktion die Außenwelt völlig unbestimmbar: konsequent gelangt Kant zu der Konzeption eines prinzipiell unerkennbar bleibenden Dinges an sich. Der Außenwelt starr entgegengesetzt ist das apriorische Funktionieren des Verstandes, der ihr seine Gesetzlichkeit aufprägt, ohne daß sich auch nur die Möglichkeit eines Vermittlungsprozesses ergäbe; es liegt auf der Hand, daß in dieser Konstruktion die Anschauung keinen systematischen Ort haben kann – der Verstand bleibt in Kants Erkenntnistheorie blind.

In der Nachfolge Kants muß es daher zunächst darum gehen, den Dualismus von Subjekt und Objekt, den zu relativieren schon Ziel der «Kritik der Urteilskraft» war, endgültig zu beseitigen und damit der Anschauung eine systematisch abgesicherte Position zurückzugewinnen. Sinnliche Anschauung, intellektuelle Anschauung und Begriff werden von Fichte mit dem Ziel unterschieden, sie als dialektische Momente einer Einheit erkennbar werden zu lassen. Fichte bleibt jedoch insofern Kant verpflichtet, als die wesentliche Tätigkeit des Ichs bei ihm darin besteht, sich die Außenwelt, das Nicht-Ich, zu unterwerfen – ein Prozeß, der prinzipiell unabschließbar ist, «denn in der Aufhebung des Nicht-Ich wäre das Ich selbst, das seine Bestimmtheit nur im Bestimmtsein durch das Nicht-Ich hat, aufgehoben»[1]. Der Fichteschen Konzeption ist daher die Anschauung, der ein abschlußhaftes Moment, ein zur Ruhe Kommen in einem befriedeten Zustande wesentlich ist, inkommensurabel.

Keine Anschauung ohne Versöhnung von Subjekt und Objekt. Diese muß mißlingen, solange das Ich, indem es sich die Außenwelt unterwirft, immer nur sich selbst erkennt, ohne diese Erkenntnis jemals objektivieren und damit abschließen zu können. Damit ist genau das Schicksal des Subjekts im kapitalistischen Produktionsprozeß, das in einer ebenso losgelassenen wie ziellosen Dynamik sich selbst, im Wortsinne, aus den Augen verliert, bezeichnet; um so dringlicher muß die Suche nach einer Instanz werden, durch die dieser end- und sinnlose Prozeß sich anhalten läßt.

Diese Instanz kann keine andere als das Kunstwerk sein; nur was im Kunstwerk erscheint, gerät nicht sofort, wie Kant schon ausgeführt hatte, in den Sog des Begehrungsvermögens. Aus dieser Konstellation erklären sich die unerhörten Erwartungen, die um die Jahrhundertwende in die Kunst gesetzt werden (umso provozierender mußte dann auf die Zeitgenossen Hegels Prophezeiung des Endes, zumindest des Substanzverlusts der Kunst wirken). «Das Kunstwerk nur reflektirt mir, was sonst durch nichts reflektirt wird, jenes absolut Identische, was selbst im Ich schon sich getrennt hat; was also der Philosoph schon im ersten Akt des Bewußtseins sich trennen läßt, wird, sonst für jede Anschauung unzugänglich, durch das Wunder der Kunst aus ihren Produkten zurückgestrahlt.»[2] Schellings Verdienst ist es, gegen Fichte daran erinnert zu haben, daß der «Trieb zu produciren» nicht Selbstzweck sein kann; ihn stillzustellen, bedarf es der ästhetischen Anschauung: «so wird das Gefühl, was jene Anschauung begleitet, das Gefühl einer unendlichen Befriedigung seyn. Aller Trieb zu produciren steht mit der Vollendung des Produkts stille, alle Widersprüche sind aufgehoben, alle Räthsel gelöst.»[3]

Trotzdem läßt sich Kuhns These, daß die Kunst, bei Schelling «Organon» der Philosophie, bei Hegel nur noch ihr «Dokument» sei, nicht ohne Einschränkung aufrecht erhalten. Denn die Kunst bringt keineswegs, wie Kuhn meint, bei Schelling «die Versöhnung tatsächlich hervor»[4], sie bringt lediglich zur Anschauung, bestätigt, «dokumentiert», was der Philosoph abstrakt schon weiß. Insofern jede Erkenntnis, um zur Evidenz zu gelangen, der zum Begriff hinzutretenden Anschauung bedarf, *vollendet* die Kunst die Erkenntnis der Identität von Subjekt und Objekt, aber sie *begründet* sie nicht. Die Kunst ist «Organon», Werkzeug, in dem Sinne, daß sie die Identität von Subjekt und Objekt *sichtbar* werden läßt; wozu die Philosophie, die es nur mit «Ideen» zu tun hat, nicht in der Lage ist. Die Versöhnung tatsächlich hervorzubringen, hieße dagegen nichts Geringeres, als den «Sinn» zu geben, den, wie Schelling in der «Philosophie der Kunst» ausdrücklich bemerkt, «nur ein Gott»[5] geben könnte. Die umstandslose Zuordnung der Begriffe – «Organon» zu Schelling, «Dokument» zu Hegel – kann nur deshalb auf den ersten Blick einige Plausibilität beanspruchen, weil die Tatsache, daß die Versöhnung von Subjekt und Objekt hier wie dort vorausgesetzt wird, bei Hegel weniger offenkundig von Glaubensinhalten abhängig ist. Was Schelling nur in der begriffslosen Anschauung konstruiert habe, das wird – so die übliche Bezeichnung des Fortschritts, den Hegel über Schelling hinaus vollzogen habe – erst von Hegel in die Immanenz hereingeholt: durch den Begriff.

So entschieden Hegel gegen Schelling die Auffassung vertritt, daß das Absolute begrifflich zu erfassen sei – man möge es nicht mit der «Nacht» verwechseln, «worin, wie man zu sagen pflegt, alle Kühe schwarz sind»[6] –, so wenig kommt es ihm in den Sinn, am Absoluten als der bereits – und zwar unabhängig vom Begriff – vollzogenen Versöhnung jemals auch nur im geringsten zu zweifeln. Das Absolute, bemerkt Hegel bereits in der Differenzschrift, «das Ziel, das gesucht wird (...) ist schon vorhanden, – wie könnte es sonst gesucht werden? Die Vernunft producirt es nur, indem sie das Bewußtseyn von den Beschränkungen befreit».[7] Allerdings tritt die Tatsache, daß auch Hegel eine Setzung vornimmt, dadurch in den Hintergrund, daß bei ihm religiöse Bilderwelt und theologische Terminologie zurücktreten zugunsten der Behauptung, daß das Absolute sich als die die Geschichte prägende Vernunft offenbare. «Daß in den Begebenheiten der Völker ein letzter Zweck das Herrschende, daß Vernunft in der Weltgeschichte ist, – nicht die Vernunft eines besondern Subjekts, sondern die göttliche, absolute Vernunft, – ist eine Wahrheit, die wir *voraussetzen;* ihr Beweis ist die Abhandlung der Weltgeschichte selbst: sie ist das Bild und die Tat der Vernunft.»[8] Hierdurch wird suggeriert, die religiös-metaphysische Gebundenheit Schellings sei überwunden, während in Wahrheit ohne den «christlich-theologischen Hintergrund, den Hegel aus seinen Jahren im Tübinger Stift mitgebracht hatte», eine solche Voraussetzung überhaupt «nicht zu verstehen»[9] wäre. Insofern ist die Differenz zwischen dem Ansatz Schellings und dem Hegels geringer als sie auf den ersten Blick zu sein scheint, und man könnte sogar geneigt sein, Schelling insofern gegen Hegel auszuspielen, als bei ihm wenigstens nicht unklar bleibt, daß die Versöhnung von bestimmten – theologischen – Voraussetzungen abhängt, während Hegel den Eindruck zu erwecken versucht, sie sei der Geschichte immanent.

Daher kommt es, daß noch der reichsten Dialektik Hegels ein Moment der Spiegelfechterei eigentümlich ist, wie sie in einer Parabel von Franz Kafka, «Die Wahrheit über Sancho Pansa», gestaltet ist:

«Sancho Pansa, der sich übrigens dessen nie gerühmt hat, gelang es im Laufe der Jahre, durch Beistellung einer Menge Ritter- und Räuberromane in den Abend- und Nachtstunden seinen Teufel, dem er später den Namen Don Quixote gab, derart von sich abzulenken, daß dieser dann haltlos die verrücktesten Taten aufführte, die aber mangels eines vorbestimmten Gegenstandes, der eben Sancho Pansa hätte sein sollen, niemandem schadeten.

Sancho Pansa, ein freier Mann, folgte gleichmütig, vielleicht aus einem gewissen Verantwortlichkeitsgefühl, dem Don Quixote auf seinen Zügen und hatte davon eine große und nützliche Unterhaltung bis an sein Ende.»[10]

Der Eindruck ist nicht ganz abwegig, daß, wie Sancho Pansa den scharfsinnigen Junker, so Hegel den Begriff auf allerlei dialektische Abenteuer ausschickt mit der Mission, überall in der Welt für eine vernünftige Ordnung zu sorgen; während der Weltgeist, die vorausgesetzte Vernunft in der Geschichte, diesen Kreuz- und Querzügen mit einigem Interesse zwar folgt, sich aber durch diese Umtriebe keinen Augenblick lang ernsthaft in Frage gestellt zu fühlen braucht.

Dieser Hintergrund ist es, vor dem häufig die glanzvolle Souveränität von Hegels Argumentation allererst möglich wird; so bei der Rechtfertigung des ästhetischen Scheins, dessen Wahrheit, wie Adorno zu Recht betonen wird, «nur vom Gehalt als einem vom Schein Verschiedenen» denkbar ist; «aber kein Kunstwerk», fährt Adorno fort, «hat den Gehalt anders als durch den Schein, in dessen eigener Gestalt»[11]. Eben dies: daß der Wahrheitsgehalt des Kunstwerks ausschließlich im ästhetischen Schein, unabgesichert durch eine ihm vorausgehende Wahrheit aufzusuchen sei, hätte Hegel bedingungslos zurückgewiesen. Nur vordergründig wird der Wahrheitsgehalt des Kunstwerks vom ästhetischen Schein abhängig gemacht: «Denn das Schöne hat sein Leben in dem *Scheine*.»[12] Der geläufige Einwand, «nicht der Schein und die Täuschung, sondern nur das Wahrhafte vermag das Wahrhafte zu erzeugen»[13], könnte, meint Hegel mit unbeirrbarer Sicherheit, nur dann Geltung beanspruchen, «wenn der Schein als das Nichtseynsollende dürfte angesprochen werden. Doch der *Schein* selbst ist dem *Wesen* wesentlich, die Wahrheit wäre nicht, wenn sie nicht schiene und erschiene (...). Den Schein und die Täuschung dieser schlechten, vergänglichen Welt nimmt die Kunst von jenem wahrhaften Gehalt der Erscheinungen fort, und giebt ihnen eine höhere geistgeborene Wirklichkeit. Weit entfernt also bloßer Schein zu seyn, ist den Erscheinungen der Kunst, der gewöhnlichen Wirklichkeit gegenüber, die höhere Realität und das wahrhaftigere Daseyn zuzuschreiben.»[14] Ihre Souveränität ist dieser Argumentation nicht immanent: sie hat ihre Voraussetzung in der Gesamtheit des Hegelschen Systems. Damit im ästhetischen Schein keine bloße Illusion, sondern das Wesen selbst zum Ausdruck komme, müssen zwei Bedingungen erfüllt sein: nicht nur muß unterstellt werden, daß die Welt gemäß dem vernünftigen Begriff strukturiert sei, es muß darüberhinaus auch angenommen werden, daß die Kunstwerke «eine Entwickelung des Begriffs aus sich selber, eine Entfremdung zum Sinnlichen hin»[15] sind. Hegel selbst betont, daß er in der Ästhetik zwar mit dem Begriff der Kunst einsetzt, ihn jedoch nicht aus seinen Voraussetzungen ableitet. «Indem wir nun aber von der Kunst anfangen, ihren Begriff und dessen Realität, nicht aber das ihrem eigenen Begriff zufolge ihr Vorangehende in seinem Wesen abhandeln wollen, so hat die Kunst für uns als besonderer wissenschaftlicher Gegenstand eine Voraussetzung, die außerhalb unserer Betrachtung liegt, und (...) einer anderen philosophischen Disciplin angehört.»[16] Diese andere Disziplin ist die Metaphysik, die bei Hegel deshalb die Bezeichnung «Logik» führt, weil in ihr das Verhältnis von Begriff und Realität abgehandelt wird.

Im Kapitel über das Kunstschöne polemisiert Hegel gegen die Meinung, «das Schöne ließe sich überhaupt (...) nicht in Begriffe fassen, und bleibe daher für das Denken ein unbegreiflicher Gegenstand. Auf solche Behauptung ist (...) zu erwiedern, daß wenn auch heutiges Tages alles Wahre für unbegreiflich und nur die. Endlichkeit der Erscheinung und die zeitliche Zufälligkeit für begreiflich ausgegeben wird, gerade das Wahre allein schlechthin *begreiflich* ist, weil es den absoluten *Begriff* und näher die Idee zu seiner Grundlage hat. Die Schönheit aber ist nur eine bestimmte Weise der Aeußerung und Darstellung des Wahren, und steht deshalb dem begreifenden Denken, wenn es wirklich mit der Macht des Begriffes ausgerüstet ist, durchaus nach allen Seiten hin offen. Freilich ist es in neuerer Zeit *keinem* Begriffe schlechter gegangen als dem Begriffe selber, dem *Begriffe* an und für sich, denn unter Begriff pflegt man gewöhnlich eine abstrakte Bestimmtheit und Einseitigkeit des Vorstellens oder des verständigen Denkens zu verstehen, mit welcher natürlich weder die Totalität des Wahren, noch die in sich konkrete Schönheit denkend kann zum Bewußtseyn gebracht werden.»[17] Daß der Begriff und das Kunstwerk kompatibel sind, ja: daß das Kunstwerk erst im Begriff sich erfülle, unterliegt für Hegel keinem Zweifel. Die Vereinbarkeit von Kunstwerk und Begriff, die der Definition des Schönen als dem «sinnlichen Scheinen der Idee» zugrunde liegt (die Idee ist die Einheit des Begriffs und der Objektivität[18]), ist nicht nur die Bedingung der Möglichkeit von philosophischer Ästhetik überhaupt, sie bedeutet auch die endgültige Wendung von einer Ästhetik des Geschmacks zu einer des Gehalts. Durch die Bindung des Kunstwerks an den Begriff und damit an die Geschichte wird es einerseits möglich, in der Entwicklung der Kunst den Emanzipationsprozeß menschlicher Subjektivität eindrucksvoll und in systematischer Geschlossenheit nachzuzeichnen; andererseits – und dies ist der Preis, der für die Historisierung der ästhetischen Kategorien zu entrichten ist – hört mit der Wendung zu einer Ästhetik des begrifflich fixierbaren Gehalts das einzelne Subjekt auf, bei der Konstituierung der ästhetischen Wahrheit eine Rolle zu spielen. Daß das Schöne erst im Gefühl von Lust und Unlust, im freien Spiel der Erkenntniskräfte sich vollende, ist eine

Vorstellung, die in diesem System der Künste keinen Platz hat. Das Subjekt, das anhand der Hegelschen Ästhetik seine eigene Geschichte im Medium der Kunst verfolgen kann, muß zugleich zur Kenntnis nehmen, daß von ihm selbst, von seiner «Subjektivität», nicht das Geringste abhängt. Daß die Kunstwerke durch Hegels System der Künste in einem noch nicht dagewesenen Ausmaß *verständlich* werden, hat zur Folge, daß sie schließlich *verstanden sind:* damit hören sie auf, ein Medium der Erkenntnis, ein Prozeß der lebendigen Vermittlung von Subjekt und Objekt zu sein.

Der Begriff in Natur und Geschichte

Hegels Ästhetik steht und fällt – zwar nicht in jeder einzelnen Einsicht, wohl aber in ihrem systematischen Aufbau – mit dem Anspruch seiner Philosophie, die Vernunft in der Geschichte und damit die bereits vollzogene Versöhnung aufzuzeigen. Obwohl Hegel ungleich mehr Gewicht darauf legt, die Vernunft in der Geschichte nachzuweisen als in der Natur, muß er doch davon ausgehen, daß der Begriff nicht nur ein Produkt des Geistes, sondern bereits in der Natur angelegt sei: die Dialektik darf sich nicht nur als Produkt des menschlichen Geistes präsentieren – dann wäre sie nur eine «Methode» –, sondern sie muß, als «Realdialektik», bereits in der Natur nachzuweisen sein.[19] Allerdings sind Hinweise auf diese «Dialektik der Natur» verhältnismäßig selten; in der Hothoschen Ausgabe der «Vorlesungen über die Ästhetik» fehlen sie ganz. Als Beleg für die bereits in der Natur angelegte Dialektik muß Szondi eine Passage heranziehen, die sich nur in der Lassonschen Ausgabe der Ästhetik findet; hier exemplifiziert Hegel die «Konkretheit» des Begriffs am Keim des Baumes: «Im Keime, diesem ganz kleinen Punkte, (...) in dieser Einheit, in der noch nichts zu unterscheiden ist (...), sind alle Bestimmungen enthalten, die der Baum zeigen wird. Der ganze Baum ist im Keim auf ideelle Weise erst an sich. Entwickelt sich der Keim zum Baume, so ist das die Realität des Keims. Der Keim ist der Begriff, der Baum die Realität. Der ganze Begriff des Baumes ist schon der Keim; der Baum ist nichts andres als die Explikation des Begriffs, Identität des Begriffs und der Realität.»[20] Es ist kein Zufall, daß der einzige Beleg, der sich in der Ästhetik für die Anwesenheit des Begriffs in der Natur finden läßt, beinahe apokryph ist. Wie das Naturschöne von Hegel nur widerwillig in die ästhetische Reflexion einbezogen wird, so erscheint auch der Nachweis, daß auch in der Natur als dem «Anderen des Geistes» die Dialektik des Begriffs angelegt sei, als bloße Pflichtübung.

Viel größeres Gewicht bei dem Versuch, die Voraussetzung, auf der sein

System beruht, als begründet erscheinen zu lassen, mißt Hegel der Geschichte zu; der Verlauf der Geschichte selbst soll Beweis der sie prägenden Vernunft sein. Die «Vorlesungen über die Philosophie der Geschichte», 1837 von Eduard Gans herausgegeben, folgen den Nachschriften der Kollegs, die Hegel in den Jahren 1822 bis 1831 in Berlin hielt. Da die Kolleghefte, nach denen Hotho die Vorlesungen zur Ästhetik herausgab, im wesentlichen auf die Jahre 1823 und 1826 zurückgehen, kann davon ausgegangen werden, daß die geschichtsphilosophischen Prämissen beider Vorlesungszyklen, insbesondere der entscheidende Begriff der Versöhnung, identisch sind. Die Vorlesungen zur Ästhetik und die zur Philosophie der Geschichte können also aufeinander bezogen werden.

Das letzte Kapitel der «Philosophie der Geschichte», «Die Aufklärung und Revolution», leitet Hegel mit der Überlegung ein, daß in der «protestantischen Religion» «das Princip der Innerlichkeit mit der religiösen Befreiung und Befriedigung in sich selbst»[21] sich durchgesetzt habe; vorbereitet worden sei diese Entwicklung bereits durch die jesuitische Casuistik, denn diese trat in «unendliche Untersuchungen ein, so weitläufig und spitzfündig, als ehemals in der scholastischen Theologie, über das Innerliche des Willens und die Beweggründe desselben»[22]. Die zunächst befremdlich wirkende Affinität von Protestantismus und jesuitischer Casuistik sieht Hegel darin begründet, daß hier wie dort eine Hinwendung zur Innerlichkeit, zur Erforschung der eigenen Subjektivität stattgefunden habe: eine Wendung zum reinen Denken. «In dieser Dialektik, wodurch alles Beondere wankend gemacht wurde, indem das Böse in Gutes und das Gute in Böses verkehrt wurde, blieb zuletzt nichts übrig, als die reine Thätigkeit der Innerlichkeit selbst, das Abstracte des Geistes, – das *Denken*.»[23] Gerade in der scheinbaren Erneuerung der *Religion* durch die Reformation vollzieht sich also bereits der entscheidende Schritt hin zur Durchsetzung der *Philosophie*, der höchsten Form des absoluten Geistes, die Kunst und Religion in sich aufhebt. Zwar bleibt, wie Hegel einräumt, in «der vormaligen scholastischen Theologie» wie «auch in der protestantischen Theologie» «der eigentliche Inhalt, die Lehre der Kirche ein Jenseits»[24]. Aber in der Hinwendung zur eigenen Innerlichkeit, und geschehe sie auch in religiöser Absicht, macht doch der Mensch sich das eigentliche Medium des Geistes gefügig: das Denken, das keiner übergeordneten Autorität, nur der eigenen Innerlichkeit rechenschaftspflichtig ist: «im Denken ist das Selbst sich präsent, sein Inhalt, seine Objecte sind ihm ebenso schlechthin gegenwärtig; denn indem ich denke, muß ich den Gegenstand zur Allgemeinheit erheben. Das ist schlechthin die absolute Freiheit, denn das reine Ich ist, wie das reine Licht, schlechthin bei sich (...). Das praktische Interesse gebraucht die Gegenstände, verzehrt sie: das theoretische betrachtet sie mit der Sicherheit, daß sie an sich nichts Verschiedenes sind.»[25] Im Denken ist bereits die Versöhnung von Subjekt und Objekt, wenn nicht konkret vollzogen, so doch der Möglichkeit nach angelegt. Denn allein schon dadurch, daß die Dinge *gedacht* werden können, erweisen sie sich als nicht verschieden von der eigenen Innerlichkeit. «So ist das Gegenüber auch nicht mehr ein Jenseits, nicht von andrer substantieller Natur.»[26] Indem es sie denkt, erhebt das Subjekt die Objekte zur Allgemeinheit, es löst sie aus ihrer Faktizität und macht sie sich verfügbar.

«Versöhnung» in der Geschichte

Es kann kein Zweifel sein, daß der Begriff der Versöhnung an dieser Stelle abstrakt bleibt. Selbst wenn vorausgesetzt wird, daß die Differenz von Subjekt und Objekt durch das Denken tatsächlich beseitigt sei, so bleibt doch fraglich, ob wirklich von «Versöhnung» die Rede sein kann; oder ob nicht eher das Subjekt sich die Außenwelt ohne viel Federlesens unterwirft. Das Denken «enthält die Versöhnung in ihrer ganz reinen Wesenheit, indem es an das Aeußerliche mit der Anforderung geht, daß es dieselbe Vernunft in sich habe, als das Subject. Der Geist erkennt, daß die Natur, die Welt auch eine Vernunft an ihr haben müsse, denn Gott hat sie vernünftig geschaffen.»[27] Gewiß ist damit der Dualismus von theoretischer und praktischer Vernunft, bei dem Kant angeblich stehengeblieben war, beseitigt. Was jedoch Kant – bei durchaus ungewissem Ausgang – durch mühsame Vermittlungsarbeit nachzuweisen trachtete: daß die menschliche Vernunft vielleicht doch nicht ohne alle Entsprechung in der Außenwelt zu bleiben braucht, wird von Hegel im Handstreich und per Dekret erledigt. Das Subjekt richtet die «Anforderung» an die Außenwelt, sie habe der Vernunft gemäß strukturiert zu sein, denn schließlich – so leicht glaubt Hegel auch nach Kant es sich machen zu können – sei sie von Gott vernünftig geschaffen worden.

Immerhin behauptet selbst Hegel nicht, daß mit der Durchsetzung des reinen Denkens die Versöhnung von Subjekt und Objekt bereits abgeschlossen sei. Durch die subtile Aufspaltung der Begriffe habe die scholastische Theologie dem Denken den Weg geebnet; zum Bewußtsein seiner selbst gelange es erst mit Descartes. «Gegen den Glauben auf Autorität ist die Herrschaft des Subjects durch sich selbst gesetzt worden, und die Naturgesetze wurden als das einzig Verbindende des Aeußerlichen mit Aeußerlichem anerkannt. So wurde allen Wundern widersprochen: denn die

Natur ist nun ein System bekannter und erkannter Gesetze; der Mensch ist zu Hause darin, und nur das gilt, worin er zu Hause ist; er ist frei durch die Erkenntniß der Natur.»[28] Auch hier bleibt die Bestimmung von Freiheit noch formell. Kaum ist die Feststellung, die Naturgesetze seien «das einzig Verbindende des Aeußerlichen mit Aeußerlichem», mit der Behauptung, die Menschen seien hierdurch dazu gelangt, in der Welt «zu Hause» zu sein, zu vereinbaren. Gewiß vermag erst die Kenntnis der Naturgesetze die Menschen von magischen Vorstellungen zu befreien; insofern sind sie tatsächlich die Voraussetzung dafür, daß die Menschen in der Welt sich «zu Hause» fühlen können. Andererseits dürfte es Hegel kaum entgangen sein, daß durch die Kenntnis der Naturgesetze die Menschen zwar von den alten Autoritäten sich zu lösen vermögen, daß sie nun aber ihrerseits uneingeschränkte Herrschaft über die Natur ausüben. Das Signal, mit dem Hegel auf Versöhnung verweist, die Formulierung «zu Hause sein», wirkt daher wenig überzeugend. Denn nicht ohne Grund pflegt Hegel mit diesem Ausdruck vorzugsweise die Leistung der Kunst zu beschreiben, weil es die ästhetische Wahrnehmung ist, durch die Subjekt und Objekt aus ihrer wechselseitigen Abhängigkeit befreit werden.

Der Erforschung der Naturgesetze entspricht im politischen Bereich die Erkenntnis, daß Recht und Sittlichkeit «auf dem präsenten Boden des Willens des Menschen gegründet» sind, während sie «früher nur als Gebot Gottes, äußerlich auferlegt, im alten und neuen Testament geschrieben, oder in Form besonderen Rechts (...), als Privilegien»[29], vorhanden waren. Die gleiche Schlüsselstellung, die Descartes für die Naturwissenschaften zukomme, sei der Politik Friedrichs II. zuzuschreiben: er sei der erste Regent gewesen, der «den allgemeinen Zweck des Staats denkend gefaßt (...), das Allgemeine im Staate» festgehalten «und das Besondere, wenn es dem Staatszwecke entgegen war, nicht weiter gelten» gelassen habe. «Sein unsterbliches Werk ist ein einheimisches Gesetzbuch, das Landrecht.»[30] Damit ist, nach Hegels Auffassung, der Inhalt der Aufklärung in seinen Grundzügen erfaßt. «Diese so auf das gegenwärtige Bewußtseyn gegründeten allgemeinen Bestimmungen, die Gesetze der Natur und den Inhalt dessen, was recht und gut ist, hat man *Vernunft* genannt. *Aufklärung* hieß man das Gelten dieser Gesetze.»[31] Der Absolutismus ist für Hegel die der Aufklärung angemessene Staatsform, weil er dazu beitrug, die Macht der alten Autoritäten, insbesondere der Kirche, über den Staat zu brechen. In der Tat war nach den verheerenden Auswirkungen der europäischen Religionskriege der Absolutismus historisch legitimiert, weil er die partikularen Interessen, in die die Autorität des alten, einheitlichen Glaubens dissoziiert war, der einheitlichen Vernunft des Staates, der «Staatsraison», unterwarf.

Trotzdem kann kein Zweifel sein, daß im Zeitalter des Absolutismus von der Versöhnung von Allgemeinem und Besonderem noch nicht die Rede sein kann; Hegel selbst hebt hervor, daß, wenn auch das Denken in seiner Allgemeinheit sich bereits in den Naturwissenschaften und in der Sphäre des Rechts durchgesetzt habe, es gleichwohl noch im Stande von bloß abstrakter Allgemeinheit verharre: mit diesem noch abstrakten Prinzip werde «dem lebendigen Geist, dem concreten Gemüth nicht genügt»[32]. Die Aufklärung ist eine Epoche des Übergangs; sie bereitet «das letzte Stadium der Geschichte» vor, «unsere Welt, (…) unsere Tage»[33]. Da Hegel die eigene Gegenwart als Vollendung der Aufklärung versteht, muß er nachweisen, daß deren abstrakte Gestalt, der Absolutismus, ohne Rest überwunden, die abstrakte Allgemeinheit des Denkens und der Vernunft konkret geworden seien.

Der bedeutsamste Versuch, den Absolutismus zu überwinden, ist in Deutschland die Philosophie Kants. Sie hat nach Hegels Auffassung zwar die «einfache Einheit des Selbstbewußtseyns, Ich», als «die undurchbrechbare, schlechthin unabhängige Freiheit»[34] begründet, indessen sei Kant nur dazu gelangt, «das Recht nur um des Rechts, die Pflicht nur um der Pflicht willen»[35] zu fordern. Hegel bezeichnet daher den von Kant unternommenen Versuch als «formell» – was den Schluß nahelegt, daß die Französische Revolution der substantiellere Versuch war, das abstrakte Vernunftprinzip zu konkretisieren.

Die Frage nach der Konkretisierung der Vernunft in Hegels Gegenwart schließt also ein doppeltes Problem ein. Zunächst muß die Frage beantwortet werden, wie es dazu kommen konnte, daß «nur die Franzosen und nicht auch die Deutschen auf das Realisiren» der Vernunft «losgegangen»[36] seien – angesichts von Hegels Beweisziel ein heikles Unternehmen. Hegel muß nachweisen, daß trotz der ausgefallenen Revolution in Deutschland die Vernunft sich gleichwohl nachhaltiger durchgesetzt habe als in Frankreich. Er behilft sich, indem er gleichsam die Marxische Forderung, der philosophischen Interpretation der Welt ihre praktische Veränderung folgen zu lassen, vorwegnimmt und sie zugleich, indem er sie als bereits erfüllt hinstellt, überbietet. Gewiß sei, darauf läuft seine Argumentation hinaus, die Philosophie Kants «formeller» gewesen als die Französische Revolution: trotzdem habe die Vernunft sich vollständig nur in Deutschland durchsetzen können, da ihr hier durch die Reformation schon der Boden bereitet worden sei. Die Reformation habe in Deutschland einem gewaltsamen Umsturz die Notwendigkeit entzogen; die Vernunft habe mithin in der Philosophie «formell» bleiben können, da sie bereits durch die Reformation konkret geworden sei. «Dem formellen Principe der Philosophie in

Deutschland nämlich steht die concrete Welt und Wirklichkeit mit innerlich befriedigtem Bedürfniß des Geistes und mit beruhigtem Gewissen gegenüber. Denn es ist einerseits die *protestantische Welt* selbst, welche so
weit im Denken zum Bewußtseyn der absoluten Spitze des Selbstbewußtseyns gekommen ist, und andrerseits hat der Protestantismus die Beruhi-
gung über die sittliche und rechtliche Wirklichkeit in der *Gesinnung,* welche selbst, mit der Religion eins, die Quelle alles rechtlichen Inhalts im
Privatrecht und in der Staatsverfassung ist. In Deutschland war die Aufklärung auf Seiten der Theologie: in Frankreich nahm sie sogleich eine Richtung gegen die Kirche. In Deutschland war in Ansehung der Weltlichkeit
schon Alles durch die Reformation gebessert worden, jene verderblichen
Institute der Ehelosigkeit, der Armuth und Faulheit waren schon
abgeschafft, es war kein todter Reichthum der Kirche und kein Zwang
gegen das Sittliche, welcher die Quelle und Veranlassung von Lastern ist,
nicht jenes unsägliche Unrecht, das aus der Einmischung der geistlichen
Gewalt in das weltliche Recht entsteht, noch jenes andre der gesalbten
Legitimität der Könige, d. i. einer Willkür der Fürsten, die als solche (...)
göttlich, heilig seyn soll; sondern ihr Wille wird nur für ehrwürdig gehalten, insoweit er mit Weisheit das Recht, die Gerechtigkeit und das Wohl des
Ganzen will. So war das Princip des Denkens schon so weit versöhnt».[37]
Hegel vertritt also, um das Ausbleiben der bürgerlichen Revolution in
Deutschland zu begründen, allen Ernstes die Auffassung, daß dank der
Reformation die Wirklichkeit alle politischen wie philosophischen Entwürfe bereits hinter sich gelassen habe. Von der Beweisnot, in die er hierbei
gerät, legt die Dürftigkeit der angeführten Beispiele beredtes Zeugnis ab.
Die Abschaffung des Zölibats durch den Protestantismus muß als Meilen-
stein an dem Wege des Weltgeistes gefeiert werden; der Stolz des bürgerlichen Unternehmers, der kein totes Kapital duldet, wird unfreiwillig paro-
diert mit dem Hinweis, daß infolge der Reduzierung der Klöster es «keinen
todten Reichthum der Kirche» mehr gebe. Schließlich schreckt Hegel – als
hätte es Lessings Auseinandersetzung mit der protestantischen Orthodoxie
in der Gestalt des Hauptpastors Goeze nicht gegeben – nicht einmal davor
zurück, die Tatsache, daß in Deutschland die Aufklärung in der Tat schon
frühzeitig ihren Frieden mit den überkommenen Autoritäten geschlossen
hatte, zum Beweis der Fortschrittlichkeit der deutschen Verhältnisse heranzuziehen.

Es ist ein beklagenswertes Schauspiel, wie hier ein Philosoph das sacri-
ficium intellectus bringt, um die Vollendung des eigenen Systems und die
Vollendung der Geschichte zusammenfallen zu lassen. Die Einschränkung
des Denkens, die Hegel bei der Beschreibung der deutschen Entwicklung

sich selbst auferlegt, wird besonders deutlich im Vergleich mit den unmittelbar folgenden Passagen, in denen er, des Zwanges zur ideologischen Rechtfertigung der deutschen Verhältnisse ledig, sich der Analyse der vorrevolutionären Zustände in Frankreich zuwendet, und hier nun allerdings zu Ergebnissen gelangt, die der historischen Realität genau entsprechen: «Der ganze Zustand Frankreichs in der damaligen Zeit ist ein wüstes Aggregat von Privilegien gegen alle Gedanken und Vernunft überhaupt (...) – ein Reich des Unrechts, welches mit dem beginnenden Bewußtseyn desselben schaamloses Unrecht wird. (...) Man sah, daß die dem Schweiße des Volkes abgepreßten Summen nicht für den Staatszweck verwendet, sondern aufs unsinnigste verschwendet wurden. Das ganze System des Staats erschien als Eine Ungerechtigkeit. Die Veränderung war nothwendig gewaltsam, weil die Umgestaltung nicht von der Regierung vorgenommen wurde.»[38] Ohne Umschweife benennt Hegel hier die wichtigste Ursache für den Sturz des Ancien Régime, die im Vergleich mit der kapitalistischen Einnahmewirtschaft veraltete Ausgabenwirtschaft des Absolutismus. Auch der Ton, den er hier anschlägt, ist ein ganz anderer als bei seinen gewundenen Verlautbarungen zu den Verhältnissen in Deutschland; es ist, als drängten für einen Augenblick wieder die alten jakobinischen Tendenzen an die Oberfläche, die Hegel einst, während seiner Zeit im Tübinger Stift, verfolgt hatten: «Der Gedanke, der Begriff des Rechts machte sich mit *einemmale* geltend, und dagegen konnte das alte Gerüste des Unrechts keinen Widerstand leisten. (...) So lange die Sonne am Firmamente steht und die Planeten um sie herum kreisen, war das nicht gesehen worden, daß der Mensch sich auf den Kopf, das ist auf den Gedanken stellt, und die Wirklichkeit nach diesem erbaut. (...) Es war dieses somit ein herrlicher Sonnenaufgang. Alle denkenden Wesen haben diese Epoche mitgefeiert. Eine erhabene Rührung hat in jener Zeit geherrscht, ein Enthusiasmus des Geistes hat die Welt durchschauert, als sey es zur wirklichen Versöhnung des Göttlichen mit der Welt nun erst gekommen.»[39] Wenig überzeugend im Vergleich mit der Einsicht, daß die Zurückgebliebenheit der Produktionsverhältnisse den gewaltsamen Umsturz notwendig machte, wirkt dagegen, wenn Hegel als weitere Ursache der Revolution die in Frankreich mit der politischen Wirklichkeit unversöhnte Innerlichkeit des Denkens anführt: zum Sturz der alten Staatsmacht habe schließlich geführt, daß «sie eine katholische war, also der Begriff der Freiheit, die Vernunft der Gesetze, nicht als letzte absolute Verbindlichkeit galt, da das Heilige und das religiöse Gewissen davon getrennt sind».[40] Dieser Bemerkung kommt kein wirklicher Erklärungswert, sondern nur die Funktion zu, die Einheit der Argumentation im Zusammenhang mit den Bemerkungen zur deutschen Geschichte mehr schlecht als recht zu retten. – Hegel selbst scheint dem von ihm behaupteten Walten der Vernunft in der Geschichte dennoch nicht allzuviel zugetraut zu haben; anders wäre seine Vorliebe für starke Führerpersönlichkeiten nicht zu erklären. So wird selbst die Usurpation der Macht durch Napoleon legitimiert durch «das absolute Bedürfniß einer Regierungs*gewalt*»[41]. Die Faszination durch den Gewaltherrscher verdrängt den Hinweis, den Hegel selbst gegeben hatte: daß es mit der griechischen Demokratie in dem Augenblick zu Ende zu gehen begann, da die Polisbürger, nicht länger «das Substantielle des Rechts»[42], die politische Verantwortung an große Individuen zu delegieren begannen: «Diesem Umstande, daß jeder sich ein Urtheil zumuthet, ist das Vertrauen in große Individuen zuwider.»[43] Solche Verherrlichung der Führerpersönlichkeit – die Frage, die Löwith aufwirft, «wie Hegel 1933 in bezug auf die Bedeutung Hitlers für das deutsche und europäische Dasein weltgeschichtlich philosophiert hätte», ist in der Tat «keineswegs eine sinnlose Fiktion»[44] – ist wohl nur zum geringeren Teil als bloße Verherrlichung der Macht um der Macht willen aufzufassen. Sie entspringt eher der – niemals eingestandenen, weil mit dem Versöhnungsanspruch des Systems unvereinbaren – Einsicht, daß die Gleichung von Geschichte und Vernunft doch nicht ohne Rest aufgeht.

«List der Vernunft»

Das zeigt sich vor allem in Hegels zwiespältiger Haltung gegenüber dem bürgerlichen Liberalismus. Ungeachtet volltönender Formulierungen wie «Das Recht des Weltgeistes geht über alle besonderen Berechtigungen»[45] hält er an der Maxime bürgerlicher Aufklärung fest, daß die in der bürgerlichen Gesellschaft angelegte Emanzipation immer die Emanzipation des *Einzelnen* ist. «Das Recht der *Besonderheit* des Subjekts», heißt es in der Rechtsphilosophie, «sich befriedigt zu finden, (...) das Recht der *subjektiven Freiheit* macht den Wende- und Mittelpunkt in dem Unterschiede des Alterthums und der modernen Zeit.»[46] Das bedeutet, daß der Einzelne seine Interessen nicht nur muß ungehindert verfolgen können, sondern daß sie sogar den eigentlichen Kern seiner Persönlichkeit ausmachen. «Ich verstehe hier nämlich überhaupt die Thätigkeit des Menschen aus particularen Interessen, (...) oder wenn man will, selbstsüchtigen Absichten, und zwar so, daß sie in diese Zwecke die ganze Energie ihres Wollens und Charakters legen, ihnen Anderes, das auch Zweck seyn kann, oder vielmehr alles Andere aufopfern. Dieser particulare Inhalt ist so Eins mit dem Willen des Menschen, daß er die ganze Bestimmtheit desselben ausmacht und untrennbar

von ihm ist; er ist dadurch das, was er ist.»[47] Mit diesen Sätzen hat Hegel
bloßgelegt, an welchem Grundwiderspruch die bürgerliche Gesellschaft leidet: sie ermöglicht dem Einzelnen, ja sie fordert ihn dazu auf, seine individuellen Glücksansprüche uneingeschränkt zu befriedigen; das ist die ökonomische Nutzanwendung, die der Liberalismus aus der Maxime zieht, daß
jeder Mensch als Zweck, nicht als bloßes Mittel sich solle begreifen können. Andererseits hebt das ökonomisch verkürzte Emanzipationsgebot letzten Endes sich selbst auf. Weil die Emanzipation der einzelnen Subjekte
vermittelt wird durch Verfolgung ihrer je eigenen, partikularen Interessen,
können sie sich nur dann ganz als Zweck begreifen, wenn sie tendenziell
den Selbstzweckcharakter aller anderen Subjekte negieren.

Vor diesem Grundwiderspruch der bürgerlichen Gesellschaft versagt der
Vermittlungsanspruch des vernünftigen Begriffs. An seine Stelle tritt die
«List der Vernunft». «Es ist das Besondere, das sich an einander abkämpft
und wovon ein Theil zu Grunde gerichtet wird. Nicht die allgemeine Idee
ist es, welche sich in Gegensatz und Kampf, welche sich in Gefahr begiebt;
sie hält sich unangegriffen und unbeschädigt im Hintergrund. Das ist die
List der Vernunft zu nennen, daß sie die Leidenschaften für sich wirken
läßt, wobei das, was durch sie sich in Existenz setzt, einbüßt und Schaden
leidet. (...) Das Particulare ist meistens zu gering gegen das Allgemeine: die
Individuen werden aufgeopfert und preisgegeben. Die Idee bezahlt den
Tribut des Daseyns und der Vergänglichkeit nicht aus sich, sondern aus den
Leidenschaften der Individuen.»[48] Gewöhnlich wird die Konzeption von
der List der Vernunft verstanden als Ausdruck des Triumphs der liberalistischen Ordnung, die gerade aus dem ungezügelten Widerstreit egoistischer
Interessen ein vernünftiges Ganzes hervorgehen läßt. Gegen seinen Willen
lassen Hegels Bemerkungen erkennen, daß es mit dieser Vernunft nicht weit
her ist. Es ist eine auffallend klägliche Rolle, die die Idee hier spielt: feige
muß sie «unangegriffen und unbeschädigt» im Hintergrund lauern, wie die
Spinne im Netz, während die Individuen, blind ihren Leidenschaften folgend, ihr in die Hände arbeiten. Man erkennt in der Vernunft, die hier
waltet, den frühkapitalistischen Unternehmer, in dessen Fabrik die Individuen dadurch zugrunde gehen, daß sie, mühselig genug, sich am Leben zu
erhalten versuchen. Wie die Idee, so bezahlt auch er «den Tribut des Daseyns nicht aus sich, sondern aus den Leiden der Individuen». Hegel hat,
klarsichtig wie vor ihm nur Adam Smith, dessen aufmerksamer Leser er
war[49], erkannt, daß die einzige Instanz, die in der bürgerlichen Gesellschaft
den Widerspruch von Allgemeinem und Besonderem zu schlichten geeignet
sein soll, der Markt, als Ordnungsfaktor abstrakt bleibt. «Wenn das Princip des einzelnen Willens als einzige Bestimmung der Staatsfreiheit zu

Grunde gelegt wird, daß zu Allem, was vom Staat und für ihn geschehe, alle Einzelnen ihre Zustimmung geben sollen, so ist eigentlich gar keine *Verfassung* vorhanden. Die einzige Einrichtung, der es bedürfte, wäre nur ein willenloser Mittelpunkt (...). Der Staat ist ein Abstractum».[50] Dieser Gedanke ist Hegel unerträglich. Weil die Versöhnung, die aus den einander widerstreitenden Emanzipationsbestrebungen der Einzelnen hervorgeht, substanzlos bleibt, eine bloß negative Größe, nicht hervorgebracht von einer die Menschen verbindenden grundlegenden Solidarität, sondern Ergebnis gleichsam des Waffenstillstandes, zu dem die Konkurrenten genötigt werden, kündigt Hegel das «Prinzip des einzelnen Willens» als Voraussetzung der Freiheit auf. Mit der Eliminierung des freien Vertrags aber ist der liberalistischen Ideologie die Grundlage entzogen, ohne daß es Hegel gelänge, die Kategorie der Sittlichkeit, durch die der Versöhnung Substantialität zuwachsen soll, in überzeugender Weise mit dem Staat zu verbinden: «der Staat ist das vorhandene, wirklich sittliche Leben. Denn er ist die Einheit des allgemeinen, wesentlichen Wollens und des subjectiven, und das ist die Sittlichkeit. (...) Die Gesetze der Sittlichkeit sind (...) das Vernünftige selbst. Daß nun das Substantielle im wirklichen Thun der Menschen, und in ihrer Gesinnung gelte (...), das ist der Zweck des Staates. (...) Indem der Staat, das Vaterland, eine Gemeinsamkeit des Daseyns ausmacht, indem sich der subjective Wille des Menschen den Gesetzen unterwirft, verschwindet der Gegensatz von Freiheit und Nothwendigkeit.»[51]

Wenn Hegel in seiner frühen Schrift «Glauben und Wissen» gegen die Philosophie Kants anführt, sie stelle «nicht die Idee des Menschen, sondern das Abstraktum der mit Beschränktheit vermischten empirischen Menschheit» dar, und verurteile diese dazu, «den Pfahl des absoluten Gegensatzes unbeweglich in sich eingeschlagen»[52] zu tragen, so ist eben dieser Vorwurf gegen ihn selbst zu wenden, mit dem Unterschied, daß er die Menschen an den Pfahl der absoluten Versöhnung zu fesseln versucht. Trotz aller Bemühungen bleibt dem Staat der Begriff der Sittlichkeit so äußerlich wie dem Subjekt der Kantischen Erkenntnistheorie das Ding an sich. Deshalb hat in Hegels Geschichtsphilosophie nicht die Vernunft, sondern die Bürokratie das letzte Wort. «Die Regierung ruht in der Beamtenwelt, und die persönliche Entscheidung des Monarchen steht an der Spitze, denn eine letzte Entscheidung ist (...) schlechthin nothwendig.»[53] Damit kommt, anstelle des vernünftigen Begriffs, ein blind dezisionistisches Moment ins Spiel, das auch nicht dadurch zu tilgen ist, daß Hegel die Rolle des Monarchen in der konstitutionellen Monarchie so weit wie möglich herunterzuspielen versucht. Die Versöhnung findet in der Bürokratie statt, deren Prinzip die bloß formale Gleichheit ist.

Für die Analyse der Hegelschen Ästhetik, die ja die Vernunft, die Versöhnung in der Geschichte voraussetzt, hängt daher alles davon ab, ob, vielleicht gegen Hegels eigene Absicht, die Eigenart des Ästhetischen eine Gestalt der Versöhnung sichtbar werden läßt, in der der Wille des Einzelnen nicht mehr bloß «zufällig» und «Unterwerfung» nicht der Weisheit letzter Schluß ist.

Ästhetik als Korrektiv der Geschichtsphilosophie

Daß die Ästhetik in Hegels System kein Bestandteil ist, der auch fehlen könnte, zeigt sich zunächst darin, daß der Begriff des Begriffs in seiner Bedeutung eine einschneidende Modifikation erfährt. Hegel hält zwar auch in der Ästhetik daran fest, daß der Begriff «nicht etwa die *abstrakte Einheit* den *Unterschieden der Realität* gegenüber, sondern als Begriff schon die Einheit unterschiedener Bestimmtheiten, und damit konkrete Totalität»[54] ist. Daß der Begriff keine konventionell-beliebige Einheit herstellt, sondern daß die vernünftige Struktur der Welt selbst in ihm zum Ausdruck kommt, ist für Hegel auch in der Ästhetik unbezweifelbar; das Ziel, dem Kants ganze Anstrengung in der «Kritik der Urteilskraft» galt: nachzuweisen, daß zwischen theoretischer und praktischer Vernunft doch keine unüberwindbare Kluft bestehe, ist für ihn kein Problem mehr. Daß der Begriff, die im Subjekt vollzogene Synthesis, ein Wahn, ohne Entsprechung in der Außenwelt bleiben könnte, kommt ihm nicht in den Sinn. Wohl aber gesteht Hegel nun der Ästhetik zu, daß gerade in der einheitsstiftenden Funktion des Begriffs ein Moment der Unterdrückung, des Unrechts gegenüber dem Einzelnen beschlossen liegt: «Der Begriff aber ist so sehr absolute Einheit seiner Bestimmtheiten, daß dieselben nichts für sich selber bleiben, und zu selbstständiger Vereinzlung (...) sich nicht realisiren können. (...) dieser unendlich mannigfaltige Inhalt (...) bleibt ganz körperlos und immateriell und gleichsam zusammengepreßt in dieser ideellen Einheit».[55] Zwar bleibt die gewalttätige Übermacht des Begriffs gegenüber dem Einzelnen auch in der «Philosophie der Geschichte» nicht verborgen, aber Hegel kann dieses Moment des Unrechts hier nicht als wesentlich anerkennen, da die Geschichte ja gerade das Medium der Versöhnung aller Gegensätze sein soll. Daher muß er alles daran setzen, die Unterwerfung des Einzelnen unter den Begriff als notwendig – im Sinne von vernünftig – zu rechtfertigen: «die Weltgeschichte ist nichts als die Entwickelung des Begriffes der Freiheit. Die objective Freiheit aber, die Gesetze der reellen Freiheit fordern die Unterwerfung des zufälligen Willens, denn dieser ist überhaupt fomell.

Wenn das Objective an sich vernünftig ist, so muß die Einsicht dieser Vernunft entsprechend seyn, und dann ist auch das wesentliche Moment der subjectiven Freiheit vorhanden.»[56]

Anders steht es in der Ästhetik; hier kann Hegel sogar von einem «Mangel» des Begriffs sprechen, der darin bestehe, «daß er, obschon an sich selbst die Totalität, dennoch nur der Seite der Einheit und Allgemeinheit das Recht freier Entwicklung vergönnt»[57]. Diesen «Mangel» des Begriffs kann Hegel nur deshalb unbefangen eingestehen, weil er noch einen Trumpf bereit hält, der ihm in der «Philosophie der Geschichte» nicht zur Verfügung steht: dem Begriff der Wahrheit kann nunmehr der der Schönheit zur Seite gestellt werden. Schönheit und Wahrheit sind zwar «einer Seits *dasselbe*. Das Schöne nämlich muß wahr an sich selbst seyn»[58]; was als «schön» anerkannt werden will, muß seine Substanz in dem – vernünftigen – Begriff haben, es muß begrifflich erfaßbar sein. Hieraus leitet Hegel seine Abneigung gegen alle Kunstformen, überhaupt alle Erscheinungen ab, die zwischen den Gattungen angesiedelt sind; und aus diesem Grunde verfällt ja auch das arme Schnabeltier dem Verdikt des Philosophen, weil es zugleich am Begriff des Säugetiers und dem des Vogels partizipiert.[59]

Nichtsdestoweniger aber muß – und hierin unterscheidet Wahrheit sich von Schönheit – der Begriff *erscheinen,* und zwar in einem sinnlich wahrnehmbaren Medium. «Das *Schöne*», so lautet daher die berühmte Definition, «bestimmt sich dadurch als das sinnliche *Scheinen* der Idee»[60]. Weil das Schöne sowohl an einem endlichen Gegenstand als auch am Absoluten teilhat, ist es geeignet, das Problem einer «unbefriedigt» bleibenden Aufklärung, wie es bereits in der «Phänomenologie des Geistes» von Hegel formuliert worden war, einer Lösung zuzuführen. Die Aufklärung setzt sich zwar gegen die Welt des Glaubens mit unwiderstehlicher Gewalt durch, weil ihr Medium, das reine Denken, Allgemeinheit beanspruchen kann gegenüber den Gegenständen des Glaubens, die nur kontemplativ, also nicht begrifflich faßbar und damit auch nicht ohne weiteres verallgemeinerbar sind; andererseits aber muß die Aufklärung unbefriedigt und unbefriedigend bleiben, weil sie dem Bedürfnis nach anschaulicher Erkenntnis, die in sich unendlich ist (sie kann nicht auf endliche Begriffe reduziert werden), nicht Rechnung trägt. «Die Aufklärung beleuchtet jene himmlische Welt mit den Vorstellungen der sinnlichen, und zeigt jener diese Endlichkeit auf (...). Der Glauben hat hierdurch den Inhalt, der sein Element erfüllte, verloren, und sinkt in ein dumpfes Weben des Geistes in ihm selbst zusammen. Er ist aus seinem Reiche vertrieben, oder dieß Reich ist ausgeplündert, indem alle Unterscheidung und Ausbreitung desselben das wache Bewußtseyn an sich riß, und seine Theile alle der Erde als ihr Eigenthum vindicirte und zurückgab. Aber befriedigt ist er darum nicht (...). Indem er (...) über das Endliche, das der einzige Inhalt ist, hinausgehend nur das Leere findet, ist er ein *reines Sehnen*; seine Wahrheit ein leeres *Jenseits,* dem sich kein gemäßer Inhalt mehr finden läßt».[61]

Der entscheidende Beitrag, den nach Hegels Auffassung die Kunst und deren philosophische Reflexion, die Ästhetik, zur Lösung dieses Problems leisten können, besteht darin, daß durch das Medium des Schönen jene Trennung zwischen Endlichem und Unendlichem, den der Verstand nicht zu überwinden vermag, aufgehoben werden kann. Der Verstand, «statt zu jener Einheit durchzudringen, (...) bleibt (...) stets im Endlichen, Einseitigen und Unwahren stehen. Das Schöne dagegen ist in sich selber *unendlich* und frei.»[62] Der Eindruck des in sich Unendlichen, der dem Schönen eigentümlich ist, kommt dadurch zustande, daß der Begriff, indem er im Medium des Sinnlichen erscheint, nicht mehr der Außenwelt gegenübertritt, sondern jene Einheit von Endlichem und Unendlichem, die seit der Zersetzung des Glaubens durch die Aufklärung zerfallen ist, wieder herstellt: «Das Schöne (...) ist (...) der Begriff (...), der nicht seiner Objektivität gegenübertritt, und sich dadurch in den Gegensatz einseitiger Endlichkeit und Abstraktion gegen dieselbe bringt, sondern sich mit seiner Gegenständlichkeit zusammenschließt und durch diese immanente Einheit und Vollendung in sich unendlich ist.»[63] Die Aufklärung hatte, indem sie die Vorstellung einer auf das Absolute ausgerichteten und von diesem bis ins Kleinste durchwirkten Welt zerstörte, den Menschen zwar endgültig die uneingeschränkte Herrschaft über ein ganz diesseitig gewordenes Universum eingeräumt; aber sie hatte sie auch in eine Welt versetzt, die ganz der Endlichkeit überantwortet und damit ständig von Sinnverlust bedroht war.

Abermals wird sichtbar, daß die Vorstellung des Schönen als der Versöhnung von Endlichem und Unendlichem, das zentrale Motiv von Hegels Ästhetik, nicht denkbar ist ohne das theologische Erbe. Insofern besteht eine weitreichende Übereinstimmung mit der «Philosophie der Kunst» Schellings, dem Hegel denn auch nachrühmt, den «*Begriff* und die wissenschaftliche Stelle der Kunst gefunden»[64] zu haben. Was jedoch an Schellings Ästhetik unbefriedigend bleiben mußte, war die Tatsache, daß hier eigentlich keine Anstrengung unternommen worden war, jenes theologische Erbe zu säkularisieren, und es damit in eine Welt hinüberzuretten, die unwiderruflich durch die Aufklärung und den Zerfall des Glaubens geprägt ist. Im Gegensatz zu Schelling aber ist Hegel sich in jedem Augenblick der Vergeblichkeit jeglicher restaurativer Tendenzen, der Unwiderstehlichkeit der geschichtlichen Entwicklung bewußt: «ein unsichtbarer und unbemerkter Geist, durchschleicht sie die edeln Theile durch und durch, und hat sich

bald aller Eingeweide und Glieder des bewußtlosen Götzen gründlich be-
mächtigt, und ‹an *einem schönen Morgen* giebt sie mit dem Ellbogen dem
Kameraden einen Schubb und Bautz! Baradautz! der Götze liegt am Bo-
den.› – An *einem schönen Morgen*, dessen Mittag nicht blutig ist, wenn die
Ansteckung alle Organe des geistigen Lebens durchdrungen hat; nur das
Gedächtniß bewahrt dann noch als eine, man weiß nicht wie, vergangene
Geschichte die todte Weise der vorigen Gestalt des Geistes auf».[65] Bei der
Konstruktion des Subjekt-Objekt steht zwar die religiöse Vorstellung der
Vereinigung von endlichem Subjekt und Absolutem stets im Hintergrund,
Hegel jedoch ist sich stets bewußt, daß die Versöhnung von Subjekt und
Objekt sich keinesfalls in der ohnmächtigen Beschwörung nicht mehr wir-
kungsmächtiger religiöser Traditionen vollziehen kann.

Ästhetische Versöhnung

Bei der Darstellung der ästhetischen Vermittlung von Subjekt und Objekt
geht Hegel vom Bewußtsein des Alltags aus; sein Ziel ist zu zeigen, daß das
Alltagsbewußtsein stets in Abhängigkeit mündet, und zwar entweder des
Objekts vom erkennenden Subjekt oder umgekehrt.

Das alltägliche Bewußtsein faßt die Gegenstände zunächst als feste, gegebene Größen auf, nach denen es sich zu richten habe: «Hierbei liegt nun die
Endlichkeit und Unfreiheit darin, daß die Dinge als selbstständig vorausgesetzt sind. Wir richten uns deshalb nach den Dingen, wir lassen sie gewähren, und nehmen unsere Vorstellung u. s. f. unter den Glauben an die Dinge
gefangen, indem wir überzeugt sind, die Objekte nur richtig aufzufassen,
wenn wir uns passiv verhalten, und unsere ganze Thätigkeit auf das Formelle der Aufmerksamkeit und des negativen Abhaltens unserer Einbildungen, vorgefaßten Meinungen und Vorurtheile beschränken. Mit dieser einseitigen Freiheit der Gegenstände ist unmittelbar die Unfreiheit der subjektiven Auffassung gesetzt. (...) Die Wahrheit soll nur durch die Unterwerfung der Subjektivität zu erlangen seyn.»[66] Damit ist gekennzeichnet, was
der gewöhnliche Positivismus des Alltagsbewußtseins genannt werden
könnte. Das Subjekt dankt ab vor der scheinbar übermächtigen Gewalt der
Tatsachen, es glaubt ihnen nur dadurch gerecht werden zu können, daß es
von sich selbst absieht. Der Unfreiheit des Subjekts steht die scheinbare
Freiheit der Objekte gegenüber, die aber ihrerseits trügerisch bleibt, da das
Subjekt seinem Vorsatz, «Einbildungen, vorgefaßte Meinungen und Vorurtheile zu beschränken», niemals ganz zu genügen vermag, so daß ein Rest
von «Vorurtheilen» immer wirksam bleibt. Die Freiheit der Objekte ist also

auch dort bereits korrumpiert, wo sie über die Subjekte zu herrschen scheinen.

Die Umkehrung dieses Verhältnisses ergibt sich, wenn das Subjekt sich aus der Unterwürfigkeit gegenüber den Objekten befreit und sich ihnen gegenüber zur Herrschaft aufschwingt. Beim «endlichen *Wollen* (...) liegen die Interessen, Zwecke Absichten und Beschlüsse im *Subjekt*, das dieselben gegen das Seyn und die Eigenschaften der Dinge geltend machen will. (...) Jetzt sind es also die Dinge, welchen ihre Selbstständigkeit genommen wird, indem das Subjekt sie in seinen Dienst bringt, und sie als *nützlich* betrachtet und behandelt, d.h. als Gegenstände, die ihren Begriff und Zweck nicht in sich, sondern im Subjekt haben (...). Die Seiten des Verhältnisses haben ihre Rollen getauscht. Die Gegenstände sind unfrei, die Subjekte frei geworden.» [67] Aber auch diese nur einseitige Freiheit ist scheinhaft, da die Gewalt, die das Subjekt den Gegenständen antut, auf es selbst zurückwirkt. Denn die Gegenstände können als unfreie nicht mehr auf das Subjekt modifizierend einwirken, so daß es, in seiner Selbstherrlichkeit befangen, seinerseits der Erstarrung und der Unfreiheit verfallen muß.

Die Freiheit des Subjekts ist also nicht ohne Freiheit des Objekts, und umgekehrt, zu denken. Diese Vermittlung kann nur im Medium des Schönen erfolgen, da allein hier das Objekt dem Subjekt nicht als etwas Fremdes gegenübersteht. Der «Mangel» des Begriffs hatte darin bestanden, daß er zwar die Einheit des Objekts erfassen, nicht jedoch den zur Einheit zusammengefaßten Momenten im einzelnen gerecht werden konnte; der Gegenstand war nur in seiner Abstraktion der Erkenntnis zugänglich. Der schöne Gegenstand dagegen kehrt nicht nur seine Einheit, sondern ebensosehr seine «Lebendigkeit» hervor, er hat «die Richtung nach Außen in sich zurückgebogen, die Abhängigkeit von Anderem getilgt, und für die Betrachtung seine unfreie Endlichkeit zu freier Unendlichkeit verwandelt». Entsprechend gilt für das Subjekt, daß es aufhört, «nur die Abstraktion des Aufmerkens, sinnlichen Anschauens, Beobachtens» zu sein, und dafür «in sich selbst in diesem Objekte konkret» [68] wird.

Im Medium der Kunst also, anders als in der «Philosophie der Geschichte», scheint «Versöhnung» tatsächlich möglich zu sein, ohne daß «Unterwerfung» das letzte Wort wäre. «Deshalb ist die Betrachtung des Schönen liberaler Art, ein Gewährenlassen der Gegenstände als in sich freier und unendlicher, kein Besitzenwollen und Benutzen derselben als nützlich zu endlichen Bedürfnissen und Absichten.» [69] Hier scheint – wenigstens im Modell – Hegel in der Tat die Säkularisierung ehemals religiöser Inhalte gelungen zu sein. Die «Unendlichkeit», von der hier die Rede ist, verbleibt tatsächlich in der Immanenz der Welt: «unendlich» wird die Kommunikation zwischen Innen und Außen, Subjekt und Objekt, die sich nicht mehr voreinander verschließen.

Kunst und Geschichte

Es ist für Hegels Ästhetik von grundlegender Bedeutung, daß dieses Modell ästhetischer Versöhnung nicht idealtypisch bleibt. Vielmehr ist die Versöhnung von Subjekt und Objekt im Medium der Kunst nach seinem Verständnis nicht in jeder historischen Epoche und in jeder Kunstgattung gleichermaßen möglich. Es gibt Epochen, in denen diese Versöhnung *noch* nicht, und solche, in denen sie *nicht mehr* möglich ist. Das Einteilungsprinzip der Ästhetik kann daher nicht mehr, wie bei Schelling, einer unhistorischen «Construktion», sondern nur der Geschichte selbst folgen. Damit wird zugleich ein objektives Kriterium für die Beurteilung der einzelnen Werke verfügbar: gewertet wird nicht mehr nach dem Geschmacksurteil, sondern nur noch nach Maßgabe der mehr oder weniger gelungenen Vermittlung von Idee und sinnlicher Erscheinung: «Indem nun aber die Kunst die Aufgabe hat, die Idee für die unmittelbare Anschauung in sinnlicher Gestalt und nicht in Form des Denkens und der reinen Geistigkeit überhaupt darzustellen, (...) so wird die Höhe und Vortrefflichkeit der Kunst (...) von dem Grade der Innigkeit und Einigkeit abhängen, zu welcher Idee und Gestalt ineinander gearbeitet erscheinen. In diesem Punkte (...) liegt der Eintheilungsgrund für die Wissenschaft der Kunst. Denn der Geist, ehe er zum wahren Begriffe seines absoluten Wesens gelangt, hat einen in diesem Begriffe selbst begründeten Verlauf von Stufen durchzugehen, und diesem Verlaufe des Inhalts, den er sich gibt, entspricht ein unmittelbar damit zusammenhängender Verlauf von Gestaltungen der Kunst, in deren Form der Geist als künstlerischer sich das Bewußtseyn von sich selber gibt.»[70] Wobei unter «Idee» nicht etwas zu verstehen ist, das von allem Anfang der Zeiten her fertig ausgebildet wäre, so daß sich nur die Modi ihrer sinnlichen Einkleidungen, die Werke, zu verändern hätten; sondern die Idee selbst bildet sich in dem Maße heraus, in dem die Menschen lernen, die Dinge soweit zu bearbeiten, daß sie geeignet sind, den Stand ihres Bewußtseins – denn um nichts anderes handelt es sich bei der Idee – in sinnlicher Anschauung auszudrücken. Deshalb grenzt Hegel seinen Begriff der Idee gegen die von aller empirischen Realität streng geschiedene Platonische Idee durch den Hinweis ab, daß «die Idee nicht ohne ihre Wirklichkeit und außerhalb derselben wahrhaft Idee»[71] sei. Auch hier verfährt Hegel, wie fast immer, viel weniger «idealistisch» als dies der gewöhnliche Gebrauch dieses Begriffes nahezulegen scheint.

Aus der Bindung der Idee an die Geschichte folgt, was die Inhalte der Kunst betrifft, daß nichts, was im Leben der Menschen von Bedeutung ist, aus der Kunst ausgeschlossen sein dürfe: «Denn das ganze menschliche Gemüth mit Allem, wovon es im Innersten bewegt wird und was eine Macht in ihm ist, jede Empfindung und Leidenschaft, jedes tiefere Interesse der Brust, dieß konkrete Leben bildet den lebendigen Stoff der Kunst, und das Ideal ist dessen Darstellung und Ausdruck.»[72] Damit ist ein weiterer Gesichtspunkt klargestellt: unter Ideal ist nicht etwas besonders Exquisites zu verstehen, das andere, minder «ideale» Gegenstände von der Kunst ausschlösse; es ist kein unveränderliches «Kulturgut», sondern Resultat eines Prozesses, durch den menschliche Subjektivität und Außenwelt sich miteinander vermitteln. Nicht nur ist damit den letzten Resten vorbürgerlicher Beschränkungen des Kunstbegriffs die Legitimation entzogen, auch die Enge des Schellingschen Begriffs des Ideals, der dieses vor jeder Verunreinigung durch die Geschichte bewahren sollte, ist gesprengt.

Aus diesen Voraussetzungen ergeben sich die Prinzipien des Aufbaus der Hegelschen Ästhetik. Das Naturschöne, dem Hegel sich zunächst zuwendet, kann den Rang des Ideals noch nicht beanspruchen, weil es nicht durch den Geist vermittelt ist. Es folgt das grundlegende Kapitel über das Kunstschöne – das «Ideal» –, in dessen Zentrum der Begriff der Handlung steht. Der zweite Teil des Systems der Ästhetik – «Entwicklung des Ideals zu den besonderen Formen des Kunstschönen» – ist historisch angelegt. Hegel unterscheidet drei Entwicklungsstufen der Kunst: die symbolische, in der der Geist die ihm gemäße sinnliche Erscheinungsform noch nicht gefunden hat, die klassische, in der die Vermittlung von Geist und sinnlich wahrnehmbarer Erscheinung vollendet ist – Hegel exemplifiziert sie an der griechischen Skulptur –, schließlich die romantische Kunstform, die dadurch gekennzeichnet ist, daß der Geist nicht mehr in seiner sinnlichen Erscheinung aufgeht, sondern sie hinter sich zurückläßt. Im dritten Teil, dem «System der einzelnen Künste», entwirft Hegel eine Hierarchie der einzelnen Kunstgattungen, wobei als Einteilungsprinzip die Beherrschung der Materie durch den Geist dient: von der Architektur führt hier die Entwicklung über die Skulptur, die Malerei, die Musik zur Poesie als derjenigen Kunstgattung, die sich am weitestgehenden von allem Stofflichen emanzipiert hat. Im einzelnen lassen sich den drei Entwicklungsstufen der Kunst folgende Probleme zuordnen: der symbolischen Kunstform Hegels Sprachtheorie und seine Theorie der Metapher; der klassischen Kunstform die Eigenart seines Klassizismus. Die romantische Kunstform läßt das Problem der Säkularisierung ehemals religiöser Inhalte durch die Künste in den Vordergrund treten, darüber hinaus die Frage nach der Zukunft der Kunst.

Das Naturschöne

Aus der Definition des Schönen – «die Idee als unmittelbare Einheit des Begriffs und seiner Realität, jedoch die Idee insofern diese ihre Einheit unmittelbar in sinnlichem und realem Scheinen da ist»[73] – ergibt sich, daß auch das Naturschöne, obwohl es, strenggenommen, den Begriff des Schönen noch nicht erreicht, hierarchisch gegliedert ist. So erfüllt – auf der untersten Stufe – das Metall zwar die Bedingung der «Einheit», aber diese bleibt, da sie nicht Einheit von Mannigfaltigem ist, spannungslos, sie ist «die gleichgültige der Gleichhheit derselben Qualitäten»[74]. Eine Stufe höher in der Hierarchie des Naturschönen steht das Sonnensystem, denn seine Bestandteile sind bereits zur Mannigfaltigkeit auseinandergetreten. Dafür aber bleibt seine Einheit abstrakt, sie wird – durch die Sonne – «nur als Beziehung und Verhältniß der besondern selbstständigen Körper real»[75] und verfehlt damit den Begriff des Schönen. Erst auf der nächsten Stufe, «dem Leben», ist das Verschiedene in der geforderten Weise «in die Einheit zurückgenommen»[76]. Insgesamt – Reflexionen über die «Schönheit der abstrakten Form»[77], also über Regelmäßigkeit, Symmetrie, Gesetzmäßigkeit, Harmonie treten hinzu – behandelt Hegel das Naturschöne also in einer sehr umfassenden, fast noch rationalistischen, dem Leser, dessen Vorstellungen vom Naturschönen durch die Romantik geprägt sind, eher fernstehenden und ihn notwendig enttäuschenden Weise. Hegel scheint absichtlich nicht zur Kenntnis nehmen zu wollen, daß das im «modernen» Sinne Naturschöne sich fast ausschließlich an der Schönheit der Landschaft orientiert. Diese wird von ihm nur sehr kurz, um nicht zu sagen schnöde abgehandelt. Während Adorno das Naturschöne, das für ihn fast ausschließlich in der Schönheit von Kulturlandschaften besteht, als die «Spur des Nichtidentischen an den Dingen im Bann universaler Identität»[78] ins Zentrum seiner Ästhetik stellt, machen die Bemerkungen, mit denen Hegel auf den gleichen Gegenstand eingeht, nicht einmal zwei Druckseiten aus. «In einem anderen Sinne sprechen wir ferner von der Schönheit der Natur, wenn wir keine organisch lebendige Gebilde vor uns haben; wie z.B. bei Anschauung einer Landschaft. *Hier ist keine organische Gliedrung der Theile als durch den Begriff bestimmt,* und zu seiner ideellen Einheit sich belebend vorhanden, sondern einer Seits nur eine reiche Mannigfaltigkeit der Gegenstände, und äußerliche Verknüpfung verschiedener Gestaltungen (…); andrer Seits tritt innerhalb dieser Verschiedenheit eine gefällige oder imponirende äußere Zusammenstimmung hervor, die uns interessirt. Eine eigenthümliche Beziehung endlich gewinnt die Naturschönheit durch das

Erregen von Stimmungen des Gemüths (...). Solche Bezüglichkeit z. B. erhält die Stille einer Mondnacht, die Ruhe eines Thales, durch welches ein
Bach sich hinschlängelt, die Erhabenheit des unermeßlichen aufgewühlten
Meeres, die ruhige Größe des Sternenhimmels. Die Bedeutung gehört hier
nicht mehr den Gegenständen als solchen an, sondern ist *in der erweckten
Gemüthsstimmung* zu suchen.»[79] Die Kargheit dieser Sätze wirkt umso
erstaunlicher, als die Natur von Hegels Zeitgenossen längst entdeckt war.
Man könnte meinen, Hegel, dem alle Ausdrucksmöglichkeiten der Sprache
verfügbar waren, habe bei den Bemerkungen zur Schönheit der Landschaft
einen schlechten Tag gehabt, wenn nicht auch die andere Stelle, an der er
auf die Schönheit der Landschaft eingeht, ähnlich übellaunig klänge. Der
Schönheit der Landschaft als dem spezifisch romantischen Naturschönen
ist nach Hegels Auffassung eigentümlich – und das ist bereits die eigentliche
Ursache seines Widerwillens –, daß in ihr der «Zusammenhang (...) der
geistigen Empfindung und äußeren Naturerscheinung (...) noch ganz äu
ßerlich» ist. «Denn das Natur-Lokal ist für sich als selbstständig vorhanden
vorausgesetzt, der Mensch tritt zwar hinzu, und empfindet dieses und jenes
dabei, aber die äußere Gestalt und die innere Empfindsamkeit im Mondschein, in Wäldern, Thälern, Landschaften u. s. f. *bleiben einander äußerlich.* Ich bin dann nicht der Ausleger, Begeisterer der Natur, sondern empfinde nur bei dieser Gelegenheit eine ganz unbestimmte Harmonie meines
so und so erregten Innern und der vorliegenden Gegenständlichkeit.»[80] Die
Lieblosigkeit, mit der Hegel auch hier wieder von der Schönheit der Landschaft spricht, wird noch durch die Stellung dieser Passage im Gesamtsystem der Ästhetik unterstrichen: sie schließt das Kapitel «Die bewußte
Symbolik der vergleichenden Kunstform» ab, in dem auch die Fabel, Parabel, das Sprichwort behandelt werden. Peter Szondi hat diesen Teil der
Ästhetik «einen der uninspiriertesten Abschnitte des Werkes»[81] genannt.
Szondi übersieht, daß die Uninspiriertheit dieser Ausführungen nicht auf
eine bedauerliche Schwäche Hegels zurückzuführen ist, sondern ihren
Grund in der Sache hat. Denn in diesem Kapitel behandelt Hegel jene
Kunstformen, in denen Idee und sinnliche Gestalt unvermittelt auseinanderfallen. Da in der Fabel, dem Rätsel, dem Lehrgedicht Gehalt und Form
unabhängig voneinander sind, bedürfte die Idee, um hervorzutreten, gar
nicht der sinnlichen Erscheinung. Diese Formen entsprechen mithin nicht
dem Begriff des Ideals und können daher auch nicht den Anspruch erheben,
als schön anerkannt zu werden. Daß die zuletzt zitierte Passage über das
Naturschöne noch *nach* diesen von Hegel nicht als substantiell anerkannten Kunstformen erscheint, läßt erkennen, daß innerhalb der symbolischen
Kunstform, die den Begriff des Ästhetischen ohnehin nicht ganz erfüllt, das

Naturschöne als die minderwertigste Erscheinung überhaupt zu gelten habe.

Hegel kann mit dem Naturschönen, wie es in der Landschaft erscheint, deshalb nichts anfangen, weil der *Begriff* fehlt, der es zu einer Einheit zusammenzufassen vermöchte. Es ist eines Wahrheitsgehaltes nicht fähig; Wahrheit ist zwar nicht nur Substanz, sondern ebensosehr Subjekt, das Schöne der Landschaft jedoch findet sich ausschließlich auf der Subjektseite: eine Vermittlung mit dem Objekt findet nicht statt. Insofern steht noch das Kristall, ja das bloße Metall über dem Schönen der Landschaft, weil dort eine Einheit, wenn auch eine unbelebte bzw. undifferenzierte, sichtbar ist. Dagegen beschränkt das Schöne der Landschaft sich auf das Erregen von «Stimmungen». Es ruft beim Betrachter beliebige Empfindungen hervor – «der Mensch empfindet dieses und jenes dabei» –, aber dieser bleibt angesichts des Schönen der Landschaft in sich befangen, das Gefühl der Verbundenheit mit der Außenwelt, das durch bloße Empfindungen vermittelt wird, ist trügerisch. – Daß in dieser Perspektive Hegels Affekt gegen das Schöne der Landschaft, obgleich gewiß auch auf einen Mangel seines ästhetischen Sensorismus zurückzuführen[82], so unbegründet nicht ist, läßt ein Blick auf die Entwicklung des Kunstverständnisses gegen Ende des Jahrhunderts erkennen: «Stimmung» ist das Schlüsselwort des Ästhetizismus. In der «Stimmung» wird das Gefühl der Verbundenheit mit der Außenwelt, mit anderen Menschen als zwingend erfahren, das Gefühl der eigenen Endlichkeit ist überwunden; in einer Gesellschaft, in der die Entfremdung der Menschen voneinander und von sich selbst beängstigende Ausmaße angenommen hat, scheint sie das einzige Mittel zu sein, der Isolation zu entrinnen.[83] Aber weil dieser Schein nicht auf reale Vermittlung mit der Außenwelt, sondern allein auf subjektiver Empfindung aufgebaut ist, ist er Trug. Die Stimmung, die der Ästhetizist erzeugt, um sich eins mit der Welt zu wähnen, ist eine bloße Illusion, die unmöglich gewordene Vermittlung von Subjekt und Objekt. Insofern ist selbst die von Adorno angesichts des Naturschönen beschworene Hoffnung, «alles könne gut werden»[84], von der bloßen Stimmung nicht ohne weiteres zu unterscheiden.

Das Kunstschöne

Auch in der Ästhetik nimmt Hegel nicht seine grundlegende These zurück, daß das Ganze bereits das Wahre sei. Der Kunst kommt die Aufgabe zu, die Vernunft, die in der «Prosa der Welt»[85] nicht immer sichtbar wird, sinnlich anschaubar zu machen.

Der bloße Begriff muß hiervor versagen: «Die Nothwendigkeit des Kunstschönen leitet sich also aus den Mängeln der unmittelbaren Wirklichkeit her, und die Aufgabe desselben muß dahin festgesetzt werden, daß es den Beruf habe, die Erscheinung der Lebendigkeit und vornehmlich der geistigen Beseelung auch äußerlich in ihrer Freiheit darzustellen, und das Aeußerliche seinem Begriffe gemäß zu machen.»[86] Aber die Kunst geht in der Veranschaulichung des Begriffs nicht auf; denn allein dadurch, daß sie der Prosa der Welt ein Dasein in sinnlicher Anschaulichkeit entgegenhält, das «seinem Begriffe gemäß» ist, treten die Kunstwerke in kritische Distanz zu der Empirie, die als eine Welt sichtbar und damit kritisierbar wird, die ihrem eigenen – vernünftigen – Begriff eben nicht gemäß ist. So wenig diese kritische Distanz von Hegel gewollt ist, so wenig kann er sie verhindern. Nur in der Kunst wird «ein der Wahrheit würdiges Daseyn» sichtbar, das «seine Bestimmung in sich selber hat»[87]. Denn es ist dem Kunstwerk im Gegensatz zum Begriff eigentümlich, daß es durch seine Bindung an das sinnlich wahrnehmbare einzelne Phänomen stets auf das Besondere in seiner Unverwechselbarkeit verweist. Damit aber ist, ob Hegel will oder nicht, die These von der bereits real bestehenden Vernünftigkeit dieser Welt, wenn nicht zurückgenommen, so doch zumindest relativiert.

Der Mangel des Naturschönen: daß es noch nicht durch den Geist vermittelt ist, daß es dem Menschen fremd, unerschlossen gegenübersteht, macht die Notwendigkeit des Kunstschönen – des «Ideals» – aus. Die «Natur des Ideals»[88] liegt in der «Zurückführung» «des äußerlichen Daseyns in's Geistige (...). Das Ideal ist demnach die Wirklichkeit, zurückgenommen aus der Breite der Einzelheiten und Zufälligkeiten, insofern das Innre in dieser der Allgemeinheit entgegengehobenen Aeußerlichkeit selbst als *lebendige Individualität* erscheint.»[89] Das Ideal befreit die Gegenstände aus der Isoliertheit und schlechten Endlichkeit, in der sie in der Prosa der Welt erscheinen. Dabei versteht sich für Hegel von selbst, daß dieser Akt der Befreiung durchaus geistiger Art ist, wie die Sphäre der Allgemeinheit, in der die Gegenstände miteinander in Beziehung treten. Indem die Gegenstände gedacht bzw. durch die Phantasie des Künstlers «vorgestellt» werden, hören sie auf, einzelne zu sein: «Was natürlich existirt ist schlechthin ein Einzelnes (...). Die Vorstellung dagegen hat die Bestimmung des *Allgemeinen* in sich, und was aus ihr hervorgeht erhält schon dadurch den Charakter der Allgemeinheit im Unterschiede natürlicher Vereinzlung.»[90] Das ist die These, mit der Hegel die Behauptung, der Kunst sei, allein schon durch ihr Festhalten am sinnlich Einzelnen, ein kritisches Moment eigentümlich, zu parieren versucht hätte: weil jedes Kunstwerk durch den Geist, das Medium des Allgemeinen, vermittelt ist, hat es nach seiner Auffassung vorab an Versöhnung teil. Selbst im Leiden, sagt Hegel unmißverständlich, «muß der süße Ton der Klage die Schmerzen durchziehn und klären, so daß es Einem schon der Mühe werth scheint so zu leiden, um solche Klage zu vernehmen».[91] Allein dieser Satz genügte, um Adornos These zu widerlegen, Hegel begreife die Kunst als ein Bewußtsein von Nöten. Im übrigen kommt die inhaltliche Problematik des Satzes bereits durch eine syntaktische Unstimmigkeit zum Ausdruck: er wechselt unversehens sein Subjekt, so daß nicht mehr das leidende Subjekt, sondern der das Kunstwerk Genießende darüber befindet, ob das zur ästhetisch schönen Klage gemilderte Leiden «der Mühe werth» sei.

Die «processirende Bestimmheit» des Ideals
Exkurs: Die letzte Instanz. Probleme einer materialistischen Ästhetik

Zentral im Kapitel über das Kunstschöne sind die Erörterungen über die «Handlung», die Hegel in die Bestandteile des «allgemeinen Weltzustands», der «Situation» und der «Handlung» im engeren Sinne zerlegt. Es gelingt ihm damit, das Kunstschöne nicht als invariante Größe, sondern als vermittelt durch den konkreten historischen Prozeß darzustellen.

Die Wertschätzung, die Hegel für die niederländische Malerei hegt, hat ihren Grund darin, daß er sie als Produkt einer substantiellen Handlung begreift. «Der Holländer hat sich zum größten Theil den Boden, darauf er wohnt und lebt, selber gemacht und ist ihn fortdauernd gegen das Anstürmen des Meers zu vertheidigen und zu erhalten genöthigt; die Bürger der Städte wie die Bauern haben durch Muth, Ausdauer, Tapferkeit die spanische Herrschaft (...) abgeworfen, und sich mit der politischen ebenso die religiöse Freiheit in der Religion der Freiheit erkämpft. Diese Bürgerlichkeit und Unternehmungslust im Kleinen wie im Großen, (...), die Frohheit und Uebermüthigkeit in dem Selbstgefühl, dieß Alles ihrer eigenen Thätigkeit zu verdanken ist es, was den allgemeinen Inhalt ihrer Bilder ausmacht. Das aber ist kein gemeiner Stoff und Gehalt, zu dem man freilich nicht mit der Vornehmigkeit einer hohen Nase von Hof und Höflichkeiten her aus guter Gesellschaft herankommen muß.»[92] Es ist eine dezidiert bürgerliche Kunst und Ästhetik, die Hegel im Auge hat; nur das zählt, was die aufsteigende Klasse aus eigener Kraft hervorgebracht hat; den überkommenen Wertvorstellungen des Feudalismus wird jede Substantialität abgesprochen. Hegel begreift hier künstlerische Produktivität nicht als Offenbarungen eines mehr oder weniger transzendenten Weltgeistes, sondern sie ist für ihn unablösbar gebunden an gesellschaftliche Arbeit, die, wie das Beispiel der

Landgewinnung aus dem Meer lehrt, nicht entfremdet und von der Arbeitsteilung noch nicht in sinnlose Fragmente zerlegt ist. In der «in sich differenten, *processirenden Bestimmtheit des Ideals*»[93] besteht die Substanz seines Begriffs der Handlung.

Thomas Metscher ist daher zuzustimmen, wenn er hervorhebt, Hegel habe «die Relation von Kunst und Gesellschaft als kategoriale Grundstruktur des Ästhetischen systematisch erfaßt und ins Zentrum der kunstphilosophischen Analyse gestellt»[94]. Deshalb sieht Metscher in Hegel den Gewährsmann für eine materialistische Ästhetik, wogegen nichts einzuwenden wäre, wenn es Metscher tatsächlich auf eine *Ästhetik* ankäme und nicht auf den Versuch, künstlerische Formen ohne viel Umstände auf ökonomische Strukturen zu reduzieren. «Kunst ist Modus gesellschaftlicher Handlung: ein System ästhetischer Akte – in der Literatur: verbaler Akte –, die auf *reale* Akte bezogen sind und diese in ihren charakteristischen Qualitäten nachbilden. Kunst ist fiktive Darstellung des Konflikts gesellschaftlicher Mächte, repräsentiert durch kollidierende, sprich: agierende und reagierende Individuen. Damit zeigt sich der Schematismus der ästhetischen Konstruktion als *identisch* mit dem von Geschichte. Die Logik gesellschaftlicher Prozesse manifestiert sich in der Logik des Kunstschönen.»[95] Zweifellos sind diese Sätze geeignet, das Hegelsche Schema von Weltzustand – Situation – Handlung zu präzisieren. Nur sollte dieses Schema nicht dazu mißbraucht werden, in der Zuordnung «ästhetischer Akte» zu ökonomischen Prozessen ästhetische Theorie sich erschöpfen zu lassen; obwohl zuzugestehen ist, daß Hegel selbst einem solchen Vorgehen Vorschub leistet, da seine Ästhetik, wie Kuhn zu Recht schreibt, durch eine «Haltung des Geistes» geprägt ist, «der in aller seiner Vertrautheit und Sicherheit mit der Kunst ‹fertig› ist»[96]. Umso mehr käme es darauf an, nicht in den Fehler zu verfallen, durch den materialistische Ästhetik wohl am meisten gefährdet ist: die tendenzielle Gleichsetzung von Kunst- und Sozialwissenschaften. Gegen die Einebnung der qualitativen Differenz zwischen Kunstwissenschaften und Sozialwissenschaften wäre an der Eigenart von Ästhetik festzuhalten. Diese Eigenart, die in sozialwissenschaftlicher Analyse nicht aufgeht, angemessen zu erfassen, wäre die eigentliche Aufgabe, die eine materialistische Ästhetik zu bewältigen hätte.

«Gesellschaft (...) wirkt in einer solch intensiven und dynamischen Weise in die künstlerischen Formationen hinein, daß (...) von *gesellschafts- oder geschichtstranszendenten Aspekten der Kunst zu sprechen schlechthin nicht mehr möglich ist*. Das würde aber auch bedeuten, daß Kunst- und Literaturwissenschaft als *Form sui generis* der Gesellschaftswissenschaften theoretisch zu bestimmen und praktisch zu betreiben sind.»[97] Zu fragen wäre doch wohl, ob das Moment, durch das das Ästhetische über den sozialwissenschaftlich faßbaren Befund hinausgeht, nicht vielleicht gerade in möglichen «geschichtstranszendenten Aspekten» der Kunst aufzusuchen wäre. Angesichts des realen Verlaufs der bisherigen Geschichte wäre ein solcher Versuch immerhin weniger abwegig als die Beflissenheit, mit der Metscher die die Geschichte transzendierenden Aspekte der Kunst zu verleugnen trachtet. Jedenfalls bleiben die Bemerkungen, mit denen er den Kunstwissenschaften doch noch einen Rest von Eigenständigkeit – strenggenommen gegen den eigenen Ansatz – reserviert, bemerkenswert unklar. Daß Kunst- und Literaturwissenschaft eine «Form sui generis der Gesellschaftswissenschaften» sein müßten, steht in einem deutlichen Gegensatz zu den exakten materialistischen Analysen, die Metscher sich zum Ziel gesetzt hat. Allerdings ist die Unklarheit dieser Formulierung nichts weniger als Zufall: denn genau an dieser Stelle pflegen in aller Regel den als marxistisch sich verstehenden Ästhetiker die guten Geister der sogenannten Klassiker zu verlassen. Durchaus konventionell ist denn auch der Ausweg, auf den Metscher verfällt: «Bei Aufrechterhaltung der Vorstellung eines dialektischen, korrelativen Verhältnisses von Basis und Überbau erscheint Kunst als eine besondere Gestalt des Überbaus, als *ästhetischer Überbau:* Reflexionskontinuum eines gesamtgesellschaftlichen ‹totalen Inhalts› (Hegels Begriff) innerhalb eines bestimmten historischen Zeitraums, eines Inhalts also, der neben der sozio-ökonomischen Basis auch die gegebenen Überbauformen umfaßt. Nur eine solche Auffassung kann etwa der formativen Macht gerecht werden, die künstlerische Traditionen – also spezifische Überbaumomente – für die ästhetischen Formen in vielen Fällen besitzen. In diesem Sinne ließe sich von einer *relativen* Independenz des kulturellen Überbaus, vorab des ästhetischen, sprechen, zumindest von relativ eigengesetzlichen Tendenzen innerhalb jedes kulturellen Überbaus, von seinem an sich selbst *prozessualen* Charakter.»[98] Regelmäßig ist eine kurzgeschlossene «materialistische» Argumentation zu erkennen an verdrängtem Idealismus, den sie hervorbringt. *Dieser* Idealismus ist nun in der Tat, in Übereinstimmung mit dem korrumpierten Sinne, in dem der Begriff gewöhnlich gebraucht wird, haltlos. Denn er läßt unbestimmt, worin denn nun die Besonderheit dieser «besonderen Gestalt des Überbaus» bestehe und was unter «relativ eigengesetzlichen Tendenzen» zu verstehen sei. Folgen diese Tendenzen «eigenen Gesetzen», dann müßte es möglich sein, diese Gesetze herauszufinden. Von «relativ» eigengesetzlichen Tendenzen zu sprechen, um auf diese Weise den eigenen theoretischen Anspruch wenigstens vordergründig aufrechtzuerhalten, verrät jedenfalls prätentiöse Verschwommenheit, gegen die mit Nachdruck bereits Freud Stellung bezog, als er, durchaus in materialistischem Sinne, gegen die Behauptung polemisierte, das «Originelle» sei «etwas Unableitbares, Undeterminiertes»: «(...) kleine Zufälligkeiten. Was meint der Mann damit? Will er behaupten, daß es noch so kleine Geschehnisse gibt, die aus der Verkettung des Weltgeschehens herausfallen (...)? Wenn jemand so den natürlichen Determinismus an einer einzigen Stelle durchbricht, hat er die ganze wissenschaftliche Weltanschauung über den Haufen geworfen.»[99] Nicht daß er für das Problem der «relativen Eigengesetzlichkeit» des Überbauphänomens Kunst keine Lösung parat hat, ist Metscher vorzuhalten, sondern daß er nicht davor zurückschreckt, auf diese Frage, die der eigentlich würdige Gegenstand einer materialistischen Ästhetik wäre, mit einem abgegriffenen, von Anfang an wenig ergiebigen Zitat von Engels aufzuwarten: «Priorität der Ökonomie auch für die Fragen des ästhetischen Überbaus darf also nur (wie Engels einmal sagt) Priorität der Ökonomie *in letzter Instanz* bedeuten, nicht, daß nicht auch der Überbau ein häufig erstaunliches Eigenleben entfalten könnte.»[100] Gerade wenn das Wort von der Ökonomie als der «*letzten* Instanz» zutreffen sollte, wäre es Aufgabe einer sich als materialistisch verstehenden Ästhetik, die *vorhergehenden* Instanzen zu analysieren, in denen das «erstaunliche Eigenleben» der Kunst sich zuträgt. Weil eine dogmatische Ästhetik diese vermittelnden Instanzen verdrängen muß – hier dürften die «Gründe für den desolaten Stand marxistischer Kunstwissenschaften in der BRD und West-Berlin»[101] aufzusuchen sein; obwohl der eigentliche Defekt wohl schon in einem Bewußtsein enthalten ist, das einen Autor dazu nötigt, linientreu bis zur Selbstparodie zu formulieren –, kommt es schließlich zu der fatalen Konsequenz, daß die «letzte Instanz» Ökonomie unversehens einen positiv wertenden Akzent erhält: die letzte Instanz wird zum obersten Wert erklärt. «Die materialistische Grundüberzeugung, daß das Subjekt der Geschichte die Ökonomie ist und nicht die Idee, verändert das gesamte ästhetische Kategoriensystem. Auch auf dem Gebiet der Ästhetik wird die Ökonomie die schwere Rolle des Weltgeists übernehmen müssen.»[102] So aber hatten Marx und Engels es nicht gemeint; wenn die Ökonomie tatsächlich in aller bisherigen Geschichte das Subjekt war, dann kann es nicht Aufgabe einer materialistischen Geschichtsauffassung sein, in der Erkenntnis dieses verhängnisvollen Sachverhalts ihr Ziel zu sehen. Die Ökonomie als das Subjekt der Geschichte nachzuweisen, kann nur dann der Mühe wert sein, wenn dieser Nachweis die Voraussetzung dafür erbringt, daß die Ökonomie endlich als Subjekt der Geschichte abgelöst würde – durch das Subjekt. Insofern wäre das Ergebnis, das einer an der Ökonomie orientierten Wissenschaft einzig würdig wäre, ein gesellschaftlicher Zustand, in dem sie aufgehört hätte, «letzte Instanz» zu sein.

Weil die Kunst eben hieran festhält: daß das Subjekt der Geschichte das Subjekt sein müßte, ist Ästhetik mehr als nur eine «Form sui generis» der sozialwissenschaftlichen Forschung.

Indem Hegel das zentrale Kapitel über das Kunstschöne auf den Begriff der Handlung aufbaut, vollzieht er den entscheidenden Schritt über die «Philosophie der Kunst» Schellings hinaus; es war für Schellings Konzeption des Ideals charakteristisch, daß es, um rein zu erscheinen, mit peinlicher Sorgfalt von allem, was auch nur entfernt nach einer bestimmten Handlung ausgesehen hätte, ferngehalten werden mußte, weil jede eine Einschränkung der Totalität, die im Ideal erscheinen soll, bedeutet hätte. Auch Hegel stellt sich die Frage, «in welcher Weise, dem Herausgehn in die Aeußerlichkeit und Endlichkeit und somit in das Nicht-Ideale zum Trotz, das Ideale sich dennoch zu erhalten (...) im Stande sey»[103]. Im Gegensatz zu Schelling betont er, daß «Entfaltung» zur Totalität «nicht ohne Einseitigkeit und Entzweiung» geschehen könne: «der volle totale Geist, in seine Besonderheiten sich auseinanderbreitend, tritt aus seiner Ruhe sich selbst gegenüber mitten in den Gegensatz des zerrissenen verworrenen Weltwesens hinein und vermag sich in dieser Zerspaltung nun auch dem Unglück und Unheil des Endlichen nicht mehr zu entziehen. (...) In dieser Entfaltung allein bewährt sich die Macht der Idee und des Idealen, denn Macht besteht nur darin, sich im Negativen seiner zu erhalten.»[104] Allerdings wird, bei allen «zerreißenden Widersprüchen», die einheitsstiftende «Macht der Idee» von Hegel auch hier nicht in Frage gestellt.

Der allgemeine Weltzustand

Die Entfaltung der ästhetischen Handlung vollzieht sich in drei Stufen, die von Hegel den Begriffen des «allgemeinen Weltzustandes», der «Situation» mit der sie prägenden «Kollision» und dem Begriff der «Handlung» selbst zugeordnet werden.

Der «allgemeine Weltzustand», in dem das Ideal (in der Gestalt der epischen Dichtung) zuerst hervorgebracht wird, ist dadurch charakterisiert, daß in ihm ein Widerstreit zwischen Individuum und Gesellschaft, zwischen Besonderem und Allgemeinem noch nicht existiert. Er wird von Hegel sowohl in der «Philosophie der Geschichte» als auch in der Ästhetik als der «heroische» bezeichnet. Dabei handelt es sich bei der «Gesellschaft, die Hegel im Sinn hat und zur ‹heroischen› stilisiert», keineswegs um «die frühgriechische Gentilgesellschaft, Griechenland vor der Ausbildung der athenischen Polisdemokratie»[105], sondern um die Fiktion eines vorstaatli-

chen Zustandes, denn jede Form gesellschaftlicher Organisation, und sei sie
noch so locker, setzt bereits die «vorhandene Scheidung der Allgemeinheiten des gesetzgebenden Verstandes von der unmittelbaren Lebendigkeit
voraus»[106]. Daher muß auch jeder Versuch eines Individuums, von den
Strukturen der geschichtlichen Welt zu abstrahieren, verhängnisvoll enden.
Besonders für die bürgerliche Gesellschaft gilt, daß in ihr «die Einzelnen
(...), gegen das Ganze gehalten, unbedeutend und ein bloßes Beispiel» bleiben. So sieht Hegel in den Jugendwerken Goethes und Schillers, vor allem
im «Götz von Berlichingen» und in den «Räubern» bewundernswerte Versuche, «innerhalb dieser vorgefundenen Verhältnisse der neueren Zeit die
verlorene Selbstständigkeit der Gestalten wiederzugewinnen»[107], aber es
unterliegt für ihn keinem Zweifel, daß sämtliche Heroen der modernen
Zeit, nicht nur Götz und Sickingen – auch Wallenstein wäre in diesem
Zusammenhang zu nennen – notwendig zu Verbrechern werden müssen.

Die Situation

Die erste Stufe der Entäußerung des Ideals zu seiner Bestimmtheit bezeichnet Hegel als die «Situation», «die *Mittelstufe* zwischen dem allgemeinen in
sich unbewegten Weltzustande und der in sich zur Aktion und Reaktion
aufgeschlossenen konkreten Handlung»[108]. Allerdings ist nicht jede Situation geeignet, eine Handlung hervorzubringen; sie ist (wie in der Idylle, die
von Hegel daher nicht als ernst zu nehmende literarische Gattung angesehen wird) «harmlos», wenn «sie keine weitere Folge hat, indem sie sich in
keinen feindlichen Gegensatz gegen Andres setzt (...). Hieher gehören die-
nigen Situationen, welche im Ganzen als ein Spiel zu betrachten sind».[109]
Damit ist die von Schiller in den «Briefen über die ästhetische Erziehung der
Menschen» markierte Position zugleich erreicht und kritisiert. Schiller sieht
im Spiel die Versöhnung des Formtriebs mit dem Stofftrieb; daß Hegel nun
das Spiel der «Situation in ihrer Harmlosigkeit» zuweist, schließt – ohne
daß in diesem Zusammenhang Schillers Schrift genannt würde – eine Kritik
an der Preisgabe der geschichtsphilosophischen Perspektive zugunsten einer
ahistorischen Anthropologisierung ein. Durch das Spiel können allenfalls
Spannungen, denen sich das Subjekt ausgesetzt sieht, vorübergehend
abgebaut werden; eine konkrete Auseinandersetzung des Subjekts mit seiner Umwelt und mit seiner Zeit dagegen wird das Spiel niemals hervorbringen.
Die bloße Spezifikation des allgemeinen Weltzustandes zu einer Situation
reicht noch nicht aus, um eine Handlung zu begründen; es muß ein Zusam-

menstoß verschiedenartiger Interessen, eine «Kollision» geschehen. Hegel definiert sie als «*Verletzung, welche nicht als Verletzung bleiben kann, sondern aufgehoben werden muß*»[110]. Im übrigen ist die Kollision noch nicht die Handlung selbst, sondern erst deren Voraussetzung. Im Gegensatz zu Humboldt und Schelling schreckt Hegel nicht vor dem Eingeständnis zurück, daß «durch die Darstellung solcher Verletzung (...) das Ideal selber verletzt»[111] wird. Die Aufgabe der Kunst sieht er darin, «einer Seits in dieser Differenz dennoch die freie Schönheit nicht untergehn zu lassen, und andrer Seits die Entzweiung und deren Kampf nur vorzuführen, damit sich aus ihr durch Lösung der Konflikte die Harmonie als Resultat ergebe».[112] Hier zeigt sich die Grenze, die Hegels Ästhetik gezogen ist. Denn so wenig er einen Zweifel daran läßt, daß das Ideal sich nur durch die Entzweiung hindurch manifestieren könne, so unbezweifelbar ist für ihn auch, daß dieser Prozeß mit der Versöhnung des Entzweiten abschließen müsse.

Und zwar muß die Versöhnung um jeden Preis erfolgen, wie die Typologie der möglichen Kollisionen erkennen läßt. Hegel unterscheidet Kollisionen, «welche aus rein physischen *natürlichen* Zuständen hervorgehen», ferner solche, «welche auf *Naturgrundlagen* beruhn», schließlich «Zwiespalte, die in *geistigen Differenzen* ihren Grund finden, und erst als die wahrhaft interessanten Gegensätze aufzutreten berechtigt sind, insofern sie aus der *eigenen That* des Menschen hervorgehn».[113] Die erste Art von Kollisionen bleibt zufällig, sie kann durch «Naturunglück, Sturm, Schiffbruch, Dürre u. s. f.»[114] herbeigeführt werden; die Menschen erleiden sie, setzen sich aber nicht eigentlich mit ihr auseinander. Bedeutsamer sind Kollisionen, die daraus entstehen, «daß Unterschieden der Geburt, welche an sich *ein Unrecht* enthalten, dennoch durch *Sitte, oder Gesetz* die Gewalt einer unüberwindlichen *Schranke* zugetheilt wird, so daß sie gleichsam als ein zur Natur gewordenes Unrecht auftreten und dadurch Kollisionen veranlassen. Sklaverei, Leibeigenschaft, Kastenunterschiede, das Verhältniß der Juden in vielen Staaten, und in gewissem Sinne selbst der Gegensatz adlicher und bürgerlicher Geburt sind hieher zu rechnen.»[115] Befremden könnte, daß Hegel Konflikte, die auf politische und gesellschaftliche Ursachen zurückzuführen sind, zu den Kollisionen auf «Naturgrundlage» rechnet. Indessen ist gerade hierin ein kritisches Moment beschlossen: nur die Konflikte sind menschenwürdig, die «aus der eigenen That des Menschen hervorgehn», die also ihnen weder bloß von außen zustoßen noch das Ergebnis vorgegebener, nicht als vernünftig anzuerkennender gesellschaftlicher Strukturen sind.

Aber nun zeitigt die Tatsache, daß für Hegel das Kunstwerk ohne Versöhnung schlechterdings nicht denkbar ist, zum erstenmal eine sozial repressive Wirkung. Es ist nach dieser Voraussetzung vollkommen konsequent, daß, wenn der in Frage stehende Konflikt als nicht lösbar erscheint, weil die Macht der Verhältnisse die Kräfte des Individuums übersteigt, er als «etwas Unästhetisches»[116] erscheint. Hegel muß also eine Güterabwägung durchführen, etwa der Art, daß er sich fragt: was zu bevorzugen sei, die ungemilderte Darstellung des in der Empirie vorfindlichen Unrechts auch in der Kunst, oder aber die Beseitigung des «unästhetischen» Moments, indem im Kunstwerk Versöhnung per Zwangsvollstreckung durchgeführt wird. Es ist klar, daß Hegel, will er nicht die Gleichsetzung von Kunst und Versöhnung preisgeben, sich für die zweite Möglichkeit entscheiden muß: «Insofern nun durch die Macht der bestehenden Zustände dergleichen Schranken unübersteigbar werden, (...) so kann dieß nur eine Situation des Unglücks und des in sich selber Falschen geben. Denn dem Nothwendigen muß sich der vernünftige Mensch, insofern er die Kraft desselben zu beugen nicht die Mittel hat, unterwerfen (...); er muß das Interesse und Bedürfniß, welches an solcher Schranke zu Grunde geht, aufgeben, und so das Unüberwindliche mit dem stillen Muth der Passivität und Duldung ertragen. Wo ein Kampf nichts hilft, besteht das Vernünftige darin, dem Kampfe aus dem Wege zu gehn, um sich wenigstens in die *formelle* Selbstständigkeit der subjektiven Freiheit zurückziehn zu können.»[117] Die Pointe dieser Ausführungen liegt darin, daß Hegel in dem Augenblick, da er den Einbruch des «Unästhetischen», also des Häßlichen, in seine Theorie des Schönen abzuwehren versucht, gegen seine wichtigste Prämisse zu verstoßen gezwungen ist. Die Parole, die er als Lösung für den in Frage stehenden Konflikt ausgibt: den Rückzug auf die wenigstens «formelle», innerliche Freiheit des Subjekts, widerspricht in eklatanter Weise seiner Einsicht, daß ästhetische Versöhnung, die sich auf subjektives Empfinden beschränkt, nicht den Anspruch erheben kann, als «schön» anerkannt zu werden, da sie auf Vermittlung mit dem Objekt Verzicht leistet. – Die Tatsache, daß Hegel einen dezidiert bürgerlichen Begriff von Kunst vertritt, ist also durchaus zweideutig. Sie schließt zunächst ein, daß er zu keinerlei Konzessionen gegenüber den ästhetischen Wertvorstellungen der abtretenden feudalen Klasse bereit ist. Sie bereitet aber auch schon, durch eine veränderte Einschätzung des ästhetischen Scheins, die Möglichkeit vor, daß dieser, aus feudalen Diensten entlassen, in Abhängigkeit von einem enger werdenden bürgerlichen Bewußtsein gerät. Mit Schärfe wendet Hegel sich dagegen, den Anblick der «Palläste der Könige», die «bei allen Völkern ein Beispiel des Glanzes und der Pracht» geben, durch «sogenannte moralische Gedanken» beeinträchtigen zu lassen, indem man «die Reflexion macht, wie viele arme Athenienser hätten von dem Mantel der Pallas gesättigt, wie viele Sklaven losgekauft werden können (...). Weiter noch lassen sich dergleichen kümmerliche Betrachtungen nicht nur über einzelne Kunstwerke, sondern über die ganze Kunst selbst anstellen (...) – aber wie viel moralische und rührende Bewegungen man darüber auch erregen mag, so ist dieß allein dadurch möglich, daß man die *Noth und Bedürftigkeit wieder in's Gedächtniß zurückruft, deren Beseitigung gerade von der Kunst gefordert wird,* so daß es jedem Volke nur zum Ruhme und zur höchsten Ehre gereichen kann für eine Sphäre seine Schätze hinzugeben, welche innerhalb der Wirklichkeit selbst über alle Noth der Wirklichkeit verschwenderisch hinaushebt.»[118] Gerade die vordergründig vergleichbare Argumentation in § 2 der Kritik der Urteilskraft («Das Wohlgefallen, welches das Geschmacksurteil bestimmt, ist ohne alles Interesse») läßt die sich anbahnende Veränderung in der Einschätzung der Funktion der Kunst erkennbar werden. Indem Kant darauf besteht, daß das ästhetische Geschmacksurteil ohne Interesse – also auch nicht gebunden an bestimmte Besitztitel und damit an die Zugehörigkeit zu einer bestimmten sozialen Schicht – sein müsse, wird gewährleistet, daß der ästhetische Schein Allgemeinheit beanspruchen kann. Die Kunst wird dem feudalen Standesprivileg entzogen und dem Allgemeinheitsanspruch der Vernunft zugeordnet. Auch Hegel hält an der Allgemeinheit des ästhetischen Scheins fest, aber mit dem Zusatz, daß die nichtbürgerlichen, und das heißt zu Hegels Zeit bereits: die nichtbesitzenden Bevölkerungsschichten sich *nur* mit dem ästhetischen Schein zufriedengeben sollen, während der inhaltliche Genuß dessen, was der ästhetische Schein verheißt, auf eine schmale Schicht sozial Privilegierter beschränkt sein soll; «die Nationen», behauptet Hegel, «erfreuten sich von je her (...) bei der Pracht der Fürsten (...), daß dergleichen vorhanden und aus ihrer Mitte hergenommen sey».[119] Auf diese Weise findet die Formalisierung des bürgerlichen Gleichheitspostulats im sozialen Bereich ihren Ausdruck in der Ästhetik. Wie von den Kunstwerken nur noch der ästhetische Schein, abgelöst von allen Inhalten, für alle dasein soll, so soll, im politisch-sozialen Bereich, die formal hergestellte Gleichheit Aller vor dem Gesetz und vor dem Markt bereits für die reale, inhaltliche Gleichheit einstehen. Im Vergleich der Äußerungen Kants und Hegels wird sichtbar, daß die Kunst von nun an virtuell ideologisch wirksam werden kann: der ästhetische Schein wird Schein real hergestellter, verallgemeinerter Humanität. «Sie können sich daran nicht sattsehen», ist, in den heroischen Zeiten des «Simplicissimus», das Bild einer in Lumpen gekleideten Proletarierfamilie vor der weihnachtlich geschmückten Auslage eines Delikatessengeschäftes unterschrieben.[120] Gleiches soll künftig, wie aus Hegels Bemerkungen hervorgeht, für das Verhältnis der Massen zur Kunst überhaupt gelten.

Was die «Erfindung» der Situation betrifft, so ist sie für Hegel zwar «ein wichtiger Punkt», der jedoch in seiner Bedeutung nicht zu überschätzen sei. «Denn die Situation macht nicht (...) die eigentliche Kunstgestalt aus, sondern betrifft nur das äußerliche Material, in welchem und an welchem sich ein Charakter und Gemüth entfalten und darstellen soll. Erst bei der Verarbeitung dieses äußerlichen Anfangs zu Handlungen und Charaktern erweist sich die ächt künstlerische Thätigkeit. Man kann es daher dem Dichter gar keinen Dank wissen, diese an sich undichterische Seite selbst gemacht zu haben, und es muß ihm erlaubt bleiben, aus schon Vorhandenem, aus der Geschichte, Sage, Mythe, aus Chroniken, ja aus selbst schon künstlerisch verarbeiteten Stoffen und Situationen immer von neuem wieder zu schöpfen.»[121] Diese Stelle enthält die theoretische Begründung dafür, warum ein und derselbe Stoff immer wieder aufgegriffen werden kann, ohne langweilig zu wirken; mit dem Titel «Amphitryon 38» deutet Giraudoux ironisch an, daß es sich bei seinem Stück um die 38. Bearbeitung der Vorlage handelt. Der eigentliche Inhalt der Werke, an dem die künstlerische Gestaltung sich zu bewähren hat, ist nicht das Stoffliche, sondern der Konflikt einander widerstrebender «Mächte». Ihren Gehalt haben die Kunstwerke in der Dynamik, mit der die Motive zueinander in Beziehung treten.

Die Handlung

Diese Dynamik macht die Substanz der Handlung aus; sonst könnte der Handlungsbegriff nicht zentral in der Ästhetik stehen, als die «klarste Enthüllung des Individuums (...); was der Mensch im innersten Grunde seines Daseyns ist, bringt sich erst durch sein Handeln zur Wirklichkeit»[122].

Das Innerste der Menschen tritt jedoch nur dann nach außen, wenn «Interessen idealer Art (...) sich bekämpfen, so daß Macht auftritt gegen Macht. (...) Dieß sind die großen Motive der Kunst, die ewigen religiösen und sittlichen Verhältnisse: Familie, Vaterland, Staat, Kirche, Ruhm, Freundschaft, Stand, Würde, in der Welt des Romantischen besonders die Ehre und Liebe u. s. f. In dem Grade ihrer Gültigkeit sind diese Mächte verschieden, alle aber in sich selbst vernünftig».[123] Zwar kann nur durch die Auseinandersetzung mit einem nicht in ihm selbst gelegenen Widerspruch das Subjekt sich selbst erfahren, aber vorausgesetzt muß werden, daß die allgemeinen «Mächte», mit denen es in Konflikt gerät, selbst vernünftig, nicht das Produkt von Willkür oder von bloßer Gewalt sind. Vorbildlich sieht Hegel diese Forderung in der «Antigone» des Sophokles erfüllt. «Kreon, der König, hat als Oberhaupt der Stadt das strenge Gebot erlassen, der Sohn des Oedipus, der als Feind des Vaterlandes gegen Theben herangezogen war, solle die Ehre des Begräbnisses nicht haben. In diesem Befehl liegt eine wesentliche Berechtigung, die Sorge für das Wohl der ganzen Stadt. Aber Antigone ist von einer gleich sittlichen Macht beseelt, von der heiligen Liebe zum Bruder (...). Die Pflicht des Begräbnisses nicht zu erfüllen, wäre gegen die Familienpietät und deshalb verletzt sie Kreons Gebot.»[124] Daß es sich hier um ein zentrales Motiv von Hegels Ästhetik handelt, wird nicht zuletzt daran erkennbar, daß er es ganz am Ende der Vorlesungen über die Kunst, als seiner Weisheit letzten Schluß, wieder aufnimmt: «Von allem Herrlichen der alten und modernen Welt, – ich kenne so ziemlich Alles, und man soll es und kann es kennen, – erscheint mir nach dieser Seite die Antigone als das vortrefflichste, befriedigendste Kunstwerk.»[125]

Es ist deutlich, aus welcher historischen Konstellation Hegel seine Theorie der Handlung ableitet. Die Kollision zwischen einem Allgemeinen, das in seiner Substantialität nicht in Frage gestellt wird, und einem Besonderen, das selbstbewußt des eigenen Wertes innegeworden ist, ist die Erfahrung eines Bürgertums, das sich gegen die Macht des absoluten Herrschers, die ihrerseits noch nicht alle historische Legitimation verloren hat, zu behaupten beginnt. In der Epoche der Aufklärung ist die auf die Familie gegründete Sittlichkeit, das Private überhaupt, ein Bereich, über den die absolute Staatsgewalt keine Macht haben soll. Dem Privaten kommt die politische Funktion zu, bürgerliche Wertvorstellungen in einer noch durchaus vorbürgerlichen Welt zu schützen.[126] Es ist daher unausweichlich, daß der Begriff der Handlung als Zentrum der ästhetischen Theorie problematisch werden muß in dem Augenblick, da die Substantialität des Allgemeinen wie des Besonderen nicht mehr ohne weiteres vorausgesetzt werden kann.

Aus dieser Konstellation ergibt sich auch, daß das seit der Antike diskutierte Problem, wo eigentlich die Handlung einzusetzen habe – jede Situation ist bedingt durch eine andere, ihr vorhergehende: so wäre der Beginn der Ilias (auch dies bereits ein antiker Topos) eigentlich bei dem Ei des Leda anzusetzen, aus dem Helena entsprungen sein soll – für Hegel ohne weiteres lösbar ist. Es könne nicht das Interesse der Kunst sein, «mit dem äußerlich ersten Anfang der bestimmten Handlung den Beginn zu machen (...), sondern es müssen nur die Umstände aufgefaßt werden, welche von dem individuellen Gemüth und dessen Bedürfnissen ergriffen, gerade die bestimmte Kollision hervorbringen, deren Streit und Lösung die besondre Handlung ausmacht. Homer z. B. in der Iliade fängt sogleich bestimmt mit der Sache an, um welche es sich bei ihm handelt, mit dem Zorne des Achilles, und (...) giebt uns sogleich den speciellen Konflikt».[127] Beginn und auch Ende der «Handlung» sind so lange unproblematisch, als mit der «Kollision» der Punkt angebbar ist, an dem die Interessen des Subjekts in einen definierbaren Widerspruch zum Allgemeinen, das seinerseits nicht auf Willkür beruhen darf, treten. Aber auch das Subjekt muß sich stark genug fühlen, den Konflikt auszutragen, gegebenenfalls unter Preisgabe des eigenen Lebens. Schwinden dagegen diese Bedingungen; wird das Geflecht der gesellschaftlichen Vermittlung dichter, kann das Allgemeine nicht mehr mit bestimmten Mächten oder Personen (etwa der Person des Kreon) identifiziert werden; nimmt, im Gefolge hiervon, das Ohnmachtsgefühl des Subjekts zu, bis es schließlich sich nur noch als einzelnes erfährt, dem das Allgemeine buchstäblich nichts mehr zu sagen hat: dann wird es immer weniger möglich, mit einer bestimmten Kollision den Beginn und das Ende einer Handlung festzulegen. Diese Entwicklung, die in den monologischen Kurzdramen Becketts ihren konsequenten Abschluß findet, zeitigt erstmals gegen Ende des 19. Jahrhunderts auch formale Konsequenzen: «Diese Weltanschauung der Passivität und der Indolenz, dieses Gefühl, daß im Leben nichts zum Ziel und Ende gelangt, (...) führt zur Betonung der Episodenhaftigkeit und der Irrelevanz alles äußern Geschehens, bringt den Verzicht auf jede formale Gliederung, jede Konzentration und Integration mit sich und drückt sich mit Vorliebe in einer exzentrischen, den gegebenen Rahmen vernachlässigenden und vergewaltigenden Komposition aus. So wie Degas wichtige Teile der Darstellung ganz an den Rand der Bildfläche rückt und sie durch den Rahmen überschneidet, endet Tschechow seine Novellen und Dramen mit einem ‹Auftakt›, um auch damit den Eindruck der Unabgeschlossenheit, der Abgebrochenheit, der zufälligen, willkürlichen Beendigung der Werke zu betonen.»[128] Auch das Entstehen des epischen Theaters läßt sich aus Hegels Theorie der Handlung ableiten. Das Drama nimmt in seiner Hierarchie der Künste den obersten Platz ein, denn das «Handeln, da es geistiger Art ist, gewinnt auch im geistigen Ausdruck, in der Rede allein, seine größte Klarheit und Bestimmtheit»[129]. Hinter dieser Bemerkung steht das ungebrochene Selbstvertrauen des Individuums, seinem Wesen uneingeschränkt Ausdruck verleihen, sich also vollständig mitteilen zu können. Dieses Selbstvertrauen ist nicht ablösbar von einer historisch-ökonomischen Situation, die eines starken, selbständig wirtschaftenden, relativ autonomen Subjekts bedarf. Wenn die Einflüsse des Allgemeinen dagegen, als Folge der unausweichlichen wirtschaftlichen Konzentrationsprozesse, übermächtig werden, muß das Individuum, mit dem Vertrauen auf seine Autonomie, auch das Vertrauen in die Möglichkeit, sich aus eigener Kraft mitteilen zu können, verlieren. Das epische Theater, das die Rede des Individuums entscheidend in ihrer Bedeutung

relativiert, ist Resultat dieses Prozesses. Je mehr äußere Mächte über das
Schicksal des Individuums bestimmen, desto geringer wird die Bedeutung
von Rede und Gegenrede für den Fortgang der Handlung, bis es für die
dramatis personae schließlich unmöglich wird, im Dialog noch eine Beziehung auf das zu benennen, was sie als ihr Wesen nur noch undeutlich
empfinden, aber nicht mehr auszusprechen vermögen.

Durch die Handlung werden Geschichte und Kunstwerk miteinander
vermittelt; ihre Theorie ist daher das Zentrum der Ästhetik Hegels; sie
enthält in konzentrierter Fassung das System. So folgt im dritten Teil, dem
System der einzelnen Künste, die Strukturierung der von Hegel an oberster
Stelle eingeordneten Kunstform, der Poesie, dem im Kapitel über das
Kunstschöne entworfenen Schema. Dem allgemeinen Weltzustand wird das
Epos, der Situation die Lyrik, der Handlung das Drama zugeordnet. Im
Epos sind Allgemeines und Besonderes noch ungeschieden. In der Lyrik
tritt, was Hegel mit einiger Skepsis betrachtet, die reine Subjektivität in den
Vordergrund. Das Drama schließlich wird von ihm an die Spitze seines
Systems der Ästhetik gestellt, weil hier das Individuum seine Taten als *seine*
Taten bewußt begreift und damit die Endlichkeit der unfreien Existenz
überwindet; im Drama hat das Individuum seine Geschichte – und damit
zugleich die Geschichte der menschlichen Gattung – als von ihm selbst
hergestellte zu begreifen gelernt.

Die symbolische Kunstform

Nicht anders als Schelling fordert Hegel für das Ideal die Einheit von Bedeutung und Erscheinung. Sie ist für ihn jedoch keine überzeitliche Qualität, die nur von der subjektiven Fähigkeit des Künstlers abhinge; sinnlos
wäre es, die Werke mit der Forderung nach dieser Einheit abstrakt zu
konfrontieren. Vielmehr ist diese Einheit charakteristisch für einen bestimmten Entwicklungsstand der Kunst in einer bestimmten historischen
Situation: als ein historisch Entsprungenes verweist sie auf einen früheren
Zustand, der diese Einheit *noch* nicht, und eine spätere Epoche, die sie
nicht mehr kennt.

«Symbolisch» nennt Hegel alle Kunst, in der Bedeutung und Erscheinung
noch nicht zusammenfallen. Den Anfang der symbolischen Kunst, wie den
der Philosophie, sieht er in der «Verwunderung». Sie «kommt da hervor,
wo der Mensch, als Geist, losgerissen von dem unmittelbarsten ersten Zusammenhange mit der Natur und von der nächsten bloß praktischen Beziehung der Begierde, von der Natur und seiner eigenen singulären Existenz

zurücktritt (...). Dann erst fallen ihm die Naturgegenstände auf, sie sind ein Andres, das doch für ihn seyn soll, und worin er sich selbst, Allgemeines, Gedanken, Vernunft wiederzufinden strebt.»[130] Durch seine entschiedene Wendung gegen jede Verherrlichung des Ursprungs, gegen die Unterstellung, daß das historisch Frühere auch das ontologisch und ästhetisch Wertvollere zu sein habe, ist Hegel gegen jeden Versuch gefeit, ästhetische Ausdrucksformen, die dem Stand der Geschichte nicht mehr angemessen sind, aus ideologischen Gründen zu reaktivieren. «Der einfache Anfang (...) ist seinem Gehalte nach etwas für sich so Unbedeutendes, daß er für das philosophische Denken als durchaus zufällig erscheinen muß».[131] Das bedeutet nicht, daß das historisch Überholte nicht auch in die späteren Kunstformen hineinspielte. Es gehört zu den glücklichsten Ergebnissen der Hegelschen Spekulation, im Kapitel über das «Werden des klassischen Ideals» zeigen zu können, daß das historisch Überholte in den späteren Werken wiederkehrt, aber nur in der Erinnerung und ohne Macht über die Gegenwart auszuüben. So erscheinen die Götter der symbolischen Kunst in Tiergestalt, die der griechischen Klassik in Menschengestalt, gemäß dem fortgeschrittenen Bewußtsein der Menschen von sich: der Übergang von der symbolischen zur klassischen Kunstform vollzieht sich daher in der «Degradation» des Tierischen.[132] Ist diese erst einmal abgeschlossen, so kann «dem Thierischen eine positivere Stellung» angewiesen werden, weil der «Thier*gestalt* das Recht genommen ist, sich mit der menschlichen in ungehöriger Art zu vermischen»[133]. Daher werden, meint Hegel, die Gestalten der griechischen Mythologie von einem Tier begleitet: «So sehen wir den Adler neben Jupiter, den Pfau neben Juno, die Tauben in Begleitung der Venus (...). Wenn daher auch an den Idealen der geistigen Götter noch Symbolisches erhalten ist, so wird es dennoch seiner ursprünglichen Bedeutung nach unscheinbar, und die Naturbedeutung als solche, welche früher den wesentlichen Inhalt ausgemacht hatte, bleibt nur noch (...) als partikuläre Aeußerlichkeit zurück, die nun ihrer Zufälligkeit wegen hin und wieder bizarr aussieht, da ihr die frühere Bedeutung nicht mehr inwohnt.»[134] Was noch Kant unhistorisch als «Attribute» der Götter bezeichnete[135], läßt Hegel einer genetischen Erklärung zugänglich werden.

Zweifellos gehört zu den wichtigsten Einsichten Hegels, daß noch das Sublimierteste, das Geistigste kein Erstes, sondern aus der Natur Entsprungenes ist. Er scheut sich nicht, auch das Ideal der romantischen Kunst, die Liebe – die er am reinsten in der Mutterliebe, der Liebe der Maria zu dem Kinde, dargestellt sieht – in Beziehung zu den naturhaften Ursprüngen zu setzen. So werden die Faune, die ihrerseits bereits sublimiert aus der Gestalt des Bocks als der «zeugenden Naturkraft» sind, schon in der griechischen

Kunst «auch mit tieferem Ausdruck dargestellt, wie z. B. der schöne Faun zu München, der den jungen Bacchus in seinen Armen hält, und ihn mit einem Lächeln anblickt, das voll höchster Liebe und Lieblichkeit ist. Er soll nicht der Vater des Bacchus sein, sondern nur der Pfleger, und nun wird ihm die schöne Empfindung der Freude an der Unschuld des Kindes beigelegt, die als Muttergefühl der Maria zu Christus in der romantischen Kunst zu einem so hohen geistigen Gegenstand erhoben ist. Bei den Griechen aber gehört diese anmuthigste Liebe noch dem untergeordneten Kreise der Faunen an, um zu bezeichnen, daß sie ihren Ursprung aus dem Thierischen, Natürlichen herleite».[136] Der Einsicht in das Gewordensein des Ideals entspricht das Verdikt über ästhetische Formen, die dem Stand der Geschichte nicht mehr vermittelbar sind. Daß sie nicht willkürlich wieder belebt werden können, ist eine Überzeugung, an der Hegel, der sich hier immun gegen alle denkbaren ideologischen Anfechtungen zeigt, ausnahmslos festhält. So möchte man dem späteren Hofmannsthal, der nach dem Kriege die Tradition des Mysterienspiels neu zu begründen versuchte, die Lektüre der einschlägigen Stelle aus Hegels Ästhetik gewünscht haben: «Doch scheint im Ganzen in den Mysterien keine große Weisheit oder tiefe Erkenntniß verborgen gewesen zu seyn, sondern sie bewahrten nur die alten Traditionen, die Grundlage des später durch die ächte Kunst Umgebildeten, auf und hatten deshalb nicht das Wahrhafte, Höhere, Bessere, sondern das Geringere und Niedere zu ihrem Inhalt. (...) Für die Kunst sind die Mysterien daher von geringem Einfluß, denn wenn auch vom Aeschylus erzählt wird, er habe zu geflissentlich von der Demeter Mystisches verrathen, so beschränkt sich doch, was er aussagt, darauf, daß Artemis die Tochter der Ceres gewesen sey, und das ist eine geringe Weisheit.»[137] Wo er die Struktur der bürgerlichen Gesellschaft in Frage gestellt sieht, ist Hegel, durchaus auch gegen bessere Einsicht, zu ideologischer Rechtfertigung des Bestehenden fähig. In der Ästhetik hat dagegen keine ideologische Verfestigung Bestand vor seinem historischen Sinn. So zögert er trotz seiner Vorliebe für die Kunst der griechischen Antike nicht, ohne weiteres einzugestehen, daß die griechische Mythologie «nie bei den modernen Völkern vollkommen einheimisch» geworden und «*selbst in den bildenden Künsten* und mehr noch in der Poesie (...) kalt geblieben»[138] sei. Folgt diese Feststellung noch ohne weiteres aus Hegels Überzeugung, daß die klassische Kunst nicht mehr alle Inhalte des modernen Bewußtseins auszudrücken in der Lage sei, so ist zumindest nicht ganz so selbstverständlich, daß er es kompromißlos ablehnt, durch Rückgriff auf Kunstformen der Vergangenheit den nationalen Geist zu unterstützen, obwohl dem Volksgeist in dem geschichtsphilosophischen Konzept eine nicht unbedeutende Funktion, als die Mittelinstanz, durch die der Weltgeist sich spezifiziert, zugeschrieben wird. Während der Geist der alten Völker im Epos seinen vollständigen Ausdruck finden konnte – Ilias und Odyssee bezeichnet Hegel daher als «epische Bibeln»[139] –, muß jeder Versuch in der Moderne, durch Rückgriff auf die Vergangenheit epische Dichtungen zur Grundlage einer nationalen Ideologie zu machen, notwendig scheitern, weil deren Inhalte nach Hegels Überzeugung mit der Gegenwart nicht mehr vermittelbar sind. Zwar wird Klopstock mit einiger Schonung behandelt, vermutlich, weil in seiner Hinwendung zur nordisch-germanischen Mythologie ein immerhin legitimer Versuch gesehen werden kann, dem übermächtigen französischen Einfluß etwas spezifisch Deutsches gegenüberzustellen; der Versuch jedoch, das Nibelungenlied zu einer «epischen Bibel» zu erklären, in dem die Gegenwart sich wiedererkennen solle, verfällt der schärfsten Kritik: Der Inhalt des Nibelungenliedes sei «nur eine vergangene, wie mit dem Besen rein weggekehrte Geschichte (...). Dergleichen jetzt noch zu etwas Nationalem und gar zu einem Volksbuche machen zu wollen, ist der trivialste, platteste Einfall gewesen. In Tagen scheinbar neu auflodernder Jugendbegeisterung war es ein Zeichen von dem Greisenalter einer in der Annäherung des Todes wieder kindisch gewordenen Zeit, die sich an Abgestorbenem erlabte».[140] Gewiß spielt hierbei Hegels Abneigung gegen die Romantik, insbesondere gegen die auf mittelalterliche Traditionen zurückgreifende demokratisch-nationale Studentenbewegung in der Folge der Freiheitskriege eine Rolle. Aber dennoch drängt sich der Eindruck auf, ein weiteres Motiv für die äußerst scharfe Ablehnung jeder ideologischen Aktualisierung des Nibelungenliedes sei bereits in der Vorahnung zu suchen, daß das seiner historischen Perspektive verlustig gehende Bürgertum gerade dieses Epos zur ideologischen Folie seines «tragischen» Selbstverständnisses machen wird, um seinen Niedergang zur unausweichlichen Folge einer Götterdämmerung zu stilisieren.

So wenig die Mängel der symbolischen Kunstform auf subjektives Versagen des Künstlers zurückzuführen sind, so wenig kann sie ihren eigenen Begriff überschreiten. «Die Mängel der Kunstgestalt erweisen sich (...) gleichmäßig als ein Mangel der Idee».[141] Das Symbol ist zweideutig, sinnliche Erscheinung und Bedeutung, «Manifestirendes und Manifestirtes» sind noch nicht «zu konkreter Einheit aufgehoben»[142]. Trotzdem bleibt ihr Verhältnis von dem Augenblick an, da in der «Verwunderung» das Subjekt zum erstenmal seiner selbst als etwas von der Außenwelt Verschiedenes inne wird, nicht statisch. Die symbolische Kunst ist nichts anderes als Ausdruck eines Prozesses, der in dem Augenblick an sein Ziel geraten ist, da das Subjekt zum Bewußtsein seiner selbst kommt: «Das Symbolische (...)

hört da sogleich auf, wo die freie Subjektivität und nicht mehr bloß allgemeine abstrakte Vorstellungen den Gehalt der Darstellung ausmacht. Denn das Subjekt ist das Bedeutende für sich selbst, und das sich selbst Erklärende.»[143] Diese Entwicklung vollzieht sich im wesentlichen in zwei Stufen, deren erste der «Pantheismus der Kunst» ist; zu ihr zählt Hegel in der Hauptsache die indische und die mohammedanische Poesie sowie die christliche Mystik. Hebräische Poesie und ägyptische Kunst werden als die «Kunst der Erhabenheit» bezeichnet. Motor dieser Bewegung ist das Bedürfnis der menschlichen Subjektivität, ihrer selbst vollständig innezuwerden; da ihr dies noch nicht gelingen kann – Hegel spricht von der «unbeschwichtigten Versöhnungslosigkeit der indischen Anschauung»[144] – nehmen die Kunstwerke während des ersten Stadiums des Symbolischen den Charakter von Rätseln an.[145] Kaum ließe sich der entscheidende Unterschied zwischen den Ästhetiken Adornos und Hegels besser verdeutlichen als durch diesen, beiden Autoren, wie es scheint, gemeinsamen Hinweis auf den Rätselcharakter der Kunst. Denn während für Adorno die angemessene Erkenntnis des Kunstwerks in der Erkenntnis seines Rätselcharakters als seinem nichtbegrifflichen Moment besteht, ist für Hegel die Entwicklung der Kunst gerade darauf angelegt, daß das Rätsel im Begriff sich löse.

Das Lösungswort erscheint zum erstenmal als die Antwort, die der griechische Mythos auf die Rätsel der ägyptischen Kunst findet. Ägypten ist für Hegel das «Land des Symbols, das sich die geistige Aufgabe der Selbstentzifferung des Geistes stellt, ohne zu der Entziffrung wirklich hinzugelangen»[146]. Die Lösung des Rätsels, das alle symbolische Kunst bedeutet, steht jetzt jedoch unmittelbar bevor. Denn in der ägyptischen Kunst, als einer des Todes – «der Tod hat eine gedoppelte Bedeutung; einmal ist er das selbst unmittelbare Vergehen des Natürlichen, das andremal der Tod des *nur* Natürlichen und dadurch die Geburt eines Höheren, des Geistigen»[147] – wird die Voraussetzung dafür geschaffen, daß der Geist zum erstenmal sich ganz des ihm Fremden entäußert und das Lösungswort findet, das alle Rätsel, die die symbolische Kunst aufgibt, beantwortet. Es ist, in der Gestalt des Oedipus, der griechische Geist, der die Antwort auf das von der ägyptischen Kunst aufgegebene Rätsel findet. Hegels Interpretation des Mythos von Oedipus und der Sphinx zählt zu den Glanzpunkten seiner spekulativen Ästhetik: «Die Werke der ägyptischen Kunst in ihrer geheimnißvollen Symbolik sind (...) Räthsel (...). Als Symbol für diese eigentliche Bedeutung des ägyptischen Geistes können wir die *Sphinx* bezeichnen. Sie ist das Symbol gleichsam des Symbolischen selber. (...) Aus der dumpfen Stärke und Kraft des Thierischen will der menschliche Geist sich hervordrängen, ohne zur vollendeten Darstellung seiner eigenen Freiheit und bewegten Gestalt zu kommen, da er noch vermischt und vergesellschaftet mit dem Anderen seiner selber bleiben muß. Dieser Drang nach selbstbewußter Geistigkeit (...) ist das Symbolische überhaupt, das auf dieser Spitze zum Räthsel wird. In diesem Sinne ist es, daß die Sphinx in dem griechischen Mythos (...) als das Räthsel aufgebende Ungeheuer erscheint. Die Sphinx stellte die bekannte räthselhafte Frage: wer es ist, der Morgens auf vier Beinen geht, Mittags auf zweien und Abends auf dreien. Oedip fand das einfache Entziffrungswort, daß es der Mensch sey, und stürzte die Sphinx vom Felsen. Die Enträthslung des Symbols liegt in der an und für sich seyenden Bedeutung, dem Geist, wie die berühmte griechische Aufschrift dem Menschen zuruft: erkenne Dich selbst. Das Licht des Bewußtseyns ist die Klarheit, welche ihren konkreten Inhalt hell durch die ihm selbst angehörige gemäße Gestalt hindurchscheinen läßt, und in ihrem Daseyn nur sich selber offenbar macht.»[148] An keiner anderen Stelle der Ästhetik belegt Hegel brillanter seine Überzeugung, daß in der Kunst die Menschen zur Erfahrung ihrer selbst als geistige Totalität gelangen. Nichts wäre für ihn fernerliegend als die Vorstellung, die adäquate Erfahrung von Kunst bestehe im Nachvollzug ihres Rätselcharakters; die Kunst muß zur Auflösung des Rätsels prozessieren, und die Lösung kann immer nur eines sein: der Mensch selbst. Sollte Hegels grundlegende Annahme zutreffen, daß die einzelnen Entwicklungsstufen der Kunst den Stand der Emanzipation der Gattung anzeigen[149], so könnte aus Adornos Insistieren auf dem Rätselcharakter nur der Schluß gezogen werden, die Kunst verweise mittlerweile darauf, daß die Emanzipation der Gattung mißlungen sei. Die Kunst ist erneut in eine symbolische Phase eingetreten, ohne die Perspektive, die nach Hegels Interpretation sich in der Sphinx ankündigt: daß die Gattung, zu sich selbst gekommen, das Chaos hinter sich läßt.

Wo dagegen das Kunstwerk sich der Auflösung im Begriff verweigert, wird Hegel regelmäßig unruhig; die Unruhe kann sich, wie im Falle Kleists und E. T. A. Hoffmanns, bis zu gehässiger Polemik steigern. Daher verweist der hämische Ton, den Hegel hin und wieder anschlägt, in aller Regel auf ein Problem, das sich dem System zu entziehen droht. So heißt es tadelnd über Goethes «Wahlverwandtschaften»: «Ein ähnliches Anfügen von einzelnen Zügen, die aus dem Inhalte nicht hervorgehn, finden wir selbst noch in den Wahlverwandtschaften wieder: die Parkanlagen, die lebenden Bilder und Pendelschwingungen, das Metallfühlen, die Kopfschmerzen, *das ganze aus der Chemie entlehnte Bild der chemischen Verwandtschaften* sind von dieser Art. (...) die ächte Originalität des Künstlers wie des Kunstwerks liegt *nur* darin, von der Vernünftigkeit des in sich selber wahren Gehalts beseelt zu seyn.»[150] Beinahe erheiternd ist es zu sehen, daß Hegel gerade jene Züge an Goethes Roman verwirft, in denen der Leser des 20. Jahrhunderts den eigentlichen Gehalt aufzusuchen geneigt ist. «Die Liebenden (...) verfallen (...) dem Unergründlichen, das im stehenden Gewässer vorweltlich erscheint. Buchstäblich sieht man dessen alte Macht sie beschwören. (...) In alledem ist die Natur es selbst, die unter Menschenhänden übermenschlich sich regt. In der Tat: sogar der Wind, ‹der den Kahn nach den Platanen treibt›, ‹erhebt sich› – wie der Rezensent der ‹Kirchenzeitung› höhnisch mutmaßt – ‹wahrscheinlich auf Befehl der Sterne›.»[151] Der von Benjamin zitierte Rezensent hätte Hegel sein können. Denn auch seine Kritik läuft darauf hinaus, daß in den «Wahlverwandtschaften» die rätselhaften, magischen Züge dadurch entstehen, daß die Natur immer wieder übermächtig in den sozialen Bereich einbricht, ja die Herrschaft über diesen an sich reißt. Angesichts der Tatsache, daß Hegel die unbedingte Unterordnung der Natur unter den Geist fordert – «*formell* betrachtet ist selbst ein schlechter Einfall, wie er dem Menschen wohl durch den Kopf geht, *höher* als irgend ein Naturprodukt; denn in solchem Einfalle ist immer die Geistigkeit und Freiheit präsent»[152] – ist ein vernichtenderes Urteil über Goethes Roman als das von Hegel formulierte überhaupt nicht vorstellbar. Die Dämme beginnen zu brechen, durch die der aufklärerische Rationalismus glaubte, die Natur endgültig in ihre Schranken gewiesen zu haben. Es ist, als ahnte Hegel an dieser Stelle bereits, daß die Kunst künftig nicht mehr in der Lage sein wird, alles Daseiende in den Begriff, die Gestalt der Vernunft in der Geschichte, aufzulösen. Die Überzeugung, die Hegel bei allen übrigen Differenzen mit den Poetikern der Aufklärung teilt: daß die Kunst entweder ohnehin Ausdruck der Vernunft oder zumindest in ihren Dienst zu stellen sei, beginnt an dieser Stelle sich aufzulösen. Der Funktionswandel der Kunst, der für den Übergang zur Moderne charakteristisch sein wird, zeichnet sich hier bereits ab: Darauf zu verweisen, daß die Geschichte sich gerade nicht nach Maßgabe des vernünftigen Begriffs vollzieht, wird künftig immer entschiedener die eigentliche Funktion der Kunst sein.

Sprache und Metapher

Damit ist der geschichtsphilosophische Hintergrund bezeichnet, der Hegels Theorie der Sprache, insbesondere seine Theorie der Metapher, prägt. Für seine Theorie der poetischen Sprache ist die Auffassung konstitutiv, daß das poetische Werk sich nicht aus Worten zusammensetze, sondern aus «Vorstellungen», für die die Worte bloß ein äußerliches Zeichen seien. In der Vorstellung – nicht schon in den Worten – haben die Dinge an der

Allgemeinheit des Geistes teil. Als Vorstellungen sind sie nicht mehr auf die sinnliche Erscheinung, in die jeder Gegenstand zunächst gebannt ist, angewiesen. In keiner anderen Kunstgattung läßt dieser Prozeß der Vergeistigung sich weiter führen als in der Poesie, die es ohnehin mit dem geistigsten aller Materialien, der Sprache, zu tun hat. Die Poesie, weil sie ganz aus «Vorstellungen» besteht, bedarf nicht einmal mehr der sublimiertesten sinnlichen Erscheinungsform, des Tones. Daher vertritt Hegel die Auffassung, es sei gleichgültig, ob ein sprachliches Kunstwerk laut vorgetragen oder nur im stillen gelesen werde.[153]

Unübersehbar ist, daß unter diesen Voraussetzungen, wie Hegel selbst bemerkt, gerade die «Geistigkeit» der Poesie zugleich ihren «Mangel» ausmacht; denn die Poesie «geht in der negativen Behandlung ihres sinnlichen Elementes so weit, daß sie (...) den Ton (...) zu einem bedeutungslosen Zeichen herabbringt. Dadurch löst sie aber die Verschmelzung der geistigen Innerlichkeit und des äußern Daseins in einem Grade auf, welcher dem ursprünglichen Begriffe der Kunst nicht mehr zu entsprechen anfängt, so daß nun die Poesie Gefahr läuft, sich überhaupt aus der Region des Sinnlichen ganz in das Geistige hineinzuverlieren.»[154] Die mit der Tendenz zur Verinnerlichung aller Glaubensinhalte verschwisterte latente Kunstfeindschaft des Protestantismus spielt Hegel bei seinen Überlegungen zum Verhältnis von Sprache und Poesie einen bösen Streich. Besonders einem Angehörigen des romanischen Kulturkreises müssen diese Bemerkungen höchst abwegig erscheinen. Croce hält denn auch Hegels Ästhetik für von Grund auf verfehlt, da er zu dem eigentlichen Bereich der «ästhetischen Aktivität», der Sprache, nicht vorgedrungen sei. «Il linguaggio è radicalmente poesia ed arte: col linguaggio, con l'espressione artistica, l'uomo coglie la realtà individua, quella vibrazione unica che il suo spirito intuisce e che non rende già in termini di concetti, ma come suoni, toni, colori, linee, e via dicendo. Perciò il linguaggio (...) è adeguato alla realtà. L'illusione dell'inadeguatezza nasce quando si chiama linguaggio un frammento di linguaggio, astratto dall'organismo cui appartiene.»[155] Hegel muß denn auch konstatieren, daß gerade durch ihre vollkommene Unabhängigkeit von allem sinnlichen Material die Poesie Gefahr läuft, von anderen Künsten abhängig zu werden, wenn sie auf ein sinnliches Moment – ohne das ein Kunstwerk nicht vorstellbar ist – nicht ganz verzichten will: «wenn die Poesie auch im Bedürfniß der Kunstverkörperung auf einen verstärkten sinnlichen Eindruck losgeht, so vermag sie doch denselben (...) nur durch die von der Musik und Malerei erborgten, ihr selbst aber fremden Mittel zu Stande zu bringen».[156] Es ist unverkennbar, daß die Poesie mit Hegels Begriff der Kunst eigentlich schon nicht mehr ganz in Übereinstimmung zu bringen ist, weil Bedeutung und Material in ihr auseinanderfallen bzw. nur äußerlich zusammengefügt werden, während Skulptur, Malerei und Musik, jede auf ihre Art, «den geistigen Gehalt noch ganz in ein natürliches Element hineinarbeiten»[157]. Im Gegensatz zu seiner eigenen Prämisse, daß der Gehalt des Kunstwerks und sein Material einander zu durchdringen haben – das meint die Definition des Schönen als des sinnlichen Scheinens der Idee – gerät Hegel hier in Gefahr, auf die durch seine Ästhetik eigentlich überwundene Position der Aufklärung zurückzufallen. Für die Poetiker der Aufklärung ist der Gehalt etwas für sich Vorgegebenes, das je nach dem Adressaten in eine bestimmte Form gebracht werden muß.

Hegels Äußerungen zur Metapher und zur Frage der Übersetzbarkeit poetischer Werke scheinen denn auch am gründlichsten überholt, ja von Anfang an verfehlt zu sein. Es sei, meint er, «ohne wesentliche Verkümmerung seines Werthes»[158] möglich, ein dicherisches Werk in andere Sprachen zu übersetzen oder es aus gebundener in ungebundene Rede zu übertragen. Die Annahme, daß, gemäß der Leibnizischen Spekulation über eine «characteristica universalis», die Wörter völlig unabhängig von den Gegenständen seien, hatte die barocken Autoren in Übersetzungen schwelgen lassen: die Inhalte blieben ihrer Überzeugung nach hiervon unberührt. Wobei zu bedenken wäre, ob es tatsächlich noch die vermeintliche, religiös begründete Unveränderlichkeit der Inhalte ist, die der barocken Übersetzungswut zugrunde liegt; oder ob die Inhalte nicht doch schon an Verbindlichkeit eingebüßt haben müssen, damit Erscheinungen wie die «Drey-Chörig-Hundert-thönige Vater-unsers-Harffe» des Johann Franck, eine 333fache Variation des Vaterunsers, überhaupt möglich werden. Jedenfalls liegt die Vermutung nahe, daß es um die Glaubensinhalte nicht mehr zum besten bestellt ist, wenn sie Gegenstand einer solchen Spielerei werden können.

Auch die Metapher handelt Hegel im Kapitel über die «bewußte Symbolik der vergleichenden Kunstform» ab, stellt sie also auf eine Stufe mit Kunstformen wie Fabel und Rätsel, bei denen der Inhalt auf der einen Seite feststeht, während seine Gestaltung ihm äußerlich bleibt. «Was (...) die Metapher angeht, so ist sie *an sich* schon als ein Gleichniß zu nehmen, insofern sie die für sich selbst klare Bedeutung in einer damit vergleichbaren ähnlichen Erscheinung der konkreten Wirklichkeit ausdrückt. In der Vergleichung als solcher aber ist Beides, der eigentliche Sinn und das Bild, bestimmt von einander geschieden, während diese Trennung, obgleich an sich vorhanden, in der Metapher *noch nicht gesetzt* ist. Weshalb auch Aristoteles schon Vergleichung und Metapher so unterscheidet, daß bei jener ein ‹Wie› hinzugefügt sey, welches bei dieser fehle.»[159] Daß Hegel hier bedingungslos – wenn auch gewiß nicht blind – die von Aristoteles begründete Substitutionstheorie der Metapher übernimmt, hat seinen Grund darin, daß die Annahme, es gebe für jeden Gegenstand bzw. Sachverhalt einen ein- für allemal feststehenden «eigentlichen» Ausdruck, der gegebenenfalls durch eine «uneigentliche» Redeweise ersetzt werden könne, seiner Lehre vom Begriff entgegenkommt. «Metapher ist die Übertragung eines fremden Nomens, entweder von der Gattung auf die Art oder von der Art auf die Gattung oder von einer Art auf eine andere oder gemäß der Analogie.»[160] Dieser Definition der Metapher durch Aristoteles kann Hegel ohne weiteres zustimmen. Seine Überzeugung, daß der Begriff bzw. die Idee sich, wie es in der «Philosophie der Geschichte» heißt, «unangegriffen und unbeschädigt im Hintergrund» halte, unabhängig von der Welt der Erscheinungen, bringt ihn dazu, sich auf die Auffassung von der Metapher als einen um das «wie» verkürzten Vergleich festzulegen.

Daß damit die Eigenart des metaphorischen Ausdrucks verfehlt ist, ist offensichtlich. Die Leistung der Metapher besteht gerade darin, daß sie «eigentliche» und «bildhafte» Bedeutung nicht als beliebig substituierbar erscheinen läßt, sondern beide unauflösbar aufeinander bezieht und damit den durch Sprache erfaßbaren und gestaltbaren Teil der Wirklichkeit entscheidend erweitert. Die Metapher ist insofern ein Medium von Erkenntnis, nicht ein äußerlich bleibendes Inbeziehungsetzen von Bekanntem. Das gilt bereits für die konventionellen Metaphern, die durch Hinzufügung eines «wie» scheinbar sich zu einem Vergleich erweitern lassen; um so mehr für die Metaphern in der Poesie der Moderne. Ihnen ist es eigentümlich, der Auflösung durch ein «wie» immer entschiedener sich zu entziehen. «Danton, deine Lippen haben Augen»[161], sagt in Georg Büchners Drama die Hetäre Marion zu Danton. Es ist nicht möglich, diese Metapher so umzuformen, daß das nach Hegels Auffassung nur verborgene «wie» wieder herausträte. Diese Unmöglichkeit, das durch die Metapher Verbundene durch ein «wie» wieder in seine Bestandteile zu zerlegen, hat ihren Grund in der Sache. Danton ist als der Gegenspieler des asketischen Eiferers Robespierre angelegt; während dieser über die Reinheit der revolutionären Gesinnung wacht – wodurch der Terror unausweichlich wird: denn Gesinnung kann niemals mit letzter Sicherheit überprüft, sie muß prinzipiell unter Verdacht gestellt werden –, tritt Danton für die inhaltlichen Ziele der bürgerlichen Revolution ein. Auf diese Inhalte verweist die kühne Metapher; in Danton verbindet sich eine keinen Zwängen mehr unterworfene, befreite Sinnlichkeit mit dem differenziertesten, in Hegels Terminologie: «theoretischsten» Sinn, dem Auge. Daß in Danton beide Sphären zu einer unaufhebbaren Einheit miteinander vermittelt sind, weist ihn als den eigentlichen Repräsentanten der Revolution aus. Die Fähigkeit zu unmittel-

bar-sinnlicher Erfahrung wie zu distanziert-kontemplativer Erkenntnis von
Formen und Zusammenhängen – in der Metapher zur Einheit verbunden –
öffnet die Perspektive auf die Aufhebung des Widerstreits von Theorie und
Praxis: nur in dieser Perspektive aber wäre eine revolutionäre Bewegung
vor der Erstarrung in neuen dogmatischen Fixierungen zu bewahren. Weil
sie auf einen unvergleichlichen, noch nicht dagewesenen Zustand verweist,
ist diese Metapher auch nicht mehr formell in einen Vergleich umzuwandeln; durch ein «wie» kann sie nicht ergänzt werden, da es einen Zustand,
auf den verwiesen und mit dem ihr Inhalt verglichen werden könnte, noch
nicht gegeben hat. Erst durch Büchners Metapher rückt ins Blickfeld, was
Hegel, der nur die «theoretischen» Sinne Gehör und Gesicht für kunstfähig
erklärt, nicht dagegen Geschmack und Geruch (weil diese Sinne in einem
unmittelbaren Verhältnis zur Materie stehen) als bereits vollzogen voraussetzt: die Versöhnung von Geist und Sinnlichkeit.

   Die Auffassung, daß die Metapher lediglich als eine besondere Form des
Vergleichs zu begreifen sei, konnte überhaupt nur solange einige Plausibilität beanspruchen, als die Vorstellung selbstverständlich war, kein Gegenstand bedeute nur sich selbst, sondern sei auf eine transzendente Instanz
bezogen. Daß zu keiner Zeit die Metapher sich in einem Vergleich von
Bekanntem erschöpfte, versteht sich dabei von selbst; schon Aristoteles
bemerkt, daß eine Metapher dort einspringen kann, wo die Sprache keinen
passenden Begriff bereithält: «Zuweilen steht der analoge Begriff nicht zur
Verfügung, aber dennoch formuliert man in derselben Weise. So nennt man
die Frucht ausstreuen ‹säen›, für das Entsenden der Flamme durch die
Sonne gibt es aber keinen Namen. Aber dennoch verhält sich dies bei der
Sonne gleich wie das Säen bei der Frucht und so wird gesagt ‹säend die
gottgegründete Flamme›.»[162] Damit ist eingeräumt, daß der Metapher zumindest potentiell eine Erkenntnisfunktion zukommen könne. Jedenfalls
aber kann, solange die Zuordnung jedes einzelnen Phänomens auf eine
transzendente Ordnung selbstverständlich ist, solange es, wie Huizinga
schreibt, keine Wahrheit gibt, «deren der mittelalterliche Geist gewisser
war, als jener des Wortes an die Korinther: ‹Videmus nunc per speculum in
aenigmate, tunc autem facie ad faciem›»[163], die Auffassung der Metapher
als eines verkürzten Vergleichs im wesentlichen unangefochten bleiben.
«Der Lebenswert der symbolischen Erklärung alles Bestehenden war un-
schätzbar. Der Symbolismus schuf ein Weltbild von ungleich strengerer
Einheit und innigerem Zusammenhang, als das kausal-naturwissenschaftli-
che Denken es zu geben vermag. (...) Denn in jedem symbolischen Zusammenhange muß eines tiefer und eines höher stehen; gleichwertige Dinge
können einander nicht als Symbol dienen, sondern sie können einzig ge-

meinsam auf ein Drittes, Höheres hinweisen. Im symbolischen Denken ist Raum für eine unermeßliche Vielfältigkeit von Beziehungen der Dinge zueinander. Denn jedes Ding kann mit seinen verschiedenen Eigenschaften gleichzeitig Symbol für vielerlei sein, es kann auch mit ein und derselben Eigenschaft verschiedenes bezeichnen; die höchsten Dinge haben tausenderlei Symbole. Kein Ding ist zu niedrig, als daß es nicht das Höchste bedeuten und zu seiner Verherrlichung dienen könnte. Die Walnuß bedeutet Christus: der süße Kern ist die göttliche Natur, die fleischige äußere Schale die menschliche, und die holzige Schale dazwischen ist das Kreuz. Alle Dinge bieten dem Emporsteigen des Gedankens zum Ewigen Stütze und Halt; alle heben einander von Stufe zu Stufe empor. Das symbolische Denken stellt sich dar als ein fortwährendes Einströmen des Gefühls von Gottes Majestät und Ewigkeit in alles Wahrnehmbare und Denkbare.»[164] Noch im Barock haben die Metaphern die Funktion von Vergleichen: das unausgesprochene «wie» stellt die Verbindung her zur Herrlichkeit Gottes, vor dem die Welt in ihrer ganzen Hinfälligkeit und Vergänglichkeit erscheint. Das zuerst 1679 gedruckte Gedicht von Christian Hofmann von Hofmannswaldau, «Die Welt», setzt sich im wesentlichen aus Metaphern zusammen, die, vom Endlichen ausgehend, auf das Absolute verweisen.

> Was ist die Welt / und ihr berühmtes gläntzen?
> Was ist die Welt und ihre gantze Pracht?
> Ein schnöder Schein in kurtzgefasten Gräntzen /
> Ein schneller Blitz bey schwartzgewölckter Nacht.
> Ein bundtes Feld / da Kummerdisteln grünen;
> Ein schön Spital / so voller Kranckheit steckt.
> Ein Sclavenhauß / da alle Menschen dienen /
> Ein faules Grab / so Alabaster deckt.
> Das ist der Grund / darauff wir Menschen bauen /
> Und was das Fleisch für einen Abgott hält.
> Komm Seele / komm / und lerne weiter schauen /
> Als sich erstreckt der Zirckel dieser Welt.
> Streich ab von dir derselben kurtzes Prangen /
> Halt ihre Lust vor eine schwere Last.
> So wirstu leicht in diesen Port gelangen /
> Da Ewigkeit und Schönheit sich umbfast.[165]

Diese Metaphern haben in der Tat die Funktion von Vergleichen; sie sind ohne weiteres durch ein «wie» zu ergänzen: «Die Welt ist wie ein buntes Feld, da Kummerdisteln grünen; sie ist wie ein Spital, wie ein Grab.» Sie sollen die Schönheiten der Welt als trügerischen Schein erkennbar werden lassen; der zweite Teil des Gedichts entwirft dagegen die Perspektive, in der die Welt gesehen und ihre Nichtigkeit zugleich überwunden werden soll. Besonders kunstvoll ist, daß hier das Prinzip der Desillusionierung, dem die erste Hälfte folgt, noch einmal aufgenommen wird: nach dem Muster des «concetto», der aus dem Spiel mit der Konstellation von Begriffen unvermutet entspringenden Pointe, wird der Gegensatz von endlicher Welt und Transzendenz hier zusammengezogen auf das Gegensatzpaar Lust – Last: die weltliche Pracht bringt ihr Gegenteil aus sich selbst hervor; Lust wird zur Last in einem Augenblick, der nicht länger ist als die kurze Zeit, die beim Lesen dieses Verses vergeht. Deutlich abgegrenzt stehen auf der einen Seite das weltliche Phänomen in seiner Hinfälligkeit, auf der anderen das Absolute, Gott, zu dem jenes in Beziehung gesetzt und dadurch in seiner Endlichkeit sichtbar gemacht wird.

Weil das Verständnis der Metapher, das Hofmannswaldaus Gedicht prägt, für Hegel offenbar nach wie vor gültig ist, schätzt er sie gering und handelt sie deshalb in dem Kapitel über die «bewußte Symbolik der vergleichenden Kunstformen» ab. Denn es ist das Kennzeichen der bewußten Symbolik, daß in ihr das Absolute und das endliche Phänomen nicht in Vermittlung treten, das Endliche in seiner Endlichkeit befangen bleibt. Mit seinem Begriff des Begriffs hat Hegel versucht, die Transzendenz, als Vernunft, in die Immanenz der Welt hineinzunehmen; sein Verständnis der Metapher ist dagegen noch ganz einem Weltbild verpflichtet, in dem Diesseits und Jenseits zugleich streng voneinander getrennt und eng aufeinander bezogen sind. Hegel scheint, in auffallendem Gegensatz zu seiner sonstigen Sensibilität für sich ankündigende künsterliche Entwicklungen, völlig übersehen zu haben, daß die einzige von ihm zur Kenntnis genommene Metaphernart schon seit längerem, nicht erst mit der Entstehung der von ihm verabscheuten (im engeren Sinne) romantischen Poesie ständig an Boden verloren hatte; und zwar in dem Maße, in dem die Beziehung aller irdischen Dinge auf das Absolute ihre Selbstverständlichkeit einbüßte.

Bezeichnend für diesen allmählich sich vollziehenden Prozeß sind die Überlegungen, die der italienische Jesuit und Historiker Emanuele Tesauro (1591–1675) über die Metapher anstellt. In seinem Buch «Il Cannocchiale Aristotelico» (1654), einem Versuch, das wissenschaftliche Weltbild des Aristoteles als auch für die neue Zeit verbindlich darzulegen, verteidigt er den barocken, in Metaphern schwelgenden Stil, im Gegensatz zu den bedeutendsten Vertretern des neuen Erkenntsideals, Galilei, Bacon, Hobbes, Locke, die nur «klare und deutliche» Begriffe dulden wollen. Schon der Titel seines Buches – «Das aristotelische Fernrohr» – ist, durch die Verbindung «der aufsehenerregendsten Erfindung der Wissenschaft am Beginn des 17. Jahrhunderts, (...) mit dem Namen des Aristoteles, in welchem die moderne Wissenschaft ihren größten Gegner sah»[166], Ausdruck des Versuchs, die Tradition in ihrer überragenden Bedeutung zu befestigen. Tesauro unterscheidet zwischen zwei Ausdrucksweisen, einer eigentlichen und grammatischen («propria e grammaticale») und einer rhetorischen und «witzigen» («rettorica e arguta»), wobei er keinen Zweifel daran läßt, welcher Redeweise seine Vorliebe gilt. Es ist die «argutezza», die, indem sie neue, überraschende Zusammenhänge aufdeckt, sich als die «Mutter» aller Erkenntnis und damit als die «Spur Gottes» in der Welt zu erkennen gibt: «Questa è *l'Argutezza,* Gran Madre d'ogni 'ngegnoso Concetto: (...) ultimo sforzo dell' Intelletto: vestigio della Divinità nell' Animo Humano. (...) gli Angeli stessi, la Natura, il grande Iddio, nel ragionar con gli Huomini, hanno espresso con Argutezzè, ò Verbali ò Simboliche, gli lor più astrusi & importanti secreti.»[167] Die argutezza bewirkt, daß durch einen Begriff mehr als nur ein Gegenstand bezeichnet wird («ci fà travedere in una sola parola più di un' obietto»[168]), wobei Tesauro vor allem solche Metaphern meint, die die Natur in menschlicher Gestalt erscheinen, die Menschen Züge der Natur annehmen lassen: «se tu di, Prata *amoena sunt:* altro non mi rappresenti che il Verdeggiar de' Prati. Ma se tu dirai, Prata *rident:* tu mi farai (...) veder la Terra essere un' Huomo animato (...). Talche in una paroletta transpaiono tutte queste Notioni di Generi differenti, Terra, Prato, Amenità, Huomo, Anima, Riso, Letitia. Et reciprocamente, con veloce tragitto osservo nella faccia humana le Notioni de' prati».[169] Auch Breitinger definiert den der argutezza entsprechenden Begriff, «Witz», mit der Fähigkeit, «Aehnlichkeiten und Verwandtschaften der Dinge, samt ihrem besondern Verhältniß gegen einander»[170] wahrzunehmen. Von dieser konventionellen Definition hebt Tesauro sich ab durch die Betonung der Affinität von Mensch und Natur; im Grunde entspricht seine Argumentation bereits Kants Bemühen, vermittels der «ästhetischen Ideen» theoretische und praktische Vernunft als miteinander kompatibel erscheinen zu lassen; und Hegels Forderung, die Kunst solle der Außenwelt ihre «spröde Fremdheit»[171] nehmen. Insofern weisen Tesauros Ausführungen, obwohl seine «Begeisterung für den Barockstil keine Grenzen kennt»[172], bereits über das Metaphernverständnis des Barock hinaus. Unverkennbar ist, daß der Versuch, das von ihm gewählte Beispiel auf einen Vergleich zu reduzieren – «Die Wiese lacht wie ein Mensch» – nicht in seinem Sinne wäre. Tesauro kommt es gerade auf die Vielfalt der Bezüge, auf die Affinität menschlichen und natürlichen Ausdrucks an.

Ungeachtet seines Eintretens für die Tradition erweist Tesauro sich als ein Theoretiker des Übergangs. Zwar sind die Zusammenhänge, die die «metafora arguta» aufdeckt, bloßer Schein; insofern bleibt er dem überlieferten Weltbild, demzufolge die Sprache das von Gott Geordnete bezeichnet, aber keineswegs neue Zusammenhänge aus sich selbst heraus erst herstellt, verbunden. Das hindert ihn indessen nicht, in seiner achtteiligen Typologie der Metapher die «metafora di decettione» an oberster Stelle einzuordnen, weil sie das «Unerwartete» hervortreten läßt. «Egli è dunque una segreta e innata delitia dell' Intelletto humano, l'avvedersi di essere stato scherzevolmente ingannato: peroche quel trapasso dall' inganno al disinganno, è una maniera d'imparamento, per via non aspettata; e perciò piacevolissima. Questo piacer tu sperimenti nel vederti sorpreso da' Giocolieri; che gabbano la tua credenza con la destrezza della mano; onde tu ridi del tuo inganno dapoiche l'hai conosciuto; havendo tu insperatamente appresa quella sperienza che non sapevi.»[173] Trotz des Vergleichs mit einem Taschenspielertrick ist die Faszination durch die eigentümliche Leistung der Metapher unverkennbar. Die Wertschätzung, die Tesauro dieser Art von Metaphern entgegenbringt, steht in einem bemerkenswerten Gegensatz zu seinem eher traditionalistischen Weltbild; denn die «metafora di decettione» deckt keine Bezüge auf, die als die «Spur Gottes» in den irdischen Dingen und damit als unveränderlich und von jeher bestehend entzifferbar wären: was sie hervorbringt ist bloßer Schein. Aber obwohl die durch diese Metaphernart hergestellten Zusammenhänge Blendwerk sind, fehlt wenig, daß der eigenständige Wert dieses reizvollen Betrugs anerkannt und der «inganno» zu einer besonderen Art von Wahrheit wird. Jedenfalls hat schon bei Tesauro die Metapher keineswegs mehr die Funktion, durch Verweis auf das Absolute die irdischen Dinge zu relativieren; mit der Aufwertung des ästhetischen Scheins bereitet sie vielmehr schon die Ansicht vor, daß im Medium der Kunst die Dinge als Selbstzweck erscheinen, relativiert weder durch einen Bezug auf das Absolute noch durch Zuweisung einer Funktion in einem Zusammenhang von Zwecken und Mitteln.

Daß mit dem Erlöschen des Lichts, das aus der Transzendenz in die Welt fiel, der Verweisungscharakter der Dinge und mit ihm die Bedeutung der vergleichenden Metapher schwindet, zeigt drastisch das im Jahre 1697 erschienene «Allegorische Sonett» eines unbekannten Verfassers:

> Amanda liebstes kind / du brustlatz kalter hertzen /
> Der liebe feuerzeug / goldschachtel edler zier /
> Der seuffzer blasebalg / des traurens lösch=papier /
> Sandbüchse meiner pein / und baum=öhl meiner schmertzen /
> Du speise meiner lust / du flamme meiner kertzen /
> Nachtstülchen meiner ruh / der Poesie clystier /

Des mundes alecant / der augen lust=revier /
Der complimenten sitz / du meisterin zu schertzen /
Der tugend quodlibet / calender meiner zeit /
Du andachts=fackelchen / du quell der fröligkeit /
Du tieffer abgrund du voll tausend guter morgen /
Der zungen honigseim / des hertzens marcipan /
Und wie man sonsten dich mein kind beschreiben kan.
Lichtputze meiner noth / und flederwisch der sorgen.[174]

Die vergleichende Metapher wird parodierbar in dem Augenblick, da die
Selbstverständlichkeit, mit der alles Endliche auf das Absolute bezogen
worden war, nicht mehr gegeben ist. Bezugspunkt für alles Menschliche ist
nun nicht mehr die Transzendenz, sondern: der Mensch selbst. Damit aber
muß auch der Charakter der Metapher sich einer grundlegenden Wandlung
unterziehen. In einem Madrigal von Ottavio Rinuccini, «Dialogo di ninfa e
pastore», herausgegeben 1651 von Alessandro Vincenti, vertont von Claudio Monteverdi, wird mit der allmählich sich vollziehenden Abkehr vom
barocken Verständnis der Metapher auf das anmutigste gespielt. Gegenstand des Streites der beiden Verliebten ist die Frage, ob durch die Verwendung immer neuer metaphorischer Vergleiche die Liebe einen angemessenen Ausdruck finden kann.

> Bel pastor, dal cui bel guardo
> Spira foco, ond'io tutt'ardo,
> M'ami tu?
> – Sì, cor mio!
> – Com'io desio?
> – Sì, cor mio!
> – Dimmi: quanto?
> – Tanto, tanto!
> – Come che?
> – Come te tutta bella,
> Pastorella!
> – Questi vezzi, questo dire
> Non fan pago il mio desire.
> Se tu m'ami, o mio bel foco,
> Dimmi ancor, ma fuor di gioco:
> Come che?
> – Come te,
> Pastorella tutta bella!
> Vieppiù lieta udito avrei:

«T'amo al par degli occhi miei.»
— Come rei del mio cordoglio
Questi lumi amar non voglio,
Di mirar non sazi ancora
La beltà, che sì m'accora.
— Come che?
— Come te,
Pastorella
Tutta bella!
Fa sentirmi altre parole,
Se pur vuoi, ch'io mi console.
M'ami tu come la vita?
— No, ch'afflitto e sbigottito
D'odio e sdegno e non d'amore
Fatt'albergo di dolore
Per due luci, anzi due stelle
Troppo crude, troppo belle.
— Come che?
— Come te,
Pastorella
Tutta bella!
— Non mi dir più: come te,
dimmi: io t'amo come me!
— No, ch'io stesso odio me stesso.
— Deh, se m'ami, dimmi espresso!
— Sì, cor mio!
— Com' io desio?
Dimmi: quanto?[175]

Das Ideal der romantischen Kunst sieht Hegel in der Liebe. «In der romantischen Liebe aber dreht sich alles nur darum, daß *dieser* gerade *diese, diese diesen* liebt. Warum es just nur dieser oder diese Einzelne ist, das findet seinen einzigen Grund in der subjektiven Partikularität, in dem Zufall der Willkür.»[176] Hegel steht der romantischen Liebe offenbar deshalb nicht ohne Vorbehalt gegenüber, weil ihr seiner Ansicht nach die Beziehung auf das Absolute fehlt. Die sarkastische Definition, die er von ihr gibt, klingt, als sei sie explizit auf dieses Gedicht gemünzt. Rinuccinis Madrigal ist insofern spezifisch «romantisch», als in ihm «dieser gerade diese» liebt. Diese Liebe findet ihren Ausdruck darin, daß der Schäfer dem Drängen des Mädchens, eine vergleichende Metapher zu wählen, um die Stärke seiner

Leidenschaft zu veranschaulichen, nicht nachgibt. Seine Antwort – ob sie den konventionellen Vergleich «wie meine Augen» vorschlägt, oder ob sie weiter geht: «wie das Leben», «wie dich selbst» – bleibt immer dieselbe: «Ich liebe dich wie dich.» Und zwar nicht etwa, weil es sich um einen unpoetischen Schäfer, also ein mißratenes Exemplar seiner Gattung handelte, sondern weil, um die Unbedingtheit seiner Liebe zu zeigen, er keinen Vergleich wählen kann: jeder Vergleich, jedes «wie», würde den Gegenstand seiner Liebe in Beziehung zu etwas anderem setzen und ihn dadurch relativieren; die Liebe wäre der Zufälligkeit überantwortet. So leicht und spielerisch diese Verse klingen, in ihnen kündigt sich an, daß die menschliche Subjektivität ihren Wert künftig nicht mehr durch die Beziehung auf das Absolute gewinnen wird, sondern daß sie selbst an die Stelle des Absoluten tritt. Hatten in der religiösen Bilderwelt des Mittelalters «die höchsten Dinge (...) tausenderlei Symbole»[177], so wird schließlich das Absolute in seinen vielfältigen Erscheinungsformen zum Symbol des Subjekts, das die Unendlichkeit des Absoluten für sich selbst fordert:

> In tausend Formen magst du dich verstecken,
> Doch, Allerliebste, gleich erkenn' ich dich;
> Du magst mit Zauberschleiern dich bedecken,
> Allgegenwärt'ge, gleich erkenn' ich dich.
>
> (...)
>
> Was ich mit äußerm Sinn, mit innerm kenne,
> Du Allbelehrende, kenn' ich durch dich;
> Und wenn ich Allahs Namenhundert nenne,
> Mit jedem klingt ein Name nach für dich.[178]

Hegel verkennt, daß die Metapher unaufhaltsam dazu tendiert, nicht mehr Bezüge innerhalb eines als unveränderlich vorausgesetzten Ordnungs- und Verweisungszusammenhangs *aufzudecken,* sondern, vom einzelnen Gegenstand ausgehend, neue Bezugssysteme überhaupt erst *herzustellen.* Immer weniger Metaphern lassen sich durch Hinzufügung eines «wie» in einen Vergleich auflösen, weil der Bezugspunkt eines solchen Vergleichs nicht mehr als bekannt vorausgesetzt werden kann. Auf diese Weise bildet sich in der Moderne die «leere Transzendenz»[179] der «absoluten» Metapher heraus. Diese Metapher ist «absolut», weil die Instanz, auf die sie verweist oder doch zu verweisen scheint, unbestimmt bleibt; von der barocken, das Endliche auf das Absolute beziehenden Metapher ist ihr nur noch ein gestisches Moment geblieben, das die Transzendenz, auf die es zu deuten scheint, völlig unbestimmt läßt. Die Spannung zwischen dem Gegenstand und dem «leer» bleibenden Absoluten wird auf diese Weise so weit verstärkt, daß sie schließlich in sich zusammenzubrechen droht, weil sie inhaltlich völlig unbestimmbar bleibt. So entsteht der Eindruck, daß das Subjekt, auch mit den kühnsten Metaphern, letzten Endes doch nur immer auf sich selbst verweist. In Rimbauds Gedicht «Le Bateau ivre» (1871), das als Ganzes selbst eine Metapher menschlicher Subjektivität ist, sind die beiden dialektisch aufeinander bezogenen Elemente der modernen Metapher: Vermittlung des Subjekts mit der Welt und drohender Weltverlust, exemplarisch gestaltet.

> Comme je descendais des Fleuves impassibles,
> Je ne me sentis plus guidé par les haleurs:
> Des Peaux-Rouges criards les avaient pris pour cibles
> Les ayant cloués nus aux poteaux de couleurs.
>
> J'étais insoucieux de tous les équipages,
> Porteur de blés flamands ou de cotons anglais.
> Quand avec mes haleurs ont fini ces tapages
> Les Fleuves m'ont laissé descendre où je voulais.
>
> (...)
>
> La tempête a béni mes éveils maritimes.
> Plus léger qu'on bouchon j'ai dansé sur les flots
> Qu'on appelle rouleurs éternels de victimes,
> Dix nuits, sans regretter l'œil niais des falots!
>
> (...)
>
> Et dès lors, je me suis baigné dans le Poème
> De la Mer, infusé d'astres, et lactescent,
> Dévorant les azurs verts; où, flottaison blême
> Et ravie, un noyé pensif parfois descend;
>
> (...)
>
> Mais, vrai, j'ai trop pleuré! Les Aubes sont navrantes.
> Toute lune est atroce et tout soleil amer:
> L'âcre amour m'a gonflé de torpeurs enivrantes.
> O que ma quille éclate! O que j'aille à la mer!
>
> Si je désire une eau d'Europe, c'est la flache
> Noire et froide où vers le crépuscule embaumé
> Un enfant accroupi plein de tristesses, lâche
> Un bateau frêle comme un papillon de mai.[180]

Das Gedicht ist eine einzige absolute Metapher, Verglichenes und Vergleichendes sind eins. Das Ich wird nicht, wie es der Tradition dieses Motivs entspräche, mit einem Schiff verglichen, das steuer- und orientierungslos dahintreibt – «mein Ich ist wie ein Schiff» –, sondern Ich und Welt fallen zusammen; wie es einer völlig emanzipierten Subjektivität gemäß ist, die den «Stoff» so vollständig zu durchdringen und mit ihm sich zu vermitteln in der Lage ist, daß absehbar wird, es werde nach dem Schauer ekstatischer Vereinigung mit der Außenwelt in dieser nichts Geheimnisvolles zurückbleiben, es werde «alles heraus»[181] sein. Es gibt – «je me suis baigné dans le Poème de la Mer» – nichts, was dem Subjekt äußerlich bliebe, nichts, was es nicht im Medium der Kunst sich zu eigen machen könnte. Das Gedicht ist nicht «wie» das Meer (oder umgekehrt), sondern Meer und Gedicht, Welt und subjektiver Ausdruck sind eins geworden. Zugleich aber ist hier, wo die Vermittlung von Subjekt und Objekt bis zu dem äußersten Punkt einer ekstatischen Einheit vorangetrieben ist, ein Moment des Weltverlusts angelegt: als wollte das zum äußersten emanzipierte Subjekt – schon in der ersten Strophe wird, mit der Verbindung zu den auf festem Boden sich befindenden Treidlern, jede Beziehung auf eine ihm äußerliche, es in unveränderlichen Bahnen leitende Instanz gekappt; die Eingangsstrophe stellt gleichsam die inhaltliche Voraussetzung der «absoluten» Metapher her, die das Gedicht als Ganzes ist –: als wollte dieses Subjekt-Objekt sich selbst parodieren, erscheint es am Ende noch einmal, auf das winzige Bild des Spielzeugschiffs zusammengedrängt, das das Kind, «plein de tristesses», in einer schwärzlichen und kalten Lache auf die Reise schickt. So nimmt Subjektivität, die im sehnsuchtsvollen Spiel des Kindes, in der «Verwunderung» (Hegel) über die Außenwelt ihren Anfang genommen hatte, sich selbst zurück: als letztes Ziel der unbestimmten Sehnsucht des Kindes, als Ziel des gewaltigen Aufbruchs, dessen Ausdruck das Gedicht ist, erscheint der Aufbruch selbst. Das Gedicht nimmt die Figur einer Moderne vorweg, die, nach dem Scheitern aller in die Zukunft gesetzten Erwartungen, «Hoffnung im Vergangenen»[182], in den Spuren einer für immer vergangenen, unwiederholbaren Kindheit, aufsuchen wird. «Ich stieg also auf den Bürgersteig», schreibt Samuel Beckett, auch diese letzte Hoffnung negierend, vielleicht, um sie gerade in der Negation noch einmal festzuhalten, «und hielt mich dort (...) bis zu dem Moment, in dem ich mich auf den Boden werfen mußte, um nicht ein Kind zu zertreten. (...) Ich hätte es mit Freuden zertreten, ich verabscheue die Kinder, ich hätte ihm damit übrigens einen Dienst erwiesen, aber ich fürchtete die Repressalien. (...) Man sollte in den verkehrsreichen Straßen Streifen für diese dreckigen, kleinen Wesen reservieren, für ihre Sportwagen, Laufreifen, Riesenlutscher, Rollschuhe, Rodelschlitten, Opas, Omas, Frolleins, Luftballone, kurz für all ihr schmieriges bißchen Glück.»[183]

In der Gefahr des Weltverlusts dürfte der eigentliche Grund der Skepsis liegen, mit der Hegel, insbesondere in seiner Theorie der romantischen Kunst, die vollendete Emanzipation der Subjektivität betrachtet. Daher hält er an einer Theorie der Metapher fest, die zu seiner Zeit bereits überholt ist. Zu Recht kritisiert Szondi die ihr zugrundeliegende Annahme, es handle sich bei der Metapher «immer um das Zusammentreten einer abstrakten Bedeutung und deren bildlichem Ausdruck». «Dem wäre», fährt Szondi fort, «zunächst die Beobachtung entgegenzuhalten, daß im poetischen Vergleich sehr oft nicht eine abstrakte Bedeutung und ihre Veranschaulichung durch ein konkretes Bild nebeneinandergestellt werden. Wenn bei Proust der schon am Tageshimmel sichtbare Mond mit einer Schauspielerin verglichen wird, die, lange vor ihrem Auftritt ins Theater gekommen, noch ohne Schminke und Kostüm ihren Kollegen zuschaut, so fragt es sich, ob hier zwischen Bedeutung und Bild, zwischen Abstraktem und Konkretem unterschieden werden kann. Der geheime Sinn solcher Vergleiche liegt wohl im Aufspüren von Entsprechungen, von Analogien – jenen *correspondances*, von denen in einem berühmtem Gedicht Baudelaires die Rede ist. Sie erscheinen dem dichterischen Blick als Unterpfand für die Einheit der Welt, die in der Empirie entweder verdeckt oder zu einem bloßen Funktionszusammenhang heruntergekommen ist.»[184] Die Unzulänglichkeit von Hegels Theorie der Metapher geht nach Szondis Auffassung auf eine «unzureichende Auffassung vom Wesen der Sprache»[185] zurück. Bereits der Ästhetiker Theodor A. Meyer habe in seinem 1901 erschienenen Buch «Das Stilgesetz der Poesie» Hegels Sprachauffassung zutreffend kritisiert, indem er die These aufstellte, «daß die Sprache in der Dichtung nicht die Aufgabe hat, das Gemeinte vor die sinnliche Anschauung zu bringen, daß die Sprache nicht bloß ein Vehikel ist, dank dem wir beim Lesen eines Textes *sehen* können, was der Dichter schildert. Vielmehr erfahren wir Dichtung, so meint Meyer, ausschließlich im Medium der Sprache, als ein sprachlich, und d.h. geistig Geprägtes.»[186] Szondi geht von dem spezifisch modernen Dichtungsverständnis aus, wie es durch Baudelaire, Rimbaud, Mallarmé, die europäischen Symbolisten geprägt wurde. Nach dem Verständnis dieser poésie pure ist die dichterische Sprache weitgehend autonom; die Dichtung drückt nicht «etwas» aus, das auch in der Empirie zu finden wäre, sondern die Inhalte der Dichtungen entstehen aus dem Eigenleben, das die Sprache entfaltet. In diesem Sinne ist das Wort Mallarmés zu verstehen, ein Gedicht bestehe nicht aus Inhalten, sondern aus Worten. «*Nommer* un objet, c'est supprimer les trois quarts de la jouissance du poëme qui est faite de deviner peu à peu: le *suggérer*, voilà le rêve. (...) Il doit y avoir toujours énigme en poésie, et c'est le but de la littérature, – il n'y en a pas d'autres – d'*évoquer* les objets.»[187] Es kann kein Zweifel sein, daß Hegel diese Vorstellungen von der Dichtung kompromißlos hätte ablehnen müssen, weil nach seiner Überzeugung in jedem gelungenen Kunstwerk die Idee, der anschaulich gewordene vernünftige Begriff, ohne diffusen, unbegriffenen Rest zur Erscheinung kommt. Damit bindet er das Kunstwerk an die als vernünftig begriffene außerästhetische Realität.

Dies ist der Grund, weshalb Hegel mit Entschlossenheit alle jene Werke ablehnt, in denen ihm die Vermittlung von subjektiver Empfindung und Begriff in Frage gestellt zu sein scheint: das gilt für den «Werther» – «ein durchweg krankhafter Charakter»[188] – nicht weniger als für Kleist und E.T.A.Hoffmann. Gegen derlei «Quatschlichkeit»[189] setzt er die Forderung: «Das Ideale aber besteht darin, daß die Idee *wirklich* ist».[190] «Der wahrhaft ideale Charakter», heißt es mit Blick auf Kleists Drama «Prinz Friedrich von Homburg», «hat nichts Jenseitiges und Gespensterhaftes, sondern wirkliche Interessen, in welchen er bei sich selbst ist, zu seinem Gehalte und Pathos. (...) Denn zu einem ächten Charakter gehört, daß er etwas Wirkliches zu wollen und anzufassen Muth und Kraft in sich trage. Das Interesse für dergleichen Subjektivitäten, die immer nur in sich selber bleiben, ist ein leeres Interesse».[191] Man wird diese Bemerkungen jedenfalls dann nicht ohne weiteres als kunstfremd abtun können, wenn man zugleich es als wesentlichen Vorzug der Hegelschen Ästhetik versteht, daß in ihr die künstlerische Produktion unablösbar an den Entwicklungsstand der Produktivkräfte und damit an die Geschichte gebunden ist. Hegels Wendung gegen die zeitgenössische romantische Kunst ist insofern konsequent, als er hier Anzeichen wahrnehmen muß für eine Abkehr des Bürgertums von der Geschichte, eine Wendung, die mit seiner Forderung, daß im Kunstwerk der vernünftige, geschichtlich vermittelte Begriff zu erscheinen habe, nicht zu vereinbaren ist.

Vor diesem Hintergrund muß Szondis Behauptung, daß die Korrektur der Sprachauffassung Hegels, die Meyer vornimmt, «doch der generellen Intention des Hegelschen Denkens» entspreche[192], als fragwürdig erscheinen. Gewiß kommt der Vermittlung von Material und Gehalt eines Kunstwerks in Hegels Ästhetik zentrale Bedeutung zu. Die Tatsache aber, daß er jedes Eigenleben der Sprache leugnet, daß er es offenbar vorzieht, Bedeutung und sprachliches «Zeichen» eher unvermittelt zu lassen, als davon abzusehen, die Poesie auf den geschichtlich-vernünftigen Begriff zu verpflichten, zeigt an, daß, noch vor dem Postulat ästhetischer Vermittlung, für Hegel die Vernunft in der Geschichte Vorrang hat. Die Hoffnung, die dem Symbolismus inspiriert: daß es möglich sei, durch die Mittel der Kunst die Dinge aus ihrer Atomisierung, in die sie durch den fortschreitenden Dissoziationsprozeß der Gesellschaft geraten waren, zu erlösen[193], eine Einheit von Subjekt und Objekt wieder herzustellen, die durch den geschichtlichen Prozeß gerade zerstört worden ist, hätte Hegel als grundlos abgetan. «Dann fällt aber der Gegenstand und dieß Subjektive auseinander, und mit dem Stoff wird durchaus willkürlich verfahren, damit ja die Partikularität des Künstlers als Hauptsache hervorleuchten könne.»[194] Dieses Verdikt über die romantische Ironie hätte er auch auf alle Formen einer «poésie pure» ausgedehnt. Zweifellos ist seine Ästhetik auch eine Geschichte der Entfaltung menschlicher Subjektivität; aber Hegel läßt niemals den geringsten Zweifel daran – Helferich hat diesen Aspekt zu Recht hervorgehoben –, daß dieser Prozeß als Teil der Entfaltung und Emanzipation der Gattung zu geschehen habe. Nichts läge ihm ferner als Adornos Gedanke, daß der allein auf die Rationalität der «Konstruktion» des ästhetischen «Materials» vertrauende, zum «Artisten» gewordene Künstler der «Statthalter» einer noch nicht geschichtsmächtigen, vorerst allein in den Werken anzutreffenden Vernunft sei. Durch dieses Auseinandertreten von künstlerischer Manifestation und Geschichte wird Hegels Ästhetik normativ, sie gerät unversehens in die Nähe der vorbürgerlichen Regelpoetik, mit dem Unterschied, daß an die Stelle einer unhistorisch-anthropologischen Begründung der Normen in den Regelpoetiken bei Hegel der Verweis auf die Geschichte tritt. So entsteht das Paradoxon, daß, wo er sich ästhetisch reaktionär verhält, dies im Namen der geschichtlichen Vernunft geschieht.

Die klassische Kunstform

Die klassische Kunstform macht für Hegel den «Mittelpunkt der Kunst» aus, da hier Inhalt und Gestalt zu «freier Totalität»[195] zusammentreten, so daß weder zu fragen ist, was das Erscheinende eigentlich bedeute, noch, wie bei der «bewußten Symbolik», ein unvermitteltes Auseinanderfallen von Erscheinung und Bedeutung zu bemängeln wäre. «Denn die klassische Schönheit hat zu ihrem Inneren die freie, *selbstständige* Bedeutung, d. i. nicht eine Bedeutung von irgend Etwas, sondern das *sich selbst Bedeutende,* und damit auch *sich selber Deutende.*»[196] Die klassische Kunst bedarf keiner von außen hinzutretenden Erklärung, denn von ihr gilt, daß sie, «indem sie sich weiß, sich weist».[197]

In diesem sich selbst Deuten der klassischen Kunst ist der Grund dafür aufzusuchen, daß sie, wie Marx mit Erstaunen konstatierte, auch dann noch den Eindruck des Normativen vermittelt, wenn die gesellschaftlichen Bedingungen ihrer Entstehung längst nicht mehr gegeben sind. Die «Schwierigkeit», meint Marx, liege nicht darin «zu verstehn, daß griechische Kunst und Epos an gewisse gesellschaftliche Entwicklungsformen geknüpft sind. Die Schwierigkeit ist, daß sie uns noch Kunstgenuß gewähren und in gewisser Beziehung als Norm und unerreichbare Muster gelten.»[198] Unbefriedigend bleibt allerdings die Erklärung, die Marx für diese Erscheinung gibt. Daß die Menschheit in der griechischen Kunst eine besonders geglückte Gestalt ihrer eigenen Kindheit wiedererkennt – «Warum sollte die geschichtliche Kindheit der Menschheit, wo sie am schönsten entfaltet, als eine nie wiederkehrende Stufe nicht ewigen Reiz ausüben?»[199] –, kann allenfalls zur Begründung eines Gefühls der Rührung, wie es den Betrachter eigener Kindheitsbilder überkommen mag, hinreichen. Damit ist jedoch noch nichts gesagt über den paradoxen Eindruck des zugleich unwiderruflich Vergangenen und des nach wie vor Normativen, die unauflösbare Verbindung von Vergänglichkeit und Zeitlosigkeit, die die Erfahrung der klassischen Kunst prägt.

Wenn Hegel auch davon ausgeht, daß «das *Menschliche* den Mittelpunkt und Inhalt der wahren Schönheit und Kunst»[200] ausmache, so ist hieraus doch keinesfalls abzuleiten, daß er die klassische Kunst überhistorisch, «allgemeinmenschlich», verstanden wissen will. Gerade der Mensch ist, wie Hegel betont, am stärksten der historischen Wandlung unterworfen; das Ich, so hebt er an anderer Stelle hervor, «ist in der Zeit, und die Zeit ist das Seyn des Subjekts selber»[201]. Daher ist, wenn der Mensch der eigentliche Gegenstand der Kunst ist, auch sie der Zeit unterworfen; auch für die Kunst gilt, daß die Zeit ihr Sein ist. Ein ontologisch-zeitloses Verständnis der Kunst, insbesondere auch der klassischen, ist für Hegel ausgeschlossen.

Daß seine Ästhetik trotzdem an der klassischen Kunst als «Norm und unerreichbarem Muster» sich orientiert, ist darauf zurückzuführen, daß allein hier jene Diskrepanz zwischen Methode und Gegenstand der Erkenntnis, die sich seit Descartes aufgetan hat, geschlossen wird. «Die Skulptur im Allgemeinen faßt das Wunder auf, daß der Geist dem ganz Materiellen sich einbildet, und diese Aeußerlichkeit so formirt, daß er in ihr sich selber gegenwärtig wird und die gemäße Gestalt seines eigenen Innern darin erkennt. (...) Was wir überhaupt zu sehen haben, ist die Einheit des ordo rerum extensarum und des ordo rerum idearum, die erste schöne Einigung von Seele und Leib, insofern sich das geistige Innere in der Skulptur nur in seinem körperlichen Daseyn ausdrückt.»[202] Das dem cartesianischen Erkenntnismodell zugrundeliegende Begriffspaar, dessen Hegel sich

hier bedient, verweist darauf, daß er die (klassische) Kunst in Opposition
zu einer Wissenschaft sieht, deren Ziel es ist, die einzelne Erscheinung unter
das allgemeine Gesetz zu subsumieren und es damit zum Verschwinden zu
bringen. Gerade das moderne, nicht mehr von einer vorgegebenen kosmischen Ordnung abhängige naturwissenschaftliche Weltbild, das hervorgebracht ist von Fragestellungen, die die Menschen selbst formuliert haben,
läßt sie als Subjekte aus dem Gesichtsfeld der Wissenschaft verschwinden.
Für das moderne Erkenntnisideal, das sich auf das Experiment stützt, kann
die menschliche Subjektivität allenfalls negativ, als Störfaktor, den es auszuschalten gelte, erscheinen. Nach dem Zerfall der religiösen und metaphysischen Überlieferungen werden die Menschen endgültig zum Maß aller
Dinge, um den nicht vorhergesehenen Preis, daß sie sich in ihre eigenen
Versuchsanordnungen als Meßinstrument einbauen und insofern sich den
Dingen, die sie beherrschen wollen, gleichmachen. Hinzu kommt, daß diese
naturwissenschaftliche Tendenz zur Abstraktion mit dem Entstehen der
bürgerlichen, ausschließlich an der abstrakten Ordnung des Marktes sich
orientierenden Gesellschaft zusammentrifft.

Dagegen bildet sich mit der Ästhetik eine Wissenschaft heraus, in der das
Individuum nicht als Störfaktor, sondern als Zentrum begriffen wird; insofern führt eine gerade Linie von Baumgartens Feststellung, die reichste
Kategorie sei das Individuum, über Kants Forderung, daß das Subjekt sich
müsse «fühlen» können, zu Hegels Feststellung, daß «das *Menschliche* den
Mittelpunkt und Inhalt der (...) Kunst»[203] ausmache. Das «Ideal» der klas-
sischen Kunst sieht Hegel in der Darstellung der menschlichen Gestalt, der
Skulptur. Sie ist die Form, in der der Begriff der Kunst am reinsten sich
erfüllt: «Schönres kann nichts seyn und werden.»[204] An der klassischen
Kunst muß die Ästhetik sich orientieren, weil in ihr Geist und Materie, res
cogitans und res extensa, miteinander vermittelt sind, als Gegenbild zur
Empirie, in der der Mensch mit seinen Sinnen und Affekten keinen
Platz bzw. keine Funktion mehr hat. In der klassischen Kunst ist ihm ein
Medium der Selbstverständigung zurückgegeben, das in der durch die neue
Wissenschaft geprägten Wirklichkeit nicht mehr anzutreffen ist. Weil die
klassische Kunst ein Medium der Selbsterkenntnis bereitstellt, das nicht
über den Menschen hinausweist, sondern das er in sich selbst aufsuchen
kann, wird sie auch von späteren Zeiten als «Norm und unerreichbares
Muster» wahrgenommen. Allein in ihr erscheint der Mensch nicht als heteronom, weshalb auch die klassischen Werke unmittelbar, aus sich selbst
heraus, verständlich zu sein scheinen.

Das klassische Ideal, an dem sich die bürgerliche Ästhetik orientiert, ist,
als spezifische Antwort auf eine bestimmte historische Situation, gerade

nicht als etwas «Zeitloses» zu verstehen. Es ist vielmehr, als Ausdruck des Gleichgewichts von Geist und Sinnlichkeit, von Bewußtsein und Materie, am stärksten der Vergänglichkeit unterworfen. Das hat Hegel im Auge, wenn er von der klassischen Kunst als einer der «Mitte» spricht. «Die Griechen (...) lebten in der glücklichen Mitte der selbstbewußten subjektiven Freiheit und der sittlichen Substanz. Sie beharrten weder in der unfreien morgenländischen Einheit, die einen religiösen und politischen Despotismus zur Folge hat, (...) noch gingen sie zu jener subjektiven Vertiefung fort, in welcher das einzelne Subjekt sich abtrennt von dem Ganzen und Allgemeinen, um seiner eigenen Innerlichkeit nach für sich zu seyn, und nur durch eine höhere Rückkehr in die innere Totalität einer rein geistigen Welt zur Wiedervereinigung mit dem Substantiellen und Wesentlichen gelangt (...). Daher ist ihre Weltanschauung eben die Mitte, in welcher die Schönheit ihr wahres Leben beginnt und ihr heiteres Reich aufschlägt».[205] Die «Mitte» ist kein Zustand, an dem, ist er einmal erreicht, festgehalten werden könnte; sie ist eher ein flüchtiger Augenblick, ein «Durchgangspunkt»[206], auf den ein Zustand der Entzweiung folgt.

Nur weil Hegel jeden Versuch, durch klassizistische Formen die bürgerliche Wirklichkeit künstlerisch zu gestalten, als von vornherein verfehlt ablehnt, kann seine Darstellung der klassischen Kunst als Kritik der bürgerlichen Gesellschaft verstanden werden. Das gilt vor allem für seine Charakterisierung der griechischen Götter. Die Eigenschaften und Tätigkeiten, die die Menschen ihnen zuschreiben, sind ihre eigenen. Die Individualisierung der Götter, der polytheistische Olymp, kann daher als Ausdruck der fortschreitenden Differenziertheit der menschlichen Subjektivität gedeutet werden: «Denn der Mensch (...) verschließt in seinem Herzen alle die Mächte, welche in dem Kreis der Götter auseinandergeworfen sind; der ganze Olymp ist versammelt in seiner Brust. (...) Und in der That, je gebildeter die Griechen wurden, desto mehr Götter hatten sie».[207] Aus diesem Grund hält Hegel auch den Einwand für unzutreffend, es sei, da nicht selten die Götter selbst für ihren Schützling in den Kampf eingreifen, mit dem Heldentum der Homerischen Helden nicht so weit her; in Wirklichkeit ist die Macht, die scheinbar von außen eingreift, immer nur das eigene Pathos des Helden. — «Ueberhaupt aber», fügt er hinzu, «ist es dem Homer kein letzter Ernst mit der Realität dieser Erscheinungen; das eine Mal handeln die Götter, das andere Mal halten sie sich wieder ganz still.»[208] Damit kehrt die Interpretation der griechischen Mythologie ein Moment der Kritik an der modernen bürgerlichen Gesellschaft hervor. «Wie sie auch immer auftreten mögen», heißt es weiter über die Götter, «sie sind stets beseligt und heiter. Als individuelle besondre Götter geraten sie zwar in Kampf, aber auch mit diesem Streit ist es ihnen letztlich nicht in dem Sinne Ernst, daß sie sich mit der ganzen energischen Konsequenz des Charakters und der Leidenschaft auf einen bestimmten Zweck koncentrirten (...). Sie mischen sich nur hier und dort ein, machen ein bestimmtes Interesse in konkreten Fällen auch zu dem ihrigen, doch sie lassen ebenso sehr das Geschäft wieder stehen, und wandeln beseligt zum hohen Olymp zurück.»[209] Dieser Blick für eine gleichsam spielerisch nicht ganz zu Ende geführte Individuation dürfte erst zu einem historischen Zeitpunkt überhaupt möglich geworden sein, da das bestimmt und unerbittlich verfolgte eigene Interesse als Bedingung des Überlebens in einer durch das Prinzip der Konkurrenz geprägten Gesellschaft erkennbar geworden war. Kritisch wirkt Hegels Beschreibung des kaum marktgerechten Verhaltens der Götter – «Wo bleibt Vulkan gegen Roberts et Co., Jupiter gegen den Blitzableiter und Hermes gegen den Crédit mobilier?»[210] – weil in der bürgerlichen Gesellschaft niemand mehr es sich leisten kann, die eigenen Chancen willentlich ungenutzt zu lassen. Die mit Schopenhauer – dessen Hauptwerk bereits erschienen war, bevor Hegel in Berlin sein System der Ästhetik ausarbeitete – sich entfaltende Lebensphilosophie ist vor allem Reaktion auf die Erfahrung, daß Bedingung für die fortschreitende Differenzierung der Subjektivität der zunehmende gesellschaftliche (Konkurrenz-)Druck ist; sie wird schließlich zur radikalen Verneinung des Wertes der Individuation führen, weil auf andere Weise dieser Druck nicht mehr verminderbar erscheint. Dagegen zeichnet es die Götter der klassischen Kunst aus, daß sie Individuation noch nicht als Druck erfahren und daher auch nicht negieren müssen. «Die Bestimmtheit ist eine (...) sich der Göttlichkeit nur anschmiegende Gestalt. Aber diese Selbstständigkeit und kummerlose Ruhe giebt ihnen grade die plastische Individualität, welche sich mit dem Bestimmten keine Sorge und Noth macht».[211] In diesem Zusammenhang ist im übrigen auch der Grund für die Tatsache aufzusuchen, daß in der modernen Kunst kein Pathos mehr möglich ist. Damit Pathos nicht als «hohl» empfunden wird, bedarf es einer noch nicht ganz durchgeführten Scheidung von Besonderem und Allgemeinem: «Denn das Pathos berührt eine Saite, welche in jedes Menschen Brust widerklingt, jeder kennt das Werthvolle und Vernünftige, das in dem Gehalt eines wahren Pathos liegt, und erkennt es an.»[212] Insofern entspricht, was Hegel als «Pathos» bezeichnet, der Vorstellung Kants von einem «sensus communis», auf den sich jedes einzelne, subjektive Geschmacksurteil letzten Endes müsse beziehen lassen.[213] Wo die Individuation bis ins letzte vorangetrieben ist, ist Pathos nicht mehr möglich, damit aber auch – «Das Pathos (...) bildet den eigentlichen Mittelpunkt (...) der Kunst»[214] – die Kunst selbst in Frage gestellt.

Normativ wirkt die klassische Kunst, weil mit dem vergänglichen Augenblick des Gleichgewichts von Subjekt und Objekt ein utopisches Moment sichtbar wird, dem Dauer zu verleihen, über einen flüchtigen «Durchgangspunkt» hinaus, das mehr oder weniger offenbare Ziel aller Kunst ist. Hegel als «Klassizisten» zu bezeichnen[215], wäre nur dann ohne Vorbehalt berechtigt, wenn er versucht hätte, am klassischen Ideal als einer auch für die Kunst seiner Zeit verbindlichen Norm festzuhalten. Gerade das ist jedoch nicht der Fall. Weil an der klassischen Kunst die Vermittlung menschlicher Subjektivität mit der Sinnenwelt zur Vollendung gelangt ist – daher kann Hegel sagen, Schöneres könne nicht sein noch werden – wächst ihr der Schein des Dauernden zu. Aber gerade das klassische Kunstwerk, in dem die Zeit überwunden zu sein scheint, bleibt ihr unterworfen. Der schmerzliche Widerspruch, den die klassische Kunst birgt, besteht darin, daß sie scheinbare Überwindung der Vergänglichkeit am nachdrücklichsten an Vergänglichkeit gemahnt. Daher kann Hegel an den Zügen der griechischen Götter eine unausgesprochene Trauer wahrnehmen: «Je mehr nun aber an den Göttergestalten der Ernst und die geistige Freiheit heraustritt, desto mehr läßt sich ein Kontrast dieser Hoheit mit der Bestimmtheit und Körperlichkeit empfinden. Die seligen Götter trauern gleichsam über ihre Seligkeit oder Leiblichkeit; man liest in ihrer Gestaltung das Schicksal, das ihnen bevorsteht, und dessen Entwickelung, als wirkliches Hervortreten jenes Widerspruchs der (...) Geistigkeit und des sinnlichen Daseins, die klassische Kunst selber ihrem Untergange entgegenführt.»[216] Die Trauer im Ausdruck der Götter weist auf die christliche, von Hegel «romantisch» genannte Kunst voraus. In der Überwindung der Leiblichkeit, die die vollständige Befreiung der Subjektivität erst möglich macht, besteht nach Hegels Überzeugung die historische Bedeutung des Christentums. Die Kunstform, die ihm angemessen ist, muß sich vom klassischen Ideal grundlegend unterscheiden.

Die romantische Kunstform

«Es ist in neuerer Zeit häufig die Klage über den Untergang der klassischen Kunst zu vernehmen, und die Sehnsucht nach den griechischen Göttern und Helden ist mehrfach auch von Dichtern behandelt worden.»[217] Stellt man in Rechnung, daß auch Hegel selbst die klassische Kunst als nicht überbietbares Ideal ansieht, weil allein in ihr seine Definition der Schönheit als sinnliches Scheinen der Idee ganz erfüllt ist, so wäre zu erwarten, daß auch er in diesen Chor einstimmt. Tatsächlich hatte auch der junge Hegel im

Untergang der klassischen Kunstformen einen unersetzbaren Verlust gesehen, weil sie «die äußerlichen in die Sinne fallenden Erscheinungen der
sichtbaren Natur schilderten, (...) da wir hingegen besser von dem *innern
Spiel der Kräfte* unterrichtet sind und überhaupt mehr die Ursachen der
Dinge wissen, als wie sie aussehen».[218] Ist diese Beobachtung hier noch
neutral formuliert, so wird wenig später eine Kritik des Christentums aus
ihr abgeleitet: anders als die christliche Religion habe die antike «Volksreli-
gion» «Phantasie, Herz und Sinnlichkeit (...) nicht leer ausgehen»[219] lassen.
Von einer Religion müsse gefordert werden, daß sich «alle Bedürfnisse des
Lebens», selbst die «öffentlichen Staatshandlungen»[220] auf sie beziehen
lassen; das sei bei der Religion der Griechen, nicht jedoch im Christentum
der Fall.

Der junge Hegel teilt damit die Position Schillers, der in der ersten Fassung (1788) seines Gedichts «Die Götter Griechenlandes» Christentum und
Entsagung polemisch aufeinander bezieht. «Wohin tret ich?», heißt es hier
angesichts einer «entgötterten» Natur, die nur noch «knechtisch dem Gesetz der Schwere» diene:

> Diese traurge Stille
> Kündigt sie mir meinen Schöpfer an?
> Finster, wie er selbst, ist seine Hülle,
> Mein Entsagen – was ihn feiern kann.[221]

Auch der späte Hegel, der längst die Auffassung vertritt, daß die klassische
Kunstform abgelöst werden mußte, da das «Medium der Endlichkeit, die
Anschauung, (...) nicht das Unendliche fassen»[222] könne, leugnet nicht, daß
Schillers Klage um die Götter Griechenlands im Zeitalter der Aufklärung
berechtigt gewesen sei: «Die christliche Religion (...) hat (...) zur Zeit der
Aufklärung (...) einen Punkt erreicht, auf welchem der Gedanke, der Ver-
stand das Element verdrängt hat, dessen die Kunst schlechthin bedarf, die
wirkliche Menschengestalt und Erscheinung Gottes. Denn die menschliche
Gestalt und was sie ausdrückt und sagt (...) ist die Form, in welcher die
Kunst den Inhalt des Geistes fassen und darstellen muß. Indem nun der
Verstand Gott zu einem bloßen Gedankendinge gemacht, die Erscheinung
seines Geistes in konkreter Wirklichkeit nicht mehr geglaubt, und so den
Gott des Gedankens *von allem wirklichen Daseyn abgedrängt* hat, so ist
diese Art religiöser Aufklärung nothwendig zu Vorstellungen und
Forderungen gekommen, welche mit der Kunst unverträglich sind.»[223] Aus
der Tatsache, daß Schiller selbst in einer späteren Fassung (1800) des Gedichts die Polemik gegen das Christentum abgeschwächt hat, folgert Hegel,
daß von Anfang an nur die «Verstandesansicht der Aufklärung (...), welche

in späterer Zeit selber ihre Herrschaft zu verlieren anfing»[224], gemeint war, also der sogenannte Deismus, demzufolge Gott die Welt zwar geschaffen, nach dem Schöpfungsakt jedoch aus ihr sich zurückgezogen und sie sich selbst überlassen habe.

Tatsächlich streicht Schiller in der zweiten Fassung nicht nur die direkte Kritik am Christentum, sondern er läßt das Gedicht darüberhinaus auch mit Versen enden, die die Möglichkeit einer Versöhnung von antikem und modernem Geist andeuten sollen. «Ja, sie kehrten heim», heißt es nun von den griechischen Göttern,

> und alles Schöne,
> Alles Hohe nahmen sie mit fort,
> Alle Farben, alle Lebenstöne,
> Und uns blieb nur das entseelte Wort.
> Aus der Zeitflut weggerissen, schweben
> Sie gerettet auf des Pindus Höhn,
> Was unsterblich im Gesang soll leben,
> Muß im Leben untergehn.[225]

Daß diese Auflösung des Widerstreits von antiker und moderner Dichtung, die Schillers Bemühen entspricht, der von der Idee dominierten «sentimentalischen» neben der anschaulichen «naiven» Poesie einen gleichrangigen Platz zu sichern, Hegels Auffassung entgegenkommt, ist selbstverständlich. Nicht weniger offenkundig ist aber auch, daß die Gefahr der Bilderlosigkeit, des Verlusts der Anschauung nicht nur, wie der späte Hegel behauptet, den Rationalismus der Aufklärung zur Ursache hat. Gewiß ist der Deismus die der Aufklärung eigentlich angemessene religiöse Vorstellung, insofern sie genau der liberalistischen Grundannahme entspricht, daß der Markt, einmal als Ordnungsfaktor institutionalisiert, jeden direkten Eingriff in das wirtschaftliche Geschehen überflüssig mache. Aber die Gefahr der Bilderlosigkeit, der Abstraktion ist bereits in der Reformation selbst angelegt. «Luther's einfache Lehre ist», heißt es in der «Philosophie der Geschichte», «daß (...) die unendliche Subjectivität d.i. die wahrhafte Geistigkeit, Christus, auf keine Art in äußerlicher Weise gegenwärtig und wirklich ist, sondern als Geistiges überhaupt nur in der Versöhnung mit Gott erlangt wird».[226] Die Reformation versucht ihr Ziel, die Erneuerung und Vertiefung des Glaubens, dadurch zu erreichen, daß sie alle «Äußerlichkeit», in der die Glaubensinhalte scheinbar gegenwärtig, in das Alltagsleben der Menschen eingezogen sind – Bilder der Heiligen, aber auch Formen der Volksfrömmigkeit wie Legenden und Votivtafeln –, als der Gegenwart Gottes abträglich hinstellt. Gott ist wahrhaft gegenwärtig nur im Subjekt, nicht in äußerlichen, sinnlich wahrnehmbaren Gegenständen.

Damit ist nun aber ein eigentümlicher dialektischer Vorgang im Verhältnis von Religion und Säkularisation bezeichnet, der nicht nur auf die Reformation beschränkt ist. Unausweichlich scheint zu sein, daß jede Intensivierung der religiösen Vorstellungswelt, jeder Schritt auf dem Wege zur Differenziertheit und Verinnerlichung des Glaubens zugleich auch ein Akt der Säkularisation ist; die Reformation, der – nach Hegels Auffassung – entscheidende Schritt hin zur Befreiung der Subjektivität, läßt diesen Sachverhalt nur besonders deutlich werden. Indem die Glaubensinhalte ganz in das Subjekt hineingenommen werden, erfährt dieses seine reichste Differenzierung, es bedarf keiner «Äußerlichkeiten» mehr, durch die diese Inhalte bisher versinnbildlicht wurden. In der Reformation ist dieser dialektische Prozeß von Intensivierung und Subjektivierung am weitesten vorangetrieben; ihr eigentlicher Inhalt ist, daß der Glaube «überhaupt nicht Glauben an Abwesendes, Geschehenes und Vergangenes» ist, sondern die *«subjective* Gewißheit des Ewigen, der an und für sich seyenden Wahrheit, der Wahrheit von Gott»[227]. Diesem Akt der Verinnerlichung der religiösen Inhalte entspricht – und das macht ihn zugleich zu einem der Säkularisation –, daß die äußere Welt mehr und mehr «entzaubert», Schauplatz ausschließlich des Profanen wird. Im Protestantismus erfährt der Glaube keinerlei äußerliche Unterstützung mehr, er ist ganz zur Sache des Subjekts geworden – damit aber auch ganz auf das Subjekt angewiesen. Dieser dialektische Vorgang ist allerdings nicht auf den Protestantismus beschränkt. Schon der Übergang zum Monotheismus, den das Judentum vollzieht, hat, verbunden mit dem Verbot, sich ein Bildnis dieses einen Gottes zu machen, eine weitgehende Profanisierung der Welt zur Folge, auch wenn noch nicht das Subjekt als alleiniger Ort der Gegenwart Gottes erscheint. Aber während in einer Welt des Dämonenglaubens überirdische Mächte noch überall unmittelbar gegenwärtig sind, so daß einen sakralen von einem profanen Bereich zu trennen schlechterdings nicht möglich ist; während in der griechischen Mythologie ein direktes Eingreifen der Götter zwar noch jederzeit möglich, ihr Aufenthalt im wesentlichen jedoch auf den Olymp bzw. auf die Tempelbezirke und heiligen Haine beschränkt ist: so werden dagegen durch die jüdische Religion Sakrales und Profanes erstmals streng geschieden. Nur in Gestalt der die heiligen Schriften bergenden Bundeslade ist das Göttliche, wenn auch bereits zum Begriff vergeistigt, in der diesseitigen Welt noch unmittelbar gegenwärtig.

Aufgrund dieser dialektischen Verschlingung von Individualisierung und Intensivierung mythischer Vorstellungen auf der einen, Profanisierung der

Welt auf der anderen Seite kann Hegel beim Vergleich der indischen mit der griechischen bzw. hebräischen Wirklichkeitsauffassung von einem allmählichen «Festwerden des Endlichen in seiner verständigen Bestimmtheit»[228] sprechen. «Die Griechen erzählen, daß als die Heroen beim Argonautenzuge die Meerenge des Hellespont durchschifften, die Felsen, welche sich bisher wie Scheeren schmetternd auf und zugeschlossen hatten, plötzlich in dem Boden für immer festgewurzelt dastanden. (...) Wenden wir uns (...) von den alten indischen Gedichten her zu dem alten Testament hinüber, so befinden wir uns mit einemmale auf einem ganz anderen Boden, der uns, wie fremd und von den unsrigen verschieden auch die Zustände, Begebnisse, Handlungen und Charaktere seyn mögen, welche er zeigt, dennoch heimathlich werden läßt.»[229] Der Übergang von der klassischen Kunst mit ihrem differenzierten Polytheismus hin zur romantischen – christlichen – Kunst ist auf die gleiche Weise dialektisch geprägt. «Der wahre Inhalt des Romantischen ist die absolute Innerlichkeit (...). In diesem Pantheon sind alle Götter entthront, die Flamme der Subjektivität hat sie zerstört, und statt der plastischen Vielgötterei kennt die Kunst jetzt nur *einen* Gott, *einen* Geist, *eine* absolute Selbstständigkeit, welche als das absolute Wissen und Wollen ihrer selbst mit sich in freier Einheit bleibt».[230] In dieser Perspektive ist die Reformation nur eine Erneuerung dessen, was bereits durch den Übergang von der klassischen zur romantischen Kunst vollzogen worden war. Sie wurde notwendig, weil das Christentum diese Verinnerlichung des Glaubens allmählich rückgängig gemacht hatte durch die ständige Ausschmückung der aus den Märtyrer- und Heiligengeschichten bezogenen Bilderwelt, vor allem aber durch die Gewohnheit, in allen irdischen Dingen Symbole des Überirdischen zu erkennen, so daß mit der Zeit eine Art Ersatz für die Vielgötterei herangewachsen war.

Durch diesen Prozeß der Verinnerlichung – für Hegel ein uneingeschränkt zu begrüßender Vorgang – wird für die Kunst der Bruch mit der klassischen Form unvermeidbar, weil nun nicht mehr, wie in der Antike, Kunst und Religion eine Einheit bilden. Während dort die künstlerische Gestaltung der Götterwelt mit der Schaffung und Differenzierung religiöser Inhalte einhergeht – Hegel zitiert zustimmend die Bemerkung, Homer habe den Griechen ihre Religion gegeben –, macht der «neue Gehalt» der christlichen Religion sich nicht «als ein Offenbaren durch die *Kunst* geltend, sondern ist für sich ohne dieselbe offenbar (...). Gott selber, ist Fleisch geworden, (...) hat gelebt, gelitten, ist gestorben und auferstanden. Dieß ist ein Inhalt, den nicht die Kunst erfunden, sondern der außerhalb ihrer vorhanden war, und den sie daher (...) zur Gestaltung vorfindet.»[231] Mit dem Christentum wird zum erstenmal in der Geschichte die Wahrheit, die ihrer selbst innewerdende menschliche Subjektivität, so weit vergeistigt, daß keine sinnlich wahrnehmbare Gestalt ihr mehr ganz angemessen sein kann. Damit ist das bisherige Entwicklungsgesetz der Kunst außer Kraft gesetzt. Die Idee ist der sinnlichen Erscheinung im Kunstwerk nunmehr eindeutig vorgeordnet; in Frage gestellt ist das Existenzrecht, letzten Endes die Möglichkeit der Kunst überhaupt. «Die absolute Subjektivität als solche jedoch», räumt Hegel denn auch ein, «würde der Kunst entfliehn, und nur dem Denken zugänglich seyn, wenn sie nicht, um *wirkliche,* ihrem Begriff gemäße Subjektivität zu seyn, auch in das äußere Daseyn hereinträte».[232] Die Möglichkeit einer romantischen Kunst, die mehr wäre als eine bloße Illustrierung vorgegebener Glaubensinhalte, hängt also davon ab, ob auch für sie ein Ideal sich angeben lasse, in dem ihre Inhalte eine angemessene sinnlich wahrnehmbare Gestalt finden können.

Das Ideal der romantischen Kunst sieht Hegel in der Liebe: «In der Liebe nämlich sind nach Seiten des *Inhalts* die Momente vorhanden, welche wir als Grundbegriff des absoluten Geistes angaben; die versöhnte Rückkehr aus seinem Anderen zu sich selbst. (...) Das wahrhafte Wesen der Liebe besteht darin, (...) sich in einem anderen Selbst zu vergessen, doch in diesem Vergehen und Vergessen sich erst selber zu haben und zu besitzen.»[233] Ihre sinnliche Gestalt erhält sie vor allem in der Darstellung der «Liebe der Maria», der «*Mutterliebe»,* für Hegel «der gelungenste Gegenstand der religiösen romantischen Phantasie. Am meisten real, menschlich, ist sie doch ganz geistig, ohne Interesse und Bedürftigkeit der Begierde, nicht sinnlich und doch gegenwärtig; die absolut befriedigte selige Innigkeit. (...) Sie muß nothwendig in die Kunst eintreten, wenn in der Darstellung dieses Kreises nicht das Ideale, die affirmative befriedigte Versöhnung fehlen soll.»[234] Was auch immer dafür sprechen mag, in der Darstellung der Liebe das der romantischen Kunst angemessene Ideal zu sehen, es fehlt ihm die Selbstverständlichkeit, die die Skulptur als Inbegriff der klassischen Kunst auszeichnete. Allzu deutlich ist, daß das von Hegel benannte Ideal auf einen schmalen Bereich innerhalb der abendländischen Kunst eingegrenzt ist, rein ausgeprägt findet es sich fast nur in Raffaels Darstellungen der Madonna mit dem Kinde; an ihnen dürfte diese Formulierung des Ideals der romantischen Kunst sich auch orientiert haben.

In der Tat verläuft hier die Grenzlinie, die seine Ästhetik von der Kunst der Moderne am deutlichsten trennt. Denn wenn Hegel auch die Liebe als das Ideal der romantischen Kunst benennt – das ließe sich immerhin hören –, so läßt er doch keinen Zweifel daran, daß er Liebe als romantisches Ideal nur im religiösen Sinne verstanden wissen will. Es ist ihm nicht gelungen – und es war wohl auch nicht seine Absicht –, die Liebe auch in säkularisierter Gestalt als Ideal romantischer Kunst gelten zu lassen. Im Gegenteil; wo von romantischer Liebe in nicht religiösem Sinne die Rede ist, wird sie von Hegel mit unverkennbar karikaturistischen Zügen gezeichnet, als die Bizarrerie, daß «dieser gerade diese, diese diesen» liebt. Soviel zwar ist richtig an der Bindung der romantischen Liebe an die christliche Religion, daß erst durch sie der Gedanke des unverlierbaren Wertes jedes einzelnen Menschen gefaßt werden konnte: «Es ist in dieser göttlichen Welt schlechthin um das Individuum zu thun: im Staate kann es wohl aufgeopfert werden, um das Allgemeine, den Staat zu retten, in Bezug auf Gott aber und in dem Reiche Gottes ist es an und für sich Selbstzweck.»[235] Hegel scheint zumindest implizit die Kunst als die legitime Statthalterin dieser ursprünglich religiösen Vorstellung in einer säkularisierten Welt anzuerkennen, wenn er im folgenden ausführt, «daß die Kunst überhaupt beim Besondern zu verweilen liebt», während der Verstand «das Mannigfaltige (...) entweder theoretisch aus allgemeinen Gesichtspunkten her zusammenfaßt, (...) oder es praktisch bestimmten Zwecken unterwirft, so daß das Besondere und Einzelne nicht zu seinem vollständigen Rechte kommt»[236]. Gerade weil ihr theologisches Erbe hier nicht verleugnet wird, scheint es möglich zu sein, durch die Kunst den Gedanken der Unverwechselbarkeit des Individuums auch in einer Zeit zu bewahren, in der er durch die Religion nicht mehr getragen und durch die historische Entwicklung ausgehöhlt wird. Die Liebe, die in der Tauschgesellschaft tatsächlich kuriose Tatsache, daß «dieser gerade diese, diese diesen» liebt, wäre insofern kein schlechtes «Ideal» für eine nachklassische Kunst.

Eben diesen Gedanken aber vermag Hegel nicht zu fassen; wie in seiner Philosophie der Geschichte trotz der behaupteten Versöhnung von Allgemeinem und Besonderem es doch das Besondere ist, das den Preis für diese Versöhnung zu bezahlen hat, so wird in der Ästhetik die Liebe, obwohl sie das Ideal der romantischen Kunst sein soll, abgewertet: «Diese Leiden aber der Liebe, diese zerscheiternden Hoffnungen, dieß Verliebtseyn überhaupt, diese unendlichen Schmerzen, die ein Liebender empfindet, diese unendliche Glückseligkeit und Seligkeit, die er sich vorstellt, sind kein an sich selbst allgemeines Interesse, sondern etwas, was nur ihn selber angeht. Jeder Mensch zwar hat ein Herz für die Liebe, und das Recht, dadurch glücklich zu werden, wenn er aber hier, gerade in diesem Falle, unter den und den Umständen, in Betreff gerade auf dieses Mädchen, sein Ziel nicht erreicht, so ist damit kein Unrecht geschehen. Denn es ist nichts in sich Nothwendiges, daß er sich gerade auf dieses Mädchen kapricionire, und wir sollen uns daher für die höchste Zufälligkeit, für die Willkür der Subjektivität, die keine Ausdehnung und Allgemeinheit hat, interessiren. Dieß bleibt die Seite der Kälte, die bei aller Hitze der Leidenschaft in ihrer Darstellung uns durchdringt.»[237] Die Grenze seiner Ästhetik, an die Hegel hier stößt, ist eine gesellschaftliche. Indem er Befremden, «Kälte», als Reaktion auf das Verhalten der Liebenden nicht allein diagnostiziert, sondern ausdrücklich billigt, folgt er blind den Normen einer Gesellschaft, die das bedingungslose Festhalten an einem Einzelnen als bizarr beargwöhnen, schließlich, als «Mangel an gesundem Appetit»[238], mit dem Stigma der Krankheit belegen muß. Die romantische Liebe, hierauf beharrt Hegel, soll auf den religiösen Bereich beschränkt bleiben, sie soll im Diesseits keine Substantialität beanspruchen können. An entscheidender Stelle versagt er sich damit der Möglichkeit, durch die Kunst eine ursprünglich theologische Vorstellung als kritisches Gegenbild zur gesellschaftlichen Praxis zu retten – ein Mißlingen, dessen Grund in der Struktur einer Gesellschaft aufzusuchen ist, die ein Interesse daran hat, daß dem absoluten Vorrang des Tauschwerts vor dem Gebrauchswert nirgendwo Einhalt geboten werden kann als nur im Himmel.

Entfremdung durch Vermittlung

Die Frage, ob es nach dem Übergang von der klassischen zur romantischen Kunst noch ein «Ideal» geben könne, läßt sich zwar anhand der durch Christentum bzw. Reformation bewirkten Tendenzen zur Verinnerlichung und Subjektivierung religiöser Inhalte in besonderem Maße verdeutlichen; dennoch handelt es sich keineswegs um ein ausschließlich theologisches Problem. Denn die Frage, ob die moderne Kunst eines «Ideals» fähig sei, ist letzten Endes identisch mit dem Problem der Anschauung als eines eigenständigen Mediums der Erkenntnis. Insofern geht es um das Fortbestehen und die Bedeutung der Kunst in einer Gesellschaft, deren Strukturen sich der Anschauung immer mehr entziehen. Die Einsicht, zu der Hegel, ausgehend von dem Verhältnis von christlicher Religion und Kunst, gelangt: daß der Wahrheitsgehalt der «romantischen» Kunst ihr vorgegeben ist, unabhängig von den künstlerischen Techniken; daß er sich nicht erst in dem Maße herausbildet, in dem der künstlerische Produktionsprozeß die Außenwelt – zu der auch das Innere der Subjekte zählt – durchdringt: diese Einsicht schließt als letzte Konsequenz ein, das Existenzrecht der Kunst in Frage zu stellen.

Für Hegel ist das Prinzip der künstlerischen Entwicklung die zunehmende Durchdringung der Außenwelt durch die menschliche Subjektivität. Wenn Philosophie, wie es bereits in der Differenzschrift heißt, der «nothwendige Versuch» ist, «die Entgegensetzung der festgewordenen Subjektivität und Objektivität aufzuheben»²³⁹, so ist es Aufgabe der Ästhetik, die entscheidende Funktion, die der Kunst hierbei zukommt, zu beschreiben. Nur weil die Kunst, wie keine andere Institution in der säkularisierten, bürgerlich geordneten Welt, die «festgewordenen» Grenzen von Subjekt und Objekt zu durchbrechen vermag, kann ihr die Aufgabe zugeschrieben werden, «der Außenwelt ihre spröde Fremdheit zu nehmen», die Menschen in der Welt sich «zu Hause» fühlen zu lassen. Hierin ist ihr Wahrheitsanspruch begründet: «Denn die Wahrheit ist», wie Hegel an anderer Stelle einmal formuliert, «sich im Gegenständlichen nicht verhalten als zu einem Fremden».²⁴⁰

Nach dieser Begriffs- und Funktionsbestimmung der Kunst wäre eigentlich nichts weniger zu erwarten, als daß ihr Fortbestehen problematisch werden könnte. Im Gegenteil, gerade in einer Welt, die zur «Prosa des Lebens» in Gestalt unverrückbarer gesellschaftlicher Institutionen sich verfestigt und zugleich die Gebrauchswerte in der ziellosen Dynamik des Tauschprinzips untergehen läßt, käme der Kunst die immer dringlichere Aufgabe zu, die menschliche Subjektivität mit der Außenwelt zu vermitteln. Nun zeigt sich jedoch – hier zeichnet sich bereits die Problematik ab, die Georg Simmel als die «Tragödie der Kultur» analysieren wird –, daß die Außenwelt, gerade wenn sie am vollkommensten mit der menschlichen Subjektivität vermittelt ist, den Menschen wieder als fremde gegenübertritt. Vermutet könnte werden, hier räche sich, daß der Vermittlungsprozeß von Geist und Natur für Hegel, anders als für Schelling, grundsätzlich auf die Durchsetzung des Herrschaftsanspruchs des Geistes gegenüber allem ihm Äußerlichen hinausläuft; es sei wenig verwunderlich, daß das Unterworfene dem Subjekt fremd bleibt. So berechtigt diese Kritik ihrem Ansatz nach ist, sie reicht nicht aus, die Aporie, daß gerade durch die vollendete Vermittlung von menschlicher Subjektivität und Außenwelt diese wieder fremd wird, aufzulösen. Denn die «Entfremdung durch Vermittlung», wie der paradoxe Sachverhalt genannt werden kann, wird gerade dort zum erstenmal in ihrer ganzen Problematik sichtbar, wo von «idealistischer Verwüstung»²⁴¹ des Sinnlichen am allerwenigsten die Rede sein kann: bei der Charakterisierung der niederländischen Malerei. Sie gilt Hegel als der Gipfel der Malerei überhaupt, weil er in ihr den vollendeten Ausdruck des sich in der Welt zuhause Fühlens sieht; selbst die derbsten Szenen stellen den Rang dieser Werke, ihren Kunstcharakter, nicht in Frage, weil hier verwirklicht ist, was er von der Kunst überhaupt fordert: daß sie hervorgehen solle aus der vernünftigen Tätigkeit der Menschen (dem entspricht das vernichtende Urteil über die Idylle). Vor allem auf die niederländische Malerei ist der Satz anzuwenden, mit dem Hegel an anderer Stelle die romantische Kunst charakterisiert: «Diese Heimathlichkeit im Gewöhnlichen ist es, durch welche die romantische Kunst von Außen her zutraulich anlockt.»²⁴² Der Vorwurf des Geisteshochmuts, der gegen die Hegelsche Ästhetik insgesamt erhoben werden könnte, trifft hier jedenfalls nicht zu.

Gerade dieser endlich erreichte Zustand der «Heimathlichkeit» enthält nun aber den Ansatz zu einer neuen Entfremdung von Subjekt und Objekt: «es ist die Wirkung und der Fortgang der Kunst selber, welche, indem sie den ihr selbst inwohnenden Stoff zur gegenständlichen Anschauung bringt, auf diesem Wege selbst durch jeden Fortschritt einen Beitrag liefert, sich selber von dem dargestellten Inhalt zu befreien. Was wir als Gegenstand durch die Kunst oder das Denken so vollständig vor unserem sinnlichen oder geistigen Auge haben, daß der Gehalt erschöpft, daß alles heraus ist (...), daran verschwindet das absolute Interesse. Denn Interesse findet nur bei frischer Thätigkeit statt. Der Geist arbeitet sich nur so lange in den Gegenständen herum, so lange noch ein Geheimes, Nichtoffenbares darin ist.»²⁴³ Die niederländische Malerei markiert einen epochalen Wendepunkt in der Entwicklung der Kunst, weil, was in ihr sinnlich vergegenwärtigt wird, noch deutlich als das *Produkt* der Auseinandersetzung der Menschen mit der Natur *erkennbar* ist, erkennbar auch noch als Errungenschaft eines Bürgertums, das sich gegen kirchliche und feudale Herrschaft durchgesetzt hat. Insofern hier ein Zustand des Gleichgewichts von Subjektivität und sinnlichem Ausdruck erreicht ist, ist die niederländische Kunst, ohne daß Hegel dies aussprächе, am ehesten der klassischen Kunst der Antike vergleichbar. Und wie Hegel dort, an den Gestalten der Götter, einen Ausdruck der Trauer über die Vergänglichkeit der sinnlichen Erscheinung wahrgenommen hatte, so bemerkt er hier, auf dem Höhepunkt der Vermittlung bürgerlich-geschichtlichen Fortschritts mit einer aufs äußerste vorangetriebenen künstlerischen Technik, bereits deren Verselbständigung gegenüber den Inhalten.

«Was uns reizen soll», heißt es zur niederländischen Genremalerei, «ist nicht der Inhalt und seine Realität, sondern das in Rücksicht auf den Gegenstand ganz interesselose Scheinen. Vom Schönen wird gleichsam das Scheinen als solches für sich fixirt, und die Kunst ist die Meisterschaft in Darstellung aller Geheimnisse des sich in sich vertiefenden Scheinens der äußeren Erscheinungen.»²⁴⁴ Die Stelle ist deshalb von äußerster Tragweite, weil Hegel hier zum erstenmal das Selbständigwerden des ästhetischen Scheins ins Auge faßt. Das «sich in sich vertiefende Scheinen» ist qualitativ verschieden von jenem Schein, den er in der Einleitung verteidigt gegen den Vorwurf, eine bloße Illusion zu sein. Neben diesem Schein, der im Kunstwerk das Wesen der Wirklichkeit, den vernünftigen, in der Geschichte lokalisierbaren Begriff zur Erscheinung bringt, gibt es offenbar noch eine andere Art von Schein, die dadurch gekennzeichnet ist, daß sie sich auf keine Instanz außerhalb des Werkes bezieht. In der niederländischen Genremalerei, die das «Vergänglichste, Vorübereilendste zu ergreifen» versucht, wird «die wandelnde Natur in ihren fliehenden Aeußerungen (...), die Außengestalt der geistigen Wirklichkeit in den besondersten Situationen (...) gefesselt und zur Anschauung gebracht. Es ist ein Triumph der Kunst über die Vergänglichkeit, in welchem das Substantielle gleichsam betrogen wird um seine Macht über das Zufällige und Flüchtige.»[245] Es kann kein Zweifel sein, daß diese Art von ästhetischem Schein nun wirklich Illusion ist; eine Täuschung, die Hegel hier – aber auch nur hier! – offenbar nur deshalb billigt, weil ihre Herkunft aus dem historisch Vernünftigen noch erkennbar ist.

«Betrogen» wird das Substantielle, weil die Vergänglichkeit alles Endlichen nur überlistet wird; die Dauer, die sich einstellt, bleibt Illusion, da das sinnliche, dem Untergang geweihte Moment der Wirklichkeit nur durch die Virtuosität des Künstlers gerettet wird. Die Kunst wird hier zum Mittel, der äußersten Entzweiung, dem Untergang des Endlichen, den Hegel nach dem Vorbild des christlichen Auferstehungsglaubens als die Voraussetzung aller wahren Vergeistigung ansieht, gerade auszuweichen. Die qualitative Differenz zwischen der Ästhetik Hegels auf der einen, den nachidealistischen ästhetischen Theorien auf der anderen Seite läßt sich am nachdrücklichsten wohl durch den Hinweis verdeutlichen, daß, was Hegel mit der Formulierung «Triumph der Kunst über die Vergänglichkeit» meint, die illusionäre Überwindung des Todes durch die Kunst, die im besonderen Falle der niederländischen Malerei gerade noch gebilligt wird, bei Adorno ins Zentrum rückt: ästhetischer Schein ist bei ihm letzten Endes Vorschein eines todlosen[246] Daseins – also eine Illusion, der Hegel mit Sicherheit keine Rechtfertigung hätte zuteil werden lassen. Bei Hegel kann das Autonomwerden des ästhetischen Scheins verfolgt werden, weil in seinem System der Ästhetik die Verbindung des Scheins mit der Geschichte zwar noch nicht gekappt, ihr Auseinanderfallen aber schon absehbar ist. Erst in dem Augenblick, da auch die letzte – wie immer vermittelte – Bindung des ästhetischen Scheins an die außerästhetische Wirklichkeit bestritten wird, kann von einer «nachidealistischen» Ästhetik die Rede sein. Das ist zum erstenmal bei Georg Simmel der Fall, der rundweg bestreitet, daß der ästhetische Schein irgendeinen Wahrheitsgehalt habe, der außerhalb seiner selbst läge; nicht bei Schopenhauer, der mit seinem Antipoden zumindest darin einig ist, daß der ästhetische Schein keine Illusion sei, sondern daß in ihm das

Wesen der Wirklichkeit, ohne Verfälschungen durch eine veränderliche Welt der Erscheinungen, zum Ausdruck komme[247]; erst recht nicht bei Friedrich Theodor Vischer, der zwar die emphatischen Voraussetzungen des Hegelschen Systems der Ästhetik durch in sonoren Brusttönen vorgetragene Zusätze von gesundem Menschenverstand und Biedersinn abzumildern bemüht ist, letzten Endes aber die grundlegende These Hegels, daß im Kunstwerk die auch den Verlauf der Geschichte prägende Idee erscheine, teilt.[248] Allenfalls für Nietzsche ist – wenn auch nicht durchweg – der ästhetische Schein, wie die Moral, eine perspektivische Illusion, angesichts der Entwicklung der modernen Wissenschaften eine Art Relikt kindlicher Welterklärung.[249] Für Adorno schließlich soll der ästhetische Schein zwar auf historische, außerästhetische Vernunft verweisen, aber diese kann ihrerseits nurmehr im Kunstwerk, in der Rationalität seiner Konstruktion, überdauern. So kommt es, daß der ästhetische Schein bei Adorno zwar über sich hinausweist – aber letzten Endes immer wieder nur auf sich selbst.

Durch die Abkoppelung des ästhetischen Scheins von der Geschichte wird die weitere Entwicklung der Kunst problematisch; sie stand so lange nicht in Frage, als sie den Fortschritt der geschichtlichen Vernunft zur Anschauung im Kunstwerk brachte. Entfällt diese Instanz außerhalb der Werke, so kann die Kunst sich nur noch nach Gesetzen entwickeln, die ihr immanent sind; die Subjektivität des Künstlers wird zur einzigen Instanz, die diese Gesetze aufzuspüren geeignet ist: einzig noch durch das Subjekt stellt sich Objektivität her. Die zunehmende Bedeutung des Subjekts für den künstlerischen Schaffensprozeß, das Moment des bewußten «Machens» (das in der symbolischen Kunst keine, in der klassischen eine vergleichsweise geringe Rolle gespielt hatte) führt zu einer durchaus zwiespältigen Konsequenz: einerseits hat die Ausbildung technischer Virtuosität zur Folge, daß das im Werk Dargestellte sich der Natur angleicht, die Subjektivität des Künstlers also gerade zu verleugnen scheint; andererseits läßt das vordringende Bewußtsein die Inhalte des Schaffensprozesses tendenziell als bedeutungslos erscheinen. In der Antwort des Malers Conti auf das Lob des Prinzen, das Portrait der Emilia Galotti sei «wie aus dem Spiegel gestohlen»[250], sind beide Tendenzen enthalten. Conti beklagt, «daß wir nicht unmittelbar mit den Augen malen! Auf dem langen Wege, aus dem Auge durch den Arm in den Pinsel, wie viel geht da verloren! – Aber, wie ich sage, daß ich es weiß, was hier verloren gegangen, und wie es verloren gegangen, und warum es verloren gehen müssen: darauf bin ich ebenso stolz, und stolzer, als ich auf alles das bin, was ich nicht verloren gehen lassen. Denn aus jenem erkenne ich, mehr als aus diesem, daß ich wirklich ein großer Maler bin; daß es aber meine Hand nur nicht immer ist. – Oder meinen Sie, Prinz, daß Raphael nicht das größte malerische Genie gewesen wäre, wenn er unglücklicherweise ohne Hände wäre geboren worden?»[251] Beide hier zum Ausdruck kommenden Tendenzen sind für die Kunst gleichermaßen desaströs. Die durch die vollständige subjektive Reflexion des ästhetischen Produktionsprozesses hindurchgegangene Kunst tendiert dazu, wieder bei der bloßen Nachahmung der Natur anzulangen, das Subjekt aus der Kunst zu vertreiben. Die einseitige Betonung des subjektiven Bewußtseins im Schaffensprozeß kann aber auch zu der Vorstellung führen, selbst ein «Raffael ohne Hände» – in letzter Konsequenz müßte es heißen: *gerade* ein Raffael ohne Hände – könnte das «größte malerische Genie» sein, weil er nur noch reines ästhetische Bewußtsein wäre, so daß nichts mehr zwischen Auge und Pinsel «verlorengehen» müßte. In beiden Fällen wäre die Kunst nicht mehr geeignet, die «festgewordene» Grenze zwischen Subjekt und Objekt zu überwinden. Die «blanke Subjektivität des Künstlers selber», die in den romantischen Kunstwerken sich «zu zeigen gedenkt»[252], tendiert dazu, wie Hegel bemerkt, «abstrakt» zu werden. In der gegenstandslosen Malerei wird dieser Bruch zwischen dem Subjekt des Künstlers und der gegenständlichen Außenwelt endgültig vollzogen.

Hier bereitet sich ein Dilemma vor, das, entsprechend den gegensätzlichen Lösungsversuchen, durch die Stichworte «Perspektive» (Lukács) auf der einen, «Ohne Leitbild» und «Materialismus bilderlos» (Adorno) auf der anderen Seite markiert werden kann. Die Elemente zu beiden Positionen sind in Hegels Ästhetik angelegt. Bleibt die Kunst, nachdem sie völlig autonom, das heißt: zum Inbegiff ihrer Techniken, geworden ist, auf ein Welt- bzw. Menschenbild verpflichtet, das außerhalb ihrer selbst liegt, wobei unerheblich ist, ob es sich um christliche Vorstellungen oder um die «Perspektive» auf den Sozialismus handelt, so wird sie ästhetisch heteronom; im Konfliktfall muß, was der Künstler als zwingende Konsequenz aus der Beschaffenheit des Materials und dem ästhetischen Formgesetz wahrnimmt, hinter der von der Kunst unabhängigen, vorausgesetzten Wahrheit zurücktreten. Wird dagegen jedes außerästhetische «Leitbild» als unvereinbar mit der kompromißlosen Befreiung menschlicher Subjektivität verworfen, so tendiert die künstlerische Produktion dazu, zwar autonom, durch keine überlieferten «Bilder» mehr vorab geprägt, letzten Endes aber inhaltsleer zu sein. Im ersten Fall ist die Kunst überflüssig, allenfalls von sekundärer – didaktischer, propagandistischer – Bedeutung, nicht jedoch als eigenständiges Medium von Erkenntnis; im zweiten sinnlos; in beiden fallen Kunst, Geschichte und Vernunft beziehungslos auseinander.

Beide Tendenzen werden in Hegels Ästhetik absehbar; aber obwohl er persönlich, vor die Wahl gestellt, wohl eher der Verordnung einer «Perspektive» für die Kunst zugestimmt hätte als einer Entwicklung «ohne Leitbild», hütet er sich doch, eine völlig eindeutige Entscheidung zu treffen. So kommt es auch, daß die These vom bevorstehenden Ende der Kunst undeutlich, ja daß sogar unklar bleibt, ob eine solche These überhaupt existiere.

Ende der Kunst?

Die Kunst kehrt, wenn sie die höchstmögliche technische Perfektion erlangt hat, zur bloßen Nachahmung der Natur zurück. Diese Wendung zum «Portraitartigen»[253] hat, neben der technischen Meisterschaft, das Zurücktreten der überlieferten religiösen Weltbilder, die bisher den Kreis der kunstfähigen Sujets begrenzt hatten, zur Voraussetzung. In der niederländischen Malerei dokumentiert ein von ständischen wie von religiösen Beschränkungen emanzipiertes Bürgertum seine ausschließlich diesseitige, aller Transzendenz abgeneigte Haltung: «Der Kreis der Gegenstände (...) erweitert sich in's Unbegrenzte, da sich die Kunst nicht das in sich selbst Nothwendige, dessen Bezirk in sich abgeschlossen ist, sondern die zufällige Wirklichkeit in deren schrankenlosen Modifikationen (...) zum Inhalt nimmt. Dadurch wird die Kunst nicht nur (...) porträtartig, sondern sie löst sich vollständig in die Darstellung von Porträts auf (...) und kehrt zur Nachahmung der Natur, zur absichtlichen Annäherung nämlich an die Zufälligkeit des unmittelbaren (...) Daseyns zurück (...). Es liegt deshalb die Frage nahe, ob denn dergleichen Produktionen überhaupt noch Kunstwerke zu nennen seyen.»[254] Auch in dieser Beziehung bedeutet die niederländische Malerei einen Wendepunkt in der Entwicklung der Kunst. Einerseits vollendet sie – was offensichtlich ist – das «Sicheinleben» der Kunst «ins Weltliche und Tägliche»[255], andererseits aber wird sie doch, wie Hegel behauptet, «noch von der religiösen Grundlage zusammengefaßt und getragen». «Dieser Mittelpunkt nun ist es, der jetzt fortbleibt, so daß der bis hieher in Eins gehaltene Kreis von Gegenständen auseinanderfällt, und die Besonderheiten in ihrer specifischen Einzelnheit und Zufälligkeit (...) sich der vielfältigsten Art der Auffassung und malerischen Ausführung preisgeben.»[256] Damit ist ein Sachverhalt bezeichnet, der, aus dem Bewußtsein der Künstler wie des Publikums verdrängt, für die Entwicklung der Kunst im späten 19. und im 20. Jahrhundert von entscheidender Bedeutung sein wird. In Übereinstimmung mit Hegels auf den ersten Blick unbegründet scheinender Behauptung hat Helmuth Plessner in seinem Aufsatz «Über die gesellschaftlichen

Bedingungen der modernen Malerei» darauf aufmerksam gemacht, daß christliche bzw. platonische Vorstellungen auch dann noch «einheitsstiftend», den Zerfall der Werke ins «Portraitartige» verhindernd, wirkten, als diese Tatsache längst aus dem allgemeinen Bewußtsein verschwunden war. Die Entfaltung des Avantgardismus, die seit den achtziger Jahren des 19. Jahrhunderts mit der Preisgabe gegenstandsgetreuer Darstellung parallel verlaufe, könne, meint Plessner, auf den «Marktmechanismus allein»[257] nicht zurückgeführt werden. «Daß Dinge nur ihr eigenes Aussehen mitteilen sollen, war als Programm erst der spätbürgerlichen Unfrömmigkeit Europas möglich.»[258] Die zunehmende Gegenstandslosigkeit der modernen Kunst geht darauf zurück, daß die Dinge ihren Verweisungscharakter verlieren; nicht länger von einer «religiösen Grundlage zusammengefaßt», lassen sie sich auch nicht mehr im Bild zusammenhalten. Dieser Vorgang vollzieht sich zunächst unmerklich. Während noch «Giorgione, Bosch, Vermeer van Delft und viele andere Meister der Renaissance, des Manierismus und Barock bis in seine Spätzeit hinein (...) in Kontakt mit Geheimlehren esoterischer Bruderschaften, in Überlieferungen religiösen oder philosophischen Charakters»[259] stehen, ist den «klassizistischen und realistischen Strömungen der Folgezeit (...) das Wissen darum unwichtig geworden und wohl bald verlorengegangen. Sie sahen in der Entdeckung der Zentralperspektive und der anatomischen Richtigkeit, in der Deckung von Bildraum und Sehraum die wesentliche Leistung der Renaissancemaler und ihre kanonische Bedeutung. Sie übersahen die Verankerung dieser Malerei in einem Wirklichkeitsbegriff, der selber an der Bildhaftigkeit der platonischen Idee seinen Halt hat.»[260] Ganz außer Kraft gesetzt wurden diese zwar vergessenen, aber wirkungsmächtig gebliebenen Überlieferungen erst, nachdem durch die modernen, quantifizierenden, alle Anschaulichkeit zersetzenden Naturwissenschaften ein tiefgehender Wandlungsprozeß des gesamten Wahrnehmungsvermögens bewirkt worden war. «Unser moderner Begriff von Wirklichkeit (...) ist gestaltlos und durch die Anforderungen der Naturwissenschaft geprägt, welche sich an der Unanschaulichkeit der Elementarvorgänge nicht stört (...). Formen, Formursachen und Zielkräfte platonisch-aristotelischer Prägung haben in ihr keinen Platz. (...) Die stetigen Fortschritte der Naturwissenschaft im Zeichen Newtons haben die ästhetischen Qualitäten ihres kosmischen Rückhaltes an der Natur beraubt und sie gezwungen, sich im Subjekt zu verwurzeln.»[261] Nun erst, nachdem die modernen Naturwissenschaften das Bewußtsein so tiefgreifend geprägt hatten, daß auch die unbewußte Verbindung zu den einheitsstiftenden Weltbildern blockiert war, mußte die Tatsache, daß in einer vollendet säkularisierten Welt die Dinge nur noch «sich selbst bedeuten» können, proble-

matisch werden. Die Kunst allein, so stellt sich heraus, ist nicht in der Lage,
den mit dieser Entwicklung verbundenen Sinnverlust aufzuhalten. Weder
die von dem Maler Conti so selbstbewußt vertretene Selbstreflexion des
Künstlers noch die vollendeten Techniken können verhindern, daß die im
Bilde versammelten Gegenstände beziehungslos auseinanderfallen. Die
Tendenz, die Degas veranlaßt, seine Tänzerinnen an den Bildrand zu versetzen[262], verstärkt sich: die Dinge stehlen sich schließlich aus den Bildern fort.
Die Zentralperspektive, jene Errungenschaft des humanistischen Klassizismus, die formal zum Ausdruck bringt, daß das einzelne Subjekt, ein säkularisierter Gott, den Anspruch erhebt, als das Maß aller Dinge die Welt aus
seiner Sicht zu ordnen, verliert bei Cézanne ihre Verbindlichkeit. Das Subjekt, eingeschüchtert durch das Gefühl metaphysischer Heimatlosigkeit,
und, im Gefolge der fortschreitenden Arbeitsteilung wie der abstrahierenden Naturwissenschaften, in seinen Möglichkeiten, Zusammenhänge durch
Anschauung selbst herzustellen, entscheidend eingeschränkt, verzweifelt an
der Fähigkeit zu autonomer Sinngebung, die das Glück des «felix aestheticus» Baumgarten ausgemacht hatte. Es findet jener «nominalistische» Zerfall von Sinneinheiten statt, den Simmel beschreiben wird, während Lukács
durch die Integration des Einzelnen in eine «Perspektive» auf den Sozialismus ihn gleichsam von «außen», Adorno von «innen» her, durch die «Konstruktion» kleinster, an sich sinnloser Motive zu überwinden versucht.

Ansatzweise werden diese beiden gegensätzlichen Versuche, das Dilemma der Kunst zu überwinden, bereits in Hegels Ästhetik sichtbar. In der
Hinwendung zur Tradition, insbesondere zu einem geschlossenen religiösen Weltbild, besteht eine Möglichkeit, auf den Zerfall der Kunst ins «Portraitartige» zu reagieren. Seitdem der Wahrheitsgehalt von Kunst und Religion jedoch in der Philosophie aufgehoben ist, ist es ausgeschlossen, willkürlich hinter diese höchste Gestalt des absoluten Geistes zurückzugehen.
Die Zeit der antiken «Kunstreligion», der Einheit von künstlerischer und
religiöser Wahrheit als der höchsten der Antike erreichbaren Form des
absoluten Geistes, ist endgültig vorbei. «Uns gilt die Kunst nicht mehr als
die höchste Weise, in welcher die Wahrheit sich Existenz verschafft. (...)
Man kann wohl hoffen, daß die Kunst immer mehr steigen und sich vollenden werde, aber ihre Form hat aufgehört, das höchste Bedürfniß des Geistes
zu seyn. Mögen wir die griechischen Götterbilder noch so vortrefflich finden, und Gott Vater, Christus, Maria noch so würdig und vollendet dargestellt sehen, es hilft nichts, unser Knie beugen wir doch nicht mehr.»[263]
Diese Bemerkungen dürften vor allem gegen zeitgenössische Versuche gerichtet sein, Kunst und Religion wieder in eins zu setzen, um auf diese
Weise beide zu stützen: die verblassenden religiösen Vorstellungen sollen

durch die Kunst wieder sinnlich präsent gemacht, zugleich soll durch religiöse Gegenstände die Auflösung der Kunst ins Zufällige, «Portraitartige», verhindert werden.

Tränen der Rührung vergießt bereits Wackenroders kunstliebender Klosterbruder bei dem bloßen Gedanken an Raffael und Michelangelo, auf diese zeitgemäße Art das Knie beugend vor einer vermeintlichen neuen Einheit von künstlerischer und religiöser Objektivation. «Ich darf es wohl gestehen, daß ich zuweilen aus einer unbeschreiblichen wehmütigen Inbrunst weinen mußte, wenn ich mir nur ihre Werke und ihr Leben recht deutlich vorstellte: ich konnte es nie dahin bringen, – ja ein solcher Gedanke würde mir gottlos vorgekommen sein, – an meinen auserwählten Lieblingen das Gute von dem sogenannten Schlechten zu sondern».[264] Das Verbot, nach ästhetischen Kriterien zu werten, folgt aus der Forderung, die Bilder Raffaels und Michelangelos vor allem als Kultgegenstände, erst in zweiter Linie als Kunstwerke aufzufassen. Die Nazarener befleißigen sich denn auch vorsätzlich überholter Techniken – «Oft auch wohl mit Absicht verzeichnet und geflissentlich Verstöße gegen Linien- und Luftperspektive?»[265], argwöhnt Caspar David Friedrich –, um auf diese Weise die religiöse Authentizität ihrer Bilder zu steigern. Nichts soll auf eine Kunst verweisen, die ihrer eigenen Mittel gewiß ist; alle Technik dem Gegenstand untergeordnet sein. «Ob, wie Begünstiger jenes neu hervorgesuchten alten Geschmacks hoffen, die Kunst auf solche Weise sich wieder erheben werde?», fragt Goethe in dem zusammen mit Heinrich Meyer verfaßten Aufsatz «Neu-deutsche religios-patriotische Kunst» (1817); «ob ihr ein frommer Geist, neue Jugend, frisches Leben einzuhauchen sei?»[266]

Beunruhigt zeigt Goethe sich nicht schon durch ein «wachgewordenes Interesse für die Werke des älteren Stils»[267]; alarmiert ist er erst, als die «Begünstiger des alten Geschmacks» darangehen, den Fortschritt in der Entwicklung der Kunst zu leugnen. «Ein Bedenken erregendes Symptom aufkeimender Vorliebe für solche ältere Art äußerte sich jedoch darin, daß gar viele Künstler, zumal unter den jüngeren, Raphaels nie unterbrochenes Fortschreiten in der Kunst abläugneten, die Gemählde von der sogenannten zweiten Manier dieses Meisters, z. B. die Grablegung, die Disputa u. a. den später verfertigten vorziehen wollten.»[268] Mag auch diese Unterstellung eines unaufhaltsamen Fortschritts der Kunst, in der, wie überhaupt in der Beurteilung der im weitesten Sinne «nazarenischen» Tendenzen, Goethe mit Hegel übereinstimmt, zweifelhaft geworden sein, so ist seine – schon im Titel des Aufsatzes angedeutete – Einsicht, daß die Preisgabe ästhetischer Autonomie stets mit politischer Unmündigkeit verbunden ist, von unverminderter Aktualität. Die altertümelnden Tendenzen beurteilt Goethe als «eine Gemüthskrankheit von der sich keine Rettung hoffen läßt, weil es eine Schwäche ist, die an sich zart und durchscheinend eine Stärcke zur Folie hat, sie heiße Religion oder Patriotismus.»[269] In der Einengung der durch den Stand ihrer Techniken gewährleisteten Ausdrucksmöglichkeiten der Kunst fürchtet Goethe nicht nur ästhetischen, sondern auch politischen Provinzialismus.

Neben der künstlichen Wiederherstellung nicht mehr wirkungsmächtiger Überlieferungen besteht die zweite Möglichkeit, die Kunst aus der Problematik «Entfremdung durch Vermittlung» zu lösen, darin, daß sie ihre eigenen Verfahrensweisen zum Inhalt zu nehmen «und das für sich Bedeutungslose (…) durch die bewundrungswürdigste Geschicklichkeit der Darstellung bedeutend zu machen weiß»[270]. Diese Alternative wird von Hegel ernster genommen. Der «Virtuosität», der Tendenz der Kunst, ihre eigenen, an sich «bedeutungslosen» – weil ohne eindeutige begriffliche Vermittlung mit der außerästhetischen Wirklichkeit – Verfahrensweisen zum Inhalt zu erheben, spricht er ausdrücklich den Rang von Kunst zu, obwohl er es der Grundkonzeption seiner Ästhetik nach eigentlich nicht dürfte. Als Motiv für diese Inkonsequenz könnte angenommen werden, daß Hegel von der Virtuosität, die Rossini nicht nur sich selbst, sondern auch den Interpreten abverlangt, als Ausdruck einer schlechthin befreiten Subjektivität beeindruckt wird. «Wenn man daher sagt, Rossini z. B. habe es den Sängern leicht gemacht, so ist dieß nur zum Theil richtig. Er macht es ihnen eben so schwer, da er sie vielfach an die Thätigkeit ihres selbstständigen musikalischen Genius verweist (…). Man hat nämlich nicht nur ein *Kunstwerk,* sondern das wirkliche künstlerische *Produciren* selber gegenwärtig vor sich. In dieser vollständig lebendigen Gegenwart vergißt sich alles äußerlich Bedingende (…), der Inhalt und Sinn der dramatischen Situation, man braucht, man will keinen Text mehr, es bleibt nichts als der allgemeine Ton der Empfindung überhaupt übrig».[271] Indessen dürfte Hegel bei diesem Lob nicht ganz wohl gewesen sein; daß «Inhalt und Sinn der dramatischen Situation» fehlen, ist ihm denn auch, sobald er nicht unter dem Eindruck der Virtuosität Rossinis steht, Grund genug, die Musik als Ausdruck reiner Subjektivität stark abzuwerten. Sie habe die Tendenz, «etwas sehr Gedanken- und Empfindungsloses» zu werden, «das keines auch sonst schon tiefen Bewußtseyns der Bildung und des Gemüthes bedarf»[272] und sei, «da ihr die eine Hauptseite aller Kunst, der geistige Inhalt und Ausdruck abgeht, noch nicht eigentlich zur Kunst zu rechnen»[273]. Keiner anderen Kunstgattung bringt Hegel weniger Verständnis entgegen als der Musik. Nichts liegt ihm ferner als der Gedanke, daß ihr Inhalt weniger in den einzelnen, gleichsam begrifflich fixierbaren Motiven, als vielmehr in dem

Prozeß, den die Motive untereinander austragen, bestehen. Ohne Zögern überträgt er daher sein am Begriff orientiertes Verständnis von Kunstwerken auch auf den musikalischen Verlauf. Ein Thema, das einmal erklungen ist, ist in seinem Verständnis ebenso verbraucht wie ein einmal vorgebrachtes Argument. «In einem musikalischen Thema ist die Bedeutung, die es ausdrücken soll, bereits erschöpft; wird es nun wiederholt, oder auch zu weiteren Gegensätzen und Vermittelungen fortgeführt, so erweisen sich diese Wiederholungen, Ausweichungen, Durchbildungen durch andere Tonarten u.s.f. für das Verständniß leicht als überflüssig».[274] Die Tendenz, daß in der Musik des bürgerlichen Zeitalters die Durchführung auf Kosten der einzelnen Motive stetig an Bedeutung gewinnt, nimmt Hegel nicht zur Kenntnis; hätte sie wohl auch ebensowenig gebilligt wie die Auflösung der dramatischen Intrige in «Konversation», die sich im Laufe des 19. Jahrhunderts vollzieht. In beiden Phänomenen hätte er die Zersetzung «substantieller» Interessen erkannt, die sich abzeichnende Unmöglichkeit, Widersprüche auf den – vernünftigen – Begriff zu bringen und im Begriff aufzulösen. Hegel beharrt auf dem inhaltlichen Moment der Kunst, weil nach seiner Überzeugung die außerästhetischen, geschichtlichen Prozesse selber vernünftig sind und daher ins Kunstwerk transponiert werden können, ohne daß dieses ideologisch würde. Nichts läge ihm ferner als der – die ästhetische Theorie Adornos prägende – Gedanke, der Wirklichkeit könne Rationalität so vollständig abhanden kommen, daß jedes Moment, das unverwandelt aus ihr in das Kunstwerk eindränge, dessen Wahrheitsanspruch zunichte machte. Vernunft ist nach dieser Auffassung allein noch in demjenigen Kunstwerk anzutreffen, das seiner eigenen Rationalität, der seines Materials, folgt.

Offensichtlich also sieht Hegel beide Möglichkeiten, der Kunst ein Fortleben zu sichern: durch ihre Verpflichtung auf historisch nicht mehr wirkungsmächtige Weltbilder oder durch Rückzug auf ihr eigenes «Material», als gleichermaßen unbefriedigend an. Auf jeden Fall ist diese problematische Alternative nicht geeignet, seine Überzeugung zu erschüttern, daß die Kunst «nach der Seite ihrer höchsten Bestimmung für uns ein Vergangenes»[275] sei.

Damit will Hegel indessen nicht unbedingt sagen, daß sie überhaupt der Vergangenheit angehöre. Eine These vom bevorstehenden Ende der Kunst hat er nicht explizit aufgestellt, obwohl sie sich aus seinem System der Ästhetik ableiten ließe; offen muß bleiben, ob er sich hierbei von der Rücksicht auf sein kunstbegeistertes Berliner Publikum leiten ließ, ob seine eigene Neigung für die Kunst ihn veranlaßte, diese letzte Konsequenz nicht zu ziehen, oder ob er ein wirkliches Fortleben der Kunst, nicht nur ein Schattendasein, ernsthaft in Erwägung zog. Immerhin geben die Bemerkungen zu Goethes «Westöstlichem Divan» einen Hinweis darauf, wie die Kunst der Zukunft nach seiner Vorstellung aussehen könnte. «Hier (...) haben wir (...) keine subjektive Sehnsucht, kein Verliebtseyn, keine Begierde vor uns, sondern ein reines Gefallen an den Gegenständen, ein unerschöpfliches Sichergehen der Phantasie, ein harmloses Spielen (...) und dabei eine Innigkeit und Frohheit des sich in sich selber bewegenden Gemüthes, welche durch die Heiterkeit des Gestaltens die Seele hoch über alle peinliche Verflechtung in die Beschränkung der Wirklichkeit hinausheben.»[276] Die Kunst könnte nach dieser Beschreibung in einer Zeit, da die Geschichte zu ihrem vernünftigen Ende gekommen ist, wieder zum «harmlosen Spiel» werden, zu einer Art unendlicher Kommunikation zwischen Subjekt und Objekt, die einander nicht mehr fremd gegenüberstehen. Die Beschränkung auf religiöse Motive, die für die christliche Kunst verpflichtend war, hätte für diese Kunst der Versöhnung, die als «neuen Heiligen» den «Humanus»[277] hat, keine Gültigkeit mehr, ohne daß ihre Inhalte beziehungslos auseinanderfallen müßten: ihre Einheit hätte sie in dem umfassenden Bewußtsein des Künstlers; er wäre «der wirklich sich selbst bestimmende, die Unendlichkeit seiner Gefühle und Situationen betrachtende, ersinnende und ausdrückende Menschengeist, dem nichts mehr fremd ist, was in der Menschenbrust lebendig werden kann.»[278]

Diesen Gedanken hat Hegel nicht weiter verfolgt; unaufgelöst bleibt der Widerspruch, daß der für seine Ästhetik grundlegende Gedanke von der Gebundenheit der Kunst an konkrete menschliche Arbeit in der Zukunft anscheinend ebensowenig Gültigkeit haben soll wie die Erkenntnis, daß gerade die vollendete Vermittlung von Subjekt und Objekt zu einer neuen Entfremdung führt. Weil Hegel sich nicht dazu entschließen kann, die Kunst in einem Zustand der Versöhnung für überflüssig zu erklären – dies wäre die allein ernstzunehmende Konsequenz aus seiner Ästhetik wie aus seinem gesamten System –, sind seine «offiziellen» Äußerungen über ihre Zukunft von Verlegenheit geprägt.

Indessen finden sich in seinem System der Ästhetik auch solche – gleichsam inoffizielle – Äußerungen, die auf die Zukunft der Kunst, wie sie Wirklichkeit werden sollte, verweisen. Es sind Bemerkungen zu jenen Gattungen, bei denen, aller behaupteten Versöhnung zum Trotz, ein unversöhnter Rest stehenbleibt: Roman und Lyrik.

Hegel hat mit Befriedigung festgestellt – und nicht etwa bedauert –, daß «die Reflexionsbildung unseres heutigen Lebens» es notwendig werden läßt, «allgemeine Gesichtspunkte festzuhalten und *danach* das Besondere zu regeln, so daß allgemeine Formen, Gesetze, Pflichten, Rechte, Maximen als Bestimmungsgründe gelten, und das hauptsächlich Regierende sind. (...) Deshalb ist unsere Gegenwart ihrem allgemeinen Zustande nach der Kunst nicht günstig.»[279] Die «allgemeinen Gesichtspunkte» sind Ausdruck der Vernunft, nach der die Welt eingerichtet ist; es ist der Zustand der Versöhnung, der der Kunst, als dem durch das Subjekt vermittelten Ausdruck, nicht günstig ist. Allenfalls der Lyrik mag dann noch ein gewisses Maß an Substantialität zugebilligt werden, denn ihr sind «vornehmlich solche Zeiten günstig, die schon eine mehr oder weniger fertig gewordene Ordnung der Lebensverhältnisse herausgestellt haben».[280] Hier bewährt sich ein letztes Mal die These von der Ästhetik als dem Korrektiv der Hegelschen Geschichtsauffassung. Die Lyrik ist die Kunstform, in der das Subjekt, das, nach Hegels Überzeugung, der «fertig gewordenen Ordnung» gegenüber keine «substantiellen» Forderungen mehr anzumelden hat, dennoch zu Wort kommen kann. Wenn Hegel der Lyrik auch mit einigem Mißtrauen gegenübersteht – denn in einer Ordnung, in der Besonderes und Allgemeines versöhnt sind, dürfte für das Subjekt eigentlich nicht mehr das Bedürfnis bestehen, sich als ein Partikulares zu melden –, so spricht er ihr dennoch nicht das Daseinsrecht ab. Tatsächlich sollte der Satz, daß die Zeiten der Ordnung der Lyrik günstig seien, sich insofern weit über das von Hegel hinaus Gemeinte bestätigen, als die Kunst der Moderne sich zuerst in der Lyrik Bahn bricht, in den Gedichten Baudelaires und des siebzehnjährigen Rimbaud. «Modern» ist die Subjektivität, die gegen die übermächtige Ordnung aufbegehrt, sich jeglicher Versöhnung mit ihr verweigert, und sei es um den Preis des Weltverlusts, wenn Welt und Ordnung Synonyme geworden sind.

Wenn also die Lyrik von Hegel eben noch zugelassen wird, vermutlich, weil sie als Ausdruck des vereinzelten Subjekts gegen den Weltlauf in seiner Vernünftigkeit ohnehin nichts auszurichten vermag, so kann dagegen der Roman von ihm nicht mehr in die Ästhetik einbezogen werden. Denn hier geschieht nichts Geringeres, als daß das Subjekt den Anspruch erhebt, die Welt nach seinen Vorstellungen einzurichten. In diesem Falle kennt Hegel allerdings keine Gnade mehr; wer mit einem solchen Anspruch auftritt, wird als Don Quijote abgefertigt, der nicht ganz richtig im Kopf sein kann: «Die Zufälligkeit des äußerlichen Daseins hat sich verwandelt in eine (...) sichere Ordnung der bürgerlichen Gesellschaft und des Staats, so daß jetzt Polizei, Gerichte, das Heer, die Staatsregierung an die Stelle der chimärischen Zwecke treten, die der Ritter sich machte. Dadurch verändert sich auch die Ritterlichkeit der in neueren Romanen agirenden Helden. Sie stehn als Individuen mit ihren subjektiven Zwecken der Liebe, Ehre, Ehrsucht oder mit ihren Idealen der Weltverbesserung dieser bestehenden Ordnung und Prosa der Wirklichkeit gegenüber, die ihnen von allen Seiten Schwierigkeiten in den Weg legt. Da schrauben sich nun die subjektiven Wünsche und Forderungen in diesem Gegensatze (...) in die Höhe; denn jeder findet vor sich eine bezauberte, für ihn ganz ungehörige Welt, die er bekämpfen muß, weil sie sich gegen ihn sperrt, und in ihrer spröden Festigkeit seinen Leidenschaften nicht nachgiebt, sondern den Willen eines Vaters, einer Tante, bürgerliche Verhältnisse u. s. f. (...) vorschiebt. (...) Diese Kämpfe nun aber sind in der modernen Welt nichts Weiteres, als die Lehrjahre, die Erziehung des Individuums an der vorhandenen Wirklichkeit, und erhalten dadurch ihren wahren Sinn. Denn das Ende solcher Lehrjahre besteht darin, daß sich das Subjekt die Hörner abläuft, mit seinem Wünschen und Meinen sich in die bestehenden Verhältnisse und die Vernünftigkeit derselben hineinbildet (...). Mag einer auch noch so viel sich mit der Welt herumgezankt haben, umhergeschoben worden seyn, zuletzt bekömmt er meistens doch sein Mädchen und irgend eine Stellung, heirathet, und wird ein Philister so gut wie die Anderen auch; die Frau steht der Haushaltung vor, Kinder bleiben nicht aus, das angebetete Weib, das erst die Einzige, ein Engel war, nimmt sich ohngefähr ebenso aus wie alle Anderen, das Amt giebt Arbeit und Verdrüßlichkeiten, die Ehe Hauskreuz, und so ist der ganze Katzenjammer der Uebrigen da.»[281] Der Roman kann keine Stelle im System der Hegelschen Ästhetik beanspruchen, weil er die Gattung der mißglückten Versöhnung schlechthin ist, des «Katzenjammers» – das Wort nimmt sich merkwürdig aus in einer Welt, in der die Versöhnung von Allgemeinem und Besonderem Wirklichkeit geworden sein soll. Er wird daher zum zentralen Problem einer Ästhetik werden müssen, für die die idealistische Versöhnung suspekt geworden ist: Lukács wird sich in seiner «Theorie des Romans» dieser Aufgabe stellen. Der Roman als Ausdruck des Katzenjammers wird bei ihm zum Ausdruck der «transzendentalen Heimatlosigkeit» des Menschen.[282] Aus ihr einen Ausweg zu finden, ist eine Aufgabe, die entweder als unlösbar preisgegeben werden oder zu der Forderung führen muß, daß die bestehende Ordnung der umstürzenden Veränderung bedarf. Insofern führt von Hegels Ästhetik mit ihrer Nichttheorie des Romans ein gerader Weg über die «Theorie des Romans» zu «Geschichte und Klassenbewußtsein».

Die Tragödie der Kultur
Georg Simmel

Zinsen und Kapital

In der Einleitung zu der von ihm herausgegebenen Auswahl aus den Schriften Georg Simmels schreibt Michael Landmann: «Simmel, der vor überfüllten Hörsälen las, der in seinem Privatseminar Jüngere wie Bernhard Groethuysen, Georg Lukács und Ernst Bloch mit Kunsthistorikern vereinigte, hat keine Schule gegründet. Einst auf dem Nachhauseweg von einem solchen Seminar gestanden sich alle Teilnehmer, die Simmel für seine Garde hielt, daß sie weder seine Thesen approbierten noch wissenschaftlich bei ihm anknüpfen könnten. Er selbst notierte sich einmal im Tagebuch: ‹Ich weiß, daß ich ohne geistigen Erben sterben werde (und es ist gut so). Meine Hinterlassenschaft ist wie eine in barem Gelde, das an viele Erben verteilt wird, und jeder setzt sein Teil in irgendeinen Erwerb um, der seiner Natur entspricht: dem die Provenienz aus jener Hinterlassenschaft nicht anzusehen ist.›»[1]

Diese Prophezeiung ist in einem für Simmel – er lebte von 1858 bis 1918 – wohl denn doch nicht voraussehbaren Ausmaß eingetroffen. Charakteristisch für die Wirkung seiner Schriften wurde, daß sie zwar nachweisbar ist, aber kaum jemals ausdrücklich anerkannt wurde. Die Erben – um in Simmels Bild zu bleiben – strichen die Zinsen ein, verschwiegen jedoch in der Regel die Herkunft des Kapitals, mit dem sie arbeiteten. So ist der Ansatz des jungen Lukács in der Essaysammlung «Die Seele und die Formen» ohne Simmel (der nicht genannt wird) überhaupt nicht denkbar; in der «Zerstörung der Vernunft» wird er dafür auf wenigen Seiten einigermaßen schnöde abgehandelt. Siegfried Kracauer, der auf den jüngeren Freund Adorno bedeutenden Einfluß ausübte durch seine Verachtung der inhaltsarm gewordenen akademischen Philosophie seiner Zeit, plante ein Buch über Simmel, dessen unorthodoxes, gegenstandsbezogenes Denken seinen Intentionen entgegengekommen sein dürfte; die Arbeit wurde nach dem einleitenden Kapitel abgebrochen.[2] In dem Antisemitismus-Kapitel der «Dialektik der Aufklärung» findet sich kein Hinweis auf Simmels Essay «Der Fremde»[3], in dem ein wesentlicher Teil der Motive, die bei Horkheimer und Adorno ausgeführt sind, vorbereitet ist. Obwohl Adorno häufig Simmels Bemerkung, es sei merkwürdig, wie wenig in der Philosophie das reale Leiden des Menschen zum Ausdruck komme, zustimmend anführt, setzt er sich inhaltlich allein in der zusammen mit Ursula Jaerisch verfaßten Arbeit «Anmerkungen zum sozialen Konflikt heute»[4] mit ihm auseinander. In dem Aufsatz «Henkel, Krug und frühe Erfahrung»[5] dient Simmels Essay «Der Henkel» nur als Folie, vor dem das Verdienst von Blochs «Geist der Utopie» um so heller erstrahlen soll. Darüber hinaus pflegte Adorno Simmels Neigung, mit der philosophischen Reflexion an Gegenständen der Alltagswelt anzusetzen, als «Simmelei» bzw. als «Philosophie der Teetasse» zu ironisieren.

Wo immer sonst Adorno sich auf Simmel bezieht, sind seine Äußerungen von deutlichem Ressentiment begleitet. Simmel einmal ohne Einschränkung recht zu geben, scheint Adorno als Zumutung empfunden zu haben, der er, aus welchen Gründen auch immer, nicht gewachsen war. Daß Simmels Philosophie – wie es in einem erst aus dem Nachlaß publizierten Paralipomenon zu den «Minima Moralia» heißt – «das paranoide Element ganz abgeht», bedeutet zweifellos die höchste Anerkennung, die Adorno aussprechen kann; sofort folgt die säuerliche Einschränkung, Simmel habe «allerdings aus dem Mangel wiederum eine Panazee»[6] gemacht.

Diese Nichtachtung Simmels ist um so erstaunlicher, als nicht nur der antisystematische Impuls, die Entwicklung der philosophischen Reflexion aus der Hinwendung zu den konkreten Dingen (mit der Simmel ein neues, inhaltliches Philosophieren, eine Abkehr von den sterilen Abstraktionen neukantianischer Prägung zu begründen versuchte) eine deutliche Affinität beider Autoren erkennen lassen; vor allem ist es der Ansatz zu einer unversöhnten Dialektik, durch den Adornos Philosophie Simmel verpflichtet ist. «Simmel denkt (...) nicht von einer metaphysischen Einheit her, die sich erst sekundär in das Einzelne ausfaltet und es nach wie vor auf seinem Grunde trägt und zusammenhält».[7] Tatsächlich dürfte seine bedeutendste Leistung in der radikalen Kritik bestehen, die er schon früh an dem Anspruch des Geistes übte, die Widersprüche der Realität zur Versöhnung zu bringen. «Für den tieferen Menschen», heißt es in einer Tagebuchaufzeichnung, «gibt es überhaupt nur eine Möglichkeit das Leben zu ertragen: ein gewisses Maß an Oberflächlichkeit. Denn wenn er die gegensätzlichen, unversöhnlichen Impulse, Pflichten, Strebungen, Sehnsüchte alle so tief hinunter denken würde, so absolut bis ans Ende empfinden, wie ihre und seine Natur es eigentlich fordert, – so müßte er zerspringen, wahnsinnig werden, aus dem Leben laufen. Jenseits einer gewissen Tiefengrenze kollidieren die Seins-, Wollens- und Sollenslinien so radikal und gewaltsam, daß sie uns zerreißen müßten. Nur indem man sie nicht unter jene Grenze hinuntergelangen läßt, kann man sie soweit auseinanderhalten, daß das Leben möglich ist. Es ist genau umgekehrt, wie der monistische Optimismus es meint: daß man die Gegensätze nur tief genug hinunter zu verfolgen hätte, um zu ihrer Versöhnung zu kommen.»[8] Läßt sich die Philosophie des Deutschen Idealismus insgesamt als Versuch beschreiben, eine ursprünglich vorhandene, später verlorene Einheit der Welt im Medium des Geistes wiederherzustellen, so ist schon in ihrem Ansatz eine Tendenz zu falscher Versöhnung angelegt: die vorausgesetzte ursprüngliche Harmonie erleichtert es dem Geist, sich bei der Illusion, er habe die verlorene Einheit im Medium der Reflexion wieder erlangt, zu beruhigen. Daß Simmel, der diesen «monistischen Optimismus» der idealistischen Philosophie nicht mehr zu teilen vermag, sich der Synthese verweigert, mag zur Schmälerung seiner Wirkung beigetragen haben. Seine mitunter irritierende Neigung, jeder Bewertung der von ihm analysierten Sachverhalte nicht nur auszuweichen, sondern darüber hinaus seine Überlegungen zuweilen in eine aus der Sache kaum ableitbare Zuversicht einmünden zu lassen, ist jedenfalls, wie auch sein – von Lukács kritisiertes – Prinzip, die realen Klassengegensätze nicht in seine soziologischen Untersuchungen einzubeziehen, weniger als Indifferenz oder mangelnde Konsequenz einzuschätzen denn als Hinweis auf einen unversöhnbaren Rest. Gerade dort zeigt Simmel sich am ehesten konziliant, wo er für Konzilianz keinen Grund sieht.

Eine Soziologie der Formen

Simmels Konzeption einer «formalen» Soziologie dürfte daher auf das Bestreben zurückzuführen sein, die gesellschaftlichen Antagonismen zu einer Zeit, da sie der rationalen Auflösung kaum noch zugänglich zu sein schienen, wenigstens durch methodologische Vorkehrungen zu entschärfen. Hans-Joachim Lieber hat scharf getadelt, was er treffend Simmels «nominalistische Aufhebung des Gesellschaftsbegriffs» nennt. Bei Simmel erscheinen «die Formen der Vergesellschaftung als Ergebnis individueller Zwecke und Motive». «Das Substrat der Wechselwirkungsformen ist nicht die Gesellschaft in einer inhaltlich bestimmten historischen Situation, sondern die bloße Quantität der Individuen. Die Gesellschaft zerfällt in die gestaltlose Summe der in Wechselwirkung stehenden Individuen einerseits und die Formen ebendieser Wechselwirkung andererseits. (...) was geschichtliches Geschehen ist, erstarrt unter dem Blick der formalen Soziologie Simmels zu ruhenden Strukturen; die unumkehrbare Zeitgebundenheit wird aus der sozialen Wirklichkeit eigentlich vertrieben. Als Objekt der Soziologie ergibt sich damit ein Reich reiner und unbegrenzter Sozialformen.»[9]

An der sachlichen Berechtigung dieser Kritik kann kein Zweifel sein, wie ein Blick auf Simmels Aufsatz «Das Problem der Soziologie» (1894)[10] lehrt. Simmel sieht in der jungen Wissenschaft der Soziologie den wichtigsten «Fortschritt, den die Geschichtswissenschaft und das Verständnis des Menschen überhaupt in unserer Zeit gemacht hat», weil sie nämlich zu einer «Überwindung der individualistischen Anschauungsart» geführt habe: «die Wissenschaft vom Menschen ist Wissenschaft von der menschlichen Gesellschaft geworden». «Kein Objekt der Geisteswissenschaften», betont Simmel, «kann sich dieser Wendung entziehen.»[11] Trotzdem könne die Soziologie nur als «ein regulatives Prinzip für alle Geisteswissenschaften» Gültigkeit beanspruchen; keinesfalls dürfe sie sich als eine «besondere selbständige Wissenschaft» auffassen. «Sollte Soziologie wirklich, wie man ihr zumutet, die Gesamtheit der Vorgänge in der Gesellschaft (...) enthalten, so ist sie nichts als ein zusammenfassender Name für die Totalität der modern behandelten Geisteswissenschaften. Und eben damit gibt sie jenen leeren Allgemeinheiten und Abstraktionen Raum, die das Verhängnis der Philosophie bildeten.»[12] Es liegt auf der Hand, warum Simmel das Selbstverständnis der neuen Wissenschaft so eng eingegrenzt sehen will: Soziologie soll nicht unversehens die Nachfolge der spekulativen idealistischen Geschichtsphilosophie antreten, sie soll, im Gegenteil, gerade deren unhaltbar gewordenen «leeren Allgemeinheiten und Abstraktionen» Einhalt gebieten.

Dagegen müsse «eine eigentliche Soziologie nur das Spezifisch-Gesellschaftliche behandeln, die Form und Formen der Vergesellschaftung als solcher, in Absonderung von den einzelnen Interessen und Inhalten, die sich in und vermöge der Vergesellschaftung verwirklichen».[13] Diese «Interessen und Inhalte» bilden, Simmel zufolge, «das Material des sozialen Prozesses»; von diesem Material sei scharf zu trennen die «Form, in die jene Inhalte sich kleiden und auf deren Abtrennung von den letzteren vermöge wissenschaftlicher Abstraktion die ganze Existenz einer speziellen Gesellschaftswissenschaft beruht.»[14] Während das «Material» also in verschiedenen historischen Situationen je verschieden ist, sind die «Formen» von historischer Veränderung ausgenommen; sie «entwickeln sich bei der Berührung der Individuen, relativ unabhängig von dem Grunde dieser Berührung»[15], so daß «die gleiche Form, die gleiche Art der Vergesellschaftung an dem allerverschiedensten Material, für die allerverschiedensten Ziele eintreten kann»[16].

Simmel muß diese Aufspaltung der gesellschaftlichen Totalität fordern, weil nach dem Sturz der idealistischen Geschichtsphilosophie für ihn feststeht, «daß ‹Gesetze der Geschichte› nicht auffindbar sind»[17]. Daher muß die Soziologie ihre Untersuchungen auf solche Formen der Vergesellschaftung beschränken, die der «unmittelbar psychologischen Deutung»[18] zugänglich, der geschichtsphilosophischen Spekulation nicht bedürftig sind. Diese Überlegung liegt auch seiner in der «Philosophie des Geldes» erhobenen Forderung zugrunde, «dem historischen Materialismus ein Stockwerk unterzubauen»[19]. Zwar bestreitet Simmel dem «Material», also dem jeweiligen «wirtschaftlichen Leben» nicht jeglichen «Erklärungswert», aber «an jede Deutung eines ideellen Gebildes durch ein ökonomisches muß sich die Forderung schließen, dieses seinerseits aus den ideelleren Tiefen zu begreifen, während für diese wiederum der allgemeine ökonomische Unterbau zu finden ist, und so fort ins unbegrenzte».[20] Dieses Verfahren – das übrigens auch Max Weber verfolgte, als er dem Kapitalismus die «protestantische Ethik» als «Stockwerk» unterbaute – wird nun so weit vorangetrieben, bis das «Material» auf den allgemeinsten möglichen Begriff: das «Leben»; die «Form» auf die zeitlose Tätigkeit des Tauschakts zurückgeführt ist. Folgerichtig ist denn auch bei Simmel nicht, wie bei Marx, vom «Kapital» die Rede, sondern von einer «Philosophie des Geldes». Entsprechend wird der Tauschakt als ein überhistorischer, «allgemeinmenschlicher» Vorgang begriffen, der durch das in der Geschichte sich verändernde Verhältnis von Produktivkräften und Produktionsverhältnissen nicht wesentlich modifizierbar ist. – Zweifellos trifft Simmel diese methodischen Veranstaltungen, um «den (...) Einbruch der Geschichte in sein System abzuwehren»[21]. Die Kritik an seiner Methode ist insofern berechtigt. Nur wird, bleibt man bei dieser Kritik stehen, seine eigentliche Leistung verdeckt, nämlich das Vorstoßen zu einem konsequenten Nominalismus, der, obzwar nicht frei von ideologischen Implikationen, doch die Voraussetzung dafür ist, eine vernünftige Gesellschaft «von unten» her, also von den einzelnen Individuen, zu konstruieren.

Historischer Nominalismus

«Gesetze der Geschichte» hält Simmel für «nicht auffindbar». «Will man dennoch», so heißt es in demselben Aufsatz über «Das Problem der Soziologie», «die Hoffnung auf ein Begreifen der Geschichte – als einer gesetzmäßigen Entwicklung nicht aufgeben, so kann man sich ihm nur durch Zerlegung derselben in möglichst einfache und in sich homogene Teilvorgänge nähern.»[22] Ein solcher letzter, homogener «Teilvorgang» ist für Simmel der Tausch, ein Vorgang, durch den zwei autonome Individuen zueinander in Beziehung treten und hierdurch Gesellschaft begründen. Mit dieser Reduktion auf individuelle Teilvorgänge wird die liberalistische Fiktion des gerechten Tauschs zwischen Freien und Gleichen wieder aufgenommen, während in Wirklichkeit derjenige, der keinen Anteil an den Produktionsmitteln hat, lediglich seine Arbeitskraft zu verkaufen hat, zu Bedingungen, die er nicht zu beeinflussen vermag. Trotzdem enthält Simmels Methode der Zerlegung in kleinste Teilvorgänge auch ein Wahrheitsmoment, wie vor allem der Aufsatz «Das Problem der historischen Zeit» von 1916 zeigt.

Simmel führt hier aus, daß das konkrete Leben der Individuen dem historischen Verstehen eigentlich nicht zugänglich sei: «Nun aber ist das zunächst ganz paradox Scheinende: daß dieses Verstehen als solches gar nichts mit der historischen Wirklichkeit als solcher zu tun hat, sondern etwas völlig Zeitloses ist. (...) Das Verständnis, d. h. das Nachfühlen eines einheitlichen Zusammenhanges von Elementen, gilt ausschließlich deren ideellem Inhalt (...). Ich verstehe Paulus nicht wegen seiner geschichtlichen Realität, sondern, sozusagen umgekehrt, verstehe ich von dieser nur die ideell von ihr ablösbaren Inhalte. Ihr Sein, die Wirklichkeit als solche, ist das Hinzunehmende, niemals zu Verstehende.»[23] Was auf den ersten Blick geschichtsphilosophischer Agnostizismus, politischer Fatalismus zu sein scheint: daß die «Wirklichkeit» das nicht Erkennbare, das «Hinzunehmende» sei, offenbart seinen (zumindest potentiell) kritischen Gehalt, wenn Simmel seinen Gedankengang – mitten im Weltkrieg – am Beispiel des Siebenjährigen Krieges exemplifiziert: «Die einzelnen Schlachten des Siebenjährigen Krieges, in isolierter Betrachtung beliebig verschiebbare Atome, können zu historischen Elementen werden, sobald der Siebenjährige Krieg selbst als Kontinuität, die jeder Schlacht ihre Stelle anweist, begriffen wird, dann wieder dieser Krieg in der Politik des 18. Jahrhunderts usw. Gelangen wir nun aber abwärts zu einem einzelnen Handgemenge zwischen einem preußischen und österreichischen Grenadier bei Kunersdorf, so ist dies kein historisches Gebilde mehr, weil es genau ebenso bei Leuthen oder bei Liegnitz hätte stattfinden können.»[24] Die «Absicht der Historik», so fährt Simmel fort, wäre «nicht erreicht. Denn sie begehrt gar nicht diese Einzelheiten zu wissen, sondern will das sie zusammenfassende höhere Gebilde: Schlacht von Kunersdorf – kennen. Jenes Fechten zwischen einem österreichischen und einem preußischen Grenadier, obwohl ein echter und notwendiger Teil der Schlacht, fällt aus der historischen Interessenreihe heraus, die sich andernfalls in eine Diskontinuität auflöst.»[25]

Daß bei genauem Hinsehen historische Gebilde, wie also zum Beispiel der Siebenjährige Krieg, in unbegriffene, unbegreifbare, diskontinuierliche Bilder zerfallen, hat nun nicht etwa den Grund, daß zu wenig über diese «Teilvorgänge» bekannt wäre; vielmehr hat jeder Teilvorgang «prinzipiell gar nicht die Form, um die Kontinuität des Erlebens nachzuzeichnen, und um so weniger, je mehr wir ‹wissen›, d. h., je mehr konkrete, als begriffliche Einheiten genau umschriebene Bilder wir gewinnen.»²⁶ Dieser Vorgang: daß die vermeintliche Kontinuität historischer Gebilde zerfällt, je weiter die «Einzelbilder» in ihre Bestandteile zerlegt werden, schreitet fort bis zu einem Punkt, an dem die «Teilvorgänge» so geringfügig werden, daß sie ihrerseits nicht mehr als Sinneinheiten begriffen werden können: «In dem Maße aber, in dem wir an jeder solchen Einheit, die immer spezialisierende-re, immer genauer sehende Funktion des Erkennens üben, zerfällt sie in lauter Diskontinuitäten, deren jede einzelne zunächst wieder als kontinu-ierliche Dauer gemeint ist, bis das fortschreitende Erkennen auch an ihr die gleiche Zerspaltung und damit die gleiche Entlebendigung vollzieht. Dies kann so weit gehen, daß die Wiedereinfügung der gesondert erkannten Geschehensatome in den Gesamtverlauf, wodurch sie zu historischen wer-den, nicht mehr möglich ist, daß sie ein zu geringes Quantum eigenen Sinnes haben, als daß jene durch ihren Inhalt begreifliche Verbindung mit allen andern sich herstelle.»²⁷ Dieser Reduktionsprozeß historischer Sinn-einheiten ist so weit radikalisierbar, daß schließlich auch das seinem eige-nen Begriff nach «Unteilbare», das Individuum, in seinen Sog gerät: «Das Schicksal eines Individuums, als Ganzes unvergleichlich, läßt sich in eine Summe von Ereignissen vereinzeln, deren jedes eigentlich ein häufiges Vor-kommnis ist, und zwar um so augenscheinlicher, je kleiner man die Abschnitte wählt. (...) So also verflüchtigt sich der Individualcharakter einer Gegebenheit, durch den sie zeitlich fixierbar, also historisch wird, gerade oft (...) durch diejenige Auseinanderlegung und Spezialisierung ihrer Elemente, die doch als wachsende Exaktheit und Erkenntnis der Dinge, ‹wie sie wirklich gewesen sind› gilt.»²⁸

Es kommt nun gar nicht so sehr darauf an zu entscheiden, ob Simmel sich des kritischen Gehalts dieser Überlegungen, in denen der Verlust des bürgerlichen Geschichtsoptimismus mit den alle Anschaulichkeit hinter sich lassenden Erkenntnismethoden der modernen Naturwissenschaften zusammentrifft, so daß jedes «Verstehen» überhaupt fragwürdig zu werden beginnt, ganz bewußt geworden ist. Aus einer Forderung wie der, «das historische Element» müsse «so groß bleiben, daß sein Inhalt Individualität behält»²⁹, könnte immerhin geschlossen werden, daß er vor den letzten Konsequenzen des Gedankengangs zurückschreckte. Entscheidend ist, daß hier zu Ende gedacht wird, was Hegel als das «Portraitartige» der romanti-schen Kunst beschrieb, die Tatsache, daß, gehen die übergeordneten sinn-stiftenden Weltbilder verloren, das Kunstwerk dazu tendiert, sich in seine Bestandteile aufzulösen; bis schließlich, wie etwa in einer der letzten Arbei-ten von Joseph Roth, der Erzählung «Der Leviathan», in der beschrieben wird, wie einem jüdischen Korallenhändler der Glaube der Väter abhanden kommt, auch noch das «Portrait» in seine Teile zerfällt: «Nissen Piczenik findet keine passende Antwort, er lächelt nur, er lacht nicht, er lächelt lautlos. Sein Mund ist offen, man sieht die großen gelblichen Pferdezähne und den rosa Gaumen, und der kupferrote Ziegenbart hängt beinahe über der Brust.»[30] Indem der zuvor noch allwissende Erzähler hier unversehens die Perspektive wechselt und das Individuum aus allernächster Nähe zeigt, vollzieht er im Medium der Erzählung, worauf Simmel in der Theorie gestoßen war: daß nach dem Zerfall der übergreifenden, metaphysisch vermittelten´Weltbilder die fortschreitende Mikroanalyse von immer kleineren Sinneinheiten schließlich zur Auflösung des Individuums führt. Kritisch ist Simmels historischer Nominalismus vor allem insofern, als durch dieses Verfahren offenbar wird, daß die übergreifenden Kategorien der Geschichtsschreibung wie der Geschichtsphilosophie bisher stets von den eigentlichen Trägern des historischen Prozesses, den einzelnen Subjekten, abgesehen haben: daß das «einzelne Handgemenge zwischen einem preußischen und einem österreichischen Grenadier» ebensogut bei Kunersdorf wie bei Leuthen oder bei Liegnitz hätte stattfinden können, enthüllt drastisch, daß der «Sinn» der Geschichte regelmäßig aus der Perspektive der jeweils Herrschenden konstruiert wurde, während den einzelnen Subjekten allenfalls die Funktion von Bauern im Schachspiel zukam, die willkürlich von Feld zu Feld, von Schlachtfeld zu Schlachtfeld verschoben werden können. Hier also behält Simmel recht mit seiner Behauptung, daß die jeweils kleinsten Einheiten der Geschichte etwas seien, das jenseits aller Geschichte stehe: das unhistorische, in allen Epochen gleiche Substrat der Geschichte ist dieses Verfügen über die einzelnen Subjekte, eine «Form» der Vergesellschaftung, die alle historischen Veränderungen überdauerte. Erst wenn die bisherigen vorgeprägten Deutungsmuster in Philosophie und Geschichte aufgelöst sein werden, wird es möglich sein, an eine Einrichtung der Welt zu denken, in der «Sinn» nicht mehr auf Kosten der einzelnen Individuen ginge. Hier liegt im übrigen der Grund, weshalb für Adorno (dessen Konzeption einer «negativen Dialektik» insofern Simmels historischen Nominalismus fortführt, als sie die Gewalt der Begriffe, in denen Herrschaft fortdauert, zu brechen versucht) der wahre Materialismus «bilderlos» sein muß.[31]

Transzendentales und methodisches Subjekt

Der kritische Gehalt von Simmels historischem Nominalismus konnte leicht übersehen werden, weil die Lösungsmöglichkeiten, die Simmel selbst vorschlägt, letzten Endes doch, indem sie befangen bleiben in einem irrationalistischen Dezisionismus (als Folge eines nicht überwundenen lebensphilosophischen Ansatzes) einer falschen Versöhnung den Weg bereiten. So konstruiert Simmel, unter ausdrücklicher Berufung auf das transzendentale Subjekt Kants, das nicht eine vorgegebene Ordnung der Welt nachvollzieht, sondern diese Ordnung erst selbst, durch die Spontaneität seines Verstandes, herstellt, ein «methodisches Subjekt»[32], das, um die nominalistische Zerrüttung aller Sinneinheiten aufzufangen, Sinn in die Geschichte gleichsam hineinprojiziert. «Kant selbst exemplifiziert diese Wendung durch die Tat des Kopernikus, der, als die Drehung des Sternenheeres um den Zuschauer zu Widersprüchen führte, es umgekehrt versuchte: indem er den Zuschauer sich drehen und die Sterne in Ruhe ließe. So seien gewisse, alle Erfahrung beherrschenden Erkenntnisse nicht aus den Objekten herzuleiten, sondern aus den Formen und Bedingungen des erkennenden Geistes, in dem sich diese Erfahrungen als seine Vorstellungen erzeugen.»[33] Diese Konstruktion macht Simmel sich zunutze, um «Geschichte» nicht vollends in «Geschehnisse» zerfallen zu lassen: «Die Herstellung dieses kontinuierlichen Zusammenhanges ist das, was der Überlieferung der bloßen Geschehnisse die Form Geschichte aufprägt. (...) Geschichte ist nicht das Vergangene, das uns, unmittelbar und genau genommen, immer als diskontinuierliche Stücke gegeben ist, sondern ist eine bestimmte Form oder Summe von Formen, mit denen der betrachtende, synthetische Geist diesen zuvor festgestellten Stoff (...) durchdringt und bewältigt. Dadurch, daß ich eine Reihe als historisch verstehe, kommt ihr inhaltlich nichts Neues zu; nur eine funktionelle Verbindungsart wird damit von der inneren Anschauung gewonnen oder gestiftet.»[34] Die Motive, die Simmel bewogen haben mögen, um jeden Preis eine – wenn auch noch so inhaltsarme, rein «funktionelle» – Verbindung des Unverbundenen anzustreben und damit den kritischen Gehalt seines historischen Nominalismus wieder zu verdecken, sind leicht nachzuvollziehen. Zum einen mögen psychologische Gründe wirksam gewesen sein, ein geschichtsphilosophischer horror vacui; zum andern erfolgt der Rückgriff auf Kant, weil der zusammenhangstiftende Faktor in dessen System, das transzendentale Subjekt, scheinbar weniger für geschichtsphilosophische Spekulationen anfällig ist als der objektive Idealismus Hegels, der einen umfassenden, überindividuellen Sinnzusammenhang aufzudecken beansprucht. Nur übersieht Simmel, daß seine Konstruktion noch um vieles gewaltsamer ist als eine genuin geschichtsphilosophische Spekulation. Denn das transzendentale Subjekt Kants wird von Simmel, da es nicht mehr nur eine individuelle Erkenntnisleistung, sondern darüber hinaus eine – wenn auch nur funktionelle – Verknüpfung einzelner «Geschehnisse» herzustellen berufen ist, buchstäblich überanstrengt.

Das zeigt sich besonders kraß darin, daß mit Hilfe des «methodischen Subjekts» nicht einmal eine sinnvolle Entwicklung im Denken eines einzelnen Subjekts, nämlich Kants selber, sich konstruieren läßt. Indem Simmel seine Konzeption am »Beispiel der Standpunktentwicklung Kants vom Dogmatismus durch sensualistischen Skeptizismus zum Kritizismus»[35] erläutert, widerlegt er sie bereits: «Woraufhin können wir wohl sagen, daß einer dieser Standpunkte oder Begriffe sich verständlich zu dem andern hin ‹entwicke›? Ein jeder besagt ganz genau nur seinen eigenen Inhalt, ist ganz in sich geschlossen, und daß er ‹über sich hinausweist›, ist ein symbolischer Ausdruck, der das unbefangen voraussetzt, nach dessen Möglichkeit hier gerade gefragt wird; es ist ganz hoffnungslos, aus diesen nebeneinander aufgereihten Begriffen eine Entwicklung herauszupressen, die den einen auf das Verstehen des andern hin verständlich machte. Daß wir nun dennoch eine solche Entwicklung hier tatsächlich sehen, kann nur so geschehen, daß wir dieser rein sachlichen, von keinem konkreten individuellen Leben zusammengelebten Aufreihung von Standpunkten ein ideelles, sozusagen fingiertes Subjekt unterlegen, dessen lebendig geistige Kontinuität diese Stadien durchmacht und sie dadurch verbindet, sie aus der Zugeschlossenheit des jeweils nur auf sich selbst beschränkten Sinnes erlöst und sie erst dadurch zu Gliedern einer Entwicklung werden läßt.»[36]

An dieser Stelle, wo es nicht um die sinnstiftende Interpretation eines historischen Ablaufs geht, bei der geschichtsphilosophische Spekulationen nicht zu vermeiden wären, sondern wo sich zwingend eine Entwicklung nachweisen ließe, die aus der Konsequenz des Gedankens selbst hervorgeht, wird die Problematik von Simmels Ansatz besonders deutlich: tendenziell gibt Simmel hier nicht nur den Wahrheitsanspruch des philosophischen Begriffs preis, sondern den Begriff der Wahrheit überhaupt. Indem er die Methode seiner formalen Soziologie, das «Material» der Gesellschaft von ihren «Formen» zu trennen, auch auf die Philosophie überträgt, treten der materiale Inhalt des Gedankens und seine Intention, das, worauf er eigentlich «hinauswill», unaufhaltsam auseinander; das von jedem Gedanken, der mehr sein will als bloße Tautologie, nicht ablösbare spekulative Moment wird von Simmel in die «Formen» Dogmatismus, Sensualismus, Kritizismus gebannt; an ihnen muß das zu Hilfe eilende methodische Subjekt, das sie dennoch irgendwie miteinander verbinden soll, ohnmächtig abgleiten, falls es ihm nicht gelingt, «Material» und «Form» auf einer hinter ihnen liegenden Beziehungsebene doch noch zu vereinigen. Diese Beziehung aber, die die vereinzelten Formen aus ihrer Isolation «erlöst», wie Simmel schreibt, ist: «das Leben». Es ist der zentrale Begriff nicht nur der Simmelschen Soziologie und Historik, sondern auch seiner Kultur- und Kunsttheorie.

Indem Simmel das in Analogie zum transzendentalen Subjekt Kants konzipierte «methodische Subjekt» auf das «Leben» ausrichtet, verfälscht er entscheidend die Konstruktion seines Gewährsmannes. Denn anders als das transzendentale wirkt das «methodische» Subjekt gar nicht, wie bei Kant, kraft der ihm innewohnenden Spontaneität als ordnungsstiftender Faktor, sondern es bewirkt einen sinnvollen Zusammenhang zwischen den vereinzelten Inhalten und Formen nur noch mittelbar, indem es diese nämlich auf eine hinter ihnen liegende, unbegriffliche, irrationale Ebene, «das Leben», verweist: erst das irrationale «Leben» ist es, das nach dieser Konzeption die «Formen» des Kantischen Denkens miteinander verbindet. Der begrifflich-rationale Zusammenhang, der zwischen den einzelnen Entwicklungsphasen sich sehr wohl nachweisen läßt, wird preisgegeben zugunsten einer Einheit, die vermeintlich umfassender und damit reicher als die durch den Begriff bewirkte, in Wahrheit jedoch völlig leer ist. Lebensphilosophie, deren legitimer Impuls im Protest gegen die gewaltsam subsumierende Kraft des Begriffs bestanden hatte, läuft hinaus auf die Entmächtigung des Begriffs und der Vernunft überhaupt.

Die Tragödie der Kultur

Vor diesem Hintergrund ist Simmels Theorie einer «Tragödie der Kultur» zu verstehen. In ihr kommen erstmals mit aller Deutlichkeit die Probleme zum Vorschein, in die eine nachidealistische Ästhetik, die das Vertrauen in eine in der Geschichte wirksame Vernunft verloren hatte, sich notwendig verstricken mußte.

Dem Gedanken einer «Tragödie der Kultur» liegt, wie Simmels Konzeption einer formalen Soziologie, die entschiedene Trennung von «Material» und «Form» zugrunde. «Material» ist hier «das Leben», das, ein in sich undifferenzierter Strom, danach strebt, sich in «Formen», kulturellen Gebilden nicht nur künstlerischer Art, zu objektivieren. Dieser Prozeß der Objektivierung ist solange unproblematisch, als «sich die innere Bewegtheit» des Lebens «in eine äußere Schöpfung fortsetzt, sozusagen ohne

Rücksicht auf deren eigene Form und auf objektive, für sie gültige Normen»[37]. Was Simmel hier am Beispiel des Naturalismus nachzeichnet: daß eine Form gefunden werden soll, die den Lebensstrom nicht einengt, gilt für den Beginn jeglicher Art von kultureller Objektivation; anfänglich, wenn «das Leben» erst beginnt, sich zu objektivieren, ist, wie Lukács in der «Theorie des Romans» schreiben wird, «jede Tat nur ein gutsitzendes Gewand der Seele»[38]. Sofort aber setzt jener Prozeß ein, den Simmel als die «Tragödie der Kultur» bezeichnet: «Allein es scheint nun einmal das Wesen des inneren Lebens zu sein, daß es seinen Ausdruck immer nur in Formen findet, die eine Gesetzlichkeit, einen Sinn, eine Festigkeit in sich selbst haben, in einer gewissen Abgelöstheit und Selbständigkeit gegenüber der seelischen Dynamik, die sie schuf. Das schöpferische Leben erzeugt dauernd etwas, was nicht selbst wieder Leben ist, etwas, woran es sich irgendwie totläuft, etwas, was ihm einen eigenen Rechtsanspruch entgegensetzt. Es kann sich nicht aussprechen, es sei denn in Formen, die etwas für sich, unabhängig von ihm, sind und bedeuten. – Dieser Widerspruch ist die eigentliche und durchgehende Tragödie der Kultur.»[39] Nach Simmels Auffassung ist zwar die Tragödie der Kultur in der Gegenwart besonders ausgeprägt, und zwar aufgrund der fortgeschrittenen «Arbeitsteilung», die die Objektivierung psychischer Inhalte soweit in Einzelschritte zerlegt, daß schließlich ein «Kulturobjekt» entstehe, «das als Ganzes, als dastehende und spezifisch wirksame Einheit, keinen Produzenten hat»[40]; aber er läßt doch keinen Zweifel am «überhistorischen» Charakter dieses Vorgangs, der sich zu allen Zeiten, in jeder Kultur, wiederholen müsse.

Mit dieser enthistorisierenden Tendenz ist zwar noch nicht die Möglichkeit preisgegeben, zu zutreffenden Einzeldiagnosen zu gelangen, wohl aber ist in ihr der Zerfall von Theorie selbst angelegt. Denn Simmel vermag auf die Frage: «wie wird aus dem Geschehen Geschichte?»[41], das heißt, wie läßt sich zwischen den vereinzelten Geschehnissen, den einzelnen «Formen» der Kultur ein sinnvoller Zusammenhang theoretisch formulieren, immer wieder allein mit dem abstrakten Begriff des «Lebens» zu antworten. Man könne, meint er, angesichts der Geschichte «die Hoffnung wagen: daß die Fremdheit» zwischen Leben und Geschichte «vielleicht eine erkenntnistheoretische, aber keine metaphysische Entscheidung letzter Instanz sein kann, da schließlich auch die Geschichte eine Äußerung und Tat des Lebens ist (…). Der Realismus der Geschichte liegt nicht in dem Lebensinhalt (…) sondern darin, daß ihr unvermeidliches Anders-Sein-als-das-Leben irgendwie den Triebkräften, dem Gesetze dieses Lebens selbst entspringen muß.»[42] War Hegels Lehre von der Vernünftigkeit der Geschichte fragwürdig, so behält sie doch insofern recht gegen Simmel, als hier wenigstens unstrittig war, daß die Instanz, vor der Geschichte sich zu rechtfertigen habe, die Vernunft sei. Dieses Regulativ entfällt bei Simmel. Aus dem abstrakten Prinzip des Lebens läßt sich ebenso die blinde Dynamik einer anarchischen Produktion um der Produktion willen rechtfertigen wie das Charisma der Führerpersönlichkeiten, die die Einheit des zerfallenden Volkskörpers dadurch wiederherstellen, daß sie ihm den eigenen Totalitätsanspruch aufzwingen, einen Anspruch, der seine einzige Legitimation aus seiner Einheit, und sei es die eines paranoischen Systems, bezieht. – Was nun die Kunst betrifft, so weist Simmel ihr einen durchaus widersprüchlichen, in seiner Widersprüchlichkeit allerdings konsequent gedachten Status zu. Einerseits rückt sie, wie zuvor nur bei Schelling, zum «Organon» der Philosophie auf, da sie «uns eine Ahnung und ein Pfand dafür» sei, «daß die Elemente des Lebens im allertiefsten Grunde (...) doch vielleicht nicht so hoffnungslos gleichgültig und gegensätzlich auseinanderliegen, wie das Leben selbst uns so oft glauben machen will.»[43] Andererseits verfällt aus eben diesem Grund das einzelne Werk einer nicht widerrufbaren Gleichgültigkeit, einem totalen ästhetischen Relativismus, der, zu Ende gedacht, eigentlich jede Philosophie der Kunst, die über den allgemeinsten Gegensatz von Leben und Formen hinausginge, unmöglich machen müßte: «Hat ein Schöpfungsvorgang erst einmal die Form des objektivierten Geistes gefunden, so sind alle und sehr mannigfaltige Verständnisarten in dem Maße gleichberechtigt, in dem eine jede in sich bündig, exakt, sachlich, befriedigend ist.»[44] Kant war, als er eine Lösung auf die Frage suchte, warum das ästhetische Geschmacksurteil, das ohne Begriff, also auch ohne logische Notwendigkeit vollzogen werde, dennoch allgemeine Verbindlichkeit beanspruchen könne, auf einen «gemeinschaftlichen Sinn» gestoßen, der, in allen Subjekten vorhanden, der Verbindlichkeit des Geschmacksurteils zugrunde liegen müsse.[45] Wenn Simmel dagegen feststellt, daß alle kulturellen Objektivationen keinen gemeinschaftlichen Produzenten mehr haben, und daß infolgedessen auch das ästhetische Urteil keinen verbindlichen Wahrheitsanspruch mehr anmelden könne, dann ist diese Diagnose insofern richtig, als in ihr die tiefgreifende Dissoziation der bürgerlichen Gesellschaft zu Beginn des 20. Jahrhunderts zum Ausdruck kommt. Indem er nun aber die Kunst nur zur Verdeutlichung der abstrakten Opposition von «Leben» und «Formen» gelten läßt, statt in den gleichgültig einander gegenüberstehenden Formen den Ausdruck der die Gesellschaft prägenden Klassenantagonismen zu erkennen, gibt er die Möglichkeit preis, durch das Medium der kulturellen Gebilde hindurch die soziologische Analyse zu konkretisieren.

Die Kunst geht, indem sie als Unterpfand der irrationalen Einheit des Lebens begriffen wird, ihres kritischen Potentials verlustig; ihr Wahrheitsanspruch wird aus den einzelnen Werken abgezogen, er besteht lediglich noch in der abstrakten Negation der erstarrten kulturellen «Formen», die die Kunst als solche bewirkt; der Inhalt des einzelnen Werks mag so ideologiebefrachtet sein wie auch immer. Es ist daher folgerichtig, wenn Simmel gegen den Begriff des ästhetischen Scheins polemisiert. Daß in ihm das in der Alltagswelt verborgene Wesen erscheine, war für Hegel die Voraussetzung der Ästhetik als philosophischer Disziplin. «Darum ist es ein ganz irriger Ausdruck, (...) daß die Kunst überhaupt», heißt es dagegen bei Simmel, «ihre Substanz im Schein habe. Denn aller Schein setzt eine Wirklichkeit voraus, entweder als seine tiefere Schicht, deren Oberfläche er ist, oder als sein Gegenteil, das er heuchlerisch vertreten will. Kunst aber steht jenseits dieses Gegensatzes, ein für sich bestehendes Reich, in dem man die Wirklichkeit nicht suchen und deshalb auch nicht den Schein finden kann.»[46] Simmel radikalisiert den Gedanken von der Autonomie der Kunst, indem er ihn mit gesellschaftlicher Unverbindlichkeit gleichsetzt. Wird der Anspruch, daß das autonome Werk gerade in seiner spannungsvollen Beziehung zur Empirie genau verstanden werden müsse, aufgegeben zugunsten der Vorstellung der Kunst als einem «für sich bestehenden Reich», so verliert der Begriff der Autonomie seinen Sinn und der Wahrheitsanspruch des Kunstwerks wird grundlos. Wie wenig willkürlich im übrigen diese Preisgabe des Wahrheitsgehalts des einzelnen Werks zugunsten einer lebensphilosophischen Abstraktion «Kunst» ist, zeigt die Tatsache, daß zu Simmels Zeit das einzelne Werk verstärkt zurücktritt hinter der Biographie des Dichters. Das bürgerliche Publikum, das mit dem einzelnen Werk nichts mehr anzufangen vermag, weicht durch den Konsum populärer Biographien aus auf die Identifikation mit dem «Leben» der Klassiker.[47] Selbst bei Stefan George, der auf der Bedeutung des einzelnen Werkes insistiert, erhält dieses seine letzte Legitimation erst aus der Person des Meisters, der mit seiner Selbststilisierung sich seinerseits dem Werk angleicht. Das bürgerliche Publikum, so wäre diese veränderte Haltung der Kunst gegenüber zusammenzufassen, kann eine Beziehung zu den einzelnen Werken nur noch sekundär herstellen, indem «das» Leben, für das nur noch «die» Kunst als ganze einzustehen vermag, künstlich in die Werke zurückgeleitet wird: «diese ideelle Anordnung» der kulturellen Objektivationen «ist (...) möglich, indem eine seelische Bewegungskontinuität durch sie hindurchgeleitet wird».[48] Die einzelnen Werke bleiben zusammenhanglos, unbegriffen, in sich verschlossen, Steine in einer kulturellen Wüste, wenn nicht der Lebensstrom künstlich durch sie «hindurchgeleitet» wird und sie in scheinbare Beziehung zueinander wie zu den Menschen setzt.

Keineswegs ist die «Tragödie der Kultur», die fortschreitende Fremdheit von Material und Form, ein überzeitliches Moment; zu Recht schreibt Landmann: «Nicht ihrem Wesen nach ist die Kultur Tragödie, sie tritt nur geschichtlich immer wieder in eine tragische Phase.»[49] Die «Tragödie der Kultur» ist jeweils einer bestimmten historischen Situation zuzuordnen. Simmel bemerkt einmal, der «Fetischcharakter», «den Marx den wirtschaftlichen Objekten in der Epoche der Warenproduktion zuspricht», sei «nur ein besonders modifizierter Fall dieses allgemeinen Schicksals unserer Kulturinhalte. Diese Inhalte stehen – und mit steigender ‹Kultur› immer mehr – unter der Paradoxie, daß sie zwar von Subjekten geschaffen und für Subjekte bestimmt sind, daß sie aber in der Zwischenform der Objektivität, die sie diesseits und jenseits dieser Instanzen annehmen, einer immanenten Entwicklungslogik folgen und sich damit ihrem Ursprung wie ihrem Zweck entfremden.»[50] Was Simmel hier beschreibt, ist die Umwandlung der Werke zu bloßen Kulturgütern. Daher ist der Verweis auf das Kapitel über den Fetischcharakter der Ware aus dem «Kapital», in dem Marx die Verselbständigung der Waren gegenüber den wirklichen Bedürfnissen der Menschen beschreibt, nicht einmal abwegig. Weil die Differenz zwischen den kulturellen Gebilden und den Waren eingeebnet ist, werden die spezifisch kapitalistischen Krisenmerkmale, also insbesondere Überproduktion von Waren bei real fortbestehendem Mangel, den die einzelnen Subjekte leiden, auf die Produktion der kulturellen Gebilde übertragbar: «Hier liegt der verhängnisvolle innere Zwangstrieb aller ‹Technik›, sobald ihre Ausbildung sie aus der Reichweite des unmittelbaren Verbrauches herausgerückt hat.» Die «technische Reihe fordert von sich aus, sich durch Glieder zu komplettieren, deren die seelische, eigentlich definitive Reihe nicht bedarf – und so entstehen Angebote von Waren, die erst ihrerseits künstliche und, von der Kultur der Subjekte her gesehen, sinnlose Bedürfnisse wachrufen.»[51] Simmel beobachtet hier, daß im entfalteten Kapitalismus die Gebrauchswerte immer schneller verfallen, daß alle Gegenstände auf ihren Tauschwert reduziert und damit entqualifiziert werden. In den Sog dieser Dynamik geraten nun auch die Kunstwerke, die in der bürgerlichen Gesellschaft bisher – Kants Lehre vom «interesselose Wohlgefallen», Hegels Bemerkung, die «Betrachtung des Schönen» sei «liberaler Art, ein Gewährenlassen der Gegenstände als in sich freier und unendlicher»[52] – allein noch für die Möglichkeit eines durch den Tauschakt noch nicht ausgehöhlten Gebrauchswertes einstanden. «So entsteht die typische problematische Lage des modernen Menschen: das Gefühl, von einer Unzahl von Kulturelementen umgeben zu sein, die für ihn nicht bedeutungslos sind, aber im tiefsten Grunde auch nicht bedeutungsvoll; die als Masse etwas Erdrückendes haben, weil er nicht alles einzelne innerlich assimilieren, es aber auch nicht einfach ablehnen kann, da es sozusagen potentiell in die Sphäre seiner kulturellen Entwicklung gehört.»[53]

Daß Simmel die Zersetzung des Gebrauchswerts, die zu seiner Zeit auch auf die kulturellen Objektivationen überzugreifen begonnen haben, zwar zu beschreiben, aber nicht zu analysieren vermag, hat seine Ursache in seinem soziologischen Ansatz. «Alle jene großen Systeme und überindividuellen Organisationen, an die man bei dem Begriff von Gesellschaften zu denken pflegt, sind nichts anderes als die Verfestigungen (...) von unmittelbaren, zwischen Individuum und Individuum stündlich und lebenslang hin und her gehenden Wechselwirkungen. Sie gewinnen damit freilich Eigenbestand und Eigengesetzlichkeit, mit denen sie sich diesen gegenseitig sich bestimmenden Lebendigkeiten auch gegenüber- und entgegenstellen können. (...) Gesellschaft (...) ist also eigentlich etwas Funktionelles, etwas, was die Individuen tun und leiden, und ihrem Grundcharakter nach sollte man nicht von Gesellschaft, sondern von Vergesellschaftung sprechen.»[54] In diesen Sätzen liegt der Schlüssel zu Simmels theoretischem Defizit. Indem er Gesellschaft reduziert auf die einfache Interaktion von zwei autonomen Individuen, ist es ihm gar nicht möglich, zu einem Begriff von Gesellschaft überhaupt zu gelangen: folgerichtig spricht er nur von «Vergesellschaftung». Simmel, der «noch im Psychologismus (...), der das Soziale vom Einzelnen her, aus seinen Zwecksetzungen und Neigungen, erklären wollte», aufwuchs[55], ist, was Landmann nicht wahrhaben will, aus dem Psychologismus nie herausgekommen. Seine Soziologie bleibt Psychologie. Da er, entsprechend seinem methodischen Prinzip, alle sozialen Prozesse auf ihre einfachsten Bestandteile zurückzuführen, das Tauschprinzip aus einer Reihe von direkten Tauschakten, in denen Gebrauchswert gegen Gebrauchswert getauscht wird, sich konstituieren lassen muß, ist er von vornherein und notwendigerweise nicht in der Lage, zwischen Gebrauchswert und Tauschwert theoretisch zu differenzieren. Denn diese Differenz setzt ja gerade voraus, daß das gesellschaftliche Gefüge sich nicht auf die Interaktion freier und autonomer Individuen zurückführen lasse, eine Tatsache, die Simmel zwar mit der Bemerkung zur Kenntnis nimmt, daß die Formen der Vergesellschaftung «Eigengesetzlichkeit» entfalten können, die er aber der Theorie nicht mehr zugänglich zu machen vermag, weil in dem individualistischen Ansatz seiner Soziologie für die Untersuchung der Eigengesetzlichkeit der Gesellschaftsformen kein Platz ist. So stellt sich das paradoxe Ergebnis ein, daß gerade jene Sachverhalte, die durch die soziologische Untersuchung zu erhellen wären, systematisch von ihr ausgeschlossen bleiben.

Zweifellos bestand die wichtigste Triebkraft, die seit der Mitte des

18. Jahrhunderts die Ausbildung der bürgerlichen Ästhetik durch Baumgarten, Kant, Moritz, Hegel vorantrieb, in dem Bemühen, dem Subjekt einen Ort in einer Gesellschaft anzuweisen, die ihrer Struktur nach (und im Gegensatz zu ihrem Selbstverständnis) auf das Subjekt keine Rücksicht nehmen kann. Der Widerstreit zwischen dem «Material» und den «Formen» des Lebens bleibt bei Simmel unversöhnt: er bringt die «Tragödie der Kultur» hervor.

Das Leitmotiv von Hegels Ästhetik ist die Forderung, die Kunst solle den Menschen dazu verhelfen, sich in der Welt «zu Hause» zu fühlen. Diese Kontinuität bürgerlicher Ästhetik scheint bei Simmel unterbrochen zu sein: die kulturellen Objektivationen tragen hier eher noch dazu bei, die Entfremdung der Menschen von der Welt zu verstärken. Weil die Gebrauchswerte vom Tauschprinzip gleichsam angefressen sind, weil das Subjekt inmitten einer Gesellschaft, in der das Tauschprinzip die letzten Reservate zu durchdringen begonnen hat, nicht mehr zwischen Gebrauchswert und Tauschwert zu unterscheiden vermag, verstärkt die kulturelle Produktion eher seine Unsicherheit als daß es sie beschwichtigte. Es schwankt zwischen der unbestimmten Empfindung, daß die kulturellen Objektivationen ihm eigentlich etwas zu sagen haben müßten, und der nicht weniger diffusen Erkenntnis, daß es mit ihnen eigentlich nichts anfangen könne. Diese Unsicherheit findet nach Simmel ihre Auflösung in der «Befriedigtheit darüber, daß dieses Werk nun dasteht, daß der Kosmos der *irgendwie wertvollen* Dinge nun um dieses Stück reicher ist»; in der «Anerkennung», «daß diese Gebilde überhaupt da sind, daß die Welt auch diese Gestaltung des Geistes umfaßt»[56]. Diese Befriedigung angesichts einer kulturellen Produktion, die nicht mehr eindeutig von der Warenproduktion zu unterscheiden ist, muß abstrakt bleiben; sie ist kaum noch zu unterscheiden von der Befriedigung über die Ansammlung von abstraktem Kapital, das zu nichts anderem gut ist, als zur Erzeugung von noch mehr Tauschwerten erneut investiert zu werden.

Simmel hilft sich aus der Verlegenheit, die kulturellen Objektivationen als den Plunder erkennen zu müssen, der sie in einer die Gebrauchswerte zerstörenden Gesellschaft tatsächlich ja auch sind, indem er fordert, daß es keinen «Kulturwert» geben dürfe, der «nur Kulturwert wäre; jeder vielmehr muß, um diese Bedeutung zu erwerben, auch Wert einer Sachreihe sein».[57] Umgekehrt dürfe ein Gegenstand, der einen Wert in einer «Sachreihe» darstelle – der, mit anderen Worten, gesellschaftlich nützlich ist – noch nicht ohne weiteres als «Kulturwert» angesehen werden: «Wo aber auch ein solch letzterer» – «Wert einer Sachreihe» – «vorliegt, also irgendein Interesse oder eine Fähigkeit unseres Wesens eine Förderung erfährt, bedeutet er einen Kulturwert nur dann, wenn diese partielle Entwicklung zugleich unser Gesamt-Ich eine Stufe näher an seine Vollendungseinheit heranhebt.»[58] Simmel strebt also offenbar einen Kompromiß an, der einerseits der Tatsache Rechnung trägt, daß die Menschen mit den kulturellen Objektivationen nichts mehr anzufangen wissen, der aber andererseits von dem Wunsch nach Versöhnung der Widersprüche zwischen Individuum und Gesellschaft – «Die tiefsten Probleme des modernen Lebens quellen aus dem Anspruch des Individuums, die Selbständigkeit und Eigenart seines Daseins gegen die Übermächte der Gesellschaft, des geschichtlich Ererbten, der äußerlichen Kultur und Technik des Lebens zu bewahren»[59] – ebensowenig abläßt wie von der vagen Vorstellung, daß hierzu die Sphäre des Ästhetischen unentbehrlich ist.

Mit diesem Problem: wie das Individuum sich gegenüber der Übermacht der Gesellschaft behaupten könne, einem Leitmotiv seiner Philosophie, bleibt Simmel also doch in der Tradition der bürgerlichen Ästhetik. Nachdem eine Versöhnung durch die Kultur, wie Simmel scharfsinnig erkannte, gescheitert ist, läge es nun nahe, ästhetische Theorie als kritische Theorie der Gesellschaft zu begreifen. Gerade dies aber ist Simmel wegen der Unzulänglichkeit seines Gesellschaftsbegriffs nicht möglich. Vielmehr geht seine Theorie der Kultur über in eine – unkritische – Theorie der Kulturindustrie, weil die Kunst zwar noch als in Gegensatz (nicht in Opposition) zur Gesellschaft stehend aufgefaßt wird, zugleich aber die Versöhnung mit eben dieser Gesellschaft hervorbringen soll und deshalb ihr integriert bleiben muß. Es liegt auf der Hand, daß dieser Widerspruch nicht mehr im Kunstwerk, sondern – wenn überhaupt – nur noch in einem Produkt des Kunstgewerbes aufgelöst werden kann. Allein im Kunstgewerbe scheinen Gebrauchswert und Tauschwert einander nicht auszuschließen, sondern zu einem Ausgleich fähig zu sein.

Seine prägnanteste Darstellung hat dieser am Kunstgewerbe orientierte Versuch einer Versöhnung von Individuum und Gesellschaft in dem kleinen Essay «Der Henkel» gefunden. Der Henkel wird für Simmel «zu einem der nachdenklichsten ästhetischen Probleme»[60], weil er in ihm das Symbol der Vermittlung einer in sich organisch geschlossenen Innerlichkeit mit einer dieser Innerlichkeit zunächst äußerlich bleibenden gesellschaftlichen Funktion sieht: «Wie die Gestalt des Henkels die beiden Welten in sich zur Harmonie bringt: die äußere, deren Anspruch mit ihm an das Gefäß herangreift, und die Kunstform, die ihn, ohne Rücksicht auf jene, für sich fordert – das scheint das unbewußte Kriterium seiner ästhetischen Wirkung zu sein.»[61] Diese Vermittlung zwischen der funktionslosen Schönheit der Form des Kruges und seiner funktionalen Brauchbarkeit als Gebrauchsgegenstand wird von Simmel auf das Verhältnis von Individuum und Gesellschaft übertragen: «Denn es handelt sich um nichts Geringeres, als um die große, menschliche und ideale Synthese und Antithese: daß ein Wesen ganz und gar der Einheit eines umfassenden Gebietes angehört und zugleich von einer ganz anderen Ordnung der Dinge beansprucht wird – indem diese letztere ihm eine Zweckmäßigkeit auferlegt, von der seine Form bestimmt wird, ohne daß diese Form darum weniger jenem ersten Zusammenhange (...) eingeordnet bleibt.»[62] Aber die Analogie erstreckt sich noch weiter: wie der Krug, ein Gebrauchsgegenstand, vermittels des Henkels zu den verschiedenartigsten Zwecken «benutzt» werden kann, so wird auch das Individuum «benutzt», das heißt, es erfüllt im gesellschaftlichen Prozeß Funktionen, die ihm zum Teil nicht nur äußerlich, sondern sogar prinzipiell unerkennbar bleiben: «Außerordentlich viele Kreise – politische, berufliche, soziale, familiäre –, in denen wir stehen, werden von weiteren so umgeben, wie das praktische Milieu das Gefäß umgibt, derart nämlich, daß das Individuum, einem engeren und geschlossenen angehörig, eben damit in den weiteren hineinragt und von diesem jeweils benutzt wird, wenn er mit jenem engeren Kreise gleichsam zu hantieren und ihn in seine umfassendere Teleologie einzubeziehen hat.»[63] Schließlich wird ausdrücklich dieser Kompromiß von ästhetischer Autonomie und außerästhetischer Funktionalität zum Vorbild gesellschaftlicher Praxis erklärt: «Und wie der Henkel über seine Bereitheit zu der praktischen Aufgabe nicht die Formeinheit der Vase durchbrechen darf, so fordert die Lebenskunst vom Individuum, seine Rolle in der organischen Geschlossenheit des einen Kreises zu bewahren, indem es zugleich den Zwecken jener weiteren Einheit dienstbar wird und durch solche Dienstbarkeit den engeren Kreis in den umgebenden einordnen hilft.»[64]

Es liegt nun auf der Hand, daß die solcherart aus dem Medium des Ästhetischen abgeleitete gesellschaftliche Versöhnung ihren Namen nicht verdient, und zwar schon deshalb nicht, weil bereits das ästhetische Modell in sich unstimmig ist. War, Hegel zufolge, für die ästhetische Versöhnung konstitutiv, daß in ihr Subjekt und Objekt aus ihrer wechselseitigen Heteronomie befreit werden, so wird bei Simmel die prinzipielle Heteronomie des Subjektes, seine «Benutzbarkeit», überhaupt nicht in Frage gestellt. Darüber hinaus wird die Fragwürdigkeit des soziologischen Begriffs der Rolle, als dessen Wegbereiter Simmel nicht zu Unrecht angesehen wird, absehbar. Wenn der Begriff der Rolle seit der Jahrhundertwende sich zunehmend, insbesondere in den angelsächsischen Ländern, einer fragwürdigen Beliebtheit erfreut, dann nicht zuletzt deshalb, weil mit seiner Hilfe die universale Entfremdung sich gleichsam parzellieren läßt: indem dem Indivi-

duum eine endliche Zahl von «Rollen» zugeordnet wird, gerät die Irrationalität des gesellschaftlichen Ganzen, in dessen Dienst das seine Rollen
ausfüllende Individuum steht, aus dem Blickfeld, zugunsten von Teilberei-
chen, die in sich rational organisiert sind. Entfremdung wird mit Hilfe des
Rollenbegriffs buchstäblich wegrationalisiert; damit verschwindet zugleich
die Möglichkeit individuell verantwortlichen Handelns; die Nationalsozia-
listen haben diese Tendenz vollstreckt, indem sie die Massenvernichtungen
so zu organisieren verstanden, daß niemand mehr sich verantwortlich zu
fühlen brauchte. Trotz der humanen Intentionen, die Simmel, totalitären
Bestrebungen abgeneigt, zweifellos verfolgte, weist der Verlust eines Begriffs von Gesellschaft bereits voraus auf die Anonymität eines von keinem
Begriff mehr erfaßbaren Schreckens.

Aber nicht nur in der Soziologie, auch in der Literatur kommt dem
Begriff der Rolle seit der Jahrhundertwende zunehmende Bedeutung zu;
auch hier durchaus zweideutig. Während er, etwa bei Ibsen und Schnitzler,
kritisch wirksam wird, weil er die Erfahrung vermittelt, daß das Individuum nur noch die Summe seiner Rollen ist, läßt sich mit seiner Hilfe auch die
Heteronomie des Individuums quasi transzendent überhöhen: so bezieht
Hugo von Hofmannsthal den Rollenbegriff, in seiner modernen Ausprägung Produkt der arbeitsteiligen Gesellschaft, auf vorindustrielle Weltbilder zurück, um auf diese Weise den orientierungslosen Zeitgenossen in
seinen Mysterienspielen ihre Heteronomie durch transzendenten Sinn
schmackhaft zu machen.[65]

Neue Unmittelbarkeit

Überhaupt ist die Bedeutsamkeit von Simmels Arbeiten für die Literatur-
wissenschaft noch nicht zureichend erfaßt.[66] So wird etwa zum Begriff des
Ästhetizismus die erlesene Vielfalt kostbarer Dinge, eine bemerkenswerte
Differenziertheit des Geschmacks, der Kult der Nuance, assoziiert, wäh-
rend das Moment des Bluffs, des nicht recht Glaubhaften, der für den
Ästhetizismus nicht minder konstitutiv ist, nur vereinzelt ins Blickfeld tritt.
«G. K. Chesterton bemerkt irgendwo, daß das Schema das Shawschen Pa-
radoxons darin bestehe, daß der Autor statt ‹weiße Tauben› ‹hellgrüne
Trauben› sagt.»[67] Zweifellos macht es einen der interessantesten Züge in
Simmels kulturtheoretischen Schriften aus, diesen Zwang zum Typisieren,
den Zwang, «in jedem Gesicht den Todtenkopf sehen» zu müssen[68], frühzeitig reflektiert zu haben. «Die Betrachtung des menschlichen Thuns», so
eröffnet er den Aufsatz «Soziologische Ästhetik» aus dem Jahre 1896,

«verdankt ihren immer erneuten Reiz der unerschöpflich mannichfaltigen Mischung von gleichartiger, steter Wiederkehr weniger Grundtöne und wechselnder Fülle ihrer individuellen Variirungen, deren keine ganz der anderen gleicht. Auf eine erstaunlich geringe Zahl ursprünglicher Motive lassen sich die Tendenzen, Entwickelungen, Gegensätze der Menschengeschichte zurückführen. (...) je weiter wir die Gebiete fassen, desto mehr schmilzt die Zahl der Grundmotive zusammen».[69] Es liegt auf der Hand, daß diese Reflexion nicht möglich wäre ohne das alle Lebensbereiche durchdringende Tauschprinzip, das die Dinge entqualifiziert, indem es sie ausschließlich nach ihrer ökonomischen Verwertbarkeit einordnet.

Die Dinge werden als zerfallende wahrgenommen, weil sie, durch den Tausch stets dem einen, ihnen fremd gegenüberstehenden Prinzip der Verwertbarkeit unterworfen, ihrer Eigenart und damit ihrer realen Existenz verlustig gehen; sie werden zugleich als «fest wie ein Denkmal» (Kafka) wahrgenommen, weil sie, einmal durch das Tauschprinzip auf den «Typus» reduziert, als für immer unabänderlich erscheinen. «Seit der Geldwirthschaft stehen uns die Gegenstände (...) nicht mehr unmittelbar gegenüber, unser Interesse an ihnen bricht sich erst in dem Medium des Geldes, nicht ihre eigene sachliche Bedeutung, sondern wie viel sie, an diesem Zwischenwerth gemessen, werth sind, steht dem wirthschaftenden Menschen vor Augen; unzählige Male macht sein Zweckbewußtsein auf dieser Zwischenstufe Halt, als auf dem Interessencentrum und dem ruhenden Pole, während alle konkreten Dinge in rastloser Flucht vorübertreiben, belastet mit dem Widerspruch, daß doch eigentlich sie allein definitive Befriedigung gewähren können und dennoch erst nach ihrer Abschätzung an diesem charakterlosen, qualitätslosen Maßstab ihren Grad von Werth und Interesse erlangen.»[70] Das universal gewordene Tauschprinzip bewirkt eine eigentümliche Umkehrung der Pole von Statik und Dynamik. Das scheinbar Feste, der Gebrauchswert, verfällt ohne Rest der ökonomischen Dynamik, während das dynamische Prinzip, der Tausch, durch die Universalität, in der es sich durchgesetzt hat, zum «ruhenden Pole» schlechthin wird. Die Dynamik des entfesselten Kapitalismus schafft also das «Feste» nicht gänzlich ab, vielmehr tritt sie selbst an dessen Stelle. Darüberhinaus bewirkt die «Geldwirtschaft» zwar, wie Simmel immer wieder betont, eine radikale Entqualifizierung aller «konkreten Dinge», sie bringt jedoch, eben durch die Entqualifizierung alles Individuellen, wenigstens *eine* neue Qualität hervor: den Typus, der zugleich mit dem Anspruch auftritt, dem Besonderen zu neuer Substantialität zu verhelfen. Denn nur solange der Liquidationsprozeß der Qualitäten andauert, erscheinen die Dinge als zerfallende; ist er erst einmal abgeschlossen, so nimmt das vollendet Fungible wiederum den

Schein des Unverwechselbaren an. Dann liegt es nahe, abgeleitete Unmittelbarkeit, die gleichsam sekundäre Festigkeit der Dinge, nun wieder als die Bedingung einer möglichen Erneuerung, einer Wiedergewinnung der Wirklichkeit zu interpretieren.

Eben dieser Vorgang macht sich, zuerst mit dem Symbolismus, in der Literatur bemerkbar. Er bewirkt, daß tendenziell jeder beliebige Gegenstand zwar in seiner Vereinzelung und Austauschbarkeit belassen, jederzeit jedoch zum Symbol aufgewertet, mit neuer Sinnfülle belehnt werden kann. «Wenn wir diese Möglichkeit ästhetischer Vertiefung zu Ende denken», schreibt Simmel in seinem Aufsatz «Soziologische Ästhetik», «so giebt es in den Schönheitswerthen der Dinge keine Unterschiede mehr. Die Weltanschauung wird ästhetischer Pantheismus, jeder Punkt birgt die Möglichkeit der Erlösung zu absoluter ästhetischer Bedeutsamkeit, aus jedem leuchtet für den hinreichend geschärften Blick die *ganze* Schönheit, der *ganze* Sinn des Weltganzen hervor. – Damit aber hat das Einzelne die Bedeutung verloren, die es gerade als Einzelnes und im Unterschiede gegen alles Andere besitzt.»[71] Dieses Paradoxon: daß das Einzelne im Kunstwerk entwertet ist und daß dennoch bzw. gerade deshalb das Einzelne, und zwar jedes beliebige Einzelne, potentiell den ganzen Sinn enthält, ist die innerästhetische Entsprechung zu der durch das universale Tauschprinzip bewirkten Dialektik von Statik und Dynamik, Festem und Unfestem. Dasselbe Paradoxon prägt auch den Chandos-Brief Hofmannsthals, in dem die Erfahrung beschrieben wird, daß noch der unscheinbarste, zufällige Gegenstand Symbol des ganzen Sinnes werden könne: «Es wird mir nicht leicht, Ihnen anzudeuten, worin diese guten Augenblicke bestehen; die Worte lassen mich wiederum im Stich. Denn es ist ja etwas völlig Unbenanntes und auch wohl kaum Benennbares, das in solchen Augenblicken, irgendeine Erscheinung meiner alltäglichen Umgebung mit einer überschwellenden Flut höheren Lebens wie ein Gefäß erfüllend, mir sich ankündet. (...) Eine Gießkanne, eine auf dem Felde verlassene Egge, ein Hund in der Sonne, ein ärmlicher Kirchhof, ein Krüppel, ein kleines Bauernhaus, alles dies kann das Gefäß meiner Offenbarung werden. Jeder dieser Gegenstände und die tausend anderen ähnlichen, über die sonst ein Auge mit selbstverständlicher Gleichgültigkeit hinweggleitet, kann für mich plötzlich in irgend einem Moment, den herbeizuführen auf keine Weise in meiner Gewalt steht, ein erhabenes und rührendes Gepräge annehmen, das auszudrücken mir alle Worte zu arm scheinen.»[72]

Mit dieser Erfahrung: daß die total verdinglichte Welt umschlägt in einen neuen mystischen Sinnzusammenhang, der Subjekt und Objekt verbindet, sobald das – beliebige – Objekt Gefäß für das momentane Einströmen des «Lebens» wird, steht Hofmannsthal nicht allein; zu erinnern ist an den jungen Lukács, der in der Essaysammlung «Die Seele und die Formen» anhand der Tragödien von Paul Ernst notiert, daß in wenigen, nicht vorhersehbaren Momenten blitzartig «das Wesen» der Beziehungen zwischen den Menschen aufscheine; zu denken wäre auch an den «anderen Zustand» in Musils «Mann ohne Eigenschaften», vor allem auch an die verschiedenen symbolistischen Strömungen; möglicherweise wäre auch der Benjaminsche Begriff der «profanen Erleuchtung» aus diesem Kontext abzuleiten. Nicht zuletzt sind die berühmten Äpfel Cézannes in diesem Zusammenhang zu sehen: nach der Preisgabe der Zentralperspektive, die die Dinge in einen – vom Subjekt aus gesehen – sinnvollen Zusammenhang gebracht hatte, werden bei Cézanne die einzelnen Dinge durch bewußte Primitivisierung der malerischen Technik noch einmal entschlossen, fast brutal in den Griff genommen und so vor dem Sturz ins Amorphe bewahrt. Den höchsten Rang in dieser Bewegung der Rettung der Realität können zweifellos die «Dinggedichte» Rilkes beanspruchen. Gerade an ihnen jedoch wird deutlich, daß die Wiedergewinnung der Außenwelt nicht durch Versöhnung von Subjekt und Objekt zustandegekommen, sondern das Produkt vollendeter Verdinglichung ist: Die Ostentation, mit der Rilke die Dinge als gerettete präsentiert, ist bereits dem faszinierten Blick auf das Unheil verschwistert.

Simmel hat, in einem verzweifelten Versuch, der falschen Versöhnung zu entrinnen, in dem als entqualifizierend erkannten Tauschprinzip das Mittel der Rettung der Qualität zu sehen versucht. Es wird zum «Torhüter der Innerlichsten» erklärt: Der Sachgehalt des Lebens wird immer sachlicher und unpersönlicher, «damit der nicht zu verdinglichende Rest desselben um so persönlicher, ein um so unbestreitbareres Eigen des Ich werde. (...) Indem das Geld ebenso Symbol wie Ursache der Vergleichgültigung und Veräußerlichung alles dessen ist, was sich überhaupt vergleichgültigen und veräußerlichen läßt, wird es doch auch zum Torhüter des Innerlichsten, das sich nun in eigensten Grenzen ausbauen kann.»[73] Nicht nur in Rilkes Dinggedichten, auch im Expressionismus kündigte die Vergeblichkeit dieser Hoffnung sich bereits zu Lebzeiten Simmels an: Gerade in den gelungensten Gedichten Rilkes tendiert die durch ästhetische Mittel herbeigezwungene Prägnanz der Dinge, ihre wiedergewonnene Unverwechselbarkeit, umzuschlagen in eine Art von gespenstischer Unwirklichkeit. Im Expressionismus, der dem Ausbruch des Weltkriegs unmittelbar vorausgeht, findet der «nicht zu verdinglichende Rest» der Subjektivität, der sich auf den bloßen Punkt zusammengezogen hat, seinen künstlerischen Ausdruck. Wenn alle Qualitäten geschwunden sind, bleibt als letzte nur noch eine übrig: das abstrakte Faktum bzw. die Tat als solche, die «Aktion», die die führende Zeitschrift des Expressionismus als Titel führte. Die abstrakte Tat aber und der Tod fallen zusammen. Der Reiz der vollendeten, ganz inhaltslos gewordenen Abstraktheit besteht in der Verheißung einer neuen Qualität, einer Intensität des Erlebens, in der die «Formen» und das «Leben», deren Auseinandertreten die Tragödie der Kultur hervorgebracht hatte, zu einer neuen Einheit verschmelzen. Die falsche Versöhnung, die das Bürgertum sich zurechtgelegt hatte, und die von Simmel theoretisch reflektiert, aber nicht durchbrochen werden konnte, mußte mit Notwendigkeit in die politische Katastrophe einmünden.

Kunst und Perspektive
Georg Lukács

Form und Sinn

Lukács setzt dort ein, wo die bürgerliche Theorie der Kultur sich zu Beginn des 20. Jahrhunderts in unlösbare Widersprüche verstricken mußte. Goldmann sieht die Anfänge des jungen Lukács in Zusammenhang mit der Krise des Individualismus; dieser habe «jede Idee der Totalität und des Ganzen mehr oder weniger radikal» abgeschafft und die «verschiedenen Formen des individuellen Lebens und Denkens zu apriorischen Werten» gemacht, «über die ein Hinausgehen weder möglich noch notwendig war»[1]. Symptomatisch hierfür war Simmels historischer und soziologischer Nominalismus. In dem Augenblick, da, im Gefolge des wirtschaftlichen Konzentrationsprozesses, die Überzeugung in Frage gestellt wird, alles Geschehen hänge im wesentlichen ab von der Aktivität, der Risikobereitschaft und Entschlußkraft des Individuums, müssen seine schon beinahe vergessenen «Grenzen» und damit vor allem auch das Problem des Todes[2] wieder in den Vordergrund treten.

Nur vor diesem Hintergrund ist verständlich, daß, wie Márkus zutreffend bemerkt, die «Kultur (...) der ‹einzige› Gedanke von Lukács' Leben» ist. «Durch die Kultur wird die Gesamtheit der Menschen und der Begebenheiten zur sinnvollen Totalität, indem sie den verschiedensten Fakten des Lebens lebendigen und für jedermann gemeinsamen Sinn verleiht (...). Nur innerhalb der echten Kultur ist also die Einheit von Subjekt und Objekt, Individuum und Gesellschaft, innerster Überzeugung der Person und äußeren Institutionen möglich».[3] Daß in Lukács' Denken Begriffe wie «Totalität» und «Perspektive», die die Verbindung des Einzelnen zu einem Ganzen anzeigen, unbedingte Priorität – selbst um den Preis totalitärer Implikationen – beanspruchen, ist insofern auch psychologisch erklärbar, als Reaktion auf die immer schmerzlicher erfahrene Vereinzelung der Menschen: auf irgendeine «List der Vernunft», die dem Sinnlosen doch noch einen Sinn geben, die den Verlauf der Geschichte korrigieren, den allmählichen Verfall des österreichisch-ungarischen Staatengebildes, in dem Lukács aufgewachsen war, noch einmal aufhalten könnte, ist zu Beginn des neuen Jahrhunderts nicht mehr zu hoffen.

Die deutlichste Konstante in Lukács' Entwicklung ist daher der von
Anfang an stark ausgeprägte Widerwille gegen die Psychologie. Denn die
psychologische Argumentation bezieht sich stets auf die Regungen des einzelnen Individuums – gerade dessen Vereinzelung aber gilt es durch das
Aufsuchen eines übergeordneten Gesichtspunktes zu überwinden. «Wo die
Psychologie beginnt», heißt es bereits in dem Essayband «Die Seele und die
Formen», «da gibt es keine Taten mehr, nur Motive der Taten; und, was
der Gründe bedarf, was eine Begründung verträgt, das hat schon alle Festigkeit und Eindeutigkeit verloren. (...) Denn es gibt nichts Schwankende-
res auf der Welt als Gründe und Begründetes; was ein Grund hervorgebracht hat, statt dessen hätte aus anderen Gründen das Gegenteil geschehen
können, ja unter wenig veränderten Umständen sogar nach eben denselben
Gründen (...) unter allen Reichen ist das im Innersten Bodenlose und das
am luftigsten Zerfließende das Reich der seelischen Gründe, das Reich der
Psychologie.»[4] In diesem Urteil ist bereits der erbitterte Kampf gegen alles,
was Lukács den «Avantgardeismus» nennen wird, angelegt. Denn die Werke der Avantgarde gehorchen keinem übergeordneten Formprinzip mehr,
sie sind vielmehr darauf angelegt, die psychischen Reaktionen des vereinzelten Individuums, ohne jeden Versuch einer Harmonisierung oder Be-
schwichtigung, nachzuzeichnen. Daß in diesen Konstellationen, zu denen
die geringfügigsten, amorphen, nur halb bewußten Regungen zusammentreten, das gesellschaftliche Ganze erscheine, ist eine Position, die Lukács
um keinen Preis sich hätte zu eigen machen können.

Goldmanns Bemerkung, die «Wiederentdeckung der tragischen Weltanschauung durch Lukács» habe «einen vollkommenen Bruch mit den Mei-
stern der akademischen Welt»[5] bedeutet, ist jedoch insofern unrichtig, als
die Simmelsche Theorie einer «Tragödie der Kultur» sowohl die Voraussetzung als auch den Ausgangspunkt für den jungen Lukács bildet. Die Voraussetzung: weil auch Lukács von der Unvereinbarkeit des Lebens und der
Formen, in denen es sich objektiviert, ausgeht. «Das Leben ist eine Anar-
chie des Helldunkels: nichts erfüllt sich je in ihm ganz und nie kommt etwas
zum Ende (...). Leben: das ist, etwas ausleben können. *Das* Leben: nie wird
etwas ganz und vollkommen ausgelebt. Das Leben ist das Unwirklichste
und Unlebendigste alles denkbaren Seins».[6] Weil das gewöhnliche Leben
nicht authentisch, sondern schlechthin «unwirklich» ist, muß für das Alltagsbewußtsein das «wahre Leben» seinerseits unwirklich scheinen. «Das
wahre Leben ist immer unwirklich, ja immer unmöglich für die Empirie des
Lebens. Etwas leuchtet empor, zuckt blitzend auf über ihren banalen Pfa-
den; etwas Störendes und Reizvolles, Gefährliches und Überraschendes, der
Zufall, der große Augenblick, das Wunder.»[7] Mag auch in wenigen, auser-

wählten Momenten – Lukács benutzt zu ihrer Bezeichnung synonym die Begriffe «Zufall», «großer Augenblick», «Wunder» – das «wahre» Leben in die Empirie hineinleuchten, so bleibt ein solcher Augenblick doch immer unverstanden und folgenlos, ja er wird als Gefährdung des eigenen – banalen – Daseins empfunden: «Man muß zurückfallen ins Dumpfe, man muß das Leben verleugnen, um leben zu können.»[8]

Gerade dieser Satz aber, der, isoliert, gelesen werden könnte als Aufruf, in die Irrationalität eines von allen Formen befreiten «Lebens» einzutauchen, bezeichnet die kritische Distanz, die Lukács von Anfang an gegenüber der Lebensphilosophie hält. Insofern ist Simmels Theorie einer «Tragödie der Kultur» nicht nur Voraussetzung, sondern vor allem auch Ausgangspunkt. Lukács strebt von Anfang an danach, die Tragödie der Kultur, von Simmel als unausweichliches Fatum hingenommen, aufzuheben und zugleich den abgründigen Relativismus, der Simmel, zu Recht oder zu Unrecht, vorgeworfen wurde (seine Berufung nach Heidelberg zerschlug sich wegen dieses Vorwurfs), zu überwinden. Das Medium, in dem das von Lukács ersehnte Absolute erfahrbar wird, ist die künstlerische Form. Sie allein ist das alles Isolierte integrierende Prinzip; sie vermittelt zwischen Seele und Leben, allein durch die Form wird wenigstens eine Möglichkeit sichtbar, die Spaltung von nichtauthentischem und «wahrem» Leben aufzuheben; die Form, als die «einzig wahre Beziehung zwischen dem Produzierenden und dem Publikum», ist daher «das wahre Soziale in der Literatur»[9].

Diesen Thesen hätte wohl auch Simmel seine Zustimmung nicht verweigert. Die einzige – allerdings entscheidende – Abweichung besteht darin, daß Lukács jene Eigenart der Form, die, nach Simmels Auffassung, jede Kultur in eine tragische Phase eintreten lassen muß, umwertet und geradezu zum Mittel der Sinnstiftung werden läßt: die Tendenz der Formen, sich gegenüber dem in sie eingeströmten Leben zu verfestigen und allmählich zu verselbständigen. Weit davon entfernt, hierin einen «tragischen» Faktor zu sehen, erblickt Lukács gerade in der Verselbständigung der Formen die Möglichkeit, sie zum Absoluten in Beziehung zu setzen, ja in ihnen das Absolute zu sehen. «Das Leben ist nichts, das Werk ist alles, das Leben ist lauter Zufall und das Werk ist die Notwendigkeit selbst», heißt es in dem Essay über Rudolf Kassner. «Nur in der Form (‹das einzig Mögliche› ist ihre kürzeste Definition), nur in der Form wird aus jeder Antithese, aus jeder Tendenz Musik und Notwendigkeit. Und weil der Weg jedes problematischen Menschen zu der Form führt, als zu jener Einheit, die das größte Maß an auseinanderstrebenden Kräften in sich binden kann, darum steht am Ausgang dieses Weges der Mensch, der formen kann, der Künstler (...)

in der Form des Künstlers wächst aus der Dichtung (...) die Sicherheit, das Dogma»[10] hervor. Was er mit dieser Umkehrung des Simmelschen Ansatzes zunächst gewinnt, liegt auf der Hand: indem er die Form als «die einzige zugleich soziale und ästhetische Kategorie der Literatur»[11] auffaßt, kann er die durch Ästhetizismus und Lebensphilosophie gekappte Beziehung zwischen Kunstwerk und Gesellschaft bzw. Geschichte wieder herstellen. Durch die erneute Verknüpfung von Form, Seele und Leben miteinander wird es möglich, die Konsequenz jener Trennung, den Weg in die Innerlichkeit, in die trügerische Fülle subjektivistischer «Stimmungen», zu kritisieren: «genau dadurch, daß alles nur von innen kommt, kann wirklich von innen nichts kommen: Stimmungen können nur die Dinge der äußeren Welt herbeiführen, und genießt einer ein Phänomen der eigenen Seele als schöne Stimmung, so ist er doch nur passiver Beobachter von etwas, was ihm der glückliche Zufall über den Weg laufen ließ. Die vollständige Freiheit ist die allerfurchtbarste Gebundenheit.»[12] Andererseits sind in den Sätzen aus dem Essay über Kassner bereits die totalitären Tendenzen des späteren Lukács angelegt; sie gehen hervor aus einem übermächtigen Bedürfnis nach Gemeinsamkeit, nach einem geschlossenen Weltbild; es entspringt nicht boshafter Willkür, daß im «Zauberberg» der eifernde Jesuit Naphta die Züge von Georg Lukács trägt. Im übrigen mag hier der Grund für die Tatsache zu suchen sein, daß Lukács stets die Ausrichtung nach der wechselnden Parteidoktrin gelang, ohne daß er, wie Pross hervorhebt[13], sich persönlich als korrumpiert betrachten mußte: wichtiger als die jeweilige ideologische Position war ihm wohl stets, daß die Partei ein geschlossenes Weltbild garantierte. Diese Geschlossenheit, nicht einzelne Überzeugungen, galt es als obersten Wert zu verteidigen.

«Es gibt Kunstwerke – wie sind sie möglich?»

Nun ist jedoch – und dieser Sachverhalt ist Lukács selbstverständlich nicht entgangen – mit der bloß postulierten Verbindung von Seele und Leben durch die Form das Problem selbst noch keineswegs gelöst. Man wird daher die Frühschriften, von der Essaysammlung «Die Seele und die Formen» über «Die Theorie des Romans» bis zu «Geschichte und Klassenbewußtsein», als Versuche interpretieren können, dieses Problem der Vermittlung inhaltlich zu lösen; alle diese Schriften sind Versuche zu einer Antwort auf die Frage, mit der Lukács die in den Jahren 1912–1914 entstandene «Heidelberger Philosophie der Kunst» einleitet: «‹es gibt Kunstwerke – wie sind sie möglich?›»[14] Die Frühschriften sind gleichsam Prismen, in denen diese komplexe, nach dem Vorbild der «Kritik der reinen Vernunft» (Es gibt synthetische Urteile a priori – wie sind sie möglich?) formulierte Frage in ihre verschiedenen Implikationen zerlegt wird.

Der Satz «Es gibt Kunstwerke – wie sind sie möglich?» läßt sich in folgende Teilaspekte aufgliedern:

– Die Tatsache, daß es – gelungene – Kunstwerke *gibt*, läßt, unter der Voraussetzung, daß in jedem gelungenen Werk die Seele und das Leben, Subjekt und Objekt, durch die Form vermittelt sind, den Schluß zu, daß es einmal eine Epoche gegeben haben muß, die ihrer Struktur nach diese Vermittlung ermöglicht hat. Die Frage «wie sind sie möglich?» verweist dann auf die Tatsache, daß in der Gegenwart eine solche Vermittlung offenbar nicht mehr zustande kommen kann, daß sie zumindest als problematisch angesehen werden muß.

– Der Satz «Es gibt Kunstwerke – wie sind sie möglich?» läßt sich jedoch auch als ganzer auf die Gegenwart beziehen. Die Feststellung, daß auch in der Gegenwart noch authentische Kunstwerke entstehen, wirft dann das Problem auf, wie sie «möglich» sind in einer Zeit, die, weil in ihr nichtauthentisches Leben und «wahres Leben» strikt getrennt sind, offenbar gar nicht mehr die objektiven Voraussetzungen zu ihrer Entstehung aufzuweisen hat. Es stellt sich also die Frage, ob bzw. wie es möglich ist, daß Kunstwerke gleichsam gegen ihre Zeit entstehen können.

– Hieraus folgt ein weiterer Teilaspekt: gesetzt den Fall, daß Kunstwerke auch *gegen* ihre Zeit entstehen können – ist damit nicht die Möglichkeit zumindest denkbar, daß sie auf ihre Epoche zurückwirken? Ist es denkbar, daß, wenn die Organisation des Lebens den Kunstwerken nicht mehr günstig ist, die Kunstwerke ihrerseits vielleicht auf die Organisation des Lebens einzuwirken vermögen? Kann das authentische Kunstwerk die Bedingung dafür schaffen, daß die Kluft zwischen nichtauthentischem Leben und «wahrem» Leben geschlossen wird? Kann, mit anderen Worten, der Ästhetizismus substantiell werden?

Die Essaysammlung «Die Seele und die Formen», die «Theorie des Romans» und «Geschichte und Klassenbewußtsein» greifen diese Fragen auf jeweils verändertem Niveau, in unterschiedlicher Perspektive, auf; für den Band «Die Seele und die Formen» ist charakteristisch, daß er – zumindest ansatzweise – bereits alle drei Teilaspekte in sich vereinigt. Indem jeder der Essays einen Teilaspekt in den Vordergrund bringt, schließt sich die Sammlung als ganze zu dem Versuch einer Antwort auf die Frage zusammen, wie Kunst – und damit Kultur – möglich sei.

Der Essay und das Leben

Besondere Bedeutung kommt dabei der Einleitung des Essaybandes zu, «Über Wesen und Form des Essays: Ein Brief an Leo Popper». In dieser Arbeit, einem Essay über den Essay, untersucht Lukács die literarische Gattung, die nach seiner Auffassung am ehesten geeignet ist, dem Problem «Es gibt Kunstwerke – wie sind sie möglich?» gerecht zu werden. Da der Essay als ein besonderes, durch keine andere Gattung ersetzbares Medium der Erkenntnis verstanden wird, handelt es sich bei der Einleitung im Grunde um eine erkenntnistheoretische Abhandlung.

Die Notwendigkeit einer solchen erkenntnistheoretischen Einleitung folgt aus dem von Lukács konstatierten Auseinanderfallen des Lebens in nichtauthentisches Alltagsleben und «wahres» Leben. Da auch die Wissenschaft dem nichtauthentischen Leben zugehört, verbietet sich der Versuch, das Problem «Es gibt Kunstwerke – wie sind sie möglich?» in Form einer wissenschaftlichen Abhandlung zu lösen. «In der Wissenschaft wirken auf uns die Inhalte, in der Kunst die Formen; die Wissenschaft bietet uns Tatsachen und ihre Zusammenhänge, die Kunst aber Seelen und Schicksale. Hier scheiden sich die Wege; hier gibt es keinen Ersatz und keine Übergänge.»[15] Die Wissenschaft reicht prinzipiell nicht an das Absolute heran, da sie stets Inhalte produziert, die, als nicht geformte, ausschließlich der Zeit angehören und also in der Zeit überholbar sind. «Erst wenn etwas alle seine Inhalte in Form aufgelöst hat und so reine Kunst geworden ist, kann es nicht mehr überflüssig werden».[16] Da eine solche Auflösung der Inhalte in Form der Wissenschaft prinzipiell nicht möglich ist, bleibt sie im nichtauthentischen Leben befangen; sie kann an das in Frage stehende Problem nicht einmal heranreichen.

Andererseits ist dieses Problem aber auch nicht mit den Mitteln der Kunst zu lösen, weil die Kunst von dem nichtauthentischen Leben ebenso radikal getrennt wie die Wissenschaft ihm verfallen ist. Daher «gibt es keine Dichtung ohne ein Ordnen der Dinge. (...) Sie stellt die letzten Zusammenhänge zwischen Mensch und Schicksal und Welt dar und ist gewiß aus solcher tiefsten Stellungnahme entsprungen».[17] Diese Trennung von der Empirie, die Tatsache, daß sie ganz dem «Authentischen» angehört, macht die Kunst ihrerseits untauglich zur Lösung des genannten Problems. «Die Dichtung an sich kennt nichts, was jenseits der Dinge wäre; ihr ist jedes Ding ein Erstes und Einziges und Unvergleichliches. Darum kennt sie auch die Fragen nicht: man richtet an reine Dinge keine Fragen, nur an ihre Zusammenhänge; denn – wie im Märchen – wird hier aus jeder Frage wieder ein Ding, dem ähnlich, das sie zum Leben erweckte. Der Held steht am Kreuzweg oder inmitten des Kampfes, aber der Kreuzweg und der Kampf sind nicht Schicksale, denen gegenüber es Fragen und Antworten gibt, sie sind einfach und wörtlich Kämpfe und Kreuzwege. Und der Held bläst in sein Wunder erweckendes Horn und das erwartete Wunder erscheint, ein Ding, das Dinge aufs neue ordnet.»[18] Eben weil in der Kunst der Begriff dem Gegenstand noch nicht gegenübergetreten ist, ihn noch nicht seiner Einzigartigkeit beraubt hat; weil die Dinge noch nicht durch das nichtauthentische Leben entqualifiziert, in abstrakte Relationen, in alltägliches «Gerede» (Heidegger) aufgelöst sind, sperren sie sich der diskursiven Rede, ohne die eine Vermittlung zwischen nichtauthentischem und wahrem Leben nicht möglich ist.

So bleibt nur das Medium des Essays, um dem von Lukács aufgeworfenen Problem gerecht zu werden. «Wenn ich aber hier von dem Essay als einer Kunstform spreche, so tue ich es im Namen der Ordnung (also fast rein symbolisch und uneigentlich); nur aus der Empfindung heraus, daß er eine Form hat, die ihn mit endgültiger Gesetzesstrenge von allen anderen Kunstformen trennt.»[19] Lukács erklärt also keineswegs (wie Adorno behauptet, um darauf diese selbstgeschaffene Gegenposition zu widerlegen) den Essay schlechterdings zur «Kunstform»[20]. Er betont vielmehr ausdrücklich, daß er nur «uneigentlich» vom Essay als einer Kunstform spreche; was den Essay mit der Kunst vergleichbar werden läßt, ist allein die Tatsache, daß er – wie das Kunstwerk – «eine Form hat». Weil er «immer von etwas bereits Geformten»[21] spricht, verfällt der Essay nicht den inauthentischen Inhalten, obwohl er, wie die Wissenschaft, diskursiv verfährt. Es gehöre «zu seinem Wesen», hebt Lukács hervor, «daß er nicht neue Dinge aus einem leeren Nichts heraushebt, sondern bloß solche, die schon irgendwann lebendig waren, aufs neue ordnet»[22]. Der Essay – darin besteht seine erkenntnistheoretische Bedeutung – weist also den Weg aus der «Tragödie der Kultur», die dadurch zustande gekommen war, daß die Formen der kulturellen Objektivationen sich gegen die Inhalte verselbständigt und diese in ihrer Lebendigkeit bedroht haben. Der Essayist erweckt, indem er sich bereits Geformtem zuwendet, die erstarrten Formen zu neuem Leben, er läßt sie wieder sprechen. Weil der Essay die Formen «nur aufs neue ordnet, nicht aus dem Formlosen etwas Neues formt, ist er auch an sie gebunden, muß er immer ‹die Wahrheit› über sie aussprechen, Ausdruck für ihr Wesen finden»[23]. Indem er «die Wahrheit» über die kulturellen Gegenstände ausspricht, überwindet er jenes von Simmel beschriebene Phänomen, daß die Menschen der Gegenwart den Kunstwerken gegenüber zwar den vagen Eindruck haben, diese hätten ihnen etwas zu sagen, dabei aber das Empfinden nicht loswerden, die Werke gingen sie eigentlich nichts an.

«Der Essayist spricht über ein Bild oder ein Buch, verläßt es aber sogleich (...), weil die Idee dieses Bildes und dieses Buches übermächtig in ihm geworden ist, weil er darüber alles nebensächlich Konkrete an ihm gänzlich vergaß (...). Die Idee ist früher da, als alle ihre Äußerungen (...): darum wird eine solche Kritik immer vom lebendigsten Leben sprechen.»[24] Indem der Essay die unverfälschte Idee ausspricht und damit zum «wahren Leben» vorstößt, verläßt er seine scheinbar nur dienende Funktion: «Es ist richtig, nach der Wahrheit strebt der Essay: doch wie Saul, der da ausging, die Eselinnen seines Vaters zu suchen und ein Königreich fand, so wird der Essayist, der die Wahrheit wirklich zu suchen imstande ist, am Ende seines Weges das nicht gesuchte Ziel erreichen, das Leben.»[25] So wird aus der scheinbar demütigen Haltung des «bei Gelegenheit von», Worte, die jeder Essay «mit unsichtbaren Buchstaben neben seinen Titel»[26] schreibt, die Berechtigung zum Richteramt abgeleitet: «nur durch die richtende Kraft der geschauten Idee rettet er sich aus dem Relativen und Wesenlosen – wer gibt ihm aber dieses Recht zum Gericht? Es wäre beinahe richtig zu sagen: er nimmt es sich; aus sich heraus erschafft er seine richtenden Werte. (...) Denn tatsächlich werden im Essayisten seine Maße des Richtens erschaffen, doch er ist es nicht, der sie zum Leben und zur Tat erweckt: er ist der große Wertbestimmer der Ästhetik, der immer Kommende, der noch nie Angelangte, der einzig zum Richter Berufene (...). Der Essayist ist ein Schopenhauer, der die Parerga schreibt, auf die Ankunft seiner (oder eines anderen) ‹Welt als Wille und Vorstellung› wartend; er ist ein Täufer, der auszieht, um in der Wüste zu predigen von einem, der da kommen soll, von einem, dessen Schuhriemen zu lösen er nicht würdig sei. (...) Er ist der reine Typus des Vorläufers».[27] Hier wird deutlich, daß bereits «Die Seele und die Formen» über sich hinausweisen, daß sie – daher die zahlreichen biblischen Anspielungen – zum eigentlichen Inhalt die eschatologische Hoffnung auf eine neue Doktrin haben, auf ein neues geschlossenes Weltbild. Für Lukács, das ist bereits hier absehbar, ist die Wendung zum Marxismus unvermeidlich, weil allein der Marxismus ein Erklärungsmodell anbietet, das keines der Welträtsel unbeantwortet läßt. Diese eschatologische Erwartung, die im Marxismus ihre innerweltliche Erfüllung finden wird, ist es, die Lukács in «Geschichte und Klassenbewußtsein» die _totale_ Aufhebung _aller_ Verdinglichung sowohl denkbar als auch wünschenswert scheinen läßt; ein Ziel, gegen das Adorno zu bedenken gibt, daß die radikale Kritik der Verdinglichung ihrer eigenen Intention entgegenarbeite, weil durch die totale Dynamisierung alles Dinghaften, ohne einen Rest von Dingcharakter, die Kritik an Entfremdung jeden möglichen Gegenstand verliere.[28] (Etwas bescheidener wünscht Goldmann die von Lukács angestrebte «vollständige Identität von Subjekt und Objekt im Gebiet des sozialen Lebens» durch eine «partielle Identität von Subjekt und Objekt»[29] ersetzt zu sehen.) Tatsächlich jedoch kann von der eschatologischen Hoffnung, als das Instrument zu ihrer Einlösung gefunden worden war, buchstäblich nichts ausgenommen bleiben: daher schlägt die Entfremdungskritik des jungen Lukács mit Notwendigkeit in neuen Totalitarismus um. Nicht auszuschließen, daß Lukács seine Frühschriften nicht zuletzt auch deshalb verwarf, weil die in ihnen offen zutage tretenden theologisch-eschatologischen Züge allzu offensichtlich auf die quasi-religiöse Erlösungsfunktion verweisen, die der Marxismus für ihn gehabt haben muß. Die deutlich totalitären Tendenzen, die sich in Lukács' späteren Schriften – im Gegensatz zu denen Blochs – finden, dürften ihren Ursprung darin haben, daß Lukács den ursprünglich theologischen Hintergrund seines Denkens systematisch verdrängen mußte, als er einmal ein «immanentes» Erklärungsmodell gefunden hatte; während Ernst Bloch, gerade weil er seine theologischen Impulse nie verleugnete, niemals gezwungen war, in einem immanenten Erklärungsmodell auf alle Fragen eine Antwort bieten zu müssen und deshalb auch von totalitären Anwandlungen frei bleiben konnte.

Antike: Einheit von Form und Leben

Nach dem einleitenden, erkenntniskritischen Essay über den Essay ist es Aufgabe der Arbeiten über einzelne Autoren des 19. und beginnenden 20. Jahrhunderts (nur der Essay über Sterne greift weiter zurück), die Teilaspekte des Satzes «Es gibt Kunstwerke – wie sind sie möglich?» zu beleuchten.

Zu der Feststellung, daß es eine Zeit gegeben haben muß, in der die Vermittlung von Form und Leben, anders als in der Gegenwart, nicht nur möglich, sondern sogar unproblematisch war, heißt es: «Und die Form? Es gab Zeiten, da man einem von uns, der mit dieser Frage hervorgetreten wäre, erwidert hätte: ja gibt es denn auch etwas anderes? Es gab Zeiten (...), wo dies nur die natürliche Sprache der Offenbarung war, das Nichtgehindertsein ausbrechender Schreie, die unmittelbare Energie zuckender Bewegungen. Da man noch nicht fragte, was sie denn sei und sie noch nicht von der Materie und vom Leben trennte».[30] In der Essaysammlung wie in der «Theorie des Romans» setzt Lukács die Epoche, in der das Leben und die Formen unproblematisch miteinander vermittelt waren, mit der griechischen Antike gleich; mit der Einschränkung, daß schon Sokrates «eine neue Art von Mensch»[31] gewesen sei. Bei ihm beginne zum erstenmal der Begriff gegenüber dem Leben sich zu verselbständigen; bereits hier nehme, wie Lukács mit merklichem Unbehagen andeutet, die moderne Subjektivität ihren Anfang: «Sokrates hat (...) das ewige Ideal der Menschen seiner Art ausgesprochen, was weder die ungebrochen menschlich Empfindenden, noch die im tiefsten Wesen Dichterischen je verstehen werden: daß derselbe Mensch die Tragödien und die Komödien schreiben sollte; daß das Tragische und das Komische ganz vom gewählten Standpunkt abhingen. Der Kritiker hat hier sein tiefstes Lebensgefühl ausgesprochen: die Priorität des Standpunktes, des Begriffes vor dem Gefühl, er hat den tiefsten antigriechischen Gedanken formuliert.»[32]

Was auch immer den frühen von dem späteren Lukács unterscheiden mag, durch die Jahrzehnte unverändert bleibt das Fehlen eines Sensoriums für Ironie und Humor. Wenn es gar darum geht, die fortschrittliche «Perspektive» gegen subjektivistische Aufweichungstendenzen zu behaupten, versteht Lukács ohnehin keinen Spaß, es sei denn, daß er sich (in dem Realismus-Buch aus den fünfziger Jahren) den unfreiwilligen Witz leistet, den sympathischen Leutnant Joachim Ziemßen als die fortschrittliche Perspektive aus der Dekadenz des Zauberbergs, überhaupt aus dem heillosen Subjektivismus des späten Bürgertums zu empfehlen. Aber schon die Anfänge abendländischer Subjektivität werden durchaus ungnädig aufgenommen. Die Stelle am Ende des «Symposion», auf die Lukács mit seiner Bemerkung über Sokrates sich bezieht, lautet:

«Agathon also sei aufgestanden, um sich neben den Sokrates zu setzen. Plötzlich aber sei eine große Menge Herumziehender an die Tür gekommen, und weil sie sie offen gefunden, indem einer hinausgegangen ihnen entgegen, wären sie eingedrungen und hätten sich niedergelassen. Alles sei nun voll Lärm geworden, und ohne alle Ordnung sei man genötigt worden, gewaltig viel Wein zu trinken. Eryximachos, Phaidros und einige andere, sagte Aristodemos, wären fortgegangen, seiner aber habe sich der Schlaf bemächtigt und er habe viel geschlafen, wie denn die Nächte damals lang waren. Gegen Morgen aber sei er aufgewacht, als die Hähne schon krähten, und habe gesehen, daß die andern teils schliefen, teils fortgegangen wären, nur Agathon, Aristophanes und Sokrates hätten allein noch gewacht und aus einem großen Becher rechts herum getrunken, und Sokrates habe mit ihnen Gespräch geführt. Des übrigen nun, sagte Aristodemos, erinnere er sich nicht mehr von den Reden, denn er wäre nicht von Anfang an dabei gewesen und sei auch dazwischen wieder eingeschlummert, die Hauptsache aber wäre gewesen, daß Sokrates sie nötigen wollte einzugestehen, es gehöre für einen und denselben, Komödien und Tragödien dichten zu können, und der künstlerische Tragödiendichter sei auch der Komödiendichter. Dies wäre ihnen abgenötigt worden, sie wären aber nicht recht gefolgt und schläfrig geworden. Und zuerst wäre Aristophanes eingeschlafen, und als es schon Tag geworden, auch Agathon. Sokrates nun, nachdem er diese in den Schlaf gebracht, wäre aufgestanden und weggegangen, und er wie gewöhnlich ihm gefolgt. So sei er ins Lykaion gegangen und habe sich nach dem Bade wie sonst den ganzen Tag dort aufgehalten und erst abends nach Hause zur Ruhe begeben.»[33]

Ohne den geringsten Sinn für die abgründige Ironie, mit der in dem Platonischen Dialog, zwischen Nacht und Tag, das eigentlich dynamische Prinzip der abendländischen Entwicklung, Subjektivität, von Sokrates seinen kaum noch ihrer Sinne mächtigen Kumpanen aufgeschwatzt wird wie eine besonders abartige Grille, sieht Lukács bereits in ihrem ersten Aufdämmern den Beginn des Niedergangs; im Anfang des Abendlandes bereits seinen Untergang. Ohne Rücksicht darauf, daß erst das Entstehen von Subjektivität – sie wäre zu definieren als die dialektische Einheit von Nähe und Distanz zu den Objekten – es überhaupt erst sinnvoll macht, von Freiheit zu reden. Die Parallele zu Heidegger, für den allein die Vorsokratiker von der «Seinsvergessenheit» ausgenommen sind, ist unübersehbar. Es geht, so wird schon hier absehbar, bei der fortschrittlichen Perspektive, die Lukács später so unerbittlich den Werken abverlangen wird, gar nicht so sehr um den Fortschritt, es geht vor allem um Einheitlichkeit; kein Abweichlertum ist erlaubt.

Moderne: Synthesis durch Subjektivität

Vor diesem Hintergrund einer griechischen – eigentlich nur einer vorsokratischen – Antike, in der mit der Identität der Formen und des Lebens die «Lebensimmanenz des Sinnes» gewährleistet ist – Lukács wird diese Konzeption in die «Theorie des Romans» übernehmen – wird der zweite Aspekt des Satzes «Es gibt Kunstwerke – wie sind sie möglich?» untersucht, die Frage, ob auch in der Moderne, die diese Lebensimmanenz des Sinnes, die Einheit von Leben und Begriff, nicht mehr kennt, noch authentische Kunstwerke möglich sind. Es sind vor allem die Essays über Novalis und über Storm, in denen dieser Aspekt in den Vordergrund tritt. «Sie wollten eine Kultur schaffen», schreibt Lukács über die Romantiker, «die Kunst erlernbar machen und die Genialität organisieren. Sie wollten, daß, wie in den alten, großen Epochen, jeder entstandene Wert ein nunmehr unverlier-

barer Besitz werde, daß die Fortentwicklung nicht mehr den Zufällen unterworfen sei. (...) ‹Gott werden, Mensch sein, sich bilden, sind Ausdrücke,
die einerlei bedeuten›, sagt Friedrich Schlegel und Novalis ergänzt es so:
‹Poesie ist die eigentümliche Handlungsweise des menschlichen Geistes.› Es
ist kein l'art pour l'art, sondern ein Panpoetismus.»[34] Die Romantiker
versuchen einen «den alten, großen Epochen» analogen Zustand durch die
Ausweitung der künstlerischen «Technik» auf den gesamten Bereich des
Lebens – durch «Panpoetismus» – herzustellen. Da aber die Poetisierung
der zur «Prosa» gewordenen Welt in der von den Romantikern angestrebten Universalität nicht möglich ist, bleibt ihnen nur der Weg nach innen;
gelingen kann nur ein «Poetisieren des Schicksals, nicht seine Formung
noch seine Überwindung. Der Weg nach innen, den sie gingen, konnte (...)
nur zu einer schönen Harmonie aus Bildern der Dinge, nicht aber zu einem
Beherrschen der Dinge»[35] führen. Fluchtpunkt des romantischen «Panpoetismus» ist daher nicht eine poetisch gewordene Wirklichkeit, sondern nur,
wie Lukács in der «Theorie des Romans» zeigen wird, «ein Gebiet des
vollends Wirklichkeitsjenseitigen (...) eine völlig problemfreie, problemjen-
seitige Sphäre»[36]: das Märchen.

Die Arbeit über Novalis bezeichnet Lukács noch im Jahre 1963 als seinen ersten ernstzunehmenden Essay[37], vermutlich, weil er damals schon das
Bemühen der Romantiker, aus dem Prinzip der modernen Subjektivität eine
neue Universalität abzuleiten, als «etwas Ruchloses»[38] angesehen hatte.
Nach dem Kritizismus Kants, schreibt er in dem schon 1907 entstandenen
Essay, «schien garnichts mehr vorhanden zu sein, was in der immer zunehmenden Masse der neuen Erkenntnisse und der trüben Tiefe Ordnung
schaffen könnte»; allein Goethe habe es vermocht, «eine Ordnung für sich
zu finden»[39], indem er der modernen Subjektivität nicht die Zügel schießen
ließ, sondern ihr frühzeitig «Grenzen» setzte. Die Romantiker dagegen
hätten jede Begrenzung der Subjektivität durch die Praxis verworfen:
«Aber jedes Handeln, jede Tat und jedes Schaffen begrenzt; eine Tat wird
nie ohne Verzichtleisten vollbracht und nie wird ihr Vollbringer eine Allseitigkeit haben. Die tragische Blindheit der Romantiker war, daß sie diese
Notwendigkeit klar erblicken weder konnten noch wollten.»[40] So begründet der Einspruch gegen eine losgelassene, nicht länger mit der Geschichte
vermittelte Subjektivität ist, so bedenklich ist ein Verdikt, das gleichsam
von außen, weil es nun einmal Grenzen geben müsse, über sie verhängt
wird. In der «Theorie des Romans» wird Lukács denn auch nicht umhin-
kommen zuzugestehen, daß selbst die von Goethe im «Wilhelm Meister»
konstruierte Vermittlung von Subjektivität und Außenwelt ihrem historischen Gehalt nach zweifelhaft ist: bereits hier ist das Bürgertum nicht mehr

in der Lage, diese Vermittlung kraft eigener Substantialität zu vollziehen; es muß bei der historisch überholten Lebensform des Adels Zuflucht suchen. Novalis bemerkte daher enttäuscht, beim «Wilhelm Meister» handle es sich im Grunde doch nur um eine «Wallfahrt nach dem Adelsdiplom»[41].

Der Anspruch, den die Romantiker erheben, aus dem Prinzip der Subjektivität heraus die «Synthese von Einheit und Universalität»[42] zu erzwingen, kann daher für sich beanspruchen, zumindest der Kompromißbereitschaft des Bürgertums gegenüber der bestehenden Praxis, seiner mangelnden Entschlossenheit, die eigenen Ideale zu verwirklichen, abgesagt zu haben. In diesem Festhalten an dem unbedingten Anspruch der Subjektivität gegenüber dem vorschnellen Einspruch im Namen einer nicht in Frage zu stellenden Praxis ist der Grund für die Aktualität romantischer Kunsttheorie zu sehen; Adornos ästhetische Theorie ist in wesentlichen Momenten durch Novalis vorformuliert. Die Romantiker haben die zentrale Position Adornos vorweggenommen, daß angesichts des wachsenden Potentials an Irrationalität in der bestehenden Gesellschaft jeder Kompromiß gerade die Vernunft korrumpiert, in deren Namen er geschlossen wird. Dagegen tendiert Lukács, indem er darauf beharrt, daß Subjektivität im Zweifelsfalle sich den von außen an sie herangetragenen Beschränkungen zu fügen habe – diese Forderung erscheint später als die Forderung nach einer «Perspektive» – zum Denkverbot.

Pflichtethik und Dezisionismus

Diese Neigung zum Denkverbot wird, mit antipsychologischem Akzent, zum erstenmal deutlich in dem Essay über Storm. An ihm hebt Lukács zustimmend hervor, «seine Innerlichkeit» sei «noch nicht so krankhaft intensiv wie die der Schriftsteller von heute. In ihm ist nicht der Wunsch und der Zwang mächtig, jede Stimmung bis zu ihrer innersten seelischen Wurzel zu verfolgen».[43] Wäre der spätere Lukács in der Einschätzung seines Frühwerks nicht heteronom, er hätte wohl die Arbeit über Storm der über Novalis als gleichrangig zur Seite gestellt. Am Werk des Novalis sollte gezeigt werden, daß der Versuch der modernen Subjektivität, aus eigener Substanz heraus die verlorene «Synthese von Einheit und Universalität» wieder herauszustellen, in Weltverlust und Tod enden mußte: «sein Sieg ist ein Todesurteil über die ganze Schule. Denn alles, womit sie das Leben erobern wollten, reichte bloß für einen schönen Tod aus; ihre Lebensphilosophie war nur eine des Todes, ihre Lebenskunst eine des Sterbens.»[44] In stärkstem Kontrast hierzu sieht Lukács bei Storm einen «Überrest der wirklichen epischen Kultur»[45]: den mündlichen Vortrag, auf den hin seine Prosa, die häufig durch eine Rahmenerzählung eingefaßt wird, angelegt ist. Hierdurch werde es Storm möglich, in seinen Erzählungen die Immanenz eines Sinnzusammenhangs und ein geschlossenes Weltbild wenn nicht zu bewahren so doch wenigstens zu fingieren. Durch den mündlichen Vortrag «wird eine Distanz geschaffen, von der aus der Zwiespalt von Innen und Außen, von Tat und Seele nicht mehr sichtbar ist.»[46]

Der «Überrest» epischer Einheit werde bei Storm durch «Erinnerung» gestiftet. Indem Erinnerung die Einheit der Welt und des Geschehens bewahre bzw. erst hervorbringe, schaffe sie zugleich die Voraussetzung dafür, daß auf das Produkt der Dissoziation von Innen und Außen, Psychologie, weitgehend verzichtet werden könne. «Das Wichtigste ist: die Erinnerung – denn dies ist die typische Form der Rahmenerzählung – zergliedert die Dinge nicht, kennt selten ihre wirklichen Motive und keinesfalls drückt sie das Ergebnis in dem Nacheinander leiser, kaum merkbar sich wandelnder, seelischer Vibrationen aus.»[47] Eindeutigkeit ist für Lukács auch hier, im Gegensatz zu einer impressionistischen «Nervenkunst»[48], die die verschiedensten psychischen Impulse gleichberechtigt nebeneinander bestehen läßt, Gebot und Ziel bei der Hervorbringung eines Kunstwerks.

Von den in dem Essayband dargestellten Autoren verweist allein Storm auf einen Zustand, in dem die Begriffe «Bürgerlichkeit und l'art pour l'art» noch kein «Paradoxon» bildeten. «Einst, allerdings, war es keines. Denn wie hätte jemand, der als Bürger geboren wurde, auf den Gedanken verfallen können, daß man auch anders als bürgerlich leben könne? Und daß die Kunst in sich beschlossen sei und nur den eigenen Gesetzen gehorche, das war keine Folge einer gewaltsamen Loslösung vom Leben; sondern sie war um ihrer selbst willen da, so wie jede ehrlich getane Arbeit um ihrer selbst willen da ist. Weil das Interesse der Gesamtheit, der zuliebe ja alles entsteht, erfordert, daß die Arbeit so getan werde, als ob sie keinen Zweck außer sich hätte und nur um der in sich selbst beschlossenen Vollkommenheit willen da wäre.»[49] Ausdrücklich wird das Kunstwerk in Zusammenhang gebracht mit der Arbeit des Handwerkers, der auch nach Auflösung der Zünfte überwiegend Gebrauchswerte, die nicht über den anonymen Marktmechanismus abgesetzt werden, hervorbringt. Daß noch Storm sich an der Arbeit des Handwerkers orientieren konnte, hat zur Voraussetzung, daß, wie Lukács eigens anmerkt, in Deutschland «sich viele, besonders wirtschaftliche Entwickelungen viel später als anderswo eingestellt» haben, so daß «viele Gesellschafts- und noch viel mehr alte Lebensformen (...) sich hier länger als anderswo erhalten»[50] konnten.

Hier mag der Grund dafür zu suchen sein, daß Lukács diesen Essay später nicht mehr gelten ließ, obwohl seine Argumentationsstruktur mit der des Essays über Novalis übereinstimmt und obwohl hier bereits einige Positionen bezogen sind, die in spätere Arbeiten übernommen werden; so wird schon hier Flaubert, dem auch Lukács «Handwerkertüchtigkeit»[51] nicht absprechen kann, abqualifiziert gegenüber Storm, Mörike, Keller, Fontane, Groth, bei denen das Handwerkertum noch «naiv» gewesen sei; Flauberts Verfahren sei dagegen bereits «sentimental»[52]. Nicht anders wird später, in der für die Widerspiegelungstheorie grundlegenden Arbeit «Erzählen oder beschreiben», Balzac gegen Flaubert und Zola ausgespielt. Wenn Lukács trotzdem den Essay über Storm nicht mehr gelten lassen mochte, so vermutlich deshalb, weil hier die Problematik des organischen Werkbegriffs zwar nur indirekt, dafür aber umso deutlicher, weil unbefangen, ausgesprochen wird.

Denn so einleuchtend der Vergleich des Kunstwerks mit der Arbeit des vor allem Gebrauchswerte produzierenden Handwerkers ist, so wenig kann doch übersehen werden, daß damit die ästhetische Kategorie des Werks sich orientiert an einer durch die Entwicklung der Produktivkräfte bereits überholten Produktionsweise. Das bedeutet nicht, daß damit der Werkbegriff keine Aktualität mehr beanspruchen könnte; im Gegenteil: in einer durchkapitalisierten Realität wird das «Werk» zum einzigen Residuum, in dem Gebrauchswerte überdauern können. Überhaupt könnte mit einigem Recht gesagt werden, daß das «Werk» von Anfang an ein Anachronismus war. Als Paradigma der Kunst wurde es institutionalisiert in dem historischen Augenblick, da sein ökonomisches Vorbild, die handwerkliche, nicht am anonymen Markt, sondern an einem überschaubaren Bedarf sich orientierende Arbeit, der industriellen Fertigung von Waren zu weichen begann. Vor diesem Hintergrund muß die Kategorie des Werks von vornherein, unabhängig von allen besonderen Inhalten, als konservativ erscheinen, eine Tatsache, die nicht ohne weiteres vereinbar ist mit der Forderung, im Kunstwerk habe die Totalität einer Welt zu erscheinen, deren «Perspektive» historisch vorwärtsgerichtet sei. Diese bereits in dem Essay über Storm angelegte Problematik, die aufzulösen Lukács niemals gelungen ist, dürfte der eigentliche Grund für die Verleugnung einer Arbeit sein.

Ein weiterer Umstand noch mußte den Essay problematisch werden lassen. Während in den anderen Arbeiten des Bandes, vor allem in dem Essay über George, Lukács darauf verweist, daß auch – und gerade – die authentische Kunst der Moderne die Isolation der Menschen, den Zwang, ein nicht authentisches Leben zu führen, nicht aufzuheben vermag: «Die Allgemeinheit jener Lieder ist derart, daß sie die vielen hundert Leute eines Konzertsaales gleichzeitig bewegen kann; wir aber fühlen mit niemandem mehr gleichzeitig, und wenn eine Sache auch viele von uns auf einmal berührt, so kann sie doch nur viele Einsame berühren, ein Massengefühl kann sich aus diesen Stimmungen kaum mehr entwickeln»[53] — während also den anderen Essays zufolge gerade die authentische Kunst keine Antworten auf die Frage nach einer sinnvollen Praxis anzubieten hat, nimmt Lukács in dem Essay über Storm den Kantischen Begriff der Pflicht auf, um durch ihn Kunst und Leben miteinander zu vermitteln. «Bürgerlicher Beruf als Form des Lebens bedeutet in erster Linie das Primat der Ethik im Leben, (...) des Dauernden über das Momentane (...). Und die tiefste Folge ist vielleicht, daß die Hingabe über die egozentrische Einsamkeit siegt; (...) die Hingabe an etwas, *was von uns unabhängig und fremd, aber eben deshalb einfach und handgreiflich real ist*. Diese Hingabe macht der Isoliertheit ein Ende. Vielleicht ist der größte Lebenswert der Ethik eben der, daß sie ein Gebiet ist, wo es bestimmte Gemeinschaften gibt, ein Gebiet, wo die ewige Einsamkeit aufhört.»[54] In der Prosa Storms sieht Lukács diese Hingabe an eine überindividuelle Instanz gestaltet: «Das Schicksal kommt von außen, und machtlos ist die innere Kraft ihm gegenüber, aber eben deshalb muß das Schicksal stehen bleiben auf der Schwelle des Hauses, in dem die Seele wohnt, und kann niemals dort eintreten; das Schicksal kann diese Menschen nur zugrunde richten, doch niemals zerbrechen.»[55] Die «Hingabe an die Pflicht» ist es, die ein «Zerbrechen» der Menschen, den Verlust allen Sinnes, verhindern soll.

Aber nicht zufällig erinnert das Bild von dem «Haus, in dem die Seele wohnt» an jene Stelle bei Simmel, an der das Geld zum «Torhüter des Innerlichsten» bestimmt wird. Wie dort das letzte Refugium des Subjekts, seine Innerlichkeit, ganz abstrakt bleibt, so kehrt die Pflichtethik, als Forderung der unbedingten Hingabe, ein Moment der Blindheit hervor. Pflichtethik und Dezisionismus sind nicht voneinander zu trennen, weil die Unbedingtheit der Pflicht erkauft wird um den Preis des Verzichts, sie in einem vernünftigen historischen Zusammenhang zu sehen. Die absolute Pflicht, die dem einzelnen Subjekt das Gefühl vermittelt, in einem überindividuellen Sinnzusammenhang eingeordnet zu sein, kommt gerade dadurch zustande, daß der Inhalt der jeweiligen Aufgabe unbegriffen und «fremd» bleibt. «Hingabe» fordert die Arbeit, nicht, weil sie für den Einzelnen den Zusammenhang seiner individuellen mit einer gesamtgesellschaftlichen Vernunft sinnfällig machte, sondern weil sie mit dem Anspruch unbedingter, keiner Rechtfertigung bedürftiger Autorität versehen ist. Der Versuch, durch den Begriff der «Pflicht» das isolierte Subjekt auf ein überindividuelles Ganzes zu beziehen, bleibt jedenfalls vergeblich, ja er muß sich, je mehr durch die «Pflichtethik» partikulare Rationalität in den Dienst einer irrationalen Totalität gestellt wird, als verhängnisvoll erweisen. Je stärker die Irrationalität im geschichtlichen Verlauf sich durchsetzt, desto irrationaler und abstrakter muß auch die partikulare Rationalität werden, die auf ihn verpflichtet wird. Daher enthüllt sie sich ganz erst im Augenblick des Todes: «Nur hier im Angesicht des Todes (...) ist diese ruhige Kraft, mit der der Mensch dem Schicksal ins Auge sieht, ganz klar zu erkennen».[56] Auch in dem Essay über Storm also vermag Lukács nicht zu neuen Inhalten vorzustoßen, die strikte Entgegensetzung von authentischer Kunst und nichtauthentischem Leben bleibt auch hier unaufhebbar. Der Versuch, die Kunst und das Leben dadurch zu versöhnen, daß die Kunst auf der Ethik gegründet wird, bleibt solange aussichtslos, als der Ethik ein abstrakter Pflichtbegriff vorgeordnet bleibt. Fluchtpunkt der Dichtung Storms ist daher, nicht anders als bei Novalis, der Tod.

Metaphysischer Ästhetizismus

Erweist sich also die Vermittlung von Subjekt und Objekt durch romantische Subjektivität wie durch bürgerliche Ethik als gleichermaßen undurchführbar, so bleibt immerhin denkbar, daß die künstlerische Form in sich selbst genügend Substanz besitzen könnte, um die heteronome Fundierung entbehrlich sein zu lassen. Die Frage, ob der Ästhetizismus substantiell werden könne, wäre der dritte Aspekt des Satzes «Es gibt Kunstwerke – wie sind sie möglich?». Lukács faßt ihn in dem Essay über Richard Beer-Hofmann ins Auge. Der Tod steht hier nicht, wie in den Arbeiten über Novalis und Storm, als Fluchtpunkt am Ende, sondern am Anfang: «Jemand stirbt, und, ihres Inhalts beraubt, stürzen die Träume, die um ihn gestellt waren, in sich selbst zusammen und ihrem Sturz folgt der aller anderen Traumgebilde.»[57] Die Eigenart der Gestalten in den Dichtungen Beer-Hofmanns bestehe darin, so verallgemeinert Lukács seine Analyse der Prosadichtung «Der Tod Georgs» (1900), auf die sein Essay sich ausschließlich stützt, daß sie die Katastrophe der Inhalte erleiden können, ohne dadurch unterzugehen: «Die Ästheten Beer-Hofmanns sind so sensitiv, daß nur eine Kleinigkeit, ein Zufall zu kommen braucht, um alles in ihnen umzuwälzen, und sind doch stark genug, um zu verhindern, daß der Bankrott ihrer Lebensinhalte auch ihr Leben mit sich reiße. Mutiger und feiner, leichter und komplizierter als alle Andern verknüpfen sie – mit der Stimmung ihres Augenblicks als dem einzigen Fixpunkte der Welt im Zentrum – alles mit allem, doch als ihr großes Erlebnis diese fiktiven Zusammenhänge zerriß, zerriß es nur die Inhalte, die Form blieb.»[58] Der Essay über Beer-Hofmann wirft die

Frage auf, ob es möglich sei, den Ästhetizismus, den Rückzug auf die
Formensprache der Kunst, so weit zu radikalisieren, daß der Zusammenbruch der Lebensinhalte durch die Form aufgefangen werden könne. Durch
die Form wird die Kontingenz des Lebens, das an sich nur aus einer Anein-
anderreihung von sinnlosen Zufällen besteht, überwunden. «Es ist das Notwendigwerden der Zufälle; die Zufälligkeiten, die Momentanitäten, die
Niewiederholungen werden mit solcher Kraft zum Weltgesetz erhoben, daß
sie aufhören, Zufälligkeiten und Momentanitäten zu sein. Die Metaphysik
des Impressionismus. (...) Jede einzelne Welle ist ein Spiel des Zufalls: darin
allein liegt tiefe Gesetzmäßigkeit, daß alles Leben ein Spiel zufälliger Wellen
ist. Und wenn alles Zufall ist, dann ist nichts Zufall, dann gibt es keinen
Zufall».[59]

Indessen ist, entgegen den Ausführungen von Lukács, auch diese Lösung,
die im Werk von Beer-Hofmann gefunden zu sein scheint, nicht verallgemeinerbar. Der Grund des Gelingens, der zugleich die Unmöglichkeit einer
Verallgemeinerung über dieses eine Werk hinaus einschließt, wird von Lukács nur kurz mit der Bemerkung angedeutet: «der Weg, der aus dem
Ästhetentum herausführt», sei «das religiös tiefe Durchempfinden des Zusammenhanges von Allem mit Allem»[60]. In der Tat liegt die Bedingung der
Möglichkeit, durch die künstlerische Form die Katastrophe der Inhalte zu
überleben, darin beschlossen, daß Beer-Hofmanns Dichtungen vom Geist
des Judentums getragen werden. Den Ästhetizismus aus sich selbst heraus
zu überwinden, allein durch künstlerische Mittel, ohne Rekurs auf weltan-
schauliche, kunsttranszendente Elemente, dürfte zwar in der Tat die ursprüngliche, ambitionierte Absicht Beer-Hofmanns gewesen sein; je weiter
jedoch die Arbeit fortschritt, desto deutlicher mußte werden, daß die Kritik
der subjektivistischen «Stimmung» selbst eine bloße Stimmung blieb, so
lange keine Instanz außerhalb des vereinzelten Subjekts, aus dessen Phanta-
sien das Werk fast ausschließlich besteht, gefunden ist. «Alle Stunden, die
kamen, formten so mit unablässigen Fingern eine Seele, und sie schien aus
immer gleichen unseltenen Dingen, die allen gemein waren, gemacht. Weil
aber nichts wiederkommen konnte (...) und die Last und der ganze Reichtum aller früheren Stunden, die bis zu ihr gewesen, auf jeder neuen Stunde
als ihr schweres Erbteil lagen, war auch jede Seele die Hüterin von nie
gesehenen, unerhörten, einzigen Wundern.»[61] Dieser Versuch, die Zufälle
als notwendig zu begreifen, den Lukács als «Metaphysik des Impressionismus» bezeichnet, bleibt so lange vergeblich, als nicht die Instanz außerhalb
des einzelnen Subjekts gefunden ist, auf die bezogen erst jede Erscheinung
aufhört, ein bloßer Zufall zu sein. Beer-Hofmann löst das Problem, indem
er seinen Protagonisten – der eigentlich nur ein abstraktes «monologisie-

rendes Bewußtsein» bleibt – auf «das Blut in seinen Adern»[62], seine jüdische Herkunft, sich besinnen läßt. Auf diese Weise braucht der Ästhet mit der Realität außerhalb seines Bewußtseins nicht in Verbindung zu treten – der Anspruch, den Ästhetizismus aus sich selbst heraus sich überwinden zu lassen, bleibt insofern also, wenigstens formell, gewahrt. Aber indem er sich auf sein «Blut» beruft, bezieht er sich zugleich auf jene überindividuelle Instanz, durch die allein zwischen Erkenntnis und bloßer Stimmung unterschieden werden kann.[63] Für den Juden eröffnet sich die Möglichkeit, die Isolierung, den Zufall zu überwinden, indem er sich als Teil eines Volkes begreift, für das Geschichte – anders als für die europäischen Völker, denen Geschichte, nach Hegels Wort, als «Furie des Verschwindens» erscheinen muß – gerade der Ort des Bewahrens ist. Nur aus diesem Grunde kann das Notwendigwerden des Zufalls substantiell, nicht bloß willkürlich sein. So hat auch die für die Lebensphilosophie und ihre ästhetische Gestalt, den Jugendstil, charakteristische Metapher des Lebensstroms, wo Beer-Hofmann sie gebraucht, eine qualitativ andere Dimension: sie verweist nicht auf das Eintauchen in einen irrationalistisch-ahistorischen Zusammenhang, sondern, im Gegenteil, auf die Identität stiftende, religiös begründete Geschichte des eigenen Volkes. Auch im «Schlaflied für Mirjam» (1897) erscheint das Umschlagen des Zufalls in Notwendigkeit vor diesem Hintergrund.

Schlaf mein Kind – schlaf, es ist spät!
Sieh wie die Sonne zur Ruhe dort geht,
Hinter den Bergen stirbt sie im Rot.
Du – du weißt nichts von Sonne und Tod,
Wendest die Augen zum Licht und zum Schein –
Schlaf, es sind soviel Sonnen noch dein,
Schlaf mein Kind – mein Kind, schlaf ein!

Schlaf mein Kind – der Abendwind weht.
Weiß man, woher er kommt, wohin er geht?
Dunkel, verborgen die Wege hier sind,
Dir, und auch mir, und uns allen, mein Kind!
Blinde – so gehn wir und gehen allein,
Keiner kann Keinem Gefährte hier sein –
Schlaf mein Kind – mein Kind, schlaf ein!

Schlaf mein Kind und horch nicht auf mich!
Sinn hats für mich nur, und Schall ists für dich.
Schall nur, wie Windeswehn, Wassergerinn,
Worte – vielleicht eines Lebens Gewinn!
Was ich gewonnen gräbt mit mir man ein,
Keiner kann Keinem ein Erbe hier sein –
Schlaf mein Kind – mein Kind, schlaf ein!

Schläfst du, Mirjam? – Mirjam, mein Kind,
Ufer nur sind wir, und tief in uns rinnt
Blut von Gewesenen – zu Kommenden rollts,
Blut unsrer Väter, voll Unruh und Stolz.
In uns sind Alle. Wer fühlt sich allein?
Du bist ihr Leben – ihr Leben ist dein – –
Mirjam, mein Leben, mein Kind – schlaf ein![64]

Gerade das scheinbar reine Ästhetentum Beer-Hofmanns ist gleichsam vertikal strukturiert, an die überindividuelle Substanz eines geschlossenen religiösen Weltbildes gebunden. Was daher im Werk Beer-Hofmanns auf eindrucksvolle Weise gelingen konnte, ist, über das Judentum hinaus, nicht verallgemeinerbar.

So ist also das Problem «Es gibt Kunstwerke – wie sind sie möglich?», dessen Aspekte in den Essays der Sammlung «Die Seele und die Formen» prismatisch gebrochen erscheinen, keiner Lösung zuzuführen, die die Grundlage einer neuen Kultur, einer Versöhnung von Kunst und Leben abgeben könnte, zumindest solange nicht, als der Versuch, diese Entzweiung zu überwinden, beim einzelnen Subjekt ansetzt. Die Basis, von der aus diese Versöhnung ins Auge gefaßt werden soll, muß daher über das einzelne Subjekt hinaus verbreitert werden: die epischen Formen, die in der Essaysammlung nur eine untergeordnete Rolle spielten – selbst Beer-Hofmanns «Roman» «Der Tod Georgs» ist ja, als der innere Monolog eines einzelnen Bewußtseins, nur sehr bedingt als «episch» zu bezeichnen – treten in den Vordergrund. Der Übergang zur «Theorie des Romans» ist zwingend, weil allein in der epischen Form eine Basis für eine mögliche Überwindung der Spaltung von Subjekt und Objekt vermutet werden darf.

Tragödie – Wesensschau – Krisenerfahrung

Der Übergang von den eher subjektiven zu den objektivierenden, epischen Formen findet in der Tragödie statt. Ihr gilt die letzte Arbeit der Essaysammlung, und mit den hier gewonnnenen Ergebnissen setzt Lukács in der «Theorie des Romans» ein. Die Tragödie, heißt es hier, «verzehrt das Leben. (...) aus der Verworrenheit einer von Lebensschwere beladenen Handlung soll das klare Schicksal allmählich erglühen».[65] Schon in dem Essay über Paul Ernst stellt Lukács die Tragödie als die einzige Kunstform dar, die in der Gegenwart geeignet sei, das nichtauthentische Leben zu vertilgen und allein das Wesen übrigzulassen. «Nackte Seelen halten hier» – in der Tragödie – «mit nackten Schicksalen einsame Zwiesprache. Beiden ist alles entrissen, das nicht ihr innerstes Wesen ist; alle Beziehungen des Lebens sind vertilgt, um die Schicksalsbeziehung herstellen zu können; alles Atmosphärische zwischen Menschen und Dingen ist entschwunden (...). Dort setzt die Tragödie ein, wohin das Wunder des Zufalls den Menschen und das Leben hinaufgeschnellt hat (...). Die Tragödie hat nur eine Ausdehnung: die der Höhe.»[66] Als Form des Übergangs von einem nichtauthentischen zu einem authentischen Leben kann die Tragödie gelten, weil es zwar in ihrer Macht steht, das Wesen der handelnden Personen zu enthüllen, nicht jedoch, die Bedingungen dieser im einzelnen nicht vorhersehbaren Wesensenthüllungen erkennbar werden zu lassen. Diese bleiben vielmehr angewiesen auf den plötzlich einbrechenden «großen Augenblick», den «Zufall», das «Wunder», wie die von Lukács synonym gebrauchten Begriffe lauten, die einen der mystischen Erleuchtung ähnlichen Zustand bezeichnen. «Denn fremd ist dem Anlaß, was da durch seine Berührung geoffenbart ward, höher ist es und aus anderen Welten.»[67]

Auch – und gerade – die geschichtliche Konstellation ist nicht geeignet, das «Wunder» der plötzlichen Wesensschau zu erklären: «Durch ihr irrationell Wirkliches zwingt die Geschichte den Menschen zum rein Allgemeinen; sie gestattet ihm nicht, seine eigene Idee, die auf anderen Ebenen ebenso irrationell ist, zum Ausdruck zu bringen: aus ihrer Berührung entsteht ein beiden Fremdes: das Allgemeine.»[68] Eine noch weitergehende Rücknahme der geschichtsphilosophischen Positionen der Aufklärung ist nicht denkbar. Der Satz enthält die ganze Ratlosigkeit einer desorientierten, an sich selbst und am Weltlauf verzweifelnden Epoche. In der Geschichte, in der Entwicklung der Gattung erkennt das Subjekt sich nicht wieder; aus der geradlinigen Bahn des Fortschritts der Vernunft ist ein Labyrinth der Entfremdung geworden. Angesichts dieser Konstellation ist Erkenntnis, wie Husserl, dessen Einfluß auf Lukács hier unübersehbar ist, folgert, nur noch als Phänomenologie, als ahistorische Wesensschau, möglich. Sie ohne weiteres als «rückschrittlich» zu bezeichnen und gegen sie den historisch ausgerichteten Verstehensbegriff Diltheyscher Prägung auszuspielen[69], ist zumindest insofern fragwürdig, als gerade die scheinbar ahistorische Wesensschau, die nur in plötzlich einbrechenden Augenblicken des «Wunders» möglich ist, die Wirklichkeitserfahrung der Zeit vor dem ersten Weltkrieg, einer Epoche des voll entfalteten Kapitalismus, authentisch wiedergibt. Ohne diese Erfahrung wäre die Tragödientheorie Lukács' nicht möglich. Denn wie die Tragödie, so kennt auch das kapitalistische System seine plötzlichen Augenblicke des Wunders, in denen sein ansonsten verborgenes Wesen «nackt» sichtbar wird: die Krise. Und wie, in der Tragödie, die Bedingungen des «Wunders» unerkannt bleiben und nicht auf Geschichte bezogen werden können, so bleiben auch die Krisen des Kapitalismus unerklärlich, aus der historischen Konstellation, die, durch den Mechanismus des Marktes, als ein- für allemal geordnet gilt, nicht ableitbar. Daher können für Lukács der «große Augenblick», das «Wunder» und der «Zufall» zu Synonymen werden: auch in der sozialen Realität wird die Krise, die das Wesen des Systems ausspricht, zugleich als zwingend und schicksalhaft, und als zufällig und sinnlos erfahren.

Auch im Hegelschen System der Ästhetik erscheint das Drama als höchste Kunstform. Während jedoch hier das Wesen erkennbar wird, weil ein in sich substantielles Besonderes in einen begrifflich genau angebbaren Konflikt mit einem historisch Allgemeinen, dessen Vernünftigkeit ebenfalls nicht zweifelhaft ist, eintritt, gleiten in der von Lukács entworfenen Tragödientheorie Besonderes und Allgemeines voneinander ab, da ihnen nichts gemeinsam ist. Je mehr die Irrationalität in der Geschichte zunimmt, desto seltener und auch folgenloser müssen die Augenblicke werden, in denen im Drama das Wesen hervortritt: immer radikaler muß das Drama von aller Empirie abstrahieren – das meint die Bemerkung, seine einzige Dimension sei die «Höhe» – immer weniger «Leben» darf Einlaß finden, damit das authentische Wesen nicht zerstört wird. Das nur in wenigen auserwählten Augenblicken erscheinende Wesen bekommt gleichsam Löcher, bis es schließlich so abstrakt wird, daß das Drama entweder im Verstummen endet, oder, um nicht ganz inhaltsleer zu werden, sich wieder empirisch anzureichern beginnt und «episch» wird. Aber nicht dem epischen Theater wendet Lukács sich zu, sondern der Geschichtsphilosophie und den «Formen der großen Epik», um auf diese Weise die Dimension der abstrakten Höhe zu ergänzen durch eine umfassende Durchdringung der Realität.

Die Negativität des Ideals

Die Hinwendung vom Drama zum Roman bezeichnet zugleich den philosophischen Paradigmenwechsel, den Lukács vollzieht, von Kant zu Hegel, vom subjektiven zum objektiven Idealismus. «Die große Epik gestaltet die extensive Totalität des Lebens, das Drama die intensive Totalität der Wesenhaftigkeit.»[70] Das Drama wird Kant zugeordnet, weil das Wesen der einzelnen Menschen, das in ihm erscheint, der Kantischen Konzeption des intelligiblen Ich entspricht; allerdings sind beide, Wesen und intelligibles Ich, gleichermaßen abstrakt geworden. Das Wesen leistet über sein reines «Erscheinen» hinaus keinen Beitrag zur Erkenntnis der undurchsichtig gewordenen Welt: «Kants Sternenhimmel glänzt nur mehr in der dunklen Nacht der reinen Erkenntnis und erhellt keinem der einsamen Wanderer – und in der Neuen Welt heißt Mensch–sein: einsam sein – mehr die Pfade. (...) Von innen strahlt kein Licht mehr in die Welt der Geschehnisse und in ihre seelenfremde Verschlungenheit. Und ob die Angemessenheit der Tat an das Wesen des Subjektes, der einzige Wegweiser, der übrigblieb, wirklich das Wesen trifft, wer kann es wissen, wenn das Subjekt (...) seine innerste und eigenste Wesenheit nur als unendliche Forderung auf einem imaginären Himmel des Seinsollenden»[71] findet.

Die «Theorie des Romans», «im Sommer 1914 entworfen, im Winter 1914/15 niedergeschrieben», entstand «in einer Stimmung der permanenten Verzweiflung über den Weltzustand»[72]. Formal betrachtet handelt es sich bei der «Theorie des Romans» um eine Fortsetzung der Hegelschen Ästhetik; Lukács versucht diejenige Gattung geschichtsphilosophisch zu durchdringen, die außerhalb des Systems verblieben war. Fraglich ist aber, ob eine solche Fortsetzung überhaupt möglich ist oder ob sie nicht sofort mit der Hegelschen Konstruktion der Geschichte in Konflikt geraten muß. Daher muß die Wendung zu Hegel über kurz oder lang zu einer Wendung gegen ihn werden. Denn die Kunst wird, wie Lukács im Vorwort zur Neuauflage ausführt, bei Hegel «gerade problematisch, weil die Wirklichkeit unproblematisch wird. Völlig entgegengesetzt ist die formal ähnliche Konzeption der ‹Theorie des Romans›: die Problematik der Romanform ist hier das Spiegelbild einer Welt, die aus den Fugen geraten ist.»[73]

Lukács übernimmt von Hegel denn auch vor allem dessen Prinzip der Historisierung der ästhetischen Kategorien. Für Hegel sind die Kunstwerke Ausdruck des in der Geschichte sich herausbildenden Selbstverständnisses der menschlichen Subjektivität. Diesen Historisierungsprozeß hatte Hegel abgebrochen, als mit dem Roman eine Kunstform sich durchsetzte, die mit seinem Anspruch, die vollendete Versöhnung von Subjekt und Objekt systematisch dargestellt zu haben, schlechterdings nicht mehr in Übereinstimmung zu bringen war. Hegel in diesem Punkte fortzuführen, bedeutet daher zugleich den Bruch zu vollziehen mit seiner grundlegenden Voraussetzung: daß es die Vernunft sei, die den Gang der Geschichte bestimme. Die «Theorie des Romans» ist nicht denkbar ohne die Hegelsche Ästhetik; aber sie ist zugleich deren Kritik. «Der Roman ist die Epopöe eines Zeitalters, für das die extensive Totalität des Lebens nicht mehr sinnfällig gegeben ist, für das die Lebensimmanenz des Sinnes zum Problem geworden ist, und das dennoch die Gesinnung zur Totalität hat.»[74] Daher ist der Roman «Ausdruck der transzendentalen Obdachlosigkeit»[75] der Menschen, sein Inhalt ist «die Wanderung des problematischen Individuums zu sich selbst»[76]. Die Romanhelden sind «Suchende»[77], ohne Aussicht freilich, jemals zum Ziele zu gelangen; das «bloße Erblicken des Sinnes» ist «das Höchste (…), was das Leben zu geben hat»[78]. So ist denn, angesichts der «Negativität des Ideals»[79], das Suchen, der eigentliche Inhalt des Romans, immer schon von Anfang an gescheitert.

Mit der schroffen Konstatierung der «Negativität des Ideals» ist Lukács eine prägnante Diagnose seiner Zeit gelungen. Das Sinndefizit, das der Krisenstimmung in den Jahren vor dem Ausbruch des Krieges zugrundeliegt, führt er auf die Tatsache zurück, daß «die Außenwelt nicht mehr in bezug auf die Ideen angelegt ist», so daß «diese im Menschen zu subjektiven seelischen Tatsachen, zu Idealen werden»[80]. Damit ist das Ideal, für Hegel die ästhetische Gestalt der in der Geschichte wirksamen vernünftigen Idee, in das Innere der Menschen zurückverlegt. Die Möglichkeit, daß die Menschen durch die Kunst sich in der Wirklichkeit orientieren, in ihr sich «zu Hause» fühlen können, ist verloren. In ihnen lebt das Ideal zwar in der Gestalt bereits geschaffener Kunstwerke fort, aber es verliert seine Verbindlichkeit, sobald in seinem Lichte die Außenwelt interpretiert werden soll. Daß die Außenwelt nicht mehr in bezug auf die Ideen angelegt ist, besagt nichts anderes, als daß die bürgerliche Kultur, in deren Zentrum das Individuum stand, in dieser Phase des Kapitalismus keine Funktion mehr hat. Legte schon die Tatsache, daß bereits Kant das intelligible Ich, das unzerstörbare Wesen des Individuums, nur abstrakt, als Postulat, zu denken vermochte, die Vermutung nahe, die gesellschaftliche Dynamik könne sehr wohl auch ohne es auskommen, indem sie nur ihren durch den Markt vermittelten Bewegungsgesetzen folgte, so ist diese Vermutung in der «Theorie des Romans» zur Gewißheit gediehen. Die fortgeschrittenen wirtschaftlichen Konzentrationsprozesse lassen das Individuum, das, nachdem es sich nicht mehr als Teil des göttlichen Schöpfungsplans begreifen konnte, seinen Selbstwert aus seiner Bedeutung als Wirtschaftssubjekt bezog, endgültig als überflüssig erscheinen. Die nachhaltige Wirkung, die die «Theorie des Romans» hervorrief, ist wohl darauf zurückzuführen, daß es Lukács gelungen war, ungeachtet der «geisteswissenschaftlichen Methode»[81], deren er sich noch bediente, das allgemeine, diffuse Leiden unter diesem

Mißverhältnis zwischen differenziertester Subjektivität und einer sich zunehmend entdifferenzierenden Welt klar auszusprechen.

Ironie und biographische Form

Die naheliegende Frage, ob unter diesen Umständen eine Geschichtsphilosophie des Romans überhaupt der Mühe lohne, wird von Lukács implizit durch den Hinweis beantwortet, daß der Roman die einzige Kunstform sei, die die «Gesinnung zur Totalität» habe. Der Roman ist die einzige Gattung, die, wenn sie auch der ihr immanenten «Gesinnung» niemals ganz gerecht zu werden vermag, doch zumindest darauf angelegt ist, die Lebensimmanenz des Sinnes zurückzugewinnen.

Es sind vor allem zwei Begriffe, ein formaler und ein inhaltlicher, die auf die «Gesinnung» des Romans zur «Totalität» verweisen: Ironie und Biographie. Während Hegel die Ironie als Ausdruck der Hybris des Subjekts einer vernichtenden Kritik unterzog – mittels der Ironie maßt das Subjekt sich an, die vernünftige Ordnung der Wirklichkeit selbstherrlich in Frage zu stellen –, schätzt Lukács sie aus eben diesem Grunde positiv ein. Allein durch die Ironie wird es dem vereinzelten Subjekt möglich, sich selbst und die Außenwelt zu relativieren, die Starrheit, mit der Subjekt und Objekt einander gegenüberstehen, vorübergehend aufzuheben. Die «Selbsterkenntnis und damit die Selbstaufhebung der Subjektivität (...) bedeutet, als formelles Konstituens der Romanform, eine innere Spaltung des normativ dichterischen Subjekts in eine Subjektivität als Innerlichkeit, die fremden Machtkomplexen gegenübersteht und der fremden Welt die Inhalte ihrer Sehnsucht aufzuprägen bestrebt ist, und in eine Subjektivität, die die Abstraktheit und mithin die Beschränktheit der einander fremden Subjekts- und Objektswelten durchschaut (...) und durch dieses Durchschauen die Zweiheit der Welt zwar bestehen läßt, aber zugleich in der wechselseitigen Bedingtheit der einander wesensfremden Elemente eine einheitliche Welt erblickt und gestaltet.»[82] Die Ironie, heißt es an anderer Stelle, ist die «transzendentale Bedingung der Objektivität der Gestaltung»[83], weil sie die in sich verfestigte Subjektivität, die als solche mit epischer, «objektiver» Gestaltung unvereinbar wäre, vorübergehend ebenso aufhebt wie die starren Strukturen der Außenwelt. «Die Ironie als Selbstaufhebung der zu Ende gegangenen Subjektivität ist die höchste Freiheit, die in einer Welt ohne Gott möglich ist.»[84] Sie ist, indem sie die starren Fronten von Subjekt und Objekt vorübergehend aufhebt, das einzige Mittel, den Abgrund zwischen dem nur noch in der Innerlichkeit überdauernden Ideal und der Wirklich-

keit, die durch keine vorgegebene Idee mehr strukturiert ist, zu überbrücken.

Entgegen dem ersten Anschein unterscheidet die Einschätzung der Ironie
durch Lukács sich also gar nicht so sehr von derjenigen Hegels. In der
«Theorie des Romans» erscheint derselbe Machtanspruch des Subjekts, der
Hegel verdammenswürdig schien, als die einzige Möglichkeit, eben diese
Selbstherrlichkeit des Subjekts zu brechen oder wenigstens vorübergehend
außer Kraft zu setzen. Ironie, gerade als Ausdruck des selbstherrlichen
Subjekts in einer entgötterten Welt, zertrümmert den übersteigerten
Absolutheitsanspruch des spätbürgerlichen Individuums und verschafft
ihm damit die Möglichkeit, sich zu anderen in Beziehung zu setzen. Allerdings ist die «Einheit», die Ironie stiftet, «eine rein formale; die Fremdheit
und die Feindlichkeit der innerlichen und der äußerlichen Welten ist nicht
aufgehoben, sondern nur als notwendig erkannt»[85]. Die Konzeption der
Ironie, wie sie von Lukács vorgetragen wird, erinnert an Münchhausen, der
sich am eigenen Zopf aus dem Sumpf zu ziehen versucht: Subjektivität
muß, um sich aus der Verstrickung in sich selbst zu befreien, abermals auf
Subjektivität, auf sich selbst rekurrieren. Die Einheit, die sie herstellt, bleibt
ebenso formal wie die in der liberalistischen Ordnung über die abstrakte
Institution des Marktes vermittelte. Auch hier sind die Subjekte nur zu
formalen Beziehungen fähig, weil der Markt sie nur durch den Austausch
von Quantitäten miteinander in Beziehung treten läßt.

Die äußere Form des Romans bestimmt Lukács als eine «wesentlich
biographische»[86]. Da die Außenwelt nicht mehr in bezug auf die Ideen
angelegt ist, wird es nahezu unmöglich, allein durch künstlerische Mittel zu
einem überzeugend geschlossenen, organischen Werk zu gelangen. Wenn
die Romanhelden einerseits als «Suchende» begriffen werden, andererseits
aber a priori feststeht, daß sie niemals zu einem Ziel gelangen werden, dann
steht nichts dafür ein, daß ihr Suchen einen sinnvollen Verlauf nehmen, zu
einem Abschluß kommen wird. So müssen außerkünstlerische – historische, biographische – Fakten hinzutreten, die dem «Suchen» der Romangestalt einen festen Rahmen geben. «In der biographischen Form wird das
unerreichbare, sentimentalische Streben sowohl nach der unmittelbaren
Lebenseinheit, wie nach der alles abschließenden Architektonik des Systems zur Ruhe und zum Gleichgewicht gebracht, zum Sein verwandelt.»[87]
Damit nimmt Lukács auf, was er bereits in seinem Essay über Storm zur
Form der Rahmenerzählung und zur «Erinnerung» als einheitsstiftenden
Momenten gesagt hatte. Beide Momente verbinden sich in der Form der
Biographie; Erinnerung ist ihr Medium, der «Rahmen» setzt sich aus den
unbezweifelbaren historischen Fakten eines Lebenslaufs zusammen. Der

«Eine Büchersammlung ...

... ist der Gegenwert eines großen Kapitals, das geräuschlos unberechen-
bar Zinsen spendet.»
Dieses Goethe-Wort könnte beinahe auch für Pfandbriefe gelten, allein:
dafür bedarf es keines *großen* Kapitals, und die Zinsen sind berechenbar.

Pfandbrief und
Kommunalobligation

**Meistgekaufte deutsche Wertpapiere - hoher
Zinsertrag - bei allen Banken
und Sparkassen**

Verbriefte  Sicherheit

Rückgriff auf die biographische Form ist der Trick, durch den die Tatsache, daß die Außenwelt nicht mehr in bezug auf die Ideen angelegt ist, zumindest scheinbar außer Kraft gesetzt werden kann: die Geschlossenheit der Biographie suggeriert, daß hier ein Leben zu einer in sich sinnvollen Totalität gefunden hat.

Es ist eine nachträgliche Bestätigung für den scharfen diagnostischen Blick des jungen Lukács, daß, besonders in den Jahren nach dem Weltkrieg, als der bürgerliche Glaube an die Fähigkeit des Individuums, sein Leben aus eigener Kraft zu einem sinnvollen Ganzen zu organisieren – 1926 erscheint mit dem Buch «Wilhelm von Humboldt und der Staat» von Siegfried A. Kaehler der bisher schärfste Angriff auf den wichtigsten Theoretiker des Individuums –, die Biographie in den Vordergrund tritt. Im Jahre 1930 sieht Siegfried Kracauer in der Biographie die «neubürgerliche Kunstform»[88] schlechthin: «Allzu nachhaltig hat in der jüngsten Vergangenheit jeder Mensch seine Nichtigkeit und die der andern erfahren müssen, um noch an die Vollzugsgewalt des beliebigen Einzelnen zu glauben. Sie aber bildet die Voraussetzung der bürgerlichen Literatur in den Vorkriegsjahren. Die Geschlossenheit der alten Romanform spiegelt die vermeintliche der Persönlichkeit wider (...). Das Vertrauen in die objektive Bedeutung irgendeines individuellen Bezugssystems ist den Schaffenden ein für allemal verlorengegangen. (...) Nicht umsonst spricht man von der Krisis des Romans.»[89] Während diese Analyse deutlich Lukács verpflichtet ist, führt Kracauers Aufsatz insofern über die «Theorie des Romans» hinaus, als er die Verbreitung der biographischen Literatur als Ausdruck der bürgerlichen Restauration in den zwanziger Jahren begreift: «Inmitten der erweichten unfaßlichen Welt wird der Zug der *Geschichte* zum Element. Die Geschichte, die sich uns eingebrockt hat, taucht als Festland aus dem Meer des Gestaltlosen, Nichtzugestaltenden auf. (...) Die Moral der Biographie ist: daß sie im Chaos der gegenwärtigen Kunstübungen die einzige scheinbar notwendige Prosaform darstellt. Eine des stabilisierten *Bürgertums*.»[90] Kracauer hat, wohl unter Anspielung auf Autoren wie Emil Ludwig, der über Goethe wie über Wilhelm II. Biographien verfaßte, den zutiefst positivistischen Gehalt dieser literarischen Form erkannt, die verschleierte Substitution von Sinn durch die Gewalt der Tatsachen. In der scheinbaren Autonomie des Individuums, wie sie die Biographien der zwanziger Jahre vorgaukelten, bereitete sich die Heteronomie, die Selbstpreisgabe des Bürgertums an die direkte politische Macht vor. Daß Hitler vor der «Machtergreifung» sich literarisch einführte, durch die Herausgabe seiner Autobiographie, die seinen Lebensweg als einen ebenso exemplarischen wie notwendigen legitimieren sollte, lag nur in der Logik dieser Entwicklung.

Typologie der Romanformen

Hatte im ersten Teil der «Theorie des Romans» Lukács eine geschichtsphi-
losophische Durchdringung der Gattung versucht, so will er im zweiten
Teil anhand der Analyse ausgewählter Romane zu einer «Typologie der
Romanformen» gelangen, gemäß den verschiedenartigen Versuchen des
Romanhelden, die nur in seinem Innern vorhandenen «Ideale» mit der
Außenwelt in Übereinstimmung zu bringen.

Lukács unterscheidet zwischen Romanen, die nach dem Prinzip eines
«abstrakten Idealismus» verfahren, und solchen, für die eine «Desillusionsromantik» das principium stilisationis ist; dort ist die Seele «schmäler»,
hier «breiter» als die Außenwelt. In dem Vorwort zur Ausgabe von 1963
hat Lukács diese Unterscheidung ausdrücklich verworfen. «Diese höchst
abstrakte Zweiteilung ist bestenfalls geeignet, einige Momente des als für
den ersten Typus repräsentativ dargestellten ‹Don Quijote› zu erhellen. Sie
ist aber viel zu allgemein gehalten, um den ganzen historischen und ästhetischen Reichtum selbst dieses einen Romans gedanklich zu erfassen.»[91] Allerdings ging es bei der Unterscheidung «Seele zu schmal für die Außenwelt
– Seele breiter als die Außenwelt» auch gar nicht um «den ganzen historischen und ästhetischen Reichtum» der Romane (eher um eine Neufassung
der Schillerschen Unterscheidung von naiver und sentimentalischer Dichtung, bezogen auf die veränderte historische Situation). Lukács hatte wohl
niemals die Absicht, die exemplarisch ausgewählten Romane zu «interpretieren», eher wollte er, gemäß der von ihm dargestellten Verfahrensweise
des Essayisten, «bei Gelegenheit» der Romanform «die Wahrheit» aussprechen über das bürgerlich sozialisierte, von bürgerlichen Wertvorstellungen
durchaus geprägte Individuum, das sich mit einer Welt konfrontiert sieht,
die diese Werte zunehmend verleugnet. «Die Dämonie der Verengung der
Seele ist die Dämonie des abstrakten Idealismus. Es ist die Gesinnung, die
(...) mit dem echtesten und unerschütterlichsten Glauben aus dem Sollen
der Idee auf ihre notwendige Existenz schließt und das Nichtentsprechen
der Wirklichkeit dieser apriorischen Anforderung als ihr Verzaubertsein
ansieht, das von bösen Dämonen vollbracht, durch das Finden des lösenden
Wortes oder durch das mutige Bekämpfen der Zaubermächte zur Entzau-
berung und Erlösung geführt werden kann.»[92] Jeder Satz läßt erkennen,
daß mit der Beschreibung des «Don Quijote» und der Zeit seiner Entstehung Lukács die eigene Epoche meint. «Es ist (...) die Periode der großen
Verwirrung der Werte bei noch bestehendem Wertsystem. Und Cervantes
(...) hat gestaltend das tiefste Wesen dieser dämonischen Problematik ge-

troffen: daß (...) der echtesten und heldenhaftesten, subjektiven Evidenz keine Wirklichkeit entsprechen muß. Es ist die tiefe Melancholie des historischen Ablaufs (...), daß ewige Inhalte und ewige Haltungen ihren Sinn verlieren, wenn ihre Zeit vorbei ist; daß die Zeit über ein Ewiges hinweggehen kann.»[93] Die Beschreibung des «Don Quijote» dient als Folie, vor der die Gegenwart klarer hervortreten soll: durch die Gestalt des irrenden Ritters vergegenwärtigt Lukács den europäischen Bürger vor Ausbruch des Weltkrieges, den Bürger, der nicht wahrnimmt bzw. nicht wahrnehmen will, daß die Wertvorstellungen, mit denen er aufgewachsen ist, die Dynamik, die das Individuum der liberalistischen Epoche antrieb, in der Realität keine Funktion mehr haben. Als «sentimentalisch» sind diese Gestalten zu bezeichnen, weil sie, gemäß der von Schiller ausgearbeiteten Typologie, einem nur erst in ihrem Innern vorhandenen Ideal zustreben, mit dem Unterschied, daß, anders als bei Schiller, die Geschichte keine Perspektive mehr auf die Verwirklichung des Ideals erlaubt. Wobei offenbleiben mag, ob es diese Perspektive gegen Ende des 18. Jahrhunderts tatsächlich noch gegeben hatte, oder ob nicht bereits mit der Einteilung der Poesie in sentimentalische und naive eine Rationalisierung der Tatsache vorlag, daß schon zur Zeit Schillers die Dynamik der bürgerlichen Gesellschaft und ihre Inhalte auseinanderzutreten begannen. Die Verklärung des dynamischen Prinzips als «sentimentalisch» wäre dann als Versuch zu verstehen, dieser abstrakten Dynamik, in der Gestalt des Ideals, einen Inhalt zuzuschreiben, der ihr in Wahrheit bereits abhanden gekommen war.

Wie der abstrakte Idealismus – «Seele zu schmal für die Realität» – der Kategorie des Sentimentalischen zugeordnet werden kann, so entspricht die Alternative, «Seele zu breit im Verhältnis zur Wirklichkeit», der Kategorie des Naiven. Hier handelt es sich nicht «um ein abstraktes Apriori dem Leben gegenüber (...), das sich in Taten realisieren will (...), sondern um eine in sich mehr oder weniger vollendete, inhaltlich erfüllte, rein innerliche Wirklichkeit, (...) eine Tendenz zur Passivität (...); die Tendenz, äußeren Konflikten und Kämpfen eher auszuweichen, als sie aufzunehmen; die Tendenz, alles, was die Seele betrifft, rein in der Seele zu erledigen.»[94] Hatte jedoch der naive Dichter, wie Schiller ihn beschrieb, sich noch der Kontemplation überlassen dürfen, im Vertrauen darauf, daß die Struktur der Außenwelt im großen und ganzen der Struktur des eigenen Innern entsprach, so ist der ihm entsprechende Romanheld, dessen Seele «zu breit im Verhältnis zur Wirklichkeit» ist, gezwungen, den zu vollständiger Isolation führenden Rückzug in die eigene Innerlichkeit anzutreten. Gegenstand der Kontemplation ist nur noch das eigene Innere; nicht mehr die Natur, erst recht nicht eine soziale Umwelt, deren Irrationalität so weit zugenommen hat, daß gerade das reichste, differenzierteste Innere ihr gegenüber bizarr erscheinen müßte. Die Bewegung, die der Romanheld vollzieht, dessen Seele breiter ist als die Realität, ist also gegenläufig zu dem «sentimentalischen» Helden: während dieser, immer bestrebt, den Prozeß der «Desillusionierung» durch gesteigerte Dynamik zu überspielen, einer leeren Hektik, schließlich einer totenähnlichen Erschöpfung verfällt – als Beispiel nennt Lukács Frédéric Moreau, den Helden von Flauberts «L'Education sentimentale» –, geht die «naive» Romanfigur aller Dynamik verlustig, um schließlich in einer nicht minder monströsen und leeren Bewegungslosigkeit zu enden, in einer Passivität, für die Gontscharow «ein sinnlich so schlagend kräftiges Bild wie das ewige, hilflose Liegenbleiben Oblomows»[95] gefunden hat.

Die Rückbeziehung der beiden Romantypen des «abstrakten Idealismus» und der «Desillusionsromantik» auf die Kategorien «sentimentalisch» und «naiv» läßt erkennen, daß auch in der «Theorie des Romans» das bereits bei Schiller sich abzeichnende, von Simmel eindringlich beschriebene und von Lukács in der Aufsatzsammlung «Die Seele und die Formen» weiter differenzierte grundsätzliche Problem der bürgerlichen Kultur: das Verhältnis der gesellschaftlichen Dynamik zu ihren Inhalten, durch die philosophische Reflexion *allein* nicht zu lösen ist. Die beiden letzten Kapitel der «Theorie des Romans» fügen diesem grundsätzlichen Befund nichts Neues mehr hinzu. Gegenstand dieser Kapitel sind zwei gegensätzliche Versuche, das problematische Verhältnis von Individuum und Gesellschaft einer Lösung zuzuführen. Beide Versuche müssen als gescheitert angesehen werden; Goethe gelingt es nicht, in seinem «Wilhelm Meister» die epische «Lebensimmanenz des Sinnes» mit der bürgerlichen Gesellschaft zu vermitteln; «Humanität», die Lukács definiert als «Gleichgewicht von Aktivität und Kontemplation»[96], kann hier nur durch Rückgriff auf «Gestaltungsmittel der (romantischen) Epopöe»[97], also durch eine der vorbürgerlichen Epoche zugehörige Kunstgattung, hergestellt werden. Tolstoi gelingt zwar die Gestaltung der Lebensimmanenz des Sinnes, aber nur durch das «Hinausgehen» über die gesellschaftlichen Formen des Lebens[98] überhaupt: seine Gestalten bleiben in Natur befangen. Was über diese beiden Utopien hinausweisen könnte, wird von Lukács nur mit dem Namen Dostojewskij angedeutet: «Er gehört der neuen Welt an.»[99] Zu einem Werk über ihn sollte die «Theorie des Romans» die Einleitung sein.

Der archimedische Punkt: «Geschichte und Klassenbewußtsein»

Lukács hat, bis zur «Theorie des Romans», die Antwort auf die «Tragödie der Kultur» immanent, durch die geschichtsphilosophische Durchdringung der kulturellen Objektivationen, gesucht; das Werk Dostojewskijs sollte der archimedische Punkt außerhalb dieses Zirkels werden, der Punkt, von dem aus «diese neue Welt, fern von jedem Kampf gegen das Bestehende, als einfach geschaute Wirklichkeit»[100] sich abzeichne.

Daß die Arbeit über Dostojewskij nicht zustande kam, hat vor allem den Grund, daß Lukács 1917 einen anderen archimedischen Punkt fand, von dem aus alle die Probleme, die bisher als unlösbar gegolten hatten, einer Lösung zugeführt werden konnten. «Es ist keineswegs zufällig», so beginnt die zentrale Arbeit in dem 1923 erschienenen Band «Geschichte und Klassenbewußtsein», der Aufsatz «Die Verdinglichung und das Bewußtsein des Proletariats», «daß beide großen und reifen Werke von Marx, die die Gesamtheit der kapitalistischen Gesellschaft darzustellen und ihren Grundcharakter aufzuzeigen unternehmen, mit der Analyse der Ware beginnen. Denn es gibt kein Problem dieser Entwicklungsstufe der Menschheit, das in letzter Analyse nicht auf diese Frage hinweisen würde, dessen Lösung nicht in der Lösung des Rätsels der *Warenstruktur* gesucht werden müßte».[101] Ausgehend von dem Kapitel über den Fetischcharakter der Ware aus dem «Kapital», versucht Lukács nun, systematisch alle Antinomien aufzulösen, die die Krise der Kultur verursacht haben. Es ist, als habe die nahezu religiöse Inbrunst, mit der er bisher vergeblich nach dem Absoluten gesucht hatte, nun endlich ihre Erfüllung gefunden; als sei die lange zurückgestaute Erlösungssehnsucht in den unwiderstehlichen Impuls umgesetzt worden, die während des Krieges im Chaos versunkene Welt aus einer einheitlichen Perspektive, im Grunde aus einem einzigen Gedanken heraus, neu zu ordnen.

Der Essayist, so hatte Lukács geschrieben, sei ein Schopenhauer, der zuerst die «Parerga» liefere, in Erwartung dessen, der das alle Rätsel lösende Hauptwerk vorlegen werde; dieses Werk schreibt Lukács nun selbst. Und wie Schopenhauer bereits im Titel seines Hauptwerks den Grundgedanken zusammenfaßt, so ist auch in dem Titel «Die Verdinglichung und das Bewußtsein des Proletariats» der Inhalt im wesentlichen enthalten: «Verdinglichung» – erst zehn Jahre später werden die Frühschriften von Marx, die den Begriff «Entfremdung» enthalten, entdeckt – ist der theoretische Schlüssel zu der «Tragödie der Kultur»; das «Bewußtsein des Proletariats» bringt die umfassende Erlösung aus der, wie es in der «Theorie des

Romans» unter Anspielung auf ein Wort von Fichte geheißen hatte, «Epoche der vollendeten Sündhaftigkeit»[102] hervor. Auch insofern bedeutet
«Geschichte und Klassenbewußtsein» einen Wendepunkt, als nun nicht
mehr vermittels der Ästhetik transästhetische Probleme aufgelöst werden
sollen; vielmehr werden, wie zuerst der Aufsatz «Erzählen oder beschreiben» (1936) erkennen läßt, von Marx übernommene politische, gesellschaftliche, ökonomische Maximen es sein, die den ästhetischen Fragestellungen die Lösung vorgeben.

Verdinglichung

«Das Wesen der Warenstruktur (...) beruht darauf, daß ein Verhältnis, eine
Beziehung zwischen Personen den Charakter einer Dinghaftigkeit und auf
diese Weise eine ‹gespenstige Gegenständlichkeit› erhält, die in ihrer strengen, scheinbar völlig geschlossenen und rationellen Eigengesetzlichkeit jede
Spur ihres Grundwesens, der Beziehung zwischen Menschen verdeckt.»[103]
Wohl hat es Warenverkehr schon auf sehr primitiven Entwicklungsstufen
der Gesellschaft gegeben; da aber der Tauschwert hier noch unmittelbar an
den Gebrauchswert gebunden war, ist der Warenfetischismus ein spezifi-
sches Problem «des *modernen* Kapitalismus»[104]. In ihm ist die Warenform
das Absolute, sie durchdringt sämtliche Lebensäußerungen der Gesellschaft
und formt diese «nach ihrem Ebenbilde»[105] um, indem sie ehemals lebendige Wechselwirkungen zu Dingen verwandelt. Damit kann Lukács beanspruchen, mit der eigentlichen Ursache der «Tragödie der Kultur», der von
Simmel beklagten Verfestigung aller kulturellen Objektivationen, zugleich
die Möglichkeit ihrer Aufhebung gefunden zu haben. Da «Verdinglichung»
indessen nur dann als Schlüssel zur Lösung aller Probleme dienen kann,
wenn die Ware «als Universalkategorie des gesamten gesellschaftlichen
Seins»[106] begriffen wird, verwendet Lukács große Sorgfalt darauf, diese
Durchdringung der *gesamten* Gesellschaft durch die Warenform nachzuweisen, und zwar im Bereich des *Objekts,* des *Subjekts* und der *intersubjektiven Beziehungen.*
    Die erste Folge des Prinzips der «auf *Kalkulierbarkeit* eingestellten Ra-
tionalisierung»[107], das dem kapitalistischen Arbeitsprozeß zugrundeliegt,
ist ein Zerbrechen der organischen Einheit des Produktes selbst durch Rationalisierung. «Das einheitliche Produkt als Gegenstand des Arbeitsprozesses verschwindet. Der Prozeß wird zu einer objektiven Zusammenfassung rationalisierter Teilsysteme, deren Einheit rein kalkulatorisch bestimmt ist, welche also einander gegenüber als *zufällig* erscheinen müs-

sen.»[108] Hatte Hegel, bei der Abgrenzung der ästhetischen Wahrnehmung gegen den gewöhnlichen Positivismus des Alltagsbewußtseins, das Subjekt für die Entlebendigung der Gegenstände verantwortlich gemacht, so geht Lukács einen entscheidenden Schritt weiter durch den Nachweis, daß dieser Verlust der in sich sinnvollen Einheit der Dinge im Arbeitsprozeß selbst, in dem das Subjekt nur ein abhängiges Moment ist, begründet ist. Indem dergestalt das Objekt der Produktion zerrissen wird, zerreißt auch dessen Subjekt. «Infolge der Rationalisierung des Arbeitsprozesses erscheinen die menschlichen Eigenschaften und Besonderheiten des Arbeiters immer mehr *als bloße Fehlerquellen* dem rationell vorherberechneten Funktionieren dieser abstrakten Teilgesetze gegenüber. Der Mensch. erscheint weder objektiv noch in seinem Verhalten zum Arbeitsprozeß als dessen eigentlicher Träger, sondern er wird als mechanisierter Teil in ein mechanisches System eingefügt».[109] Das Subjekt nimmt seiner Arbeit gegenüber eine «komtemplative»[110] Haltung ein; es verlernt, sich als selbständig und aktiv handelnd zu begreifen. Schließlich wirkt die mechanisierende Zerlegung des Produktionsprozesses sich auch auf den intersubjektiven Bereich aus; die Arbeiter werden «isoliert abstrakte Atome, die nicht mehr unmittelbar-organisch, durch ihre Arbeitsleistungen zusammengehören, deren Zusammenhang vielmehr in stets wachsendem Maße ausschließlich von den abstrakten Gesetzlichkeiten des Mechanismus, dem sie eingefügt sind, vermittelt wird.»[111]

Zum ersten Mal in der Geschichte, so folgert Lukács, unterstehen sämtliche Teilbereiche der Gesellschaft einer einheitlichen, aus dem Prinzip der Kalkulierbarkeit zum Zweck der Profitmaximierung sich ergebenden Gesetzmäßigkeit. Diese führt zwar überall zu einer Fragmentierung und Atomisierung ursprünglich organischer Einheiten. Aber gerade weil diese Gesetzmäßigkeit alles – die Produkte der Arbeit, die arbeitenden Subjekte selbst, die intersubjektiven Beziehungen – bis ins Innerste und ohne jeden Rest durchherrscht, wird es möglich, zu einem Begriff von Totalität zu gelangen, mit dessen Hilfe die gesamtgesellschaftliche Entwicklung sich vollständig begreifen und damit auch grundlegend verändern läßt. Im Roman hatte Lukács nur die «Gesinnung zur Totalität» entdeckt, ohne daß für diese «Gesinnung» ein Äquivalent in der Wirklichkeit aufzufinden gewesen wäre. Mit dem aus der spezifischen Rationalität des kapitalistischen Wirtschaftsprozesses hervorgehenden Zwang zur Verdinglichung aller Lebensprozesse ist der die Realität strukturierende Totalitätsbegriff gefunden.

Dieser Totalitätsbegriff ist mit der vollen Entfaltung des Kapitalismus entstanden; nicht etwa harrte er zu einer früheren Zeit im verborgenen seiner Entdeckung: er war noch nicht existent. Denn während im modernen Kapitalismus der Rationalismus universale Kategorie wurde, diente er in primitiveren Gesellschaften «bloß zur Organisation genau isolierter Teilsysteme»[112]. Die «‹letzten› Probleme des menschlichen Daseins verharren in einer für den menschlichen Verstand unerfaßbaren Irrationalität.»[113] – Dieser Sachverhalt läßt sich am Beispiel der mittelalterlichen Scholastik erläutern, einem Teilsystem, das insofern äußerst rationalistisch organisiert ist, als es auf einem scharfsinnigen Begriffs- und Schlußverfahren beruht; «Doctor Subtilis» ist der Ehrenname des Johannes Duns Scotus. Niemals jedoch hatte die Scholastik die dienende Funktion der Rationalität, ihre Ausrichtung auf ein ihr vorgeordnetes Absolutes, Gott, in Frage gestellt. Damit ist es im Kapitalismus vorbei. Die formale, aus den neuen Naturwissenschaften übernommene Rationalität erfaßt uneingeschränkt die gesellschaftliche Totalität; alles, was nicht ihrer quantifizierenden Methode unterwerfbar ist, schwindet aus dem Blickfeld. Hier ist im übrigen der Grund, weshalb die moderne Ästhetik erst im 18. Jahrhundert entstehen konnte. Im Zeitalter des nicht mehr auf ein Absolutes ausgerichteten Rationalismus sind es allein die Werke der Kunst, in denen die Qualitäten der Dinge überdauern. Überall sonst werden die Gebrauchswerte irrational; sie sind von dem quantifizierenden Kalkulationsprinzip nicht erfaßbar. Die Sphäre der Konsumtion ist denn auch nicht Gegenstand der kapitalistischen Ökonomie.

Lukács interpretiert die Philosophie des Deutschen Idealismus als Versuch, die Vernachlässigung des Gebrauchswerts rückgängig zu machen durch eine «Konzeption des Subjekts (...), das als Erzeuger der Totalität der Inhalte gedacht werden kann»[114]. War durch die ökonomische Rationalität das Subjekt gezwungen worden, eine bloß gegebene Wirklichkeit passiv hinzunehmen, so stellt der Idealismus dagegen die Forderung: «von dem identischen Subjekt-Objekt aus jede Gegebenheit als Produkt dieses identischen Subjekts-Objekts, jede Zweiheit als abgeleiteten Spezialfall dieser Ureinheit zu begreifen».[115]

«Diese Einheit ist aber *Tätigkeit*.»[116] Das Wahrheitsmoment des Idealismus sieht Lukács in der Einsicht, daß die Überwindung der Spaltung von Subjekt und Objekt als ein Akt der Praxis zu begreifen ist. Denn das «Wesen des Praktischen» besteht darin, «*die Gleichgültigkeit der Form dem Inhalt gegenüber* (...) aufzuheben»[117]. Damit stößt der Idealismus jedoch an seine Grenze. Denn indem die Einheit des Subjekt-Objekt vom Subjekt her konzipiert wird – das idealistische Subjekt-Objekt ist in Wahrheit Subjekt –, kann sie nur formell hergestellt werden, etwa in der Fichteschen Konzeption der «Tathandlung» oder in der Kantischen Ethik des Sollens. Die Abstraktheit dieser Einheit mußte – die Arbeiten Simmels, aber auch

die Essays des jungen Lukács belegen diese Entwicklung – zu einem irrationalen Dezisionismus führen. Um nicht, wie Oblomow, in der Entfremdung
von der Außenwelt zu erstarren, muß das Subjekt versuchen, durch einen
willkürlichen Akt der Entscheidung zu ihr sich in Beziehung zu setzen, ohne
doch die Fremdheit zu den Inhalten dieser Entscheidung aufheben zu können. «Das Praktische», folgert Lukács, «ist also als Prinzip der Philosophie
nur dann wirklich gefunden, wenn zugleich ein Formbegriff aufgezeigt
wird, der (...) nicht mehr diese Reinheit von jeder inhaltlichen Bestimmtheit, diese reine Rationalität an sich trägt.»[118] Dieses wahrhaft identische
Subjekt-Objekt, das Subjekt der Tathandlung, aber kann allein das Proletariat sein. Es kommt also darauf an, nachzuweisen, daß – in Simmels Terminologie – das «Material» der Geschichte und die «Formen» der Vergesellschaftung im Proletariat einander nicht mehr fremd gegenüberstehen, weil
nur durch ihre Einheit die Möglichkeit von (revolutionärer) Praxis sich
herstellt.

Das Bewußtsein des Proletariats

Wenn aber zutreffen soll, was Lukács im ersten Teil seines Aufsatzes nachdrücklich hervorgehoben hatte: daß die Warenform im entwickelten
Kapitalismus sämtliche Lebensbereiche der Gesellschaft vollständig durchdrungen hat, dann erscheint die geschichtlich exponierte Stellung des Proletariats keineswegs als selbstverständlich; es ist zunächst nicht einzusehen,
warum nicht auch die Bourgeoisie zum Subjekt der Revolution soll werden
können. Tatsächlich ist, wie Lukács einräumt, «die objektive Wirklichkeit
des gesellschaftlichen Seins (...) *in ihrer Unmittelbarkeit* für Proletariat und
Bourgeoisie ‹dieselbe› »[119]. Daß trotzdem allein dem Proletariat der Schritt
zur Praxis gelingt, ja daß sie für das Proletariat zur absoluten Notwendigkeit wird, ist auf die verschiedenartigen Klasseninteressen von Proletariat und Bourgeoisie zurückzuführen. Zwar ist «das gesellschaftliche Sein
in der kapitalistischen Gesellschaft für Bourgeoisie und Proletariat – unmittelbar – dasselbe»[120], jedoch bleibt aufgrund der unterschiedlichen Klasseninteressen die Bourgeoisie in dieser Unmittelbarkeit befangen, während das
Proletariat darüber hinausgetrieben wird. Die Bourgeoisie kann niemals
zum Bewußtsein ihrer selbst kommen und damit zum Subjekt des Geschichtsprozesses werden, sie kann die scheinbar irrational hereinbrechen-
den Katastrophen nicht abwehren, *gerade weil* sie sich als *Subjekt* des
Geschichtsprozesses fühlt; durch diese Illusion wird sie erst recht zu dessen
Objekt. Das Proletariat dagegen kann zum Subjekt des Geschichtsprozesses

werden, *gerade weil* es zunächst nichts als dessen *Objekt* ist, weil es – im Gegensatz zur Bourgeoisie – nicht der Illusion erliegen kann, dessen Subjekt zu sein.

Damit ist der archimedische Punkt erreicht, auf den am Schluß der «Theorie des Romans» nur erst das Stichwort «Dostojewskij» verwies, der Punkt, der den Übergang zur Praxis, den Sprung aus der universalen Verdinglichung heraus, ermöglichen soll. Hatte Lukács den zentralen, von Hegel übernommenen Begriff der «Totalität» zunächst mit dem Roman als der einzigen Gattung, der immerhin «Gesinnung zur Totalität» attestiert werden könne, in Zusammenhang gebracht, so wird nun dem Proletariat «*Intention auf die Totalität*»[121] zugeschrieben. Denn das Proletariat ist die einzige Klasse, die so vollständig der Warenform unterworfen ist, daß sie, anders als das Bürgertum, keine eigenen, partikularen Interessen zu verteidigen hat, die ihm den Blick auf die Totalität des Geschichtsprozesses verstellen könnten. In diesem Sinne ist das mehrfach von Lukács zitierte Marxsche Wort zu verstehen, das Proletariat habe «keine Ideale zu verwirklichen»[122]. Der Kapitalist kann, vielmehr: er muß die Illusion hegen, Subjekt des ökonomischen Prozesses zu sein, «während für den Arbeiter, dem dieser innere Spielraum einer Scheintätigkeit verwehrt ist, das Zerrissensein seines Subjekts die brutale Form seiner – der Tendenz nach – schrankenlosen Versklavung bewahrt. Er ist deshalb gezwungen, sein Zurwarewerden, sein Auf-reine-Quantität-Reduziertsein als Objekt des Prozesses zu erleiden.»[123] Im Arbeiter verkörpert sich die zentrale Kategorie des kapitalistischen Systems, die Ware; kommt er zum Bewußtsein seiner Situation, so hat er zugleich mit der Erkenntnis seiner selbst die Erkenntnis der Totalität des gesellschaftlichen Systems. Das ist der Grund, warum das Bewußtwerden der eigenen Situation nicht mehr – wie etwa bei einem Sklaven in der Antike – folgenlos bleibt, sondern unmittelbar in revolutionäre Praxis übergeht. «Die Selbsterkenntnis des Arbeiters als Ware ist aber bereits als Erkenntis: praktisch. D. h. *diese Erkenntnis vollbringt eine gegenständliche, struktive Veränderung am Objekt ihrer Erkenntnis.*»[124] Praktisch wird die Selbsterkenntnis des Proletariats, weil sie nicht Erkenntnis «von etwas» ist, sondern weil der Gegenstand der Erkenntnis, die Warenform, zugleich das Subjekt dieser Erkenntnis ist: «da das Bewußtsein hier nicht das Bewußtsein über einen ihm gegenüberstehenden Gegenstand, sondern das Selbstbewußtsein des Gegenstandes ist, *umwälzt der Akt des Bewußtwerdens die Gegenständlichkeitsform seines Objekts*».[125] Indem das Proletariat seiner selbst bewußt wird, wird die Distanz von erkennendem Subjekt und erkanntem Objekt aufgehoben: Subjekt und Objekt werden eins. Damit fallen – zum erstenmal in der Geschichte – Theorie und

Praxis zusammen, zum erstenmal ist die Möglichkeit gegeben, den Prozeß der Verdinglichung rückgängig zu machen, gerade weil er im voll entfalteten Kapitalismus in ein äußerstes Stadium getreten ist.

War das Hegelsche Subjekt-Objekt letzten Endes doch Subjekt geblieben, so scheint dagegen mit der von Lukács ausgearbeiteten, durch ihre Geschlossenheit imponierenden Konstruktion die Einheit von Subjekt und Objekt und damit auch die Möglichkeit der Einheit von Theorie und Praxis zum erstenmal materialistisch begründet zu sein. Trotzdem ist nicht zu übersehen, daß auch Lukács einem spezifisch idealistischen Denken verpflichtet bleibt, vor allem durch die Annahme, daß der Schritt zur Praxis schließlich doch von einem *geistigen* Prozeß, einem Akt des Bewußtseins, seinen Ausgang nimmt; hierauf verweist bereits der Titel des Aufsatzes, «Die Verdinglichung und das *Bewußtsein* des Proletariats». Darüber hinaus wird die zentrale Voraussetzung der gesamten Argumentation: daß gerade aus der vollendeten Verdinglichung der Sprung in eine qualitativ andere Praxis erfolgt, nicht eingehender begründet als bei Kierkegaard, für dessen Denken der «Sprung» konstitutiv ist, allerdings als Paradoxon gekennzeichnet bleibt. Überhaupt erfreut sich diese Figur in den zwanziger Jahren größter Beliebtheit. Mit der paradoxen Behauptung «Nur um der Hoffnungslosen willen ist uns die Hoffnung gegeben»[126] beschließt Benjamin seinen im Sommer 1922 geschriebenen Aufsatz über Goethes «Wahlverwandtschaften»; als Echo – «Denn der Schritt aus Trauer in Trost ist nicht der größte sondern der kleinste»[127] hallt sie wider am Schluß von Adornos zehn Jahre später beendeter Habilitationsschrift über Kierkegaard.

Vor allem jedoch fordert der scheinbar größte Vorzug der Argumentation, ihre bestechende Geschlossenheit, seinen Preis. Sie fällt als ganze in sich zusammen, wenn auch nur eine einzige ihrer Voraussetzungen sich als unzutreffend erweist. So ist die Konstruktion darauf angewiesen, daß die «Tendenz» zur «schrankenlosen Versklavung», die dem Kapitalismus ursprünglich zweifellos innewohnt, sich auch tatsächlich ungemildert erfülle. Tritt hier die geringste Aufweichung ein, gelingt es, dem Proletariat die Tatsache, daß es völlig zur Ware geworden ist, zu verschleiern, so ist die Möglichkeit, daß es in sich selbst die Totalität des Gesellschaftssystems zu entdecken vermag – und damit auch die Einheit von Theorie und Praxis – unmittelbar gefährdet. Die scharfen Angriffe, die Lukács gegen die partielle Reformen der Situation des Proletariats anstrebende Sozialdemokratie richtet, haben hier ihren Grund. Sie führen dazu, daß, wie Adorno, wohl mit Blick auf «Geschichte und Klassenbewußtsein», in dem «Vexierbild» überschriebenen Kapitel der «Minima Moralia» feststellt, «trotz der zur Oligar-

chie vorgetriebenen historischen Entwicklung» – also trotz der fortbestehenden, ja verschärften Klassengegensätze – «die Arbeiter immer weniger
wissen, daß sie es sind (...). Während objektiv das Verhältnis der Eigentü-
mer und der Produzenten zum Produktionsapparat starrer stets sich verfestigt, fluktuiert um so mehr die subjektive Klassenzugehörigkeit. Das wird
von der ökonomischen Entwicklung selber begünstigt. (...) Daß die technische Entwicklung einen Stand erreicht hat, der eigentlich alle Funktionen
allen erlauben würde – dies immanent-sozialistische Element des Fortschritts wird unterm späten Industrialismus travestiert. Zugehörigkeit zur
Elite scheint jedem erreichbar. (...) Eignung besteht in Affinität, in der
libidinösen Besetzung allen Hantierens über gesund technokratische Gesinnung bis zur frisch-fröhlichen Realpolitik. (...) Gewiß bleiben die Erwähl-
ten verschwindende Minorität, aber die strukturelle Möglichkeit genügt,
den Schein der gleichen Chance erfolgreich (...) festzuhalten (...). Allgemein
zeigt die subjektive Klassenzugehörigkeit heute eine Mobilität, welche die
Starrheit der ökonomischen Ordnung selber vergessen macht (...). Soziolo-
gen aber sehen der grimmigen Scherzfrage sich gegenüber: Wo ist das
Proletariat?»[128] Die Beobachtung, daß auch das ganz mechanische «Hantieren», also der Prozeß der Verdinglichung selbst, libidinös besetzt werden
kann, verweist darauf, daß auch eine zweite wesentliche Voraussetzung der
von Lukács entwickelten Theorie entfällt. Lukács vertritt, im Anschluß an
Marx, die These, daß die Gebrauchswerte, die im Kapitalismus der Nichtachtung verfallen, und nur in den Krisen sich bemerkbar machen (die ungestörte Zirkulation täuscht eine Zeitlang darüber hinweg, daß ein großer
Teil der Waren vom Konsum ausgeschlossen bleibt), im Akt der Selbsterkenntnis des Proletariats wieder in Erscheinung treten. Das ist nur möglich,
wenn der Gebrauchswert in der kapitalistischen Gesellschaft durch den
Tauschwert zwar bis zur völligen Unkenntlichkeit verdrängt werden kann,
zugleich jedoch völlig unbeschädigt gleichsam zu überwintern vermag – bis
zu dem Augenblick, da er, durch die Selbsterkenntnis des Proletariats, wieder hervortritt.
    Tatsächlich vertritt Lukács die Auffassung, daß der Prozeß der Verding-
lichung, mag er auch bis zum Extrem, der Warenwerdung des Arbeiters,
vorangetrieben werden, doch einen unzerstörbaren Kern übrigläßt: «daß
der Verdinglichungsprozeß, das Zur-Ware-Werden des Arbeiters ihn – solange er sich nicht bewußtseinsmäßig dagegen auflehnt – zwar annulliert,
seine ‹Seele› verkümmert und verkrüppelt, jedoch gerade sein menschlich-
seelisches Wesen nicht zur Ware verwandelt. Er kann sich also gegen dies
sein Dasein innerlich vollkommen objektivieren, während der in der
Bureaukratie usw. verdinglichte Mensch auch in jenen seinen Organen

verdinglicht, mechanisiert, zur Ware wird, die die einzigen Träger seiner Auflehnung gegen diese Verdinglichung sein könnten.»[129] In diesem entscheidenden Punkt also ist Lukács – was die Struktur der Argumentation betrifft – der Schüler Simmels geblieben, der in der «Philosophie des Geldes» die Auffassung vertreten hatte, daß das Geld zwar die Dinge und die Beziehungen der Menschen untereinander unaufhaltsam entqualifiziere, zugleich aber (durch die Unabhängigkeit, die es ihnen verschaffe) zum «Torhüter» eines «Innerlichsten» werde, das nunmehr zum unbezweifelbaren, unangreifbaren Besitz der Menschen werde. Was eine Inkonsequenz zu sein scheint: die Behauptung, daß der angeblich unaufhaltsame Verdinglichungsprozeß doch halt vor einem unzerstörbaren Wesen des Proletariers macht, ist gerade die Konsequenz des gesamten Argumentationsgefüges, dessen Voraussetzung sie zugleich ist. Bliebe der «Kern» der Angehörigen des Proletariats nicht unbeschädigt, so wäre es um jene Spontaneität geschehen, die die Bedingung ist für das unmittelbare Praktischwerden der theoretischen Erkenntnis: kein Funke spränge über von der Selbsterkenntnis des Proletariats zur revolutionären Praxis. Die ontologische Setzung eines unzerstörbaren «Wesens» des Proletariers (das den Angestellten selbstverständlich nicht zugesprochen werden darf) ist das nicht beschädigbare Zündhütchen, in dem das revolutionäre Pulver nicht naß werden kann.

Wenn aus den verschwommenen Formulierungen, mit denen Lukács zwischen Proletariern und Angestellten unterscheidet, überhaupt ein Sinn herauszulesen ist, dann geht es wohl darum, daß das Wesen des Proletariers unkorrumpierbar bleibt, während der Angestellte geneigt ist, an seinem Tun Gefallen zu finden, es libidinös zu besetzen. Die Verdinglichung wird dagegen durch das Proletariat nur negativ, als Leiden, das schließlich zur Empörung und zur Revolution führen muß, erfahren. Hiermit ist bereits eine Position bezeichnet, die den Kontroversen zwischen Lukács und Adorno zugrunde liegen wird. Für Adorno existiert kein unzerstörbares Reservat, in dem die Gebrauchswerte in der Gestalt von unkorrumpierbaren «richtigen» Bedürfnissen unbehelligt überdauern, vielmehr setzt sich nach seiner Überzeugung die verdinglichende Struktur der Gesellschaft bis ins Innerste der Subjekte, bis in die scheinbar individuellsten Regungen hinein fort und zerstört damit auch noch das letzte Potential von Freiheit. Allein die Kunst weist über diesen Verblendungszusammenhang hinaus, da in ihr die Auswirkungen der gesellschaftlichen Totalität auf das Subjekt ohne ideologische Verschleierungen, objektiv, hervortreten. Das ist der Grund, weshalb die Ästhetik Adornos auf die «mikrologische» Erfahrung der Werke rekurriert, im Gegensatz zu den literaturtheoretischen Arbeiten von Lukács, in denen die «Perspektive», also das Allgemeine, absoluten Vorrang hat.

«Erzählen oder beschreiben»

War mit dem Verdinglichungsaufsatz aus «Geschichte und Klassenbe-wußtsein» der archimedische Punkt gefunden, von dem aus die Grenzen, an die die Essaysammlung und die «Theorie des Romans» stoßen mußten, als überwindbar angesehen werden konnten, so wird mit der 1936 erschiene-nen Studie «Erzählen oder beschreiben» die Übertragung der neu gewonne-nen Einsichten auf die Literatur vollzogen. Spätere Arbeiten, wie «Kunst und objektive Wahrheit» (1954), «Das Problem der Perspektive» (1956), «Die Gegenwartsbedeutung des kritischen Realismus» (1957, deutsch 1958), aber auch die monumentale, nicht abgeschlossene Ästhetik be-schränken sich im wesentlichen darauf, einzelne Aspekte zu präzisieren, ohne dabei die in «Erzählen oder beschreiben» ausgeführten Grundsätze wesentlich zu modifizieren.

Den produktionsästhetischen Begriffen «erzählen» und «beschreiben», die dem Aufsatz den Namen geben, ordnet Lukács die eher an der Rezep-tion orientierten Begriffe «erleben» und «beobachten» zu. So heißt es von Autoren wie Scott, Balzac oder Tolstoi wie von ihren Lesern zusammenfas-send: «Wir erleben diese Ereignisse», während etwa für Flaubert und Zola gilt: «Wir beobachten diese Bilder».[130] Dieser Gegensatz des «Mitlebens», das für die älteren, und des «Beobachtens», das für die jüngeren dieser Autoren charakteristisch ist, stammt, wie Lukács betont, aus ihrer «grund-legenden Stellung zum Leben, zu den großen Problemen der Gesellschaft und nicht nur aus einer Methode der künstlerischen Bewältigung des Stof-fes».[131] Diese Feststellung stellt von vornherein klar, daß Lukács in seinen literaturtheoretischen Schriften sich nicht nur auf die Werke bezieht, son-dern daß ebenso die mehr oder weniger bewußte Haltung, die der Schrift-steller seiner Zeit gegenüber einnimmt, seine Gesinnung also, Gegenstand der Untersuchung ist. Es ist deutlich – und die späteren Arbeiten, insbeson-dere über die «Perspektive», werden diesen Sachverhalt bestätigen –, daß Lukács, indem er auch die subjektive «Einstellung» des Schriftstellers in die Theorie einbezieht, versucht, ästhetische und politische Beurteilung der Werke unauflösbar miteinander zu koppeln, was nicht nur die Bezeichnung der avantgardistischen Kunst als «dekadent», sondern vor allem auch die Disziplinierung eines Autors legitimiert; und zwar durch die Instanz, die seine «Einstellung» gegebenenfalls zu überprüfen berufen ist: die Partei.

Zwar hat Lukács, nicht zuletzt im wohlverstandenen eigenen Interesse und aus eigenen schmerzlichen Erfahrungen, sich stets gehütet, diese Möglichkeit auszuspielen – «Niemand», heißt es in dem nach Stalins Tod entstandenen Realismusbuch, «muß mit den eigenen, angeborenen oder erworbenen bürgerlichen Lebensformen brechen, um diese Wahl zwischen sozialer Gesundheit und Krankheit zu treffen»[132] –, trotzdem verrät sich noch in dieser Formulierung das totalitäre Potential, das in seinen Schriften enthalten ist.

Was nun den Gegensatz von Erzählen und Beschreiben betrifft, so geht Lukács von der Feststellung aus, daß der Roman des achtzehnten Jahrhunderts die Beschreibung «kaum gekannt»[133] habe. Erst mit der Romantik habe die Beschreibung an Bedeutung gewonnen, bedingt durch grundlegende Veränderungen des gesellschaftlichen Lebens. «Die Beziehung des Individuums zur Klasse ist komplizierter geworden (...). Umgebung, äußere Erscheinung, Lebensgewohnheiten des Individuums konnten etwa bei Le Sage sehr einfach angegeben werden und bei all dieser Einfachheit eine klare und umfassende soziale Charakteristik ergeben. Die Individualisierung erfolgte so gut wie ausschließlich durch die Handlung selbst, durch die Art der tätigen Reaktion der Gestalten auf die Ereignisse.»[134] Entsprechend dem komplizierter gewordenen sozialen Gefüge sei Balzac gezwungen gewesen, umfangreiche und detaillierte beschreibende Partien einzuschieben – etwa mit der minutiösen Beschreibung der Pension Vauquer, die den «Père Goriot» einleitet –, die Beschreibung sei hier jedoch «nichts weiter als eine breite Fundamentierung für das entscheidende neue Element: für die Einbeziehung des Dramatischen in den Aufbau des Romans».[135] Das bedeutet – gemäß der in der «Theorie des Romans» vorgetragenen Definition des Dramas als der Erscheinung des «Wesens» –, daß die Beschreibung bei Balzac noch entscheidend dazu beiträgt, das Wesen des beginnenden Hochkapitalismus zur Erscheinung zu bringen.

Diese Integration von Beschreibung und Erzählung konnte nur deshalb gelingen, weil Balzac – aber auch Stendhal, Dickens, Tolstoi und natürlich Goethe –, die die endgültige Durchsetzung der bürgerlichen Gesellschaftsordnung gestalteten, selbst «die krisenhaften Übergänge dieses Entstehungsvorgangs aktiv miterlebt» haben. «Sie sind (...) auch in ihrer Lebensführung (...) Menschen, die die großen gesellschaftlichen Kämpfe ihrer Zeit vielseitig und aktiv mitmachten, die aus den Erfahrungen eines vielseitigen und reichen Lebens heraus Schriftsteller werden. Sie sind keine ‹Spezialisten› im Sinne der kapitalistischen Arbeitsteilung.»[136] Anders steht es mit den Autoren, die, wie Flaubert und Zola, nach der Revolution von 1848 ihr Schaffen «in der bereits konstituierten, fertigen bürgerlichen Gesellschaft begonnen» haben. «Sie haben das Leben dieser Gesellschaft nicht mehr aktiv miterlebt; sie wollten es nicht mehr miterleben. (...) Sie sind kritische Beobachter der kapitalistischen Gesellschaft geworden. Damit aber zugleich Schriftsteller im Sinne des ausschließlichen Berufsschriftstellertums, Schriftsteller im Sinne der kapitalistischen Arbeitsteilung.»[137] Die Distanz dieser Schriftsteller zur Gesellschaft äußert sich zum einen darin, daß die Beschreibung weiter vordringt, zum andern auch – und vor allem – in der Unfähigkeit, die beschriebenen Details zu einem sinnvollen Ganzen zu integrieren: solche Integration wäre, meint Lukács, nur einem Autor möglich, der aktiv an der Gestaltung der Gesellschaft seiner Zeit teilnimmt.

Heteronome Ästhetik

Was immer zu der Beurteilung einzelner Autoren durch Lukács zu sagen wäre, die Zäsur selbst, die er im Auge hat und mit dem Begriffspaar «Erzählen» und «Beschreiben» zu erfassen versucht, kann nicht angezweifelt werden. Tatsächlich scheint im Bewußtsein der Künstler seit der Jahrhundertmitte der Fortschritt der Produktivkräfte nicht mehr zugleich als gesellschaftlicher Fortschritt sich darzustellen. Der Beginn der «Moderne» wäre vielleicht am ehesten dadurch zu charakterisieren, daß die Künstler ihre Arbeit als kompromißlose Absage an die eigene Epoche verstehen; die Hoffnung schwindet, trotz aller Widrigkeiten und allen Widerspruchs im einzelnen letzten Endes doch in Übereinstimmung mit den Zeitläuften zu sein und mit der eigenen Arbeit zum Fortschritt beizutragen. – Fragwürdig wird die Argumentation von Lukács erst dadurch, daß die Analyse in normative Setzungen übergeht. «Die soziale Notwendigkeit eines bestimmten Stils zu begreifen, ist etwas anderes, als die künstlerischen Folgen dieses Stils ästhetisch zu bewerten. In der Ästhetik gilt nicht das Motto: ‹Alles verstehen heißt alles verzeihen.›»[138] So wenig angreifbar dieser Satz als Ausdruck subjektiver Wertschätzung ist – niemandem kann das Recht streitig gemacht werden, sich bei der Lektüre eines Romans von Goethe wohler zu fühlen als bei einem Roman von Kafka oder Joyce –, so wenig kann er doch zur Begründung einer normativen Ästhetik dienen, selbst wenn die Normsetzung im Namen des Fortschritts geschieht.

Fragwürdig ist denn auch in den Schriften von Lukács nicht die fortschrittliche Intention. Problematisch ist, daß seine Ästhetik heteronom angelegt ist; den Primat behaupten stets einmal getroffene politische Entscheidungen, auf die ästhetische Wertungen sich regelmäßig zurückführen lassen. So hatte Lukács in «Geschichte und Klassenbewußtsein» angeführt, daß die Selbsterkenntnis des Proletariats auch die Erkenntnis einschließe, Geschichte bestehe «eben darin, daß jede Fixierung zu einem Schein»[139] absinke. «Die Erkenntnis also, daß die gesellschaftlichen Gegenstände nicht Dinge, sondern Beziehungen zwischen Menschen sind, steigert sich zu ihrer vollständigen Auflösung in Prozesse.»[140] Es ist nur folgerichtig, daß diese Maxime, auf die Literatur angewandt, das Urteil über das Prinzip der Beschreibung bedeutet, ohne daß es überhaupt noch des Eingehens auf einzelne Werke bedürfte. Die Beschreibung, heißt es denn auch in der Schrift von 1936, «verwandelt (...) die Menschen in Zustände, in Bestandteile von Stilleben. Die Eigenschaften der Menschen existieren nebeneinander und werden in diesem Nebeneinander beschrieben, statt wechselseitig einander zu durchdringen und damit die lebendige Einheit der Persönlichkeit in ihren verschiedenartigsten Äußerungen, in ihren widerspruchsvollsten Handlungen zu bezeugen. (...) Der Mensch erscheint fertig, als ‹Produkt› (...) gesellschaftlicher und naturhafter Komponenten.»[141] Der Befund über den Zustand der Gesellschaft, wie er sich in den künstlerischen Techniken der Moderne ausdrückt, wird von Lukács also nicht als grundsätzlich unzutreffend erklärt, was ihn indessen nicht daran hindert, sie als «dekadent» zu verurteilen und im Namen einer «Perspektive» auf eine sozialistische Zukunft eine Kunst zu fordern, die von diesen Erfahrungen unberührt bleibt. Dem entspricht, daß Lukács auch noch die jammervollsten Produkte des «sozialistischen Realismus» zu begrüßen geneigt ist, eben weil er ihnen die richtige «Perspektive» zugutehält.

Es ist daher gerade die von Lukács den Werken verordnete Perspektive auf den Sozialismus, die die Kunst als Medium der Erkenntnis der Gegenwart untauglich macht. Wo Klarheit über die richtige Perspektive herrscht, kann es denn auch ohne weiteres einen allwissenden Erzähler geben. «Die Allwissenheit des Autors macht den Leser sicher, beheimatet ihn in der Welt der Dichtung. (...) Er weiß über den Zusammenhang, über die Entwicklungsmöglichkeit der Gestalten zwar nicht alles, aber im allgemeinen doch mehr als die handelnden Gestalten selbst.»[142] Erstaunlicher als die anachronistische Forderung selbst ist die Tatsache, daß Lukács offenbar nichts ferner liegt als einen Zusammenhang zwischen dem Stand der Produktivkräfte und künstlerischen Techniken überhaupt nur zu erwägen. Sein Bedürfnis nach einer überschaubaren Welt und nach Autorität ist so übermächtig, daß es sich in der ästhetischen Theorie wie in der politischen Praxis durchsetzt: der allwissende Erzähler vertritt im Kunstwerk die Partei. Der inneren Logik der Werke bleibt auf diese Weise allenfalls ein gewisser Freiraum gegönnt, der seine Grenzen stets an der «wissenschaftlich» erkannten, unbezweifelbaren Bewegung der Gesellschaft zum Sozialismus hin findet. Übrigens mag hier der Grund für das Fluidum latenter Lächerlichkeit sein, das Lukács umgibt. Es ist die Lächerlichkeit, die das Menetekel jeglichen pädagogischen Treibens ist, insofern, als die «Freiräume» innerhalb des gesellschaftlichen Systems, über die der Pädagoge zu verfügen hat, stets so weit oder so eng bemessen sind, daß sie in gesellschaftlicher Hinsicht als harmlos gelten können. Die Autonomie des Pädagogen behält daher immer etwas Scheinhaftes. So hält, im Zeichen des nachstalinistischen Tauwetters, der Literaturpädagoge den Zeitpunkt für gekommen, um Verständnis auch für einen Autor wie Norman Mailer zu werben: «Darum müssen heute die künstlerischen Spiegelungen eines beginnenden Kampfes mit eingewurzelten Vorurteilen (...) mit großer Aufmerksamkeit, mit echtem Feingefühl und ohne formalistische Befangenheit eingeschätzt werden. (...) es ist im allgemeinen richtig, daß der Naturalismus einen Abfall von der realistischen Erfassung der Wirklichkeit vorstellt. Unter den Bedingungen der gegenwärtigen Lage ist aber unzweifelhaft der Naturalismus etwa in Mailers ‹Die Nackten und die Toten› ein Schritt vorwärts aus der weglosen Wüste der Abstraktionen in der Richtung auf die konkreten Leiden konkreter Menschen im zweiten Weltkrieg. (...) auch eine solche zögernd einsetzende Tendenz soll festgestellt und anerkannt werden.»[143] Noch die gönnerhafte «Liberalität» dieser Sätze ist mit dem gleichen Rohrstock skandiert, wie, vor Beginn des «Tauwetters», die servile Berufung auf «Marx, Engels, Lenin und Stalin»[144]; die endlose Wiederholung des Verweises auf diese Quadriga geht über jedes parteitaktisch geforderte Maß hinaus. Es führt ein gerader Weg von der Apologie des allwissenden Erzählers über die Unterordnung unter die Autorität der Partei bis zu dem didaktischen Gehampel der Nachkriegszeit.

Widerspiegelung, Anschaulichkeit, Typus

Der Primat politischer Setzungen bestimmt auch den Begriff, der die zentralen Kategorien von Lukács' Schriften zur Kunst: Perspektive, Werk, Typus, Anschauung, erkenntnistheoretisch begründen soll. Zum Begriff der «Widerspiegelung» bemerkt Peter Bürger zu Recht, daß eine unbelastete Diskussion über ihn kaum noch möglich sei, da ihm mittlerweile «Signalfunktion» zukomme: «Er signalisiert, daß der Sprecher seine Ausführungen im Kontext der marxistisch-leninistischen Abbildtheorie verstanden wissen will; er macht den politischen Standort des Sprechers deutlich. Umgekehrt signalisiert die Nichtverwendung bzw. Ablehnung des Begriffs Distanz bzw. Ablehnung des Marxismus-Leninismus als eines in sich geschlossenen

Systems durch den Sprecher. Wenn ein wissenschaftlicher Begriff einmal eine solche unmittelbar politische Signalfunktion gewonnen hat, ist es nicht nur so gut wie unmöglich, sich über die Frage seiner wissenschaftlichen Brauchbarkeit *zu einigen,* sondern es ist bereits außerordentlich schwierig, die Frage überhaupt zu *diskutieren*.»[145]

In dem Aufsatz «Kunst und objektive Wahrheit» wird die Forderung nach künstlerischer Widerspiegelung der Realität aus der Leninschen Erkenntnistheorie abgeleitet: «Die Grundlage einer jeden richtigen Erkenntnis der Wirklichkeit, gleichviel, ob es sich um Natur oder Gesellschaft handle, ist die Anerkennung der Objektivität der Außenwelt, d.h. ihrer Existenz unabhängig vom menschlichen Bewußtsein. Jede Auffassung der Außenwelt ist nichts anderes als eine Widerspiegelung der unabhängig vom Bewußtsein existierenden Welt durch das menschliche Bewußtsein. Diese grundlegende Tatsache der Beziehung des Bewußtseins zum Sein gilt selbstverständlich auch für die künstlerische Widerspiegelung der Wirklichkeit. (...) Die richtige, umfassende Theorie der Widerspiegelung ist erst im dialektischen Materialismus, in den Werken von Marx, Engels, Lenin und Stalin entstanden. Für das bürgerliche Bewußtsein ist eine richtige Theorie (...) der Widerspiegelung (...) unmöglich.»[146] Die Schriften Lenins, auf die Lukács bei seiner Theorie der literarischen Widerspiegelung und des «Realismus» (im Gegensatz zu einem perspektivlosen «Naturalismus») sich beruft, die Arbeiten über Tolstoi, vor allem die umfangreiche Untersuchung «Materialismus und Empiriokritizismus», haben allerdings nur bedingt erkenntnistheoretischen Charakter. Lenins Angriff auf den Empiriokritizismus Ernst Machs, der gegen die Annahme der Existenz einer objektiven Realität die Auffassung gesetzt hatte, Realität stelle sich lediglich im Subjekt her und habe daher auch, je nach dessen von Augenblick zu Augenblick wechselnden Situationen und Stimmungen, völlig verschiedene Inhalte, ist vor allem politisch motiviert: In der Tat entzieht Machs Theorie zielgerichtetem, an der Existenz von objektiven Klassengegensätzen sich orientierenden politischen Handeln jede Möglichkeit. Daß sie Gegenstand heftiger politischer Agitation wurde, ist ohne weiteres verständlich. Nicht weniger folgenreich wirkte sich allerdings aus, daß Agitation als Philosophie präsentiert wurde: die erkenntnistheoretische Unergiebigkeit von Lenins Schrift («Wie man mit Hammer und Sichel philosophiert» wäre ein angemessener Untertitel), die stereotype Wiederholung der Behauptung, daß eine ansichseiende, vom Subjekt unabhängige Realität existiere, gibt bereits einen Vorgeschmack auf die spätere offizielle Sowjetphilosophie. Umso anfechtbarer muß es sein, den Leninschen Objektivismus unbefragt zur Grundlage auch einer literarischen Widerspiegelungslehre zu machen, da jedes Kunstwerk, auch das «realistische», wesentlich durch das Subjekt des Künstlers vermittelt ist.

Natürlich sieht auch Lukács, daß die bloße Unterordnung der ästhetischen Widerspiegelung unter die «dialektische» – wie sie sich kurioserweise nennt – Widerspiegelungstheorie Lenins die Eigenart des Ästhetischen vollends zum Verschwinden bringen müßte. «Die künstlerische Widerspiegelung der Wirklichkeit geht von denselben Gegensätzen aus wie jede andere Widerspiegelung der Wirklichkeit. Ihr Spezifikum besteht darin, daß sie für ihre Auflösung einen anderen Weg sucht als die wissenschaftliche.»[147] Um dieses «Spezifikum» der künstlerischen Widerspiegelung zu charakterisieren, führt Lukács die Begriffe «Anschaulichkeit» und «Typus» ein. Ziel der Kunst sei es, heißt es zum Stichwort «Anschaulichkeit», «ein Bild der Wirklichkeit zu geben, in welchem der Gegensatz von Erscheinung und Wesen, von Einzelfall und Gesetz, von Unmittelbarkeit und Begriff usw. so aufgelöst wird, daß beide im unmittelbaren Eindruck des Kunstwerks zur spontanen Einheit zusammenfallen (...). Das Allgemeine erscheint als Eigenschaft des Einzelnen und des Besonderen, das Wesen wird sichtbar und erlebbar in der Erscheinung, das Gesetz zeigt sich als spezifisch bewegende Ursache des speziell dargestellten Einzelfalles.»[148] Diese der ästhetischen Widerspiegelung eigentümliche Anschaulichkeit konkretisiert sich im «Typus». Er ist dadurch charakterisiert, «daß in ihm alle hervorstechenden Züge jener dynamischen Einheit, in welcher die echte Literatur das Leben widerspiegelt, in ihrer widersprüchlichen Einheit zusammenlaufen, daß sich in ihm diese Widersprüche, die wichtigsten gesellschaftlichen, moralischen und seelischen Widersprüche einer Zeit, zu einer lebendigen Einheit verflechten.»[149] Damit Anschaulichkeit und typische Gestaltung, die zusammen die Eigenart der künstlerischen Widerspiegelung ausmachen, gewährleistet bleiben, muß die Unantastbarkeit der Kategorie des organischen «Werkes» gefordert werden: nur die «abgeschlossene Unmittelbarkeit» garantiere, daß das Kunstwerk «sämtliche Voraussetzungen der Personen, Situationen, Geschehnisse usw., die in ihm vorkommen, selbstgestaltend entwickeln muß. Die Einheit von Erscheinung und Wesen kann nur dann zum unmittelbaren Erlebnis werden, wenn der Rezeptive (...) dazu angeleitet wird, den Prozeß, der zu diesen Resultaten führt, unmittelbar mitzuerleben.»[150]

Diese Forderung wird abgeleitet aus der erzählenden Literatur des 18. Jahrhunderts, in der, wie in «Erzählen oder beschreiben» ausgeführt, der Antagonismus der Klassengesellschaft noch so eindeutig war, daß in der Tat in jedem Individuum der Klassengegensatz von Bürgertum und Feudalismus anschaulich dargestellt, in Handlung aufgelöst werden konnte. Aber allein schon die Tatsache der seitdem unvergleichlich fortgeschrittenen gesellschaftlichen Arbeitsteilung – sie wird von Lukács stets als «kapitalistische Arbeitsteilung» bezeichnet, obwohl sie gewiß nicht nur ein Produkt des Klassengegensatzes ist und ohne daß auch nur ein einziges Mal deutlich würde, wie der Sozialismus dieses Problem lösen könnte – provoziert die Frage, ob nicht bereits durch sie die geforderte «Anschaulichkeit» in Frage gestellt sei: Teilung der Arbeit in immer kleinere Einheiten und «Anschaulichkeit» gesellschaftlicher Prozesse schließen einander tendenziell aus. Selbst mit der «Vollentwicklung»[151] des Sozialismus würde sich dieses Problem noch keineswegs von selbst erledigen. (Auf diesen Zustand der «Vollentwicklung» des Sozialismus verweisen einstweilen nur die «Spitzenleistungen»[152] des sozialistischen Realismus. Stilistisch erreicht Lukács hier zweifellos das im DDR-Jargon unübertrefflich so genannte «Weltniveau».) Immerhin könnte eine Antwort auf diese Frage der Zukunft überlassen werden, solange an der Notwendigkeit einer zwar nicht konfliktfrei verlaufenden, letzten Endes aber doch notwendigen Entwicklung in Richtung auf den Sozialismus keine Zweifel entstehen müssen.

Anders verhielte es sich, wenn die Bourgeoisie stets wieder in der Lage sein sollte, Teilkorrekturen an der kapitalistischen Ordnung zumindest soweit vorzunehmen, daß das System selbst nicht zusammenbricht. Während immerhin denkbar wäre, daß in einer sozialistischen Gesellschaft auch die Arbeitsteilung ihren Schrecken verlöre, da sie einem gesellschaftlichen Gesamtsubjekt anstelle des egoistischen Profitstrebens unterstellt wäre, muß in einem System, dessen Teilkorrekturen stets nach Maßgabe einer nur partikularen Vernunft durchgeführt werden, die desorientierende Wirkung der Arbeitsteilung unaufhaltsam zunehmen, bis hin zur völligen Zerrüttung jeder Anschaulichkeit. Als Lukács «Geschichte und Klassenbewußtsein» schrieb, rechnete er noch damit, daß die chaotisch neben- und gegeneinander sich entwickelnden «Teilfunktionen»[153] der Gesellschaft schließlich zum Zusammenbruch des Gesamtsystems führen müßten. Solange an dieser Hoffnung festzuhalten war, mochte es für eine sich als marxistisch verstehende Ästhetik vertretbar scheinen, die Kunst der Avantgarde, die, durch Zersetzung der Anschauung wie durch die Destruktion des organischen Werks, dieser Entwicklung innerhalb der Klassengesellschaft Rechnung trug, als «dekadent» abzutun. Bleibt der Zusammenbruch des kapitalistischen Systems jedoch aus, oder bringt der – wirkliche oder nur «real existierende» – Sozialismus nicht die Aufhebung der Klassengesellschaft mit sich, so wird eben diese «dekadente» Kunst zur angemessenen «Widerspiegelung» der Realität; sie ist allerdings von der Ästhetik, wie Lukács sie entwarf, nicht mehr theoretisch einholbar.

Krise des Scheins
Theodor W. Adorno

Während Lukács mit der modernen, durch die Kategorien der Werkästhetik nicht mehr ohne weiteres erfaßbaren Kunst sich nur polemisch auseinanderzusetzen vermag, beansprucht Adorno, durch sein «methodisches Prinzip» auch noch die Kunst der Avantgarde der Theorie nicht nur zugänglich zu machen, sondern darüber hinaus sie zugleich als in der Tradition der Kunst stehend wie als deren Kritik zu begreifen. Methodisches Prinzip seiner ästhetischen Theorie, erklärt Adorno, sei, «daß von den jüngsten Phänomenen her Licht fallen soll auf alle Kunst»; daher seien «die authentischen Werke Kritiken der vergangenen».[1] Wenn dagegen bei der Darstellung von Adornos Philosophie dieses Prinzip umgekehrt wird: von den frühen Schriften soll Licht auf die späteren fallen, so geschieht dies nicht um des Nachweises willen, daß in einigen frühen Arbeiten – vor allem in der Antrittsvorlesung «Die Aktualität der Philosophie» (1931), dem Vortrag «Die Idee der Naturgeschichte» (1932), den «Thesen über die Sprache des Philosophen», sowie den «Reflexionen zur Klassentheorie» (1942) – bereits die Grundzüge von Adornos Philosophie festgelegt werden. Wohl aber soll erkennbar werden, wie es dazu kommen konnte, daß seine Philosophie, insbesondere seine Ästhetik, in Widerspruch geriet zu der grundlegenden Forderung, alles Denken habe sich als Reaktion auf konkrete historische Sachverhalte auszuweisen, in dem Sinne, in dem er dem Jugendfreund Siegfried Kracauer nachrühmte: «Vieles bei ihm war reaktiv; Philosophie nicht zuletzt ein Medium der Selbstbehauptung. (…) Das Medium seines Denkens war Erfahrung.»[2]

Eigenart und Aktualität der Philosophie

Philosophie, verstanden als Reaktion, aus Erfahrung, zum Zwecke der Selbstbehauptung gegen eine der Autonomie des Individuums feindliche Umwelt, das bedeutet zunächst und vor allem eine entschiedene Absage an die Schulphilosophie, die ihr Medium in Begriffen hat, die längst abgelöst sind von der historischen Situation; Absage an den noch zu Adornos Studienzeit die Katheder dominierenden Neukantianismus, eine «Professorenphilosophie der Philosophieprofessoren» (Schopenhauer), die noch Adornos Anfänge, seine Dissertation[3] wie seine erste, wohl nicht ganz freiwillig zurückgezogene Habilitationsschrift[4] prägt. Eine Philosophie aber, die sich weder auf eine sinnvolle Struktur der Empirie noch auf einen von der Realität unabhängigen, in sich geschlossenen «Ideenhimmel» beziehen kann, hat sich vor allem dem Einbruch des «Irreduziblen»[5], der auf keinen vernünftigen Begriff mehr zurückführbaren Geschichte zu stellen.

In seiner Antrittsvorlesung aus dem Jahre 1931, «Die Aktualität der Philosophie», muß Adorno daher drei Schwerpunkte setzen. Zunächst wird die «Krise des Idealismus» als eine «Krise des philosophischen Totalitätsanspruches»[6] bestimmt. Es folgt der Versuch nachzuweisen, daß auch die philosophischen Strömungen, die beanspruchen, den Idealismus überwunden zu haben – vor allem die Phänomenologie Husserlscher und Schelerscher Prägung, die Ontologie Heideggers – auf ein verborgenes idealistisches Moment rekurrieren. Nach einer kurzen Auseinandersetzung mit positivistischen Ansätzen, gegen die an der Eigenart philosophischer Fragestellung festgehalten wird, folgt schließlich die Skizze eines philosophischen Verfahrens, dem nach Ansicht Adornos keine nur durch die Tradition legitimierten, in der Gegenwart unhaltbar gewordenen Voraussetzungen mehr zugrundeliegen.

Programmatisch beginnt die Antrittsvorlesung mit einer Absage an den Anspruch der Philosophie, «in Kraft des Denkens die Totalität des Wirklichen zu ergreifen. Keine rechtfertigende Vernunft könnte sich selbst in einer Wirklichkeit wiederfinden, deren Ordnung und Gestalt jeden Anspruch der Vernunft niederschlägt; allein polemisch bietet sie dem Erkennenden als ganze Wirklichkeit sich dar, während sie nur in Spuren und Trümmern die Hoffnung gewährt, einmal zur richtigen und gerechten Wirklichkeit zu geraten.»[7] Wo Philosophie dennoch beanspruche, einen objektiven, vom Subjekt unabhängigen Sinnzusammenhang angeben zu können, sei nachzuweisen, daß die vermeintliche Objektivität jeweils auf eine willkürliche Setzung von Seiten des Subjekts, und damit auf eben jenen Idealismus, den überwunden zu haben sie behauptet, zurückzuführen sei. «Die autonome ratio – das war die Thesis aller idealistischen Systeme – sollte fähig sein, den Begriff der Wirklichkeit und alle Wirklichkeit selber aus sich heraus zu entwickeln. Diese Thesis hat sich aufgelöst.»[8] Husserl hat nach Adornos Auffassung dieser Entwicklung Rechnung getragen, indem er, den Begriff der «unableitbaren Gegebenheit» seinem phänomenologischen Ansatz als letzten Bezugspunkt zugrundelegend, den Anspruch des Geistes so weit wie möglich zurücknahm: ohne ihn doch sprengen zu können.[9] Daß Max Schelers Versuch, «den Sprung zwischen den ewigen Ideen und der Wirklichkeit»[10] dadurch zu überwinden, daß er die Phänomenologie sich «material» anreichern ließ, scheitern mußte, sei schon daran zu erkennen, daß in seiner Entwicklung «die ewigen Grundwahrheiten in jähem Wechsel sich ablösten»[11]. Weil «Ideen» und Wirklichkeit unvermittelt bleiben, münde mit Scheler die Phänomenologie wieder in eben jenen lebensphilosophischen «Vitalismus» Simmelscher Prägung, gegen dessen Abstraktheit sie sich ursprünglich gewandt hatte. Gegen Heidegger schließlich macht Adorno geltend, er habe die Forderung der materialen Ontologie, zu einem «objektiven Sein» zu gelangen, nach dem Vorbild Kierkegaards «auf das Bereich der Subjektivität reduziert»[12]. Bei Scheler wie bei Heidegger – auf diesen Nachweis läuft Adornos Argumentation hinaus – könne die Verbindung zwischen der leeren Subjektivität in einer sinnverlassenen Realität und den objektiven Ideen bzw. dem objektiven Sein nur durch einen Kierkegaard nachempfundenen «Sprung» geschehen. «Aber Kierkegaards Entwurf ist zerbrochen und unwiederherstellbar. Kein fest gegründetes Sein vermochte Kierkegaards rastlose Dialektik in der Subjektivität zu erlangen; die letzte Tiefe, die sich ihr erschloß, war die der Verzweiflung, in der die Subjektivität zerfällt; (...) aus diesem Höllenraum weiß sie sich nicht anders zu retten als durch einen ‹Sprung› in die Transzendenz, der uneigentlich, inhaltslos und selber subjektiver Denkakt bleibt und seine höchste Bestimmung in der Paradoxie findet, daß hier der subjektive Geist sich selber opfern muß und dafür einen Glauben zurückbehält, dessen Inhalte, zufällig für die Subjektivität, allein dem Bibelwort entspringen.»[13] In der Tat ist der «Sprung» – dieser Hinweis ließe sich zur Bestätigung von Adornos Kritik zusätzlich anführen – nichts anderes als eine irrationalistische Schrumpfform des Begriffs der Vermittlung, wie er insbesondere von Hegel entwickelt worden war. In der Philosophie des Idealismus hatte das Subjekt den Anspruch erheben können, die Objektwelt ohne Rest zu durchdringen, weil es darauf vertraute, in ihr die eigene Vernunft wiederzufinden; in dem Maße, in dem dieses Vertrauen sich als grundlos herausstellte, mußte es von einer Wirklichkeit abgleiten, deren Struktur nicht mehr, wie Lukács bereits in der «Theorie des Romans» bemerkte, den «Idealen» entspricht, die es in sich trägt. Der «Sprung», der an die Stelle der Vermittlung von Subjekt und Objekt tritt, läuft nun allerdings hinaus auf die Selbstpreisgabe des Subjekts an eine unbegriffene und unbegreifbare Welt.

Damit wird die Frage unabweisbar, ob Philosophie überhaupt noch aktuell sei, ob sie noch mehr sein könne als eine bloß klassifizierende, den Dingen äußerlich bleibende Tätigkeit. Gegen die Tendenz, die Philosophie in den Einzelwissenschaften aufgehen zu lassen, setzt Adorno die Feststellung, daß die «Idee der Wissenschaft» «Forschung», die der Philosophie

«Deutung»[14] sei. Nach dem Verlust ihres Totalitätsanspruchs sei ihr allerdings «mehr nicht gegeben (...) als flüchtige, verschwindende Hinweise in den Rätselfiguren des Seienden und ihren wunderlichen Verschlingungen»[15]; der «Text», den sie zu lesen habe, sei «unvollständig, widerspruchsvoll und brüchig»[16], er müsse aus einzelnen «Chiffern»[17] erst zusammengesetzt werden. Nicht allerdings in dem Sinne, daß die Philosophie sich auf die Suche nach einer zweiten, einer «Hinterwelt» zu begeben hätte, die durch die Analyse der erscheinenden zu erschließen wäre – die Annahme einer solchen «Hinterwelt» liefe auf den Glauben an einen geschlossenen «Ideenhimmel» hinaus, wie er gerade am Beispiel der «materialen Phänomenologie» Schelers zu kritisieren war. Vielmehr gleiche philosophische Deutung der «Rätsellösung», deren Funktion es sei, «die Rätselgestalt blitzhaft zu erhellen und aufzuheben (...). Echte philosophische Deutung trifft nicht einen hinter der Frage bereit liegenden (...) Sinn, sondern erhellt sie jäh und augenblicklich und verzehrt sie zugleich. Und wie Rätsellösungen sich bilden, indem die singulären und versprengten Elemente der Frage so lange in verschiedene Anordnungen gebracht werden, bis sie zur Figur zusammenschießen, aus der die Lösung hervorspringt, während die Frage verschwindet –, so hat Philosophie ihre Elemente, die sie von den Wissenschaften empfängt, so lange in wechselnde Konstellationen, oder, um es mit einem minder astrologischen und wissenschaftlich aktuelleren Ausdruck zu sagen: in wechselnde Versuchsanordnungen zu bringen, bis sie zur Figur geraten, die als Antwort lesbar wird, während zugleich die Frage verschwindet. Aufgabe der Philosophie ist es nicht, verborgene und vorhandene Intentionen der Wirklichkeit zu erforschen, sondern die intentionslose Wirklichkeit zu deuten, indem sie kraft der Konstruktion von Figuren, von Bildern aus den isolierten Elementen der Wirklichkeit die Fragen aufhebt, deren prägnante Fassung Aufgabe der Wissenschaft ist».[18] Diese Definition philosophischer «Deutung» läßt erkennen, daß Adorno versucht, eine eigenständige Position zwischen Lukács, Benjamin und Kracauer zu entwikkeln. Aus «Geschichte und Klassenbewußtsein» wird die Vorstellung übernommen, daß die richtige Antwort nicht der Wirklichkeit transzendent, sondern in ihr selbst aufzusuchen sei; in dem Augenblick – so hatte Lukács diesen Gedanken präzisiert –, in dem das Proletariat zum Bewußtsein seiner selbst kommt, höre es auf, «Proletariat», eine gegenüber dem gesellschaftlichen Ganzen bloß partikulare Klasse zu sein; denn das «Bewußtsein» des Proletariats bestehe in der Erkenntnis der Totalität der Verdinglichung, der es ausgesetzt sei, und damit zugleich in der Erkenntnis der gesellschaftlichen Totalität; daher hebe das Proletariat in dem Augenblick, da es seiner selbst inne wird, sich selbst als Klasse auf: das durch die Entwicklung des

Kapitalismus aufgeworfene «Rätsel» verschwinde mit der Antwort. – Dagegen werden die Begriffe «Figur», «Konstellation», «intentionslose Wirklichkeit» und «Konstruktion» Benjamins Buch über das Trauerspiel, auf das an dieser Stelle von Adorno selbst verwiesen wird, entlehnt. Diese Begriffe bleiben – bei einigen Modifikationen und Präzisierungen – für Adornos Denken konstitutiv; aus der «intentionslosen Wirklichkeit» wird das «Nichtidentische»; stillschweigend zurückgenommen wird dagegen die Ersetzung von «Konstellation» durch «Versuchsanordnung», einen Begriff, der schon dadurch aus dem Rahmen fällt, daß er, eher als philosophischer «Deutung», naturwissenschaftlicher Forschung zuzuordnen ist.[19] Wahrscheinlich führt Adorno ihn an dieser Stelle ein, um zumindest die Andeutung eines Vorbehalts gegenüber Benjamins allzu ungehemmt metaphysischen Spekulationen zu markieren. «Die Ideen», hatte Benjamin in der Einleitung seiner Untersuchung geschrieben, «verhalten sich zu den Dingen wie die Sternbilder zu den Sternen. (...) Jede Idee ist eine Sonne und verhält sich zu ihresgleichen wie eben Sonnen zueinander sich verhalten. Das tönende Verhältnis solcher Wesenheiten ist die Wahrheit.»[20] In der Relativierung solcher tatsächlich schon «astrologisch» zu nennender Partien dürfte sich nicht zuletzt der Umgang mit dem skeptischen Siegfried Kracauer auswirken; von ihm stammt das Mißtrauen Adornos gegen die scheinhafte, reale Widersprüche verdeckende Einheitlichkeit philosophischer Systeme. Unter Kracauers Anleitung las er die «Kritik der reinen Vernunft» nicht als eine bloße Erkenntnistheorie, als Analyse der Bedingungen wissenschaftlich gültiger Urteile, sondern als eine Art «chiffrierter Schrift, aus der der geschichtliche Stand des Geistes herauszulesen war (...). Ließ ich später, im Verhältnis zu den überlieferten philosophischen Texten, weniger von deren Einheit und systematischer Einstimmigkeit mir imponieren, als daß ich mich um das Spiel der unter der Oberfläche jeder geschlossenen Lehrmeinung aneinander sich abarbeitenden Kräfte bemühte, die kodifizierten Philosophen jeweils als Kraftfelder betrachtete, so hat dazu gewiß Kracauer mich angeregt.»[21] In der Tat ist bereits in der Antrittsvorlesung von 1931 die Tendenz absehbar, Philosophie auf Kosten des begrifflich faßbaren Gehalts in solche «Kraftfelder» bzw. «Konstellationen» aufzulösen; mit der in der «Negativen Dialektik» vorgetragenen Behauptung, daß Philosophie wesentlich «nicht referierbar»[22] sei, werden schließlich philosophische Reflexion und eine der musikalischen «Durchführung» von Motiven nachempfundene Darstellungsweise bis zur Ununterscheidbarkeit einander angeglichen.

Überhaupt bestehen bemerkenswerte Übereinstimmungen zwischen der Antrittsvorlesung und der «Negativen Dialektik»; so in der Auffassung dessen, was unter «Materialismus» zu verstehen sei. Aus dem Begriff des «Intentionslosen» leitet Adorno in dem frühen Vortrag die Affinität seiner Konzeption philosophischer «Deutung» zum Materialismus ab: «Deutung des Intentionslosen» sei das «Programm jeder echten materialistischen Erkenntnis»[23]; sie gerate «allein durch Zusammenstellung des Kleinsten (...); die Wendung zum ‹Abhub der Erscheinungswelt›, die Freud proklamierte, hat Geltung übers Bereich der Psychoanalyse hinaus».[24] Hier zeichnet sich bereits ein Begriff von Materialismus ab, der noch in der «Negativen Dialektik» gültig sein wird. «Der Gang der Geschichte», heißt es dort, «nötigt das zum Materialismus, was traditionell sein unvermittelter Gegensatz war, die Metaphysik. (...) Kindheit ahnt etwas davon in der Faszination, die von der Zone des Abdeckers, dem Aas, dem widerlich süßen Geruch der Verwesung, den anrüchigen Ausdrücken für jenen Zone ausgeht. (...) Wem gelänge, auf das sich zu besinnen, was ihn einmal aus den Worten Luderbach und Schweinstiege ansprang, wäre wohl näher am absoluten Wissen als das Hegelsche Kapitel, das es dem Leser verspricht, um es ihm überlegen zu versagen.»[25] Der Gedanke ist der gleiche geblieben wie der in der Antrittsvorlesung vorgetragene; verändert (oder auch nur verdeutlicht) hat sich lediglich die Richtung der Polemik, die er enthält: zweifellos will Adorno, indem er den Begriff des Materialismus auf kindlicher, von gesellschaftlichen Konventionen noch weitgehend unbeeinträchtigter Erfahrung zu begründen versucht, ihn nun bewahren vor der Inanspruchnahme durch repressiven Kollektivismus, wie er in der Sowjetunion und ihren Satellitenstaaten praktiziert wurde. Der Begriff des Materialismus, so wäre wohl im Sinne von Adornos pointierter Interpretation zu argumentieren, könnte erst dann wieder politisch sinnvoll verwendet werden, wenn zuvor sichergestellt wäre, daß durch ihn das Individuum uneingeschränkt zu seinem Recht käme, anstatt daß er dazu mißbraucht würde, die Macht des Kollektivs über den einzelnen zu legitimieren.

Indessen läßt schon die Antrittsvorlesung von 1931 erkennen, daß Adorno von Anfang an nur geringes *Interesse* daran hatte, den Begriff des Materialismus als Bestandteil einer politischen, auf Veränderung der Gesellschaft zielenden Auseinandersetzung zu verwenden. Für diese Annahme spricht, daß die von Lukács in «Geschichte und Klassenbewußtsein» entwickelte Konstruktion zwar in den Grundzügen übernommen, zugleich aber entpolitisiert wird, so daß von ihr nicht viel mehr als eine Hülse zurückbleibt. Aus der «Verdinglichung», die das Proletariat zu erleiden hat, wird ein «Rätsel», aus dem umwälzenden Akt der Praxis die «Lösung», die der Philosoph durch die richtige «Konstellation» von Begriffen herstellt. Selbst die zentrale Kategorie des Verdinglichungsaufsatzes, die Warenform, wird zur «Konstellation» uminterpretiert, zum Versuch, «die Elemente einer gesellschaftlichen Analyse derart zu gruppieren, daß ihr Zusammenhang eine Figur ausmacht, in der jedes einzelne Moment aufgehoben ist».[26] Der Sinn einer solchen Veranstaltung wäre, wie Adorno meint, darin zu sehen, «daß vor einer zureichenden Konstruktion der Warenform das Ding an sich-Problem schlechterdings verschwände: daß die geschichtliche Figur der Ware und des Tauschwertes gleich einer Lichtquelle die Gestalt einer Wirklichkeit freilegte, um deren Hintersinn die Erforschung des Ding an sich-Problems vergebens sich mühte, weil sie keinen Hintersinn hat, der von ihrem einmaligen und erstmaligen geschichtlichen Erscheinen ablösbar wäre».[27] Die eigentliche, über den Problemhorizont einer traditionellen philosophischen Abhandlung hinausweisende Intention der Schrift von Lukács: die materialistische Begründung der Einheit von Theorie und gesellschaftlicher Praxis, läßt Adorno völlig außer acht, um an ihre Stelle wieder ein eher innerphilosophisches Problem, die Frage nach dem Ding an sich, zu rücken. Was danach noch von der Einheit von Theorie und Praxis, die er seinerseits für seine Methode der «Deutung» im Medium der «Konstellation» in Anspruch nimmt, übrigbleibt, ist von vollendeter Harmlosigkeit. «Die Deutung der vorgefundenen Wirklichkeit und ihre Aufhebung sind auf einander bezogen. Nicht zwar wird im Begriff die Wirklichkeit aufgehoben; aber aus der Konstruktion der Figur des Wirklichen folgt allemal prompt die Forderung nach ihrer realen Veränderung. (...) die Echtheit philosophischer Deutung (...) zwingt (...) die Praxis herbei.»[28] Aus der historisch konkreten *Einheit* von Theorie und Praxis, die Lukács, unter welch problematischen Voraussetzungen auch immer, im Auge hatte, wird stillschweigend eine bloße *Forderung* nach Praxis; völlig außer acht gelassen wird, daß die Evidenz, die für den Theoretiker eine bestimmte Konstellation haben mag, mit gesellschaftlicher Praxis zunächst nicht das geringste zu tun hat. Adorno scheint nicht zu bemerken (oder nicht bemerken zu wollen), daß, wenn eine «reale Veränderung» aufgrund einer Einsicht bloß gefordert wird anstatt aus einem Reflexionsprozeß unmittelbar hervorzugehen, von einer Einheit von Theorie und Praxis schon nicht mehr die Rede sein kann. Gewiß ist der Gedanke einer solchen Einheit problematisch; möglicherweise nicht mehr als eine Fiktion. Adorno ist denn auch nicht vorzuhalten, daß er das Theorie-Praxis-Problem nicht gelöst hat, wohl aber, daß er für seine Konzeption einer in «Konstellationen» verfahrenden Philosophie eine besondere Stellung zur Praxis beansprucht. Tatsächlich ist jede richtige Einsicht in gewissem Sinne praxisbezogen, insofern sie zugleich die Forderung enthält, die Realität ihr entsprechend umzugestalten; hieraus den Anspruch auf Einheit von Theorie und Praxis abzuleiten, ist

jedoch in jedem Falle unstatthaft, gleichgültig, ob es sich um traditionelle
oder um eine «intentionslose» Momente «konstellierende» Philosophie
handelt.

Die Tatsache, daß Adorno den Kern der von Lukács ausgearbeiteten
Geschichtsphilosophie ignoriert, dürfte darauf zurückzuführen sein, daß
ihm der Begriff des Klassenbewußtseins oder zumindest das Vertrauen in
seine politische Wirksamkeit vollkommen fremd bleibt. Auch hier wirkt
sich der Einfluß Kracauers und Benjamins aus. In seinem Buch über den
vorherrschenden Sozialcharakter, «Die Angestellten», hatte Kracauer die
Folgen der Zersetzung des Proletariats und damit auch des proletarischen
Klassenbewußtseins vorgeführt. Benjamins tragische Geschichtsauffassung
schließlich war für Adorno im Jahre 1931 offensichtlich noch so zwingend,
daß er mit dem Begriff des Klassenbewußtseins nichts anzufangen wußte.
«Tragisch» ist die Geschichtsauffassung des frühen Benjamin, weil das
bürgerliche Individuum im späten Kapitalismus sich durch kein Harmonie-
modell mehr gestützt fühlen kann, sondern sich nur noch als bedeutungslos, vereinzelt und in seiner durch keine Illusion mehr zu bemäntelnden
Vergänglichkeit erlebt. Diese Erfahrung der eigenen Vergänglichkeit projiziert es in die Geschichte, in der es nun auch keinen überindividuellen Sinn
mehr zu entdecken vermag. Vor diesem Hintergrund werden Begriffe wie
«Klasse» oder «Klassenbewußtsein», die kollektivem Erleben entspringen
oder zumindest auf ein befreites Miteinander verweisen, leer. Wenn aber
der Geschichte nur noch eine Eigenschaft, Vergänglichkeit, zugeschrieben
werden kann, dann ist sie von Natur nicht mehr zu unterscheiden.

Einheit von Natur und Geschichte

Folgerichtig bemüht sich Adorno in dem 1932 entstandenen Vortrag «Die
Idee der Naturgeschichte», die Einheit von Natur und Geschichte nachzuweisen.[29] Mit dieser These, die das «Auseinanderfallen der Welt in Natur-
und Geistsein oder Natur- und Geschichtesein, wie es gebräuchlich ist vom
subjektivistischen Idealismus her»[30] aufheben soll, ist im Grunde bereits die
Position der «Dialektik der Aufklärung» ins Auge gefaßt; mit dem Unterschied, daß in dem frühen Vortrag die Einheit von Natur und Geschichte
noch nicht als Verhängnis begriffen wird, als Regression der Vernunft, die
wieder in geschichtslos-mythische Natur zurückschlägt, weil sie der Natur
nicht anders begegnet als mit dem stereotypen, unveränderlichen Anspruch, sie zu unterwerfen und zu beherrschen. Herrschaft um ihrer selbst
willen als das immer gleich bleibende – und insofern naturhafte – Prinzip

der Geschichte nachzuweisen, ist das erklärte Ziel der «Dialektik der Aufklärung». Dagegen bleibt in dem Aufsatz aus dem Jahre 1932 das Ziel, auf das hin der Nachweis der Identität von Natur und Geschichte angelegt sein könnte, unbestimmt. Allenfalls kann vermutet werden, daß Adorno eine Korrektur – nicht etwa, wie in den späten Schriften, eine kompromißlose Ablehnung – der ontologischen Fragestellung vorschwebt. Das Mittel, mit dem Heidegger versucht habe, «transsubjektives Sein zu gewinnen», sei «nichts anderes» gewesen als «die gleiche subjektive ratio, die zuvor das Gefüge des kritischen Idealismus zustande gebracht hat»[31]. Dagegen setzt Adorno die These, daß «nur dort (...), wo die ratio die Wirklichkeit, die ihr gegenüber liegt, als ein ihr Fremdes, ihr Verlorenes, Dinghaftes anerkennt, nur dort, (...) wo der Wirklichkeit und ratio der Sinn nicht gemeinsam ist, (...) die Frage nach dem Sinn von Sein überhaupt gestellt werden»[32] könne. Über die bereits in der Antrittsvorlesung vorgetragene Feststellung, daß es in der Wirklichkeit «irreduzible», durch Vernunft nicht einholbare Momente gebe, weisen diese Bemerkungen nicht hinaus.

Als Gewährsleute für die These der Einheit von Natur und Geschichte, die, wie Adorno betont, «nicht vom Himmel gefallen»[33] sei, werden Benjamin und Lukács genannt, dieser mit einer vor «Geschichte und Klassenbewußtsein» entstandenen Arbeit, der «Theorie des Romans». Dort bezeichnet Lukács, deutlich beeinflußt von Simmels Beobachtung, daß die kulturellen Objektivationen den Menschen fremd, als starre Hülsen einer einstmals lebendigen Subjektivität gegenübertreten, die «zweite Natur der Menschengebilde» als «eine Schädelstätte vermoderter Innerlichkeiten»[34]. Diese Bemerkung vergleicht Adorno mit der Äußerung Benjamins (in dem Buch über das Trauerspiel), daß auf dem «Antlitz der Natur (...) ‹Geschichte› in der Zeichenschrift der Vergängnis»[35] stehe. Gemeinsam sei beiden Autoren die «Vorstellung der Schädelstätte. Bei Lukács ist es etwas bloß Rätselhaftes, bei Benjamin wird es zur Chiffre, die zu lesen ist.»[36] Bemerkenswert an diesem Vergleich ist vor allem die Selbstverständlichkeit, mit der Adorno sich darüber hinwegsetzt, daß nach der «Theorie des Romans» Lukács selbst versucht hatte, auf das «bloß Rätselhafte» eine Antwort zu finden. Wie immer die von ihm in dem Aufsatz über die Verdinglichung und das Bewußtsein des Proletariats vorgeschlagene Lösung einzuschätzen sein mag, unbestreitbar ist, daß sie ungleich konkreter ist als der von Benjamin Jahre später hervorgehobene «Chifferncharakter» der mit Geschichte identischen Natur. Daß Adorno die von Lukács in «Geschichte und Klassenbewußtsein» entwickelte Position nicht einmal diskutiert, sondern sie stillschweigend übergeht, läßt nicht nur den überwältigenden Einfluß Benjamins, sondern auch die tiefe Abneigung Adornos gegen historische Konkretisierungen materialistischer Argumentation erkennen. Hier ist bereits die zentrale geschichtsphilosophische Schwäche der Kritischen Theorie, ihre «Subjektlosigkeit», angelegt. Sie ist gewiß Folge des nur schwer widerlegbaren Befundes, daß als Träger einer grundlegenden Umwandlung der Gesellschaft kein historisches Subjekt auszumachen ist; zugleich aber muß sie, wie das stillschweigende Übergehen von «Geschichte und Klassenbewußtsein» belegt, Adornos psychischer Konstitution zutiefst entsprochen haben. So wirkt es denn auch einigermaßen unvermittelt, wenn er im letzten Absatz seines Vortrags auf den historischen Materialismus zu sprechen kommt: «Ich stelle mich sozusagen als der richterlichen Instanz der materialistischen Dialektik.»[37] Denn der allenfalls materialistisch zu nennende Kern des Gedankens der Naturgeschichte, daß Natur Geschichte und Geschichte Natur sei, ist, verglichen mit den eindrucksvollen Analysen aus dem Verdinglichungsaufsatz, so allgemein gehalten, daß er schwerlich vor dieser Instanz bestehen könnte.

Adorno selbst scheint denn auch angesichts dieses mageren Ergebnisses einiges Unbehagen empfunden zu haben: «Aber wollte die Philosophie nichts anderes bleiben als eine solche Hinnahme des Choks, daß das, was Geschichte ist, sich zugleich jeweils als Natur darstellt – dann wäre es so, wie Hegel es Schelling vorwarf, wie die Nacht der Indifferenz, in der alle Katzen grau sind. Wie entgeht man dieser Nacht?»[38] Die Antwort ist zentriert um den Begriff des Scheins, dessen Adorno, offenkundig unschlüssig, in mehreren Ansätzen habhaft zu werden versucht. Er soll zunächst im Sinne einer zweiten Natur, als eine Art Ideologie also, verstanden werden. «Diese zweite Natur ist, indem sie sich als sinnvoll gibt, eines des Scheines, und der Schein an ihr ist geschichtlich produziert.»[39] Der Eindruck, daß Adorno hier bereits einen der Schwerpunkte seiner späteren Arbeit, Ideologiekritik, ins Auge faßt, ist trügerisch. Scheinhaft ist diese zweite Natur, «weil die Wirklichkeit uns verloren ist, und wir sie glauben sinnvoll zu verstehen, während sie entleert ist»[40]. Solange Ideologiekritik noch nicht in bestimmter Negation konkreter gesellschaftlicher Phänomene besteht, sondern ontologisch motiviert ist – daß «die Wirklichkeit uns verloren ist», läuft auf nichts anderes als die von Heidegger beklagte «Seinsvergessenheit» hinaus –, solange kann sie nur in der stets gleichen Feststellung bestehen, daß der in die Wirklichkeit projizierte Sinn scheinhaft ist. Dieser Versuch, über die bloß abstrakte Gleichsetzung von Natur und Geschichte hinauszugelangen, verläuft daher im Sande; Adorno verliert sich in zufällig wirkenden, ziemlich unklaren Überlegungen über das «mythische Urphänomen der Angst» oder über das «Moment der Bedrohlichkeit»[41], das diesem Schein eigentümlich sein solle. Bloß erwähnt, nicht festgehalten wird auch das «Moment der Wirklichkeit von Schein gegenüber seiner bloßen Bildlichkeit: daß wir Schein überall da, wo er uns begegnet, als Ausdruck empfinden, daß er nicht bloß zu beseitigendes Scheinhaftes ist, sondern etwas audrückt, was in ihm erscheint, was aber unabhängig von ihm nicht zu beschreiben ist. Dies ist ebenfalls ein mythisches Moment am Schein.»[42] Es ist weniger ein mythisches Moment als ein ästhetisches: ohne es selbst zu bemerken, beschreibt Adorno hier bereits den ästhetischen Schein, wie er noch in der «Ästhetischen Theorie» im Zentrum des Interesses stehen wird. Die Stelle bestätigt wie kaum eine andere Adornos Bemerkung aus dem Jahre 1962, vieles von dem, was er in seiner Jugend geschrieben habe, sei eine traumhafte Antezipation späterer Arbeiten.[43] Denn mit dieser Definition des ästhetischen Scheins gelangt er in die Nähe jener eigenständigen, von Benjamin, Lukács und Kracauer relativ unabhängigen Position, nach der er so offensichtlich auf der Suche ist. Hierzu bedarf es nur noch der Erkenntnis, daß es sich bei dem vermeintlich «mythischen» um ein spezifisch ästhetisches Moment handelt.

Philosophie als Sprachkritik

Entscheidende Bedeutung kommt daher den etwa gleichzeitig entstandenen «Thesen über die Sprache des Philosophen» zu. Sie lassen erkennen, daß Adorno die ihm angemessene philosophische Verfahrensweise mit zunehmender Entschiedenheit auf ästhetischer Erfahrung begründet. Die bereits in der Antrittsvorlesung vorgetragene Auffassung, der Philosoph habe «die Worte so um die neue Wahrheit zu stellen, daß deren bloße Konfiguration die neue Wahrheit ergibt»[44], wird aufgenommen und präzisiert: «Alle philosophische Kritik ist heute möglich als Sprachkritik (...); es ist bei den Worten zu fragen, wie weit sie fähig sind, die ihnen zugemuteten Intentionen zu tragen, wieweit ihre Kraft geschichtlich erloschen ist, wie weit sie etwa konfigurativ bewahrt werden mag. Kriterium dessen ist wesentlich die *ästhetische* Dignität der Worte. Als kraftlose Worte sind kennbar solche, die im sprachlichen Kunstwerk – das allein gegenüber der szientifischen Dualität die Einheit von Wort und Sache bewahrte – der ästhetischen Kritik bündig verfielen, während sie sich bislang der philosophischen Gunst ungeschmälert erfreuen durften. Es ergibt sich damit konstitutive Bedeutung der ästhetischen Kritik für die Erkenntnis. (...) Es läßt sich die wachsende Bedeutung philosophischer Sprachkritik formulieren als beginnende Konvergenz von Kunst und Erkenntnis.»[45] Diese Annäherung von Kunst und Philosophie vollzieht sich nicht etwa einseitig; nachdem das Auseinandertreten von Ding und Bezeichnung als Folge der «Verdinglichung durch idealistisches Bewußtsein»[46] (das dem Mannigfaltigen Einheit nur von außen, subjektiv, aufprägt) erkannt ist, muß die Philosophie ein Verfahren entwickeln, durch das diese Diskrepanz beseitigt werden kann: durch eine «konfigurative Sprache» wird die «Einheit von Begriff und Sache»[47] wieder hergestellt. Damit nähert die philosophische Reflexion sich der ästhetischen Erfahrung an, in der allein noch diese Einheit anzutreffen ist. Die Kunst ihrerseits gleicht sich der Philosophie an, weil sie «Erkenntnischarakter» gewinnt: sie setzt keine metaphysischen Konstruktionen mehr voraus, sondern wendet sich der «Darstellung realer Seinsgehalte»[48] zu. Die Sprache der Kunst ist daher «ästhetisch nur dann stimmig, wenn sie ‹wahr› ist: wenn ihre Worte dem objektiven geschichtlichen Stande nach existent sind»[49]. Damit sind zwei wesentliche Elemente der Adornoschen Ästhetik bereits absehbar: zunächst die Feststellung, daß, im Gegensatz zur traditionellen Kunst, der Kunst der Moderne «Protokollcharakter» zukomme, da sie die subjektiven Regungen, die ihren Inhalt ausmachen, nicht mehr in eine überlieferte Formensprache auflöse; sodann die Theorie des «Materials», das, gemäß dem Entwicklungsstand der außerästhetischen Produktivkräfte, als geschichtlich vermitteltes dem Künstler vorgegeben ist.

Mit der Betonung der fortschreitenden Konvergenz von Kunst und Erkenntnis beginnt sich die Lücke zu schließen zwischen der schon zu Beginn der zwanziger Jahre festzustellenden Eigenständigkeit und Originalität der musikkritischen Produktion Adornos und der daneben noch jahrelang anhaltenden schulphilosophischen Abhängigkeit, die die Dissertation und die erste Habilitationsschrift kennzeichnet. Die Gründung philosophischer Erkenntnis auf ästhetischer Erfahrung mußte nicht zuletzt auch deshalb erfolgen, weil Adorno andernfalls für die als «Beruf»[50] gewählte philosophische Arbeit gerade seine eigentliche Begabung nicht hätte fruchtbar machen können. Zweifellos ist es der sprachkritische Ansatz von Karl Kraus, dessen Vorlesungen Adorno während seiner Wiener Zeit besucht hatte, der es ihm ermöglicht, Musikkritik und Philosophie miteinander zu vermitteln. Die Sprachkritik von Kraus – die vergleichbar ist mit dem Kampf des Architekten Adolf Loos gegen das funktionslos gewordene Ornament – zielt darauf ab, Worte als «kraftlos», als bedeutungsleere Phrasen erkennbar werden zu lassen durch den Nachweis, daß in der Sprache der Presse, der Politik und der Justiz «die Einheit von Wort und Sache» zerstört ist. Dieses Vorgehen von Kraus, das Adorno sich zu eigen macht, darf ideologiekritisch heißen insofern, als die Unterscheidung von eigentlicher Wortbedeutung und deren Abhub, der Phrase, auf die Verwandlung des Gebrauchswertes der Sprache in den bloßen Tauschwert, der den Sachverhalt nicht mehr trifft

sondern von ihm abgeleitet, verweist. Die «Konstellation» wäre dann der
Versuch, den verlorenen Gebrauchswert der Worte wenigstens mittelbar zu
bezeichnen. Nicht von ungefähr wird gerade im Wien der Jahrhundertwende diese Diskrepanz besonders intensiv wahrgenommen, und zwar in den
verschiedensten Bereichen: nicht nur Kraus, sondern auch Freud, Schnitzler, Schönberg, Loos arbeiten daran, jeder auf seine Weise, die Spannungen
unter der scheinbar geordneten Oberfläche des psychischen Haushalts, der
menschlichen Beziehungen, der musikalischen und architektonischen Formen freizulegen. In der Österreichisch-Ungarischen Monarchie war, wie in
keinem anderen europäischen Staat, die Differenz zwischen einer längst
konservativ gewordenen, seit 1879 auch politisch entmachteten liberalistischen Ideologie und einer nach wie vor das öffentliche Leben beherrschenden, nach wie vor sich als progressiv ausgebenden liberalistischen Phra-
seologie hervorgetreten. «Verlogenheit», diagnostizierte Hofmannsthal
1895 als einen Grundzug seiner Epoche, «resultiert zumeist aus dem fortge-
setzten ehrerbietigen Gebrauch von Begriffen, denen eine lebendige Achtung versagt ist.»[51] Daß für Adorno «Idiosynkrasie», die begriffslose, in-
stinktive Gewißheit des Künstlers, bestimmte künstlerische Verfahrensweisen seien nicht länger brauchbar – «Das geht nicht mehr»[52] –, zum Organon ästhetischer Wertung wird, dürfte nicht zuletzt auf die intensive Erfahrung der Wiener kulturellen Atmosphäre zurückzuführen sein.

Vermutlich ist Adorno der Überzeugung, mit diesem Ansatz das gesell-
schaftskritische Argumentationsniveau von «Geschichte und Klassenbewußtsein» erreicht zu haben, ohne seinen individualistischen Ansatz verabschieden zu müssen. Von nun an ist entschieden – dies ist die eigentlich
grundlegende Konstante von Adornos Werk, über die «Minima Moralia»,
die «Philosophie der neuen Musik», die «Negative Dialektik» bis zur «Ästhetischen Theorie» – daß die Instanz, die über alles geschichtlich Gewordene urteilt, das einzelne Subjekt ist, und zwar aufgrund von Innervatio-
nen, die begriffslos und insofern auch dort als «ästhetisch» zu bezeichnen
sind, wo sie nicht auf künstlerische Wahrnehmung im engeren Sinne zurückgehen. Das «Der böse Kamerad» überschriebene Kapitel der Minima
Moralia[53], in dem Adorno den Anspruch erhebt, den Faschismus und die
für ihn anfälligen Bewußtseinsformen aus der Erinnerung seiner Kindheit
abzuleiten, ist der wohl eindrucksvollste Versuch, begriffslose, scheinbar
bloß subjektive Erfahrung als die wesentliche Voraussetzung unverding-
lichter Erkenntnis darzustellen.

Staatskapitalismus

Mit seiner programmatischen Forderung, philosophische Erkenntnis auf ästhetischer, subjektiv vermittelter Erfahrung zu begründen, steht Adorno zunächst in einem gewissen Gegensatz zu den anderen Mitarbeitern des Instituts für Sozialforschung, das, gemäß den von Horkheimer im Jahre 1930 entwickelten Richtlinien, ganz auf breite, interdisziplinäre Forschung hin angelegt ist.[54] Damit mag zusammenhängen, daß die «Thesen über die Sprache des Philosophen» unveröffentlicht bleiben, während der etwa gleichzeitig entstandene, um marxistische Terminologie bemühte, etwas hölzern wirkende Aufsatz «Zur gesellschaftlichen Lage der Musik» im ersten Jahrgang der «Zeitschrift für Sozialforschung» veröffentlicht wird. Erst im Jahre 1938 wird Adorno auch offiziell Mitglied des Instituts für Sozialforschung, zu einer Zeit, da sich bereits eine wesentliche Veränderung in der theoretischen Ausrichtung der Institutsarbeit abzeichnet. Dieser Prozeß der Neuorientierung ist vor allem mit dem Namen des zweiten Direktors des Instituts, Friedrich Pollock, verbunden.

Pollock vertritt die Auffassung, der Kapitalismus habe sich im 20. Jahrhundert entscheidend verändert: aus dem krisenanfälligen, ständig vom Zusammenbruch bedrohten Laissez-faire-System sei der stabilere, durch massive staatliche Eingriffe gestützte Staatsmonopolkapitalismus geworden. Bereits sein Aufsatz «Die gegenwärtige Lage des Kapitalismus und die Aussichten einer planwirtschaftlichen Neuordnung» (1932) nimmt eine Stabilisierung des kapitalistischen Systems als immerhin möglich an. Obwohl abzusehen sei, daß in kapitalistisch organisierten Wirtschaftssystemen künftig «die Depressionen länger, die Aufschwungsphasen kürzer und heftiger und die Krisen vernichtender sein werden als in den Zeiten der ‹freien Konkurrenz›»[55], widerspricht Pollock der Erwartung, daß es «automatisch» zum Zusammenbruch des Kapitalismus kommen werde: «Ein unabweisbarer Zwang, ihn durch ein anderes Wirtschaftssystem zu ersetzen, besteht rein wirtschaftlich nicht.»[56] 1941 schließlich erscheint die Untersuchung, die für die weitere Arbeit des Instituts von entscheidender Bedeutung sein sollte, «State Capitalism: Its Possibilities and Limitations».

Hier untersucht Pollock im einzelnen die Maßnahmen, die es ermöglichen, den Kapitalismus, wenn auch in verwandelter Gestalt, funktionsfähig zu erhalten. Von zentraler Bedeutung ist nach seiner Auffassung die Möglichkeit, den Kapitalismus dadurch von der ihm in der liberalistischen Phase immanenten Krisenanfälligkeit zu kurieren, daß der freie Markt «seine Kontrollfuntkion des Ausgleichs zwischen Produktion und Verteilung»[57]

verliert. Dem Wirtschaftsprozeß «Prinzipien wissenschaftlicher Lenkung»[58] zu unterstellen, Produktion und Konsum in einem Gesamtplan
festzulegen, hält Pollock für technisch realisierbar, zumal durch Massen-
produktion der Bedarf nivelliert, die Zahl der herzustellenden Typen reduziert wird, was wiederum die Bedarfserfassung erleichtert.[59] Die Vorteile
einer solchen Ordnung sind offenkundig; so kann die im Privatkapitalismus unvermeidliche, vor allem als Arbeitslosigkeit in Erscheinung tretende
«Produktivitätsreserve»[60] durch planwirtschaftliche Lenkung weitgehend
ausgeschöpft werden. Durch die hiermit verbundene Garantie wirtschaftlicher Sicherheit für jeden einzelnen treten Klassenunterschiede weniger
deutlich in Erscheinung; die Integration der Gesellschaft wird befördert, die
Loyalität der Massen gefestigt. «Die Integrationsleistung von Vollbeschäf-
tigung in dieser Ära immer bedrohlicherer wirtschaftlicher Unsicherheit
kann kaum überschätzt werden. Für das Bewußtsein der meisten Leute
zählt sie wahrscheinlich mehr als der Lebensstandard (...); sie zählt für den
Kleinunternehmer wahrscheinlich auch mehr als der Verlust seiner Unabhängigkeit oder für den Arbeiter als der Verlust seiner eigenen Organisation.»[61]

Der Preis für diese Sicherheit ist allerdings hoch. Selbst wenn er nicht,
wie im nationalsozialistischen Deutschland, in der totalen «Brutalisierung
der Gesellschaft»[62] besteht – Pollock hält zumindest grundsätzlich eine
staatskapitalistische Ordnung sowohl auf totalitärer als auch auf demokra-
tischer Basis für möglich[63] –, so ist doch in jedem Fall Entmündigung die
Folge der Planwirtschaft: «Unter dem Privatkapitalismus werden alle sozialen Beziehungen unter dem Gesichtspunkt des Marktes gesehen; die Menschen treten als Handelnde im Austauschprozeß, als Käufer oder Verkäufer
in Erscheinung. Die Quelle von jemandes Einkommen, die Größe seines
Vermögens ist für seine soziale Stellung entscheidend. Das Profitmotiv hält
den wirtschaftlichen Mechanismus der Gesellschaft in Gang. Unter dem
Staatskapitalismus treten die Menschen als Kommandierende oder Kom-
mandierte in Erscheinung; wie weit jemand befehlen kann oder gehorchen
muß, hängt in erster Linie von seiner Stellung auf der politischen Leiter ab
und nur in zweiter vom Besitz.»[64] Dieser Prozeß der Entmündigung betrifft
im Prinzip alle Mitglieder der Gesellschaft; aber er macht sich bei den
Angehörigen der ehemaligen, unter dem Staatskapitalismus zerfallenden
Klassen verschieden bemerkbar. Durch den Verlust ihrer Organisation und
das Schwinden ihres Klassenbewußtseins werden die Proletarier noch direkter und noch schutzloser als zuvor dem Kommando der in Partei und
Bürokratie Herrschenden ausgeliefert; für den Kapitalisten steht eher die
«Ersetzung des Gewinnmotivs durch das Machtmotiv»[65] im Vordergrund.

Zwar wird, da auch im Staatskapitalisumus das private Eigentum an den Produktionsmitteln beibehalten wird, nicht sein Besitzstand in Frage gestellt; wohl aber ist der Besitz von Kapital zu einem bloßen «Anspruch auf einen Anteil am Industrieprodukt geworden, ohne daß noch eine eigene Funktion damit verbunden ist»[66] (wie Pollock zustimmend E. F. M. Durbin zitiert). Der Kapitalist wird zum bloßen Rentner degradiert.[67] Auf längere Sicht wird daher seine offenkundige Funktionslosigkeit ihn zum Verschwinden bringen. Was in der staatskapitalistisch organisierten Gesellschaft zählt, ist allein der Rang in der Hierarchie der Partei bzw. der Bürokratie, nicht der persönliche Besitz. Macht und Besitz treten auseinander.

Damit aber ist der Primat der Ökonomie vor der Politik, von dem Marx ausging, gebrochen. Unter dem Staatskapitalismus hat, wie Pollock folgert, «Nationalökonomie als Sozialwissenschaft ihren Gegenstand verloren (...). Wirtschaftsprobleme im alten Sinn existieren nicht mehr, wenn die Gleichschaltung aller wirtschaftlichen Tätigkeiten nicht mehr durch die natürlichen Marktgesetze, sondern durch bewußte Planung erreicht wird. Wo der Volkswirt sich früher über das Rätsel des Tauschprozesses den Kopf zerbrach, findet er unter dem Staatskapitalismus nur mehr Verwaltungsprobleme.»[68] Oberstes Prinzip ist nicht mehr, wie im «klassischen» Kapitalismus, die Profitmaximierung, sondern die Ausübung von Macht. Schließlich verweist Pollock darauf – diese Überlegung wird vor allem in dem ebenfalls 1941 erschienenen Aufsatz «Is National Socialism a New Order?» ausgeführt –, daß die autoritäre Ausprägung des Staatskapitalismus, die zuerst im nationalsozialistischen Deutschland eingeführt worden ist, der Fluchtpunkt sei, auf den hin alle kapitalistischen Systeme, also auch die Vereinigten Staaten, sich entwickeln.

Mit diesen Ergebnissen hat Pollock die entscheidenden Stichworte für die weitere Arbeit Horkheimers und Adornos geliefert. Insbesondere die Feststellung, daß im Staatskapitalismus das Profitmotiv dem Machtmotiv zu weichen habe, daß also nicht mehr der Ökonomie, sondern der Politik der Primat zukomme, wird sich für die Arbeit des Instituts als äußerst folgenreich auswirken: An die Stelle der Kritik der politischen Ökonomie tritt nun Sozialpsychologie als wichtigster Forschungsschwerpunkt; der Begriff des Kapitalismus wird ersetzt durch den der «verwalteten Welt», auf deren Vollendung die historische Entwicklung unaufhaltbar zutreibe; im Zentrum der «Dialektik der Aufklärung» schließlich steht die These, daß «Herrschaft (...) als Selbstzweck» überlebe, «in Form ökonomischer Gewalt»[69].

Die Spekulation liegt nahe, daß mit dieser Entwicklung der Theorie für die führenden Institutsmitglieder – «horkheimer ist millionär, pollock nur

aus gutem hause»[70] notierte Brecht sarkastisch – Erkenntnis und (Klassen-)
Interesse auf bemerkenswerte Weise in Übereinstimmung gelangen. Pollock
habe, so könnte unterstellt werden, letzten Endes doch nur geliefert, was
Horkheimer von Anfang an von ihm erwartet hatte: die Theorie, daß der
Kapitalismus keineswegs zum Untergang verurteilt sei. Immerhin fällt auf,
daß Horkheimer – systematisch, wie es zumindest im Rückblick scheint –
nicht nur die orthodoxen Marxisten, sondern auch die Ökonomen unter
den Mitarbeitern des Instituts beiseitegedrängt hatte, Friedrich Pollock ausgenommen, von dem dann auch die Theorie kam, die die Abwendung des
Instituts von der politischen Ökonomie rechtfertigte. In dieser Perspektive
käme eine gewisse Signalwirkung bereits der Tatsache zu, daß schon im
Jahre 1930, mit dem Amtsantritt Horkheimers als Direktor des Instituts für
Sozialforschung, der mit diesem Amt verbundene Lehrstuhl, der bis diesem
Zeitpunkt zur fünften Fakultät gehörte, der Philosophischen Fakultät zugeordnet wurde; wofür die Wirtschaftswissenschaftliche Fakultät durch Errichtung eines neuen Lehrstuhls aus Mitteln des Institutsgründers Weil
entschädigt wurde.[71] Jedenfalls ist festzustellen, daß der pauschale Pessimismus, mit dem Horkheimer und Adorno in der Nachkriegszeit jede Veränderung der Gesellschaft zum Besseren hin ausschließen und jede noch so
zaghafte Hoffnung unter Ideologieverdacht stellen, in seinen Ursprüngen
nicht frei von Vorentscheidungen war, die dem Klasseninteresse der Autoren wohl mehr entsprachen, als ihnen selbst bewußt wurde.

Es versteht sich allerdings von selbst, daß durch einen Hinweis auf das
Klasseninteresse die von Pollock, Horkheimer und Adorno vorgelegten
Analysen nicht als abgetan gelten können. Denn gerade die Arbeiten, mit
denen Horkheimer – in dem Aufsatz «Autoritärer Staat» – und Adorno –
mit den «Reflexionen zur Klassentheorie» – auf Pollocks Theorie vom
Staatskapitalismus reagieren, gehören zum Überzeugendsten, was diese beiden Autoren hervorgebracht haben. Trotzdem läßt sich der Eindruck nicht
gänzlich verwischen, Pollocks Theorie sei zur rechten Zeit gekommen, um
Horkheimer die Rechtfertigung dafür zu liefern, seinen Freiheitsbegriff immer entschiedener am Modell eben des wirtschaftlichen Liberalismus, den
er doch als endgültig vergangen ansah, zu orientieren. Nur ein einziges
Mal, in seinem Aufsatz «Autoritärer Staat» (1942), in dem er die Konsequenzen aus Pollocks Arbeiten über den Staatskapitalismus und aus dem
stalinistischen Terror in der Sowjetunion zieht, erwägt Horkheimer flüch-
tig, ob nicht doch ein Begriff von Freiheit, der nicht geprägt wäre durch die
liberalistische Ideologie des freien Unternehmertums, gedacht werden
könnte. Das «Ende der Ausbeutung» könne, da auch der in der Sowjetunion praktizierte «Staatssozialismus» lediglich als eine Variante des Staatska-

pitalismus anzusehen sei, nicht mehr von einer «Beschleunigung des Fortschritts», sondern nur noch durch einen «Sprung aus dem Fortschritt heraus»[72] erwartet werden. Gerade diesen Gedanken jedoch hat Horkheimer
später nicht mehr aufgegriffen, sondern, in immer rigideren Formulierungen, Freiheit ausschließlich nach dem – zugleich als endgültig vergangen
beklagten – Modell der Freiheit des liberalistischen Unternehmers konzipiert; eines Unternehmers, der noch nicht auf den Status eines «Rentners»
reduziert ist, sondern für den Besitz und die Möglichkeit der Machtaus-
übung noch eines sind. «Im Wesenskern dessen, was wir das Denken nennen, steht das ‹Er-wägen›, das Abschätzen von Risiko und möglichem Gewinn, das Wechselspiel zwischen Festhalten und Mehren des Besitzes – ein
Widerspruch, der das Lebenselement des Gedankens bildet. Wer als Kind
am Vater, der sich und anderen viel verbieten konnte, die Gebärde des
‹vielleicht sollte ich dies doch wagen, das Unternehmen könnte gelingen›
nicht erfahren hat, (...) der ist kein richtiger Mensch, wie wir ihn verstehen,
der ist zu kurz gekommen.»[73] Im Gegensatz zu Horkheimer, bei dem das
Motiv Freiheit als «Sprung aus dem Fortschritt» nur versprengt erscheint,
hat Adorno an diesem Gedanken stets festgehalten: Freiheit ist für ihn nur
denkbar als ein Zustand jenseits von Praxis, also auch jenseits der als
verhängnisvoll erkannten blinden ökonomischen Dynamik.

Zerfall der Klassen

Lukács hatte in «Geschichte und Klassenbewußtsein» den Untergang des
kapitalistischen Systems als notwendig darstellen können, weil die Bourgeoisie, in der Partikularität ihres Klasseninteresses befangen, nicht zur
Erkenntnis der gesellschaftlichen Totalität gelangen kann: so kommt es,
daß, während sie noch Herrschaft ausübt, sie bereits ihren eigenen Untergang vorbereitet: es handelt sich um eine bloße Illusion, wenn die Bourgeoisie sich als Subjekt des Geschichtsprozesses fühlt. Anders verhält es sich mit
dem Proletariat. Es wird in seiner Totalität, in jeder einzelnen Lebensregung so vollständig unterdrückt, daß es sich nicht als ein Partikulares zu
emanzipieren vermag. Seine Emanzipation kann nur so umfassend sein, wie
es zuvor seine Unterdrückung war. Gegen die Illusion, der das Bürgertum
erlag und die schließlich zu seinem Untergang führen mußte: daß das eigene
klassenspezifische Interesse identisch sei mit dem Interesse der Menschheit,
ist das Proletariat gefeit. Indem es zum Bewußtsein seiner selbst kommt,
konstituiert es sich zugleich als einzig mögliches Subjekt der Geschichte.
Diese Konstruktion wird von Adorno, in dem 1942 entstandenen Auf-

satz «Reflexionen zur Klassentheorie», ohne daß Lukács genannt wird, aufgenommen. «Die Proletarier haben nichts zu verlieren als ihre Ketten und alles zu gewinnen: die Wahl soll ihnen nicht schwer werden, und die bürgerliche Demokratie ist soweit progressiv wie sie den Spielraum zur Klassenorganisation gewährt, deren numerisches Gewicht den Umsturz herbeiführt.»[74] Allerdings kann diese Entwicklung nur eintreten, wenn die Verelendung der Massen eines Tages tatsächlich ein unerträgliches Ausmaß erreicht, so daß die Revolution unvermeidbar wird. Insofern muß das Elend der Menschen, so maßlos und unerträglich es auch immer werden möge, eine rational faßbare Größe im Geschichtsprozeß bleiben, «die Negativität des freien Spiels der Kräfte im liberalen System»[75]: noch die Entwicklung, die das System zum Einsturz bringen soll, ist also von dessen ungehindertem Funktionieren abhängig. «Vorausgesetzt ist der ungestörte, autonome Ablauf des Wirtschaftsmechanismus, wie die liberale Theorie ihn postuliert: die Geschlossenheit des je zu analysierenden tableau économique. Alles andere wird den modifizierenden ‹Umständen› zugezählt, ‹deren Analyse nicht hierher gehört›.»[76] Hier setzt, von Pollocks Analysen deutlich beeinflußt, Adornos Kritik an. Pollock hatte gezeigt, daß, was Marx geringschätzig die «modifizierenden Umstände» nennt und als quantité négligeable behandelt – also die Faktoren, die zu dem freien Spiel der wirtschaftlichen Kräfte hinzutreten, es im wesentlichen aber nicht zu stören vermögen – zunehmend an Bedeutung gewinnt. In dem Augenblick aber, da diese «modifizierenden Umstände», die Marx, durchaus im Geiste des Liberalismus, glaubte unberücksichtigt lassen zu können, von der Bourgeoisie in ihrer Bedeutung erkannt werden, sind sie auch als Steuerungsinstrumente einsetzbar. Damit wird das autonome tableau économique gesprengt, es kann dafür gesorgt werden, daß der Verelendungsprozeß eine kritische Grenze nicht überschreitet. Der Niedergang des Systems verliert seine Notwendigkeit. «Aber die herrschende Klasse wird nicht nur vom System beherrscht, sie herrscht durchs System und beherrscht es schließlich selber. Die modifizierenden Umstände stehen extraterritorial zum System der politischen Ökonomie, aber zentral in der Geschichte der Herrschaft. Im Prozeß der Liquidation der Ökonomie sind sie keine Modifikationen sondern selber das Wesen.»[77] Die Bourgeoisie hört zwar nicht auf, ein nur partikulares, im Hinblick auf die Gesamtgesellschaft unverantwortliches Interesse zu verfolgen, aber sie wird versuchen, dessen Partikularität zu verschleiern. Zu diesem Zweck wird sie alles daransetzen, die Klassengegensätze zwar nicht zu beseitigen, wohl aber, sie möglichst unsichtbar und damit unangreifbar werden zu lassen. Dies gelingt um so eher, als die Ausübung der Macht nicht mehr bei den nominellen Eigentümern des Kapitals liegt, sondern Sache der relativ kleinen Gruppe ist, die in den höchsten Rängen der Verwaltungs- und Parteiapparate die wesentlichen Entscheidungen über die Masse des Kapitals trifft: «Die herrschende Klasse verschwindet hinter der Konzentration des Kapitals. Diese hat eine Größe erreicht, ein Eigengewicht gewonnen, durch die das Kapital als Institution, als Ausdruck der Gesamtgesellschaft sich darstellt. Das Partikulare usurpiert vermöge der Allmacht seiner Durchsetzung das Ganze».[78] Damit ist dem Proletariat die Möglichkeit genommen, sich selbst als Klasse zu begreifen, was die Voraussetzung dafür wäre, sich als gesellschaftliches Subjekt zu konstituieren. «Die Zeiten, da man noch Barrikaden bauen konnte, sind fast schon so selig wie die, da das Handwerk einen goldenen Boden hatte. Die Allgewalt der Repression und ihre Unsichtbarkeit ist dasselbe.»[79] Die Etablierung des Staatskapitalismus führt zu der Einsicht, daß der Klassenbegriff seine Bedeutung für die politische Praxis nicht etwa erst in einer klassenlosen Gesellschaft verliert, sondern bereits in dem Augenblick, da es gelingt, den Klassengegensatz von der Oberfläche der Gesellschaft verschwinden zu lassen. «Das Ganze ist das Unwahre»[80], die berühmte Umkehrung des Hegelschen Satzes, daß das Wahre das Ganze sei, von Adorno in den «Minima Moralia» vollzogen, ist bereits das Ergebnis seines Aufsatzes über den Klassenbegriff.

Theorie der Gesellschaft und ästhetische Theorie

Marx − und Lukács, der von einem durch Verdinglichung nicht angreifbaren «Kern» der Menschen spricht − waren von der Vorstellung eines Subjekts ausgegangen, dessen Autonomie unzerstörbar sei. Die Verelendungstheorie verleiht der Erwartung Ausdruck, daß physische Entbehrung, unmittelbare Armut eines Tages ein solches Ausmaß annehmen werden, daß es keine Alternative mehr zur revolutionären Erhebung des Proletariats geben könne; es komme zu ihr gerade dann, wenn das vorhergehende Elend ohne Maß war. − Angesichts von kürzerer Arbeitszeit und verbesserten Lebensbedingungen kann diese Theorie nicht länger aufrechterhalten werden; für den Versuch, mit Hilfe des in sich widersinnigen Begriffs der «relativen Verelendung» ihr auch weiterhin Aktualität zu verschaffen, hat Adorno nur Verachtung übrig.[81] Er wirft die Frage auf, ob die psychische Entmündigung der Menschen nicht doch so weit getrieben werden könne, «daß der Gedanke, es könnte überhaupt anders ein, zur fast hoffnungslosen Anstrengung»[82] werden muß. Daß die Autonomie des Subjekts eines Tages vollkommen zerschlagen werden, daß es ihm damit auch unmöglich wer-

den könnte, ein Mindestmaß an Distanz zur Gesamtgesellschaft aufrechtzuerhalten (was die Voraussetzung dafür wäre, an eine Veränderung überhaupt nur denken zu können), war Marx nicht in den Sinn gekommen.
«Marx hat sich auf die Psychologie der Arbeiterklasse nicht eingelassen. Sie
setzt Individualität, eine Art Autarkie der Motivationszusammenhänge im
Einzelnen voraus. Solche Individualität ist selber ein gesellschaftlich produzierter Begriff, der unter die Kritik der politischen Ökonomie fällt.»[83] Ist
dieser Sachverhalt einmal erkannt, so werden die Inhaber der Macht sich
nicht begnügen, die Klassengegensätze zu verschleiern, um auf diese Weise
den Angehörigen des Proletariats das Bewußtsein ihrer Klassenzugehörigkeit und damit die Möglichkeit zu solidarischem Handeln zu nehmen; sie
werden vor allem versuchen, direkt in den während der klassischen Phase
des Liberalismus als «privat» von öffentlichen Angelegenheiten ausgespar-
ten und daher auch von der Kritik der politischen Ökonomie nicht erfaßten
Bereich, den psychischen Haushalt, einzugreifen. Erst hierdurch wird es
möglich, die «Integration» der Gesellschaft, die Gleichschaltung aller zu
bloßen Befehlsempfängern, zu vollenden.

Die Menschen in diesem Sinne psychisch zu konditionieren, ist Aufgabe
der «Massenkultur».[84] (Dieser Begriff wird in der «Dialektik der Aufklärung» durch «Kulturindustrie» ersetzt, um das Mißverständnis zu vermeiden, die Autoren träten für eine Kultur ein, die einer Elite vorbehalten
bleiben sollte.) Ihre Eigenart besteht darin, daß sie, im Unterschied zu
authentischer Volkskunst, nicht etwa naiv entsteht, sondern zur Manipulation des Bewußtseins der Massen eingesetzt wird; genaue Analysen des
Publikumsgeschmacks gehen ihren Produkten voraus. War es für die Geschichte der Künste, insbesondere der Moderne, wesentlich, daß durch
ästhetische Innovation der Erwartungs- und Erfahrungshorizont des Publikums immer wieder gestört und damit, zumindest potentiell, erweitert wurde, so ist die Massenkultur gerade darauf angelegt, die gewohnten Erwartungen immer aufs neue zu erfüllen. Ihre Funktion ist es, das Wahrnehmungsvermögen, die Fähigkeit, Neues überhaupt noch aufnehmen und ver-
arbeiten zu können, allmählich schrumpfen zu lassen. Durch sie wird die
«Totalität der Gesellschaft» vollendet.

Damit ist jene Konzeption der Gesellschaft als eines totalen «Verblendungszusammenhangs» erreicht, über den allein noch das Kunstwerk hin-
ausführt, aber auch nur dann, wenn es auf jede kommunikative Funktion
verzichtet. Denn im Zeichen der Kulturindustrie ist alle begrifflich vermittelte Verständigung zwischen den Menschen scheinhaft geworden; was als
Kommunikation ausgegeben wird, trägt nach Adornos Überzeugung gerade dazu bei, die Menschen in ihrer Vereinzelung zu fixieren, da sie es ihnen

durch ein trügerisches Gemeinsamkeitsgefühl unmöglich macht, sich ihrer Situation bewußt zu werden. Dagegen sprechen die Kunstwerke «den wahrhaften Monolog, den die kommunikative Rede bloß verdeckt»[85]. Andere Kunstformen, auch solche durchaus kritischen Gehalts, die jedoch in Kommunikationsverweigerung nicht aufgehen, werden von Adorno nicht zur Kenntnis genommen.

Mit dem Aufsatz über die Klassentheorie ist in den wesentlichen Zügen jene Theorie der Gesellschaft entworfen, die die Grundlage aller späteren Arbeiten Adornos, die «Ästhetische Theorie» eingeschlossen, sein wird. Was an gesellschaftstheoretischen Äußerungen hinzukommt, sind Präzisierungen, vor allem in dem Sinne, daß die Unausweichlichkeit des «universalen Verblendungszusammenhangs» immer schärfer betont wird, bis schließlich auch die letzte Hoffnung auf eine Wendung der Gesellschaft zum Besseren, wie sie noch am Schluß des «Reflexionen zur Klassentheorie» angedeutet wird, preisgegeben wird. Der Aufsatz von 1942 schließt mit der verzweifelten Hoffnung, daß die Entmenschlichung, ins Extrem getrieben, den Unterdrückungs- und Verblendungszusammenhang zerreißen werde. «An den verdinglichten Menschen hat Verdinglichung ihre Grenze. Sie holen die technischen Produktivkräfte ein, in denen die Produktionsverhältnisse sich verstecken: so verlieren diese durch die Totalität der Entfremdung den Schrecken ihrer Fremdheit und bald vielleicht auch ihre Macht. Erst wenn die Opfer die Züge der herrschenden Zivilsation ganz annehmen, sind sie fähig, diese der Herrschaft zu entreißen. (...) Nur in ihrer blinden Anonymität erschien die Ökonomie als Schicksal: durchs Entsetzen der sehenden Diktatur wird ihr Bann gebrochen. Die Pseudomorphose der Klassengesellschaft an die klassenlose ist so gelungen, daß zwar die Unterdrückten aufgesaugt sind, alle Unterdrückung aber manifest überflüssig geworden ist.»[86] Auch in der Nachkriegszeit wird Adorno an der These festhalten, daß nach dem Stand der Produktivkräfte alle Unterdrückung überflüssig geworden sei. Die damit verknüpfte Hoffnung jedoch zerfällt in den späteren Schriften sozusagen in ihre Bestandteile: auf die Gesellschaft bezogen, bleibt von ihr nur eine Art Schwundstufe übrig, das «Hinzutretende»; in der Hauptsache wird sie nun auf ästhetischer Erfahrung begründet.

Daß aufgrund der geschichtlichen Entwicklung die «Totalität der Entfremdung» durch das Bewußtsein der Menschen «eingeholt» werden könnte, was das Ende des umfassenden totalitären Herrschaftsapparats und damit von Herrschaft überhaupt zur Folge haben müßte, erwartet Adorno nun nicht mehr; seine Resignation dürfte auf die Tatsache zurückzuführen sein, daß der Nationalsozialismus nicht von innen, durch einen Aufstand der Deutschen, besiegt wurde, sondern von außen zerschlagen werden mußte. Die Hoffnung, daß durch das «Entsetzen der sehenden Diktatur ihr Bann gebrochen» werden könnte, hatte sich nicht erfüllt.

Allerdings verschwindet dieses Motiv nicht ganz; es kehrt, wenn auch auf die individuelle Regung eines vereinzelt bleibenden Subjekts reduziert, in der «Negativen Dialektik» unter dem Begriff «das Hinzutretende» wieder. Das Hinzutretende ist der kreatürliche Reflex, der das Subjekt zur Handlung treibt: «Dem Hinzutretenden eignet ein nach rationalistischen Spielregeln irrationaler Aspekt. Er dementiert den Cartesianischen Dualismus von res extensa und res cogitans (...) Der Impuls, intramental und somatisch in eins, treibt über die Bewußtseinssphäre hinaus, der er doch auch angehört. Mit ihm reicht Freiheit in die Erfahrung hinein (...). Wahre Praxis, der Inbegriff von Handlungen, welche der Idee von Freiheit genügten, bedarf zwar des vollen theoretischen Bewußtseins (...). Aber Praxis bedarf auch eines Anderen, in Bewußtsein nicht sich Erschöpfenden, Leibhaften, vermittelt zur Vernunft und qualitativ von ihr verschieden.»[87] Es ist unverkennbar, daß gerade das Moment, das den entscheidenden Schritt zur Praxis auslösen soll, für Adorno in der Gesellschaft nicht mehr recht faßbar, jedenfalls nicht über die subjektive Regung hinaus verallgemeinerbar ist. Dem Hinzutretenden eignet eher ein Moment des individuell Desperaten, des Aufbegehrens selbst um den Preis der Selbstzerstörung. In der Vorlesung, die der Veröffentlichung der «Negativen Dialektik» voranging, erläuterte Adorno, was er mit dem Begriff des Hinzutretenden meinte, durch eine Äußerung des Widerstandskämpfers und nachmaligen Verfassungsrichters Fabian von Schlabrendorff. Dieser habe auf die Frage, was ihn zur Teilnahme an dem Bombenattentat gegen Hitler im März 1943 bewogen habe, geantwortet, er habe den durch das Regime ausgeübten Terror «nicht mehr mit ansehen können». Nachdem die Klassengegensätze zwar nicht beseitigt, durch die planmäßig betriebene «Integration» aller gesellschaftlichen Gruppen aber der direkten Wahrnehmung entzogen sind und damit auch nicht mehr zur politisch-revolutionären Organisierung individueller Erfahrungen führen können, ist das Hinzutretende in Adornos Philosophie gleichsam der letzte Reflex der Verelendungstheorie. Verelendung findet allein noch in dem somatischen Reflex des gequälten Individuums, das sich durch kein Klassenbewußtsein mehr mit anderen verbunden weiß, ihren Ausdruck. Das Hinzutretende ist zwar Bedingung von Praxis, aber es ist nicht geeignet, diese in umfassendem Sinne zu organisieren; begründete für Marx das Elend des Proletariats noch die Zuversicht, daß ein Ende der Repression absehbar sei, so bleibt für Adorno nur noch die am Schluß des Artikels «Gesellschaft» von 1965 formulierte vage Hoffnung, «daß der Bann der Gesellschaft einmal doch sich löse.»[88] Der noch 1942 vorgetragene Gedanke, daß ein in sich einheitlicher Impuls möglich sei, der kräftig genug wäre, die Gesellschaft grundlegend zu verändern, wird preisgegeben. Nur das «Hinzutretende» bleibt als unmittelbar auf Befreiung gerichteter Impuls übrig; dagegen ist es, wie Adorno nun meint, nicht mehr möglich, die technischen Produktivkräfte, in denen die Produktionsverhältnisse – also die Herrschaftsmechanismen – sich «verstecken», einzuholen. So vollkommen ist Herrschaft hinter scheinbar neutralen technischen Sachzwängen verschwunden, daß es unmöglich geworden ist, diesen Sachverhalt unmittelbar zu durchschauen. Allein noch das Kunstwerk vermag, indem es sich den technischen Produktivkräften vollkommen gleichmacht, deren Kälte «einzuholen», Herrschaft bewußt zu machen und damit dem Subjekt zum Ausdruck zu verhelfen.

Mimesis und Idiosynkrasie

Damit sind die gesellschaftstheoretischen Voraussetzungen der Adornoschen Ästhetik aufgedeckt. Bereits mit der «Philosphie der Neuen Musik» liegt sie im wesentlichen fertig ausgearbeitet vor. In der nachgelassenen «Ästhetischen Theorie» wird vor allem der seit Beginn der vierziger Jahre sich abzeichnende geschichtsphilosophische Pessimismus akzentuiert; sie enthält jedoch keine Revision, auch keine wesentliche Erweiterung der Voraussetzungen, von denen bereits die «Philosphie der neuen Musik» ausgegangen war. Diese sollte, wie Adorno einleitend schrieb, «als ein ausgeführter Exkurs zur ‹Dialektik der Aufklärung› genommen werden»[89], das heißt, als eine Theorie des mimetischen Verhaltens im Medium der Kunst. Sie kann damit als die «positive» (sofern dieser Begriff hier überhaupt am Platze ist) Ergänzung zu der im Wortsinne heillosen, aus der Verstrickung der Menschen in Herrschaft keinen Ausweg weisenden «Dialektik der Aufklärung» verstanden werden.[90] Denn das mimetische Verhalten, durch das in ihrer Urgeschichte die Menschen sich der noch nicht unterworfenen Natur angleichen, um ihr auf diese Weise einen Teil ihres Schreckens zu nehmen, ist noch nicht durch Begriffe fixiert und daher auch noch nicht in jenes Kontinuum von Herrschaft integriert, das nach Horkheimers und Adornos Auffassung die Geschichte bestimmt, seitdem die Menschen durch das Identitätsprinzip sich gegen die Natur abgrenzen. Mimesis wird in der «Dialektik der Aufklärung» als die «dem Lebendigen tief einwohnende Tendenz» verstanden, «sich an die Umgebung zu verlieren anstatt sich tätig in ihr durchzusetzen, den Hang, sich gehen zu lassen, zurückzusinken in Natur. Freud hat sie den Todestrieb genannt, Caillois le mimétisme. Süch-

tigkeit solcher Art durchzieht, was dem unentwegten Fortschritt zuwiderläuft, vom Verbrechen, das den Umweg über die aktuellen Arbeitsformen
nicht gehen kann, bis zum sublimen Kunstwerk.»[91] Mimetisch ist das Verhalten der Kinder, zumindest sofern sie in einer Umgebung aufwachsen, in
der ihnen der Zwang zur Selbstbehauptung noch nicht von Anfang an
auferlegt ist.[92] Der Begriff Mimesis zitiert aber auch – worauf Martin Puder
hingewiesen hat – «die Lage der gesellschaftlich Bedrängten. Es ist sprechend, daß er von Benjamin, Horkheimer und Adorno 1938 im Pariser Exil
thematisiert wurde.»[93]

Eine auf Mimesis begründete Ästhetik ist jedoch insofern problematisch,
als das mimetische Verhalten eigentlich nicht theoriefähig ist. Trotzdem
muß, nachdem einmal die Diagnose des «universalen Verblendungszusammenhangs» gestellt ist, die Theorie der Gesellschaft in kunsttheoretische
Reflexionen übergehen. Auf den Begriff kann hierbei nicht verzichtet werden; selbst eine Philosophie, die in «Konstellationen» verfährt, um das
Gemeinte nicht der Herrschaft des Begriffs zu unterwerfen und damit von
vornherein zu verfehlen, kommt ohne Begriffe nicht aus.

Zwar ist mimetisches Verhalten, das Korrektiv begrifflicher Erkenntnis,
nicht auf Kunst beschränkt. «Natur (...), die sich nicht durch die Kanäle
der begrifflichen Ordnung zum Zweckvollen geläutert hat, der schrille Laut
des Griffels auf Schiefer, der durch und durch geht, der haut goût, der an
Dreck und Verwesung gemahnt (...); was immer nicht ganz mitgekommen
ist oder die Verbote verletzt, in denen der Fortschritt der Jahrhunderte sich
sedimentiert»[94] – wo immer «Augenblicke der biologischen Urgeschichte»[95] vergegenwärtigt werden, vollzieht sich vermittels des mimetischen
Vermögens eine vorübergehende, idiosynkratisch erfahrene Aufhebung der
verhärteten Grenzen zwischen Subjekt und Objekt. Aber so wenig Idiosynkrasie – für die Autoren der «Dialektik der Aufklärung» gleichsam der
Sinn, durch den mimetisches Verhalten wahrgenommen wird – schon ein
Wert an sich ist: nicht nur der Künstler, auch der Antisemit beruft sich auf
seine idiosynkratischen Reaktionen[96], so wenig kann Mimesis als Korrektiv
begrifflicher Erkenntnis wirksam werden, wenn sie ihrem Gegensatz, Rationalität, unvermittelt bleibt. Zur Vermittlung von Mimesis und Rationalität ist daher das Kunstwerk unentbehrlich. «Die Aporie der Kunst, zwischen der Regression auf buchstäbliche Magie, oder der Zession des mimetischen Impulses an dinghafte Rationalität, schreibt ihr das Bewegungsgesetz vor (...). Kunst ist Rationalität, welche diese kritisiert, ohne ihr sich zu
entziehen; kein Vorrationales oder Irrationales».[97] Entfiele die Organisation mimetischen Verhaltens durch das Werk, so wäre Mimesis für die
Theorie verloren, eine Korrektur des identifizierenden begrifflichen Den-

kens nicht möglich. Daher muß Adorno die Kategorie des Werks zugleich kritisieren und an ihr festhalten; kritisieren, weil die organisierende Strukturierung des mimetischen Impulses diesem eigentlich zuwiderläuft; an ihr festhalten, weil nicht organisierte Mimesis augenblicklich verpuffen würde. Für Adornos Ästhetik ist daher die Frage grundlegend, ob es möglich sei, mimetisches Verhalten ohne Beeinträchtigung seiner Substanz durch ästhetische Formen zu objektivieren.

Auf keinen Fall ist dies durch Rückgriff auf konventionell vorgegebene Formen möglich. «Der Prozeß zwischen Ganzem und Einzelnem ist (...) an das Untere zurückverwiesen, an die Impulse der Details, gemäß dem nominalistischen Stande. Nur ohne jegliche Usurpation eines vorgegebenen Übergreifenden ist Kunst überhaupt noch vorzustellen.»[98] Nach dem Zerfall aller überlieferter Formen hängt also das Fortbestehen von Kunst davon ab, ob die durch keinen Sinnzusammenhang mehr miteinander verbundenen Details – das bereits in der Antrittsvorlesung genannte «Irreduzible» – sich zu sinnvollen Einheiten zusammenschließen. Diese Fragestellung entspricht dem «nominalistischen Stande» der Kunst.

Nominalismus

Den Begriff Nominalismus entlehnt Adorno dem mittelalterlichen Universalienstreit, bei dem es um die Frage ging, ob die Dinge als unveränderliche Wesenheiten die sie bezeichnenden Begriffe notwendig prägen oder ob nicht vielmehr die Begriffe, als bloße «Nomina», allgemeine Vorstellungen erst hervorbringen; auf die Ästhetik angewandt, bezeichnet er einen Zustand, in dem keine künstlerischen Formen, keine Konventionen mehr vorgegeben sind. Eine Tagebucheintragung Kafkas, in einer Fußnote zur «Philosophie der neuen Musik» zitiert, beleuchtet grell und grotesk diese grundsätzliche Schwierigkeit, der alle moderne Kunst ausgeliefert ist: «Theaterdirektor, der alles von Grund auf selber schaffen muß, sogar die Schauspieler muß er erst zeugen. Ein Besucher wird nicht vorgelassen, der Direktor ist mit wichtigen Theaterarbeiten beschäftigt. Was ist es? Er wechselt die Windeln eines künftigen Schauspielers.»[99] Wo alle Konventionen ihre Verbindlichkeit verloren haben, da muß der Künstler, auf sich selbst gestellt, die Synthetisierung noch des geringsten Details zum Werk aus eigener Verantwortung vollbringen.

Der Zerfall der künstlerischen Konventionen ist für Adorno nicht durch das Instrumentarium der Kulturkritik, etwa «als Verlust der Mitte», zu erfassen, sondern als Teil des Prozesses, durch den konsequente Aufklärung alle Begriffe, sofern sie mehr bedeuten als das bloße entqualifizierte Datum, zersetzt. Die allgemeinen Begriffe markieren einen Zustand zwischen mythischer Ungeschiedenheit und vollendeter Aufklärung. Ihre Allgemeinheit ist mythischen Ursprungs, insofern im Mythos Besonderes und Allgemeines noch nicht durch den Begriff unterschieden sind. «Die Kategorien, in denen die abendländische Philosophie ihre ewige Naturordnung bestimmte», heißt es in der «Dialektik der Aufklärung», «markierten die Stellen, die einst Oknos und Persephone, Ariadne und Nereus innehatten. Die vorsokratischen Kosmologien halten den Augenblick des Übergangs fest. Die Feuchte, das Ungeschiedene, die Luft, das Feuer, die dort als Urstoff der Natur angesprochen werden, sind gerade erst rationalisierte Niederschläge der mythischen Anschauung (...). Durch Platons Ideen werden schließlich auch die patriarchalischen Götter des Olymp vom philosophischen Logos erfaßt.»[100] Der Prozeß der Aufklärung bezieht zwar seine Gewalt aus der Entstehung allgemeiner Begriffe, aber er kann vor ihnen nicht haltmachen. «Die Aufklärung aber erkannte im platonischen und aristotelischen Erbteil der Metaphysik die alten Mächte wieder und verfolgte den Wahrheitsanspruch der Universalien als Superstition. In der Autorität der allgemeinen Begriffe meint sie noch die Furcht vor den Dämonen zu erblichen, durch deren Abbilder die Menschen im magischen Ritual die Natur zu beeinflussen suchten. Von nun an soll die Materie endlich ohne Illusion waltender oder innewohnender Kräfte, verborgener Eigenschaften beherrscht werden. Was dem Maß von Berechenbarkeit und Nützlichkeit sich nicht fügen will, gilt der Aufklärung für verdächtig.»[101] Dialektisch ist dieser Prozeß, weil er zwar einerseits die Emanzipation der Menschen von vorrationalen Bindungen befördert, andererseits aber durch die Zerstörung der Universalien jene Spannung zwischen Besonderem und Allgemeinem tilgt, die das Besondere als eigenständige Qualität erhält und es davor bewahrt, zum unmittelbar Beherrschbaren zu werden. «Anstatt den Gegenstand zur Erfahrung zu bringen, exponiert ihn das gereinigte Wort als Fall eines abstrakten Moments, und alles andere, durch den Zwang zu unbarmherziger Deutlichkeit vom Ausdruck abgeschnitten, den es nicht mehr gibt, verkümmert damit auch in der Realität. Der Linksaußen beim Fußball, das Schwarzhemd, der Hitlerjunge und ihresgleichen sind nichts mehr als das, was sie heißen.»[102] In demselben Maße, in dem das Subjekt sich emanzipiert, setzt es sich dem Zugriff aus, der diese Emanzipation wieder zunichte macht. Denn die Vernunft, die mit dem Anspruch auf allgemeine, nicht nur für eine Klasse gültige Verbindlichkeit urteilt, ist, solange sie sich in einer Klassengesellschaft entfaltet, die gleiche, die es möglich macht, Herrschaft im Namen des technischen Fortschritts zu verallgemeinern. Solange die Gesellschaft durch Klassengegensätze geprägt ist, wird die Vernunft immer ihrem eigenen Anspruch entgegenarbeiten, und zwar um so mehr, als Profitinteresse und Herrschaft sich den scheinbar neutralen Anstrich von technisch bedingten Sachzwängen geben können.

Die Dialektik dieses Prozesses der Emanzipation von überindividuellen Normen gilt nicht weniger für den Zerfall künstlerischer Konventionen. «Die abendländische expressive Musik, seit dem Beginn des siebzehnten Jahrhunderts, nahm einen Ausdruck an, den der Komponist seinen Gestalten (...) zuerteilte (...), ohne daß die ausgedrückten Regungen beanspruchten, im Werk unvermittelt gegenwärtig und wirklich zu sein. Die dramatische Musik (...) bot von Monteverdi bis Verdi den Ausdruck als stilisiert-vermittelten, den Schein der Passionen. Wo sie darüber hinausging und Substantialität jenseits des Scheins ausgedrückter Gefühle beanspruchte, haftete dieser Anspruch kaum an einzelnen musikalischen Regungen, die solche der Seele widerspiegeln sollten. Ihn verbürgte einzig die Formtotalität, welche über die musikalischen Charaktere und ihren Zusammenhang gebot.»[103] Nur sehr bedingt könnte gesagt werden, daß in dem musikalischen Ausdruck etwa einer Arie des siebzehnten und achtzehnten Jahrhunderts bis zu Gluck Subjektivität im modernen Sinne, vermittelt durch ein bestimmtes Individuum, erscheine. Vielmehr war der Ausdruck gebunden an den Affektgehalt des Textes, der seinerseits auf allgemeine Empfindungen wie Freude, Trauer, Triumph, Liebe angelegt war. Ohne weiteres ist hier noch die Verwandtschaft des ästhetischen Scheins mit dem feudalen, die Welt als Abglanz des göttlichen ordo überwölbenden Schein erkennbar.

Bei dem bloßen Schein subjektiven Ausdrucks aber konnte die bürgerliche Kunst nicht stehenbleiben. Das «Ach» der Alkmene, mit dem Kleist seine Neufassung des Amphitryonstoffes enden läßt – nie zuvor hatte auf vergleichbare Art der Klagelaut des vereinsamten Individuums ein Drama beschlossen –, trifft das Wesen bürgerlicher Kunst: das Bedürfnis des Subjekts nach unmittelbarem, ungeschmälertem, durch keine Konvention vorgeformtem oder in Allgemeinheit aufgelöstem Ausdruck. Denn die bürgerliche Kunst hat, wie die bürgerliche Ideologie, ihre Substanz nirgend anders als in der Substantialität des Einzelnen. Diese aber ist schlechterdings unvereinbar mit dem feudalen Schein, von dem die Werke bis zur Schwelle der Moderne den Schein der Geschlossenheit beziehen. Der Zeitpunkt des Beginns bürgerlicher Ästhetik läßt sich daher genau angeben; sie setzt ein mit der Gleichsetzung des schlechthin Individuellen mit dem schlechthin Poetischen: «Im Gedicht die darzustellenden Dinge so viel als möglich determinieren ist poetisch. Individuen sind allseitig determiniert; also sind Einzelvorstellungen sehr poetisch.»[104] Insofern bedeutet die neue Musik gerade keinen Abbruch der bürgerlichen Tradition, sondern, im Gegenteil, deren Vollstreckung. Denn in ihr sind «nicht Leidenschaften mehr fingiert», vielmehr «unverstellt leibhafte Regungen des Unbewußten, Schocks, Traumata registriert. Sie greifen die Tabus der Form an, weil diese solche Regungen ihrer Zensur unterwerfen, sie rationalisieren und sie in Bilder transponieren. (...) Die ersten atonalen Werke sind Protokolle im Sinn von psychoanalytischen Traumprotokollen.»[105] Der zweideutige Begriff «Vollstreckung» ist dem Verhältnis Schönbergs zur Tradition bürgerlicher Kunst angemessen. Indem Schönberg diese Tradition vollendet – man könnte sagen, daß erst er das ästhetische Programm Baumgartens ganz erfüllt habe –, bricht er mit ihr, weil «das unverklärte Leid des Menschen», das «die radikale Musik erkennt»[106], nicht mehr durch überlieferte Formen aufgefangen, in einen vorgegebenen Sinnzusammenhang eingefügt wird.

Unübersehbar ist, daß diese «Vollstreckung» der Tradition bürgerlicher Kunst einhergeht mit einer grundlegend veränderten Einschätzung des Individuationsprinzips. Hatte Baumgarten es noch ohne Einschränkung als beglückend empfinden können – je mehr Individualität, so lassen sich die Sätze aus den «Meditationes» paraphrasieren, desto größer das Potential an Glück, desto schöner auch das Kunstwerk –, so hat sich, wenn nun das Individuelle als Ausdruck «realen Leidens» verstanden wird, diese Einschätzung in ihr Gegenteil verkehrt. Diese radikale Wandlung aber wäre undenkbar ohne eine veränderte Einstellung zur Entwicklung der Produktivkräfte. Solange deren Entfaltung im Dienste der Emanzipation der Gattung steht oder zumindest so interpretiert werden kann, wird auch das Bewegungsgesetz der bürgerlichen Gesellschaft, die Dissoziation des die Welt sinnhaft überwölbenden ordo zugunsten der Autonomie des Individuums, als verheißungsvoll begrüßt. An die Stelle des sinnstiftenden göttlichen Heilsplans, in dem die Menschen sich geborgen fühlen konnten, tritt als harmoniestiftende Institution einstweilen der Markt. Dessen Abstraktheit wird nicht bewußt wahrgenommen (jedenfalls nicht als Bedrohung), solange der Wirtschaftsprozeß des autonomen, verantwortlich entscheidenden Individuums bedarf, das aufgrund dieser Entwicklung einen stetigen Zuwachs an Substantialität verzeichnen kann. Verliert es dagegen im Gefolge der wirtschaftlichen Konzentrationsprozesse an Bedeutung, so beginnt auch die Abstraktheit der durch den Markt hergestellten Ordnung deutlicher hervorzutreten. Erst von diesem Zeitpunkt an wird der Wert von Individuation und Emanzipation fragwürdig; zugleich bemerkt das seiner Isoliertheit innewerdende Subjekt, daß auch die Kunst nicht mehr ohne weiteres übergreifende Sinnzusammenhänge herzustellen vermag. Trotzdem wird von ihr erwartet, daß sie den Sinnverlust, dem das Subjekt sich ausgeliefert sieht, durch die «Konstruktion» eines neuen Sinnzusammenhanges ausgleicht.

Insofern besteht in der Tat «die Geschichte der gesamten bürgerlichen Kunst» vor allem in der «Anstrengung, die Antinomie des Nominalismus wenn nicht aufzulösen, so ihrerseits zu gestalten, Form aus deren Negation zu gewinnen»[107]. Das bedeutet nicht, daß die überkommenen Formen einfach preisgegeben werden könnten. Während eine bloße abstrakte Negation der traditionellen Formensprache hinausliefe auf – mit Kunst unvereinbare – «buchstäbliche Faktizität»[108], zielt die bestimmte Negation der Form auf deren Rettung. Das ist nur möglich, wenn die überindividuelle Verbindlichkeit der Form, die bisher durch die Konvention gewährleistet war, nun von jedem einzelnen Werk stets aufs neue hervorgebracht wird. Bestimmte Negation der konventionellen Form ist mithin vor allem Negation des bloßen Scheins der Verbindlichkeit, Ersetzung des Scheins, der seine Legitimation aus einer dem einzelnen Werk übergeordneten Weltordnung bezog, durch das substantielle Sein des Individuums. Damit jedoch wird dessen Dilemma: daß es mit seiner Emanzipation zugleich seine Vereinzelung betreibt und die Möglichkeit untergräbt, sein Dasein als sinnvolles interpretieren zu können, in jedes einzelne Werk immer wieder aufs neue hineingetragen. Dagegen bedeutete Sinn – das wäre wohl die kürzestmögliche Definition – nichts anderes als das Gegenteil von Vereinzelung, die Erfahrung des eigenen Lebens in einem überindividuellen Zusammenhang.

Der Begriff «bürgerliche Kunst» ist daher, strenggenommen, in sich zutiefst widersprüchlich. Denn die Ausbildung bürgerlicher Individualität und die Destruktion von Sinn fallen spätestens dann zusammen, wenn das Bürgertum nicht länger, durch den Kampf gegen die ihm vorausgehende Herrschaftsform, zur Klassensolidarität gezwungen ist. Solange es sich gegen den Feudalismus durchzusetzen hatte, solange blieb, durch das gemeinsame Ziel, der Preis bürgerlicher Emanzipation: fortschreitendes Sinndefizit durch die immer weiter vorangetriebene Vereinzelung der Subjekte, verdeckt. «Unwiderstehlich an der Musik des jungen Beethoven der Ausdruck der Möglichkeit, alles könne gut werden. Die sei's noch so fragile Versöhntheit mit der Objektivität transzendiert das Immergleiche. Die Augenblicke, in denen ein Partikulares sich befreit, ohne selbst schon wieder durch die eigene Partikularität anderes einzuengen, sind Antezipationen des Unbeengten selbst; solcher Trost strahlt vom früheren Bürgertum bis in sein spätes Zeitalter.»[109] Nach dieser Zeit kann für Adorno die Hoffnung, «alles könne gut werden», nur noch auf der Erfahrung des Naturschönen begründet werden. In der «Ästhetischen Theorie» ist davon die Rede, «daß südliche Länder wolkenlose Tage kennen, die sind, als ob sie darauf warteten, wahrgenommen zu werden. Indem sie so strahlend unverstört zum Ende sich neigen, wie sie begannen, geht von ihnen aus, nicht sei alles verloren, alles könne gut werden».[110] Dagegen war es die *Geschichte,* die diese Hoffnung verbürgte, solange das Bürgertum sich noch, um den Ausdruck von Lukács aufzugreifen, in einer historischen Perspektive (nichts anderes bedeutet Adornos Formulierung «Versöhntheit mit der Objektivität») sehen konnte.

Die Feststellung, daß bürgerliche Kunst eigentlich nicht möglich sei, trifft daher erst ganz zu, als, mit dem Übergang der ökonomischen Macht an das Bürgertum, dessen historische Perspektive allmählich schwindet: In der Tat setzt unmittelbar nach 1848, mit den «Fleurs du Mal» und dem «Tristan», jene Moderne ein, von der aus, Adornos «methodischem Prinzip» zufolge, «Licht» auf alle vorhergehende Kunst fallen soll. Erst von diesem Augenblick an, da die Macht des Adels gebrochen ist, wird das Problem unabweisbar, ob eine Gesellschaft, die ihr Bewegungsgesetz in der unaufhaltsamen Vereinzelung der Individuen hat und damit in Sinnverlust terminiert, überhaupt in der Lage sein kann, Kunst, die über das bloß Faktische hinausginge, hervorzubringen.

Krise und Rettung des Scheins

Daher ist der Anbruch der Moderne identisch mit der Krise des Scheins. Denn der ästhetische Schein, durch den das bloß Faktische zum sinnvollen Ganzen synthetisiert wird, ist zunächst, als Säkularisierung des göttlichen ordo, etwas schlechthin Vorbürgerliches. Der Schein ist daher zwar mit dem Feudalismus, als der weltlichen Repräsentanz des ordo, sehr wohl vermittelbar, nicht ohne weiteres jedoch mit einer Gesellschaft, die, wenigstens in ihrer Ideologie, auf die Emanzipation des Einzelnen hin angelegt ist. Die «Kritik der Urteilskraft» war der Versuch, die Allgemeinheit der Vernunft mit emanizierter Subjektivität zu vermitteln. Aber schon im 19. Jahrhundert treten Vernunft und subjektives Geschmacksurteil, die sich für Kant im Bereich des Ästetischen, als Vorgriff auf eine durch einen lebendigen Gemeinsinn geprägte Gesellschaft, zur Einheit zusammenschlossen, wieder auseinander. In Baudelaires sarkastischem Prosagedicht «Le Miroir» ist dieser Prozeß festgehalten:

Un homme épouvantable entre et se regarde dans la glace.
«— Pourquoi vous regardez-vous au miroir, puisque vous ne pouvez vous y voir qu'avec déplaisir?»

L'homme épouvantable me répond: «– Monsieur, d'après les immortels principes de 89, tous les hommes sont egaux en droits; donc je possède le droit de me mirer; avec plaisir ou déplaisir, cela ne regarde que ma conscience.»

Au nom du bon sens, j'avais sans doute raison; mais, au point de vue de la loi, il n'avait pas tort.[111]

Hatte Kant für das ästhetische Geschmacksurteil den Anspruch der Allgemeinverbindlichkeit anmelden können, weil in ihm die bürgerliche Forderung nach einer Gesellschaft von Freien und Gleichen ihren Ausdruck fand, so wird bei Baudelaire der Geschmack bzw. der bürgerliche Gemeinsinn («bon sens») zu einem Partikularen in dem Augenblick, da die nachrückende Klasse auf den Plan tritt. Noch werden dem Proletariat die Errungenschaften der Revolution, die das «unsterbliche Prinzip» der Gleichheit aller vor dem Gesetz einschließen, nicht ausdrücklich vorenthalten: dem «homme épouvantable» wird noch zugestanden, daß er, von den aus allgemeinen Vernunftprinzipien abgeleiteten Gesetzen her gesehen, «nicht Unrecht» habe. Aber es wird schon angedeutet, daß die Anwendung des Gleichheitsgrundsatzes auf das Proletariat im Grunde abwegig sei: ein Blick in den Spiegel genüge, um erkennen zu lassen, daß eben doch nicht alle Menschen gleich seien. Es ist der Geschmack, der diese Erkenntnis vermittelt; im Geschmacksurteil wird der Allgemeinheitsanspruch der Vernunftsprinzipien nicht mehr, wie in der «Kritik der Urteilskraft», mit dem Subjekt vermittelt, sondern gerade aufgekündigt. Der Begriff des Gemeinsinns, von dem nach Kants Lehre das Geschmacksurteil zwar nicht ausgeht, auf den es aber letzten Endes hinausläuft, hat aufgehört, für den Bereich des Ästhetischen konstitutiv zu sein. Die Kunst wird zum Medium, in dem eine bestimmte Klasse, das Bürgertum, sich ihrer Identität versichert; aus einer Instanz, durch die das Subjekt sich als Stellvertreter einer befreiten Menschheit verstehen konnte, wird das Geschmacksurteil zu einem Instrument des Klasseninteresses. Dadurch wird der ästhetische Schein, ja die Kunst insgesamt ideologisch: im Namen der Schönheit wird es möglich, die Träger der industriellen Produktion, die als zugleich häßlich und furchterregend wahrgenommen werden – beides ist in dem Begriff «épouvantable» enthalten –, von dem bürgerlichen Humanitätsideal auszunehmen. Im bürgerlichen Zeitalter wird deshalb tendenziell alle Kunst, die am Schein festhält, zur Ideologie, die die historische Realität ausblendet, und damit zum Gegenteil von Erkenntnis.

Die Rebellion der Avantgarde gegen den ästhetischen Schein, das Phänomen der «Entkunstung»[112] der Kunst, geht hierauf zurück. Wenn bürgerli-

che Kunst ihre Substanz in der Rettung des durch das Allgemeine unterdrückten Besonderen hat – dies war bereits der Impuls der Ästhetik Baumgartens, der das Besondere gegen die abstrahierenden Gesetze der Naturwissenschaften im Anschluß an Descartes in Schutz nahm –, dann kann sie
nur dadurch wieder ihre ursprüngliche Funktion erfüllen, daß sie mit dem
Schein radikal bricht. Daher ist die neue Musik, die die somatischen Zuk-
kungen des unterdrückten Einzelnen wie in Protokollsätzen aufzeichnet,
«keine Ideologie mehr»[113]. Sie ist wieder Erkenntnis geworden. Der Preis
allerdings, den sie hierfür zu entrichten hat, ist hoch: sie leistet, indem sie
den falsch gewordenen Schein preisgibt, um dem unterdrückten Einzelnen
zum Ausdruck zu verhelfen, auf Sinn Verzicht. Denn Sinn bedarf eines über
das Besondere hinausweisenden Zusammenhangs, wie er, unter welch fragwürdigen Bedingungen auch immer, durch den ästhetischen Schein garantiert war. Fehlt die Beziehung des Besonderen auf ein Allgemeines, das, weil
es nur noch als repressiv erfahren wird, ohne Rest negiert wird, so wird
fraglich, ob von Kunst überhaupt noch die Rede sein könne. Indem bürgerliche Kunst sich ganz verwirklicht, schafft sie sich ab.

Daher ist es folgerichtig, daß Adorno in der «Ästhetischen Theorie» die
«Rettung des Scheins» zum «Zentrum von Ästhetik heute»[114] erklärt. Die
Begriffe «Konstruktion», «Material», «Idiosynkrasie» und «Ausdruck»
umschreiben die Verfahrensweisen, durch die die Kunst gleichsam aus eigener Kraft das nominalistische Dilemma überwinden soll.

«*Konstruktion*» und «*Material*» verweisen inhaltlich auf denselben
Sachverhalt: die Notwendigkeit, daß jedes einzelne Kunstwerk seine Form
aus sich selbst heraus zu finden habe. Sie unterscheiden sich dadurch, daß
«Konstruktion» eher der Subjektivität des Künstlers zuzuordnen ist, dem
Schaffensprozeß (oder was von ihm übriggeblieben ist), während «Mate-
rial» den eher objektiven Aspekt, die dem Künstler zur Verfügung stehende
Formensprache, akzentuiert. Allerdings tendieren sie dazu, sich bis zur
Ununterscheidbarkeit einander anzunähern, und zwar in dem Maße, in
dem das Material, das der Künstler vorfindet, historisch determiniert ist, so
daß ihm immer weniger aus freier Subjektivität zu tun übrig bleibt. –
Zwischen dem künstlerischen Subjekt und dem objektiv vorgegebenen Material vermittelt «*Idiosynkrasie*», in gewissem Sinne das eigentlich schöpferische Potential des Künstlers – mit einigem Recht könnte gesagt werden,
daß «Idiosynkrasie» bei Adorno an die Stelle des Begriffs der «Intuition»
getreten sei. Idiosynkrasie wäre zu definieren als «negative Intuition»: sie
richtet sich gegen diejenigen Materialien, die historisch überholt, hinter
dem Stand der außerästhetischen Produktivkräfte zurückgeblieben sind,
nicht länger geeignet, dem Subjekt zum Ausdruck zu verhelfen. – «*Aus-*

druck» ist das eigentliche Ziel der künstlerischen Verfahrensweise: die un-
gegenständliche Objektivierung eines Subjekts, das nicht mehr, dem Zwang
zur Selbsterhaltung folgend, seine Sehnsucht nach mimetischem Umgang
mit der Natur und mit seiner Umgebung unterdrücken müßte; es könnte
der kollektiven Gehalte seines Ursprungs eingedenk sein, ohne Angst, sich
erneut in mythischer Ungeschiedenheit zu verlieren. «Ausdruck» wäre insofern der «gerettete» Schein: in ihm erschiene die subjektive Regung ohne
Reglementierung durch ein allgemeines Prinzip, und wiese doch über sich
hinaus, hätte also nicht auf «Sinn» Verzicht zu leisten.

Konstruktion

Den Höhepunkt bürgerlicher Kunst sieht Hegel in der niederländischen
Malerei, weil hier auch das Alltägliche und Zufällige in das Kunstwerk
hineingenommen, zum Bild integriert werden kann. Läßt diese integrative
Kraft der Kunst, die Hegel noch einmal dadurch gewährleistet sieht, daß
die Niederländer ihre Freiheit wie ihr Land fremden Mächten, dem katholischen Habsburg und dem Meer, abgetrotzt haben, im geringsten nach, so
wird das Kunstwerk vom Zufall beherrscht: es wird «portraitartig». Wenn
alles Gegenstand der Kunst werden kann, wird sie selbst beliebig. Die
integrative, den Zufall bannende Kraft des Werks beginnt gerade dann zu
versagen, wenn es alles integrieren zu können scheint.

Derselbe historische Augenblick, da die Kunst, wie Hegel feststellte,
«portraitartig» zu werden beginnt, läßt für Adorno «Konstruktion» als
Formprinzip notwendig werden. «Hat seit dem Beginn des neueren Zeitalters, drastisch in der niederländischen Malerei des siebzehnten Jahrhunderts und im frühen englischen Roman, Kunst kontingente Momente von
Landschaft und Schicksal als solche des aus der Idee nicht zu konstruieren-
den, von keinem ordo überwölbten Lebens in sich hineingenommen, um
jenen Momenten innerhalb des ästhetischen Kontinuums aus Freiheit Sinn
einzuflößen, so hat die zunächst und in der langen Periode des bürgerlichen
Aufstiegs verborgene Unmöglichkeit der Objektivität von Sinn kraft des
Subjekts schließlich auch den Sinnzusammenhang selbst der Kontingenz
überführt, die zu benennen Gestaltung einmal sich vermaß.»[115] Konstruktion als einheitsstiftendes Prinzip wird notwendig, wenn die Form den
Werken «nicht länger fertig auferlegt»[116] ist; wenn keine außerästhetisch
vorgegebenen Inhalte – seien sie religiöser oder politischer Art – mehr für
die Möglichkeit einstehen, daß die Details im Werk sich zur Einheit zusammenschließen. Der Zwang, künstlerische Formen zu «konstruieren», ent-

steht in dem Maße, in dem der Zwang zur Klassensolidarität schwindet.
Konstruktion, verstanden als «Reflexion» der Form «durch subjektive Vernunft»¹¹⁷, wird notwendig in dem Augenblick, da das Bürgertum die Macht
des feudalen Systems endgültig gebrochen und damit seine vorwärtsweisen-
de historische Perspektive gleichsam eingeholt hat: sie ist der innerästhetische Ersatz für die verlorene Perspektive in der geschichtlichen Realität.

Um eine Art von «negativer Konstruktion» handelt es sich bei dem «methodischen Prinzip», dem Adornos Ästhetik folgt; es ist negativ, weil es
ausschließlich in die Vergangenheit zurückwirkt und tendenziell alle überlieferten Sinnstrukturen zersetzt. Daher die Feststellung, daß die zunächst
verborgene «Unmöglichkeit der Objektivität von Sinn kraft des Subjekts»
schließlich doch den durch künstlerische Gestaltung hergestellten Sinnzusammenhang «der Kontingenz überführt» habe. Durch dieses methodische
Prinzip soll ästhetische Theorie historisiert werden: seine strikte Anwendung führt dazu, daß das begriffliche Instrumentarium idealistischer Ästhetik zwangsläufig mit der geschichtlichen Entwicklung konfrontiert und der
ihm innewohnenden Unwahrheit überführt wird. Nur auf diese Weise werde es möglich, meint Adorno, der Kunst, die durch und durch geschicht-
lich¹¹⁸ vermittelt sei, theoretisch gerecht zu werden.

Die Forderung, daß die jüngsten Werke immer auch Kritiken der älteren
seien, führt indessen dazu, daß das «methodische Prinzip», als in die Vergangenheit zurückgespiegelte Forderung nach «Konstruktion», in letzter
Konsequenz auf die Destruktion allen tradierten Sinnes hinausläuft. Die
Folge ist, daß gerade dieses «methodische Prinzip» auf eigentümliche Weise
enthistorisierend wirkt: wenn etwa behauptet wird, der Sinnzusammenhang frühbürgerlicher Kunst sei inzwischen der Kontingenz *überführt*, die
zu benennen Gestaltung einmal sich *vermaß*. Gewiß erscheint aus der Perspektive der Gegenwart jener Sinnzusammenhang, der sich in den Werken
der frühbürgerlichen Epoche herstellt, als vergangen, keineswegs aber als
von Anfang an scheinhaft. Eben dies aber suggerieren die Formulierungen
Adornos. Gerade das «methodische Prinzip», das die ästhetischen Kategorien historisieren soll, führt letzten Endes zu Urteilen sub specie aeternitatis.

Gewiß verfallen auch die Werke der Epoche, in der das Bürgertum noch
eine historische Perspektive aufzuweisen hatte, der Kritik, und zwar in dem
Maße, in dem sichtbar wird, daß sich, entgegen dem Anspruch, die Verwirklichung bürgerlicher Vernunft sei identisch mit dem Fortschritt der
Menschheit – auf den Schein dieser Identität geht der Schein des Gelungen-
seins dieser Werke zurück –, nur das partikulare Interesse der bürgerlichen
Klasse durchsetzte. Eine solche Kritik jedoch wäre ihrerseits historisch motiviert, während Adornos «methodisches Prinzip» geeignet ist, jeden «nur»

in der Geschichte erreichten Fortschritt als scheinhaft abzuwerten. An einem Absoluten gemessen – und es ist unverkennbar, daß das «methodische Prinzip» sich letzten Endes nur auf einen absoluten, der Geschichte enthobenen Standpunkt beziehen kann –, muß in der Tat alles geschichtlich Gewordene als nichtig erscheinen. Es ist offenbar die Feststellung, daß von der gegenwärtigen Gesellschaft eine Wendung zum Besseren nicht zu erwarten sei, die Adorno veranlaßt, immer entschiedener – aber ohne daß diese Entwicklung jemals ausgesprochen würde – von einem transhistorischen, letzten Endes theologisch vermittelten Standpunkt aus zu urteilen; wie ja auch die These vom «universalen Verblendungszusammenhang» an Fichtes Wort vom Zeitalter der «vollendeten Sündhaftigkeit», überhaupt an die Lehre von der Erbsünde erinnert. Die «Historisierung» der Ästhetik wird auf diese Weise, sofern sie nicht überhaupt auf ihre Selbstaufhebung hinausläuft, vor allem einsinnig wirksam: im Blick auf Vergangenes; dafür sprechen auch grämliche Bemerkungen wie: «Es gibt immer weniger Gutes aus der Vergangenheit.»[119]

Das methodische Prinzip, dessen Funktion doch wohl sein soll, ästhetisch vermittelte Sinnzusammenhänge der Vergangenheit durch die Konfrontation mit dem geschichtlichen Verlauf zwar zu kritisieren, sie aber eben hierdurch in ihrem Gehalt auch zu retten, bewirkt durch seine Theologisierung gerade das Gegenteil: die stereotype Vernichtung geschichtlich produzierter Sinnpotentiale. Vorbereitet wird diese Entwicklung bereits in der «Dialektik der Aufklärung»; das «Licht», das dort von der Gegenwart auf die Vergangenheit fällt, läßt diese in den merkwürdigsten Verzerrungen erscheinen. Odysseus sei bereits der Prototyp des kapitalistischen Unternehmers; im Schematismus-Kapitel der «Kritik der reinen Vernunft» werde bereits die Technik der Kulturindustrie absehbar, lebendige Erfahrung auf eine eng begrenzte Zahl von Klischees abzuziehen, sie schließlich ganz auszuschalten; überhaupt, so wird versichert, sei die Kulturindustrie die «Wahrheit über die Katharsis»[120]. Auf diese Weise wird Geschichtsphilosophie zur Marotte, das Argument zum Überrumpelungsmanöver, Spekulation zum Beleuchtungseffekt. Vor allem aber schlägt Kritik an der Geschichte in Affirmation um, denn solche Destruktion von Geschichte macht es letzten Endes unmöglich, historisch entstandenes Unheil anders denn als blinde Notwendigkeit zu begreifen.

Material

Mit dem Begriff der «Konstruktion» ist zugleich das Problem gegeben, nach welchen Kriterien eine Form «konstruiert» werden müsse, um dem nominalistischen Gebot gerecht zu werden, nicht länger von übergeordneten Konventionen, sondern «von unten», vom Einzelnen auszugehen. Als Antwort führt Adorno die «Verwandlung der ausdruckstragenden Elemente (...) in Material»[121] an. Die «ausdruckstragenden Elemente» waren der Kunst, bevor sie in die «nominalistische» Phase eintrat, als Kanon von Gattungen, Formen, Handlungsschemata vorgegeben; auf diesen Bestand konnten die Künstler jederzeit zurückgreifen; er garantierte, daß das subjektive Ausdrucksbedürfnis auf unproblematische Weise eine angemessene Form fand, solange es sich als den überlieferten Formen nachgeordnet verstand. Von großer Beständigkeit, in der Regel nur sehr allmählich sich verändernd, schienen die «ausdruckstragenden Elemente» von der geschichtlichen Entwicklung ausgenommen zu sein: darin vor allem unterscheiden sie sich vom «Material». Im Begriff des Materials ist die Einsicht vollzogen, daß außerästhetische Produktivkräfte und innere Dynamik der Kunstwerke nicht zu trennen, sondern ineinander vermittelt sind.

Das Kunstwerk, in dem subjektives Ausdrucksbedürfnis und der Stand der Produktivkräfte aufeinandertreffen, wird zum Schnittpunkt von Individuum und Gesellschaft. Alle «spezifischen Züge» des Materials «sind Male des geschichtlichen Prozesses. (...) Desselben Ursprungs wie der gesellschaftliche Prozeß und stets wieder von dessen Spuren durchsetzt, verläuft, was bloße Selbstbewegung des Materials dünkt, im gleichen Sinne wie die reale Gesellschaft, noch wo beide nichts mehr voneinander wissen (...). Daher ist die Auseinandersetzung des Komponisten mit dem Material die mit der Gesellschaft».[122] Indem das Material erkannt wird als historisch determiniert, verändert sich der Begriff des Künstlers: er wird zum Gegenteil des aus Phantasie in freier Willkür schaffenden Genies. Ihm fällt die Aufgabe zu, die Entwicklung der außerästhetischen Produktivkräfte im Werk nachzuvollziehen; ist er hierzu nicht in der Lage, oder versucht er, durch Rückgriff auf überholte künstlerische Techniken, den Einbruch der Geschichte ins Werk abzuwehren, so verliert das Material mit dem Anspruch auf historische Wahrheit zugleich die Fähigkeit, dem Subjekt zum Ausdruck zu verhelfen (auch wenn, wie etwa im Falle der naiven Malerei, der Verzicht auf fortgeschrittene Techniken angeblich gerade im Namen des Subjekts geschieht). Der Komponist ist daher «kein Schöpfer» mehr. «Der Stand der Technik präsentiert sich in jedem Takt, den er zu denken wagt, als Problem: mit jedem Takt verlangt die Technik als ganze von ihm, daß er ihr gerecht werde und die allein richtige Antwort gebe (...). Nichts als solche Antworten, nichts als Auflösung technischer Vexierbilder sind die Kompositionen (...). Was er tut, liegt im unendlich Kleinen. Es erfüllt sich in der Vollstreckung dessen, was seine Musik objektiv von ihm verlangt. Aber zu solchem Gehorsam bedarf der Komponist allen Ungehorsams, aller Selbständigkeit und Spontaneität. So dialektisch ist die Bewegung des musikalischen Materials.»[123] Wie das Problem, mit dem der Künstler sich auseinanderzusetzen hat, so ist auch dessen Lösung potentiell bereits im Material vorgegeben.

Diese Konzeption des Materials, die von der «Philosophie der neuen Musik» bis zur «Ästhetischen Theorie» im wesentlichen unverändert bleibt, ist für Adornos Kunstbegriff von grundlegender Bedeutung. Sie ermöglicht es, das für die Kunst im Stande des Nominalismus entscheidende – weil allein Form begründende – Prinzip der Konstruktion objektiven, am Stand der Produktivkräfte sich orientierenden Kriterien zu unterstellen, anstatt es subjektivistischer Willkür zu überlassen. Die «Entscheidbarkeit technischer Fragen» ist es auch, die eine Kritik des ästhetischen Relativismus ermöglicht: «die obersten Wahrheitsfragen des Werkes lassen in Kategorien seiner Stimmigkeit sich übersetzen. (...) Die immanente Stimmigkeit der Kunstwerke und ihre metaästhetische Wahrheit konvergieren in ihrem Wahrheitsgehalt.»[124] Schließlich erlaubt der Begriff des Materials, die Rezeptionsästhetik nicht nur aufgrund der Manipulierbarkeit subjektiver Bedürfnisse, des durch die Kulturindustrie kurzgeschlossenen Zirkels von Manipulation und rückwirkendem Interesse, zurückzuweisen, sondern ihr auch eine theoretisch ausgewiesene Alternative gegenüberzustellen. Die Reaktionen des Publikums – in welcher Form auch immer – bei der Beurteilung einzelner Werke zu berücksichtigen, hält Adorno für abwegig; entstellt durch den gesellschaftlich produzierten «Verblendungszusammenhang», können sie keine Rolle spielen in einer Ästhetik, die sich zugleich als kritische Theorie der Gesellschaft versteht. Allein von den Kunstwerken, deren Material geprägt ist durch die Produktivkräfte und ihr Verhältnis zu den Produktionsverhältnissen, ist noch objektiver Aufschluß über das Bestehende zu erwarten.

Voraussetzung hierfür ist, daß die Werke in ihrer Technik hinter dem Entwicklungsstand der außerästhetischen Produktivkräfte nicht zurückbleiben; auch – und gerade – dann nicht, wenn die Idee des Fortschritts leer, der Sinn der Produktion zweifelhaft geworden ist: «Es bleibt der avancierten Musik nichts übrig, als auf ihrer Verhärtung zu bestehen, ohne Konzession an jenes Menschliche, das sie, wo es noch lockend sein Wesen treibt, als Maske der Unmenschlichkeit durchschaut. Ihre Wahrheit scheint eher darin aufgehoben, daß sie durch organisierte Sinnleere den Sinn der organisierten Gesellschaft, von der sie nichts wissen will, dementiert, als daß sie von sich aus positiven Sinnes mächtig wäre. Sie ist unter den gegenwärtigen Bedingungen zur bestimmten Negation verhalten.»[125] Bleibt die Kunst dagegen hinter dem – von der außerästhetischen Dialektik der Produktivkräfte und der Produktionsverhältnisse nicht ablösbaren – Materialstand zurück, so wird sie ideologisch, da sie einen Stand von Unmittelbarkeit suggeriert, der längst nicht mehr gegeben ist. Die Versöhnung, die sie in diesem Falle vorgaukelt, befestigt das Fortbestehen des objektiv unversöhnten Zustandes. Daher müssen die Kunstwerke um der «Versöhnung willen (...) jede Erinnerungsspur von Versöhnung tilgen»[126]. Das ganze, die Wahrnehmungsfähigkeit des alltäglichen Bewußtseins übersteigende Ausmaß von Herrschaft kann das authentische Werk nur dadurch negieren, daß es deren Auswirkung, die universale Entfremdung, in sich hineinnimmt, durch ihre Technik sich der Herrschaft gleichmacht: «Die Opposition der Kunstwerke gegen die Herrschaft ist Mimesis an diese. Sie müssen dem herrschaftlichen Verhalten sich angleichen, um etwas von der Welt der Herrschaft qualitativ Verschiedenes zu produzieren.»[127]

Die Kunst im Garten Gethsemane

Daß dieser Hoffnung, der einzigen, die Adorno zuläßt, noch andere als ästhetische und gesellschaftliche Motive zugrundeliegen, wird bereits in der «Philosophie der neuen Mustik» erkennbar. Nur die Kunstwerke, die die Sinnleere der Realität nicht im mindesten zu beschönigen versuchen, «erhellen die sinnlose Welt. Dem *opfert* sich die neue Musik. Alle Dunkelheit und *Schuld der Welt* hat sie *auf sich genommen*. All ihr Glück hat sie daran, das Unglück zu erkennen; all ihre Schönheit, dem Schein des Schönen sich zu versagen. *Keiner will mit ihr etwas zu tun haben,* die Individuellen so wenig wie die Kollektiven.»[128] In diesem Satz in dem die neue Musik beschrieben wird wie Christus im Garten Gethsemane, tritt der latent «ägyptische» Zug von Adornos Philosophie, die Lehre, alles Leben müsse, um wahres Leben zu werden, durch den Tod hindurchgehen, nach außen und gibt seinen theologischen Gehalt frei.

Ob die Ablösung ästhetischer Theorie durch kaum verhüllte theologische Spekulation auf Adornos im Lauf der Jahre zunehmenden geschichtsphilosophischen und gesellschaftstheoretischen Pessimismus zurückzuführen ist; oder ob sie in einer von konkreten geschichtlichen Tendenzen relativ unabhängigen psychischen Konstitution ihren Ursprung hat, ist mit abschließender Sicherheit nicht zu klären. Zweifellos jedoch hätte Adorno selbst diese Fragestellung überhaupt zurückgewiesen; denn seinem – besonders in der «Negativen Dialektik» vorgetragenen – Anspruch nach schließt eine authentische, durch parteipolitische oder sonstige partikulare Interessen nicht verfälschte materialistische Argumentation auch die metaphysischen Bedürfnisse der Menschen ein, so daß theologische Spekulationen überflüssig werden. «Die metaphysischen Interessen der Menschen bedürften der ungeschmälerten Wahrnehmung ihrer materiellen. (…) Nur wenn, was ist, sich ändern läßt, ist das, was ist, nicht alles.»[129] Solche Äußerungen klingen indessen forciert und wenig überzeugend. Im Zusammenhang einer Philosophie, für die nicht zuletzt der Nachdruck charakteristisch ist, mit dem nur religiös einlösbaren Erlösungssehnsüchten Ausdruck verliehen wird, wirken die vereinzelten materialistischen Glaubensbekenntnisse eher wie Pflichtübungen, die Adorno sich selbst auferlegt, um eine in der Transzendenz sich verlierende Argumentation in irdische Gefilde zurückzuholen. Tatsächlich gebe es, wird an einer Stelle der «Ästhetischen Theorie» einigermaßen abrupt versichert, die «reale Möglichkeit von Utopie»; sie besteht darin, «daß die Erde, nach dem Stand der Produktivkräfte, jetzt, hier, unmittelbar das Paradies sein könnte»[130]. Die Höhe, aus der sich diese Behauptung unvermittelt löst, ist so beträchtlich, daß der materialistische Resonanzboden, auf den sie auftrifft, unüberhörbar hohl klingt.

So vermittelt sind die religiösen Motive mit Adornos Denken, daß der Versuch, sie aus seiner Philosophie zu verbannen, auf deren Auflösung hinausliefe; gerade weil sie kaum jemals eingestanden werden, ist es um so notwendiger, sie in ihrer ganzen Bedeutung zu benennen. Als Horkheimer, etwa seit Beginn der sechziger Jahre, immer nachdrücklicher darauf verwies, daß ohne Transzendenz – und sei sie auch nur negativ, als «Sehnsucht nach dem ganz Anderen»[131] zu denken – den Menschen die Möglichkeit abhanden kommen werde, ihr Leben als ein sinnvolles zu begreifen, wurde ihm diese Wendung – zu Unrecht – als altersbedingte Schwäche ausgelegt; im Vergleich mit ihm konnte Adorno weiterhin als zwar praxisferner, aber ernstzunehmender Theoretiker gelten. Diese Einschätzung war unzureichend, weil sich spätestens mit dem Erscheinen der «Ästhetischen Theorie» herausstellte, daß Adorno nicht weniger als Horkheimer theologischen Prämissen verpflichtet war; vor allem aber trübten sie den Blick dafür, daß Adornos Umgang mit Begriffen des historischen Materialismus zunehmend fahrlässig geworden war.

Produktivkräfte und Produktionsverhältnisse

Wenn etwa in der «Ästhetischen Theorie» behauptet wird, daß die «Dialektik von Produktivkräften und Produktionsverhältnissen» im «Modus ihrer» – der Kunstwerke – «Hervorbringung (...) sich konzentriert»[132], so schließt diese These die für die künstlerische Praxis sehr weitreichende Forderung ein, daß die Technik der Werke sich stets nach den außerästhetischen Produktivkräften zu richten habe. Diese Forderung ist allerdings nur solange sinnvoll, als in der Realität tatsächlich noch von einer *Dialektik* von Produktivkräften und Produktionsverhältnissen ausgegangen werden kann, so daß zu erwarten ist, die Entwicklung der Produktivkräfte werde eines Tages die überalterten, nicht mehr notwendige Unterdrückung hervorbringenden Produktionsverhälntisse sprengen. Trifft dagegen zu, was Adorno an anderer Stelle behauptet: daß die «Dialektik» abgelöst sei durch die «*Präponderanz* der Produktionsverhältnisse über die Produktivkräfte, welche doch längst der Verhältnisse spotten»[133], so kann dem Bemühen der Künstler um die jeweils forgeschrittenste Technik nicht mehr der Sinn zugeschrieben werden, durch «Entfesselung» der ästhetischen die Befreiung der außerästhetischen Produktivkräfte vorwegzunehmen. Trotzdem kann Adorno sich nicht entschließen, von dieser ihm liebgewordenen Vorstellung abzulassen; da er die «Präponderanz»-These jedoch nicht ganz beiseiteschieben kann, ist das Ergebnis ein Einerseits-Andererseits, das nicht auf eine in der Sache selbst begründete Dialektik, sondern eher auf die unzureichende theoretische Durchdringung der eigenen Voraussetzungen zurückzuführen ist. «Reine Produktivkraft wie die ästhetische, einmal vom heteronomen Diktat befreit, ist objektiv das Gegenbild der gefesselten, aber auch das Paradigma des verhängnisvollen Tuns um seiner selbst willen.»[134] Was die künstlerische Produktion betrifft, so läßt Adorno – völlig unbefangen, wie es scheint – die beiden einander ausschließenden Theorien zum Verhältnis von Produktivkräften und Produktionsverhältnissen nebeneinander gelten. Auf die These der «Präponderanz» der Produktionsverhältnisse geht das Verständnis künstlerischer Arbeit als bloße Nachahmung einer Produktion um der Produktion willen zurück. Dagegen ist die Behauptung, sie sei das «Gegenbild» einer gefesselten Produktion, an die Voraussetzung geknüpft, daß zumindest in der Kunst die «Dialektik» von Produktivkräften und Verfügungsgewalt noch intakt ist. Würde bei Gelegenheit nicht auch diese These dementiert durch den Hinweis, daß in der Kunst nicht mehr Fortschritt anzutreffen sei als in der Gesellschaft[135], so müßte freilich die Frage, was die Tätigkeit des an «kleinsten Übergängen»[136] zwischen vorgegebenen technischen Problemen bastelnden Künstlers mit der Entfesselung ästhetischer Produktivkräfte zu tun haben könnte, unbeantwortet bleiben. Insgesamt kommt der materialistischen Terminologie in Adornos Ästhetik kaum mehr als metaphorische Bedeutung zu.[137] Daß ästhetische Produktivkräfte nicht «an sich» von den gesellschaftlichen verschieden sind[138], dürfte in dieser Allgemeinheit kaum zu bestreiten sein, ebensowenig wie die Tatsache, daß die Entwicklungstendenz bürgerlicher Kunst im wesentlichen in der Verwandlung ausdruckstragender Elemente in Material besteht. Solange dieser Prozeß andauert, kann daher mit Grund angenommen werden, daß die Entwicklung ästhetischer und außerästhetischer Produktivkräfte einander entspricht. Bei allem Vorbehalt gegen allzu ungebrochene Parallelisierung künstlerischer und gesellschaftlicher Tendenzen läßt sich etwa die Ausdehnung der «Durchführung» auf Kosten der konventionellen musikalischen Formen mit einem Fortschritt der Produktivkräfte, der von seiten des Subjekts noch nicht als sich verselbständigend und damit als bedrohlich wahrgenommen wird, in Beziehung setzen. «Der Übergang der musikalischen Organisation an die autonome Subjektivität vollzieht sich vermöge des technischen Prinzips der Durchführung. Zu Anfang im achtzehnten Jahrhundert war sie ein kleiner Teil der Sonate. An den einmal aufgestellten und all seiend hingenommenen Themen erprobte sich subjektive Beleuchtung und Dynamik.»[139] Die Dialektik von Produktivkräften und Produktionsverhältnissen hat, solange die Durchführung noch vorangetrieben werden kann, eine innerästhetische Entsprechung: die Durchdringung und Anverwandlung konventioneller Formen durch subjektiven Ausdruck kann ohne Zwang mit der Sprengung überalterter Eigentums- und Verfügungsstrukturen durch den Fortschritt der Produktivkräfte in Beziehung gesetzt werden. Insoweit kann Adornos These, daß der «gesellschaftlich fortgeschrittenste Stand der Produktivkräfte (...) im Inneren der ästhetischen Monaden der Stand des Problems»[140] sei, Plausibilität beanspruchen.

Allerdings wird, zumindest in der Kunst, die Dialektik von Produktivkräften und Produktionsverhältnissen dadurch in Frage gestellt, daß die Durchführung nicht ad infinitum erweiterbar ist, sondern nur solange sie «nicht total, nur solange ein ihr nicht Unterworfenes (...) ihr vorgegeben ist (...). Darum begnügt sich die eingreifende Variation in den verbindlichsten Werken der Beethovenschen ‹Klassik›, wie der Eroica, mit der Sonatendurchführung als mit einem ‹Teil› und respektiert Exposition und Reprise. Später aber wird für die Musik, gerade vermöge des anwachsenden Übergewichts jener dynamischen Mächte des subjektiven Ausdrucks, welche die konventionellen Residuen zerstören, der leere Zeitverlauf immer bedrohlicher. (...) Um dem zu begegnen, breitet die variative Durchführung über die ganze Sonate sich aus. Deren problematische Totalität soll von der universalen Durchführung rekonstruiert werden.»[141] Wenn das Subjekt alle vorgegebenen Formen sich angeeignet, mit Ausdruck durchdrungen hat, verliert auch der Begriff der Durchführung seinen Sinn. Damit ist auch in der Musik der Zustand der «Entfremdung durch Vermittlung» erreicht. Das Subjekt, das sein Glück darin gefunden hatte, die ihm von außen auferlegten Beschränkungen und Zwänge zu überwinden, muß, um sich nicht zu verlieren, nun auch noch die Widerstände, gegen die es erst seiner Freiheit innewerden kann, aus sich selbst hervorbringen. Auch in der Kunst bleiben die Menschen in die Dialektik der Aufklärung, das Zurückschlagen der Emanzipation des Subjekts in neue mythische Befangenheit, verstrickt. «Die Zwölftonrationalität nähert als ein geschlossenes und zugleich sich selbst undurchsichtiges System (...) dem Aberglauben sich an. Die Gesetzlichkeit, in der sie sich erfüllt, ist zugleich eine bloß über das Material verhängte, die es bestimmt, ohne daß dieses Bestimmtsein selber einem Sinn diente. Stimmigkeit als ein mathematisches Aufgehen setzt sich an die Stelle dessen, was der traditionellen Kunst ‹Idee› hieß».[142] Stand der Beginn des Prinzips der Durchführung im Zeichen der Freiheit des Subjekts, das die überlieferten Formen mit seiner eigenen Substantialität zu vermitteln suchte, um auf diese Weise den Zwangscharakter der Tradition zu brechen, so führt diese Entwicklung schließlich dazu, daß das ästhetische Subjekt das gleiche Schicksal erleidet wie das außerästhetische, das durch die Verselbständigung der Produktivkräfte seine eigene Ohnmacht erfährt: es verschwindet. «Konstruktion», der Versuch des Subjekts, aus der selbstverschuldeten Mündigkeit, die es als erneuerten Zwang empfindet, wieder auszubrechen, führt nur tiefer in dieses Dilemma hinein.

Konstruktion und Ausdruck

In der Berücksichtigung dieses Sachverhalts ist die wesentliche Differenz zwischen der «Philosophie der neuen Musik» und der nachgelassenen «Ästhetischen Theorie» zu sehen. Dort hatte Adorno noch eingestanden, daß selbst eine aller Kommunikation mit dem Publikum absagende Kunst von diesem nicht ganz unabhängig, «nicht indifferent gegen die Rezeption», sei. «Die gesellschaftliche Isolierung, die von der Kunst aus sich heraus nicht zu überwinden ist, wird zur tödlichen Gefahr ihres eigenen Gelingens.»[143] Er hatte hieraus die Konsequenz gezogen, die Überwindung des streng konstruktivistischen Prinzips zu fordern. Daher wird an Schönberg – diese

Bemerkung wäre in der «Ästhetischen Theorie» undenkbar – die «Konzilianz» gegenüber dem Publikum gerühmt; sie sei dadurch gerechtfertigt, daß dem Bedürfnis des Publikums nach Musik, mag es auch verzerrt sein, dennoch Rechnung zu tragen sei. Auch als «falsche» habe die Gesellschaft, «trotz allem noch», ein «Recht auf Musik»[144]. In der «Philosophie der neuen Musik» ist die Historisierung der Ästhetik so weit vorangetrieben, daß sie – zumindest ansatzweise – noch die eigene Position einschließt: der Hinweis auf die «Konzilianz» Schönbergs läßt vermuten, daß zu dieser Zeit für Adorno selbst das Zentrum seines Begriffs von Kunst, Autonomie, kein um jeden Preis zu bewahrender Wert ist. Denn die Folge der fortschreitenden Autonomie des künstlerischen Materials ist seine «Vergleichgültigung»[145]. Zwar bewahrt die «nicht konformierende Musik (...) ihre gesellschaftliche Wahrheit kraft der Antithese zur Gesellschaft, durch Isolierung, aber diese läßt wiederum auch sie selber verdorren. Es ist, als wäre ihr (...) die raison d'être entzogen. Denn noch die einsamste Rede des Künstlers lebt von der Paradoxie, gerade vermöge ihrer Vereinsamung, des Verzichts auf die eingeschliffene Kommunikation, zu den Menschen zu reden.»[146] Der Tatsache, daß das autonome, rein in sich durchgebildete Kunstwerk zur Ausdruckslosigkeit tendiert, daß es den Menschen buchstäblich nichts mehr zu sagen hat, scheint Adorno noch in den vierziger Jahren mehr Bedeutung zugemessen zu haben als einem möglichen Verstoß gegen das Autonomiegebot. Damit ist es spätestens in der «Ästhetischen Theorie» vorbei. Von «Konzilianz» gegen das Publikum ist hier nicht einmal mehr andeutungsweise die Rede. «Kunst achtet die Massen, indem sie ihnen gegenübertritt als dem, was sie sein könnten, anstatt ihnen in ihrer entwürdigten Gestalt sich anzupassen.»[147] Von den Werken wird nun «Durchartikulation bis zur Weltlosigkeit»[148] gefordert. Das Verstummen der Kunst, die im einleitenden Abschnitt der «Ästhetischen Theorie» vorgetragene Erkenntnis, daß die ästhetische Autonomie «beginnt (!), ein Moment von Blindheit hervorzukehren»[149], lassen Adorno nun nicht mehr davor zurückschrecken, eine Kunst «mit geschlossenen Augen und zusammengebissenen Zähnen»[150] zu fordern.

Aber wie jeder Versuch, einen durch die geschichtliche Entwicklung hervorgebrachten Zustand absolut zu setzen, gerade das gefährdet, was bewahrt werden soll, so stellt auch Adornos unbedingtes Festhalten an dem von Schönberg hinterlassenen Material (wie er es interpretiert) einen Kunstbegriff in Frage, der zu seiner Zeit mit Grund beanspruchen konnte, der fortgeschrittenste zu sein. Gegen das Schwelgen in Formen, denen Ausdruck gerade dadurch abhanden kam, daß er ihnen ein für allemal zugeschrieben worden war, folgten Schönberg, Loos und die Kubisten der Er-

kenntnis, daß subjektiver Ausdruck nur noch durch das scheinbar subjekt-
feindliche Prinzip der Konstruktion zu retten sei; allerdings nur mittelbar,
denn keine Konstruktion ist schon als solche ausdrucksvoll. Ausdruck nah-
men diese Werke an «durch Kälte (...), durch Askese gegen den Ausdruck»[151]. Nur indem die Kunst das Prinzip der Konstruktion vorbehaltlos
befolgte, konnte sie noch einmal den Entwicklungsstand der außerästhetischen Produktivkräfte einholen; durch Angleichung an die industriellen
Produktionsweisen, die um so fortgeschrittener sind, je mehr die Spur des
einzelnen, unverwechselbaren Subjekts aus ihnen getilgt ist, konnte das
Kunstwerk dem Subjekt noch einmal, wenn auch negativ, zum Ausdruck
verhelfen. Der Eindruck von «Kälte» stellte sich ein, wenn im Kunstwerk
der Entwicklungsstand der außerästhetischen Produktivkräfte nicht nur
eingeholt, sondern noch überboten wurde. Als «ausdrucksvoll» erschienen
diese Werke, weil sie die Bedrohung des Subjekts, indem sie sie unverfälscht
darstellten, gerade noch einmal zu bannen schienen. Der «Ausdruck» der
konstruktivistischen Werke ist das in sie projizierte Erschrecken des Subjekts über seine eigene Zukunft.

Spätestens hier zeigt sich, daß Adornos strikte, jede Rücksichtnahme auf
das Publikum ausschließende Forderung nach Autonomie des ästhetischen
Materials undialektisch und daher in dieser Rigidität nicht zu halten ist.
Aus dem kurzgeschlossenen Zirkel von Interesse und Manipulation leitet
Adorno das Gebot ab, die Kunst habe um jeden Preis, nötigenfalls bis zur
«Weltlosigkeit», ihre Autonomie unbefleckt zu erhalten. Bei dem gering-
sten Verstoß gegen dieses Gebot drohe ihr der Untergang: sie verliert au-
genblicklich – darin Brünhilde vergleichbar, die nach dem Verlust ihrer
Jungfräulichkeit hilflos allen Attacken ausgesetzt ist – die Fähigkeit, dem
Tauschprinzip, der Umwandlung der Gebrauchswerte in bloße Tauschwerte, Widerstand entgegenzusetzen. Seine Nibelungentreue zur ästhetischen
Autonomie, die, wie im Epos, den Untergang dessen in Kauf nimmt, was sie
verteidigt, läßt Adorno übersehen, daß die Hoffnung, in der konstruktivistischen Kunst werde, wenn auch nur negativ, als «Kälte», Subjektivität
gerettet, angewiesen bleibt auf ein Publikum, das diese «Kälte» an den
Werken noch als Ausdruck von Subjektivität wahrzunehmen vermag. Soll
die neue Musik die «wahre Flaschenpost»[152] sein, in der Subjektivität zu
«überwintern»[153] vermag, so hat diese äußerst prekäre, kaum noch rational
begründbare Hoffnung zur Voraussetzung, daß Subjektivität auch aus der
außerästhetischen Realität nicht völlig verschwindet. Andernfalls wären die
durch die Werke unternommenen Rettungsversuche vergeblich: der Inhalt
der – an welchem Ufer auch immer – angelangten Flaschenpost wäre für
alle Zeiten unentzifferbar geworden.

Die für Adornos Theorie der Kunst grundlegende These: daß allein durch die Angleichung der künstlerischen Verfahrensweisen an die Produktivkräfte die Kunstwerke der Entfremdung standzuhalten vermögen, wird in dem Augenblick problematisch, da sie nicht mehr als Antwort auf eine bestimmte historische Konstellation, sondern als für alle Zukunft verbindliche Norm verstanden werden will. Das ist spätestens seit der «Philosphie der neuen Musik» der Fall. Von nun an verdrängt Adorno systematisch, daß seine Ästhetik durch einen einzigen – gewiß außerordentlich markanten – Augenblick in der Geschichte der Kunst geprägt ist. Dieser Einschnitt ist im wesentlichen durch drei Merkmale ausgezeichnet. In den Künsten soll es keine Elemente mehr geben, die bevorzugte Träger von Ausdruck sind, unabhängig von allen besonderen Inhalten; das ist der Sinn der Abschaffung der Tonalität durch Schönberg, aber auch der von Loos praktizierten Kritik des Ornaments. Damit hängt aufs engste die Forderung zusammen, daß zwischen expressiven und funktionalen Elementen nicht mehr unterschieden werden solle; Träger von Ausdruck dürfe nur noch sein, was durch seine Funktion im Zusammenhang des gesamten Werkes ausgewiesen sei. Der Abschaffung des expressiven, in den Augen von Loos jedoch dysfunktionalen Ornaments entspricht in der Musik Schönbergs das Verbot, einen Ton zu wiederholen, bevor nicht alle anderen Töne der Reihe verarbeitet sind. Schließlich ist den Vertretern der konstruktivistisch-funktionalen Kunst die Überzeugung gemeinsam, daß die Orientierung künstlerischer an außerkünstlerischen Techniken, die Verabschiedung des als willkürlich verworfenen subjektiven Ausdrucks gleichwohl nicht in Ausdruckslosigkeit einmünden müsse, sondern daß es möglich sei, durch das konstruktivistische Prinzip hindurch Ausdruck neu, mit Substanz erfüllt, zu begründen. Es wird also vorausgesetzt, daß das Subjekt in der Lage sei, den Stand der Produktivkräfte nicht nur *einzuholen,* sondern ihn vor allem auch zu *überholen.*

Die im Laufe der Jahre zunehmende Starrheit von Adornos Haltung, die sich schließlich zu einer mit seinen theoretischen Maximen eigentlich unvereinbaren feindseligen Abwehr neuer Erfahrungen auswächst, ist darauf zurückzuführen, daß diese Positionen, die zu Beginn des Jahrhunderts in einem prägnanten Sinne an der Zeit waren, zum Inbegriff ästhetischer Autonomie erklärt werden. Das ist, je mehr die historische Konstellation, auf die Schönberg und Loos reagierten, sich verändert, nur noch mit Hilfe autoritärer Setzungen möglich. Gewiß bleibt die Autonomie der Kunst «irrevokabel»[154]; die spezifisch ästhetischen Techniken, die das bürgerliche Subjekt entwickelt hat, um seine Autonomie gegenüber der Außenwelt (zu der auch das eigene Innere gehört) zu bewahren, können nicht umstandslos wieder preisgegeben werden, um das Kunstwerk erneut unmittelbar in den Dienst einer religiösen, ethischen oder politischen Idee zu stellen. Keineswegs jedoch muß das Prinzip ästhetischer Autonomie so eng gefaßt werden, daß, unter Berufung auf die «radikale Musik in ihren Ursprüngen»[155], alle sinnlich wohlgefälligen Elemente kategorisch aus der Kunst verbannt werden. Zweifellos war die Durchsetzung der Dissonanz gegen den tonalen Wohlklang, die Schönberg vollzog, notwendig. In einer Umgebung, die beherrscht war von einer Überfülle differenziertester optischer und akustischer Reize; die noch die farblichen Valeurs militärischer Uniformen – das «Farbenkastl» der k. u. k. Armee unterschied nicht weniger als sechs Grün- und sogar neun Rottöne (amarant-, krebs-, krapp-, bordeaux-, blaß-, rosen-, kirsch-, karmesin-, dunkelrot[156]) – mit einem Raffinement aufeinander abstimmte, die einer aufs äußerste verfeinerten Tonalität in nichts nachstand: in einer solchen Umgebung mußte das nach eigenständigem Ausdruck strebende Subjekt notwendig von Klaustrophobie befallen werden. Gerade eine Konvention, die in sich so differenziert ist, daß sie keinem individuellen Ausdrucksverlangen mehr Widerstand entgegenzusetzen scheint, wird schließlich als besonders beengend empfunden. «Das ist mein Glaube!», schreibt Schönberg in seiner Erwiderung auf einen Brief Kandinskys, der in der Dissonanz die musikalische Entsprechung zu seinem Prinzip der gegenstandslosen Malerei erkannt hatte: «die Kunst gehört (...) dem *Unbewußten*! Man soll *sich* ausdrücken! Sich *unmittelbar* ausdrükken! Nicht aber seinen Geschmack, oder seine Erziehung oder seinen Verstand, sein Wissen, sein Können. Nicht alle diese *nichtangeborenen* Eigenschaften. Sondern die *angeborenen*, die *triebhaften*.»[157] Weil das ursprünglich subjektivste Vermögen, der Geschmack, nichts unerfaßt, nichts undifferenziert gelassen hat, sieht das Subjekt, das sein Ausdrucksbedürfnis befriedigen will, nur noch eine Möglichkeit: das überlieferte Formensystem aufzusprengen. Insofern wird, bei allem Ressentiment, das zeitgenössische Couplet «Wiener Musik einst und jetzt» den Intentionen Schönbergs durchaus gerecht:

> Ja, wenn der Strauß an Walzer spielt,
> Da werden alle Fußerln wild,
> Er nimmt sie um die Mitten gleich,
> Beide san d'rin im Himmelreich.
> Und jeder Ton ins Herz 'neindringt,
> S'is so, wie wann a Engerl singt,
> Schweigt dann die Musik, gibt's nur Applaus,
> Steffel und Donau – Walzer von Strauß.

Doch wie der Schönberg jetzt hat g'spielt,
Da war'n die ganzen Weaner wild,
D'Musiker blasen und hau'n d'rein,
S'is wie wenn hundert Kinder schrei'n.
G'fallt's an net, wird eahm ane g'schmiert,
Bumsti, der Herr wird arretiert,
Der Herr von Schönberg, glaub'n alle, ist
Draußen am Steinhof – Hauskomponist.[158]

Dem nach authentischem Ausdruck strebenden Subjekt bleibt nichts anderes übrig, als die allgemeine Harmonie aufzukündigen – die Ernennung zum Hauskomponisten des städtischen Irrenhauses als des einzigen Ortes, an dem eine in Clichés erstarrende bürgerliche Identität außer Kraft gesetzt ist, hätte Schönberg sich durchaus zur Ehre anrechnen können.

Die Tatsache, daß nach dem Krieg Schönberg, Berg und Webern einige Walzer von Strauß bearbeiteten und in einem Konzert, das der Durchsetzung der neuen Musik dienen sollte, aufführten, läßt allerdings darauf schließen, daß die Wendung zur Dissonanz, die Absage an sinnlich angenehme Elemente in der Kunst zumindest von Schönberg selbst nicht als unwiderruflich gedacht war, sondern als Reaktion auf eine bestimmte Konstellation von Kunst und Geschichte. Seine Ablehnung der «Philosophie der neuen Musik» («Wiesengrunds Wissen über das Komponieren mit zwölf Tönen beruht *nicht auf der Kenntnis meiner eigenen Darlegungen*»[159]) ist wohl vor allem auf Adornos Neigung zurückzuführen, eine Technik, die dem Ausdrucksbedürfnis der Komponisten eine Zeitlang in besonderem Maße entsprechen mochte, zu enthistorisieren bzw. metaphysisch zu überhöhen. So ist Adorno sich theoretisch durchaus darüber im klaren, «daß das Antikulinarische, dem sinnlichen Wohllaut Opponierende in Schönberg selber auf die wienerische sinnliche Kultur, ein intensiv Schmeckendes, als eine seiner Bedingungen zurückdeutet»[160]; trotzdem besteht er darauf, daß alles sinnlich Angenehme für immer (offiziell, was aber auf dasselbe hinausläuft: solange die Gesellschaft als «universaler Verblendungszusammenhang» fortbesteht) aus der Kunst zu verbannen sei. «Von ihrem kulinarischen Moment sagt Kunst sich los; es wurde dem geistigen unvereinbar, als es seine Unschuld verlor, die seiner Einheit mit dem Komponierten (...). Seitdem (...) der sinnliche Reiz als Selbstzweck sich abspaltete, seinerseits rational geplant wird, revoltiert Kunst gegen jegliche Abhängigkeit von vorgegebenen, der autonomen Gestaltung sich sperrenden Materialien».[161] Weil die Massenkultur die Erfahrung von Kunst auf den Konsum kulinarischer Momente reduziert, sinnlich Wohlgefälliges aus dem Zusammenhang der Werke isoliert und zur Manipulation der Menschen einsetzt, darf in der fortgeschrittenen Kunst nichts aufscheinen, was dieser Tendenz Vorschub leistete. Aber so einleuchtend diese These im Hinblick auf die Preisgabe der Tonalität durch Schönberg ist, so fragwürdig wird sie, wenn der Anspruch auf immerwährende Gültigkeit mit ihr verbunden wird. In diese Richtung weist bereits die Behauptung, daß «die radikale Musik in ihren Ursprüngen (...) die Antithese gegen die Ausbreitung der Kulturindustrie»[162] gewesen sei. Hier wird der Geltungsanspruch eines von Adorno erst während der Emigration in den Vereinigten Staaten geprägten Begriffs rückwirkend in die Vergangenheit erweitert und damit enthistorisiert. Noch das einschlägige Kapitel der «Dialektik der Aufklärung» hatte keinen Zweifel daran gelassen, daß «Kulturindustrie» ein ausgebreitetes System von Massenmedien, insbesondere von kommerziell organisiertem Rundfunk und Film, zur Voraussetzung hat.

Regelmäßig jedoch rächt sich der bloß metaphorische Gebrauch historischer und soziologischer Begriffe. Indem sie gebraucht werden, um individuelle, lebensgeschichtlich vermittelte, aber nicht unbedingt theoretisch verallgemeinerbare Neigungen und Abwehrhaltungen zu rationalisieren, führen sie zu gedanklicher Unschärfe oder zu Ungereimtheiten, die durch keine Dialektik mehr begründbar sind. «Geist, der in der Kunst an der sinnlichen Erscheinung nicht mehr sein Genügen findet, verselbständigt sich. Den Zwang darin kann heute wie vor fünfzig Jahren jeder an dem ‹Das geht nicht mehr› nachvollziehen, sobald er auf sinnlich wohlgefällige Kunstwerke, *und wären es authentische,* trifft.»[163] Entweder ist das unter Hinweis auf die Kulturindustrie gefällte Urteil über die «sinnlich wohlgefälligen» Werke gerechtfertigt: dann können sie nicht «authentisch» sein; oder ästhetische Authentizität ist nach wie vor in Verbindung mit sinnlich angenehmen Elementen möglich: dann kann deren kompromißlose Abwehr nicht historisch-gesellschaftlich begründet werden, sondern muß andere Ursachen haben.

Vorrang des Subjekts

Tatsächlich verbirgt sich hinter der soziologisch begründeten Verurteilung aller sinnlich wohlgefälligen Kunstwerke eine Metaphysik des Geistes, die dem Hegelschen Ansatz in nichts nachsteht. Adorno betreibt, ungeachtet seiner Lehre vom «Vorrang des Objekts»[164], genau das, was er dem Idealismus, insbesondere Hegelscher Prägung, immer aufs neue vorwirft: die Vorherrschaft des Subjekts über alles Daseiende mit äußerster Konsequenz zu verfolgen. Das Problem, auf das Hegel am Beispiel der niederländischen Malerei stieß: daß eine technisch perfekte Kunst, die kein Moment der Wirklichkeit mehr unvermittelt stehen lassen muß, schließlich wiederum in einen Zustand der Entfremdung einmündet, stellt sich für Adorno erneut, und zwar umso radikaler, als die Materialbasis der Werke, auf die er sich bezieht, schmal geworden ist: «Die Kunstwerke, die den sinnlichen Reiz mit Grund entwerten, bedürfen doch sinnlicher Träger, um sich (...) zu realisieren. Je konsequenter und rücksichtsloser sie auf ihrer Vergeistigung bestehen, desto weiter entfernen sie sich von dem, was zu vergeistigen wäre. (...) Vergeistigung, rationale Verfügung über die Verfahrungsweisen, scheint den Geist als Gehalt der Sache selbst auszutreiben. Was das Material vergeistigen wollte, terminiert im nackten Material als einem bloß Seienden».[165] Der Gedanke, daß daher alles darauf ankommt, die Kunst nicht auf einen einmal erreichten Materialstand zu fixieren, liegt also durchaus nahe; immer wieder wird von Adorno denn auch betont, daß es kein Ästhetisches an sich gebe, daß das Werk nur in Beziehung auf das, «was es als Kunstwerk nicht ist und was es erst zum Kunstwerk macht»[166], sich konstituiere. Adorno geht sogar so weit, die «Konstellation Tier/Narr/ Clown» zu einer der «Grundschichten der Kunst»[167] zu erklären. Aber je nachdrücklicher, um nicht zu sagen: je spektakulärer dieser Gedanke in Szene gesetzt wird, desto weniger ist zu übersehen, daß er der Theorie äußerlich bleibt. Nur bis zum Auftreten Schönbergs wird der Kunst gestattet, sich dem ihr «Anderen»[168] zu öffnen. Nach Einführung der Zwölftontechnik wird, was das «Andere» betrifft, Pardon nicht mehr gegeben. So wird einerseits hervorgehoben, daß aus «der österreichischen Volksmusik (...) viele der konstitutiven Bestimmungen der neuen Musik (...) stammen»[169], andererseits aber wird strikt verfügt, daß diese Quelle ein für allemal versiegt sei. Natürlich kann der bewährte Hinweis auf die Kulturindustrie auch in diesem Zusammenhang herangezogen werden. Im Zeitalter der Massenmedien gebe es nichts mehr, was der planenden Rationalität noch entzogen wäre; was als unverfälscht volkstümlich präsentiert werde, sei längst aufbereitet und verfügbar gemacht worden, um den Menschen jenen Restbestand an Unmittelbarkeit und Wärme vorzugaukeln, ohne den sie offenbar nicht auszukommen vermögen. Aber wenn auch unbezweifelbar ist, daß der Rückgriff auf volkstümliche Restbestände immer problematischer wird – in den «Volksstücken» Horváths (die Adorno nicht zur Kenntnis genommen hat) ist dieser Zersetzungsprozeß beispielhaft gestaltet –, so ist damit doch noch nicht zureichend begründet, warum nach Schönberg es plötzlich unter gar keinen Umständen mehr möglich sein soll, die von Auszehrung bedrohten Werke durch vorautonome ästhetische Er-

fahrungen sich ergänzen zu lassen. «Wenn die Fortschritte der Kunst weitgehend in der Rationalisierung der durch die Kunstautonomie konstituierten Materialbasis bestehen, dann zehrt die Moderne von der eigenen
Substanz, ohne die Materialbasis regenerieren zu können.»[170] Der Eindruck
ist nicht ganz von der Hand zu weisen, daß, ungeachtet aller gegenteiliger
Bekundungen, eben dies den tiefsten Intentionen Adornos entspricht. Gegen den Augenschein läßt sich feststellen, daß, bei aller Kritik, die Kulturindustrie Adorno nicht ganz und gar ungelegen kommt: sie erlaubt es ihm,
sich ganz auf das Material des autonomen Werks zu konzentrieren, es
immer mehr dem Subjekt gefügig zu machen, bis schließlich nichts mehr
übrigbleibt, was von dessen Ausdrucksbedürfnis nicht erfaßt wäre. In dem
«Differential»[171], das nach Adornos Auffassung jedes Werk Becketts ist,
findet diese Entwicklung ihren konsequenten Abschluß. Hier endlich ist das
seit der Romantik von Ausdruckszwang besessene Subjekt, das jedes von
ihm noch nicht eingeholte Gegenüber als Einschränkung seiner Freiheit
auffaßt, am Ziel angelangt. Material und Subjekt kreisen ineinander, vermittelt bis zur Ununterscheidbarkeit, ohne Vergangenheit, ohne Zukunft;
ohne Möglichkeit, der Geschichte noch einmal sich zu öffnen.

Theorie als Falle

Schönberg berichtet, Adorno habe das Angebot, mit ihm zusammen ein
Lexikon kompositionstheoretischer Begriffe zu schreiben, mit dem Hinweis
abgelehnt, er sei «kein Musiker, sondern ein Philosoph»[172]. Stattdessen
entstand, von Adorno allein verfaßt, die «Philosophie der neuen Musik»,
über deren Titel Schönberg sich lustig machte: «‹Was tut die neue Musik?›
– Antwort: ‹Sie philosophiert.›»[173]

Tatsächlich dürften die Aporien, in die sich Adornos Ästhetik verstrickt,
letzten Endes darin begründet sein, daß er einen bestimmten Stand der
musikalischen Entwicklung, der für den talentierten Künstler durchaus
nichts Endgültiges zu haben braucht, ins Medium philosophischer Reflexion übersetzt. Denn die begriffliche Fixierung tendiert dazu, sich gegenüber dem künstlerischen Material, aus dem sie verallgemeinert worden ist,
zu verselbständigen. Die von Adorno behauptete Affinität von Philosophie
und Musik[174] hat hier ihre Grenze; und zwar unabhängig davon, ob der
Begriff der im Medium der Kunst objektivierten Erfahrung zunächst gerecht wird oder nicht. Denn es ist für den Theoretiker sehr viel schwieriger,
gegenüber dem begrifflichen Zwang, den eine Einsicht ausübt, sich ein
gewisses Maß an Unabhängigkeit zu bewahren, als für den Künstler, eine

für einen begrenzten Zeitraum praktizierte Verfahrensweise wieder aufzugeben. Das dürfte der eigentliche Grund sein, weshalb Ästhetiker in Gefahr sind, hinter der Kunstproduktion ihrer Zeit zurückbleiben.

Ist eine ästhetische Konstellation erst einmal auf den Begriff gebracht, so bleibt der Theoretiker auf die damit erreichte Einsicht verpflichtet, und zwar gerade dann, wenn die Reflexion beanspruchen kann, den Kunstwerken, auf die sie sich bezieht, gerecht zu werden. Das ist zumindest in der «Philosophie der neuen Musik» der Fall; hier läßt sich, anders als in den späteren Schriften, in denen die Parallelität von ästhetischen und außerästhetischen Produktivkräften zumeist nur pauschal behauptet wird, die «Übersetzung» künstlerischer Prozesse in sozialphilosophische Reflexionen noch genau nachvollziehen. Über den gesellschaftlichen Gehalt der Entwicklung von freier Atonalität zur Zwölftontechnik heißt es hier: «Die Reinigung vom Leittonwesen, das als tonales Residuum in der freien Atonalität fortwirkte, führt zu einer Beziehungslosigkeit und Starrheit der sukzessiven Momente, die (...) die Drohung der spezifisch musikalischen Sinnlosigkeit, der Liquidation des Zusammenhangs enthält. (...) Die Zwölftontechnik ersetzt die ‹Vermittlung›, den ‹Übergang›, die triebhafte Leittönigkeit durch die bewußte Konstruktion. Aber diese wird erkauft durch Atomisierung der Klänge. Das freie Kräftespiel der traditionellen Musik, welche das Ganze von Klang zu Klang produziert, ohne daß gleichsam von Klang zu Klang das Ganze vorgedacht wäre, wird durch den ‹Einsatz› der einander entfremdeten Klänge ersetzt. Es gibt kein anarchisches Zueinanderwollen der Klänge mehr, bloß ihre monadische Beziehungslosigkeit und die planende Herrschaft über alle.»[175] Es ist unverkennbar, daß Adorno mit diesen Bemerkungen seine These belegen will, «die Gesten der Kunstwerke» seien «objektive Antworten auf objektive gesellschaftliche Konstellationen»[176]. Der Übergang von freier Atonalität zur Zwölftontechnik, der erstmals einige im Herbst 1921 abgeschlossene Kompositionen Schönbergs folgen, wird als Reflex der endgültigen Ablösung des liberalistischen durch den staatlich organisierten Kapitalismus beschrieben. Das «Leittonwesen», das einen fundamentalen Zusammenhang der einzelnen Klänge vorab garantiert, kann, Adornos Analyse zufolge, nur solange überdauern, als der Markt zwischen Produktion und Konsumtion vermittelt. Bedarf die Abstimmung der ökonomischen Prozesse dagegen des planenden Eingriffs der Bürokratie, so kann auch in der Kunst nicht mehr eine sich von selbst einstellende Strukturierung des Materials vorausgesetzt werden; Begriffe wie «freies Kräftespiel», «anarchisch», «planende Herrschaft über alle» lassen an der Analogie, die Adorno im Auge hat, keinen Zweifel.

Allerdings wirft diese Darstellung auch erhebliche Probleme auf, und zwar *gerade weil* die gesellschaftliche Interpretation der Zwölftontechnik durchaus plausibel wirkt. Denn sollte durch diese Technik eine bestimmte ökonomisch-gesellschaftliche Struktur tatsächlich den einzig angemessenen ästhetischen Ausdruck finden, so ist an einen Wechsel der künstlerischen Verfahrensweise solange nicht zu denken, als eine grundsätzliche Veränderung der Gesellschaft ausbleibt.

Eine solche Veränderung aber ist nach Adornos Auffassung auf absehbare Zeit nicht zu erwarten. Mit der Feststellung, daß die nach der neuen Technik komponierte Musik der einzig authentische Ausdruck des «vereinsamten spätbürgerlichen Individuums sei»[177], schlägt daher eine Theoriefalle zu, die Adorno selbst aufgestellt hat. Nachdem er einmal erklärt hat, die «seismographische Aufzeichnung traumatischer Schocks» sei zum «Formgesetz der Musik» geworden, das jede Kontinuität und Entwicklung «verbietet»[178], muß jeder Versuch, über den bloß noch punktuellen Ausdruck hinauszugelangen, verworfen werden. Wenn nur noch in den Aufzeichnungen sinnloser, zu keiner Erfahrung sich zusammenschließender Schocks die Wahrheit über das Individuum erscheint, dann muß alles, was hierüber hinausginge, zur Ideologie (erklärt) werden. Denn jede im Kunstwerk aufscheinende Synthesis einzelner Momente, die nicht durch das unpersönliche, als Zwang empfundene Gesetz der Reihe hervorgebracht wäre, leistete der Illusion Vorschub, daß zumindest ein Rest von Vernunft sich doch noch in der Welt erhalten habe. Selbst der geringste Versuch, im Kunstwerk einen wie auch immer fragmentarischen oder vorläufigen Sinnzusammenhang nicht nur negativ, durch «bestimmte Negation» des Gegebenen, zustandekommen zu lassen, muß daher sofort unter Ideologieverdacht gestellt werden. Hier ist der eigentliche Grund, weshalb zahlreiche Prinzipien von Adornos Kunstverständnis, wie die Hervorhebung der Bedeutung heteronomer Elemente für die Kunst («Konstellation Narr/Tier/Clown»), selbst die als «Zentrum» moderner Ästhetik ausgewiesene «Rettung» des Scheins abstrakt, mit der Theorie nicht vermittelbar bleiben. Was immer über den traumatischen Schock hinausginge – und der ästhetische Schein wäre geradezu als Synthesis der in der Realität disparaten Momente zu definieren –, es verfiele sofort der Kritik. Insofern ist es konsequent, daß Adorno nach der Entwicklung der Zwölftontechnik, spätestens nach dem Surrealismus, keine künstlerische Entwicklung mehr wirklich zur Kenntnis genommen hat, einzelne Autoren wie Celan und den als «Kronzeugen»[179] der eigenen Auffassungen präsentierten Beckett ausgenommen. «Erfahrungen» werden sinnlos, wenn das Trauma als einzige Wahrheit immer schon feststeht. Nichts ist dann so abstrakt wie die nur noch zu Unrecht so genannte «bestimmte» Negation.[180] Sie bleibt als einzige Funktion der

Kunst übrig, nachdem die Realität zum «universalen Verblendungszusammenhang» erklärt worden ist.

Damit ist die Möglichkeit von Kunst nicht nur in Frage gestellt, sondern im Grunde verneint. «Konsequente Negation des ästhetischen Sinns wäre möglich nur durch Abschaffung der Kunst.»[181] Dieser Satz gilt vor allem auch in seiner Abwandlung: Konsequente Negation ästhetischer Synthesis – jede Synthesis suggeriert einen Sinnzusammenhang – hat notwendig das Ende der Kunst zur Folge. Unzweifelhaft ist, daß angesichts einer Gesellschaft, die, wie es scheint, nicht nur außerstande ist, aus sich selbst heraus neue sinnvolle Strukturen hervorzubringen, sondern die darüber hinaus auch, spätestens seit 1968, an das durch die kulturellen Objektivationen reproduzierte Sinnkontinuum nicht mehr recht zu glauben vermag, das Mißtrauen gegen Synthesis, gegen «Schein und Spiel»[182] in der Kunst nur allzu begründet ist. Letzten Endes wiederholt sich hier das ursprüngliche Dilemma der kritischen Theorie, ihre Subjektlosigkeit. Im Hinblick auf die weit fortgeschrittene «Integration» der Gesellschaft, durch die die Klassengegensätze zwar nicht verschwunden, aber so diffus geworden sind, daß auf Fortschritt gerichtete geschichtliche Bewegungen sich nicht mehr auf Dauer als kohärente Kräfte zu organisieren vermögen, hatte für Adorno die Theorie der Gesellschaft in ästhetische Theorie einmünden müssen. In der Kunst, insbesondere in der Erfahrung des Naturschönen, sollte ein von der Integration noch nicht erfaßter Bereich offen bleiben; eine Art Zitadelle, von der aus das vereinzelte und verängstigte Subjekt noch eine Zeitlang hinhaltenden Widerstand leisten konnte, in der Hoffnung auf eine historische Wende. Als sie ausblieb, mußte das Dilemma der Gesellschaftstheorie die Ästhetik schließlich einholen, als Unmöglichkeit, ein Prinzip ästhetischer Synthese anzugeben. Gegen die Gefahr, daß das Sinnversprechen, das im ästhetischen Schein immer schon angelegt ist, in ideologische Rechtfertigung der Realität übergeht oder zumindest in dieser Absicht mißbraucht werden kann, hat Adornos Ästhetik daher kein anderes Gegenmittel, als den ästhetischen Schein – und damit die Kunst – trotz aller gegenteiliger Bekundungen preiszugeben.

Wer die Negativität von Adornos Ästhetik mit einiger Skepsis beurteilt, zieht den Vorwurf auf sich, er habe es darauf angelegt, das in ihr enthaltene kritische Potential unwirksam zu machen. Eine Grenze zu der – mit Vorliebe von autoritären Regimen erhobenen – Forderung, Kunst habe in jedem Falle positiv, aufbauend zu wirken, scheint sich dann kaum noch ziehen zu lassen. Andererseits aber kann selbst Adorno nicht leugnen, daß ganz ohne «Schein» der Begriff der Kunst sich selbst aufhebt; um die Forderung nach seiner Rettung theoretisch einlösen zu können, müßte ein Prinzip angebbar sein, nach dem er sich herstellen könnte, ohne zugleich ideologisch zu werden. Eben hierzu aber ist Adorno aufgrund seiner gesellschaftstheoretischen Voraussetzungen nicht in der Lage. Denn wie immer auch ein solches synthetisierendes Prinzip zu denken wäre, ob als «ästhetische Idee» (Kant), als «Handlung» (Hegel), als «Perspektive» (Lukács): stets bliebe es an die Voraussetzung gebunden, daß zwischen Subjekt und Außenwelt ein Mindestmaß an Affinität im Medium der Vernunft bestehe. Da diese Voraussetzung für Adorno nicht mehr gegeben ist, ist es ihm unmöglich, ein Prinzip zu benennen, nach dem sich im Kunstwerk die Details zusammenschließen sollen. «Der Ton der neuen Musik entsetzt sich davor, daß es zur Angst als der Vermittlung zwischen dem Subjekt und dem, was ihm geschieht, nicht mehr kommt: das Verhängte ist zum unmäßigen Schicksal aufgeschwollen.»[183]

Wenn aber eine zwangfreie Transzendierung des Subjekts, wenn Synthesis überhaupt unmöglich geworden sind; wenn Wahrheit nur noch in der Darstellung des Subjekts in seiner Vereinzelung besteht: dann ist Kunst nur noch in der Gestalt eines metaphysisch überhöhten, ganz zur Klage gewordenen Expressionsmus denkbar. Indem Adorno Ausdruck überhaupt nur noch als Klage gelten läßt, tritt neben die gesellschaftstheoretische auch noch eine metaphysische Sperre, die es vollends unmöglich macht, an eine intersubjektive, die Menschen nicht nur in ihrer Vereinzelung darstellende Formensprache überhaupt nur zu denken. Die einzig kollektive Erfahrung, die eine solcherart radikalisierte expressionistische Ästhetik noch gelten lassen kann, besteht darin, daß das Subjekt durch den Nachvollzug des Kunstwerks seiner Vereinzelung als eines allgemeinen, in der Struktur der Gesellschaft begründeten Phänomens inne wird.

Diese Betonung der Verlorenheit der Menschen, die Reduzierung des Ausdrucks auf die Klage machen es möglich, das ungezügelte, hochfahrende Selbstwertgefühl, das für die Künstler der Avantgardebewegungen charakteristisch ist, zugleich zurückzunehmen – und zu behaupten. Bei aller Desolatheit, von der der Künstler sich nicht ausnimmt: *er* ist es, der – als eine Art Gerichtsvollzieher des Weltgeistes – jeder Lebensregung des Subjekts, die gegen die verordnete Askese verstößt, den Stempel des «Banausischen», des zurückgebliebenen, der Kulturindustrie verfallenen Bewußtseins aufdrückt. Hatten die Künstler des bürgerlichen Zeitalters ihr Selbstgefühl aus dem Anspruch bezogen, die Welt ganz auf sich zu beziehen, sie von sich aus, induktiv, zu interpretieren, so können die Künstler der Avantgarde in dem Bewußtsein schwelgen, daß sie die Formensprache, die sich im Laufe der Jahrhunderte entwickelt hatte, wieder abräumen. Über seinen Vortragszyklus «Ästhetik und Kompositionslehre» schreibt Schönberg lässig-lapidar an Kandinsky: «Wie Sie sich wohl denken werden, handelt es sich dabei darum, beide umzustoßen.»[184] Das Bewußtsein, aus eigener Machtvollkommenheit ein Formenrepertoire, durch das eine ganze Epoche ihr Sinnbedürfnis artikuliert hatte, verabschieden zu können, verhilft besonders Schönberg zu einem Herrschaftsanspruch, der ihn in seinen Gegnern allenfalls «Kanonenfutter im Kunstkampf»[185] sehen läßt. Bei Loos bringt die radikale Zerstörung überlieferter Ornamente und Formen ein rauschhaft gesteigertes Selbstgefühl hervor, das, nach außen projiziert, die Vision einer religiös eingefärbten Utopie erzeugt: «Da sagte ich: Weinet nicht! Seht, das macht ja die größe unserer zeit aus, daß sie nicht imstande ist, ein neues ornament hervorzubringen. (...) Seht, die zeit ist nahe, die erfüllung wartet unser. Bald werden die straßen der städte wie weiße mauern glänzen. Wie Zion, die heilige stadt, die hauptstadt des himmels. Dann ist die erfüllung da.»[186] Unverkennbar ist, daß eine gleiche Vision noch die zentrale These der «Negativen Dialektik» hervorbringt, der wahre Materialismus sei «bilderlos». «Was ans Bild sich klammert, bleibt mythisch befangen, Götzendienst. Der Inbegriff der Bilder fügt sich zum Wall vor der Realität. (...) Die materialistische Sehnsucht, die Sache zu begreifen, will das Gegenteil: nur bilderlos wäre das volle Objekt zu denken. Solche Bilderlosigkeit konvergiert mit dem theologischen Bilderverbot.»[187] So gewichtig diese Argumentation als Antwort auf die Widerspiegelungstheorie ist, so fragwürdig bleibt sie, wenn der ihr *auch* innewohnende Totalitätsanspruch des Subjekts nicht erkannt wird. Anzunehmen ist, daß das Subjekt, das alle bildhaften Elemente getilgt hätte, statt des «vollen Objekts» immer nur seiner selbst inne würde. Eine Ästhetik ganz «ohne Leitbild»[188], die Adorno, entsprechend seiner Forderung nach einem «bilderlosen» Materialismus, anstrebt, zielte vielleicht tatsächlich auf die vollendete Autonomie des Subjekts – eines Subjekts allerdings, das kein Gegenüber mehr hätte, das geschrumpft wäre auf den ausdehnungs- und inhaltslosen expressionistischen Punkt.

Kunst und Erkenntnis

Walter Benjamin hat in seiner Besprechung von Adornos Buch über Kierkegaard die Analyse von dessen «Innerlichkeit» als besonders gelungen hervorgehoben: «Es ist aber nicht, wie Kierkegaard meinte, der ‹Sprung›, der, mit der Zauberkraft des ‹Paradoxen›, den Menschen aus dieser Gefangenschaft befreit. (...) Es ist die aus chinesischen Märchen überlieferte Bewegung des Verschwindens (des Malers) in dem (selbstgemalten) Bilde, das er als letztes Wort dieser Philosophie erkennt. Das Selbst wird ‹als Verschwindendes gerettet durch Verkleinerung›. Dieses Eingehen ins Bild ist nicht Erlösung; aber es ist Trost.»[189] Benjamins abschließend geäußerte Vermutung, daß die späteren Bücher des Verfassers «aus diesem entspringen werden», hat sich, zumindest was dieses Motiv betrifft, bestätigt. Tatsächlich ist der Kern der ästhetischen Theorie Adornos eine solche Rettung von Subjektivität durch Verkleinerung. In der «Philosophie der neuen Musik» rühmt er als besonders gelungen die «kürzesten Sätze»[190] Weberns und Schönbergs, in der «Ästhetischen Theorie» die zu immer kleineren Formaten tendierenden Bilder Paul Klees.[191] «Ein Schlag trifft Werk, Zeit und Schein. Die Kritik am extensiven Schema verschränkt sich mit der inhaltlichen an Phrase und Ideologie. *Musik, zum Augenblick geschrumpft,* ist wahr als Ausschlag negativer Erfahrung. Sie gilt dem realen Leiden. In solchem Geist demoliert die neue Musik die Ornamente und damit die symmetrisch-extensiven Werke.»[192] Obwohl in der differenzierten Formensprache des Werks das bürgerliche Subjekt seine reichsten Ausdrucksmöglichkeiten entwickelt hatte, war der in der neueren Kunst zu beobachtende Schrumpfungsprozeß doch schon in der Ausbildung der Kategorie des extensiv-geschlossenen Werks angelegt: dem «felix aestheticus» Baumgartens wäre es nicht in den Sinn gekommen, daß er sich ganz nur in einem gegen die Wirklichkeit abgegrenzten Bereich würde entfalten können; die ganze Welt stand ihm offen. Auch die «ästhetischen Ideen», von denen Kant in der «Kritik der Urteilskraft» spricht, vermitteln Subjekt und Außenwelt uneingeschränkt und unmittelbar miteinander. Erst wenn das Subjekt nicht mehr ohne weiteres darauf vertrauen kann, sich gegenüber einer nach der bloß formalen Rationalität des Tauschs organisierten Gesellschaft zu behaupten, muß es einen Bezirk abgrenzen, in dem es sich als Selbstzweck erfahren kann; hier entwickelt es für einen kurzen historischen Augenblick die Utopie einer Welt, in der es nichts Sinnloses gibt. Ausgehend von der im Werk konzentrierten und geborgenen ästhetischen Erfahrung, kann das Subjekt noch einmal den Anspruch erheben, den Zufall aus der Welt zu verbannen. In dieser prägnanten Formel, auf die Wilhelm von Humboldt die klassisch-idealistische Werkästhetik bringt, findet ein sekundärer, alsbald brüchig werdender Geschichtsoptimismus seinen Höhepunkt. Sekundär ist dieser Optimismus, weil er, anders als zur Zeit der Aufklärung, nicht mehr unmittelbar auf Geschichte bezogen, sondern durch ästhetische Erfahrung vermittelt ist; brüchig, weil aus der ästhetisch vermittelten Utopie bereits auf die Möglichkeit der Realisierung geschlossen wird. Schon in das romantische Kunstwerk indessen beginnt die Realität unvermittelt einzubrechen: immer schwieriger wird es, den Schein einer Welt aufrechtzuerhalten, in der Allgemeines und Besonderes ohne Zwang aufeinander bezogen sind. Als Selbstzweck kann das Subjekt sich schließlich nur noch negativ, als Leidendes, erfahren. Auf diesen Punkt der reinen Subjektivität hin schrumpfen tendenziell die Werke.

Hatte in der «Philosophie der neuen Musik» Adorno noch durch den Hinweis auf die «Konzilianz» Schönbergs gegenüber dem Publikum versucht, dem drohenden Geschichts- und Realitätsverlust entgegenzuwirken, so kennzeichnet die «Ästhetische Theorie» die Fixierung auf den subjektiven Punkt, das nur noch in sich kreisende «Differential». Allein auf die im schmalen Bereich des Naturschönen (und allenfalls in der Kindheit) erscheinende «Spur des Nichtidentischen (...) im Bann universaler Identität»[193] ist in der «Ästhetischen Theorie» alle noch verbleibende Hoffnung bezogen. Solange ein Moment von «Nichtidentität» noch erfahrbar ist, solange braucht, wie Adorno immer aufs neue versichert, der Gedanke der Utopie nicht verabschiedet zu werden. «Der geringste Rest von Nichtidentität genügte, die Identität, total ihrem Begriff nach, zu dementieren.»[194] »Die kleinste Differenz zwischen dem Nichts und dem zur Ruhe Gelangten wäre die Zuflucht der Hoffnung, Niemandsland zwischen den Grenzpfählen von Sein und Nichts.»[195] «Die kleinsten innerweltlichen Züge hätten Relevanz fürs Absolute, denn der mikrologische Blick zertrümmert die Schalen des nach dem Maß des subsumierenden Oberbegriffs hilflos Vereinzelten und sprengt seine Identität, den Trug, es wäre bloß Exemplar.»[196] Die verborgene, auf die nie abgetragene expressionistische Hypothek zurückgehende Egozentrik von Adornos Philosophie der Kunst tritt hier überdeutlich nach außen. Letzten Endes kommt es, so läßt dieses Motiv erkennen, in dieser Ästhetik gar nicht so sehr darauf an, das Reich der Freiheit («Nichtidentität») zu erweitern: dem Subjekt der «Ästhetischen Theorie» geht es vor allem darum, sich selbst gegen alle Widerstände immer aufs neue zu bestätigen. Hierbei ist allerdings unerheblich, wie winzig der Bereich ist, in dem Nichtidentität erfahren werden kann; der Schrumpfungsprozeß, dem das Subjekt unterworfen ist, dürfte sein Selbstgefühl eher noch verstärken: vom Verschwinden bedroht, lebt es gefährlich, dafür aber um so intensiver. Hier dürfte, neben dem «offiziellen» Grund, dem Hinweis auf die Kulturindustrie, ein weiteres, nicht weniger bedeutsames Motiv liegen für Adornos strikte Weigerung, eine Erweiterung der Materialbasis der Werke auch nur als entfernte Möglichkeit in Betracht zu ziehen.

Aus diesem Grunde auch beharrt Adorno darauf, daß der für die Kunst ruinös gewordene Wettlauf der ästhetischen mit den außerästhetischen Produktivkräften fortzusetzen sei. Damit aber hat seine Ästhetik definitiv ihre historische Grenze erreicht: dieser Wettlauf ist längst entschieden. Wenn von der konstruktivistischen Kunst anfangs noch mit einigem Grund zu erwarten war, ihre Rationalität könne die der außerästhetischen Produktivkräfte einholen und damit den Beweis erbringen, daß Vernunft sich nicht in quantifizierendem, bloß formalem Denken zu erschöpfen brauche – Kunst «entzaubert die entzauberte Welt»[197] –, so ist der Gedanke an eine künstlerische Technik, die im Zeitalter von elektronischer Datenverarbeitung und von Mikroprozessoren hierzu in der Lage wäre, nur noch illusionär. Aber obwohl Adornos Ästhetik von ihren Voraussetzungen wie von ihren Konsequenzen her normative Geltung nicht mehr beanspruchen kann, bleibt alle Kritik an ihr, wie auch immer sie motiviert sei, problematisch, insofern, als sie in jedem Falle eine Abschwächung der von Adorno zu einem äußersten Punkt getriebenen Negation der Realität enthält: «Denn wahr ist nur, was nicht in diese Welt paßt.»[198] Die Kritik an Adorno kommt zunächst einmal, sie mag in dieser Richtung angelegt sein oder nicht, der, wie es scheint, sich verstärkenden Tendenz entgegen, Negativität pauschal zu diffamieren, sie nur noch zuzulassen, wenn sie sich von vornherein selbst Grenzen zieht. Da jedoch Theorie, Kritik, überhaupt jeder Gedanke, der mehr sein will als eine bloße Verdoppelung des Bestehenden, die Kraft zur Negation als Voraussetzung hat, könnte es leicht geschehen, daß Adorno selbst gegen im einzelnen begründete, aber nicht im gesamtgesellschaftlichen Zusammenhang sich selbst reflektierende Kritik doch Recht behielte.

So läßt sich die Tatsache, daß Adornos Ästhetik sich in abstraktem Subjektivismus verliert, nicht durch den Hinweis abtun, es habe dem Autor eben an sozialem Sinn gefehlt[199]. Gegen eine solche Argumentation wäre darauf hinzuweisen, daß gerade im Solipsismus des ästhetischen Subjekts ein objektiver Sachverhalt getroffen ist: nicht dem Autor mangelt es an sozialem Sinn, sondern einer Gesellschaft, die es dem Subjekt immer schwerer macht, sich in der Perspektive auf einen sensus communis zu begreifen. Allgemeines und Besonderes, Objekt und Subjekt sind einander so entfremdet, daß, wo sie aufeinandertreffen, es nach Adornos Auffassung zur «Explosion» kommen muß: «Die einzige geistige Kommunikation zwischen dem objektiven System und der subjektiven Erfahrung ist die Explosion, welche beide voneinander reißt, um mit ihrer Stichflamme sekundenweise die Figur zu beleuchten, die sie mitsammen bilden.»[200] Mit diesem Satz ist eine äußerste Position bezeichnet. Unverkennbar ist, daß er die letztmögliche Radikalisierung eines Versöhnungsanspruchs ist, den zuerst Hegel für die Philosophie formuliert hatte: «Wenn die Macht der Vereinigung aus dem Leben der Menschen verschwindet, und die Gegensätze ihre lebendige Beziehung und Wechselwirkung verloren haben, und Selbstständigkeit gewinnen, entsteht das Bedürfnis der Philosophie.»[201] Für Adorno sind die

Gegensätze von Subjekt und Objekt so verhärtet, daß sie nicht mehr im Begriff, nicht einmal mehr im ästhetischen Schein, sondern nur noch im «Verbrennen der Erscheinung»[202] aufgehoben werden können. Versöhnung und «Apokalypse»[203] werden eins. Das Subjekt hat die Negation der Realität so weit vorangetrieben, daß, wo beide zusammentreffen, die Katastrophe unvermeidbar ist.

Daß Adorno die Theorie der Gesellschaft einmünden ließ in Ästhetik, war konsequent: die spätestens in den dreißiger Jahren, angesichts von Nationalsozialismus und Stalinismus, unausweichlich gewordene Erkenntnis, daß kein Subjekt des historischen Fortschritts mehr existierte, hatte den Impuls zur Folge, sich ganz der Kunst zuzuwenden; ästhetische, auf den Begriff nicht zu reduzierende Erfahrung schien noch am ehesten von totalitärer Herrschaft nicht erfaßbar zu sein. In der «Explosion», der befreienden Aktion gegen den Tyrannen, würde daher unter einem totalitären Regime die Einheit von ästhetischer und historischer Notwendigkeit zu sehen sein. In jeder anderen, nicht totalitär, durch unmittelbaren Terror zusammengehaltenen Gesellschaft dagegen kann «Explosion» allenfalls eine Metapher für im Kunstwerk sich vollziehende ästhetische Prozesse sein. Unmittelbar auf die Realität bezogen, würde sich die ästhetische Kategorie dagegen nur in der terroristischen Aktion erfüllen.

Adorno, der Gewalt kompromißlos ablehnte und frühzeitig darauf hinwies, daß «Gewalt gegen Sachen» potentiell sich bereits gegen Menschen richte, braucht nach wie vor nicht gegen den nach seinem Tode vereinzelt lautgewordenen Verdacht verteidigt zu werden, er zähle zu den geistigen Wegbereitern des Terrorismus. Die These der Einheit von ästhetischer Theorie und Gesellschaftstheorie allerdings kann nicht länger aufrechterhalten werden. Notwendig während einer bestimmten historischen Epoche, wirkt diese These sich, zum Dogma verfestigt, lähmend auf beide Bereiche aus: auf die Theorie der Kunst, weil sie jedes Eingehen auf die Wirklichkeit, jede Erweiterung der ästhetischen Erfahrung verbietet durch den Hinweis auf die unveränderte gesellschaftliche Struktur; wie auf die Theorie der Gesellschaft, weil sie jeden gesellschaftlichen und daher relativen Fortschritt von vornherein entwertet, indem sie ihn sofort an dem in der Kunst aufbewahrten Absolutheitsanspruch mißt. Ein einziges Mal scheint Adorno ins Auge gefaßt zu haben, daß es mit dem Einmünden der Theorie der Gesellschaft in Ästhetik nicht sein Bewenden haben kann: «Die wahre Schwelle zwischen Kunst und anderer Erkenntnis mag sein, daß diese über sich selbst hinauszudenken vermag, ohne abzudanken, Kunst aber nichts Stichhaltiges hervorbringt, was sie nicht von sich aus, auf dem geschichtlichen Standort, auf dem sie sich findet, füllte. (...) Will Kunst, um theoretisch höherer sozialer Wahrheit willen, mehr als die ihr erreichbare und von ihr zu gestaltende Erfahrung, so wird sie weniger, und die objektive Wahrheit, die sie sich zum Maße setzt, verdirbt sich zur Fiktion. Sie verkleistert den Bruch von Subjekt und Objekt.»[204] Offen muß bleiben, ob aus diesem Gedanken, hätte Adorno die «Ästhetische Theorie» vollenden können, mehr geworden wäre als ein flüchtiges Aperçu; dagegen sprechen seine These, daß durch ihre zunehmende Irrationalität die Gesellschaft sich der theoretischen Durchdringung immer entschiedener verweigere, aber auch das in der Forderung, die Kunst habe alle Formen «von sich aus» zu füllen, wiederkehrende Verbot von «Schein und Spiel».

Gerade die mit diesem Verbot beabsichtigte Festlegung der Kunst auf unbedingt verpflichtende «Erkenntnis» ist jedoch fragwürdig geworden. Diese Festlegung war notwendig in einer Zeit, die noch ein Übermaß an Ornamenten, an überschwenglichen ideologischen Verklärungen der gesellschaftlichen Realität hervorbrachte; gegen die abstrakte Allgemeinheit, die durch die Institution des Marktes vermittelt wurde, hatte die Kunst auf der Erkenntnis zu bestehen, daß es eine substantielle, auf einem lebendigen «sensus communis», nicht nur auf dem Tauschprinzip begründete Sphäre der Intersubjektivität kaum noch gab. Unverkennbar ist, daß dieser Befund nach wie vor zutrifft; mit dem Unterschied, daß die Gesellschaft gar nicht mehr beansprucht, sich nach einem Ziel auszurichten, das über ihren gegenwärtigen Zustand hinauswiese, sondern sich längst darauf eingerichtet hat, so zu sein wie sie ist. Die Aufgabe, die Adorno, eine Formel Becketts aufgreifend, der Kunst zumißt: auszusprechen, «comment c'est»[205], wird insofern mehr und mehr von der Gesellschaft selbst ausgeübt: von dem streng funktional konstruierten «Mehrzweckgebäude», das den Gedanken einer spezifischen Funktion als veraltet zurückläßt, schon sehr viel deutlicher als von der vor ihm aufgepflanzten konstruktivistischen Plastik. Die Wahrheit über die Realität auszusprechen, ohne dabei die Möglichkeit zu ersticken, über diesen Zustand hinauszudenken: diese paradoxe Forderung ergeht an die Kunst der Gegenwart. Ob sie sie zu erfüllen vermag, ist so offen wie die Frage, ob es möglich sei, ohne Hoffnung auf Transzendenz die Wirklichkeit zu transzendieren.

Nachweise und Anmerkungen

Hervorhebungen, die sich nicht in der Textvorlage finden, sind in den Anmerkungen nachgewiesen.

«Die Wirklichkeit in ein Bild zu verwandeln».
Einleitende Bemerkungen zu Begriff und Problematik des Ästhetischen

1 Jörn Rüsen, Über einige Beziehungen zwischen Ästhetik, Historik und Didaktik. Zuerst in: DVjs 49 (1975), 189–214; erneut in: Rüsen, Ästhetik und Geschichte. Stuttgart 1976, 96–119; 101 seq.
2 Johann Gustav Droysen, Historik. Vorlesungen über Enzyklopädie und Methodologie der Geschichte, ed. Rudolf Hübner, Darmstadt 1974, 395.

Daß die entlastende Wirkung von Bildung stets auch dazu beiträgt, daß das Subjekt sich unkritisch einfügt, daß es «funktioniert», macht insbesondere die folgende Bemerkung Droysens deutlich: «Das ist es, was die Geschichte dem Menschengeist bietet und zuführt. Er erhebt sich damit über seine kleine und verlorene Besonderheit zu der großen Kontinuität, in der er selbst nur ein Punkt ist, aber ein tätiger, wirksamer, weiterarbeitender sein soll. Er lernt groß empfinden, er lernt, was in seinem Gewissen wach und rege ist, als sein bestes Kleinod, als seinen Kapitalanteil an den sittlichen Mächten erkennen und in dem Bewußtsein ihres großen Zusammenhangs denken und handeln.» (301 seq.) Die Metapher ist überaus treffend. Durch Bildung wird der Einzelne zum Kleinstaktionär an der gesamtgesellschaftlichen Produktivkraft, Bildung vermittelt ihm die Illusion, an Verfügungsgewalt selbst dann teilzuhaben, wenn sein «Kapitalanteil» nur die eigene Arbeitskraft umfaßt.
3 Jürgen Habermas, Legitimationsprobleme im Spätkapitalismus, Frankfurt 1973, 104
4 op.cit., 99
5 op.cit., 100
6 l.c.
7 Joseph Roth, Dem Anschein nach. Werke, ed. Hermann Kesten, III, Köln, Berlin 1956, 620 seq.
8 op.cit., 621
9 l.c. (Hervorhebung nicht im Original)
10 l.c.
11 Harald Weinrich, Drei Thesen von der Heiterkeit der Kunst. In: Weinrich, Literatur für Leser. Stuttgart, Berlin, Köln, Mainz 1971 (= Sprache und Literatur, Bd 68), 16
12 Cf. op.cit., 18, 16
13 op.cit., 17
14 op.cit., 17 seq.
15 «Le problème général que le poète, que le peintre, que le statuaire, que tous les artistes, en un mot, ont à résoudre, c'est de transformer en *image* ce qui, dans la nature, est *réel*.» Wilhelm von Humboldt, Essais aesthétiques de M. Guillaume de Humboldt; première partie, sur l'Hermann et Dorothée de M. Goethe (= Selbstanzeige der ästhetischen Schriften, Paris, Magasin Encaclopédique, 1799). Faksimilierter Neudruck in: Kurt Mül-

ler-Vollmer, Poesie und Einbildungskraft. Zur Dichtungstheorie Wilhelm von Humboldts. Stuttgart 1967, 120

16 Theodor W. Adorno, Ist die Kunst heiter? In: Adorno, Gesammelte Schriften, XI, ed. Rolf Tiedemann, Frankfurt a. M. 1974, 602 seq.

17 Baudelaire, Le Peintre de la Vie moderne. I. Le Beau, La Mode et le Bonheur. Œuvres complètes, 1152–1155

18 Roth, op.cit., 621

19 op.cit., 622

20 Kant, Kritik der Urteilskraft, Einleitung (zweite Fassung). Werke, ed. Wilhelm Weischedel, V, Darmstadt 1966, 259

21 Kant, Kritik der reinen Vernunft, B 863

22 op.cit., B 862 seq.

23 Kant, Kritik der Urteilskraft, 247

24 Kant, Kritik der reinen Vernunft, B 862

25 Kant, Kritik der Urteilskraft, 279 (Hervorhebung nicht im Original)

26 op.cit., 301

27 op.cit., 280 seq.

28 op.cit., 394

29 Homer, Odyssee XXIII, 306–309. Cf. Weinrich, op.cit., 318

30 In vergleichbarem Zusammenhang spricht Walter Benjamin von einer «hemmungslose(n) Übertragung der Thesen des L'Art pour l'Art auf den Krieg». In: Theorien des deutschen Faschismus. Zu der Sammelschrift «Krieg und Krieger». Ed. Ernst Jünger. – Benjamin, Gesammelte Schriften, III, ed. Hella Tiedemann-Bartels, Frankfurt a. M. 1972, 240

31 Baudelaire, Œuvres complètes (Le Dantec, Pichois), Paris 1961 (Pléiade), 5.
In der Übersetzung Walter Benjamins:
Wie ein verarmter Wüstling unter Bissen
Die wehe Brust der alten Dirne sucht
Entwenden wir ein Glück – die schale Frucht
Die wir recht gründlich auszupressen wissen.
Benjamin, Gesammelte Schriften, IV/1, ed. Tillmann Rexroth, Frankfurt a. M. 1972, 67

32 Baudelaire, op.cit., 6.
Der Spleen! – Er raucht die Pfeife, tränend zählt er
Schafott und Galgen in der Phantasie
Mein Freund, du kennst das diffizile Vieh
Freund – Hypokrit – mein Leser – mein Erwählter!
Benjamin, op.cit., 68

33 Georg Lukács, Die neue Einsamkeit und ihre Lyrik: Stefan George. In: Lukács, Die Seele und die Formen. Neuwied, Berlin 1971 (= Sammlung Luchterhand 21), 127, 129

34 Karl Markus Michel, Ein Kranz für die Literatur. In: Kursbuch 15 (November 1968), 169

35 l.c.

36 Hans Magnus Enzensberger, Gemeinplätze, die Neueste Literatur betreffend. In: Kursbuch 15 (November 1968), 190

37 Walter Boehlich, Autodafé. Beilage (= «Kursbogen») zu: Kursbuch 15 (November 1968)

38 l.c.

39 In: Kursbuch 24 (Juni 1971), 133–153

40 Helmut Lethen, Peter Schneider, Ratschlag zweier Deutsch-Lehrer an ihre zurückbleibenden Schüler. In: Kursbuch 25 (Juni 1971), 151, 152

41 op.cit., 152

42 l.c.

43 Cf. Kant, Kritik der Urteilskraft, 390

44 Bertolt Brecht, Gesammelte Werke, VIII, Frankfurt a. M. 1967, 99

Tradition und Reform. *Martin Opitz*

1 Martin Opitz, Buch von der Deutschen Poeterey. Nach der Edition von Wilhelm Braune neu hrsg. v. Richard Alewyn. Tübingen ²1966, 22
2 op.cit., 10
3 Cf. op.cit., 9
4 op.cit., 10
5 op.cit., 10 seq.
6 Cornelius Sommer, Nachwort zum «Buch von der Deutschen Poeterey». Stuttgart 1970, 103
7 Cf. Qu. Horatius Flaccus, Epistula ad Pisones de arte poetica, in: Briefe, ed. A. Kissling, R. Heinze, Berlin ⁶1959
8 Cf. Sommer, l.c.
9 Opitz, op.cit.
10 op.cit., 35
11 op.cit., 16 seq.
12 op.cit., 12
13 op.cit., 38
14 l.c.
15 l.c.
16 Goethe, Aus meinem Leben. Dichtung und Wahrheit. Hamburger Ausgabe, IX, 256 seq.
17 Goethe, op.cit., 257 seq.

Poesie und Moral. *Johann Christoph Gottsched*

1 Alfred Baeumler, Das Irrationalitätsproblem in der Ästhetik und Logik des 18. Jahrhunderts bis zur Kritik der Urteilskraft. Tübingen ²1967, 73
2 Eric A. Blackall, Die Entwicklung des Deutschen zur Literatursprache 1700–1775. Stuttgart 1966, 76
3 Hans Peter Herrmann, Naturnachahmung und Einbildungskraft. Zur Entwicklung der deutschen Poetik von 1670 bis 1740. Bad Homburg v. d. H., Berlin, Zürich 1970, 161
4 Baeumler, op.cit., 65
5 Gottsched, Versuch einer Critischen Dichtkunst. Leipzig 1730. Vorrede zur zweiten Auflage, 1737. Nachdruck der 4., vermehrten Auflage. Darmstadt 1962, XXV (im folgenden zitiert als CD)
6 CD, V
7 l.c.
8 CD, VII
9 CD, VIII
10 CD, VIII seq.
11 Cf. Herrmann, op.cit., 98
12 CD, XI
13 CD, 96
14 Herrmann, op.cit., 20 seq.
15 Baeumler, op.cit., 55
16 Blackall, cf. Anm. 2
17 Cf. Armand Nivelle, Kunst- und Dichtungstheorien zwischen Aufklärung und Klassik. Berlin, New York ²1971, 103

18 Lessing, Hamburgische Dramaturgie, 38. Stück. Werke, ed. Herbert G. Göpfert. IV, ed. Karl Eibl, München 1973, 407
19 Cf. Lessing, Briefwechsel über das Trauerspiel. Werke, IV, 162–165
20 CD, 98
21 l.c.
22 Cf. Herrmann, op.cit., 133
23 Joachim Birke, Christian Wolffs Metaphysik und die zeitgenössische Literatur- und Musiktheorie: Gottsched, Scheibe, Mizler. Berlin 1966, 37
24 CD, l.c.
25 Cf. Birke, op.cit., 23
26 CD, 98 seq.
27 CD, 98
28 Hans Freier, Kritische Poetik. Legitimation und Kritik der Poesie in Gottscheds Dichtkunst. Stuttgart 1973, 54
29 CD, 109 seq. (Hervorhebungen nicht im Original)
30 CD, 159 seq.
31 CD, 160
32 CD, 161
33 l.c.
34 l.c.
35 Cf. Werner Rieck, Joh. Chr. Gottsched. Eine kritische Würdigung seines Gesamtwerks unter besonderer Berücksichtigung seiner Theorie der Dichtkunst in ihrer nationalen und sozialen Bedeutung. Potsdam 1968, 361 seq. – Die Gegenposition bei Lessing, Ernst und Falk. Gespräche für Freimäurer.
36 Cf. W. Benjamin, Einbahnstraße. Gesammelte Schriften, IV/1, ed. Tillman Rexroth, Frankfurt am Main 1972, 125
37 Zitiert nach Herrmann, op.cit., 104 seq.
38 CD, 132
39 CD, 102 seq.
40 CD, 103 seq.
41 CD, 120 seq.
42 Vom Laienurteil zum Kunstgefühl. Texte zur deutschen Geschmacksdebatte im 18. Jahrhundert. Ed. Alexander v. Bormann. Tübingen 1974, 23
43 CD, 123
44 Baeumler, op.cit., 75
45 König, op.cit.(cf. Anm. 42), 23 seq.
46 op.cit., 24
47 CD, 105
48 CD, 132
49 CD, 129

Die Verteidigung der Geschichte. Giambattista Vico

1 Fritz Schalk, Nachwort zu Vico, De nostri temporis studiorum ratione. Darmstadt 1974, 171 seq.
2 Stephen Toulmin, June Goodfield, Entdeckung der Zeit. München 1970, 143
3 Vico, Principi di Scienza Nuova d'intorno alla comune natura delle nazioni. Roma, Bari 1978, 5
4 op.cit., 5 seq.
5 op.cit., 8
6 op.cit., 142 seq.

7 op.cit., 9
8 op.cit., 10
9 op.cit., 9
10 Cf. l.c.
11 op.cit., 10
12 De nostri temporis studiorum ratione, 27 (Zitate aus diesem Werk folgen der Übertragung von Walter F. Otto)
13 l.c.
14 l.c.
15 op.cit., 28, 30
16 Erich Auerbach, Einleitung zu: Vico, Die neue Wissenschaft über die gemeinschaftliche Natur der Völker. München 1924, 19
17 Cf. Ernesto Grassi, Critical philosophy or topical philosophy? In: Giambatista Vico, ed. G. Tagliacozzo. Baltimore o.J., 39–50; 40
18 De nostri temporis ..., 43
19 Kant, Kritik der Urteilskraft. Werke, ed. Wilhelm Weischedel, V, Darmstadt 1966, 431 (im folgenden zitiert als KU)
20 Vico, op.cit., 67
21 op.cit., 67, 69
22 Cf. Friedrich Meinecke, Die Entstehung des Historismus. München ⁴1965, 65
23 Cf. Anm. 21
24 op.cit., 59 (Hervorhebung nicht im Original)
25 op.cit., 61

«Das Individuelle ist sehr poetisch.» Alexander Gottlieb Baumgarten

1 Hans Rudolf Schweizer, Ästhetik als Philosophie der sinnlichen Erkenntnis. Eine Interpretation der ‹Aesthetica› A. G. Baumgartens mit teilweiser Wiedergabe des lateinischen Textes und deutscher Übersetzung. Basel, Stuttgart 1973. – Sofern in diesem Kapitel auf Passagen der ‹Aesthetica› zurückgegriffen wird, die auch bei Schweizer abgedruckt sind, wird häufig, mit nur geringfügigen Änderungen, Schweizers vorzügliche Übersetzung übernommen.
2 Thomas Abbt, Leben und Charakter Alexander Gottlieb Baumgartens. In: Abbt, Vermischte Werke, IV, Berlin, Stettin 1780, 215–244; 216
3 Cf. Bernhard Poppe, Alexander Gottlieb Baumgarten. Seine Bedeutung und Stellung in der Leibniz-Wolffischen Philosophie und seine Beziehungen zu Kant. Nebst Veröffentlichung einer bisher unbekannten Handschrift der Ästhetik Baumgartens. Diss. Münster. Borna, Leipzig 1907, 10
4 Abbt, op.cit., 217
5 Veröffentlicht bei Poppe, op.cit., 65–258 (zitiert als K)
6 K, § 78, 113
7 K, § 79, 115
8 Abbt, op.cit., 218
9 Poppe, op.cit., 7
10 Poppe, op.cit., 4
11 Abbt, op.cit., 219
12 Abbt, op.cit., 230
13 l.c.
14 Abbt, op.cit., 237 seq.
15 Abbt, op.cit., 221
16 Abbt, op.cit., 222 seq.

17 Christian Wolff, Psychologia empirica. Ed. Jean Ecole. Hildesheim 1968. § 9
18 Baumgarten, Meditationes Philosophicae de Nonnullis ad Poema Pertinentibus. 1735.
Eine deutsche Übersetzung dieser Schrift ist abgedruckt im Anhang der Dissertation von
Albert Riemann, Die Ästhetik Alexander Gottlieb Baumgartens, unter besonderer Berücksichtigung der Meditationes Philosophicae de Nonnullis ad Poema Pertinentibus.
Halle (Saale) 1928, 103–144; 103
19 Baumgarten, op.cit., 104
20 Wolff, op.cit., § 32 («Si quod percipimus non agnoscere, vel a ceteris perceptibilibus non
distinguere valemus, perceptio, quam habemus, obscura est.»)
21 Cf. Wolff, op.cit., § 31
22 Meditationes, § 14, 109
23 l.c.
24 l.c.
25 op.cit., § 11
26 op.cit., § 13
27 l.c.
28 op.cit., § 17
29 Cf. Erich Köhler, «Je ne sais quoi». Ein Kapitel aus der Begriffsgeschichte des Unbegreiffli-
chen. In: Köhler, Esprit und arkadische Freiheit, Frankfurt am Main 1972, 230–286
30 Cf. Gottsched, CD, 132
31 Baumgarten, op.cit., § 23
32 K. Heinrich von Stein, Die Entstehung der neueren Ästhetik. Stuttgart 1886, 343
33 Baumgarten, op.cit., § 20
34 l.c.
35 In Baumgartens «Aesthetica» sind der Topik die §§ 130–141 gewidmet; bereits in § 130
wird sie gegenüber der rhetorischen Tradition entscheidend abgewertet. Während Aristoteles und Cicero sie als ars inveniendi definieren, stellt Baumgarten nachdrücklich fest:
«Interim si dicendum, quod res est, non est ea tam heuristica, quam ars praedicata certi
subiecti secundum certum notionum subiecto sociarum ordinem in memoriam revocandi.» – Aesthetica, Frankfurt an der Oder 1750. Nachdruck Hildesheim 1970
36 Den Vorwurf der Unoriginalität weist Marie-Luise Linn zurück: A. G. Baumgartens ‹Aesthetica› und die antike Rhetorik. In: DVjs 41 (1967), 424–443; cf. besonders 427
37 Baumgarten, Meditationes, § 18
38 op.cit., § 19
39 op.cit., § 9
40 Baeumler, op.cit., 213 seq.
41 Baumgarten, Aesthetica, § 75
42 l.c.
43 Descartes, Discours de la méthode. Œuvres et lettres, ed. André Bridoux, Paris 1958
(= Bibliothèque de la Pléiade), 137 (Hervorhebung nicht im Original)
44 Baumgarten, K, § 424
45 K, § 441
46 Aesthetica, § 423; Metaphysica, § 92
47 Aesthetica, § 424
48 Cf. Wolff, op.cit., § 546 («Pulchritudo vera est, quae ex perfectione vera oritur: Apparens
autem dicitur, quae oritur ex apparente.»)
49 Descartes, op.cit., 152
50 op.cit., 148
51 op.cit., 152
52 Baumgarten, Aesthetica, § 424
53 Cf. op.cit., § 427
54 op.cit., §§ 440, 441
55 Schweizer, op.cit., 46

56 Baumgarten, K, § 588
57 Aesthetica, § 55
58 op.cit., § 73
59 op.cit., § 7
60 l.c.
61 l.c.
62 op.cit., § 483
63 op.cit., § 485
64 op.cit., § 560
65 op.cit., § 491
66 op.cit., § 615
67 W. Benjamin, Das Kunstwerk im Zeitalter seiner technischen Reproduzierbarkeit. Gesammelte Schriften, I/2, ed. Rolf Tiedemann und Hermann Schweppenhäuser, Frankfurt am Main 1974, 505, 497
68 op.cit., 497
69 Aesthetica, § 1
70 J. G. Herder, Kritische Wälder. Viertes Wäldchen. Sämtliche Werke, ed. Bernhard Suphan, IV, Nachdruck Hildesheim 1967, 22 seq.
71 Baumgarten, K, § 3
72 Aesthetica, § 55
73 Baeumler, op.cit., 231
74 Cf. Th. W. Adorno, Ästhetische Theorie. Gesammelte Schriften, VII (ed. Gretel Adorno und Rolf Tiedemann), Frankfurt am Main 1970, passim (im folgenden zitiert als Ästh. Th.)

Geschmack und Gemeinsinn.
Die Emanzipation des Ästhetischen durch Kant

1 H. v. Stein, op.cit., 358
2 Baumgarten, Aesthetica, § 14 («Aesthetices finis est perfectio cognitionis sensitivae, qua talis.») Cf. Metaphysica, §§ 521, 662
3 Cf. Nivelle, op.cit., 30
4 op.cit., 19
5 Baeumler, op.cit., 224
6 Kant, Kritik der reinen Vernunft (im folgenden zitiert als KrV), ed. Raymund Schmidt, Hamburg 1960 (= Philosophische Bibliothek, Bd 37a). A 21, Anmerkung
7 Cf. Hans-Georg Gadamer, Wahrheit und Methode. Tübingen ³1972, 39 seq.
8 Rüdiger Bubner, Über einige Bedingungen gegenwärtiger Ästhetik. In: Neue Hefte für Philosophie, Heft 5, Göttingen 1973, 38–73; 60
9 l.c.
10 op.cit., 63 seq.
11 op.cit., 64
12 op.cit., 68
13 op.cit., 42 und passim
14 Peter Bürger, Theorie der Avantgarde, Frankfurt am Main 1974, 58
15 KU, 302
16 KU, 421
17 KU, 420
18 Nach Auffassung von Jens Kulenkampff führt Kant gegen das Genie die «Kontrollinstanz des Geschmacks» allein unter dem «Zwang» ein, «dem Geniekult wie aller Schwärmerei

wehren zu müssen». «Die Aussicht auf das Ergebnis dieser Domestizierung ist nicht
erheiternd.» – Über Kants Bestimmung des Gehalts der Kunst. In: Zs. f. philos. Forschung 33 (1979), 62–74; 66

19 KU, 405 seq.
20 KU, 393
21 KU, 279
22 KU, 217
23 KU, 289
24 KU, 290
25 KU, 378
26 KU, 320
27 KU, 280
28 KU, 280 seq.
29 KU, 294
30 l.c.
31 KU, 320
32 KU, 379
33 Hans Freier, Die Rückkehr der Götter. Stuttgart 1976, XIII
34 Max Horkheimer, Kants Philosophie und die Aufklärung. In: Horkheimer, Zur Kritik der
instrumentellen Vernunft, ed. Alfred Schmidt, Frankfurt am Main 1967, 203–215; 209
35 KU, 296
36 l.c.
37 KU, 291
38 KU, 179
39 Odo Marquard, Kant und die Wende zur Ästhetik. In: Zs. f. philos. Forschung 16 (1962),
231–243, 363–374; 370
40 KU, 258
41 KU, 220 «Alle Einleitung eines Vortrages ist entweder die in eine vorhabende Lehre oder
der Lehre selbst in ein System, *wohin sie als ein Teil gehört*. Die erstere geht vor der Lehre
vorher, die letztere sollte billig nur den Schluß derselben ausmachen, um ihr ihre Stelle in
dem Inbegriffe der Lehren, mit welchen sie durch gemeinschaftliche Prinzipien zusammenhängt, nach Grundsätzen anzuweisen.» (Hervorhebung nicht im Original)
42 Zum Begriff der «entdeckenden Analyse» cf. Jens Kulenkampff, Kants Logik des ästhetischen Urteils. Frankfurt am Main 1978, 30
43 KU, 247
44 KU, 179
45 KrV, A 299
46 l.c.
47 KU, 524
48 KU, 523 seq.
49 Gadamer, op.cit., 40
50 KrV, A 126
51 KU, 516
52 «Daß gesprochene oder gar geschriebene Philosophie, mag sie an sich immerhin tief oder
gewitzigt sein, ein wenig albern klingt, ist offenbar. (...) Der Weltmann hält sich an Golf,
vom Geschäft redet er selten, und Philosophie ist bloß ein offerierter Kommentar, schon
auf dem Weg, zur Weltdeutung für Mittelständler zu werden und schließlich in den
Buden der Volksfeste anzulangen, wie die Astrologie.» Max Horkheimer, Notizen 1950
bis 1969. Frankfurt am Main 1974, 10
53 Friedrich Schiller, Über die ästhetische Erziehung des Menschen in einer Reihe von Briefen. Sämtliche Werke, ed. Gerhard Fricke u. Herbert G. Göpfert, V. München ⁴1967,
570–669; 579 seq. (im folgenden zitiert als Ästh. Erz.)
54 KU, 247

55 KU, 249

56 KU, 251

57 l.c.

58 KrV, B 146

59 KrV, B 93

60 l.c.

61 KrV, A 97

62 KrV, B 152

63 Cf. Gottsched, CD, 123

64 KrV, A 141. Das Problem kann Kant in der KrV nicht auflösen, sondern nur metaphorisch umschreiben: «So viel können wir nur sagen: das *Bild* ist ein Produkt des empirischen Vermögens der produktiven Einbildungskraft, das *Schema* sinnlicher Begriffe (...)
gleichsam ein Monogramm der reinen Einbildungskraft a priori, wodurch und wonach
die Bilder allererst möglich werden, die aber mit dem Begriffe nur immer vermittelst des
Schema (...) verknüpft werden müssen, und an sich demselben nicht völlig kongruieren.»
(KrV, A 141 seq.)

65 KU, 526

66 KU, 264

67 KU, 340

68 l.c.

69 KU, 187

70 KrV, B 104

71 KrV, B 137

72 KU, 417

73 KU, 417

74 Cf. Baeumler, op.cit., 159

75 KU, 436

76 l.c.

77 l.c.

78 l.c.

79 KU, 413 seq.

80 KU, 579 seq.

81 KU, 248

82 l.c.

83 KU, 414

84 Hegel und Kant waren nach Adornos Auffassung «die letzten, die, schroff gesagt, große
Ästhetik schreiben konnten, ohne etwas von Kunst zu verstehen. Das war solange mög-
lich, wie Kunst ihrerseits an umfassenden Normen sich orientierte, die nicht im einzelnen
Werk in Frage gestellt, einzig in dessen immanente Problematik verflüssigt wurden.»
Adorno, Ästh. Th., 495

85 KU, 414

86 KU, 381

87 KU, 200

88 KU, 413

89 l.c.

90 KU, 381

91 KU, 419 (Hervorhebung nicht im Original)

92 Cf. KU, 405 seq.

93 KU, 417 seq.

94 KU, 418

95 KU, 494

96 l.c.

97 l.c.

98 Hegel, Vorlesungen über die Ästhetik, I. Jubiläumsausgabe (ed. Hermann Glockner), XII, Stuttgart-Bad Cannstatt [4]1964, 58 (im folgenden zitiert als Ästh. I)
99 op.cit., passim
100 KU, 405
101 KU, 417
102 KU, 406
103 Norbert Elias, Über den Prozeß der Zivilisation. Bern, München [2] 1969, II, 329
104 KU, 397
105 KU, 190
106 KU, 187 (Die Akademie-Ausgabe ergänzt nach «daß»: «sich».)
107 KU, 186
108 KU, 419
109 KU, 373
110 KU, 383
111 KU, 252
112 Cf. KU, 295 seq.
113 KU, 445
114 Cf. KrV, B 138 seq.: «Derjenige Verstand, durch dessen Selbstbewußtsein zugleich das Mannigfaltige der Anschauung gegeben würde, ein Verstand, durch dessen Vorstellung zugleich die Objekte dieser Vorstellung existierten, würde einen besonderen Aktus der Synthesis des Mannigfaltigen zu der Einheit des Bewußtseins nicht bedürfen, deren der menschliche Verstand, der bloß denkt, nicht anschaut, bedarf.»
115 Günter Freudenberg, Die Rolle von Schönheit und Kunst im System der Transzendental-philosophie. Meisenheim am Glan 1960 (= Beihefte zur Zs. f. philos. Forschung, 13), 12
116 op.cit., 27
117 op.cit., 12
118 op.cit., 27
119 KU, 500 (Hervorhebung nicht im Original)
120 KU, 181
121 KU, 253
122 KU, 254
123 Jens Kulenkampff, op.cit. (Anm. 42), 1
124 KU, 519 seq.
125 KU, 268 seq.
126 KU, 193
127 KU, 492
128 KU, 478
129 KU, 479
130 KU, 398
131 KU, 397 seq.
132 KU, 493
133 KU, 487 («ja, da wir selbst zur Natur im weitesten Verstande gehören»)
134 KU, 310
135 KU, 512
136 Kant, Kritik der praktischen Vernunft. Werke, ed. Weischedel, IV, Darmstadt 1956, 140
137 KU, 482
138 KU, 477
139 KU, 198
140 l.c.
141 Richard Beer-Hofmann, Der Tod Georgs. Nachwort von Hartmut Scheible. Stuttgart 1980, 106, 107
142 KU, 484
143 KU, 485

144 KU, 485 seq.
145 KU, 261
146 Cf. Anm. 141 (Nachwort)
147 KU, 547
148 KU, 547 seq.
149 KU, 553
150 Kant, Idee zu einer allgemeinen Geschichte in weltbürgerlicher Absicht. Werke (ed. Weischedel), VI, Darmstadt 1966, 33–50; 38
151 l.c.
152 op.cit., 36
153 op.cit., 37
154 op.cit., 42
155 op.cit., 40
156 KU, 553
157 KU, 552
158 KU, 553
159 KU, 552
160 Idee zu einer allgemeinen Geschichte …, 43
161 Horst Redeker, Über Kants Ästhetik. In: Zum Kantverständnis unserer Zeit. Beiträge marxistisch-leninistischer Kantforschung, ed. Hermann Ley, Peter Ruben, Gottfried Stiehler. Berlin 1975, 433–475; 440
162 KU, 262
163 KU, 487
164 Cf. Martin Puder, Kant. Stringenz und Ausdruck. Freiburg 1974, 91–93
165 KU, 487
166 l.c. (Hervorhebung nicht im Original)
167 Zur vermeintlich «politischen» Ästhetik Schillers cf. Hans-Heino Ewers, Die schöne Individualität. Zur Genesis des bürgerlichen Kunstideals. Stuttgart 1978
168 Cf. Schiller, op.cit. (Anm. 53), 664 seq.
169 KU, 458–463
170 KU, 395
171 l.c.
172 l.c.
173 l.c.
174 KU, 462
175 KU, 396
176 KU, 367
177 Karl Philipp Moritz, Anton Reiser. Werke, ed. Jürgen Jahn, II, Berlin, Weimar 1973, 435
178 op.cit., 436
179 KU, 396
180 KU, 400
181 KU, 398
182 KU, 429 (Hervorhebung nicht im Original)
183 KU, 575
184 lc.
185 KU, 287
186 KU, 295
187 l.c.
188 l.c.
189 l.c.
190 Diese Auffassung vertritt Freudenberg, op.cit., 49
191 KU, 464
192 KU, 394

193 KU, 393
194 KU, 394
195 Georg Simmel, Philosophie des Geldes. München, Leipzig ⁵1930, 495 seq.
196 op.cit., 495
197 Cf. Olav Münzberg, Rezeptivität und Spontaneität. Frankfurt am Main 1974, 15–17
198 KU, 422
199 Daß vor diesem Hintergrund die Leistung Kants umso höher zu veranschlagen ist, hat Baeumler, an eine Bemerkung O. Schlapps anknüpfend (Kants Lehre vom Genie und die Entstehung der Kritik der Urteilskraft, Diss. Göttingen 1901), zu Recht hervorgehoben: «Man fällte täglich Kunsturteile; aber niemand sah das *Problem*, das in jedem einzelnen enthalten war. Ironie der Geschichte ist es, daß ein nordischer Philosoph es zum ersten Male sah, der sein Leben in einer preußischen Provinzstadt in eintönigem Tagwerk verbrachte, der nie eine klassische Statue, nie ein Gemälde Raffaels gesehen hat. ‹Porzellandosen und -figuren, Stockknöpfe, Spitzen, Tapetenmuster und derartige Dinge› waren die Gegenstände, von denen Kant seine Geschmackslehre abstrahierte. (...) Wohl verbirgt die ‹Kritik der ästhetischen Urteilskraft› ihren Ursprung im Preußen Friedrichs nicht. (...) Ihre künstlerischen Beispiele locken uns nur noch ein Lächeln ab. Und trotzdem hätte eine reichere Kunstanschauung dem Werke im Prinzip kaum etwas hinzufügen können.» (Baeumler, op.cit., 254 seq.)
200 KU, 422
201 l.c.
202 l.c.
203 Elias, op.cit., II, 371
204 Georg Jäger, Empfindsamkeit und Roman. Stuttgart, Berlin, Köln, Mainz 1969, 34
205 Cf. Elias, op.cit., I, 24 seq.
206 Cf. Jäger, op.cit., 31
207 KU, 364
208 Lessing, Emilia Galotti, III/8. Werke, ed. Göpfert, II, München 1971, 171 seq.
209 op.cit., 197
210 Richard Wagner, Das Judentum in der Musik und andere Essays. München 1975, 58 seq.
211 KU, 265
212 KU, 445
213 KU, 388
214 KU, 391
215 Cf. KU, 444
216 KU, 389
217 Gadamer, op.cit., 21, 22
218 KU, 444
219 Cf. Karl Philipp Moritz, Über die bildende Nachahmung des Schönen. In: Schriften zur Ästhetik und Poetik, ed. Hans Joachim Schrimpf. Tübingen 1962, 63–93; 87 seq. (im folgenden zitiert als Sch)
220 Cf. KU, 390
221 Auf Kants Darstellung des ästhetischen Erlebnisses trifft recht genau Benjamins Definition des Glücks zu: «Glücklich sein heißt ohne Schrecken seiner selbst innewerden können.» (Einbahnstraße, Schriften IV/1, 113)
222 KU, 392
223 KU, 323
224 Thomas Mann, Tonio Kröger. Gesammelte Werke, Frankfurt am Main ²1974, 319 seq.
225 Wilhelm Weischedel, Rehabilitation des Erhabenen. In: Erkenntnis und Verantwortung. Fs. f. Theodor Litt, ed. J. Derbolav u. F. Nicolin, 1961. 335–345; 344
226 R. Homann, Erhaben, das Erhabene. In: Hist. Wb. d. Philosophie, ed. J. Ritter, II. Basel, Stuttgart 1972, 624–635; 635
227 Schiller, Über das Erhabene. Sämtliche Werke, V, 792–808; 803

228 KU, 365
229 KU, 354
230 l.c.
231 l.c.
232 Arnold Gehlen, Zeit-Bilder. Zur Soziologie und Ästhetik der modernen Malerei. Frankfurt am Main, Bonn ²1965, 30 seq.
233 KU, 337
234 KU, 340 seq.
235 Cf. Friedrich Theodor Vischer, Aesthetik I. Die Metaphysik des Schönen, München ²1922, Nachdruck Hildesheim, New York 1975, 233
236 KU, 347
237 KU, 329
238 l.c.
239 Cf. KU, 335
240 KU, 344
241 KU, 349
242 l.c.
243 KU, 344
244 Cf. Joachim Ritter, Landschaft. Zur Funktion des Ästhetischen in der modernen Gesellschaft. In: Ritter, Subjektivität. Frankfurt am Main 1974, 141–163; 144
245 l.c.
246 Helmuth Plessner, Ein Newton des Grashalms? In: Plessner, Die Frage nach der Conditio humana. Frankfurt am Main 1976, 82–99; 84 seq.
247 Cf. Hegel, Ästh. I, 35
248 Ritter, Subjektivität und industrielle Gesellschaft. In: Subjektivität, 11–35; 25 seq.
249 KU, 408
250 l.c. (Hervorhebung nicht im Original)
251 Cf. Ritter (Anm. 244), 157
252 KU, 360 (2. Hervorhebung nicht im Original)
253 l.c. (2. Hervorhebung nicht im Original)

Die Vertreibung des Subjekts aus der Ästhetik. Friedrich Schiller

1 KU, 390
2 l.c. (Hervorhebung nicht im Original)
3 Schelling, Philosophische Briefe über Dogmatismus und Kriticismus. Schriften von 1794 bis 1798, Darmstadt 1975, 161–221; 163, 168 (im folgenden zitiert als DK) (2. Hervorhebung nicht im Original)
4 Cf. Karl Philipp Moritz, Das Edelste in der Natur. Sch 17
5 Hegel, Ästh. I, 96
6 Georg Lukács, Zur Ästhetik Schillers. In: Lukács, Werke, X, Probleme der Ästhetik. Neuwied, Berlin 1969, 17–106; 54
7 Schiller, Philosophische Briefe. Sämtliche Werke, V (ed. Fricke, Göpfert), München ⁴1967, 336–358; 355 seq.
8 Schiller, Kallias oder Über die Schönheit. Briefe an Gottfried Körner. Sämtliche Werke, V, 394–433; 431 (im folgenden zitiert als Kallias)
9 Kallias, 432
10 l.c.
11 Kallias, 432 seq.
12 Zitiert nach: Herman Meyer, Schillers philosophische Rhetorik. In: Euphorion 53 (1959), 313–350; 347

13 Ästh. Erz., 595
14 Schiller an Körner, 21. XII. 1792. Briefwechsel zwischen Schiller und Körner, ed. Klaus L. Berghahn, München 1973, 150
15 Kallias, 416
16 Cf. Kallias, 398
17 l.c.
18 Kallias, 402
19 l.c.
20 Kallias, 400
21 Cf. Kallias, 400 («Schönheit ist also nichts anders als Freiheit in der Erscheinung.»)
22 Kallias, 413
23 Cf. Werner Strube, Schillers Kallias-Briefe oder Über die Objektivität des Schönen. In: Lit. wiss. Jb. N. F. 18 (1977), 115–131
24 Kallias, 421
25 Über Anmut und Würde. Sämtliche Werke, V, 433–488; 460 (Hervorhebung nicht im Original)
26 Ästh. Erz., 579 seq.
27 Ästh. Erz., 582
28 Ästh. Erz., 582 seq.
29 Ästh. Erz., 575
30 Ästh. Erz., 573
31 Ästh. Erz., 586 seq.
32 Ästh. Erz., 633
33 Ästh. Erz., 635
34 Ästh. Erz., 614
35 Ästh. Erz., 615
36 l.c.
37 KU, 487
38 Cf. Rosemarie Voges, Das Ästhetische und die Erziehung, München 1979, 22 seqq.
39 Cf. Ästh. Erz., 667
40 Ästh. Erz., 661
41 Ästh. Erz., 668
42 Ästh. Erz., 669
43 l.c.
44 l.c.
45 Cf. Christa Bürger, Schüchterner Versuch, einige Zweifel an der Brauchbarkeit der Kategorie Anschauung für eine gegenwärtige Ästhetik durch einen Blick in die Geschichte zu erregen. In: Willi Oelmüller (ed.), Kolloquium Kunst und Philosophie. Band I. Ästhetische Erfahrung. Paderborn, München, Wien, Zürich 1981, 29–40; 34. – Christa Bürgers Versuch, Schiller gegen die Romantiker auszuspielen, ist unhaltbar: «Nicht Vorschein einer humanen Gesellschaft, wie bei Schiller, ist die ästhetische Erfahrung, vielmehr dient sie der Versöhnung mit der Wirklichkeit.» (34 seq.)
46 Ästh. Erz., 669

Die Begründung der Autonomieästhetik. Karl Philipp Moritz

1 Goethe, Italienische Reise. HA, XI (ed. Erich Trunz), [6]1964, 534
2 Cf. KU, 554
3 Karl Philipp Moritz, Das Edelste in der Natur. Sch 18
4 op.cit., 17
5 Moritz, Grundlinien zu einem ohngefähren Entwurf in Rücksicht auf die Seelenkrank-

heitskunde. In: Magazin zur Erfahrungsseelenkunde, I/1, Berlin 1783, 32 (im folgenden zitiert als M)

6 l.c.

7 op.cit., 31

8 Sprache in psychologischer Rücksicht. M I/1, 92

9 M I/2, 106

10 M II/1 (1784), 62–64

11 Schiller, Briefe, II (ed. Jonas), Stuttgart o.J., 177 (Zitiert nach: Rose-Marie P. Akselrad, Schiller und Karl Philipp Moritz. In: Monatshefte 45 [1953], 131–140; 136)

12 l.c.

13 KU, 554

14 Anton Reiser, 340 (im folgenden zitiert als AR)

15 AR, 11

16 AR, 250 seq.

17 AR, 384

18 AR, 402

19 M I/1, 33, 34

20 M I/1, 35

21 AR, 246

22 AR, 247

23 AR, 295 seq.

24 AR, 417

25 Cf. August Langen, Karl Philipp Moritz' Weg zur symbolischen Dichtung. In: ZfdPh 81 (1962), 169–218, 402–440

26 AR, 343–345

27 Cf. Moritz, Die Signatur des Schönen. Sch 93–103; 93

28 op.cit., 99

29 op.cit., 100

30 Cf. Friedrich Hölderlin, An Zimmern. Sämtliche Werke, ed. Friedrich Beißner. Frankfurt am Main, Wien, Zürich 1961, 426

31 Adorno, Ästh. Th., 190

32 Schiller, Ästh. Erz., 583

33 Einheit – Mehrheit – menschliche Kraft. Sch 28–31; 29

34 l.c.

35 op.cit., 30

36 Klaus Reimers, Die Resignation in die Kunst. Diss. Berlin 1970, 88

37 Moritz, op.cit. (Anm. 33), 30

38 Häußliche Glückseeligkeit – Genuß der schönen Natur. Sch 33–35; 33, 34, 35

39 Encyclopédie, Artikel «Art». I, Paris 1751, 714 b. – Cf. Diderot, Enzyklopädie, München 1969, 185

40 Versuch einer Vereinigung aller schönen Künste und Wissenschaften unter dem Begriff des in sich selbst Vollendeten. Sch 3–9; 3

41 Das Edelste in der Natur. Sch 13–19; 17

42 Moritz, op.cit. (Anm. 40), 5

43 Cf. Anm. 4

44 Das menschliche Elend. Sch 23–28; 23 seq.

45 Cf. Caroline Herder an J. G. Herder. In: Sch, 345 seq.

46 Moritz, op.cit. (Anm. 44), 25 seq.

47 op.cit., 27

48 Jürgen Jahn, Einleitung zu: Moritz, Werke in 2 Bänden, Berlin, Weimar 1973. I, XXXIII

49 Moritz, op.cit. (Anm. 44), 27

50 l.c.

51 Die metaphysische Schönheitslinie. Sch 151–157; 151

52 op.cit., 152
53 l.c.
54 l.c.
55 op.cit., 153
56 Über die bildende Nachahmung des Schönen, 71
57 l.c.
58 Lessing, Ernst und Falk. Gespräche für Freimäurer. Werke, ed. Kurt Wölfel, III, Frankfurt am Main 1967, 516
59 Moritz, op.cit. (Anm. 56), 71
60 op.cit., 72
61 Die metaphysische Schönheitslinie (cf. Anm. 51), 154
62 op.cit., 155
63 Cf. Literatur im Epochenumbruch. Funktionen europäischer Literaturen im 18. und beginnenden 19. Jahrhundert. Ed. Günther Klotz, Winfried Schröder und Peter Weber. Berlin, Weimar 1977, 439–454
64 Moritz, op.cit. (Anm. 56), 73 (Hervorhebung nicht im Original)
65 op.cit., 74 seq.
66 Cf. Freudenberg, op.cit., 77: «‹Man muß nicht sagen: Die Genies. Es ist die Einheit der Weltseele› (zit. nach Jaspers, Die großen Philosophen, München 1957, S. 504).»
67 Cf. Jens Kulenkampff, Über Kants Bestimmung des Gehalts der Kunst.
68 Moritz, op.cit. (Anm. 56), 77
69 op.cit., 78
70 op.cit., 82 seq.
71 Cf. Hartmut Scheible, Literarischer Jugendstil in Wien, München, Zürich 1984.
72 Moritz, op.cit. (Anm. 56), 83 seq.
73 op.cit., 87, 88
74 Moritz, Über Zusammenhang, Zeugung und Organisation. Sch 46–50; 50
75 Moritz, Das Skelet. Sch 20–23; 21 seq.
76 op.cit., 23
77 op.cit. (Anm. 28), 100
78 Moritz, Bestimmung des Zwecks einer Theorie der schönen Künste. Sch 122
79 Hugo von Hofmannsthal – Richard Beer-Hofmann, Briefwechsel, ed. Eugene Weber. Frankfurt am Main 1972, 47
80 Moritz, Über ein Gemählde von Goethe. Sch 142–148; 143
81 Moritz, Gegenwart und Vergangenheit. Sch 57–63; 62
82 op.cit., 61
83 op.cit., 58
84 op.cit., 60
85 op.cit. (Anm. 56), 93
86 op.cit., 88
87 Moritz, Die Unschuldswelt. Sch 53–57; 53
88 l.c.
89 op.cit., 55
90 l.c.
91 op.cit., 56
92 l.c.
93 l.c.

Die Abschaffung des Zufalls.
Geschichte und Gattungspoetik bei Wilhelm von Humboldt

1 Humboldt an Schiller, 7. XII. 1792. Der Briefwechsel zwischen Friedrich Schiller und Wilhelm von Humboldt, ed. Siegfried Seidel. 2 Bände, Berlin 1962. I, 53 seq.
2 Hajo Holborn, Der deutsche Idealismus in sozialgeschichtlicher Beleuchtung. In: Hans-Ulrich Wehler, ed., Moderne deutsche Sozialgeschichte. Köln 1973, 85–108; 95
3 Humboldt, Ideen zu einem Versuch, die Gränzen der Wirksamkeit des Staats zu bestimmen. In: Werke in 5 Bänden, ed. Andreas Flitner, Klaus Giel. I, Darmstadt ²1969, 56–233, 106 seq. (im folgenden zitiert als Ideen)
4 Ideen, 64
5 Ideen, 70
6 l.c.
7 Ideen, 75
8 Ideen, 142
9 Cf. Heinz-Joachim Heydorn, Wilhelm von Humboldt. In: H.-J. Heydorn, Gernot Koneffke, Studien zur Sozialgeschichte und Philosophie der Bildung. II. Aspekte des 19. Jahrhunderts in Deutschland. München 1973, 57–84; 61
10 Ideen, 61 seq.
11 Ernst Cassirer, Freiheit und Form. Darmstadt ⁴1975, 329 seq.
12 Humboldt an Schiller, 28. IX. 1795. I, 163
13 Aesthetische Versuche. Erster Theil. Ueber Göthes Herrmann und Dorothea. Werke (cf. Anm. 3), II, Darmstadt ²1969, 125–356; 155 (im folgenden zitiert als HD)
14 Ideen, 130
15 Ideen, 131
16 Cf. l.c.
17 l.c.
18 Ideen, 131 seq.
19 Ideen, 139
20 l.c.
21 Ideen, 133
22 Ideen, 140
23 Ideen, 125
24 Das achtzehnte Jahrhundert. I, 376–505; 380 (im folgenden zitiert als 18. Jh.)
25 Cf. 18. Jh., 380 seq. und 383 («Das allgemeinste Bestreben der menschlichen Vernunft ist auf die Vernichtung des Zufalls gerichtet. Im Gebiete des Willens soll er nie herrschen; im Reiche der Natur nirgends zu herrschen scheinen.» – «Aber dass wir in unsern Handlungen dem Zufalle keinen Raum verstatten, darauf beruht unsre Sittlichkeit und Menschlichkeit selbst, und hier dürfen wir daher weder müssig noch gleichgültig seyn.»)
26 Cf. Rosemarie Voges, Das Ästhetische und die Erziehung. München 1979, 76
27 Cf. Anm. 25 und passim
28 18. Jh., 392
29 Ideen, 121
30 18. Jh., 417
31 18. Jh., 420
32 Latium und Hellas oder Betrachtungen über das classische Alterthum. Werke, II, 25–64; 27 (im folgenden zitiert als LH)
33 LH, 28
34 Geschichte des Verfalls und Unterganges der griechischen Freistaaten. Werke, II, 73–124; 113

35 Ideen, 105
36 LH, 28
37 HD, 132
38 Ideen, 136
39 l.c.
40 l.c.
41 Theorie der Bildung des Menschen. Werke, I, 234–240; 235 seq.
42 Ueber den Charakter der Griechen, die idealische und historische Ansicht derselben. Werke, II, 65–72; 67
43 Ideen, 137
44 Ideen, 136
45 LH, 61
46 Humboldt an Schiller (cf. Anm. 1), Anfang September 1800. II, 210
47 LH, 60 seq.
48 Humboldt an Schiller, Anfang September 1800. II, 207
49 Humboldt an Schiller, Anfang September 1800. II, 208
50 Humboldt an Schiller. II, 30. IV. 1803, II, 234
51 Humboldt an Schiller, 29. XII. 1795. I, 278
52 Cf. Ideen, 133; HD, 166, 171 seq.
53 Humboldt an Schiller, 16. X. 1795. I, 180
54 Humboldt an Schiller, 18. XII. 1795. I, 265
55 Cf. Anm. 54, 266
56 Humboldt an Schiller, 25. VI. 1795. II, 104
57 l.c.
58 18. Jh., 392
59 18. Jh., 479
60 l.c.
61 Cf. Anm. 54, 267
62 Cf. Anm. 46, 202
63 l.c.
64 LH, 29
65 LH, 28
66 HD, 126
67 HD, 315
68 HD, 125
69 l.c.
70 HD, 137
71 HD, 142·
72 HD, 139
73 HD, 145
74 HD, 139
75 Körner an Schiller, 20. II. 1799; zitiert nach: Kurt Müller-Vollmer, Poesie und Einbildungskraft. Zur Dichtungstheorie Wilhelm von Humboldts. Mit der zweisprachigen Ausgabe eines Aufsatzes Humboldts für Frau von Staël. Stuttgart 1967, 73
76 Wilhelm von Humboldt's Aesthetische Versuche. Erster Band ueber Goethe's Herrmann und Dorothea. – Essais aesthétiques de M. Guillaume de Humboldt; première partie, sur l'Herrman et Dorothée de M. Goethe. Extrait du Magasin Encyclopédique. Abgedruckt bei Müller-Vollmer, 119–211; 146
77 Müller-Vollmer, op.cit., 110
78 Cf. Charles Baudelaire, Salon de 1859. III. La Reine des Facultés. Œuvres complètes, ed. Y.-G. Le Dantec, Claude Pichois (= Bibliothèque de la Pléiade), Paris 1961, 1036–1040
79 Zitiert nach: Heydorn, op.cit. (Anm. 9), 61
80 HD, 135

81 HD, 228
82 HD, 149
83 HD, 160
84 HD, 176
85 HD, 166
86 HD, 167
87 HD, 168
88 HD, 160
89 l.c.
90 HD, 172
91 Humboldt an Goethe, 23. VIII. 1804. Briefe an Goethe (HA), ed. Karl Robert Mandelkow, I, Hamburg 1965, 419
92 HD, 276
93 HD, 315
94 Cf. HD, 252 seqq.
95 HD, 276
96 HD, 228
97 HD, 257
98 HD, 258
99 HD, 257
100 LH, 37
101 l.c.
102 HD, 343
103 HD, 341
104 HD, 342
105 HD, 343
106 Cf. Schelling, Philosophie der Kunst, Darmstadt 1966, 88

Synthesis ist das Erste. Schellings genetische Philosophie der Kunst

1 Horkheimer, Notizen, 8
2 Helmuth Plessner, Das Identitätssystem. In: Materialien zu Schellings philosophischen Anfängen, ed. Manfred Frank und Gerhard Kurz. Frankfurt am Main 1975, 414–430; 427
3 Cf. Arnold Gehlen, Die Seele im technischen Zeitalter. Reinbek 1975, 24
4 Cf. Georg Lukács, Die Zerstörung der Vernunft. Werke, IX, Darmstadt, Neuwied 1974, 114–172
5 Cf. KU, 516
6 KU, 526
7 KU, 525
8 l.c.
9 KU, 524
10 DK, 163
11 DK, 169
12 DK, 172
13 DK, 166
14 DK, 172
15 DK, 170
16 DK, 164
17 Cf. KU, 390
18 Moritz, Sch, 93

19 DK, 215
20 DK, 164
21 DK, 216
22 DK, 172
23 DK, 173
24 l.c.
25 DK, 174
26 l.c.
27 l.c.
28 DK, 175
29 DK, 177
30 l.c.
31 Schelling, Ideen zu einer Philosophie der Natur als Einleitung in das Studium dieser Wissenschaft. In: Schriften von 1794 bis 1798, Darmstadt 1975, 333–397; 337 (im folgenden zitiert als PhN)
32 Ueber die Natur der Philosophie als Wissenschaft. Sämmtliche Werke, I, 9, Stuttgart, Augsburg 1861, 209–252; 228
33 DK, 191
34 PhN, 335
35 DK, 215
36 Lukács, op.cit. (cf. Anm. 4), 136
37 Lessing, Ernst und Falk. Werke, ed. Wölfel, III, 514, 531 seq.
38 Lessing, Ernst und Falk. Mit den Fortsetzungen Johann Gottfried Herders und Friedrich Schlegels. Ed. Ion Contiades, Frankfurt am Main 1968; 86
39 Schlegel, op.cit., 87
40 DK, 221
41 l.c.
42 l.c.
43 PhN, 337
44 Cf. Dieter Henrich, Fichtes ursprüngliche Einsicht. Frankfurt am Main 1967
45 PhN, 357 seq.
46 PhN, 339
47 PhN, 341
48 PhN, 346 seq.
49 PhN, 350
50 PhN, 375 seq.
51 PhN, 376 seq.
52 PhN, 363
53 PhN, 380, 363
54 PhN, 370
55 PhN, 370 seq.
56 Zum Vergleich Schelling-Freud cf. Odo Marquard, Über einige Beziehungen zwischen Ästhetik und Therapeutik in der Philosophie des neunzehnten Jahrhunderts. In: Materialien (cf. Anm. 2), 341–377
57 PhN, 364
58 System des transcendentalen Idealismus. Schriften von 1799–1801, Darmstadt 1982, 621.
59 Schelling, Philosophie der Kunst. Darmstadt 1966, 28 («Das organische Werk der Natur stellt dieselbe Indifferenz noch ungetrennt dar, welche das Kunstwerk *nach* der Trennung, aber wieder als Indifferenz darstellt.») (im folgenden zitiert als PhK)
60 Hegel, Differenz des Fichteschen und Schellingschen Systems der Philosophie. Sämtliche Werke, ed. Glockner, I, Stuttgart-Bad Cannstatt ⁴1965, 31–168; 124
61 PhN, 396

62 Cf. Richard Kroner, Von Kant bis Hegel. 2 Bde., Tübingen ²1961; I, 336
63 Plessner, op.cit. (Anm. 2), 427, 429
64 PhK, 5
65 Cf. Kants Polemik «Von einem neuerdings erhobenen vornehmen Ton in der Philosophie». In: Werke, ed. Weischedel, III, Darmstadt 1963, 375–397
66 Schelling, op.cit. (cf. Anm. 58), 625
67 l.c.
68 op.cit., 627 seq.
69 Dieter Jähnig, Schelling. Die Kunst in der Philosophie. I. Schellings Begründung von Natur und Geschichte. Tübingen 1966, 12
70 l.c.
71 op.cit., 15
72 Peter Szondi, Schellings Gattungspoetik. In: Szondi, Poetik und Geschichtsphilosophie II, ed. Wolfgang Fietkau, Frankfurt am Main 1974, 207 seq. (Hervorhebung nicht im Original)
73 op.cit., 217
74 PhK, 8
75 PhK, 7, 9
76 PhK, 14
77 Cf. PhK, 13
78 PhK, 14
79 PhK, 4
80 PhK, 3
81 Hans Jörg Sandkühler, Friedrich Wilhelm Joseph Schelling. Stuttgart 1970, 104
82 PhK, 79
83 PhK, 206
84 PhK, 37
85 l.c.
86 PhK, 36
87 PhK, 35
88 PhK, 36
89 l.c.
90 Cf. PhK, 37
91 l.c.
92 PhK, 39
93 l.c.
94 PhK, 37
95 PhK, 7
96 PhK, 5
97 PhK, 16
98 l.c.
99 l.c.
100 Cf. l.c.
101 PhK, 283
102 PhK, 14
103 PhK, 10
104 l.c.
105 Szondi, op.cit. (cf. Anm. 72), 231
106 PhK, 62 seq.
107 PhK, 406
108 PhK, 330
109 PhK, 30
110 PhK, 31

111 PhK, 25
112 PhK, 25
113 PhK, 21
114 Cf. Szondi, op.cit. (Anm. 72), 239
115 PhK, 182
116 l.c.
117 PhK, 171
118 PhK, 123
119 PhK, 192
120 l.c.
121 Cf. PhK, 201
122 PhK, 203
123 PhK, 262
124 PhK, 12
125 PhK, 17
126 PhK, 55
127 PhK, 44 seq.
128 PhK, 55
129 Walter Benjamin, Ursprung des deutschen Trauerspiels. Gesammelte Schriften, I/1, ed. Rolf Tiedemann u. Hermann Schweppenhäuser, Frankfurt am Main 1974, 215
130 op.cit., 216
131 PhK, 56
132 PhK, 49
133 PhK, 71
134 PhK, 73
135 PhK, 74
136 PhK, 98
137 Vorlesungen über die Methode des akademischen Studiums. Achte Vorlesung. Über die historische Construktion des Christenthums. Schriften von 1801 bis 1804, Darmstadt 1976, 522
138 Philosophie und Religion. Schriften (cf. Anm. 137), 602–656; 653
139 PhK, 74
140 PhK, 80 seq.
141 PhK, 86 seq.
142 Cf. PhK, 79
143 PhK, 99
144 l.c.
145 l.c.
146 PhK, 86
147 PhK, 79
148 Von «semantischen Energien» spricht Jürgen Habermas im Zusammenhang mit der von Benjamin angestrebten «rettenden Kritik». (Bewußtmachende oder rettende Kritik – die Aktualität Walter Benjamins. In: Zur Aktualität Walter Benjamins, ed. Siegfried Unseld. Frankfurt am Main 1972, 220)
149 PhK, 84
150 l.c.
151 Habermas (cf. Anm. 148), l.c.
152 KU, 526
153 PhK, 89
154 PhK, 93
155 PhK, 91
156 PhK, 93

Kunst und Begriff. Die Historisierung der Ästhetik durch Hegel

1 Helmut Kuhn, Die Vollendung der klassischen deutschen Ästhetik durch Hegel. In: Kuhn, Schriften zur Ästhetik. München 1966, 15–144; 51
2 Schelling, System des transcendentalen Idealismus, 625
3 op.cit., 615
4 Kuhn, op.cit., 91
5 PhK, 5
6 Hegel, Phänomenologie des Geistes. Sämtliche Werke, Jubiläumsausgabe, ed. Hermann Glockner, II, Stuttgart-Bad Cannstatt ⁴1964, 22 (im folgenden zitiert als Phän.)
7 Hegel, Differenz des Fichteschen und Schellingschen Systems der Philosophie. Sämtliche Werke, I, Stuttgart-Bad Cannstatt ⁴1965, 49
8 Hegel, Die Vernunft in der Geschichte, ed. Johannes Hoffmeister. Hamburg ⁵1955, 29. (Hervorhebung nicht im Original)
9 Karl Löwith, Aktualität und Inaktualität Hegels. In: Hegel-Bilanz, ed. Reinhard Heede u. Joachim Ritter. Frankfurt am Main 1973, 1–24; 13
10 Franz Kafka, Die Erzählungen. Frankfurt am Main 1961, 299
11 Adorno, Ästh. Th., 164
12 Ästh. I, 23
13 Ästh. I, 24
14 Ästh. I, 28 seq.
15 Ästh. I, 34
16 Ästh. I, 49
17 Ästh. I, 135 seq.
18 Der Begriff ist «wesentlich dieß, als fürsichseyende Identität von seiner *ansichseyenden* Objektivität unterschieden zu seyn und dadurch Aeußerlichkeit zu haben, aber in dieser äußerlichen Totalität die selbstbestimmende Identität derselben zu seyn. So ist der Begriff nun *die Idee*.» (Wissenschaft der Logik. Sämtliche Werke, V, Stuttgart-Bad Cannstatt ⁴1964, 235)
19 Peter Szondi, Hegels Lehre von der Dichtung. In: Szondi, Poetik und Geschichtsphilosophie I, ed. Senta Metz u. Hans-Hagen Hildebrandt. Frankfurt am Main 1974, 335
20 Zitiert nach Szondi, op.cit., 336 seq.
21 Hegel, Vorlesungen über die Geschichte der Philosophie. Sämtliche Werke, XI, Stuttgart-Bad Cannstatt ⁵1971, 548 (im folgenden zitiert als PhG)
22 l.c.
23 l.c.
24 l.c.
25 PhG, 549
26 l.c.
27 l.c.
28 PhG, 550
29 PhG, 550 seq.
30 PhG, 551
31 l.c.
32 PhG, 552
33 l.c.
34 PhG, 553
35 PhG, 553 seq.
36 PhG, 554
37 PhG, 554 seq.
38 PhG, 556 seq.

39 PhG, 557 seq.
40 PhG, 557
41 PhG, 562
42 PhG, 329
43 PhG, 331
44 Cf. Löwith, op.cit. (Anm. 9), 25
45 PhG, 69
46 Hegel, Grundlinien der Philosophie des Rechts. Sämtliche Werke, VII, Stuttgart-Bad Cannstatt ⁴1964, 182
47 PhG, 52
48 PhG, 63
49 Cf. Joachim Ritter, Subjektivität und industrielle Gesellschaft, 25
50 PhC, 76
51 PhG, 70 seq.
52 Hegel, Glauben und Wissen. Sämtliche Werke, I, Stuttgart-Bad Cannstatt ⁴1965, 277–433; 292
53 PhG, 567 seq.
54 Ästh. I, 156
55 Ästh. I, 156 seq.
56 PhG, 568
57 Ästh. I, 158
58 Ästh. I, 160
59 Cf. Ästh. I, 185
60 Ästh. I, 160
61 Phän., 440 seq.
62 Ästh. I, 160 seq.
63 Ästh. I, 161
64 Ästh. I, 98
65 Phän., 419
66 Ästh. I, 162
67 l.c.
68 Ästh. I, 164
69 Ästh. I, 164 seq.
70 Ästh. I, 110
71 Ästh. I, 201
72 Ästh. I, 242
73 Ästh. I, 166
74 Ästh. I, 167
75 Ästh. I, 168
76 Ästh. I, 169
77 Ästh. I, 189
78 Adorno, Ästh. Th., 114
79 Ästh. I, 186 (Hervorhebungen nicht im Original)
80 Ästh. I, 561 seq. (Hervorhebung nicht im Original)
81 Szondi, op.cit. (cf. Anm. 19), 390
82 Cf. Adorno, Ästh. Th., 99 seq.
83 Cf. Hartmut Scheible, Arthur Schnitzler. Figur – Situation – Gestalt. In: Arthur Schnitzler in neuer Sicht, ed. Scheible, München 1981, 12–33; bes. 20–24
84 Cf. Adorno, Ästh. Th., 114
85 Ästh. I, 209
86 Ästh. I, 212
87 l.c.
88 Ästh. I, 217

89 l.c.
90 Ästh. I, 227
91 Ästh. I, 221. Selbst wenn diese syntaktische Unstimmigkeit – was bei der ungesicherten Textüberlieferung nicht auszuschließen ist – nicht direkt auf Hegel zurückgehen sollte, so entspricht sie doch der Intention des von ihm vorgetragenen Gedankens.
92 Ästh. I, 233
93 Ästh. I, 244 (Hervorhebung nicht im Original)
94 Thomas Metscher, Hegel und die philosophische Grundlegung der Kunstsoziologie. In: Literaturwissenschaft und Sozialwissenschaften I. Stuttgart ²1972, 13–80; 14
95 op.cit., 42 (2. Hervorhebung nicht im Original)
96 Cf. Kuhn, op.cit. (Anm. 1), 141
97 Metscher, op.cit., 59 (Hervorhebungen nicht im Original)
98 op.cit., 59 seq.
99 Sigmund Freud, Vorlesungen zur Einführung in die Psychoanalyse. Und neue Folge. Studienausgabe, ed. Alexander Mitscherlich, Angela Richards, James Strachey. I, Frankfurt am Main ²1970, 52
100 Metscher, op.cit., 60
101 Cf. Metscher, Ästhetische Erkenntnis und realistische Kunst, In: Das Argument, Heft 90, 1975, 229–258; 233
102 Metscher, op.cit. (Anm. 94), 62
103 Ästh. I, 240
104 Ästh. I, 244 seq.
105 Metscher, op.cit. (Anm. 94), 28
106 Ästh, I, 250
107 Ästh. I, 266
108 Ästh. I, 273
109 Ästh. I, 274
110 Ästh. I, 278 (Im Original, wohl irrtümlich: «aufgehoben gebracht»)
111 Ästh. I, 279
112 l.c.
113 Ästh. I, 280
114 Ästh. I, 281
115 Ästh. I, 283 seq.
116 Ästh. I, 286
117 Ästh. I, 287
118 Ästh. I, 348 seq. (Hervorhebung nicht im Original)
119 Ästh. I, 348
120 Simplicissimus. Ein Rückblick auf die satirische Zeitschrift, ed. Eugen Roth. Hannover 1955 (ohne Paginierung)
121 Ästh. I, 293
122 Ästh. I, 297
123 Ästh. I, 298
124 Ästh. I, 299
125 Hegel, Vorlesungen über die Ästhetik, III. Sämtliche Werke, XIV, Stuttgart ⁴1964, 556 (im folgenden zitiert als Ästh. III)
126 Cf. Reinhart Koselleck, Kritik und Krise. Frankfurt am Main 1973
127 Ästh. I, 296
128 Arnold Hauser, Sozialgeschichte der Kunst und Literatur. München 1967, 973
129 Ästh. I, 297
130 Ästh. I, 423
131 Hegel, Vorlesungen über die Ästhetik, II. Sämtliche Werke, XIII, Stuttgart ⁴1964, 266 (im folgenden zitiert als Ästh. II)
132 Ästh. II, 64

133 l.c.
134 Ästh. II, 64 seq.
135 Cf. KU, 415
136 Ästh. II, 36 seq.
137 Ästh. II, 57 seq.
138 Ästh. I, 370 (Hervorhebung nicht im Original)
139 Cf. Ästh. III, 404
140 Ästh. III, 348 seq.
141 Ästh. I, 404
142 Ästh. I, 420
143 l.c.
144 Ästh. I, 462
145 Cf. Ästh. I, 414
146 Ästh. I, 472
147 Ästh. I, 466
148 Ästh. I, 480 seq.
149 Cf. Christoph Helferich, Kunst und Subjektivität in Hegels Ästhetik. Kronberg 1976, 28
150 Ästh. I, 399 seq. (Hervorhebungen nicht im Original)
151 Walter Benjamin, Goethes Wahlverwandtschaften. Gesammelte Schriften, I/1, 123–201;
    133
152 Ästh. I, 20
153 Cf. Ästh. III, 227. – Die philosophische Systematik, die den aller Sinnlichkeit entäußerten
    Begriff am höchsten stellt, und die Einsicht, daß dem Kunstwerk ein sinnliches Moment
    wesentlich bleibt, treten hier allerdings in Konflikt, so daß Hegel, was die sinnliche
    Realisation des sprachlichen Kunstwerks betrifft, sich zuweilen auch widersprüchlich und
    unentschieden äußert: «Die Werke der Poesie müssen gesprochen, gesungen, vorgetragen,
    durch lebendige Subjekte selber dargestellt werden, wie die Werke der Musik. Wir sind
    zwar gewohnt, epische und lyrische Gedichte zu lesen, und nur dramatische gesprochen
    zu hören und von Gebehrden begleitet zu sehen, aber die Poesie ist ihrem Begriffe nach
    wesentlich *tönend,* und dieß Erklingen darf ihr, wenn sie *vollständig* als Kunst heraustre-
    ten soll, um so weniger fehlen, als es ihre einzige Seite ist, nach welcher sie mit der
    äußeren Existenz in realen Zusammenhang kommt. Denn gedruckte oder geschriebene
    Buchstaben sind freilich auch noch äußerlich vorhanden, jedoch nur gleichgültige Zei-
    chen für Laute und Wörter. (...) Wenn wir uns (...) mit dem bloßen Lesen begnügen, so
    geschieht dieß Theils um der Geläufigkeit willen, mit welcher wir das Gelesene uns als
    gesprochen vorstellen, Theils aus dem Grunde, daß die Poesie allein unter allen Künsten
    schon im Elemente des Geistes ihren wesentlichsten Seiten nach fertig ist, und die Haupt-
    sache weder durch die sinnlose Anschauung noch das Hören zum Bewußtseyn bringt.» –
    Ästh. III, 320 seq.
154 Ästh. III, 233
155 Benedetto Croce, Ciò che è vivo e ciò che è morto della filosofia di Hegel. In: Croce, Saggi
    filosofici, III, Bari 1927, 1–143; 83
156 Ästh. III, 234
157 Ästh. III, 233
158 Ästh. III, 227
159 Ästh. I, 533
160 Aristoteles, Poetik. Übersetzung von Olaf Gigon. Stuttgart 1969, 54
161 Georg Büchner, Sämtliche Werke und Briefe, ed. Werner R. Lehmann. I, Hamburg o. J.,
    22
162 Aristoteles, op.cit., 55
163 Johan Huizinga, Herbst des Mittelalters, ed. Kurt Köster. Stuttgart [11] 1975, 286
164 op.cit., 291
165 Das Zeitalter des Barock. Texte und Zeugnisse, ed. Albrecht Schöne. München 1963, 226

166 Emanuele Tesauro, II Cannocchiale Aristotelico, ed. August Buck. Bad Homburg, Berlin, Zürich 1968 (Neudruck der Ausgabe Torino 1670), XV

167 op.cit., 1 seq.

168 op.cit., 267

169 l.c.

170 J. J. Breitinger, Critische Abhandlungen von der Natur, den Absichten und dem Gebrauche der Gleichnisse. 1740, Neudruck Stuttgart 1967, 9

171 Ästh. I, 58

172 Buck (Anm. 166), l.c.

173 Tesauro, op.cit., 460

174 Das Zeitalter des Barock (cf. Anm. 165), 457

175 Claudio Monteverdi, Madrigali, Libro nono, ed. Alessandro Vincenti, Venezia 1651. – Offenbar nach der Vorlage Rinuccinis entstand Georg Rudolf Weckherlins «Liebliches Gespräch von der Liebe» (in: Deutsche Barock-Lyrik, ed. Herbert Cysarz, Stuttgart ²1960, 45 seq.). Charakteristisch für diese Nachdichtung ist, daß Weckherlin dem Stil seiner Zeit noch so verbunden ist, daß er es für geboten hält, die Antworten des Schäfers mit Metaphern auszuschmücken: «Ich lieb dich, mein Schätzelein, / wie dich selbst, mein Herzelein!» – «Ich lieb dich, mein Blümelein, wie dich selbst, mein Röselein!» Die Vorlage wird durch diese Zusätze um ihre Eigenart gebracht.

176 Ästh. II, 184

177 Huizinga, op.cit., 291

178 Goethe, Westöstlicher Divan. HA, II, ed. Erich Trunz, ⁷1965, 88

179 Cf. Hugo Friedrich, Die Struktur der modernen Lyrik. Hamburg ⁴1960, 46

180 Arthur Rimbaud, Œuvres complètes, ed. Rolland de Renéville, Jules Mouquet. Paris 1963 (= Bibliothèque de la Pléiade), 100–103

181 Cf. Ästh. II, 231

182 «Hoffnung im Vergangenen»: Titel des Aufsatzes von Szondi über Benjamin. In: Satz und Gegensatz, Frankfurt am Main 1964

183 Samuel Beckett, Erzählungen und Texte um Nichts. Deutsch von Elmar Tophoven. Frankfurt am Main 1962, 15 seq.

184 Szondi, op.cit. (Anm. 19), 395 seq.

185 op.cit., 396

186 op.cit., 487

187 Stéphane Mallarmé, Œuvres complètes, ed. Henri Mondor, G. Jean-Aubry. Paris 1961 (= Bibliothèque de la Pléiade), 869

188 Ästh. I, 326

189 Ästh. I, 329

190 l.c.

191 Ästh. I, 328, 327

192 Szondi, op.cit. (Anm. 19), 485

193 Cf. Georg Simmel, Philosophie des Geldes. München, Leipzig ⁵1930, 449

194 Ästh. I, 396

195 Ästh. II, 3

196 l.c.

197 Ästh. II, 4

198 Karl Marx, Grundrisse der Kritik der politischen Ökonomie (Rohentwurf). Berlin 1974, 31

199 l.c.

200 Ästh. II, 10

201 Ästh. III, 151

202 Ästh. II, 365

203 Ästh. II. 10

204 Ästh. II, 121

205 Ästh. II, 15 seq.
206 Ästh. II, 16
207 Ästh. I, 319 seq.
208 Ästh. II, 96
209 Ästh. I, 302 seq.
210 Marx, op.cit., 30
211 Ästh. I, 303
212 Ästh. I, 314
213 Cf. KU, 321 seqq.
214 Ästh. I, 314
215 Cf. Adorno, Ästh. Th., 309, 326
216 Ästh. II, 78
217 Ästh. II, 105 seq.
218 Ueber einige charakteristische Unterschiede der alten Dichter von den neueren. In: Der junge Hegel in Stuttgart. Aufsätze und Tagebuchaufzeichnungen 1785–1788, ed. Friedhelm Nicolin. O. O. 1970 (= Marbacher Schriften, 3), 76–79; 77
219 Hegels theologische Jugendschriften, ed. Hermann Nohl. Tübingen 1907, Nachdruck Frankfurt am Main 1966, 20
220 l.c.
221 Schiller, Die Götter Griechenlandes. In: Sämtliche Werke, ed. Gerhard Fricke, Herbert G. Göpfert, Herbert Stubenrauch. I, München ⁴1965, 163–169; 166
222 Hegel, Jenaer Realphilosophie, ed. J. Hoffmeister. Hamburg ⁴1955, 265
223 Ästh. II, 106 (Hervorhebung nicht im Original)
224 Ästh. II, 107
225 Schiller, Die Götter Griechenlands. Sämtliche Werke, 169–173; 173
226 PhG, 522
227 PhG, 523 (Hervorhebung nicht im Original)
228 Ästh. I, 498
229 Ästh. I, 497 seq.
230 Ästh. II, 122 seq.
231 Ästh. II, 104
232 Ästh. II, 123
233 Ästh. II, 149
234 Ästh. II, 152, 153
235 Ästh. III, 248
236 Ästh. III, 249
237 Ästh. II, 186
238 Horkheimer, Notizen, 194
239 Hegel, Differenz ... (cf. Anm. 7), 46
240 Hegel, Vorlesungen über die Philosophie der Religion, II. Sämtliche Werke XVI, Stuttgart – Bad Cannstatt ⁴1965, 207
241 Cf. Adorno, Ästh. Th., 98
242 Ästh. II, 140
243 Ästh. II, 231
244 Ästh. II, 223 seq.
245 Ästh. II, 224
246 Cf. Adorno, Ästh. Th., 48. («Durch Dauer erhebt Kunst Einspruch gegen den Tod; die kurzfristige Ewigkeit der Werke ist Allegorie einer scheinlosen. Kunst ist Schein dessen, woran der Tod nicht heranreicht.»)
247 «Welche Erkenntnisart nun aber betrachtet jenes außer und unabhängig von aller Relation bestehende, allein eigentlich Wesentliche der Welt, den wahren Gehalt ihrer Erscheinungen, das keinem Wechsel Unterworfene und daher für alle Zeit mit gleicher Wahrheit Erkannte, mit einem Wort, *die Ideen*, welche die unmittelbare und adäquate Objektivität

des Dinges an sich, des Willens, sind? – Es ist die *Kunst,* das Werk des Genius.» –
Schopenhauer, Die Welt als Wille und Vorstellung, Drittes Buch (§ 36). Sämtliche Werke,
ed. Wolfgang Frhr. von Löhneysen, I, Stuttgart, Frankfurt am Main 1960, 265

248 «Durch das wirkliche Leben zieht sich der Zwiespalt zwischen Materiellem und Geisti-
gem, Sinnenglück und Seelenfreude, Form und Inhalt, Natur und Vernunft, Selbstliebe
und Liebe zur Menschheit, Freiheit und Ordnung. Das Schöne bringt Frieden. Sein Bilden
ist in diesem Sinn ein Binden und Zusammenbauen. Wie die Kraft, woraus es entspringt,
harmonisch ist und zum Einklang dringt, so ist es eine allgemein menschliche Angelegen-
heit und gründet Harmonie im Leben. Es herrscht überall. (...) Sämtliche Wissenschaften
berühren sich mit diesem Reiche. Prüfstein einer philosophischen Weltanschauung ist es,
ob sie das Schöne zu erklären weiß.» – Friedrich Theodor Vischer, Das Schöne und die
Kunst. Stuttgart, Berlin ³1907, 4 seq.

249 «Die Kunst versieht nebenbei die Aufgabe, zu konservieren, auch wohl erloschene, verbli-
chene Vorstellungen ein wenig wieder aufzufärben; sie flicht, wenn sie diese Aufgabe löst,
ein Band um verschiedene Zeitalter und macht deren Geister wiederkehren. (...) Nun
muß man wegen dieses allgemeinen Nutzens der Kunst dem Künstler selber es nachsehen,
wenn er nicht in den vordersten Reihen der Aufklärung und der fortschreitenden *Ver-
männlichung* der Menschheit steht; er ist zeitlebens ein Kind oder ein Jüngling geblieben
und auf dem Standpunkt zurückgehalten, auf welchem er von seinem Kunsttriebe über-
fallen wurde (...). Unwillkürlich wird es zu seiner Aufgabe, die Menschheit zu verkindli-
chen». – Friedrich Nietzsche, Menschliches, Allzumenschliches. Werke, ed. Karl Schlechta, I, München 1963, 546

250 Lessing, Werke, ed. Göpfert, II, 133

251 op.cit., 133 seq.

252 Ästh. II, 226

253 Cf. Ästh. II, 220

254 Ästh. II, 219 seq.

255 Ästh. III, 120

256 Ästh. III, 121

257 Helmuth Plessner, Über die gesellschaftlichen Bedingungen der modernen Malerei. In:
Plessner, Diesseits der Utopie. Frankfurt am Main 1974, 103–120; 112

258 op.cit., 113

259 op.cit., 114

260 l.c.

261 op.cit., 114, 115

262 Cf. Hauser, op.cit. (Anm. 128), 973

263 Ästh. I, 150, 151

264 Wilhelm Heinrich Wackenroder, Herzensergießungen eines kunstliebenden Klosterbruders. In: Sämtliche Schriften, Hamburg 1968, 7–104; 9

265 Zitiert nach: Günter Metken, Die Nazarener und die Ereignisse ihrer Zeit. In: Die Nazarener. Katalog zur Ausstellung im Städel, Frankfurt am Main 1977, 409–416, 410

266 Heinrich Meyer, Johann Wolfgang von Goethe, Neu-deutsche religios-patriotische
Kunst. WA 49, 1, 1898; 23

267 op.cit., 29

268 l.c.

269 WA, Briefe, 28, 380

270 Ästh. II, 220

271 Ästh. III, 217

272 Ästh. III, 214

273 Ästh. III, 143

274 Ästh. III, 136

275 Ästh. I, 32

276 Ästh. II, 239 seq.

277 Ästh. II, 235
278 l.c.
279 Ästh. I, 31 (Hervorhebung nicht im Original)
280 Ästh. III, 434
281 Ästh. II, 215–217
282 Georg Lukács, Die Theorie des Romans. Neuwied, Berlin ³1965, 59

Die Tragödie der Kultur. Georg Simmel

1 Georg Simmel, Das individuelle Gesetz. Philosophische Exkurse. Ed. Michael Landmann, Frankfurt am Main 1968, 23
2 Siegfried Kracauer, Georg Simmel. In: Kracauer, Das Ornament der Masse. Frankfurt am Main 1968, 209–248
3 Exkurs über den Fremden. In: Simmel, Soziologie. Untersuchungen über die Formen der Vergesellschaftung. Leipzig 1908, 685–691. Unter dem Titel «Der Fremde» in: Das individuelle Gesetz, 63–70
4 Jetzt in: Theodor W. Adorno, Soziologische Schriften I. Ed. Rolf Tiedemann (= Gesammelte Schriften VIII), Frankfurt am Main 1972, 177–195
5 In: Ernst Bloch zu ehren. Beiträge zu seinem Werk. Ed. Siegfried Unseld. Frankfurt am Main 1965, 9–20. Jetzt in: Adorno, Noten zur Literatur. Ed. Rolf Tiedemann (= Gesammelte Werke XI), Frankfurt am Main 1974, 556–566
6 Cf. Adorno, Minima Moralia. Reflexionen aus dem beschädigten Leben. GS IV, 294
7 Landmann, op.cit., 16
8 Simmel, Fragmente und Aufsätze. Ed. Dr. Gertrud Kantorowicz. München 1923, 15 seq.
9 Hans-Joachim Lieber, Kulturkritik und Gesellschaftstheorie im Denken Georg Simmels. In: Lieber, Kulturkritik und Lebensphilosophie. Studien zur Deutschen Philosophie seit der Jahrhundertwende. Darmstadt 1974, 67–105, 91 seq.
10 In: Das individuelle Gesetz, 41–49
11 op.cit., 41
12 l.c.
13 op.cit., 43
14 l.c.
15 op.cit., 44
16 op.cit., 43
17 op.cit., 48
18 l.c.
19 Cf. Simmel, Philosophie des Geldes. München, Leipzig ⁵1930, VIII
20 l.c.
21 Lieber, op.cit., 97
22 Simmel, op.cit. (Anm. 10), 48
23 Simmel, Das Problem der historischen Zeit. In: Simmel, Brücke und Tür. Im Verein mit Margarete Susman hrsg. v. Michael Landmann. Stuttgart 1957, 43–58; 44
24 op.cit., 56
25 l.c.
26 op.cit., 55
27 l.c.
28 op.cit., 57
29 l.c.
30 Joseph Roth, Der Leviathan. In: Roth, Die Erzählungen. Mit einem Nachwort von Hermann Kesten. Köln 1973, 234–274; 260

31 Cf. Adorno, Negative Dialektik. Frankfurt am Main 1966, 202–205
32 Cf. Simmel, Vom Wesen des historischen Verstehens. In: Brücke und Tür, 59–85, 80
33 Simmel, Vom Realismus in der Kunst. In: Morgen 2 (1908), 992–998, 992
34 Simmel, op.cit. (Anm. 32), 71
35 op.cit., 79
36 l.c.
37 Simmel, Wandel der Kulturformen. In: Simmel, Brücke und Tür, 98–104; 98
38 Cf. Georg Lukács, Die Theorie des Romans. Ein geschichtsphilosophischer Versuch über die Formen der großen Epik. Neuwied, Berlin ³1965, 23 (im folgenden zitiert als ThR)
39 Simmel, op.cit. (Anm. 37), 99
40 Cf. Simmel, Der Begriff und die Tragödie der Kultur. In: Das individuelle Gesetz, 116–147; 138
41 Cf. Simmel, op.cit. (Anm. 23), 43–58
42 op.cit., 58
43 Eine ähnliche Aufgabe wie der Kunst weist Simmel der Religion zu. Cf. Der Konflikt der modernen Kultur. In: Das individuelle Gesetz, bes. 168 seq.
44 Simmel, op.cit (Anm. 32), 73
45 Cf. KU, 321 seqq.
46 Simmel, Zur Philosophie des Schauspielers. In: Fragmente und Aufsätze, 229–265; 234
47 Cf. Siegfried Kracauer, Die Biographie als neubürgerliche Kunstform. In: Das Ornament der Masse (cf. Anm. 2), 75–80. Zur Vorgeschichte dieser Entwicklung cf. Christa Bürger, Der Ursprung der bürgerlichen Institution Kunst im höfischen Weimar. Literatursoziologische Untersuchungen zum klassischen Goethe. Frankfurt am Main 1977
48 Simmel, op.cit. (Anm. 32), 83
49 Landmann, op.cit. (Anm. 1), 13
50 Simmel, op.cit. (Anm. 40), 140 seq.
51 op.cit., 141
52 Cf. Hegel, Ästh. I, 164 seq.
53 Simmel, op.cit. (Anm. 40), 144
54 Simmel, Das Gebiet der Soziologie. In: Brücke und Tür, 208–226; 214
55 Landmann, op.cit. (Anm. 1), 27
56 Simmel, op.cit. (Anm. 40), 124 (Hervorhebung nicht im Original)
57 op.cit., 127
58 l.c.
59 Simmel, Die Großstädte und das Geistesleben. In: Brücke und Tür, 227–242; 227
60 In: Das individuelle Gesetz, 96–104; 97
61 l.c.
62 op.cit., 103
63 l.c.
64 l.c.
65 Die problematische Perspektive anzudeuten, die sich aus einigen Gedankengängen Simmels ergibt, bedeutet nicht, ihm, dessen Integrität außer jedem Zweifel steht, reaktionäre oder gar totalitäre Bestrebungen unterstellen zu wollen. Zeichen dieser Integrität ist es, daß er – hierin seinem Vorbild Kant vergleichbar – etwa auftretende Widersprüche nicht zu verdecken versucht, sondern im Gegenteil häufig selbst auf sie verweist. So schließt das anhand des Henkels gewonnene Versöhnungsmodell die Feststellung nicht aus, daß dieses Modell «die Spiegelung des Schicksals unserer Seele» sei, «die ihre Heimat in zwei Welten hat». (Das individuelle Gesetz, 104) Simmel hat also offenbar gespürt, daß die von ihm namhaft gemachte Versöhnung scheinhaft ist.
66 Roy Pascal bemerkt zu Recht, die «Kulturanalyse Georg Simmels» sei «unter Germanisten (…) wenig bekannt, jedenfalls zu wenig beachtet». – Pascal, Georg Simmels ‹Die Großstädte und das Geistesleben›. Zur Frage der ‹Moderne›. In: Gestaltungsgeschichte und Gesellschaftsgeschichte. Literatur-, kunst- und musikwissenschaftliche Studien. Fritz

Martini zum 60. Geburtstag. In Zusammenarbeit mit Käte Hamburger ed. Helmut Kreuzer, Stuttgart 1969, 450–460; 450
67 Arnold Hauser, Sozialgeschichte der Kunst und Literatur. München 1967, 967
68 Cf. Arthur Schnitzler an Olga Waissnix, September 1890. In: Liebe, die starb vor der Zeit. Arthur Schnitzler – Olga Waissnix. Ein Briefwechsel, ed. Therese Nickl und Heinrich Schnitzler. Wien, München, Zürich 1970, 224
69 Simmel, Soziologische Ästhetik. In: Die Zukunft 17 (1896), 204–216; 204
70 Simmel, op.cit., 216
71 Simmel, op.cit., 205
72 Hugo von Hofmannsthal, Ein Brief. In: Deutscher Geist. Ein Lesebuch aus zwei Jahrhunderten. Ed. Oskar Loerke. Bd II, Frankfurt am Main 1959, 661–672; 667
73 Simmel, op.cit. (Anm. 19), 532

Kunst und Perspektive. Georg Lukács

1 Lucien Goldmann, Zu Georg Lukács: Die Theorie des Romans. In: Goldmann, Dialektische Untersuchungen. Neuwied, Berlin 1966, 290
2 l.c.
3 György Márkus, Die Seele und das Leben. Der junge Lukács und das Problem der ‹Kultur›. In: Agnes Heller et al., Die Seele und das Leben. Studien zum frühen Lukács. Frankfurt am Main 1977, 102, 103
4 Georg Lukács, Die Seele und die Formen. Neuwied, Berlin 1971, 60 (im folgenden zitiert als SF)
5 Goldmann, op.cit., 291
6 SF, 219
7 l.c.
8 l.c.
9 Lukács, Zur Theorie der Literaturgeschichte. In: Text und Kritik 39/40 (Oktober 1973), 29
10 SF, 36, 37, 38
11 Lukács, op.cit. (Anm. 9), 29
12 Lukács, Esztétikai kultura (Ästhetische Kultur), Budapest 1913; zitiert nach Márkus, op.cit., 106
13 Cf. Harry Pross, Georg Lukács und der Realismus. Deutsche Rundschau 84 (1958), 737. («Es gibt in der an Enthüllungen reichen Literatur ehemaliger Kommunisten und Verfolger unseres Wissens kein Wort, das Lukács menschlich belastete, obwohl seine Maßstäbe eindeutig totalitär sind.»)
14 Lukács, Heidelberger Philosophie der Kunst (1912–1914). Aus dem Nachlaß ed. György Márkus und Frank Benseler. Werke Bd 16, Darmstadt, Neuwied 1974, 9
15 SF, 9
16 l.c.
17 SF, 13
18 SF, 12
19 SF, 8
20 Cf. Theodor W. Adorno, Der Essay als Form. Gesammelte Schriften, XI, ed. Rolf Tiedemann, Frankfurt am Main 1974, 11
21 SF, 20
22 l.c.
23 l.c.
24 SF, 28
25 SF, 22

26 SF, 27
27 SF, 28 seq.
28 Cf. Theodor W. Adorno, Negative Dialektik (= Gesammelte Schriften, VI, ed. Rolf Tiedemann). Frankfurt am Mair ⁴1977, 190–193
29 Goldmann, op.cit., 310
30 SF, 165 seq.
31 SF, 26
32 l.c.
33 Platon, Symposion (Schleiermacher), 223 b–d
34 SF, 71 seq.
35 SF, 73
36 Lukács, Die Theorie des Romans. Ein geschichtsphilosophischer Versuch über die Formen der großen Epik. Neuwied, Berlin ³1965, 143 (im folgenden zitiert als ThR)
37 Cf. SF, 252
38 Cf. SF, 77 und passim
39 SF, 66
40 SF, 76
41 Novalis, Werke. Ed. Gerhard Schulz, München 1969, 546
42 SF, 73
43 SF, 110
44 SF, 81
45 SF, 111
46 l.c.
47 l.c.
48 Cf. Hermann Bahr, Die neue Psychologie. In: Bahr, Zur Überwindung des Naturalismus, ed. G. Wunberg. Stuttgart, Berlin, Köln, Mainz 1968, 53–64
49 SF, 82
50 SF, 93
51 Immerhin wird sie als sentimental «im Schillerschen Sinn des Wortes» abgewertet, sie ist «nur die Sehnsucht nach der Einfachheit, die für immer verloren ist». SF, 91
52 l.c.
53 SF, 127
54 SF, 84 seq. (Hervorhebung nicht im Original)
55 SF, 98
56 SF, 100
57 SF, 160 seq.
58 SF, 161
59 SF, 162
60 l.c.
61 Richard Beer-Hofmann, Der Tod Georgs. Gesammelte Werke, Frankfurt am Main 1963, 613
62 op.cit., 621
63 Cf. Hartmut Scheible, Nachwort zur Neuausgabe von Beer-Hofmanns Roman. Stuttgart 1980, 120–160
64 Beer-Hofmann, Gesammelte Werke, 654
65 ThR, 38
66 SF, 222 seq.
67 SF, 222
68 SF, 245
69 Cf. Goldmann, op.cit.(Anm. 1), 289
70 ThR, 41
71 ThR, 30
72 ThR, Vorwort zur Neuausgabe (1963), 5, 6

73 ThR, Vorwort, 12
74 ThR, 53
75 ThR, 35
76 ThR, 79
77 ThR, 58
78 ThR, 79
79 ThR, 77
80 l.c.
81 ThR, Vorwort, 7
82 ThR, 73
83 ThR, 92
84 ThR, 93
85 ThR, 73
86 ThR, 75
87 ThR, 76
88 Siegfried Kracauer, Die Biographie als neubürgerliche Kunstform. In: Kracauer, Das Ornament der Masse. Frankfurt am Main 1963, 75–80
89 Kracauer, op.cit., 76
90 Kracauer, op.cit., 76, 77
91 ThR, Vorwort, 7 seq.
92 ThR, 96
93 ThR, 104
94 ThR, 114, 115
95 ThR, 123
96 ThR, 138
97 Cf. ThR, 146
98 Cf. ThR, 156
99 ThR, 158
100 ThR, 157
101 Lukács, Die Verdinglichung und das Bewußtsein des Proletariats. In: Geschichte und Klassenbewußtsein. Werke, Bd 2 Darmstadt, Neuwied ²1977, 257–397; 257 (im folgenden zitiert als GK)
102 Cf. ThR, 157
103 GK, 257
104 GK, 258
105 GK, 259
106 GK, 260
107 GK, 262
108 GK, 263
109 l.c.
110 GK, 264
111 GK, 265
112 GK, 290
113 l.c.
114 GK, 301
115 l.c.
116 l.c.
117 GK, 304
118 l.c.
119 GK, 332
120 GK, 348
121 GK, 358
122 Cf. GK, 362 und passim

123 GK, 350
124 GK, 353
125 GK, 363
126 Walter Benjamin, Goethes Wahlverwandtschaften. Gesammelte Schriften, Bd I/1, ed. Rolf Tiedemann und Hermann Schweppenhäuser. Frankfurt am Main 1974, 201
127 Theodor W. Adorno, Kierkegaard. Konstruktion des Ästhetischen. Frankfurt am Main ³1966, 253
128 Theodor W. Adorno, Minima Moralia. Reflexionen aus dem beschädigten Leben. Gesammelte Schriften, IV, ed. Rolf Tiedemann. Frankfurt am Main 1980, 218 seq.
129 GK, 356
130 Lukács, Erzählen oder beschreiben? Werke, Bd 4, Neuwied, Berlin 1971, 197–242; 203 (im folgenden zitiert als EB)
131 l.c.
132 Lukács, Die Gegenwartsbedeutung des kritischen Realismus. Werke, Bd 4, 457–603; 537 seq.
133 EB, 203
134 EB, 204
135 l.c.
136 EB, 204 seq.
137 EB, 205
138 EB, 207
139 GK, 372
140 GK, 366
141 EB, 225
142 EB, 215
143 Die Gegenwartsbedeutung des kritischen Realismus, 547 seq.
144 Cf. Werke, 4, 607 und passim
145 Peter Bürger, Was leistet der Widerspiegelungsbegriff in der Literaturwissenschaft? In: Das Argument 90 (Mai 1975), 199–228; 199
146 Lukács, Kunst und objektive Wahrheit. Werke, Bd 4, 607–650; 607 (im folgenden zitiert als KoW)
147 KoW, 616
148 l.c.
149 Lukács, Einführung in die ästhetischen Schriften von Marx und Engels. Werke, Bd 10, Neuwied, Berlin 1969, 205–231; 221
150 KoW, 617
151 Die Gegenwartsbedeutung des kritischen Realismus, 577
152 op.cit., 461
153 GK, 278

Krise des Scheins. Theodor W. Adorno

1 Theodor W. Adorno, Ästh. Th., 533
2 Adorno, Der wunderliche Realist. Über Siegfried Kracauer. In: Noten zur Literatur. Gesammelte Schriften (im folgenden zitiert als GS) XI, ed. Rolf Tiedemann, Frankfurt am Main 1974, 388–408; 390, 391
3 Adorno, Die Transzendenz des Dinglichen und Noematischen in Husserls Phänomenologie. In: Philosophische Frühschriften. GS I, ed. Rolf Tiedemann, Frankfurt am Main 1973, 7–77
4 Adorno, Der Begriff des Unbewußten in der transzendentalen Seelenlehre. GS I, 79–322

5 Cf. Adorno, Die Aktualität der Philosophie. GS I, 325–344; 343
6 GS I, 326
7 GS I, 325
8 GS I, 326
9 Cf. GS I, 327 seq.
10 GS I, 329
11 GS I, 328
12 GS I, 329
13 GS I, 329 seq.
14 Cf. GS I, 334
15 l.c.
16 l.c.
17 l.c.
18 GS I, 335
19 Cf. Peter von Haselberg, Wiesengrund-Adorno. In: Text und Kritik, Sonderband Theodor W. Adorno. München 1977, 7–21; 9
20 Walter Benjamin, Ursprung des deutschen Trauerspiels. Gesammelte Schriften, I/1, ed. Rolf Tiedemann und Hermann Schweppenhäuser, Frankfurt am Main 1974, 203–430; 214, 218
21 GS XI, 388 seq.
22 Cf. Adorno, Negative Dialektik. Frankfurt am Main ⁴1977. GS VI, ed. Rolf Tiedemann, 44 (im folgenden zitiert als ND)
23 GS I, 336
24 l.c.
25 ND, 358 seq.
26 GS I, 337
27 l.c.
28 GS I, 338 seq.
29 Die Idee der Naturgeschichte. GS I, 345– 365; 354 seq.
30 GS I, 354
31 GS I, 347
32 l.c.
33 GS I, 355
34 Cf. GS I, 356 seq.
35 GS I, 357
36 GS I, 360
37 GS I, 365
38 GS I, 361
39 GS I, 364
40 GS I, 364
41 l.c.
42 GS I, 365
43 Cf. Rolf Tiedemann, Editorische Nachbemerkung zu GS I, 384
44 Adorno, Thesen über die Sprache des Philosophen. GS I, 366–371; 369
45 GS I, 369 seq.
46 GS I, 366
47 GS I, 369
48 GS I, 370
49 l.c.
50 Cf. GS I, 325
51 Hugo von Hofmannsthal, Aufzeichnungen, ed. Herbert Steiner. Frankfurt am Main 1973, 123
52 Cf. Adorno, Zum Gedächtnis Eichendorffs. GS XI, 69–94; 69

53 Adorno, Minima Moralia. Reflexionen aus dem beschädigten Leben. GS IV, ed. Rolf Tiedemann, Frankfurt am Main 1980, 217 seq.

54 Cf. Max Horkheimer, Die gegenwärtige Lage der Sozialphilosophie und die Aufgaben eines Instituts für Sozialforschung. In: Horkheimer, Sozialphilosophische Studien, ed. Werner Brede, Frankfurt am Main 1972, 33–46

55 Friedrich Pollock, Die gegenwärtige Lage des Kapitalismus und die Aussichten einer planwirtschaftlichen Neuordnung. In: Pollock, Stadien des Kapitalismus, ed. Helmut Dubiel, München 1975, 20–39; 28

56 l.c.

57 Pollock, Staatskapitalismus. In: Stadien des Kapitalismus, 72–100; 73

58 op.cit., 78 seq.

59 Cf. Die gegenwärtige Lage des Kapitalismus, 31

60 l.c.

61 Pollock, Ist der Nationalsozialismus eine neue Ordnung? In: Stadien des Kapitalismus, 101–117; 115

62 l.c.

63 Cf. Staatskapitalismus, 74

64 op.cit., 80

65 l.c.

66 op.cit.; 82

67 Cf. l.c.

68 op.cit., 91

69 Max Horkheimer, Theodor W. Adorno, Dialektik der Aufklärung. Philosophische Fragmente. Frankfurt am Main 1969, 112 (im folgenden zitiert als DdA)

70 Bertolt Brecht, Arbeitsjournal, ed. Werner Hecht, Frankfurt am Main 1973. I, 295

71 Hinweis Peter von Haselbergs. Cf. Paul Kluke, Die Stiftungsuniversität Frankfurt am Main. Frankfurt am Main 1972, 543

72 Max Horkheimer, Autoritärer Staat. In: Horkheimer, Gesellschaft im Übergang, ed. Werner Brede, Frankfurt am Main 1972, 13–35; 25

73 Horkheimer, Notizen, 32

74 Adorno, Reflexionen zur Klassentheorie. In: Soziologische Schriften. GS VIII, ed. Rolf Tiedemann, Frankfurt am Main 1972, 373–392; 383

75 GS VIII, 384

76 GS VIII, 384 seq.

77 GS VIII, 385

78 GS VIII, 380

79 GS VIII, 377

80 GS IV, 55

81 Cf. GS VIII, 384

82 GS VIII, 376

83 GS VIII, 389

84 Cf. DdA, 128–176

85 Adorno, George und Hofmannsthal. Zum Briefwechsel: 1891–1906. GS X/1, ed. Rolf Tiedemann, Frankfurt am Main 1977, 195–237; 235

86 GS VIII, 391

87 ND, 227 seq.

88 GS VIII, 19

89 Adorno, Philosophie der neuen Musik. GS XII, ed. Rolf Tiedemann, Frankfurt am Main 1975, 11 (im folgenden zitiert als PhnM)

90 Cf. Hartmut Scheible, Sehnsüchtige Negation. Zur ästhetischen Theorie Theodor W. Adornos. In: Protokolle, 1972, Heft 2, 67–92. (Erweiterte und überarbeitete Fassung unter dem Titel «Geschichte im Stillstand», in: Text und Kritik, Sonderband Theodor W. Adorno, München 1977, 92–118)

91 DdA, 240 seq.
92 Cf. Walter Benjamin, Berliner Kindheit um Neunzehnhundert. In: Gesammelte Schriften, IV/1, ed. Tillman Rexroth, Frankfurt am Main 1972, 235–304.
93 Cf. Martin Puder, Zur ‹Ästhetischen Theorie› Adornos. In: Neue Rundschau 1971, 465–477; 468. Cf. DdA, 205 («Schutz als Schrecken ist eine Form der Mimikry. Jene Erstarrungsreaktionen am Menschen sind archaische Schemata der Selbsterhaltung».)
94 DdA, 188 seq.
95 189
96 Cf. l.c.
97 Ästh. Th., 87
98 Ästh. Th., 234
99 Zitiert nach PhnM, 101
100 DdA, 11 seq.
101 DdA, 12
102 DdA, 173
103 PhnM, 44
104 Baumgarten, Meditationes Philosophicae de Nonnullis ad Poema Pertinentibus, 1735, §§ 18, 19
105 PhnM, 44
106 PhnM, 47
107 Ästh. Th., 330
108 Cf. Ästh. Th., 327
109 ND, 301
110 Ästh. Th., 114
111 Charles Baudelaire, Œuvres complètes, ed. Y.-G. Le Dantec, Claude Pichois, Paris 1961 (= Bibliothèque de la Pléiade), 292
112 Cf. Ästh. Th., 32 seq. und passim
113 PhnM, 124
114 Cf. Ästh. Th., 156, 164 und passim
115 Ästh. Th., 234 seq.
116 Cf. Ästh. Th., 330
117 l.c.
118 Cf. Ästh. Th., 272 seq.
119 Ästh. Th., 289
120 DdA, 152
121 PhnM, 27
122 PhnM, 38, 39 seq.
123 PhnM, 42
124 Ästh. Th., 419, 420
125 PhnM, 28
126 Ästh. Th., 348
127 Ästh. Th., 430
128 PhnM, 126 (Hervorhebungen nicht im Original)
129 ND, 391
130 Ästh. Th., 56
131 Cf. Max Horkheimer, Die Sehnsucht nach dem ganz Anderen. Ein Interview mit Kommentar von Helmut Gumnior. Hamburg 1970
132 Ästh. Th., 335
133 Adorno, Spätkapitalismus oder Industriegesellschaft? GS VIII, 354–370; 363 (Hervorhebung nicht im Original)
134 Ästh. Th., 335
135 Cf. Ästh. Th., 309
136 Cf. Adorno, Berg. Der Meister des kleinsten Übergangs. In: Die musikalischen Monogra-

phien. GS XIII, ed. Gretel Adorno und Rolf Tiedemann, Frankfurt am Main 1971, 321–494

137 Cf. Peter Bürger, Das Vermittlungsproblem in der Kunstsoziologie Adornos. In: Materialien zur Ästhetischen Theorie Theodor W. Adornos, ed. Burkhardt Lindner und W. Martin Lüdke. Frankfurt am Main 1980, 169–184; 172

138 Cf. Ästh. Th., 351

139 PhnM, 57

140 Ästh. Th., 59 seq.

141 PhnM, 58 seq.

142 PhnM, 67

143 PhnM, 24

144 PhnM, 116

145 Cf. PhnM, 28–32

146 PhnM, 28

147 Ästh. Th., 356

148 Adorno, Engagement. GS XI, 409–430; 425

149 Cf. Ästh. Th., 9

150 Ästh. Th., 475

151 Ästh. Th., 72

152 Cf. PhnM, 126

153 PhnM, 110

154 Ästh. Th., 9

155 PhnM, 15

156 Cf. Johann Christoph Allmayer-Beck, Erich Lessing, Die K. (u.) K. Armee 1848–1914. O.O., o.J., 150

157 Arnold Schönberg an Wassily Kandinsky, 14. 8. 1911. Briefwechsel Schönberg – Kandinsky, ed. Jelena Hahl Koch. Mit einem Essay von Hartmut Zelinsky. Salzburg, Wien 1980, 21

158 Zitiert nach: Franz Endler, Das k. u. k. Wien. Wien, Heidelberg 1977, 59. (Richtig wäre: «'s is'»)

159 Arnold Schönberg, Aufzeichnungen. In: Neue Rundschau 91 (1980), 2/3, 83–95; 92

160 Adorno, Wien. Musikalische Schriften I–III. GS XVI, ed. Rolf Tiedemann, Frankfurt am Main 1978, 433–453; 443

161 Adorno, Die Kunst und die Künste. In: Kulturkritik und Gesellschaft I. GS X/1, ed. Rolf Tiedemann, Frankfurt am Main 1977, 432–453; 435

162 PhnM, 15

163 GS X/1, 437 (Hervorhebung nicht im Original)

164 Cf. Ästh. Th., 384 u. ND, 184–187

165 GS X/1, 437

166 Ästh. Th., 19

167 Ästh. Th., 182

168 Cf. Ästh. Th., 12

169 GS XVI, 442

170 Burkhardt Lindner, «Il faut être absolument moderne». Adornos Ästhetik: Ihr Konstruktionsprinzip und ihre Historizität. In: Materialien (cf. Anm. 137), 261–309, 303

171 Cf. Ästh. Th., 55, 333 und passim

172 Schönberg, Aufzeichnungen (cf. Anm. 159), 91

173 op.cit., 92

174 Cf. ND, 44

175 PhnM, 83

176 PhnM, 125

177 PhnM, 59 («Das Subjekt der neuen Musik, worüber diese Protokoll führt, ist das emanzipierte, vereinsamte, reale der spätbürgerlichen Phase.»)

178 PhnM, 47
179 Cf. W. Martin Lüdke, Der Kronzeuge. In: Text und Kritik (cf. Anm. 19), 136–149
180 Cf. Hartmut Scheible, op.cit. (Anm. 90)
181 GS X/1, 451
182 Cf. PhnM, 46
183 Adorno, Musik und neue Musik. GS XVI, 476–492; 482
184 Schönberg an Kandinsky, 11. 11. 1911; op.cit. (Anm. 157), 32 seq.
185 Zitiert nach: Hartmut Zelinsky, Der ‹Weg› der ‹Blauen Reiter›. In: Schönberg – Kandinsky (cf. Anm. 157), 223–270; 250
186 Adolf Loos, Ornament und Verbrechen. In: Loos, Sämtliche Schriften, ed. Franz Glück, I, Wien, München 1962, 276 – 288; 278
187 ND, 205, 207
188 Cf. Adorno, Ohne Leitbild. GS X/1, 291–301
189 Benjamin, Kierkegaard. Das Ende des philosophischen Idealismus. GS III, ed. Hella Tiedemann-Bartels, Frankfurt am Main 1972, 380–383; 382
190 Cf. PhnM, 43
191 Cf. Ästh. Th., 328 seq.
192 PhnM, 43 (Hervorhebung nicht im Original)
193 Ästh. Th., 114
194 ND, 33
195 ND, 374
196 ND, 400
197 Ästh. Th., 93
198 l.c.
199 Diesen Vorwurf erhebt z.B. René König in seiner Autobiographie «Leben im Widerspruch», München 1980, 78. Adornos Philosophie gipfele in einem «elitären Solipsismus, für den jede Beeinträchtigung der existentiellen Subjektivität des Einzelnen eine ‹Entfremdung› ist, der die ‹Vergesellschaftung der Gesellschaft› entspricht, was in meinen Augen letztlich absurd ist.»
200 Adorno, Veblens Angriff auf die Kultur. GS X/1, 72–96; 91 seq.
201 Hegel, Differenz des Fichteschen und Schellingschen Systems der Philosophie, 46
202 Ästh. Th., 131
203 l.c.
204 Ästh. Th., 385
205 Cf. Ästh. Th., 201

Bibliographie

(Auswahl)

Abbt, Thomas: Leben und Charakter Alexander Gottlieb Baumgartens. Vermischte Werke, IV, Berlin, Stettin 1780, 215–244

Adorno, Theodor W.: Die Transzendenz des Dinglichen und Noematischen in Husserls Phänomenologie. Philosophische Frühschriften (= Gesammelte Schriften I), ed. Rolf Tiedemann, Frankfurt am Main 1973, 7–77

– Der Begriff des Unbewußten in der transzendentalen Seelenlehre. GS I, 79–322

– Kierkegaard. Konstruktion des Ästhetischen (= GS II), ed. Rolf Tiedemann, Frankfurt am Main 1979

– Die Aktualität der Philosophie. GS I, 325–344

– Die Idee der Naturgeschichte. GS I, 345–365

– Thesen über die Sprache des Philosophen. GS I, 366–371

– Reflexionen zur Klassentheorie. Soziologische Schriften I (= GS VIII), ed. Rolf Tiedemann, Frankfurt am Main 1972, 373–392

– Philosophie der neuen Musik (= GS XII), ed. Rolf Tiedemann, Frankfurt am Main 1975

– Minima Moralia. Reflexionen aus dem beschädigten Leben (= GS IV), ed. Rolf Tiedemann, Frankfurt am Main 1980

– Veblens Angriff auf die Kultur. Kulturkritik und Gesellschaft I (= GS X/1), ed. Rolf Tiedemann, Frankfurt am Main 1977, 72–96

– George und Hofmannsthal. Zum Briefwechsel: 1891–1906. GS X/1, 195–237

– Zum Gedächtnis Eichendorffs. Noten zur Literatur (= GS XI), ed. Rolf Tiedemann, Frankfurt am Main 1974, 69–94

– Ohne Leitbild. GS X/1, 291–301

– Wien. Musikalische Schriften I–III (= GS XVI), ed. Rolf Tiedemann, Frankfurt am Main 1978, 433–453

– Musik und neue Musik. GS XVI, 476–492

– Der Essay als Form. GS XI, 9–33

– Engagement. GS XI, 409–430

– Der wunderliche Realist. Über Siegfried Kracauer. GS XI, 388–408

– Henkel, Krug und frühe Erfahrung. GS XI, 556–566

– Negative Dialektik. Frankfurt am Main 1966. 2. Auflage als: GS VI, ed. Rolf Tiedemann, Frankfurt am Main 1977

– Die Kunst und die Künste. GS X/1, 432–453

– Spätkapitalismus oder Industriegesellschaft? GS VIII, 354–370

– Berg. Der Meister des kleinsten Übergangs. Die musikalischen Monographien (= GS XIII), ed. Gretel Adorno und Rolf Tiedemann, Frankfurt am Main 1971, 321–494

– Ästhetische Theorie (= GS VII), ed. Gretel Adorno und Rolf Tiedemann, Frankfurt am Main 1970

– Horkheimer, Max: Dialektik der Aufklärung. Philosophische Fragmente. Frankfurt am Main 1969

Akselrad, Rose-Marie: Schiller und Karl Philipp Moritz. Monatshefte 45 (1953), 131–140

Allmayer-Beck, Johann Christoph / Lessing, Erich: Die K. (u.) K. Armee 1848–1914. O.O., o.J.

Aristoteles: Poetik. Übersetzung von Olaf Gigon. Stuttgart 1969

Assunto, Rosario: Natura – Arte – Mito. Archivio di Filosofia, 1976, 1, 47–55

– Schönheit und Anmut: Notizen zur Ästhetik Kants. Festschrift zum achtzigsten Geburtstag von Georg Lukács. Ed. Frank Benseler, Neuwied, Berlin 1965, 512–534

Auerbach, Erich: Einleitung zu: Vico, Die neue Wissenschaft über die gemeinschaftliche Natur der Völker. Berlin 1965, 9–39

Baeumler, Alfred: Das Irrationalitätsproblem in der Ästhetik und Logik des 18. Jahrhunderts bis zur Kritik der Urteilskraft. Tübingen ²1967

Bahr, Hermann: Die neue Psychologie. In: Bahr, Zur Überwindung des Naturalismus, ed. G. Wunberg. Stuttgart, Berlin, Köln, Mainz 1968, 53–64

Batteux, Charles: Les beaux arts réduits a un même principe. Paris 1747. Nachdruck New York, London 1970

Baudelaire, Charles: Œuvres complètes, ed. Y.-G. Le Dantec, Claude Pichois (Bibliothèque de la Pléiade), Paris 1961

Baumgarten, Alexander Gottlieb: Meditationes Philosophicae de Nonnullis ad Poema Pertinentibus. 1735. Deutsche Übersetzung im Anhang von: Albert Riemann, Die Ästhetik A. G. Baumgartens, unter besonderer Berücksichtigung der Meditationes Philosophicae de Nonnullis ad Poema Pertinentibus. Halle (Saale) 1928

– Aesthetica. Frankfurt an der Oder 1750. Nachdruck Hildesheim, New York 1970

Beckett, Samuel: Erzählungen und Texte um Nichts. Deutsch von Elmar Tophoven. Frankfurt am Main 1962

Beer-Hofmann: Der Tod Georgs. Nachwort von Hartmut Scheible. Stuttgart 1980

Behrens, Irene: Die Lehre von der Einteilung der Dichtkunst, vornehmlich vom 16. bis 19. Jahrhundert. Studien zur Geschichte der poetischen Gattungen. Halle 1940

Belaval, Yvon: Vico and anti-cartesianism. In: Giambattista Vico. An International Symposium, ed. Giorgio Tagliacozzo, Baltimor o. J., 77–91

Benjamin, Walter: Goethes Wahlverwandtschaften. Gesammelte Schriften I/1, ed. Rolf Tiedemann und Hermann Schweppenhäuser, Frankfurt am Main 1974, 123–201

– Ursprung des deutschen Trauerspiels. GS I/1, 203–430

– Einbahnstraße. GS IV/1, ed. Tillman Rexroth, Frankfurt am Main 1972, 83–148

– Berliner Kindheit um Neunzehnhundert. GS IV/I, 235–304

– Kierkegaard. Das Ende des philosophischen Idealismus (= Rezension von Theodor Wiesengrund-Adorno, Kierkegaard. Konstruktion des Ästhetischen. Tübingen 1933). GS III, ed. Hella Tiedemann-Bartels, Frankfurt am Main 1972

– Das Kunstwerk im Zeitalter seiner technischen Reproduzierbarkeit. GS I/2, ed. Rolf Tiedemann und Hermann Schweppenhäuser, Frankfurt am Main 1974, 431–508

Bense, Max: Die Aktualität der Hegelschen Ästhetik. In: Bense, Aesthetica. Einführung in die neue Ästhetik, Baden-Baden 1965, 196–203

Berghoeffer, Christian Wilhelm: M. Opitzens Buch von der deutschen Poeterey. Diss. Göttingen 1887

Bergmann, Ernst: Die Begründung der deutschen Ästhetik durch A.G. Baumgarten und G. F. Meier. Leipzig 1911

Biemel, Walter: Die Bedeutung von Kants Begründung der Ästhetik für die Philosophie der Kunst. Köln 1959 (= Kantstudien. Ergänzungshefte, hrsg. v. Ingeborg Heidemann im Auftrag der Kantgesellschaft Landesgruppe Rheinland-Westfalen, Bd 77)

Bing, Susi: Die Nachahmungstheorie bei Gottsched und den Schweizern und ihre Beziehung zur Dichtungstheorie der Zeit. Diss. Köln 1934

Birke, Joachim: Christian Wolffs Metaphysik und die zeitgenössische Literatur- und Musiktheorie: Gottsched, Scheibe, Mizler. Berlin 1966

– Gottscheds Neuorientierung der deutschen Poetik an der Philosophie Wolffs. ZfdPh 85 (1966), 560–575

Blackall, Eric A.: Die Entwicklung des Deutschen zur Literatursprache 1700–1775. Stuttgart 1966

Blumenberg, Hans: Beobachtungen an Metaphern. Archiv für Begriffsgeschichte 15 (1971), 161–214

Brecht, Bertolt: Arbeitsjournal, 2 Bde, ed. Werner Hecht, Frankfurt am Main 1973

Breitinger, Johann Jakob: Critische Abhandlungen von der Natur, den Absichten und dem Gebrauch der Gleichnisse. 1740, Neudruck Stuttgart 1967

Briefe an Goethe, Hamburger Ausgabe I, ed. Karl Robert Mandelkow, Hamburg 1965

Bröcker, Walter: Hegels Philosophie der Kunstgeschichte. In: Bröcker, Auseinandersetzung mit Hegel, Frankfurt am Main 1965, 33–57

Bubner, Rüdiger: Über einige Bedingungen gegenwärtiger Ästhetik. Neue Hefte für Philosophie, Heft 5, Göttingen 1973, 38–73

Büchner, Georg: Sämtliche Werke und Briefe, Hamburger Ausgabe, ed. Werner E. Lehmann, Hamburg o. J.

Bürger, Christa: Der Ursprung der bürgerlichen Institution Kunst im höfischen Weimar. Literatursoziologische Untersuchungen zum klassischen Goethe. Frankfurt am Main 1977

– Schüchterner Versuch, einige Zweifel an der Brauchbarkeit der Kategorie Anschauung für eine gegenwärtige Ästhetik durch einen Blick in die Geschichte zu erregen. In: Kolloquium Kunst und Philosophie 1. Ästhetische Erfahrung, ed. Willi Oelmüller, Paderborn, München, Wien, Zürich 1981, 29–40

– Umrisse einer neuen Ästhetik: Konstruktion statt Totalität. In: Kolloquium Kunst und Philosophie 2. Ästhetischer Schein, ed. Willi Oelmüller, Paderborn, München, Wien, Zürich 1982, 13–33

Bürger, Peter: Theorie der Avantgarde. Frankfurt am Main 1974

– Was leistet der Widerspiegelungsbegriff in der Literaturwissenschaft? Das Argument 90 (Mai 1975), 199–228

– Das Vermittlungsproblem in der Kunstsoziologie Adornos. In: Materialien zur Ästhetischen Theorie Theodor W. Adornos, ed. Burkhardt Lindner und W. Martin Lüdke, Frankfurt am Main 1980, 169–184

Cassirer, Ernst: Freiheit und Form. Studien zur deutschen Geistesgeschichte. Darmstadt [4]1975

Croce, Benedetto: Ciò che è vivo è che è morto della filosofia di Hegel. In: Croce, Saggi filosofici, III. Bari 1927, 1–143

Delekat, Friedrich: Immanuel Kant. Historisch-kritische Interpretation der Hauptschriften. Heidelberg [3]1969

Derbolav, Josef: Hegels Theorie der Handlung. Hegel-Studien 3 (1966), 209–223

Descartes, René: Discours de la méthode. Œuvres et lettres, ed. André Bridoux, Paris 1958 (Bibliothèque de la Pléiade)

Deutsche Barock-Lyrik, ed. Herbert Cysarz, Stuttgart [2]1960

Diderot, Denis: Kunst. In: Encyclopädie. Philosophische und politische Texte aus der «Encyclopédie». Vorwort von Ralph Rainer Wuthenow, München 1969, 183–197

Drux, Rudolf: Martin Opitz und sein poetisches Regelsystem. Bonn 1976 (= Literatur und Wirklichkeit, ed. Karl Otto Conrady, Bd 18)

Düsing, Wolfgang: Ästhetische Form als Darstellung der Subjektivität. Zur Rezeption Kantischer Begriffe in Schillers Ästhetik. In: Friedrich Schiller. Zur Geschichte seines Werkes, ed. Klaus L. Berghahn, Kronberg 1975, 197–240

Dyck, Joachim: Ticht-Kunst. Deutsche Barockpoetik und rhetorische Tradition. Bad Homburg, Berlin, Zürich 1966

Ehlen, Leo: Die Entwicklung der Geschichtsphilosophie Wilhelm von Humboldts. Archiv für Geschichte der Philosophie 24 (1911), 22–60

Elias, Norbert: Über den Prozeß der Zivilisation. 2 Bde, Bern, München [2]1969

Endler, Franz: Das k. u. k. Wien. Wien, Heidelberg 1977

Ewers, Hans-Heino: Die schöne Individualität. Zur Genesis des bürgerlichen Kunstideals. Stuttgart 1978

Fehér, Ferenc: The last phase of romantic anti-capitalism: Lukács' response to the war. New German Critique 22 (1977), 10, 139–154

Frank, Manfred: Die Dichtung als «Neue Mythologie». Motive und Konsequenzen einer frühromantischen Idee. Recherches germaniques 9 (1979), 122–140

Franke, Ursula: Kunst als Erkenntnis. Die Rolle der Sinnlichkeit in der Ästhetik des Alexander Gottlieb Baumgarten. Wiesbaden 1972

Freier, Hans: Kritische Poetik. Legitimation und Kritik der Poesie in Gottscheds Dichtkunst. Stuttgart 1973

– Ästhetik und Autonomie. Ein Beitrag zur idealistischen Entfremdungskritik. In: Literaturwissenschaft und Sozialwissenschaften, 3. Deutsches Bürgertum und literarische Intelligenz 1750–1880. Stuttgart 1974, 329–383

– Die Rückkehr der Götter. Von der ästhetischen Überschreitung der Wissensgrenze zur Mythologie der Moderne. Eine Untersuchung zur systematischen Rolle der Kunst in der Philosophie Kants und Schellings. Stuttgart 1976

Freud, Sigmund: Vorlesungen zur Einführung in die Psychoanalyse. Und neue Folge. Studienausgabe, I, ed. Alexander Mitscherlich, Angela Richards, James Strachey, Frankfurt am Main [2]1970

Freudenberg, Günter: Die Rolle von Schönheit und Kunst im System der Transzendentalphilosophie. Meisenheim am Glan 1960 (= Beihefte zur Zs. f. philos. Forschung, 13)

Friedrich, Hugo: Die Struktur der modernen Lyrik. Hamburg [4]1960

Fuente, Hans aus der: Wilhelm von Humboldts Forschungen über Ästhetik. Gießen 1912

Gadamer, Hans-Georg: Wahrheit und Methode. Tübingen [3]1972

Gaede, Friedrich: Poetik und Logik. Zu den Grundlagen der literarischen Entwicklung im 17. und 18. Jahrhundert. Bern, München 1978

Garber, Klaus: Martin Opitz – «der Vater der deutschen Dichtung». Eine kritische Studie zur Wissenschaftsgeschichte der Germanistik. Stuttgart 1976

Gehlen, Arnold: Zeit-Bilder. Zur Soziologie und Ästhetik der modernen Malerei. Frankfurt am Main, Bonn [2]1965

– Die Seele im technischen Zeitalter. Reinbek 1975

Gethmann-Siefert, Annemarie: Zur Begründung einer Ästhetik nach Hegel. Hegel-Studien 13 (1978), 237–289

Giel, Klaus: Die Sprache im Denken Wilhelm von Humboldts. Zs. f. Pädagogik 13 (1967), 201–219

Glossner, Michael: Wilhelm von Humboldts Sprachwissenschaft in ihrem Verhältnis zu den philosophischen Systemen seiner Zeit. Jb. f. philos. u. spekul. Theologie 20 (1906), 129–160

Goethe, Johann Wolfgang: Westöstlicher Divan. Hamburger Ausgabe, II, ed. Erich Trunz, Hamburg 1965

– Aus meinem Leben. Dichtung und Wahrheit. Hamburger Ausgabe, IX, ed. Erich Trunz, Hamburg [2]1965

– Meyer, Heinrich, Neu-deutsche religios-patriotische Kunst. Goethes Werke, hrsg. im Auftrage der Großherzogin Sophie von Sachsen, Bd 49, Weimar 1898, 23–60

Goldmann, Lucien: Georg Lukács: Der Essayist. In: Goldmann, Dialektische Untersuchungen. Neuwied, Berlin 1966 (= Soziologische Texte, Bd 29), 173–187

Gottsched, Johann Christoph: Versuch einer Critischen Dichtkunst. Leipzig 1730. Nachdruck der 4., vermehrten Auflage, Darmstadt 1962

Grassi, Ernesto: Critical Philosophy or Topical Philosophy? In: Giambattista Vico, ed. G. Tagliacozzo. Baltimore o. J., 39–50

Graubner, Hans: Kant (1724–1804). In: Klassiker der Literaturtheorie. Von Boileau bis Barthes, ed. Horst Turk, München 1979, 35–61

– «Mitteilbarkeit» und «Lebensgefühl» in Kants «Kritik der Urteilskraft». Zur kommunikativen Bedeutung des Ästhetischen. In: Urszenen. Literaturwissenschaft als Diskursanalyse und Diskurskritik, ed. Friedrich A. Kittler und Horst Turk, Frankfurt am Main 1977, 53–75

Gundolf, Friedrich: Martin Opitz. München 1923

Habermas, Jürgen: Bewußtmachende oder rettende Kritik – die Aktualität Walter Benjamins. In: Zur Aktualität Walter Benjamins, ed. Siegfried Unseld, Frankfurt am Main 1972

Haselberg, Peter von: Wiesengrund-Adorno. Text und Kritik, Sonderband Theodor W. Adorno. München 1977, 7–21

Hatfield, Henry: Aesthetics and Culture: Humboldt. In: Aesthetic Paganism in German Literature. From Winckelmann to the Death of Goethe. Cambridge 1964, 194–211

Hauser, Arnold: Sozialgeschichte der Kunst und Literatur. München 1967

Haym, Rudolf: Wilhelm von Humboldt. Lebensbild und Charakteristik. Berlin 1856

Hegel, Georg Wilhelm Friedrich: Differenz des Fichteschen und Schellingschen Systems der Philosophie. Sämtliche Werke (Jubiläumsausgabe), I, ed. Hermann Glockner, Stuttgart-Bad Cannstatt ⁴1965, 31–168

– Glauben und Wissen oder die Reflexionsphilosophie der Subjektivität, in der Vollständigkeit ihrer Formen als Kantische, Jacobische und Fichtesche Philosophie. Sämtliche Werke, I. Stuttgart-Bad Cannstatt ⁴1965, 277–433

– Jenaer Realphilosophie, ed. Johannes Hoffmeister, Hamburg ⁴1955

– Phänomenologie des Geistes. Sämtliche Werke, II. Stuttgart-Bad Cannstatt ⁴1964

– Wissenschaft der Logik I. Sämtliche Werke, IV. Stuttgart-Bad Cannstatt ⁴1965

– Wissenschaft der Logik II. Sämtliche Werke, V. Stuttgart-Bad Cannstatt ⁴1964

– Grundlinien der Philosophie des Rechts. Sämtliche Werke, VII. Stuttgart-Bad Cannstatt ⁴1964

– Vorlesungen über die Philosophie der Geschichte. Sämtliche Werke, XI. Stuttgart-Bad Cannstatt ⁵1971

– Vorlesungen über die Ästhetik, I. Sämtliche Werke, XII. Stuttgart-Bad Cannstatt ⁴1964

– Vorlesungen über die Ästhetik, II. Sämtliche Werke, XIII. Stuttgart-Bad Cannstatt ⁴1964

– Vorlesungen über die Ästhetik, III. Sämtliche Werke, XIV. Stuttgart-Bad Cannstatt ⁴1964

– Vorlesungen über die Philosophie der Religion, II. Sämtliche Werke, XVI. Stuttgart-Bad Cannstatt ⁴1965

– Die Vernunft in der Geschichte, ed. Johannes Hoffmeister. Hamburg ⁵1955

Der junge Hegel in Stuttgart. Aufsätze und Tagebuchaufzeichnungen 1785–1788, ed. Friedhelm Nicolin, o. O. 1970 (= Marbacher Schriften, 3)

Hegels theologische Jugendschriften, ed. Hermann Nohl, Tübingen 1907. Nachdruck Frankfurt am Main 1966

Heimsoeth, Heinz: Hegels Philosophie der Musik. Hegel-Studien 2 (1963), 161–201

– Georg Friedrich Wilhelm Hegel. Stuttgart 1979

Helferich, Christoph: Kunst und Subjektivität in Hegels Ästhetik. Kronberg 1976

Henckmann, Wolfhart: Bibliographie zur Ästhetik Hegels. Ein Versuch. Hegel-Studien 5 (1969), 379–427

Henningsen, Manfred: Wilhelm von Humboldt. Die Revolution des Geistes, ed. J. Gebhardt, München 1968, 131–153

Henrich, Dieter: Zur Aktualität von Hegels Ästhetik. Überlegungen am Schluß des Kolloquiums über Hegels Kunstphilosophie. In: Hegel-Studien, Beiheft 11. Stuttgarter Hegeltage 1970, ed. H. G. Gadamer, Bonn 1974, 295–301

– Fichtes ursprüngliche Einsicht. Frankfurt am Main 1967

– Kunst und Natur in der idealistischen Ästhetik. In: Nachahmung und Illusion (= Poetik und Hermeneutik I), ed. Hans Robert Jauß, München ²1969

Herder, Johann Gottfried: Kritische Wälder. Viertes Wäldchen. Sämtliche Werke, IV, ed. Bernhard Suphan, Berlin 1978. Nachdruck Hildesheim 1967

Herrmann, Hans-Peter: Naturnachahmung und Einbildungskraft. Zur Entwicklung der deutschen Poetik von 1670 bis 1740. Bad Homburg v. d. H., Berlin, Zürich 1970

Hettner, Hermann: Gottsched und seine Zeit. In: Schriften zur Literatur und Philosophie, ed. Dietrich Schäfer, Frankfurt am Main 1967, 87–99

Heydorn, Heinz-Joachim: Wilhelm von Humboldt. In: H.-J. Heydorn, Gernot Koneffke, Studien zur Sozialgeschichte und Philosophie der Bildung, II. Aspekte des 19. Jahrhunderts in Deutschland, München 1973, 57–84

Hiebel, Hans H.: Gottsched. In: Klassiker der Literaturtheorie, ed. Horst Turk, München 1979, 23–34
– Individualität und Totalität. Zur Geschichte und Kritik des bürgerlichen Poesiebegriffs von Gottsched bis Hegel anhand der Theorien über Epos und Roman. Bonn 1974
Hildebrandt-Günther, Renate: Antike Rhetorik und deutsche literarische Theorie im 17. Jahrhundert. Marburg 1966
Hofmannsthal, Hugo von: Aufzeichnungen, ed. Herbert Steiner, Frankfurt am Main 1973
– Ein Brief. In: Deutscher Geist. Ein Lesebuch aus zwei Jahrhunderten, ed. Oskar Loerke, II, Frankfurt am Main 1959, 661–672
– Beer-Hofmann, Richard, Briefwechsel, ed. Eugene Weber, Frankfurt am Main 1972
Hofstadter, Albert: Die Kunst: Tod und Verklärung. Überlegungen zu Hegels Lehre von der Romantik. Hegel-Studien, Beiheft 11. Stuttgarter Hegel-Tage 1970, ed. H. G. Gadamer, Bonn 1974, 271–285
Holborn, Hajo: Der deutsche Idealismus in sozialgeschichtlicher Beleuchtung. In: Moderne deutsche Sozialgeschichte, ed. Hans-Ulrich Wehler, Köln 1973, 85–108
Homann, Karl: Zum Begriff «Subjektivität» bis 1802. Archiv für Begriffsgeschichte 11 (1967), 184–205
– Zum Begriff «Einbildungskraft» nach Kant. Archiv für Begriffsgeschichte 14 (1970), 266–302
Homann, R.: Erhaben, das Erhabene. Historisches Wörterbuch der Philosophie, ed. J. Ritter, II, Basel, Stuttgart 1972, 623–635
Horatius Flaccus, Quintus: Epistuda ad Pisones de arte poetica. In: Briefe, ed. A. Kissling, R. Heinze, Berlin [6]1959
Horkheimer, Max: Kants Philosophie und die Aufklärung. In: Horkheimer, Zur Kritik der instrumentellen Vernunft, ed. Alfred Schmidt, Frankfurt am Main 1967, 203–215
– Die Sehnsucht nach dem ganz Anderen. Ein Interview mit Kommentar von Helmut Gumnior. Hamburg 1970
– Gesellschaft im Übergang, ed. Werner Brede, Frankfurt am Main 1972
– Sozialphilosophische Studien, ed. Werner Brede, Frankfurt am Main 1972
– Notizen 1950 bis 1969. Frankfurt am Main 1974
Huizinga, Johan: Herbst des Mittelalters, ed. Kurt Köster, Stuttgart [11]1975
Humboldt, Wilhelm von: Ideen zu einem Versuch, die Gränzen der Wirksamkeit des Staats zu bestimmen. Werke in fünf Bänden, I, ed. Andreas Flitner und Klaus Giel, Darmstadt [2]1969, 56–233
– Theorie der Bildung des Menschen. Werke, I, 234–240
– Das achtzehnte Jahrhundert. Werke, I, 376–505
– Aesthetische Versuche. Erster Theil. Ueber Göthes Herrmann und Dorothea. Werke, II, Darmstadt [2]1969, 125–356
– Latium und Hellas oder Betrachtungen über das classische Alterthum. Werke, II, 25–64
– Ueber den Charakter der Griechen, die idealistische und historische Ansicht derselben. Werke, II, 65–72
– Geschichte des Verfalls und Unterganges der griechischen Freistaaten. Werke, II, 73–124
Wilhelm von Humboldts Aesthetische Versuche. Erster Band ueber Goethe's Herrmann und Dorothea. – Essais aesthetiques de M. Guillaume de Humboldt; première partie, sur l'Herrmann et Dorothée de M. Goethe. (Extrait du Magasin Encyclopédique.) Braunschweig 1799. In: Müller-Vollmer, Kurt, Poesie und Einbildungskraft, Stuttgart 1967, 119–211
Jäger, Georg: Empfindsamkeit und Roman. Stuttgart, Berlin, Köln, Mainz 1969
Jähnig, Dieter: Schelling. Die Kunst in der Philosophie. 2 Bde, Tübingen 1966
– Hegel und die These vom ‹Verlust der Mitte›. In: Spengler-Studien, Festgabe für Manfred Schröter zum 85. Geburtstag, München 1965, 147–176
– Klassik und Historie. In: Argo. Festschrift für Kurt Badt, ed. Martin Gosebruch und Lorenz Dittmann, Köln 1970, 35–45
Jahn, Jürgen: Einleitung zu: Moritz. Werke in zwei Bänden, I, Berlin, Weimar 1973

Janz, Rolf-Peter: Zur Historizität und Aktualität der ‹Theorie des Romans› von Georg Lukács. Jb. der deutschen Schillergesellschaft 22 (1978), 674–699

Jaspers, Karl: Die großen Philosophen. München 1957

Kaehler, Siegfried A.: Wilhelm von Humboldt und der Staat. Berlin 1927

Kafka, Franz: Die Erzählungen. Frankfurt am Main 1961

Kant, Immanuel: Kritik der reinen Vernunft, ed. Raymund Schmidt, Hamburg 1960 (= Philosophische Bibliothek, Bd 37 a)

– Kritk der praktischen Vernunft. Werke, IV, ed. Wilhelm Weischedel, Darmstadt 1956

– Idee zu einer allgemeinen Geschichte in weltbürgerlicher Absicht. Werke in sechs Bänden, VI, ed. Wilhelm Weischedel, Darmstadt 1966, 33–50

– Kritik der Urteilskraft. Werke, V, ed. Wilhelm Weischedel, Darmstadt 1966

– Von einem neuerdings erhobenen vornehmen Ton in der Philosophie. Werke, III, ed. Wilhelm Weischedel, Darmstadt 1963, 375–397

Kempski, Jürgen von: Literatur und Lukács. In: Brechungen. Kritische Versuche zur Philosophie der Gegenwart. Reinbek 1964, 181–199

Knittermeyer, Hinrich: Der ‹Übergang› zur Philosophie der Gegenwart. Zs. f. philos. Forschung 1 (1946/47), 267–287, 521–540

Köhler, Erich: «Je ne sais quoi». Ein Kapitel aus der Begriffsgeschichte des Unbegreiflichen. In: Köhler, Esprit und arkadische Freiheit, Frankfurt am Main 1972

König, René: Leben im Widerspruch. München 1980

Kosseleck, Reinhart: Kritik und Krise. Eine Studie zur Pathogenese der bürgerlichen Welt. Frankfurt am Main 1973

Kracauer, Siegfried: Die Biographie als neubürgerliche Kunstform. In: Das Ornament der Masse, Frankfurt am Main 1963, 75–80

Kroner, Richard: Von Kant bis Hegel. 2 Bde, Tübingen ²1961

Kuhn, Helmut: Die Vollendung der klassischen deutschen Ästhetik durch Hegel. In: Schriften zur Ästhetik, München 1966, 15–144

Kulenkampff, Jens: Über Kants Bestimmung des Gehalts der Kunst. Zs. f. philos. Forschung 33 (1979), 62–74

– Kants Logik des ästhetischen Urteils. Frankfurt am Main 1978

– (ed.) Materialien zu Kants ‹Kritik der Urteilskraft›. Frankfurt am Main 1974

Laermann, Klaus: Kants Theorie des Geschmacks. In: Literaturwissenschaft und Geschichtsphilosophie. Festschrift für Wilhelm Emrich, ed. Helmut Arntzen, Bernd Balzer, Karl Pestalozzi, Rainer Wagner. Berlin, New York 1975, 96–108

Vom Laienurteil zum Kunstgefühl. Texte zur deutschen Geschmacksdebatte im 18. Jahrhundert, ed. Alexander v. Bormann, Tübingen 1974

Langen, August: Karl Philipp Moritz' Weg zur symbolischen Dichtung. ZfdPh 81 (1962), 169–218, 402–440

Latzel, Sigbert: Die ästhetische Vernunft. Bemerkungen zu Schillers «Kallias» mit Bezug auf die Ästhetik des 18. Jahrhunderts. In: Friedrich Schiller, Zur Geschichtlichkeit seines Werkes, ed. Klaus L. Berghahn, Kronberg 1975, 241–252

Lehmann, Jürgen: Schelling (1775–1854). In: Klassiker der Literaturtheorie. Von Boileau bis Barthes, ed. Horst Turk, München 1979, 151–166

Lessing, Gotthold Ephraim: Ernst und Falk. Gespräche für Freimäurer. Werke, III, ed. Kurt Wölfel, Frankfurt am Main 1967

– Hamburgische Dramaturgie. Werke, IV, ed. Herbert G. Göpfert und Karl Eibl, München 1973

Lethen, Helmut / Schneider, Peter: Ratschlag zweier Deutsch-Lehrer an ihre zurückbleibenden Schüler. Kursbuch, Heft 24 (Juni 1971), 133–153

Lieber, Hans-Joachim: Kulturkritik und Gesellschaftstheorie im Denken Georg Simmels. In: Lieber, Kulturkritik und Lebensphilosophie. Studien zur Deutschen Philosophie seit der Jahrhundertwende. Darmstadt 1974, 67–105

Lindner, Burkhardt: «Il faut être absolument moderne». Adornos Ästhetik: Ihr Konstruktionsprinzip und ihre Historizität. In: Materialien zur Ästhetischen Theorie Theodor W. Adornos, Konstruktion der Moderne, ed. Burkhardt Lindner und W. Martin Lüdke, Frankfurt am Main 1980, 261–309

Linn, Marie-Luise: A. G. Baumgartens ‹Aesthetica› und die antike Rhetorik. DVjs 41 (1967), 424–443

Literatur im Epochenumbruch. Funktionen europäischer Literaturen im 18. und beginnenden 19. Jahrhundert, ed. Günther Klotz, Winfried Schröder und Peter Weber. Berlin, Weimar 1977

Löwith, Karl: Hegel und die Sprache. In: Vorträge und Abhandlungen. Zur Kritik der christlichen Überlieferung. Stuttgart, Berlin, Köln, Mainz 1966, 97–118
– Aktualität und Inaktualität Hegels. In: Hegel-Bilanz, ed. Reinhard Heede und Joachim Ritter, Frankfurt am Main 1973, 1–24

Loos, Adolf: Ornament und Verbrechen. Sämtliche Schriften, I, ed. Franz Glück, Wien, München 1962, 276–288

Lüdke, W. Martin: Der Kronzeuge. Text und Kritik. Sonderband Theodor W. Adorno, München 1977, 136–149

Lühe, Irmela von der: Natur und Nachahmung. Untersuchungen zur Batteux-Rezeption in Deutschland. Bonn 1979

Lukács, Georg: Zur Soziologie des modernen Dramas. In: Schriften zur Literatursoziologie, ed. Peter Ludz, Neuwied, Berlin 1961, 261–295
– Zur Theorie der Literaturgeschichte. Text und Kritik 39/40, München 1973, 24–51
– Die Seele und die Formen. Neuwied, Berlin 1971
– Heidelberger Philosophie der Kunst (1912–1914). Aus dem Nachlaß, ed. György Márkus und Frank Benseler. Werke, XVI, Darmstadt, Neuwied 1974
– Die Theorie des Romans. Ein geschichtsphilosophischer Versuch über die Formen der großen Epik. Neuwied, Berlin ³1965
– Geschichte und Klassenbewußtsein. Werke, II, Darmstadt, Neuwied ²1977
– Zur Ästhetik Schillers. Werke, X, Neuwied, Berlin 1969, 17–106
– Erzählen oder beschreiben? Werke, IV, Neuwied, Berlin 1971, 197–242
– Einführung in die ästhetischen Schriften von Marx und Engels. Werke, X, Neuwied, Berlin 1969, 205–231
– Hegels Ästhetik. Werke, X, Neuwied, Berlin 1969, 107–146
– Die Zerstörung der Vernunft. Werke, IX, Darmstadt, Neuwied 1974
– Kunst und objektive Wahrheit. Werke, IV, Neuwied, Berlin 1971, 607–650
– Das Problem der Perspektive. Werke, IV, Neuwied, Berlin 1971, 651–657
– Die Gegenwartsbedeutung des kritischen Realismus. Werke, IV, Neuwied, Berlin 1971, 457–603
– Ästhetik Teil I. Die Eigenart des Ästhetischen. Werke, XI, XII, Neuwied, Berlin 1963
– Sozialistischer Realismus heute. Kritische Auseinandersetzung mit der Stalinzeit. Neue Rundschau 75, 1964, 401–418

Mallarmé, Stéphane: Œuvres complètes, ed. Henri Mondor, G. Jean-Aubry, Paris 1961 (= Bibliothèque de la Pléiade)

Mann, Thomas: Gesammelte Werke. Frankfurt am Main ²1974

Mannheim, Karl: Rez. von Georg Lukács, Die Theorie des Romans. Ein geschichtsphilosophischer Versuch über die Formen der großen Epik. Logos 9 (1920/21), 298–302

Márkus, György: Die Seele und das Leben. Der junge Lukács und das Problem der ‹Kultur›. Agnes Heller et al., Die Seele und das Leben. Studien zum frühen Lukács. Frankfurt am Main 1977, 99–130

Markwardt, Bruno: Geschichte der deutschen Poetik. I, Barock und Frühaufklärung. Berlin, Leipzig 1937

Marquard, Odo: Kant und die Wende zur Ästhetik. Zs. f. philos. Forschung 16 (1962), 231–243, 363–374

– Zur Funktion der Mythologiephilosophie bei Schelling. In: Terror und Spiel. Probleme der Mythenrezeption (= Poetik und Hermeneutik Bd IV), ed. Manfred Fuhrmann, München 1971
– Über einige Beziehungen zwischen Ästhetik und Therapeutik in der Philosophie des neunzehnten Jahrhunderts. In: Materialien zu Schellings philosophischen Anfängen, ed. Manfred Frank und Gerhard Kurz. Frankfurt 1975, 341–377
Marx, Karl: Grundrisse der Kritik der politischen Ökonomie (Rohentwurf). Berlin 1974
Meinecke, Friedrich: Die Entstehung des Historismus. Ed. Carl Hinrichs, München ⁴1965
Menz, Egon: Die Schrift Karl Philipp Moritzens «Über die bildende Nachahmung des Schönen». Göppingen 1968 (= Göppinger Arbeiten zur Germanistik, Nr. 4)
Menze, Clemens: Die Individualität als Ausgangs- und Endpunkt des Humboldtschen Denkens. In: Universalismus und Wissenschaft im Werk und Wirken der Brüder Humboldt, ed. Klaus Hammacher, Frankfurt am Main 1976, 145–171
– Über den Zusammenhang von Bildung und Sprache in der Sprachphilosophie Wilhelm von Humboldts. Pädagogische Rundschau 18 (1964), 768–785
Menzer, Paul: Zur Entstehung von A. G. Baumgartens Ästhetik. Logos N.F. 4 (1938), 288–296
– Goethe – Moritz – Kant. In: Goethe 7 (1942), 169–198
– Schiller und Kant. In: Kant-Studien 47 (1955/56), 113–147, 234–272
Metken, Günter: Die Nazarener und die Ereignisse ihrer Zeit. In: Die Nazarener. Katalog zur Ausstellung im Städel, Frankfurt am Main 1977, 409–416
Metscher, Thomas: Ästhetische Erkenntnis und realistische Kunst. Das Argument, 90 (Mai 1975), 229–258
– Hegel und die philosophische Grundlegung der Kunstsoziologie. In: Literaturwissenschaft und Sozialwissenschaften 1, Stuttgart ²1972, 13–80
Meyer, Herman: Schillers philosophische Rethorik. Euphorion 53 (1959), 313–350
Mitchell, P. M.: Johann Christoph Gottsched. In: Deutsche Dichter des 18. Jahrhunderts. Ihr Leben und Werk, ed. B. v. Wiese. Berlin 1977, 35–61
Monteverdi, Claudio: Madrigali, Libro nono. Ed. Alessandro Vincenti, Venezia 1651
Moritz, Karl Philipp: Schriften zur Ästhetik und Poetik. Ed. Hans Joachim Schrimpf, Tübingen 1962
– Werke in 2 Bänden, ed. Jürgen Jahn, Berlin, Weimar 1973
– Magazin zur Erfahrungsseelenkunde. 10 Bde, Berlin 1783–1793, Neudruck Lindau 1978
Müller, Joachim: Hegel und die Theorie des Romans. Wiss. Zs. Friedrich Schiller-Univ. Jena 19 (1970), 637–651
Müller, Klaus-Detlef: Der psychologische Roman als Zeitroman (= Nachwort zu: Anton Reiser. Ein psychologischer Roman. Herausgegeben von Karl Philipp Moritz, München 1971, 359–382)
Müller-Vollmer, Kurt: Poesie und Einbildungskraft. Zur Dichtungstheorie Wilhelm von Humboldts. Mit der zweisprachigen Ausgabe eines Aufsatzes Humboldts für Frau von Staël. Stuttgart 1967
Münzberg, Olav: Rezeptivität und Spontaneität. Die Frage nach dem ästhetischen Subjekt oder soziologische und politische Implikationen des Verhältnisses Kunstwerk – Rezipient in den ästhetischen Theorien Kants, Schillers, Hegels, Benjamins, Brechts, Heideggers, Sartres und Adornos. Frankfurt am Main 1974
Naumann, Dietrich: Literaturtheorie und Geschichtsphilosophie. Teil I. Aufklärung, Romantik, Idealismus. Stuttgart 1979
Negri, Antimo: La comunità estetica in Kant. Bari 1968
Neubauer, John: Intellektuelle, intellektuale und ästhetische Anschauung. Zur Entstehung der romantischen Kunstauffassung. DVjs 46 (1972), 294–319
Nicolin, Friedhelm: Hegels Arbeiten zur Theorie des subjektiven Geistes. In: Erkenntnis und Verantwortung. Festschrift für Theodor Litt, ed. Josef Derbolav und Friedhelm Nicolin, Düsseldorf 1960, 356–374

Nietzsche, Friedrich: Menschliches, Allzumenschliches. Werke, ed. Karl Schlechta, I, München 1963, 435–1008

Nivelle, Armand: Kunst- und Dichtungstheorien zwischen Aufklärung und Klassik. Berlin, New York ²1971

– Literaturästhetik. In: Neues Handbuch der Literaturwissenschaften, ed. Klaus von See, Europäische Aufklärung, 1. Teil, Frankfurt am Main 1974, 1–56

Novalis: Werke, ed. Gerhard Schulz, München 1969

Oelmüller, Willi: Die unbefriedigte Aufklärung. Beiträge zu einer Theorie der Moderne von Lessing, Kant und Hegel. Frankfurt am Main 1969

Ohl, Hubert: Hegels Bestimmung des Romans und sein Begriff der bewußten Symbolik. In: Bild und Wirklichkeit, Heidelberg 1968, 21–36

Opitz, Martin: Buch von der deutschen Poeterey. Nach der Edition von Wilhelm Braune neu hrsg. v. Richard Alewyn. Tübingen ²1966

Pascal, Roy: Georg Simmels «Die Großstädte und das Geistesleben». Zur Frage der «Moderne». In: Gestaltungsgeschichte und Gesellschaftsgeschichte. Literatur-, kunst- und musikwissenschaftliche Studien. Fritz Martini zum 60. Geburtstag. In Zusammenarbeit mit Käthe Hamburger ed. Helmut Kreuzer, Stuttgart 1969, 450–460

Patočka, Jan: Zur Entwicklung der ästhetischen Auffassung Hegels. Hegel-Jahrbuch 1964, 49–59

– Die Lehre von der Vergangenheit der Kunst. In: Beispiele. Festschrift für Eugen Fink zum 60. Geburtstag. Den Haag 1965, 46–61

Plessner, Helmuth: Über die gesellschaftlichen Bedingungen der modernen Malerei. In: Diesseits der Utopie. Frankfurt am Main 1974, 103–120

– Adornos negative Dialektik. Neue Sammlung 10 (1970), 562–570

– Das Identitätssystem. In: Materialien zu Schellings philosophischen Anfängen, ed. Manfred Frank und Gerhard Kurz, Frankfurt am Main 1975

– Ein Newton des Grashalms? In: Die Frage nach der Conditio humana. Frankfurt am Main 1976, 82–99

– Zum Verständnis der ästhetischen Theorie Adornos. Philosophische Perspektiven 4 (1972), 126–136

Pöggeler, Otto: Hegels Kritik der Romantik. Bonn 1956

Pollock, Friedrich: Die gegenwärtige Lage des Kapitalismus und die Aussichten einer planwirtschaftlichen Neuordnung. In: Stadien des Kapitalismus, ed. Helmut Dubiel, München 1975, 20–39

– Staatskapitalismus. In: Stadien des Kapitalismus, 72–100

– Ist der Nationalsozialismus eine neue Ordnung? In: Stadien des Kapitalismus, 101–117

Poppe, Bernhard: Alexander Gottlieb Baumgarten. Seine Bedeutung und Stellung in der Leibniz-Wolffischen Philosophie und seine Beziehungen zu Kant. Nebst Veröffentlichung einer bisher unbekannten Handschrift der Ästhetik Baumgartens. Diss. Münster, Borna, Leipzig 1907

Price, Cora Lee: Wilhelm von Humboldt und Schillers «Briefe über die ästhetische Erziehung des Menschen». Jahrbuch der deutschen Schillergesellschaft 11 (1967), 358–373

Pross, Harry: Georg Lukács und der Realismus. Deutsche Rundschau 84 (1958), 735–742

Puder, Martin: Zur ‹Ästhetischen Theorie› Adornos. Neue Rundschau 1971, 465–477

– Kant. Stringenz und Ausdruck. Freiburg 1974

– Adornos Philosophie und die gegenwärtige Erfahrung. Neue Deutsche Hefte 23 (1976), 3–21

Raddatz, Fritz J.: Georg Lukács. Reinbek 1972

Redeker, Horst: Über Kants Ästhetik. In: Zum Kantverständnis unserer Zeit. Beiträge marxistisch-leninistischer Kantforschung, ed. Hermann Ley, Peter Ruben, Gottfried Stiehler. Berlin 1975, 433–475

Reimers, Klaus: Die Resignation in die Kunst. Studien zur Ästhetik von Karl Philipp Moritz. Diss. Berlin 1970

Rieck, Werner: Johann Christoph Gottsched. Eine kritische Würdigung seines Gesamtwerks unter besonderer Berücksichtigung seiner Theorie der Dichtkunst in ihrer nationalen und sozialen Bedeutung. Potsdam 1968

Riemann, Albert: Die Ästhetik Alexander Gottlieb Baumgartens, unter besonderer Berücksichtigung der Meditationes Philosophicae de Nonnullis ad Poema Pertinentibus. Halle (Saale) 1928

Rimbaud, Arthur: Œuvres complètes, ed. Rolland de Renéville, Jules Mouquet, Paris 1963 (= Bibliothèque de la Pléiade)

Ritter, Joachim: Ästhetik, ästhetisch. Historisches Wörterbuch der Philosophie, ed. J. Ritter, I, Basel, Stuttgart 1971, 555–580
– Gemeinsinn. Historisches Wörterbuch der Philosophie, III, Basel, Stuttgart 1974, 243–247
– Landschaft. Zur Funktion des Ästhetischen in der modernen Gesellschaft. In: Subjektivität, Frankfurt am Main 1974, 141–163
– Subjektivität und industrielle Gesellschaft. In: Subjektivität, 11–35

Rohrmoser, Günter: Zum Problem der ästhetischen Versöhnung. Schiller und Hegel. Euphorien 53 (1959), 351–366
– Literatur und Gesellschaft. Zur Theorie des Romans in der modernen Welt. In: Literatur und Gesellschaft. Festgabe für Benno von Wiese zum 60. Geburtstag, ed. Hans Joachim Schrimpf, Bonn 1963, 1–21

Roth, Joseph: Der Leviathan. In: Die Erzählungen. Mit einem Nachwort von Hermann Kesten, Köln 1973, 234–274
– Dem Anschein nach. Werke, IV, ed. Hermann Kesten, Köln 1977

Rüsen, Jörn: Ästhetik als Geschichtstheorie. In: Ästhetik und Geschichte. Geschichtstheoretische Untersuchungen zum Begründungszusammenhang von Kunst, Gesellschaft und Wissenschaft. Stuttgart 1976, 63–87
– Über einige Beziehungen zwischen Ästhetik, Historik und Didaktik. In: Ästhetik und Geschichte, 96–119
– Die Vernunft der Kunst – Hegels geschichtsphilosophische Analyse der Selbsttranszendierung des Ästhetischen in der modernen Welt. In: Ästhetik und Geschichte, 30–62

Saine, Thomas P.: Die ästhetische Theodizee. Karl Philipp Moritz und die Philosophie des 18. Jahrhunderts. München 1971

Sandkühler, Hans Jörg: Friedrich Wilhelm Joseph Schelling. Stuttgart 1970

Scheible, Hartmut: Arthur Schnitzler. Figur – Situation – Gestalt. In: Arthur Schnitzler in neuer Sicht, ed. Scheible, München 1981, 12–33
– Geschichtsschreibung der bürgerlichen Seele. Karl Philipp Moritz: «Magazin für Erfahrungsseelenkunde». Frankfurter Allgemeine Zeitung, 1. 4. 1980, L 8
– Sehnsüchtige Negation. Zur ästhetischen Theorie Theodor W. Adornos. In: Protokolle, Wiener Halbjahresschrift für Literatur, bildende Kunst und Musik, 1972, Heft 2, 67–92. Erweiterte und überarbeitete Fassung unter dem Titel «Geschichte im Stillstand». In: Text und Kritik, Sonderband Theodor W. Adorno, München 1977, 92–118

Schelling, Friedrich Wilhelm Joseph: Philosophische Briefe über Dogmatismus und Kriticismus. In: Schriften von 1794–1798, Darmstadt 1975, 161–221
– Ideen zu einer Philosophie der Natur als Einleitung in das Studium dieser Wissenschaft. In: Schriften von 1794–1798, Darmstadt 1975, 333–397
– System des transcendentalen Idealismus. Schriften von 1799–1801, Darmstadt 1982, 327–634
– Philosophie der Kunst. Darmstadt 1966
– Vorlesungen über die Methode des akademischen Studiums. In: Schriften von 1801 bis 1804, Darmstadt 1976, 441–586
– Philosophie und Religion. In: Schriften von 1801 bis 1804, Darmstadt 1976, 602–656
– Über die Natur der Philosophie als Wissenschaft. In: Sämmtliche Werke, 1. Abteilung, IX, Stuttgart, Augsburg 1861, 209–252

Scherpe, Klaus R.: Gattungspoetik im 18. Jahrhundert. Stuttgart 1968

Schiller, Friedrich: Über das Erhabene. Sämtliche Werke, V, ed. Gerhard Fricke, Herbert G. Göpfert, München 1967, 792–808
– Was kann eine gute stehende Schaubühne eigentlich wirken? (= Die Schaubühne als eine moralische Anstalt betrachtet). Sämtliche Werke, V, München 1967, 818–831
– Über die ästhetische Erziehung des Menschen in einer Reihe von Briefen. Sämtliche Werke, V, München 1967, 570–669
– Humboldt, Wilhelm von: Briefwechsel, ed. Siegfried Seidel, 2 Bde, Berlin 1962
– Körner, Theodor: Briefwechsel, ed. Klaus L. Berghahn, München 1973
Schnitzler, Arthur – Waissnix, Olga: Liebe, die starb vor der Zeit. Ein Briefwechsel, ed. Therese Nickl und Heinrich Schnitzler Wien, München, Zürich 1970
Schönberg, Arnold: Aufzeichnungen. Neue Rundschau 91 (1980), 2/3, 83–95
– Kandinsky, Wassily: Briefwechsel, ed. Jelena Hahl Koch. Mit einem Essay von Hartmut Zelinsky. Salzburg, Wien 1980
Schöne, Albrecht: Das Zeitalter des Barock. Texte und Zeugnisse. München 1963
Schopenhauer, Arthur: Die Welt als Wille und Vorstellung. Sämtliche Werke, I, ed. Wolfgang Frhr. von Löhneysen, Stuttgart, Frankfurt am Main 1960
Schrimpf, Hans Joachim: Karl Philipp Moritz. In: Deutsche Dichter des 18. Jahrhunderts, ed. Benno von Wiese, Berlin 1977, 881–910
– Moritz: Anton Reiser. In: Der deutsche Roman. Vom Barock bis zur Gegenwart, I, ed. Benno von Wiese. I, Düsseldorf 1965, 95–131
Schulte-Sasse, Jochen: Poetik und Ästhetik Lessings und seiner Zeitgenossen. In: Deutsche Aufklärung bis zur Französischen Revolution 1680–1789, ed. Rolf Grimminger, München 1980, 304–326
Schweizer, Hans Rudolf: Ästhetik als Philosophie der sinnlichen Erkenntnis. Eine Interpretation der «Aesthetica» A. G. Baumgartens mit teilweiser Wiedergabe des lateinischen Textes und deutscher Übersetzung. Basel, Stuttgart 1973
Semerari, Giuseppe: La filosofia della natura nel pensiero schellinghiano. Archivio di Filosofia, 1976, 1, 21–46
Siegrist, Christoph: Batteux-Rezeption und Nachahmungslehre in Deutschland. In: Geistesgeschichtliche Perspektiven, ed. Götz Grossklaus, Bonn 1969, 171–190
Simmel, Georg: Soziologische Aesthetik. Die Zukunft 17 (1896), 204–216
– Philosophie des Geldes. München, Leipzig ⁵1930
– Die Großstädte und das Geistesleben. In: Brücke und Tür. Im Verein mit Margarete Susmann hrsg. v. Michael Landmann, Stuttgart 1957, 227–242
– Vom Realismus in der Kunst. Morgen 2 (1908), 992–998
– Der Begriff und die Tragödie der Kultur. In: Das individuelle Gesetz. Philosophische Exkurse, ed. Michael Landmann, Frankfurt am Main 1968, 116–147
– Das Problem der historischen Zeit. Brücke und Tür, 43–58
– Wandel der Kunstformen. Brücke und Tür, 98–104
– Das Gebiet der Soziologie. Brücke und Tür, 208–226
– Der Konflikt der modernen Kultur. Das individuelle Gesetz. 148–173
– Vom Wesen des historischen Verstehens. Brücke und Tür, 59–85
– Zur Philosophie des Schauspielers. In: Fragmente und Aufsätze. Ed. Dr. Gertrud Kantorowicz, München 1923, 229–265
– Der Fremde. Das individuelle Gesetz, 63–70
Simplicissimus. Ein Rückblick auf die satirische Zeitschrift. Ed. Eugen Roth, Hannover 1955
Sinemus, Volker: Poetik und Rhetorik im frühmodernen deutschen Staat. Sozialgeschichtliche Bedingungen des Normenwandels im 17. Jahrhundert. Göttingen 1978
Staiger, Emil: Wilhelm von Humboldt. In: Berliner Geist. Fünf Vorträge der Bayerischen Akademie der Schönen Künste. Berlin, Frankfurt, Wien 1963, 83–106
Stein, K. Heinrich v.: Die Entstehung der neueren Ästhetik. Stuttgart 1886
Stemme, Fritz: Die Säkularisation des Pietismus zur Erfahrungsseelenkunde. ZfdPh (1953), 144–158

Stephan, Alexander: Georg Lukács' erste Beiträge zur marxistischen Literaturtheorie. Brecht-Jahrbuch 1975, 79–111

Storz, Gerhard: Martin Opitz und die deutsche Dichtung. In: Figuren und Prospekte, Stuttgart 1963

Streisand, Joachim: Kritische Studien zum Erbe der deutschen Klassik. Fichte – W. v. Humboldt – Hegel. Frankfurt am Main 1971 (= Zur Kritik der bürgerlichen Ideologie, Bd 7)

Strube, Werner: Schillers Kallias-Briefe oder Über die Objektivität des Schönen. Literaturwissenschaftliches Jahrbuch N. F. 18 (1977), 115–131

Szondi, Peter: Hoffnung im Vergangenen. In: Satz und Gegensatz, Frankfurt am Main 1964, 79–97

– Hegels Lehre von der Dichtung. In: Poetik und Geschichtsphilosophie I, ed. Senta Metz und Hans-Hagen Hildebrandt, Frankfurt am Main 1974, 269–511

– Schellings Gattungspoetik. In: Poetik und Geschichtsphilosophie II, ed. Wolfgang Fietkau, Frankfurt am Main 1974, 185–307

Szyrocki, Marian: Martin Opitz. München ²1974

Tesauro, Emanuele: Il Cannocchiale Aristotelico. Ed. August Buck, Bad Homburg, Berlin, Zürich 1968 (Neudruck der Ausgabe Torino 1670)

Toulmin, Stephen / Goodfield, June: Entdeckung der Zeit. München 1970

Trabant, Jürgen: «Bewußtseyn von Nöthen». Philologische Notiz zum Fortleben der Kunst in Hegels Ästhetik. Text und Kritik, Sonderband Theodor W. Adorno, München 1977, 130–135

Träger, Claus: Schiller als Theoretiker des Übergangs vom Ideal zur Wirklichkeit. Sinn und Form 11 (1959), 546–576

Trunz, Erich: Nachwort des Herausgebers. In: Martin Opitz. Weltliche Poemata (1644). Zweiter Teil, Tübingen 1975

Ueding, Gert: Rhetorik und Ästhetik in Schillers theoretischen Abhandlungen. In: Friedrich Schiller. Zur Geschichte seines Werkes, ed. Klaus L. Berghahn, Kronberg 1975, 159–196

Vico, Giambattista: De nostri temporis studiorum ratione. Mit deutscher Übertragung von Walter F. Otto. Darmstadt 1974

– Principi di Scienza Nuova d'intorno alla comune natura delle nazioni. 2 vol., Roma, Bari 1978

Vischer, Friedrich Theodor: Das Schöne und die Kunst. Stuttgart, Berlin ³1907

– Aesthetik oder die Wissenschaft des Schönen. München ²1922. Nachdruck Hildesheim, New York 1975

Voges, Rosemarie: Das Ästhetische und die Erziehung. München 1979

Wackenroder, Wilhelm Heinrich: Herzensergießungen eines kunstliebenden Klosterbruders. Sämtliche Schriften, Hamburg 1968, 7–104

Wagner, Richard: Das Judentum in der Musik und andere Essays. München 1975

Walzel, Oskar: Zur Kenntnis W. v. Humboldts. Das literarische Echo 16 (1913/14), 24–29.

Weischedel, Wilhelm: Rehabilitation des Erhabenen. In: Erkenntnis und Verantwortung. Festschrift für Theodor Litt, ed. Josef Derbolav und Friedhelm Nicolin, Düsseldorf 1960, 335–345

Wiegmann, Hermann: Geschichte der Poetik. Ein Abriß. Stuttgart 1977

– Utopie als Kategorie der Ästhetik und Poetik. Stuttgart 1980

Wiehl, Reiner: Über den Handlungsbegriff als Kategorie der Hegelschen Ästhetik. Hegel-Studien 6 (1971), 135–170

Wiese, Benno von: Die Utopie des Ästhetischen bei Schiller. In: Zwischen Utopie und Wirklichkeit. Studien zur deutschen Literatur. Düsseldorf 1963, 81–101

Wilkinson, Elizabeth M.: Schiller und die Idee der Aufklärung. Betrachtungen anläßlich der Briefe über die ästhetische Erziehung. Jahrbuch der deutschen Schillergesellschaft 4 (1960), 42–59

– Willoughby, L. A., Nachlese zu Schillers Ästhetik. Jahrbuch der deutschen Schillergesellschaft 11 (1967), 374–403

Willms, Bernhard: Revolution und Protest oder Glanz und Elend des bürgerlichen Subjekts. Stuttgart 1969

Wölfel, Kurt: Moralische Anstalt. Zur Dramaturgie von Gottsched bis Lessing. In: Deutsche Dramentheorien, ed. Reinhold Grimm, I, Frankfurt am Main 1971, 45–122

Wohlfart, Günter: Anmerkungen zur ästhetischen Theorie Adornos. Zs. f. Ästhetik und allg. Kunstwissenschaften 22 (1977), 110–134

Wolff, Christian: Psychologia empirica. Ed. Jean Ecole, Hildesheim 1968

Zenck, Martin: Kunst als begriffslose Erkenntnis. Zum Kunstbegriff der ästhetischen Theorie Theodor W. Adornos. München 1977 (= Theorie und Geschichte der Literatur und der schönen Künste, Bd 29)

Personenregister

Das Register wurde zusammengestellt von Ingrid Rössel

rowohlts enzyklopädie

ro
ro
ro

C 2166/12

rowohlts enzyklopädie

ro
ro
ro

C 2166/12 a

rowohlts enzyklopädie

Joachim Israel
Der Begriff Entfremdung
Zur Verdinglichung des Menschen in der bürokratischen Gesellschaft (412)

Frederic Jameson
Kultur und das politische Unbewußte
Literatur als Symbol sozialen Handelns
Erzählertheorie – Modellanalysen – Methodenkritik (461) April '88

Jeggle/Korff/Scharfe/Warneken (Hg.)
Volkskultur in der Moderne
Probleme und Perspektiven empirischer Sozialforschung (431)

Toshihiko Jzutsu
Philosophie des Zen-Buddhismus (428)

Harald Kerber/Arnold Schmieder (Hg.)
Handbuch Soziologie
Zur Theorie und Praxis sozialer Beziehungen (407)

Geoffrey Stephen Kirk
Griechische Mythen
Ihre Bedeutung und Funktion (444)

Volker Klotz
Bürgerliches Lachtheater
Komödie – Posse – Schwank – Operette (451)
Die erzählte Stadt
Ein Sujet als Herausforderung des Romans:
von Lesage bis Döblin (kulturen und ideen 464)

Traugott König (Hg.)
Sartre
Ein Kongreß (475)

Dieter Lenzen
Mythologie der Kindheit
Die Verewigung des Kindlichen in der Erwachsenenkultur. Versteckte Bilder
und vergessene Geschichten (421)

Rudolf zur Lippe
Sinnenbewußtsein
Grundlegung einer anthropologischen Ästhetik
(423)

Ekkehard Martens/Herbert Schnädelbach (Hg.)
Philosophie
Ein Grundkurs (408)

ro
ro
ro

C 2166/12 b

rowohlts enzyklopädie

ro
ro
ro

C 2166/12 c

rowohlts enzyklopädie

ro
ro
ro

C 2166/12 d

C 2054/6

rowohlts bildmonographien

**Thema
Philosophie**

C 2054/6 a

C 2053/8

rowohlts bildmonographien

**Thema
Geschichte**

rororo bildmonographien

C 2053/8 a

ro
ro
ro

bildmono
graphien

C 2058/5 d